金聲玉振

郭店楚墓竹简出土三十周年研究文选

武汉大学简帛研究中心　荆门市博物馆　编

主编　陈伟　李天虹

编校　陈书豪　刘欣宇　李想　陈宁　李静
　　　吴桑　刘松清　刘志华　张子腾　朱迪
　　　王林森　熊佳晖　刘盼　赵诗凡

武汉大学出版社
WUHAN UNIVERSITY PRESS

图书在版编目(CIP)数据

金声玉振:郭店楚墓竹简出土三十周年研究文选/武汉大学简帛研究中心,荆门市博物馆编;陈伟,李天虹主编.—武汉:武汉大学出版社,2023.10
ISBN 978-7-307-24026-1

Ⅰ.金… Ⅱ.①武… ②荆… ③陈… ④李… Ⅲ.战国墓—竹简—荆门—文集 Ⅳ.K877.54–53

中国国家版本馆 CIP 数据核字(2023)第 188148 号

责任编辑:李 程   责任校对:李孟潇   版式设计:马 佳

出版发行:**武汉大学出版社** (430072 武昌 珞珈山)
   (电子邮箱:cbs22@ whu.edu.cn 网址:www.wdp.com.cn)
印刷:武汉精一佳印刷有限公司
开本:787×1092 1/16 印张:31 字数:580 千字 插页:2
版次:2023 年 10 月第 1 版 2023 年 10 月第 1 次印刷
ISBN 978-7-307-24026-1 定价:189.00 元

前　言

一

　　三十年前，1993 年 10 月，湖北省荆门市博物馆对郭店一号墓进行抢救性发掘，出土书写古代典籍的竹简 731 枚①，成为 20 世纪我国最重要的考古发现之一。这是一座小型楚墓，位于荆门市原沙洋区四方乡郭店村，楚故都纪南城以北约 8 千米，207 国道之西约 1 千米。墓葬年代与相隔十多千米的包山 2 号墓相当，约在公元前 4 世纪末叶，不晚于公元前 300 年。随葬竹书的著作年代自然更早，均在《孟子》成书之前②。

　　经整理，共得竹书 18 篇。《老子》三组和《太一生水》，为早期道家文献。《缁衣》《鲁穆公问子思》《穷达以时》《五行》《唐虞之道》《忠信之道》《成之闻之》《尊德义》《性自命出》《六德》和《语丛》一至四等篇，为孔孟之间的儒家著作，其中《五行》可能是子思所撰③。《语丛》四比较特别，有学者认为"与阴谋游说、纵横长短之术有关"④。这些古人写本，是研究古文字学与先秦文献学、学术史、思想史无比珍贵的资料，理所当然地受到海内外学者的高度关注。

---

　　① 荆门市博物馆编《郭店楚墓竹简》(文物出版社 1998 年版)刊出 730 枚。后来在竹简养护时发现一枚应属《语丛》三而未曾著录的竹简，见龙永芳：《湖北荆门发现一枚遗漏的"郭店楚简"》，《中国文物报》，2002 年 5 月 3 日，第 2 版。

　　② 李学勤：《先秦儒家著作的重大发现》，《中国哲学》第 20 辑 "郭店楚简研究"专辑，辽宁教育出版社 1999 年版，第 13~17 页。

　　③ 参看庞朴：《孔孟之间——郭店楚简中的儒家心性说》，《中国社会科学》1998 年第 5 期，第 88~95 页。

　　④ 李零：《郭店楚简校读记(修订本)》，中国人民大学出版社 2007 年版，第 56 页。

郭店楚墓竹简自出土至1998年5月成书出版，总共只用了4年多的时间。虽然对于关心这批资料的国内外学者来说，感到等待已久，但在大批量战国简牍整理刊布的工作中，这种速度算是很快的。在不太长的时间内，将全部竹简整理、公布出来，并附上裘锡圭先生的审订意见，以利于学术界利用、研究，这在反映整理者专业方面高水准的同时，也显示出他们学术上强烈的责任心和道义感。

新发现造就新学问。《郭店楚墓竹简》甫一面世，立即掀起研究的热潮。就在1998年5月下旬，美国达慕思大学召开"郭店老子国际研讨会"。次年10月，武汉大学召开"郭店楚简国际学术研讨会"。论文、文集和专著大量涌现。有学者前几年作过统计，当时围绕郭店简的研究专著、论文集和研究生学位论文已有三百余部，论文三千多篇，成果蔚为壮观①。

在郭店竹书出土三十周年之际，武汉大学简帛研究中心与荆门市博物馆合作，从业已刊布的论文中选取46篇，编成这部文集，以纪念中国出土文献领域这一重大发现，也为海内外学者相互切磋、共同推进郭店简文本复原与内涵解读的学术历程留下一份写照。

二

郭店简《五行》18—20号简有云："金圣(声)而玉晨(振)之，又(有)惪(德)者也。金圣(声)，善也；玉音，圣也。善，人道也；惪(德)，而〈天〉【道也。唯】又(有)惪(德)者，肰(然)句(后)能金圣(声)而玉晨(振)之。"庞朴先生解释说："王念孙《广雅疏证》谓振，收也。古乐大合奏以钟(金)声始，以磬(玉)声终，故曰金声玉振。《孟子·万章下》：'孔子之谓集大成。集大成也者，金声而玉振之也。金声也者，始条理也；玉振之也者，终条理也。始条理者，智之事也；终条理者，圣之事也。'金声譬如四行之为善，智之事；玉振譬如五行之志于德，圣之事；唯有德者然后能金声而玉振之。"②其中奥义姑且不论，取《五行》此语明面上的意思，用金石之声比况郭店竹书所载典籍，应该是适宜的。

进而言之，在研读郭店简中海内外学者激发出来的种种创识，以及与此伴随的出土文献领域严谨治学、实事求是的优良风气，用金声玉振这样的庙堂之乐来形容，感觉也十分

---

① 刘传宾：《郭店竹书文本研究综论》，上海古籍出版社2017年版，第15页。
② 庞朴：《竹帛〈五行〉篇校注及研究》，台湾万卷楼图书公司2000年版，第44页。

允当。

这是文集取名之由。

三

我们希望选文尽量以初始发表的状态呈现。凡内容需要修订者，主要采取两种方式：一是，在不改变原作基本面貌的情况下随文修订，或适当补注说明。二是，在文末以"后记""补记"之类的形式说明。论文原刊信息一般在文章开篇以页下注方式予以介绍，必要时说明此次纂集根据哪个版本收录。

文选纂集得到各位作者或作者亲属、同行的温馨响应和帮助，所有文章都获得了作者或作者亲属的授权。特别应该提出的是，李学勤先生夫人徐维莹女士、饶宗颐基金有限公司和饶宗颐先生女公子饶清芬女士、庞朴先生女公子庞煌女士、周凤五先生公子周大昕先生对于文选的工作给予无条件支持。此外，多位同行帮助提供作者联系方式或代为居中沟通。编者感怀于心，由衷地致以深深的敬意和谢忱。

文选的编校，武汉大学简帛研究中心在读的硕士、博士研究生做了大量基础性工作，包括文字录入、文本校勘、格式调整、造字等，订正了底本中的一些笔误、疏漏，保障了文集的质量。

由于我们的识见有限，加上时间紧张，文章取舍当有未允之所。有的文章因篇幅过长或仅以外文发表，未能收录。有的文章本拟收录，但未能及时获得授权。编校方面也难免不周和疏误。凡此，谨请作者、读者指正、海涵。

目　次

从郭店楚简谈古代乐教[*]

饶宗颐

郭店楚简的问世，引起中外对古书重新讨论的热潮。楚简里有《缁衣》全文，现在所知，香港中文大学和上海博物馆亦有《缁衣》零简，证明《礼记》里面有不少应该是先秦的书，并非汉人所作。在马王堆汉初楚墓出土的《老子》后面的佚籍，有所谓《德行》的，是儒家的著述，已经有不少中外学人研究；现在郭店简亦出现与此文字相同的简册，在竹简的开头标记着"五行"二字，大家无异议地承认它正是子思的作品。荀卿在《非十二子》篇中说的"材剧志大，闻见杂博，案往旧造说，谓之五行"，可能即指是篇。

在郭店楚简《性自命出》篇之中有一段谈及"人心喜愠"的问题，[①] 和《礼记·檀弓下》所引子游的谈话，文句颇有雷同，兹比较如下：

《礼记·檀弓下》	郭店楚简《性自命出》
人喜则斯陶，陶斯咏，	喜斯慆，慆斯奋，奋斯羕（咏），羕（咏）
咏斯犹，犹斯舞。	斯献，献斯迁（舞）。迁，憙（喜）之终也。
愠斯戚，戚斯叹，	忞（愠）斯慐（忧），慐（忧）斯戚，戚
叹斯辟，辟斯踊矣。	斯难，难斯悕；悕斯通（踊）。通（踊），
	忞（愠）之终也。34—35

---

* 原载《郭店楚简国际学术研讨会论文集》(湖北人民出版社 2000 年版)，又载《饶宗颐新出土文献论证》(上海古籍出版社 2005 年版)、《饶宗颐二十世纪学术文集(卷四：经术、礼乐)》(中国人民大学出版社 2009 年版)，今据《饶宗颐新出土文献论证》收入。《论证》编者添加了一些脚注和简号，此次编校发现所加简号或有疏漏，故在不影响原行文的情况下做有补订。

① 荆门市博物馆编：《郭店楚墓竹简》，文物出版社 1998 年版，第 180 页。

《檀弓》此文，是有子和子游同在一起的对话。有子说："予壹不知夫丧之踊也，予欲去之久矣。情在于斯。"有子意欲废去丧礼之踊，子游以为不可，说他"所刺于礼者，非礼之訾"。

楚简这段话的关键词是一"通"字，如果把这一字看作"通"，那就完全不通了。今按：此字当释"趙"，从走从辵从足同义。《说文·走部》："趙，丧擗趙。从走，甬声。"又《足部》："踊，跳也。"今《仪礼》《礼记》皆作"踊"。楚简不作"踊"，而作"趙"，即《说文》之"趙"。《仪礼·士丧礼》《礼记·杂记》及《丧大记》中，列出礼节，"成踊""不踊"，都有所规定。"擗"字亦作"辟"，《诗经·邶风·柏舟》："寤辟有摽。""辟"和"摽"都训拊心。拊心为"擗"，跳跃为"趙"。故云"辟斯踊"。"枲"字形从亡从米，以义推之，当指"擗"。"辿"，李零《校记》读为"作，喜之终也"。未安。按：《说文·攴部》："攱，抚也，读与抚同。"又《手部》："抚，古文延。"与此简形同，故当释"抚"，而读为"舞"。甲骨文"舞"字异体作"爽"形（《合集》21417），从大从二亡，由此可证楚简以"舞"之作"延"例之，简文从亡之亡，读为无；故"辿"字得读作"舞"。"戠"字从心，业声，增戈旁，可释"懥"，《集韵·三十一业》："懥，惧也。""戁"者，《说文》："戁，敬也。"《商颂·长发》："不戁不竦，百禄是总。""戁"亦训"恐"。至于"愠"字，《说文》云："怨也。"《檀弓》"咏斯犹"句，宋本《御览》卷四六七引作"咏斯摇"。

我花了九牛二虎之力，把楚简这段文字仔细推敲，终于弄清楚了。把它与《檀弓》仔细比勘，知其原本是子游的谈话。他认为人的情绪，可分为喜、愠二大类，喜是欢愉快乐，愠是悲怨哀痛。楚简行文较繁，可以看出他用意的要点。他说"辿（舞），喜之终""趙（踊），愠之终"。

"恩"字原字作〔图〕，上从因，下从心，定为"愠"，正与《檀弓》符合。古代亲丧，孝子必拊心跳跃，故以"擗"为愠痛之极。舞则容易明白，所谓"不知手之舞之"是也。既知这段话出自子游，我们看《荀子·非十二子》篇谈及"五行"之后，加上的评语说道：

> 子思唱之，孟轲和之，世俗之沟犹瞀儒，嚾嚾然不知其所非也，遂受而传之，以为仲尼、子游为兹厚于后世，是则子思、孟轲之罪也。

郭店楚简记录子游这段话，记录者当然即是荀子所讽的"瞀儒"，二千年后居然从坟墓跑出来，足以反证郭店本之所载录，不少应是出于子思的著作，《五行》只是一个明显的例子。

郭店楚简《五行》篇中涉及古代乐教的文字有一件十分重要，涉及儒家思想的论题，即"集大成"这件事。

无人不知孔子是被称为"大成至圣"的人物，这句话出自《孟子·万章》篇。"大成"二字富有特殊的音乐意义。

孟子称赞孔子为圣之时，能集大成而以"金声""玉振"四字表扬之。金声是始条理，玉振是终条理。向来训诂家都采取乐章之"成"来解说"大成"，是正确的。今证之郭店本《性自命出》章：

> 闻笑声，则鲜(鲜)如也斯喜。
> 闻歌谣，则舀(慆)如也斯奋。
> 听琴瑟之声，则译(悸)如也斯叹。
> 观《赉》《武》，则齐如也斯作。
> 观《邵(韶)》《顗(夏)》，则免(勉)如也斯金(敛)……
> 郑卫之乐，则非其声而从之也。
> 凡古乐龙(宠)心，益乐龙(宠)指，皆教其人者也。24—28

诸"声"字原皆作"圣"，"舀"读为"慆"。《说文》："慆，悦也。"是章又云："《赉》《武》乐取，《韶》《顗》乐情。"《赉》应是指《周颂·赉》："文王既勤止，我应受之。"《武》即《周颂·(大)武》："于皇武王，无竞维烈。""韶"即韶；"顗"即夏字，[1] 指《肆夏》："子闻韶乐，三月不知肉味，不图为乐之至于斯也。"楚简曰"益乐"指繁声，手"指"妙用之，古乐则有裨于心灵，其为宠于人也不一，此古乐与"益乐"殊科。韶夏，古乐也；郑乐之声，"益乐"也。

此段文字叠用几个形容词的"如"字。试看《论语·八佾》下：

> 子语鲁太师乐曰："乐其可知也。始作，翕如也；从之，纯如也；皦如也，绎如

---

① 《性自命出》裘锡圭注释24、29，《郭店楚墓竹简》，文物出版社1998年版，第183页。

也；以成。”

《仪礼·大射仪》，纳宾后乃奏《肆夏》，乐阕后升歌，故曰“从之”。继以笙入，笙有声无辞，可辨其声，故曰“皦如”。继以闻歌，笙奏不断，故曰“绎如”，而乐以“成”。《尚书·益稷》："箫韶九成。"郑玄注："成，犹终也，每曲一终，变更奏。"《礼记·乐记》云："《武》始而北出，再成而灭商，三成而南，四成而南国是疆，五成而分〔陕〕，周公左，召公右，六成复缀以崇天子。夹振之而驷伐，盛威于中国也。"是《武》凡六成，视韶乐稍杀矣，"成"亦谓之终。《佚周书·世俘解》记："奏庸，大享，一终，三终。进万，献《明明》三终，籥人奏《崇禹生开》，三终，王定。""三终"即是"三成"。《诗·车攻》："允矣君子，展也大成。"郭店楚简《缁衣》简 36 引作："展也大成。"

《诗·齐风·猗嗟》："仪既成兮。"郑笺："成，犹备也。"《周颂·有瞽》："永观厥成。"《仪礼·少牢馈食礼》："祝告：利成。"郑注："毕也。"总观上引有关文献，"成"是乐备之义，不成问题。

最值得注意而应该深入研究的是郭店楚简《五行》篇中所述关于金声玉振的解说，从精微差异的角度加以剖析，和《孟子》大有出入。兹录《五行》其文如下：

〔君〕子之为善也，有与始，有与终也；君子之为德也，〔有与始，无与〕终也。金声而玉振之，有德者也。**18—19**①

金声，善也，玉音，圣也。善，人道也，德，天道也，唯有德者然后能金声而玉振之。**19—20**②

子思区分善与德为二系，善为人道，德为天道。人道之善有与始，有与终；而天道之德则有与始而无与终，由有而反乎无。郭店楚简《五行》篇开头即说："仁，形于内谓之德之行，不形于内谓之行。"（简 1）于"义"亦然。其所标揭的五行，是仁、义、礼、乐、知。所谓"四行和谓之善"。

---

① 荆门市博物馆编：《郭店楚墓竹简》，文物出版社 1998 年版，第 150～152 页，整理者注释 21、22（楚简缺文依帛书本补订。郭店简缺"有与始，无与"五字。马王堆帛书分明作"无与终也"。李零改作"有与终"，未确）。

② 详魏启鹏：《马王堆汉墓帛书〈德行〉校释》，巴蜀书社 1991 年版，第 12 页。

表之如下：

人道	金声	善	仁义礼乐 德之行	→	有与始 有与终
天道	玉振	德	形于内为 是一般的行 不形于内只	→	有与始 无与终

　　孟子之说较为简括，但谓为"始条理""终条理"而没有凸出"无与终"的"无"。马王堆本《五行》说"有与始有与终，言与其膿始，与其膿（體）终也"，"无与终者，言舍其膿（體）而独其心也"，"无与终"是舍其体，即不形于外。由"有与终"到"无与终"，推进一层次，由人而及于天，由有形到无形。把玉振属之于德，有如陆子静之尊德性。我个人认为子思的重"无"，《礼记》的《孔子闲居》，孔子对子夏大讲"三无"的道理，即无体之礼、无声之乐与无服之丧；无体之礼，岂非《五行》所说的"舍其膿"乎。荀卿说子思"案往旧造说"，安知非本之仲尼乎？后代嵇康《声无哀乐论》主张"乐之为体，以心为主"，宣称"无声之乐，民之父母也"。魏晋之世，《子思子》原书尚存，对当时玄学家的乐论，自然有相当影响。"无与终"之为天道，是高级的善，故称之为"德"。子思对"德"的界定，认为形于内不形于外谓之德。韩愈《原道》称"足乎己无待于外之谓德"，似有取于此。子思学说，富有形而上意义，孟子不能完全采用。荀子则讥其"僻违而无类，幽隐而无说"。战国末期，是议兵游说、实用观点大行其道的时代，子思的形上学见解不易为人所接受，自是理所当然的。

　　金声玉振的道理，自从曾侯乙墓钟磬出土以后，有具体的物证，可供借鉴，使人们增加许多真切的理解。古代乐悬的制度，天子四面名曰"宫悬"，舞八佾（行列）；诸侯去其南面，存三面，名"轩悬"，亦称"曲悬"，舞行六佾；大夫又去其北面，名曰"判悬"，舞行四佾；士曰"特悬"只一面，舞行二佾（见《礼记》及贾谊《审微》）。有钟兼有磬，加之以舞，作为乐的全套。金声是击编钟，玉振指击编磬。前者孟子谓之"始条理"，后者谓为"终条理"。魏时，何晏著《乐悬》一卷，惜已亡佚。友人 Lother Von Falkenhausen 著 *Suspended Music*（《乐悬》）一书专谈编钟，有人要我为他写书评，因为无暇执笔，我向他说，应该进一步，再写编磬，目前出土有关磬的新资料甚多，正宜作综合研究，否则只有始条理，而没有终条理，还不能算是"集大成"呢。

《吕氏春秋·仲夏纪》记尧命夔拊石击石，以象上帝玉磬之音，以舞百兽，即取自《尚书·虞书·益稷》"夔典乐"之说。山西出土新石器时代东下冯的打制石磬，殷墟武官村出殷代虎纹大磬，测音均为#C。《尔雅》"大磬谓之馨"。郭璞注："音器，以玉饰之。"这正是拊石、玉振的物证。殷卜辞有大夔之名：

> 壬戌，王卜喜……
> ……大夔《合集》24963

很可能殷时，夔亦列于祀典。殷代有濩乐，又盛行万舞，在卜辞中都有具体的记载。出土的编钟，只是三枚或四枚为一肆，测音则钟的正鼓与侧之间一般为大二度的音程，律制尚待研究。《礼记·郊特牲》记"殷人尚声，臭味未成，涤荡其声，乐三阕，然后出迎牲。声音之号，所以诏告于天地之间也"。故《诗经·商颂·那》云："既和且平，依我磬声，于赫汤孙，穆穆厥声，庸鼓有斁，万舞有奕。"由磬声以致和平，可致神人以和的境界。殷人迎牲必先奏乐，卜辞之中"万舞"及用鼓乐的记载，多不胜数。[①] 乐纬《乐叶图征》："鼓和乐于东郊，致魂灵下太一之神。"《初学记》卷十五《雅乐》引《乐叶图征》，秦汉间郊祭祀太一之神，用鼓，称其乐曰"和乐"。

子思既提高德为天道，故其《五行》中称德曰"天德"。其言曰：

> 鐵而知之，天也。鐵也者，斋数也，唯有天德者，然后鐵而知之。上帝临女，毋贰尔心。马王堆本

---

① 裘锡圭：《甲骨文中的几种乐器名称——释"庸""丰""鼗"，附释"万"》，《古文字论集》，中华书局 1992 年版，第 196~209 页。

"䥯"字，一说读为讥，察也；一说读为仇，精谨也。见《说文·人部》。"深练于事曰仇"，意思是极深研几。"斋数"是说能够把握变化之数，古代是指占筮者，乃能通其变。武王伐纣之前，进万舞，奏《明明》三终。惠栋《佚周书》校本说《明明》即诗之《大明》。上举《五行》引用诗句即出《诗·大雅·大明》："殷商之旅，其会如林，矢于牧野，维予侯兴，上帝临女，无贰尔心。"这诗句是讲牧野伐殷之役，诏示士旅皆宜一心戡敌，有上帝正在监视着你们。德之所以为天德，是与神互为感应的！《诗·小雅·伐木》："神之听之，终和且平。"又《小明》："神之听之，或谷以女。"神爱好和平，和平之音，是从"磬声"而来的。

《乐记》也许出自公孙尼子，篇中多处强调礼外乐内之旨，又指出"乐者通伦理者也"，又说："知诱于外，不能反躬，天理灭矣。"人化物也者，灭天理而穷人欲者也。故先王制礼乐，"礼节民心，乐和民声"，不可以人来化物，使人欲作无限度的滋长。故以礼乐化之，"大乐与天地同和，大礼与天地同节"，"和故百物皆化"。和即所以化物，今人谓之"感化"。《乐记》在终结说在宇宙、闺门之内，君臣上下，父子兄弟同听之，莫不和亲，故"乐者，审一以定和"。

子思之言"独其人心"其实亦即"审一以定和"的"审一"。"独心"与"审一"，理正一致。郭店楚简《性自命出》篇云：

> 凡学者求其心为难，从其所为，近得之矣，不如以乐之速也。**36**
>
> 乐之动心也，浚深臧舀（郁陶），其剚（央）则流如也以悲，条（悠）然以思。**30—31**

他认为乐最容易使人感动。求诸心，是不容易的，如假途于乐，无疑是一种方便手段，所以说"不如近乐之速"。

郭店楚简《语丛三》简54、59又说：

> 乐，备德者之所乐也。得者乐，失者哀。

"乐"是兴善进德的工具，儒家十分重视。所以特别提倡乐教，使人浸润于天德化育之中。最高的层次是"集大成"。孔子所以为至圣也以此。

孔孟之间[*]

——郭店楚简中的儒家心性说

庞　朴

大思想家之所以为大，不仅在于他提出的问题异常深刻，思人之所不敢思，发人之所未曾发，而且往往也由于，他涉及的问题异常广泛，触及人类知识的方方面面。他所达到的思想上的深度与广度，标志着那个时代所可能达到的深度与广度，非一般人之力所能及。所以，一位大思想家一旦故去，他的弟子们，纵以恪守师说为务，其实所能做到的，往往是各守一说各执一端，举一隅而不以三隅反，像粉碎了的玉璧一样，分崩离析以去。历史越是靠前，情况越是如此。

一位战国末年思想家说过的"儒分为八，墨离为三"，便是发生在中国的典型事例。

不过韩非此言多有夸张，我们不必过于认真，真的以为孔子以后，儒学便八瓣开荷花了；其实并没有那么多，逻辑地说来，也不可能有那么多。事实大概是，"自孔子卒后，七十子之徒，散游诸侯，大者为师傅卿相，小者友教士大夫，或隐而不见"（《史记·儒林列传》）；真正能"遵夫子之业而润色之，以学显于当世"者，只有"威、宣之际"的"孟子、荀卿之列"（《史记·儒林列传》）而已。

这一历史叙述倒是合理的。我们知道，孔子学说主要是强调仁和礼两个方面，仁者内部性情的流露，礼者外部行为的规范。仁不能离开礼，所谓"克己复礼为仁"；礼不能离开仁，所谓"人而不仁如礼何"（《论语·颜渊》《论语·八佾》）。仁和礼的相互为体相互作用，

　　* 原载《中国社会科学》1998 年第 5 期（原题为"孔孟之间——郭店楚简的思想史地位"），又载《中国哲学》第 20 辑"郭店楚简研究"专辑（辽宁教育出版社 1999 年版）、氏著《庞朴文集（第二卷）·古墓新知》（山东大学出版社 2005 年版），今据《庞朴文集》收入。

是孔子思想的最大特色最大贡献。二者之中，礼是传统既有的，仁是孔子的发明；为什么人间需要礼，早已为大家所熟知，至于为什么人性会是仁，这样一个新问题，孔子自己也没有来得及作出完满的回答。

孔子以后，弟子中致力于夫子之业而润色之者，在解释为什么人的性情会是仁的这样一个根本性问题上，大体上分为向内求索与向外探寻两种致思的路数。向内求索的，抓住"人之所以异于禽兽者几希"处，明心见性；向外探寻的，则从宇宙本体到社会功利，推天及人。向内求索的，由子思而孟子而《中庸》；向外探寻的，由《易传》而《大学》而荀子；后来则兼容并包于《礼记》，并消失在儒术独尊的光环中而不知所终。

儒家学说早期发展的主要脉络大抵如此。但是我们一直缺乏足够的资料来描绘它的细部。一些传世的文献，由于年代不能敲定，也不敢贸然使用。于是，一个重要学说的重要阶段，多年来始终若明若暗，令人徒唤奈何。

谁也不会料到，事情竟在今天出现了转机。

1993 年 10 月，湖北省荆门市沙洋区四方乡郭店村一号楚墓中，出土了一批竹简，据说曾数经盗扰，可是仍幸存八百余枚，凡一万三千余字。墓主姓名、身份及下葬年月因无文字记载，已无从确知。考古学家根据墓葬规格、器物型样推断，墓主当属士级贵族，且很有可能便如殉葬耳杯铭文所示，乃"东宫之师"，即楚国太子的老师；入土年代在公元前300 年上下。① 这批竹简全部为学术著作，经整理编定为十六篇，其中除《老子》《五行》两篇与 1973 年湖南长沙马王堆出土的帛书同名篇章大体相似、《缁衣》一篇与传世文献基本相同外，其他十二篇儒家类的书籍和一篇道家类的书籍，皆为今人所未之或闻。② 初步阅读后可以认定，这十四篇儒家经典，正是由孔子向孟子过渡时期的学术史料，儒家早期心性说的轮廓，便隐约显现其中，实在是一份天赐的珍宝。

二十四年前，马王堆汉墓帛书部分资料面世，有一篇被称为"《老子》甲本卷后古佚书之一"的书，因其儒家面孔，当时备受冷落，以致能够轮到我来发现，它的思想属于"孟子之列"，是子思、孟轲五行说的重要佚著，可以帮助解决儒家学说史乃至整个学术史上的许多难题，于是为文推荐，施以注释，并取名为《五行》篇。现在这同一篇著作又以简明形式在郭店楚简中出现，且自名"五行"，抄写时间较帛书上提约百年，与其他十多篇"孟子

① 参见湖北省荆门市博物馆：《荆门郭店一号楚墓》，《文物》1997 年第 7 期；崔仁义：《荆门楚墓出土的竹简〈老子〉初探》，《荆门社会科学》1997 年第 5 期。
② 见荆门市博物馆编：《郭店楚墓竹简》，文物出版社 1998 年版。本文以下引用此书只注篇名或页码。

之列"的竹书同在。根据这些新的情况，我猜想，这些见于竹帛的儒家经典，属于同一思孟体系，以文体互有差异，故非一人一时之作；① 其成书年代，应与子思(前483？—前402年？)、孟子(前380？—前300年？)的年代相当，至少也在《孟子》成书之前。《汉书·艺文志》儒家者流有"子思子二十三篇"，《孔丛子》又说子思"撰《中庸》之书四十九篇"，这些书籍虽已失传，我们仍可想象得出，它们当像与之同时的《庄子》那样，也是一部论文集，由孔子向孟子过渡学派的论文集；现在郭店楚简儒家部分的一些篇章，很有可能便曾厕身其中。

一

上面提到孔子以后有向内求索和向外探寻两大路向，郭店楚简属于向内派，其向内面目，在在都有表现，即使当它处理天地这些最大外在对象时，仍然毫不含糊。

现在被名为《语丛一》的诸简中，有十几片论道的短语，它们这样说：

> 有天有命，有物有名
> 有命有序有名，而后有鲧
> 有地有形有□，而后有厚
> 有生有智而后好恶生
> 有物有鲧而后谤生
> 有天有命，有地有形，有物有容，有家有名
> 有美有善，有仁有智，有义有礼，有圣有善(第193页)

读着这些哲理诗，首先会感到奇怪的是，它在谈天说地时，居然没有来一句"有阴有阳"这样顺理成章的话，当然也就没有由之推演开去，构造出一幅宇宙生成图和人间浮世绘来，像人们在《易传》之类著作中通常总能看到的那样。其中奥妙所在，就在于不同的路向。

---

① 十四篇儒书体裁各异：《五行》篇自我标名；《缁衣》篇不断"子曰""诗云"，且有章数统计；《鲁穆公问子思》为语录体；《语丛》各篇则堆积名言警句。

在《易传》里，我们随时能够读到"一阴一阳之谓道，继之者善也，成之者性也"，"天尊地卑，乾坤定矣；卑高以陈，贵贱位矣"这类由天到人、以天准人的高论，它设想，人的善性，乃继阴阳之道而成；人间社会的尊卑贵贱，完全脱胎于天地效法于天地。这便是孔子以后儒家向外探寻的典型论断。

郭店楚简代表的是另一路向。它也谈天，甚至很有可能也是从天开始构筑自己体系的。但它着眼之点不是天道，而是天命；不是天以其外在于人的姿态为人立则，向人示范，而是天进入人心形成人性，直接给人以命令和命运。所以它一则说"有天有命，有地有形"，再则说"有天有命，有物有名"。在它看来，天之有命，正如地之有形、物之有名那样正常和简单，而且，仿佛是，天之主要的(唯一的?)属性、作用，就在于这个"有命"。命者命令，命令固化了，便是命运；听令受命的，当然是人，只能是人。天命是人性得以形成的直接原因。

这也就是楚简另一篇中所谓的"性自命出，命自天降"(《性自命出》，第179页)的意思。天降命，命出性。性又怎样? 性出情(第179、203页：情生于性)。情呢? 情动心(参第180页中段)。有了情之流露、心之活动，是为有生。所以在《语丛三》里，我们竟然三次读到"有性有生"的话。本来性就是生，生就是性，当时一般大概都是如此理解的；《孟子》中就有记载(见《孟子·告子上》"告子曰：生之谓性")。但是对于一个向内索求人性之所以的学派来说，简单地在人性和人生之间画个等号，就远远不够了。正如我们在这批楚简所见，它已被展开为性与命、性与情、性与心这样三个方面的问题，并作了充分的论证。

二

有关性与命关系的最经典的论说，大概要数《中庸》开篇的那句话："天命之谓性。"楚简中，同样的思想也已有了，只是表述上还不洗练，一句话被说成了三句：有天有命；性自命出，命自天降。

天到底是什么，命又是什么? 天是如何降命的，命又是如何出性的? 这样的致命的问题，是只有我们这些远离神权时代阴影的人，才能提得出来的风凉的问题。当时，它在人们心目中，是并不存在的，因为它不成其为问题。

虽说如此，我们还是能从楚简的相关话题中，寻出一些蛛丝马迹来。譬如《穷达以时》篇说：

> 有天有人，天人有分。察天人之分，而知所行矣。有其人，无其世，虽贤弗行矣。苟有其世，何难之有哉？
> ……遇不遇，天也。（第 145 页）

这里有个"天人之分"，绝非荀子那个"天人之分"，这是需要首先辨明的。因为这个天，不是荀子那个"不为尧存，不为桀亡"的自然之天，而是如文中所说的那样，是或有或无的"世"，不可强求的"遇"，穷达以之的"时"。

世、遇、时是什么？它不是穹庐的苍苍，也不是人格的天王，或者义理的原则、无为的天成；而是运气，是人们所无从预知也不能控制而不得不受其支配的超人力量，是或忽然来去或周期出没的机会，是得之则兴失之则衰却无可挥招的条件，是人们战战兢兢俯仰其中赖以生息的环境。因而当时被尊之曰天，一种特定意义的天。这种意义的天，用我们现在的概念来说，其实就是社会环境、社会条件、社会机遇，或者简称之曰社会力。这个社会力，有时会比自然力量厉害多多，也诡诈多多。从人这方面看来，它是藏身冥冥之中、对之莫可奈何、多半只得臣服之的绝对命令，所以也叫做天命。所谓"命自天降"，所谓"有天有命"，就是这个意思。

人是不能离开社会而存在的。于是人就必得遵从社会的力量和命令而生活，不知不识，顺帝之则，在社会中完成自己，造就出所以异于禽兽的那点灵魂，形成为人的本质，是为人性。所谓"性自命出"，就是这样"出"来的。

楚简中未见正面解释为什么以及怎么样"性自命出"的事，但是有这样的提法：

> 知己所以知人，知人所以知命，知命而后知道，知道而后知行。
> 有知己而不知命者，亡知命而不知己者。（《尊德义》，第 173 页）

知己知人所以能够知命，成为知命的条件，无非由于知己知人则能知所以异于禽兽的那点人性，知性然后方能知其所自出之命。至于知命而后知道知行，则是上述过程的逆转，道和行者，动态之性的动向和准则也。如果一个人仅仅知道自己，不知道别人，不知道人性一般，自然无从知命；这叫做"有知己而不知命者"。反过来看，只要知命，知道人性之所从出，自然不会不知己了；这就是"无知命而不知己者"。

三

这批楚简的儒书中，未见有讨论性善性不善的事；看来这个后来成为儒家必谈的大题目，当时也还没有成为问题。关于人性是什么，它只是这样说：

> 喜怒哀悲之气，性也。及其见于外，则物取之也。
>
> 好恶，性也。
>
> 四海之内，其性一也。（《性自命出》，第 179 页）
>
> 凡有血气者，皆有喜有怒，有慎有□。（《语丛一》，第 195 页）

就是说，它所谓的性，既非食色自然之性，亦非善恶道德之性，而是种种存于中、未及见于外的气，一些可以姑且名之曰"情气"的气。这样的气，无所谓善不善的问题，顶多是一些可以为善可以为不善的素材，一些待发的力。所以简中又说，人之有性（情气），犹如"金石之有声"，"弗取不出"（《性自命出》，第 179 页）。

这些待发的动力一旦引发出来，或者叫取出来，遂释放而为情。《语丛二》里说：

> 爱生于性，亲生于爱，忠生于亲。
>
> 欲生于性，虑生于欲，悟生于虑，静生于悟，尚生于静。（第 203 页）
>
> 智生于性，卯生于智……
>
> 子生于性，易生于子……
>
> 恶生于性，怒生于恶……
>
> 喜生于性，乐生于喜，悲生于乐。
>
> 愠生于性，忧生于愠，哀生于忧。
>
> 惧生于性，监生于惧，望生于监。
>
> 强生于性，立生于强，断生于立。

　　弱生于性，疑生于弱，背生于疑。（第 204 页）

　　这里生于性的那些词，都是人情之种种（第 180 页上说，人之诸情属于爱类者七、智类者五、恶类者三、所为道者四）。它们次生、再生下去，则逐步由真情实感向行为规范过渡，而成为道，例如第一条最后生出了"忠"那样。这也就是《性自命出》中所说的：

　　性自命出，命自天降。道始于情，情生于性。始者近情，终者近义。知情者能出之，知义者能纳之。（第 179 页）

　　在这个天—命—性—情—道的程式中，性是居中的核心；命和情，是性之所自出与所出；天，前已说过，不是外在的自然或上帝，而是社会力；至于道，需要特别强调指出的是，它也不是天道，而是人道：这是此一学派的很重要的特色。在这批楚简的儒书中，除《五行》篇外，一律不谈天道，并且一再说，道有好多，"唯人道为可道也"（第 179、180页），"是以君子，人道之取先"（第 173 页）。这一特色，当然和这个学派的致思路向有关，是它向内求索的明显标志。

　　这种以情释性、指性为情的说法，在《大戴礼记·文王官人》或《逸周书·官人》中，也有一些痕迹。那里说："民有五气：喜、怒、欲、惧、忧……五气诚于中，发形于外，民情不可隐也。"（此据《逸周书·官人》，《大戴礼记·文王官人》略同）气诚于中，形发于外，性和情，只有未发已发的分别，没有后儒常说的性善情恶的差异，在道理上，显然更顺通些。《大戴礼》《逸周书》和楚简的这一一致性，对于我们了解楚简的身份，也许会有一些帮助。

　　由于释性为情，关于性，便没有多少话好说了；而情，则受到绝大的重视。《性自命出》中这样说：

　　凡人情为可兑（悦？）也：苟以其情，虽过不恶；不以其情，虽难不贵。苟有其情，虽未之为，斯人信之矣。未言而信，有美情者也。未教而民恒，性善者也。未赏而民劝，含福者也。未刑而民畏，有心畏者也。贱而民贵之，有德者也。贫而民聚焉，有道者也。（第 181 页）

情的价值得到如此高扬，情的领域达到如此宽广，都是别处很少见到的。特别是，有德与有道，在这里竟也都被拉来当作有情，当作有情的某种境界，这种唯情主义的味道，提醒我们注意：真情流露是儒家精神的重要内容。真情流露就是率性。"率性之谓道"，后来《中庸》开篇的这第二句话，大概是应该以楚简的思想来解释，方才可以捉住要领的。

四

由天命而出性，因率性而生情以至于道。可是这个居于核心地位的性，这个由天命生出来的性，作为情与道之底蕴的性，还得需要"心"来帮助，方才能够成其为真实的性：

　　金石之有声，□□□□□；□□虽有性，心弗取不出。（第179页）

此简有残，但意思大体还能猜得出。它是在说，金石之有声，棰弗击不鸣；凡人虽有性，心弗取不出。由此可见，性对人固然很重要，如果没有心去取它出来，不过是人体的一种潜在可能性而已。唯有心，才是人身上的积极力量；心不取，性不出，情更无由生，人还成其为人乎？

那么心是什么？它是从哪儿来的？现存的简文中未见交代，但有一处指出过心的一个值得注意的重要特点：

　　凡人虽有性，心无奠志；待物而后作，待悦而后行，待习而后奠。（第179页）

人有性，有心；性是某种潜能，心是激活之的动力。双方配合得很。可是"心无奠志"，也就是说，没有既定的方向，好比一辆没有轨道的火车头。潜在的性和无定向的心的这种关系，不禁使我们想起《孟子》引述的告子的一段话："告子曰：性犹湍水也，决诸东方则东流，决诸西方则西流。人性之无分善不善也，犹水之无分于东西也。"（《孟子·告子上》）楚简未必便是告子的作品，但告子的"水"和"决"的比喻，倒确实与楚简的性和心的关系类似。告子着眼于水，结论是"人性之无分善不善"。楚简以无奠志的心去取性，着眼于决，其结果则应该是：可以为善，可以为不善。

这是相当重要的结果！这就回答了"均是人也，或为大人，或为小人，何也"（《孟子·告子上》）的问题，那是一个困惑着所有心性学说的难题。从后来的《孟子》书中，我们读到过性善论者对这一难题的直接回答，也读到了性善论者所转述的性无善恶论者的间接回答；现在从楚简里，我们终于看到了第一手的可以为善恶论者的答案，是一桩很值得兴奋的事。

当然还有一个必须回答的问题是：心无奠志，何也？简文是这样答复的：

> 四海之内，其性一也。其用心各异，教使然也。（《性自命出》，第179页）

人性是同一的，因为它受命于同一个天；人心是各异的，因为它受教于不同的人。这是一个典型的儒家式的答案。本来是从天谈起的，天命为性；性又有赖于心，心弗取不出；心哩，还得受教的塑造。于是，天命成了虚悬的一格，真实起作用的倒是人教。

儒家所谓的教，主要指德教。"教，所以生德于中者也"（第179页），生德于中也就是生德于心，其目的在于使心有定志，人心一如。但由于受教的不同，所以现实状况是人心不同，各如其面，从而又增加了教育的迫切性。在楚简中，可以读到教人如何以心取性由性生情的谆谆叮咛：

> 凡忧患之事欲任，乐事欲后。身欲静而毋□，虑欲渊而毋伪，行欲勇而必至，貌欲壮而毋拔，欲柔齐而泊，喜欲智而亡末，乐欲亲而有志，忧欲俭而毋昏，怒欲盈而毋□，进欲逊而毋巧，退欲□而毋轻，欲皆□而毋伪。君子执志必有夫□□之心，出言必有夫柬柬之信，宾客之礼必有夫斋斋之容，祭祀之礼必有夫斋斋之敬，居丧必有夫恋恋之哀。君子身以为主心。（《性自命出》，第181页）

这里有些字还认不出，有些心态还说不清，但总的倾向是明白的，可以用《中庸》开篇的第三句话来概括，那叫做："修道之谓教。"

1998年5月28日　北京柳北居

先秦儒家著作的重大发现[*]

李学勤

1993 年冬天，湖北荆门郭店一座楚墓里，出土了大量竹简，内容都是典籍。几年来，有关消息一直在海内外学者间流传着，可是今年 5 月，《郭店楚墓竹简》由文物出版社出版后，还是在学术界造成了不小的震动，原因是这批古代典籍实在是太丰富、太珍奇了。

从考古学来说，这座墓——郭店 1 号墓的文化性质和时代是清楚的。墓葬位置在楚国郢都外墓地范围之内，这一带楚墓的序列已经排定，足以说明郭店 1 号墓属于战国中期后段。具体来说，这座墓最接近离它不远的荆门包山 1 号、2 号墓，包山 2 号墓所出竹简有一个纪年可确定为公元前 323 年。比包山 2 号墓晚的包山 4 号、5 号墓也是地道的楚墓，应早于公元前 278 年郢都被秦人占领。因此，包山 1 号、2 号墓及郭店 1 号墓估计都不晚于公元前 300 年。说郭店 1 号墓是公元前 4 世纪末的墓葬，是合适的。至于墓中竹简典籍的书写时间，可能还更早一些。

我们不知道郭店墓所葬死者的名字，但看发掘简报，随葬品有两根鸠杖，可知他是年事已高的男子。同出漆耳杯刻铭"东宫之师"，看来他曾任楚太子的老师。参考墓的年代，这位太子当即怀王太子横，后来的顷襄王，墓主的死在顷襄王即位以前。

竹简典籍主要是道家和儒家著作。道家有《老子》甲、乙、丙三组，均系摘抄，不相重复。丙组简附有《太一生水》，是对《老子》的解说引申，我曾据《庄子·天下篇》推测为关尹一派的作品。

---

* 原载《人民政协报》，1998 年 6 月 8 日，又载《中国哲学》第 20 辑"郭店楚简研究"专辑（辽宁教育出版社 1999 年版）、氏著《重写学术史》（河北教育出版社 2002 年版），今据《重写学术史》收入。

儒家著作也可以分为两组，第一组有《缁衣》《五行》《成之闻之》《尊德义》《性自命出》和《六德》六篇。第二组有《鲁穆公问子思》《穷达以时》两篇。此外还有《唐虞之道》《忠信之道》两篇，虽有近于儒学的语句，但过分强调禅让，疑与苏代、厝毛寿之流游说燕王哙禅位其相子之（前316年）一事有关，或许应划归纵横家，容当别论。

此外竹简还有《语丛》四组，杂抄百家之说，大约是教学用书，和汉初贾谊《新书》的《连语》《修政语》《礼容语》等有些相像。

竹简《老子》的出现，证明《老子》成书甚早，不能如过去有些学者所说，迟到战国中晚期，甚至晚于庄子，这当然是非常重要的。不过我认为，竹简中的各篇儒家著作也有特殊的价值，需要在这里专门介绍和论述。

首先，我们应该看一下这些作品所处的学术史背景。按照《先秦诸子系年》，孔子以下一些儒家人物的生卒年是：

孔子 公元前 551—前 479 年

曾子 公元前 505—前 436 年

子思 公元前 483—前 402 年

子上（子思之子） 公元前 429—前 383 年

孟子 公元前 390—前 305 年

荀子 公元前 340—前 245 年

孔子是公元前6世纪后半到5世纪初年的人。其门人即所谓七十子，下延到公元前5世纪前半，其再传即七十子弟子，是在公元前5世纪中晚。到孟子，距离七十子弟子又隔一世，是在公元前4世纪中晚。郭店1号墓的年代，与孟子活动的后期相当，墓中书籍都为孟子所能见。《孟子》七篇是孟子晚年操作的，故而郭店竹简典籍均早于《孟子》的成书。

儒家著作如依《汉书·艺文志》的分类，当归于《诸子略》的儒家。有的见于今传《礼记》，则属于《别录》的"通论"。大家知道，《礼记》（以及《大戴礼记》）这种性质的各篇，每每和儒家的子书互见。至于《礼记》中具体讨论礼制的那种，郭店简里完全没有，所以这些竹简儒书不能称作《礼记》。

《韩非子·显学》篇说，孔子死后，儒分为八，"有子张之儒，有子思之儒，有颜氏之儒，有孟氏之儒，有漆雕氏之儒，有仲梁（良）氏之儒，有孙氏之儒，有乐正氏之儒"。郭店简这些儒书究竟属于儒家的哪一支派呢？我以为是子思一派，简中《缁衣》等六篇应归于《汉书·艺文志》著录的《子思子》。

《缁衣》取自《子思子》，见于《隋书·音乐志》所引沈约的话。《意林》征引《子思子》，两条见于《缁衣》，足为证明。

《五行》的学说出自子思，后为孟子发展，见于《荀子·非十二子篇》。过去长沙马王堆3号汉墓所出帛书有《五行》，有世子的传。世子名硕，陈人，系七十子弟子，表明《五行》应为子思自作。郭店简的《五行》，只有经文。

贾谊《新书》的《六术》篇曾引据《五行》，这是马王堆帛书整理者已经指出的。《六术》和与之连接的《道德说》也引据了见于郭店简的《六德》。看来《五行》《六德》实同出一源。

竹简《成之闻之》多引《尚书》，与《缁衣》相同，篇末讲"六位"，又和《六德》内容相通。

《性自命出》论及"性自命出，命自天降"，同《礼记·中庸》"天命之谓性，率性之谓道"一致。《史记·孔子世家》云"子思作《中庸》"，沈约也说《中庸》取自《子思子》。

《尊德义》语句或出于《论语》，或类于《礼记·曲礼》，体例和《中庸》等也颇相近似。

这样我们就可以看出，竹简中有《鲁穆公问子思》，并不是偶然的。这些儒书都与子思有或多或少的关连，可说是代表了由子思到孟子之间儒学发展的链环。子思相传受学于曾子，又是孔子嫡孙，他的作品不少处是申述孔子的言论。前人以《中庸》等与《论语》对照，已说明了这一点。竹简各篇也有类似情形，例如《尊德义》云"德之流，速乎置邮而传命"，《孟子·公孙丑上》即称"孔子曰：德之流行，速于置邮而传命"（《郭店楚墓竹简》释文注释第175页），认为是孔子的话。

这些儒书的发现，不仅证实了《中庸》出于子思，而且可以推论《大学》确可能与曾子有关。《大学》中提出的许多范畴，如修身、慎独、新民，等等，在竹简里都有反复的论述引申。《大学》有经有传的结构，与《五行》经传非常相像。由此可知，宋以来学者推崇《大学》《中庸》，认为《学》《庸》体现了孔门的理论理想，不是没有根据的。

郭店简这些儒书，共同的特点是阐述理论性、哲学性的问题。所谓天道性命等概念，在这里都得到讨论，体现出早期儒家的哲学趋向。郭店简集中了这么多儒家理论作品，再加上道家的《老子》，给我们展示了当时中国哲学的繁盛景象，在学术史研究上的价值，实在是不可低估的。特别是竹简不属于儒学盛行的中原一带，而出自南方的楚国都邑，更值得注意。

这篇小文只是向大家通报这项重要发现，希望有更多学者对此进行研究并作出评价。

中国古典学重建中应该注意的问题*

裘锡圭

古典学跟其他学科一样，是不断发展变化的。尤其在近现代，往往由于观念、方法的更新或重要新资料的发现，在较短的时期内就发生了剧烈的变化，呈现出新的面貌。这可以称为古典学的重建。

近代以来中国古典学的第一次重建，可以认为是从 20 世纪一二十年代开始的。

当时，一部分受国外学术思想影响的人文学者，在破除了对古代的圣人和经书的迷信之后，对传统的上古史和古典学产生了深刻的怀疑，要求对它们进行全面的理性的审查。最早比较清晰、全面地表达出这种思想的，是从美国留学回来任教于北京大学的胡适。他在讲义的基础上写成的《中国哲学史大纲》上卷于 1919 年出版。在《导言》中讨论中国哲学史的史料问题时，胡适把经书完全当作一般的古书对待，并认为《易经》只是"一部卜筮之书"，《书经》也缺乏史料价值。[1] 在古书真伪和年代问题上，他大量接受以往学者辨伪的意见（这些意见以前往往为一般学者所忽视），并且比他们走得更远。[2] 他还认为："以现在

---

* 原载《郭店楚简の思想史的研究》第四卷（东京大学文学部中国思想文化学研究室 2000 年版），又载《北京大学中国古文献研究中心集刊（二）》（北京燕山出版社 2001 年版），又载氏著《中国出土古文献十讲》（复旦大学出版社 2004 年版）、《裘锡圭学术文集·简牍帛书卷》（复旦大学出版社 2012 年版）、《出土文献与古典学重建论集》（中西书局 2018 年版）。今据《出土文献与古典学重建论集》收入。注释提到的《郭店楚简国际学术研讨会论文汇编》，正式出版物为武汉大学中国文化研究院编《郭店楚简国际学术研讨会论文集》，湖北人民出版社 2000 年版。

① 胡适：《中国哲学史大纲》上卷，商务印书馆大学丛书 1936 年版，第 24 页。

② 胡适：《中国哲学史大纲》上卷，商务印书馆大学丛书 1936 年版，第 10~25 页。

中国考古学的程度看来，我们对于东周以前的中国古史，只可存一个怀疑的态度。"①胡氏的见解在当时的学术界产生了巨大的影响。

接着，胡氏的学生顾颉刚于 1923 年在《努力周报》上发表《与钱玄同先生论古史书》，提出了中国古史"层累地造成"说，又于 1926 年出版了他所编的《古史辨》第一册，② 在学术界掀起了疑古的浪潮。顾氏在疑古史和疑古书两方面，都比胡氏走得更远。

从 20 年代到 30 年代，疑古逐渐成为古典学界的主流思潮，传统的古典学在很多方面受到清算。经书的神圣外衣完全被剥除。很多先秦古书的年代被推迟，有不少书被看作汉以后的伪作(这里所说的书包括书中的单篇)。虽然怀疑古书之风早就存在，但只是到了这一次才发展成主流思潮，怀疑的广度和深度也大大超过以往，从而明显地改变了古典学的面貌。

就在顾颉刚等掀起疑古浪潮的时候，以研究殷墟甲骨卜辞和敦煌汉简等新出土的古代文字资料③而驰名的王国维，在清华研究院 1925 年的"古史新证"课上，针对疑古派过分怀疑古史的偏向，提出了以"地下之新材料""补正纸上之材料"的"二重证据法"④。疑古派认为周以后人所述古史多不可信。王氏根据甲骨卜辞中所见殷王世系，指出《史记·殷本纪》所记殷王世系"虽不免小有舛驳而大致不误"⑤；又根据甲骨卜辞所记殷先公"王亥"等名，阐明了《山海经》《楚辞·天问》所说王亥等人事迹，证明即使是这类"谬悠缘饰之书"，"其所言古事亦有一部分之确实性"⑥。由于当时已出土的古代文字资料的局限性(如缺乏简帛古籍等)，王氏的努力在总体上并没有能够遏止疑古的势头(《十讲》编按：此句为这次编校时所加)。

二重证据法既是研究古史的方法，也是研究古书的方法。就上举王氏使用这种方法的实例来说，他既证明了《殷本纪》所记殷王世系的可靠，也指出了其中的一些错误；他对《天问》所说王亥(《天问》称"该")等人事迹的阐明，从解释《天问》内容的角度来看，也是一个重要贡献。王氏在讲授、研究《尚书》《诗经》时，也时常援用甲骨卜辞、铜器铭文等

---

① 胡适：《中国哲学史大纲》上卷，商务印书馆大学丛书 1936 年版，第 23 页。
② 顾潮：《顾颉刚年谱》，中国社会科学出版社 1993 年版，第 79~80、125 页。
③ 殷墟卜辞、汉简以及跟古典学有密切关系的敦煌莫高窟写卷，都是在 19 世纪、20 世纪之交发现的。
④ 王国维：《古史新证——王国维最后的讲义》，清华大学出版社 1994 年版，第 2 页。
⑤ 王国维：《古史新证——王国维最后的讲义》，清华大学出版社 1994 年版，第 52 页。
⑥ 王国维：《古史新证——王国维最后的讲义》，清华大学出版社 1994 年版，第 52~53 页。

出土资料。王氏之后，由于他的影响和"地下之新材料"的不断出土，用二重证据法研究古书的人逐渐多了起来。

在古典学的第一次重建中，由于对国外学术思想的借鉴（如研究先秦名学著作时对西方逻辑学的借鉴）和二重证据法的应用，在先秦古书的解读方面涌现了很多新的见解，解决了不少疑难问题。

50年代以后，由于考古事业的发达，地下的古代文字资料大量出土。尤其是70年代以来，陆续发现了大量汉代（多数属于西汉早期）和战国时代所抄写的古书，如临沂银雀山、阜阳双古堆、定县（今称定州市）八角廊等汉墓出土的竹书，长沙马王堆汉墓出土的帛书，慈利石板村、荆门郭店等战国楚墓出土的竹书等，为古典学提供了一大批极为宝贵的新资料。

由于这批资料的出土，很多久已亡佚的先秦古书得以重见天日，不少传世的先秦古书有了比传世各本早得多的简帛古本，古书中很多过去无法纠正的错误和无法正确理解的地方得以纠正或正确理解，不少曾被普遍怀疑为汉以后所伪作的古书得以证明确是先秦作品，不少曾被普遍认为作于战国晚期的古书得以证明是战国中期甚至更早的作品，先秦古书的体例也被认识得更清楚了。出土的古书之外的古代文字资料以及没有文字的古代遗物和遗迹，有些也具有帮助我们纠正古书中的错误，理解古书中的难解之处，以至确定古书时代的作用。

受赐于上述那些资料，我们已经"走出疑古时代"①，开始了古典学的第二次重建。这次重建的任务相当繁重。已出土的简帛古书等资料，有不少尚未整理完毕，而且今后极有可能还会出土这类资料。已发表的资料的研究工作有待深入开展。不少传世古书也需要结合简帛古书重新加以研究。所以这次重建虽然可以认为从70年代就已开始，目前所处的阶段仍然只能看作初期。

古典学的重建往往跟其他人文学科的重建紧密联系在一起。在疑古思潮笼罩下的古史和古典学的重建之间的密切关系，是众所周知的。包含重要的儒家和道家著作的郭店楚墓竹书于1998年发表以后，在人文学界引起震动。有的学者认为，有了这批资料，"整个中

---

① "走出疑古时代"是李学勤先生发表一篇根据他在1992年的一个座谈会上的发言整理而成的文章时所用的题目。此文又作为导论收入他的一本就以"走出疑古时代"为名的文集（辽宁大学出版社1994年版）。

国哲学史、中国学术史都需要重写"①。由此可见古典学重建工作的重要性。参加这项工作的学者应该有极强的责任心。

在古典学的第一次重建中，学者们在古书真伪和年代问题上，一方面廓清了传统古典学的不少错误观念；一方面又"对古书搞了不少冤假错案"②，为古典学和一些相关学科的发展带来了负面影响。在用二重证据法校读古书方面，也有不成功的例子。例如：《周易·萃》六二爻辞中有"引吉"之语，高亨在《周易古经今注》中，闻一多在《周易义证类纂·四·余录》中，都根据甲骨卜辞中常见的所谓"弘吉"，说《周易》的"引吉"是"弘吉"之误。到70年代，有学者证明卜辞中的所谓"弘吉"，其实是"引吉"的误释，《周易》并没有错。③ 希望在古典学的第二次重建中，学者们能吸取这些教训，尽量少犯错误。

我参加了古典学重建的工作，想谈谈为了做好重建工作应该注意的问题，与其他参加重建工作的学者们共勉。由于时间限制，我只准备谈两个方面的问题：以简帛古书与传世古书相对照方面的问题和古书真伪方面的问题。

先谈前一个问题。我参加了《郭店楚墓竹简》(以下简称"《郭简》")的审订工作，想用这批竹简(以下称"郭简")中的例子来说明问题。下面所说的"我们"，包括原整理者和我自己。

出土的简帛古书，有些是尚未失传的书。释读这种简帛古书，当然需要跟传世本相对照。已失传的简帛古书也往往含有个别或一些可以跟传世古书相对照的语句。如果不知道它们可以跟传世古书相对照，释读时就非常可能犯本不应有的错误。我们对古书不够熟悉，编写、审订《郭简》时检索工夫又花得不够，犯了不少这类错误。这里举两个例子。

《性自命出》34至35号简有如下一段话(依原释文录)：

> 惪(喜)斯慆，慆斯奋，奋斯羕(咏)，羕(咏)斯猷，猷斯迬。迬，惪(喜)之终也。恩(愠)斯忧(忧)，忧(忧)斯戚，戚斯難，難斯軖，軖斯通。通，恩(愠)之终也。④

我为"迬"字加了按语，认为此字可能当释为"连"。⑤

---

① 杜维明：《郭店楚简与先秦儒道思想的重新定位》，《中国哲学》第20辑"郭店楚简研究"专辑，辽宁教育出版社1999年版，第4页。
② 李学勤：《走出疑古时代》，辽宁教育出版社1999年版，第9页。
③ 于豪亮：《说引字》，《于豪亮学术文存》，中华书局1985年版，第74~75页。
④ 荆门市博物馆编：《郭店楚墓竹简》，文物出版社1998年版，第180页。
⑤ 荆门市博物馆编：《郭店楚墓竹简》，文物出版社1998年版，第183页注34。

已有好几位学者指出，《礼记·檀弓下》所记子游论礼之语中，有与上引简文大体相同的话，其文如下：

> 人喜则斯陶，陶斯咏，咏斯犹，犹斯舞，舞斯愠，愠斯戚，戚斯叹，叹斯辟，辟斯踊矣。

把上引简文跟《礼记》此文对照一下，就可以知道：简文"迋"应该读为"舞"。"迋"从"亡"声，"舞"从"無"声，"亡""無"古通。我在《郭简》中怀疑此字当释"连"，完全错误。隶定为"戠"之字应释为"慼"。"慼""戚"古通。"㦬"当读为"叹"，"通"当读为"踊"。

上引《礼记》文"舞斯愠"一句不好理解。《礼记·释文》所据本无此句，"愠斯戚"句《释文》说："此喜怒哀乐相对。本或于此句上有'舞斯愠'一句并注，皆衍文。"从上引简文看，此说可信。简文与《礼记》"陶"字相当的字是"慆"，《说文》训"慆"为"说（悦）"。《礼记》"陶"字，郑注训为"郁陶"，似不如据简文读为"慆"合理。①

由于我们不知道上引简文可以跟《礼记》对照，不但在释读上犯了不应有的错误，而且丢失了以简文校正《礼记》的机会，并使在讨论《性自命出》跟孔门的关系时可用的一条重要线索变得模糊了。

再举第二个例子。

《语丛一》31 号简释文为：

> 豊（礼）因人之情而为之，

32 号简释文为：

> 善里（理?）而句（后）乐生。②

释文虽然没有将这两条简文连写成一句，但将它们紧挨着排列，表示有可能应作为一句读。

---

① 以上所说据彭林：《〈郭店楚简·性自命出〉补释》，《中国哲学》第 20 辑"郭店楚简研究"专辑，辽宁教育出版社 1999 年版，第 315~319 页。彭文有详细论证，请参阅。彭先生读《礼记》"叹"字为"㦬"，训为"恐"。他家则多读简文"㦬"为"叹"。在这一点上，我们从他家之说。

② 荆门市博物馆编：《郭店楚墓竹简》，文物出版社 1998 年版，第 194 页。

同篇 97 号简释文为：

> 即，廖者也。①

我为此简加按语说："'即'疑读为'节'或'次'，'廖'疑读为'度'或'序'。"②

陈伟《〈语丛〉一、三中有关礼的几条简文》指出：《语丛一》31、32 两号简文的连读缺乏根据。《礼记·坊记》说："礼者，因人之情而为之节文，以为民坊者也。"类似表述在其他几种古书中也可看到。所以 97 号简应该排在 31 号简后，二简文字应连读为：

> 礼因人之情而为之即(节)廖(度)者也。

跟《坊记》的"礼者，因人之情而为之节文"非常近似。③

陈先生的意见无疑是正确的。我们由于没有注意到《坊记》的那句话，把简文系联错了，而且由于把 97 号简文误认为完整的句子，在"即"字下错加了逗号。当然，同时也使在讨论《语丛一》跟《礼记》的关系时可用的一条线索变得模糊了。

通过郭简的释读，我们深刻地认识到，像我们这种古书不够熟的人，在释读简帛佚籍时，必须随时翻看有关古书，必须不怕麻烦地利用索引书籍和电脑做大量的检索工作，尽最大努力去寻找传世古书中可以跟简文对照的语句。

在将简帛古书与传世古书(包括同一书的简帛本和传本)相对照的时候，则要注意防止不恰当的"趋同"和"立异"两种倾向。前者主要指将简帛古书和传世古书中意义本不相同之处说成相同，后者主要指将简帛古书和传世古书中彼此对应的、意义相同或很相近的字说成意义不同。下面各举一例。

《老子》通行本第五十七章有如下一句：

> 天下多忌讳而民弥贫

---

① 荆门市博物馆编：《郭店楚墓竹简》，文物出版社 1998 年版，第 198 页。

② 荆门市博物馆编：《郭店楚墓竹简》，文物出版社 1998 年版，第 200 页注 19。

③ 《郭店楚简国际学术研讨会论文汇编》第 2 册，武汉大学，1999 年，第 110~111 页。校按：李天虹指出，读为"度"的那个字实应读为"文"(《释楚简文字"廖"》，《华学》第 4 辑，紫禁城出版社 2000 年版，第 85~87 页)，其说可从。

有些传本和马王堆帛书本，句首有"夫"字，此外无重要异文。①《郭简·老子》中与上引之句相应的文字见于甲 30 号简，释文如下：

夫天多期(忌)韦(讳)而民尔(弥)畔(叛)②

注 67 说："据各本，简文'天'下脱'下'字。"③认为简本此句主语原来应与传本相同。

李零《郭店楚简校读记》不同意上引注文的意见，指出"天多忌讳"与此章下文"民多利器"相应，"或为本来面貌"。④ 李若晖《郭店老子零笺》也有这种看法，并有较详细的论证。⑤ 我认为他们的意见是正确的。

我在《郭简》出版之后，也发现此句"天"字下不应补"下"字，已在拙文《郭店〈老子〉简初探》中指出。⑥ 不过我在那里"怀疑'期韦'当读为'期违'"，"指约期和违期"，又怀疑"畔""是'贫'的音近讹字"，则都是不对的。"期韦"仍应据各本读为"忌讳"。《淮南子·天文》："虹蜺、彗星者，天之忌也。"高诱注："忌，禁也。""天多忌讳而民弥叛"的意思是说，天频繁地以特殊的天象示警于下民，下民反而更不听话。《说文·三上·言部》："諅，诫也。""讳，諅也。"我倾向于把《淮南子》和《老子》的"忌"都读为"諅"。"諅"和"諅讳"都是教诫、警诫的意思。一般所熟悉的"忌讳"的意思，可能是由这种意思引申出来的。老子从天道自然的观点出发，是反对"天多忌讳"的。但是他的这句话反映出，在他的心目中，天是能够这样做的。这是研究老子思想的重要材料。今本此句无疑经过窜改。用"趋同"于今本的办法来对待简本的这句话，实在太可惜。

下面举"立异"的例子。

《礼记·缁衣》第十七章说：

子曰：民以君为心，君以民为体。心庄则体舒，心肃则容敬。心好之，身必安

① 参看高明：《帛书老子校注》，中华书局 1996 年版，第 103~104 页。
② 荆门市博物馆编：《郭店楚墓竹简》，文物出版社 1998 年版，第 113 页。
③ 荆门市博物馆编：《郭店楚墓竹简》，文物出版社 1998 年版，第 116 页。
④《道家文化研究》第 17 辑"郭店楚简专号"，生活·读书·新知三联书店 1999 年版，第 470 页。
⑤ 周凤五编：《古文字与古文献》试刊号，楚文化研究会，1999 年，第 77 页。
⑥《道家文化研究》第 17 辑"郭店楚简专号"，生活·读书·新知三联书店 1999 年版，第 56 页。

之。君好之，民必欲之。心以体全，亦以体伤。君以民存，亦以民亡。……

《郭简·缁衣》中与此章相应的，是见于 8 号至 10 号简的第五章，释文如下：

> 子曰：民以君为心，君以民为体。心好则体安之，君好则民惫(欲)之。古(故)心以体法，君以民芒(亡)。……①

简本"芒"字从"亡"声，释文据《礼记》本相应之字读为"亡"，无疑是正确的。《郭简》他篇中，《语丛四》6 号简"皮邦芒牺(将)"之"芒"亦借作"亡"。《老子》甲 25 号简以"苀"为"兆"，《五行》6、8、28 诸号简以"藥"为"樂"，情况与以"芒"为"亡"相类。对简本"法"字，我加有按语，认为应读为"废"。② 借"法"为"废"的现象，在周代金文和秦简、秦印中都能看到。③ 包山楚简中也有这种用例。④ "心以体法"是比喻"君以民亡"的，与《礼记》本的"(心)亦以体伤"句相当，读"法"为"废"显然是合适的。"以体废"和"以体伤"的意思基本相同。

有的学者不同意我们对"法"字和"芒"字的读法。周桂钿《郭店楚简〈缁衣〉校读札记》在讨论上引这一章时说：

> 结论部分，简本是："心以体法，君以民芒"，不好理解，主要是"法"与"芒"两个字。今本作："心以体全，亦以体伤；君以民存，亦以民亡。"这就比较容易理解。从今本说法来理解简本的结语，"法"与"芒"都是双向的，有两种可能性的。也许本来正是如简本所写，后人为了通俗明白，才改成今本的样子。法，法则，体全心也全，体伤心也伤。民要君存，君就存，民要君亡，君就亡，这叫芒。把芒解释为"亡"，恐不合原意。⑤

---

① 荆门市博物馆编：《郭店楚墓竹简》，文物出版社 1998 年版，第 129 页。

② 荆门市博物馆编：《郭店楚墓竹简》，文物出版社 1998 年版，第 132 页注 27。

③ 王辉：《古文字通假释例》，艺文印书馆 1993 年版，第 759~760 页。

④ 如 18 号简"宋强法(废)其官事"等，参看刘国胜：《郭店〈老子〉札记一篇》，《郭店楚简国际学术研讨会论文集汇编》第 2 册，武汉大学，1999 年，第 193 页。

⑤ 《中国哲学》第 20 辑"郭店楚简研究"专辑，辽宁教育出版社 1999 年版，第 206 页。

像周先生这样，把"心以体法"的"法"按照字面理解为法则，句子根本讲不通。周先生大概是按照"心以体为法"的意思来理解这句话的。这样的意思在古代也许可以说成"心法体"，但绝对不能说成"心以体法"。周先生对"芒"字的解释更令人费解。为什么"民要君存，君就存，民要君亡，君就亡"就叫"芒"呢？在古往今来的汉语中，找得出一个与此类似的"芒"字的用例来吗？他的说法恐怕难以成立。

刘信芳《郭店简〈缁衣〉解诂》对这一章的"法"和"芒"也有独特的解释。刘先生说：

> ……"心以体法"与上文"君以民为体"相照应，是谓为君治国之法，本之于民。……或读"法"为"废"，非是。法者，模也，范也。
>
> ……"法""芒"互文，若读"芒"为"亡"，甚不合文理。《说文》："芒，草端也。"又："杪，木标末也。"又："标，木杪末也。"芒为草之端，标为木之端，草之芒亦释为"杪"（《一切经音义》卷二引《字林》），而标可引申为徽识（参段注），是"君以民芒"者，君之所以"好"，民之"安"、民之"裕"（引者按：此文读简本此章上文中之"慾"为"裕"）乃标识也。传本改"芒"为"亡"，"君以民亡"读不顺适，故衍为"君以民存，亦以民亡"。①

刘先生大概把"心以体法"和"君以民芒"理解为"心以体为法"和"君以民为芒"。上面已经说过，这种理解是不合语法的。而且"心以体法"是以心与体的关系来比喻衬托君与民的关系的，怎么能就解释为"为君治国之法本之于民"呢？把"芒"解释为标识，也难以使人信从。在古今汉语中，"芒"字的这种用例也是一个也找不出来的。无论从语法还是从语义来看，"君以民亡"都要比"君以民芒""顺适"得多。

周、刘二位先生对"心以体法，君以民芒"的解释，应该可以看作不恰当地立异的例子。

不恰当的趋同和立异，对古典学的发展都很不利。我们一定要注意防止这两种倾向。

现在来谈古书真伪方面的问题。目前国内在这方面存在的主要问题，是部分学者对古书辨伪的已有成果不够重视。

疑古派以及其他做过古书辨伪工作的古今学者，确实"对古书搞了不少冤假错案"。不过他们也确实在古书辨伪方面取得了不少成绩，有不少正确的、有价值的见解。真正的冤

---

① 《郭店楚简国际学术研讨会论文汇编》第2册，武汉大学，1999年，第18页。

案当然要平反，然而绝不能借平反之风，把判对的案子也一概否定。对古书辨伪的已有成果，我们要给予足够的重视，决不能置之不理或轻易加以否定。可是现在有一些学者所采取的，却正是后一种态度。虽然他们多数只是对古书辨伪的一部分成果采取这种态度，在学术上的危害性也还是相当大的。

我们通过《列子》和伪古文《尚书》的例子，来看看这方面的情况。

过去大多数学者把《列子》看作伪书，① 在 70 年代以来出土的简帛古书中，也没有发现过《列子》的踪迹。但是近年来却颇有一些学者热心为之翻案。②

辨《列子》之伪的，不但有文献学家，而且还有语言学家。后者根据《列子》语言的时代色彩，判断其成书年代不能早于魏晋，举证甚多。③ 主张《列子》非伪书的学者，必须把语言学家所举的那些证据驳倒，才有可能证明他们的见解是正确的。然而实际上并没有人认真这样去做。我们至少可以说，《列子》的真伪目前还难以断定。可是就在这种情况下，已有一些学者把《列子》当作真书，据以进行先秦思想史的研究了。例如有的学者就根据《列子》，得出了"列子学系稷下黄老学之先导"的看法。④ 希望学术界对《列子》这部书继续采取审慎的态度，不要把它当作先秦的书来用。

我们现在使用的十三经中的《尚书》，出自东晋元帝时代梅赜献给朝廷的古文《尚书》。前人早已论定这是一部伪书，其中多出于今文《尚书》的各篇都是伪造的。这久已成为古典学的常识了。可是这些年来，把伪古文《尚书》当作真《尚书》来引用的学者，却愈来愈多。⑤ 这是很不正常的现象。

郭简中的一篇佚书(《郭简》定名为"成之闻之")，引用了《尚书》的《大禹谟》的一句话"余才宅天心"。《大禹谟》不见于今文《尚书》，而见于梅赜古文《尚书》。可是在今传《尚书·大禹谟》中却找不到上引的那句话。这是梅赜古文《尚书》，也就是今传古文《尚书》是

---

① 参看张心澂：《伪书通考》下册，商务印书馆 1957 年版，第 818~833 页。

② 例如《道家文化研究》第 10 辑(上海古籍出版社 1996 年版)就发表了陈广忠的《〈列子〉非伪书考》三篇。

③ 这方面的论文，以较晚发表的张永言《从词汇史看〈列子〉的撰写时代》一文举证最多，也最有说服力。此文载李铮、蒋忠新主编：《季羡林教授八十华诞纪念论文集》，江西人民出版社 1991 年版，第 189~208 页。

④ 胡家聪：《〈列子·天瑞〉中"天、地、人"一体的常生常化论——兼论列子学系稷下黄老学之先导》，《道家文化研究》第 15 辑，生活·读书·新知三联书店 1999 年版，第 151~162 页。

⑤ 参看程丰：《关于〈伪古文尚书〉》，《中国典籍与文化》1996 年第 4 期。

伪书的又一证据。① 然而却有学者根据郭简引《书》的情况来为伪古文《尚书》翻案。他说：

> ……郭店竹简引用了多条《古文尚书》的材料，其中大部分见于今传《古文尚书》（有几条不见于今本，说明今本有佚文），这足以证明《古文尚书》不伪。②

他所说的"见于今传《古文尚书》"的郭简引《书》之文，全都见于《缁衣》篇。《缁衣》编入《礼记》后一直传了下来。其中的引《书》之文，伪造古文《尚书》者当然可以分别采入相应之篇。而郭简中的佚篇，伪造者见不到，其中的引《书》之文无从采入，所以在今传古文《尚书》中就见不到了。③ 这种现象只能用来证明今传古文《尚书》之伪，怎么能反而用来证明其"不伪"呢？

我们走出疑古时代，是为了在学术的道路上更好地前进，千万不能走回到轻率信古的老路上去。我们应该很好地继承包括古书辨伪在内的古典学各方面的已有成果，从前人已经达到的高度继续前进。只有这样做，古典学的第二次重建才能正常地顺利地进行下去。

附记：此文是 2000 年 3 月 25 日在东京召开的"文明与古典"公开研讨会上发言的底稿。

---

① 李学勤：《郭店楚简与儒家经籍》，《中国哲学》第 20 辑"郭店楚简研究"专辑，辽宁教育出版社 1999 年版，第 19~20 页。

② 郭沂：《郭店竹简与中国哲学》，《郭店楚简国际学术研讨会论文汇编》第 1 册，武汉大学，1999 年，第 296 页。

③ 参看廖名春：《郭店楚简〈成之闻之〉、〈唐虞之道〉篇与〈尚书〉》，《中国史研究》1999 年第 3 期，第 36 页。

郭店楚简与先秦儒道思想的重新定位*

[美]杜维明

一

荆门郭店楚简发现以后，美国汉学界很重视。1995 年，美国方面就提出配合整理，使它们能够像包山楚简那样，用照片的形式把原始资料公布出来。在美国学术界，这批材料中最受重视的是竹简《老子》。达慕思大学由艾兰及韩禄伯两位教授专门召开了"郭店《老子》国际研讨会"。《太一生水》在西方引起了较大的震荡。莱顿大学的施舟人教授认为，《太一生水》对整个道家哲学，特别是道家的宇宙发生论，有重大的影响。然而，《太一生水》的宇宙发生论是否为双轨的，还需要进一步研究。太一生水，水反辅太一以生天、生地，再生神明、阴阳、四时等，牵涉许多非常复杂的问题。它们到底是民间信仰，还是中国比较早的宇宙生成论，等等，都需要专门的研究。

二

在学术研究中，研究者的希望与期待，有时候会直接地影响到对文献的解释。在郭店

---

* 原载《中国哲学》第 20 辑 "郭店楚简研究"专辑，辽宁教育出版社 1999 年版。

楚简的研究中，这种"期待"应该就是期待发现《子思子》，也就是期待孔孟之间儒家材料的出现。

在马王堆帛书《五行》出土以前，我们对《荀子》所批判的孟子的"五行"并不清楚，正是马王堆帛书《五行》，使我们知道了思孟"五行"的内容。郭店楚简的这批资料，也有类似的意义。不管这批材料是否为《子思子》，是否就是子思、子游学派的东西，它们仍然有两方面的意义：一是为孔子之后第二代、三代学生的研究，也就是对早期儒家的谱系的研究，提供了资料；二是为儒家以外的其他的横向的学派的研究，例如道家，提供了资料。

郭店出土的资料有一个重要特点，就是这次出土的资料可以认为是先秦时期的一个精致的图书馆里的材料。郭店一号楚墓的墓主，现在认为是"东宫之师"，也就是楚国太子的老师，他应该是当时水平很高的知识分子。因此，郭店出土的竹书，与包山的、马王堆的出土材料不同，而是一个知识水平极高的老师对儒家早期最精的图书的选择。它们可能比马王堆的简帛更有价值，每一个字、每一句话，都可能为早期儒家的认识提供新的资料。如果说郭店的竹简是一些教材，那么它们一定是经过精选的材料，是当时重要的文献。这与我们认为它们是《子思子》的认识没有冲突。从这一角度来看，郭店楚简的材料就把从孔子到孟子之间的空缺填补起来了。

对于孔子与孟子之间先秦儒学的认识，需要注意两方面的问题：一是孔子与孟子之间的文化资源有多少；二是先秦儒家社会批判精神的问题。

从孔子到子思、子游以至于孟子之间，到底有多少文化资源，始终是一个重要的问题。顾立雅教授对此问题，一直有不同的看法。他认为孟子提出的一些问题，都不是儒家的核心问题，而是道家的东西，它们与儒家关于内在精神、内在的身心性命之学有别。在战国以前，儒家之学是入世的，而且直接和政治有关。如果郭店一号墓的下限是公元前278年，如果这是一批经过精选的材料，这里面就有一个发展过程的问题，也就是说，这批文献能够成为有价值的经典，需要经历一段时间，而这个时间大概就是战国中期。从文献文本本身来看，里面包含了儒家的基本的价值观，如"忠信""时"，等等。儒家的价值包括了四个方面，也就是：个人、社群、自然、天道。个人本身有内在的生命与内在的价值，包括自己的修身、身心性命之学，其基本的精神就是"天生人成"；社群的问题，就是如何面对凡俗的世界；至于自然，至少在孟子学派里有敬天的观念；敬天的观念，则关系到人事与天道的互动，如《性自命出》，如《中庸》的"天命之谓性，率性之谓道"，等等。性和命有着复杂的关系。孔子就讲命和性的关系，这与《穷达以时》中的一些观念是相关的。

先秦儒家的抗议精神，或曰社会批判精神，可以包括三层意思：一是政治批判；二是作为社会良知，对社会的批判；三是文化传承、文化批判精神。从《鲁穆公问子思》一篇，就可以看出子思的政治批判精神，子思的政治批判是严肃而直率的，决非政治投机。

郭店的这批材料还有其他一些特点。首先，《忠信之道》《唐虞之道》都有道德理想主义的倾向。他们是要入世的，但在入世的基础上又要转世，所以这里有一个理想价值的问题，关系到理想价值的如何落实。其次，修身哲学是否为精英主义的学术？是否只有极少数的人才能做到？修身之学到底是为知识分子提出的理论，还是具有普世价值的学说？《尊德义》中谈到"仁""义""学""教"，说的就是先知先觉与一般人的关系。在古希腊的哲学中，柏拉图有一个比喻，就是把我们比作洞穴中的人，我们的手都被锁链锁住，哲学家是要把我们的锁链打破，带领我们离开洞穴。所以，哲学家与我们的关系是精英与普世的关系。但儒家所说的"修身为本"，是说任何一个人都可以通过他自己的努力来完成道德修炼。

三

郭店楚墓竹简出土以后，整个中国哲学史、中国学术史都需要重写。

郭店楚简为我们提供了有关先秦学术的许多新知识，因此，对于"五四"以来，特别是"疑古派"所提出的许多观点，现在都需要重新认识；甚至对整个中国传统文化，都需要重新定位。

郭店楚简的材料告诉我们，孟子时代的儒家文化，至少可以有三种资源值得我们重视：第一，在孔子时代已经有非常深厚的、多元多样的文化传承的资源。在孟子的时代，已经有了上千年的文化的积累。如果以经书为代表，不管是《诗经》所代表的人是感情的动物，《书经》所代表的人是政治的动物，《礼记》所代表的人是社会的动物，《春秋》所代表的人是历史的动物，还是《易经》所代表的人是具有终极关怀的动物，等等。第二，许多学者，特别是国内的学者曾经提出儒家传统没有办法发展出具有独立人格的主体性的问题。然而，郭店的这批资料主体性很强。这也就是孔子所说的"匹夫不可夺志"，不仅如此，这种主体性还可以与一个人的政治地位和社会地位没有关系。毫无社会地位、政治地位的人，也可以有主体性，可以"以德抗位"。第三，虽然这是在一个凡俗的世界，但其价值观却有高层次的根源性。不管是《唐虞之道》还是《性自命出》，其中的价值观念，不能说是来自凡俗世界的根源，而且也不能完全说是来自历史的根源。这个里面有天道的问题，也就是"天命之谓性"。这里所掌握的，是历史文化的深厚的背景、主体性、社会良知、替天行道，后者实际上就是"天生人成"。

从郭店楚简的材料来看，孔孟之间先秦儒学的发展，是多元多样的。我们现在的研究与认识，还要注意两个问题：第一个问题就是，这批材料的下限是否就是公元前300年左右，是否确实是孟子以前的材料；第二个问题是，我们现在所见楚简资料只是冰山的一角，还有上海博物馆的资料没有发表，上海的资料，可以丰富这批资料。这些资料和死海所出的《圣经》的早期的资料一样的重要，在很多地方可能更重要，因为它们可以帮助建立起先秦儒家传承的谱系和线索。通过这批资料，我们要对战国末期直至汉代的许多资料，重新进行定位。我们对孔、孟之间先秦儒家资料的认识，会有质的飞跃，也会有许多新的发现。《孟子》学说的价值是一个很复杂而且值得深扣的领域，曾经有学者认为，孟子的学说非常简单，在政治上有点抗议精神而已，并没有什么深刻的心性之学。但现在可以说，我们如此说是把孟学简单化了，我们把这些资料中有"心"意的字都放在一起，就可以发现思孟学派有关心性情的资源非常丰富，目前，我们还不能了解他们所体现的内心世界，因为我们只能从文字上揣摸还不能真有体知；那个时代的大智大德所掌握的资源，是非常值得我们研究的。

我对这批珍贵的资料虽只是浅尝而已，但兴奋之情难以言喻。最使我感到惊讶的是在《性自命出》篇中直接讨论心性命之学的字汇如此之多，意蕴如此之深而内涵又如此丰富，真是美不胜收。一般熟习的忠、恕、志、意不待说，以身心为仁，直心为德，我心为义，既心为爱，各心为欲，近心为慎，也许从古文字的角度立论不足为奇，但从哲学理念加以审视确是韵味无穷。特别是以身心为仁，难道除六书造字的通则以外没有更深刻的人文信息吗？在西方汉学界具有先秦哲学祭酒之尊的葛瑞汉曾申称"情"一字在古代汉语中多半指"情形"或"情况"，也就是客观条件而言，带感情意思的绝无仅有。诵读《性自命出》后，我们不得不重新考虑这一思路背后所预设的理据。

"儒学的人论"国际学术研讨会发言，1998年6月17日，北京，香山饭店；同年9月14日校补于美国麻州康桥。

郭店竹简的形式特征及其分类意义*

周凤五

  1993 年冬，湖北省荆门市郭店一号楚墓出土竹简七百多枚，经整理者的辛勤努力，已由文物出版社于 1998 年 5 月出版《郭店楚墓竹简》一书，内容包括《缁衣》《五行》《老子》《太一生水》等先秦儒、道两家的典籍与前所未见的古佚书共十八篇。在汲冢竹书出土一千七百年之后，我们得以亲眼目睹如此珍贵的先秦简牍，真可以说是眼福不浅。

  这批材料发表以来，受到海内外学术界高度的重视，专书论著，胜义纷披。唯研究的重点大多集中在文字的考释、简文与相关文献的校勘、竹简各篇思想内容的阐述等，至于最基本的竹简的形制及其所反映的各篇的性质与分类则较少受到注意。本文拟以此为主题，归纳郭店竹简各篇的简长、简端形状、字数、编线数与间距、简牍符号、字体等形式特征，参照两汉学者对于儒家典籍形制的相关叙述，探讨郭店竹简所见的形式特征及其分类的意义，借以确认各篇的性质及其在先秦时代的学术流派归属。教读余暇，勉力从事研究，谬误、疏漏在所难免，敬请批评指教。

一、简长、简端形状、字数、编线数与间距

  以简策长短区分儒家经、传，这是汉代文献明文记载的。① 如王充《论衡·谢短篇》

---

  * 原载《郭店楚简国际学术研讨会论文集》(湖北人民出版社 2000 年版)，又载《朋斋学术文集·战国竹书卷》(台大出版中心 2016 年版)，今据前者收入。

  ① 除了书籍之外，汉代的法律与公文所用简策也有固定的长度，如《史记·酷吏列传》说"三尺法"，《汉书·朱博传》说"三尺律令"，《盐铁论·诏圣篇》说"二尺四寸之律"，都是明显的例证。

说："二尺四寸，圣人文语。"又《书解篇》说："诸子尺书，文篇具在。"①郑玄《论语序》更明白指出：

> 《易》《诗》《书》《礼》《乐》《春秋》，策皆二尺四寸；《孝经》谦，半之；《论语》八寸策者，三分居一，又谦焉。②

可见汉代流传的儒家典籍在简策的长度上明显有所区分。相传孔子手定的《易》《诗》《书》《礼》《乐》《春秋》等六经最长，弟子门人所记，阐述发明六经奥旨的传注较短。近年来出土的楚国竹简虽然为数不少，但多半残损严重，或者属于遣策与公文档案，无法与前述两汉学者的说法直接印证。③ 幸而郭店竹简各篇不但简策长短有别，而且内容全属先秦儒、道两家的典籍，为我们提供了"圣人文语"与"诸子尺书"的最佳实物例证。

郭店竹简最长的为32.5厘米，包括《缁衣》《五行》《性自命出》《成之闻之》《尊德义》《六德》六篇，其中《性自命出》以下四篇都是两道编线，间距17.5厘米，明显属于同一类；《缁衣》与《五行》也是两道编线，前者间距12.8~13厘米，后者12.9~13厘米，也可以归为一类，这两篇相传出自子思之手，在儒家子思学派享有经典的地位④。准此以推，与之简长相同、思想相应的《性自命出》《成之闻之》《尊德义》《六德》等四篇，似乎也可以归入经典之列。另外，甲组《老子》简长32.3厘米，虽较前述六篇略短，但两道编线，间距13厘米，与《缁衣》《五行》基本相同，应当也属于同一类。甲组《老子》是一个经过战国时代儒家学者改编的本子，尽量淡化道家宇宙论与形上思想的色彩，并刻意修改文字，

---

① 黄晖：《论衡校释》，中华书局1990年版，第557、1159页。

② 郑玄注、贾公彦疏：《仪礼注疏》，《十三经注疏》第4册，台湾艺文印书馆1997年版，第283页。"二尺四寸"原作"尺二寸"，据阮元《仪礼注疏校勘记》改。本文所引《十三经注疏》若引此本，不另注明。

③ 如《仰天湖楚简》《望山楚简》等均残损严重，《包山楚简》基本完整。其中遣策最长，一般在70厘米左右；卜筮祷祠简次之，约67~69厘米；公文档案最短，也最复杂，由55厘米至69.5厘米都有，参考湖北省荆沙铁路考古队：《包山楚简》，文物出版社1991年版，第4页。

④ 《隋书·音乐志》引沈约说："《中庸》《表记》《坊记》《缁衣》皆取《子思子》。"可见《缁衣》为子思所作，《荀子·非十二子》说："案往旧造说，谓之五行。甚僻违而无类，幽隐而无说，闭约而无解；案饰其辞而祇敬之，曰：'此真先君子之言也。'子思唱之，孟轲和之。"可见《五行》为子思所作，参考庞朴：《帛书五行篇研究》，齐鲁书社1980年版。

避免与儒家"五行"之说正面冲突，是一个已经"儒家化"，甚至"子思学派化"了的道家经典①。因此，甲组《老子》在郭店竹简之中很可能与儒家的《缁衣》《五行》等六篇同样享有经典的地位。以上七篇竹简的上下两端都修整为梯形，有别于《忠信之道》《唐虞之道》等篇的简端平齐，也为这个假设提供了有力的旁证。至于甲组《老子》简长较儒家经典短 0.2 厘米，由于相差甚微，不妨视为等长，但也可能些微之差正是区别儒、道两家的标志。

简端同样修整为梯形的还有《鲁穆公问子思》与《穷达以时》，前者记述子思与鲁穆公的问答，凸显了子思正直不阿的人格；后者强调君子不以穷达易节，乃儒家一贯立身之道。两篇的内容都与子思的生平、思想相应，当属子思学派有关其宗师的嘉言懿行的记录与阐述，估计出于子思的弟子或门人后学之手，其重要性似较前述子思手著各篇略逊一筹；两篇简长只有 26.4 厘米，清楚反映了这个事实。不过，《鲁穆公问子思》《穷达以时》《缁衣》《五行》《性自命出》《成之闻之》《尊德义》《六德》等八篇的写作，直接间接都与子思有关，内容也都是子思的生平或学术思想的记录与阐述。考虑先秦诸子的成书，多由一派宗师首开其端，继而弟子门人转相传习，最后历经众手写定；其内容则举凡宗师的学术思想、嘉言懿行、遗闻轶事以及后学的诠释、阐发无所不包，② 则上述八篇似乎可以汇为一编，且很可能就是传自先秦、北宋以后日渐散佚的《子思子》的主体。换句话说，梯形简端是郭店竹简儒家"子思学派"经典的主要形式特征，这一类在郭店竹简最为重要。

---

① 关于郭店三组《老子》的性质，自郭店竹简公布以来论者甚夥，其间得失互见，恕不一一称引，我认为《老子》文本的写定与子思学派颇有关系。郭店竹简甲组《老子》第一简，开宗明义就把"绝圣弃智"改为"绝智弃辩"，"绝仁弃义"改为"绝伪弃诈"；而"绝圣弃智""绝仁弃义"这两句自马王堆帛书《老子》甲种与乙种，下讫历代不同系统的各种《老子》传本，包括唐代石刻与敦煌写本，如想尔本、王弼本、傅奕本、河上公本，加上先秦两汉诸子如《庄子·在宥》与《胠箧》、《淮南子·诠言》与《道应》以及《文子·道原》等所引《老子》，均不见有任何异文，可见《老子》的文本在战国中期已经固定而且流传至今。这样看来，郭店竹简这里的异文显然别具深意，亦即甲组《老子》这两句异文的产生，完全是为了避免对子思学派的经典《五行》所标榜的"仁义礼智圣"做针锋相对的批判。换句话说，甲组《老子》根本是一个已经"儒家化"，甚至"子思学派化"了的道家经典，书中凡与子思学派"五行"之说正面冲突的文字都被彻底修改了。我们如果注意今本完整的《老子》书中，对儒家所标榜的"仁义""忠信""孝慈""礼"等主张仍有相当鲜明的批判，应当可以推知《老子》文本的写定就在子思"五行"之说流行的同时，亦即战国初年；而郭店《老子》则是经过儒家精心修改的删节本。目的在"援道入儒"以补儒家思想之不足，并为《太一生水》的宇宙论提供理论基础。参考周凤五：《郭店〈老子〉为儒家改本说》《郭店竹简〈太一生水〉研究》，待刊。

② 参考张心澂：《伪书通考》，台湾鼎文书局 1973 年版。

　　乙组《老子》简长 30.6 厘米，丙组《老子》《太一生水》26.5 厘米，与甲组《老子》显然不同。乙组《老子》抄存今本《老子》的五十九章、四十八章上段、二十章上段、十三章、四十一章、五十二章中段、四十五章、五十四章；内容着重君子的立身处事之道，强调相反对立、无为、清静，完全不采录《老子》的宇宙论。丙组《老子》篇幅更小，仅仅摘录君人南面之术与自然、无为之说。《太一生水》则明确反映儒家学者借用楚国原始的"太一"信仰，糅合"稷下学派"的道家与阴阳数术之学对《老子》一书的改造。换句话说，郭店竹简三组《老子》明显有所删节，都是儒家"援道入儒"的产物。三组的内容彼此照应，重出文字大同小异，似乎各有所本而基本一致，估计当时《老子》一书已有定本，其内容与今本相去不远且已广为流传。甲组的篇幅较长，内容比较完整，乙组与丙组则篇幅短小，内容有所局限。但甲、乙两组都着重"相反对立"的理论，甲、丙两组都采录"圣人能辅万物之自然而弗能为"一语，而这正是《太一生水》"反辅"观念之所从出。总之，甲组具体而微，是道家融入儒家的代表；乙、丙两组各有所主，是具有针对性的节本，除了与甲组《老子》同样强调道家的立身处事之道，更为《太一生水》的宇宙论提供理论基础。至于《太一生水》则是儒家对《老子》宇宙论的改造与崭新的诠释。① 乙、丙两组《老子》的简端同样平齐而非梯形，显示其与甲组《老子》确有区隔。但乙组《老子》两道编线，间距 13 厘米，又与甲组《老子》完全相同，且其简长 30.6 厘米，仅次于前述简端作梯形的六种儒家经典及甲组《老子》，而较其余儒、道各篇为长，凡此皆反映郭店竹简以儒家典籍为主体的事实。文字经过修改，已经"儒家化"了的甲组《老子》可以视同经典，但竹简要略短一些；仅供采择应用的乙、丙两组，虽同出于《老子》，竹简也较儒家传注为长，但只能归入传注之列；② 至于撷取甲、乙、丙三组《老子》的"反""辅"二字创造"反辅"之说，糅合楚国"太一"信仰与"稷下学派"道家、阴阳数术家之学，赋予道家宇宙论崭新诠释的《太一生水》之为传注，则更不在话下了。我们只要注意，乙组《老子》的竹简较儒家传注类为长，保留其原来身为道家经典的痕迹，却无改于被儒家吸收、采撷以为传注的事实，则郭店竹简的经、传分野可以思过半矣。总之，简策的长短固然重要，经典与传注之分还是取决于简端的形状，梯形者为经，平齐者为传，郭店竹简的形式特征是相当具体而明确的。

　　简端平齐的还有《忠信之道》与《唐虞之道》，前者简长 28.2~28.3 厘米，后者 28.1~

---

① 参考周凤五：《郭店竹简〈太一生水〉研究》，待刊。

② 乙组《老子》竹简长于《忠信之道》《唐虞之道》，丙组《老子》长于《语丛》类四篇。

28.3 厘米，可以视为等长。我曾经撰文指出，《忠信之道》是对《论语·卫灵公》所载孔子
"言忠信，行笃敬，虽蛮貊之邦行矣"一语的阐述①；《唐虞之道》则出于孟子学派，很可能
就是孟子本人对于儒家"禅让"之说的诠释，具体的背景是燕王哙禅位相国子之，燕国连年
内乱，齐宣王联合赵、中山出兵伐燕一事②。考虑郭店竹简儒家类各篇与孟子思想同中有
异，则郭店竹简的主体当属于子思一系，不宜笼统称为"思孟学派"。③ 然则孟子所作或与
孟子相关的思想言论归入传注类而非尊为经典，自属理所当然。这两篇保留较多齐国文字
的特征，正是一个有力的旁证。④

　　《语丛四》竹简二十七枚，简长与《语丛二》同为 15.1～15.2 厘米，这是郭店竹简最短
的两种。但《语丛二》每简最多抄写八个字，与简长 17.2～17.4 厘米的《语丛一》、简长
17.6～17.7 厘米的《语丛三》相同，⑤ 字的间距较大，行款显得宽绰，为郭店竹简其余各
类所未见；《语丛四》则每简最多可达十五六字，间距小而行款紧密。郭店竹简除《忠信
之道》与甲组《老子》每简抄写三十字左右之外，其余各篇都在二十至二十五字之间，

---

① 周凤五：《郭店楚简〈忠信之道〉考释》，《中国文字》新 24 期，台湾艺文印书馆 1998 年版。现在
我更进一步认为，《忠信之道》出于战国中期的儒家学者之手，是《论语》"言忠信"章的注解，《论语》在
郭店一号楚墓墓主生前当已成书，且已传播于四方，如《语丛三》第五零简、第五一简："志于道，狎于
德，依于仁，游于艺"，第六四简、第六五简："毋意，毋固，毋我，毋必"都见于今本《论语》；又第九
简至第一六简关于"益友""损友"的讨论也与今本《论语》有关，这些都是确凿的证据。

② 《孟子》书中曾经屡次讨论燕国的禅让，而孟子本人于齐宣王伐燕一事则涉入颇深。参考周凤五：
《郭店竹简〈唐虞之道〉新释》，台湾《"中研院"历史语言研究所集刊》第 70 本第 3 分，1999 年。

③ 郭店竹简的思想与《孟子》同异互见，如《语丛一》第九八简："丧，仁之耑也。"《语丛三》第二三
简："□，□之耑也。"耑读作端，这两句的用语、内容似与《孟子》所标榜的"扩充四端"有关。但《六德》
第二六简："仁，内也；义，外也；礼、乐，共也。"《语丛一》第二一简、第二三简："由中出者，仁、
忠、信；由外入者，圣、智、义。或生于内，或生于外。"（凤按："外入者，圣、智、义"六字原缺，据
上下文意并参考《六德》补。）这种"仁内义外"的说法，是由子思"五行"之说推演而来的，《六德》对此也
颇有阐发。但孟子并不赞同，《孟子·告子下》有两处明白反驳"仁内义外"的记载。参考焦循：《孟子正
义》，台湾世界书局 2009 年版，第 437～440 页。"仁内义外"之说在当时似乎颇为流行，如《管子·戒》：
"仁从中，义从外作，仁故不以天下为利，义故不以天下为名。"这应当是稷下儒家之言，也是当时"天
下之通义"，孟子既然附和子思所倡导的"五行"，则其早年自必服膺"仁内义外"之说。至于"扩充四端"
云云，则当是孟子思想后来进一步发展的"晚年定论"了。

④ 这两篇的字形结构、书法风格与郭店儒家各篇有显著的差异，若干文字如"者""仁""治"等更保
留齐国的特征，估计其传抄、流布于楚国上距写作年代应当不远，文字尚未被楚国的儒家学者"驯化"
（Domestication）。参考下文"字体"一节以及周凤五：《郭店竹简〈唐虞之道〉新释》，台湾《"中研院"历史
语言研究所集刊》第 70 本第 3 分，1999 年。

⑤ 也有一简不止抄写八个字的，但为数甚少，当属例外。详见下文"字体"一节。

《语丛四》每简平均抄写十五字，但若依简长与字数的比例计算，则相当于每简二十五至三十字。换句话说，《语丛四》的简长同于《语丛》类，行款、字距却明显有别，而与郭店竹简的其余各类相同。关于《语丛》类这个特殊的现象，留待下文"字体"一节再详细说明。

二、简牍符号

简牍符号指抄写在简牍上面用以辅助书写与阅读的非文字记号，历年来有关这一课题的研究较少，且集中在两汉简牍方面。① 这里仅能以郭店竹简为主，参照其他出土楚简略作整理与分类。

郭店竹简所见的简牍符号比较规范，大致可以分为三种。② 第一种是方形墨块，整理者称作"分段符号"。按：方形墨块在郭店竹简多次出现，归纳其所在的部位与出现的频率，可以推知这种符号有两个作用，其一是分章，见于甲、乙、丙三组《老子》以及《缁衣》《五行》《六德》《语丛四》。三组《老子》之中，丙组最规范，与今本的分章最能对应；甲、乙两组则错落杂出，不易寻出理路，估计是抄写者下笔不谨，致使分句的小墨点与方形墨块混淆，但也可能是有意重新分章而尚未就绪，因而打散了原有的分章。《缁衣》每章末有一个墨块，全篇二十三章共计二十三个墨块，出现最频繁，也最规范。《五行》基本出现于每章之末，但若干断句的小墨点下笔较重，类似方形墨块，与前述甲、乙两组《老子》相同。③《六德》出现两个墨块，第一个在第二六简"道亡（从木）止"之下，裘锡圭怀疑"止"上二字是篇题。④ 按：对照先秦文献如《礼记·乐记》《管子·牧民》《鬼谷子·符言》

① 例如陈槃《汉晋遗简偶述》、陈梦家《汉简缀述》等文，均以出土汉简为主，参考高大伦：《释简牍文字中的几种符号》，《秦汉简牍论文集》，甘肃人民出版社1989年版。李均明：《简牍符号考述》，《华学》第2辑，中山大学出版社1996年版。专门讨论楚简符号的，目前只见到陈伟：《包山楚简初探》第二章第一节"标识符号与断句"，武汉大学出版社1996年版。

② 另外，还有在合文或重文的右下方作二短横为合文符与重文符，因与竹简的分类无关，这里不拟讨论。

③ 关于这点，整理者已经指出："本篇简文以小黑方块为分段的符号，但有时也用作分句的符号。"参考荆门市博物馆编：《郭店楚墓竹简》，文物出版社1998年版，第151页注释一。

④ 参考荆门市博物馆编：《郭店楚墓竹简》，文物出版社1998年版，第189页注释一五裘锡圭按语。

的章节小题，则此二字是章名而非篇题，墨块当是分章符号。① 第二个见于第三三简"是以梗也"之后，也是篇内的分章符号。换句话说，《六德》全篇由三章组成，第二六简上端以前为第一章，以下至第三三简下端为第二章，此后至篇末为第三章。《语丛四》竹简二十七枚，在第三简、第四简、第七简、第九简所抄最后一字的右下方分别有一个方形墨块，即分章符号。整理者据此把《语丛四》二十七枚竹简的内容分为五章，前四章末都有分章符号，第五章即第二十七枚简的下端没有任何记号，这是因为该篇的字数超出原先的估计，以致抄写者预编的竹简已经用尽而文章仍未抄完，必须转抄于第二七简背面上端。另外，抄写者在第二七简还抄脱了十个字，也补在简背下端，为了要与竹简正面缺文处对应，这十个字抄得特别紧密。如此一来，第二七简的正面根本没有容纳任何符号的空间了。由于《语丛四》第三、第四两段末尾都留下超过简长一半的空白，如果第五段原来编在篇首，则抄写者大可顺序接抄，不必将结尾转抄到第二七简的简背。由此可见整理者复原的简序是正确的，这也间接证明了方形墨块在郭店竹简之中确有分章的作用。② 其二是分篇，即标示全篇的结束，出现于《太一生水》《鲁穆公问子思》《穷达以时》《唐虞之道》。《鲁穆公问子思》篇末墨块较大，横断简面。《唐虞之道》篇末的符号较细，类似一道墨线，但墨线在该简上端，以上仅有"如此也"三字，以下完全空白，显然为一篇之末。然则这两处粗细不等的墨块当与《太一生水》等篇相同，都是标示文章结束的符号。

　　第二种是小墨点，作为句读的标志，郭店竹简各篇都有，③ 也常见于其他出土楚简。这种符号一般用于断句，尤其点断较难句读的一段文字，有时也用于校读。前者如《信阳楚简》的遣策，于所记随葬器物的名称与数量之下均加小墨点④；又如《包山楚简》第八五

---

①　简文此处也可以读作"亲此多也，疏（简文从日，余声，疑读作疏）此多，微此多也，道亡（从木）止"。以末三字与上文连读，句式似亦整齐，不必视之为章名，则墨块仍只是分章的符号。

②　《信阳楚简》中也有这种方形墨块，同样作为分章的符号，如简2-01、简2-017、简2-020，参考刘雨：《信阳楚简释文与考释》，河南省文物研究所：《信阳楚墓·附录》，文物出版社1986年版。

③　若干小墨点因下笔较重而类似方形墨块，见《语丛一》第一简，《语丛三》第四九简、第五三简、第五九简、第六五简下、第六六简下、第六七简下、第六九简上、第七十简下、第七二简上、第七二简下。细察前后文意，可以确知其为断句的符号。这种现象与上述《五行》所见方形墨块与小墨点的混淆类似，都出于下笔不谨。

④　参考河南省文物研究所：《信阳楚墓》，文物出版社1986年版，图版119至图版128，简2-01至简2-029。

简记载一连串二十几个姓名，为避免误读与混淆，姓名之间均用小墨点断开①。后者如甲组《老子》第八简"其事好还"抄脱"还"字，乙组《老子》第六简"是谓宠辱若惊"抄脱"若"字，脱字处的右下均有小墨点，裘锡圭以为系校读者所加，用以表示此处有脱字，可从。② 另外，《穷达以时》第七简"释版筑而为朝卿，遇秦穆也"抄脱"也"字，脱字处右下的墨点较大，类似墨块。但简文此处不分章，应当视同墨点，也是校读的符号。第三种是类似"乙"字形的墨钩，两汉文献称之为"乙"或"钩识"，多属个人阅读进度的记号，有时也用于校读；③ 郭店竹简则出现于篇末，为全篇结束的符号。如《成之闻之》与《六德》篇末均有一个明显的墨钩，《性自命出》篇中两见，分别为第三五简与第六七简，分析简文的内容，知其各有所主，应当分为两篇。④ 这种符号又见于望山一号楚墓的卜筮祷祠简与江陵九店五十六号楚墓的《日书》简⑤，前者计有第二五简、第二七简、第九六简、第一零二简、第一五三简、第二零零简，由于残损严重，无法完全拼缀复原⑥。据能够辨识的简文，如第二五简"□得事"，第二七简"喜得事"，第九六简、第一零二简"占之曰吉"等，参照《包山楚简》的体例，知其为举行卜筮、祷祠或者攻说的记录，文末"乙"字形墨钩表示其所记内容各自独立，彼此不相统属。后者可以确认的共有三例。其一见于《建除》篇末第二四简下端⑦，其二见于《四时干支宜忌》篇末第四二简下端⑧；以上两篇内容完整，首

---

① 参考湖北省荆沙铁路考古队：《包山楚简》，文物出版社 1991 年版，图版 37，第八五简。

② 参考荆门博物馆编：《郭店楚墓竹简》，文物出版社 1998 年版，第 119 页注释七裘锡圭按语。这种校读符号的用法，近似下文所说的"乙"。

③ 如《史记·滑稽列传》："人主从上方读之，止，辄乙其处。"这是标示进度，即以墨钩标示所止，以便继续阅读。另外，《说文解字》三上"句"字段玉裁注："凡章句之句，亦取稽留可钩乙之意。"又，十二下"乚，钩识也"，注："此非甲乙字，乃正乚字也，今人读书有所钩勒即此。"按：这与上文所述用以校读的小墨点作用相同，似乎先秦与两汉时代使用的简牍符号有同有异。当然，个人与地域的因素也应当加以考虑。

④ 自第一简至第三五简，主旨为论性，篇题可暂拟为"性自命出"；第三七简至第六七简，主旨为论情。篇题可暂拟为"情生于命"。参考周凤五：《郭店竹简〈性自命出〉新探》，待刊。

⑤ 参考湖北省文物考古研究所：《江陵九店东周墓》，科学出版社 1995 年版。这批楚简的释文由李家浩执笔，但未作注释，见同书《附录二》：李家浩《江陵九店五十六号墓竹简释文》）。由于残损严重，竹简的编连不易复原，简序仍有调整的可能，而"乙"字形墨钩正是调整简序的重要依据。

⑥ 第二零零简残损严重，文字无法辨识。参考湖北省文物考古研究所、北京大学中文系：《望山楚简》，中华书局 1995 年版。关于这批楚简所使用的简牍符号，整理者没有说明。

⑦ 该篇自第一三简至第二四简，分为上下栏，上栏记一年十二月中"建""陷"等十二日名所当日支；下栏记十二日的吉凶宜忌，全篇首尾完整，依文意暂拟篇题如此。

⑧ 该篇自第三七简至第四二简，也分为上下栏，上栏记四时日干吉凶；下栏记五子、五卯、五亥与成日、吉日、不吉日的宜忌，全篇首尾完整，依文意暂拟篇题如此。

尾自成起讫，文末"乙"字形墨钩为分篇符号无疑。其三见于《朝夕启闭》篇第七四简下端①，唯据简文内容以及李家浩复原的简序，属于《朝夕启闭》篇的还有以下第七五简、第七六简、第七七简、第七八简、第七九简。现在根据分篇符号必在篇尾的体例，可以将第七四简移至第七九简之后，位居全篇之末，如此文意既无扞格，分篇符号的功能也得以彰显，应当是比较妥当的。此外，江陵九店五十六号楚墓《日书》还有若干疑似"乙"字形墨钩的符号，由于无法确认，只好暂时存而不论。②

三、字体

本文所说的字体，包含文字的"形体结构"与"书法体势"。前者指独体字的取象与合体字的部件，属于文字学的范畴。后者的"体"指体类，即篆书、隶书、楷书、行书、草书等书体的分类；"势"指技巧所形成的书法风格，即用力的轻重、速度的快慢所造成的笔画线条的长短、方圆、肥瘦等。体与势的搭配有其书法美学的基本原则，但也不排除例外。③

郭店竹简的字体可以区分为四类。第一类见于甲、乙、丙三组《老子》与《太一生水》《五行》《缁衣》《鲁穆公问子思》《穷达以时》《语丛四》等九篇。这一类为数最多，在历年出土的楚简之中最为常见。《老子》一书为楚人所作，④《太一生水》是以楚国《老子》思想为基础所改造的道家宇宙论，楚国学者传抄这两种典籍，毫无疑问当然采用楚国通行的字

---

① 篇题参考李零：《读几种出土发现的选择类古书》一文的意见（《简帛研究》第 3 辑，广西教育出版社 1998 年版）。

② 例如第三七简、第六四简、第六七简、第七八简均有类似的记号，由于第三七简文意未完，其余各简同属一篇，出现太频繁，如果不是整理者复原的简序有误，就是这种"乙"字形墨钩除了标示一篇结束之外，也用于校读，如前引《史记》与《说文解字》之说。当然还有另一种可能，即先秦时代"日者"流派众多，《日书》内容庞杂，九店楚简本《日书》是一个博搜杂采的本子，抄写者正是以标示篇尾的"乙"字形墨钩作为出处来源不同的标志。关于竹简编序的调整，参考刘乐贤：《九店楚简日书研究》，《华学》第 2 辑，中山大学出版社 1996 年版；陈伟：《九店楚日书校读及其相关问题》，《人文论丛》1998 年卷，武汉大学出版社 1998 年版。

③ 一般说来，篆书笔势偏圆，而战国兵器凿款往往有方笔的意味；隶书笔势偏方，但《石门颂》多见圆笔。

④ 《老子》一书的作者虽然迷离恍惚，自司马迁《史记·老子列传》已有"犹龙"之叹，但其为楚人则无可怀疑。

体。《五行》与《缁衣》为子思手著，《穷达以时》《鲁穆公问子思》两篇即使不出子思之手，也是子思学派早期流传下来的著作。子思卒年据考证在公元前 402 年左右，① 下距郭店一号楚墓的上限约一百年，估计当时子思的学说早已传入楚国，且对《老子》的文本产生了显著的影响，② 然则这两篇当然有楚国通行字体的本子以便传习。至于《语丛四》，其思想内涵以儒家为主干，夹杂道家与纵横家，似乎浸染"稷下学派"的风气，估计其写作的年代较晚，是当时游说之士的实用教材。③ 以楚国简帛常用的字体抄写这种切合实用的内容，自属理所当然。郭店竹简这一类字体近似《包山楚简》，但比较规范，后者与郭店竹简的年代相当④，其中大部分是楚国当时各级地方政府汇报给左尹的公文档案，由于来自各地，抄写出自众手，字形结构不免略有参差⑤。这类手写的公文档案字体，目前所见年代最早的是春秋晚期晋国的《侯马盟书》。⑥ 这三批材料的用笔具有若干共同的特征，即下笔较快，起笔处以顿捺与挑趯造成"钉头"，收笔不藏锋，形成锐利的"鼠尾"，整体的笔画特征是"头粗尾细"，类似西晋初年汲冢出土的战国时代竹书的"科斗文"⑦，其峻利流畅的风格，完全不同于青铜器铭文或石刻文字的矩折规旋、含蓄端整。《侯马盟书》的时代比《包山楚简》、郭店竹简早二百年左右⑧，一般视为春秋晚期日常应用字体的典型，下开战国、秦、汉趋于省便速捷的"隶书"的先河⑨。《包山楚简》与郭店竹简的第一类字体也明显反映了二百年间这种日常应用的手写字体在书法方面共同的大趋势。

第二类字体见于《性自命出》《成之闻之》《尊德义》《六德》。这四篇的字形结构与第一

---

① 参考钱穆：《先秦诸子系年考辨》，商务印书馆 1936 年版，第 159 页。

② 参考周凤五：《郭店老子为儒家改本说》，待刊。

③ 参考林素清：《郭店竹简〈语丛四〉笺释》，收入《郭店楚简国际学术研讨会论文集》，湖北人民出版社 2000 年版。

④ 包山二号楚墓墓主下葬于公元前 316 年，参考湖北省荆沙铁路考古队：《包山楚墓》，文物出版社 1991 年版。

⑤ 另外，由字体看来，卜筮祷祠简与遣策的抄写者也不止一人。

⑥ 参考山西省文物工作委员会：《侯马盟书》图版，文物出版社 1976 年版。

⑦ 《左传正义》引王隐《晋书·束皙传》："大康元年，汲郡民盗发魏安釐王冢，得竹书漆字科斗之文。科斗文者，周时古文也，其字头粗尾细，似科斗之虫，故俗名之焉。"杜预注，孔颖达等正义：《春秋左传正义》，《十三经注疏》第 6 册，第 1064 页。

⑧ 《侯马盟书》主盟人为赵鞅，盟誓的年代为公元前 497 年（周敬王二十三年，鲁定公十三年）。参考周凤五：《侯马盟书主盟人考》，美国史丹福大学与香港大学主办第一届左传学国际研讨会论文，收入会议论文集。周凤五：《侯马盟书年代问题重探》，《中国文字》新 19 期，台湾艺文印书馆 1994 年版。

⑨ 参考郭沫若：《古代文字之辩证的发展》，《考古学报》1972 年第 3 期。林素清：《探讨包山楚简在文字学上的几个课题》，台湾"中研院"历史语言研究所集刊第 66 本第 4 分，1995 年。

类基本相同，但书法体势具有"丰中首尾锐"的特征。据《说文解字·叙》所载先秦、两汉字体的分类，参照《魏三体石经》以及《汗简》《古文四声韵》等所保存的"古文"字体的实例①，这种"丰中首尾锐"的体势，似乎比较接近两汉学者观念中的"孔子壁中书"，即两汉时代流传的战国儒家典籍的字体，也就是《说文解字·叙》所载"孔子书六经，左丘明述《春秋传》，皆以古文"的"古文"②。此外，这类字体还有一个特征，即部分笔画盘纡周旋，带有类似"鸟虫书"的体势，装饰性较强，如《性自命出》第二六简的"思""心"；《成之闻之》第五简的"厚"，第十一简的"矣""也"；《尊德义》第十二简的"必"、第二八简的"德"、第三二简的"惠"等字，为历年出土楚简所未见。③ 这种类似"鸟虫书"的笔画与齐、鲁儒家典籍的原始面貌无关，估计可能出于楚国儒家后学"尊经"的心理，是传习抄写者刻意美化经典，甚至企图加以神秘化的结果。④ 总之，郭店竹简第二类字体融合了"鸟虫书"与"科斗文"的风格，兼顾实用性与艺术性，是一种十分特殊的字体。⑤

　　第三类字体见于《语丛一》《语丛二》《语丛三》，这三篇结体较长，笔画较均匀，应当可以归入"篆书"之列。⑥ 类似的字体又见于《包山楚简》的《集箸》《集箸言》《受期》等文书标题，⑦ 这些标题也是结体较长，笔画均匀，具有篆书的特征。估计当时对于字体的选择有其书写内容，性质与应用场合的考虑，金石铭刻多半典雅端正，儒家典籍与文书标题的字体也比较规整。

---

① 《汗简》《古文四声韵》虽可能传写致讹，《魏三体石经》则残石犹存，足以信据。

② 段玉裁：《说文解字注》，台湾汉京文化事业有限公司1983年版，第757页。

③ 这种盘纡周旋的笔画也见于《王子午鼎》铭文，但其笔画拖曳得更长，具有强烈的装饰趣味，是典型的美术字体，与郭店竹简这一类用于抄写典籍、偏于应用的性质不尽相同。王子午，一般以为即楚庄王之子令尹子庚，死于公元前552年，见《左传·襄公二十一年》，则其时代早于郭店一号楚墓的下限约二百五十年。

④ 《吉日壬午剑》铭的"午""元""余""名""之""胃""之""少"等字也有"丰中首尾锐"的特征，应当也出于类似的神秘化心理。参考上海博物馆：《商周青铜器铭文选》第2册，文物出版社1987年版，第637页。

⑤ 值得注意的是，这种字体也见于《五行》。《五行》与《缁衣》同属前述第一类，即楚国简牍常用的字体，接近于"科斗文"，唯独第十简中段"君子心不能兑"六字的笔势明显变化，笔触较重，笔画较粗，突出了"丰中首尾锐"的特征，第十一简上端拼缀的断简"此之胃"三字亦然。面对这些个别的现象，我们不妨设想《五行》原来的字体是"丰中首尾锐"的，但这种近似"鸟虫书"的字体抄写起来毕竟费时费力，《五行》既是子思学派的经典，在当时自必流传甚广，传抄者众，为便于传习，遂转而写成用笔较为简便的"科斗文"。简文所见少数类似"鸟虫书"笔意的字体，正是《五行》本来面目的孑余。

⑥ 《说文解字》五上："篆，引书也。"段注："引书者，引笔而著于竹帛也。"按：引书当指引曳笔画而书。段说非是。

⑦ 《集箸》见《包山楚简》第一简，《集箸言》见第一四简，《受期》见第三三简反。

　　值得注意的是，《仪礼注疏》引东汉服虔《左传注》载服虔所见的古本《左传》是"古文篆书，一简八字"①。而《语丛一》《语丛二》《语丛三》不但笔画引曳伸长，线条粗细均匀，具有"篆书"的基本特征，而且每简正好抄写八个字，除了少数例外。如《语丛一》一百十二枚竹简之中，只有第六五简抄写九个字；《语丛二》五十二枚竹简之中，只有第四五简抄写九个字。细察这两枚竹简，可以发现其下端第八、第九两字的间距较小，显然原来抄脱一个字，事后补写的。② 可见《语丛一》与《语丛二》完全符合服虔所见"古文篆书，一简八字"的古本体例。至于《语丛三》的七十二枚竹简之中，每简溢出八个字的，计有第一简、第二简、第三简、第四八简（以上每简十字），第四简、第六简、第十三简、第十九简、第二十简（以上每简九字），除了第十三简之外，其余八枚竹简溢出的字都与抄脱补字无关。不过，《语丛》类三篇竹简二百三十六枚，真正每简溢出八个字的只有八枚，不到3.4%，比率不高，而且这个现象集中在《语丛三》，不妨径以例外视之。换句话说，《语丛三》的字数参差是抄写者未能恪遵"一简八字"的规律造成的。总之，整体看来，服虔所说的"古文篆书，一简八字"的体例，在《语丛一》《语丛二》《语丛三》之中应当是存在的，只不过《语丛三》的抄写者偶尔未能严格遵守罢了。

　　根据前述服虔的说法，郭店竹简的这一类字体可以径称为"古文篆书"，或者我们沿袭《说文解字·叙》称之为"古文"亦无不可。应当指出，服虔生当东汉，其时"古文经"早已流行，服虔不容不知。他之所以不称之为"古文"而必以"古文篆书"为名，当是由于古本《左传》字体线条均匀，笔画引曳，类似我们今日所见的《语丛一》《语丛二》《语丛三》。③ 这种字体的结构谨严，风格典雅整饬，保留篆书"引而申之"的意味，符合经典文字作为"规矩模范"的要求，应当就是先秦时代抄写儒家典籍所用的标准字体；如果下笔速度稍快，不避"钉头""鼠尾"，造成"头粗尾细"的线条，就是两汉魏晋人所说的"科斗文"；而若参用"鸟虫书"的笔意，形成"丰中首尾锐"的笔画，则为《魏三体石经》"古文"一体之所从出了。《左传》自先秦以迄西汉晚期湮而未彰，传习者不多，因而未经辗

---

　　① 郑玄注，贾公彦疏：《仪礼注疏》，《十三经注疏》第4册，第283页，"一简八字"原作"一简八分字"，据阮元《仪礼注疏校勘记》改。

　　② 由各字的间距与字形的大小可以判断其抄写的先后，《语丛一》第六五简："上下皆得其所之谓信"的"谓信"二字紧接而"信"字较小，显然"信"字是补写的；《语丛二》第四五简："未有善事人而不返者"的"返者"二字紧接而"者"字较小，"者"字显然也是后来补写的。

　　③ 《晋书·武帝纪》载汲冢书是"竹简小篆"，但《晋书·束皙传》则说是"科斗字"。估计汲冢所出竹书可能与郭店竹简类似，其"竹简小篆"与"科斗文"犹如本文所分的第三类与第一类。

转抄写，有幸保存先秦古抄本的原始面貌，为东汉服虔所摩挲目验，"古文篆书"一语正透露个中消息。

服虔当年所见既是《左传》的先秦古抄本，而无论《左传》是否依傍《春秋》，是否原名《左氏春秋》，就先秦儒家典籍的分类而言，《左传》为传，《春秋》为经乃是不争的事实。《语丛》类三篇的形式特征与《左传》的先秦古抄本既然完全吻合，这就使我们更有理由相信，《语丛一》《语丛二》《语丛三》在先秦属于儒家典籍的"传注"类。就简长来说，这三篇最短，合于两汉学者所述儒家典籍以简长区分经、传的标准；就篇章结构来说，这三篇片段成文，自为起讫，前后不相连属而各有所指，正符合先秦时代传注别出单行的体例；就内容来说，这三篇针对出现于《五行》等篇的若干语词加以解释或阐发，用语雷同，思想一致，显然就是《五行》《性自命出》等篇的注解。① 总之，综观形式与内容，《语丛一》《语丛二》《语丛三》应当就是出自子思学派、流传于楚国的先秦儒家的"传注"类典籍。

此外，还应当指出，《语丛一》《语丛二》《语丛三》有若干简文的字体与楚国相去较远。如果采取宏观的角度，参照战国青铜器铭文，如齐国的《陈曼簠》《陈纯釜》，三晋的《吉日壬午剑》《鱼鼎匕》，中山国的《中山王错鼎》《中山王错壶》等，并与《魏三体石经》的"古文"相比对，我们可以说，《语丛一》《语丛二》《语丛三》具有齐、鲁、三晋、中山等国字体的特征，而这一带正是深受儒家思想浸染的区域。《孟子·滕文公上》载："陈良，楚产也，悦周公、仲尼之道，北学于中国。北方之学者未能或之先也，彼所谓豪杰之士也。"② 可见当时楚国儒学昌盛之一斑。《语丛一》《语丛二》《语丛三》保存若干齐、鲁、三晋一带儒家经典字体的原貌，不但具体反映先秦时代儒家思想自齐、鲁向四方传播的过程，也客观呈现了楚国与各国学术交流的实况。③ 尤其《语丛三》第二四简以下，笔势圆转流畅，笔触轻重变化显著，与《魏三体石经》的"古文"最觉神似；且其中屡次出现的"者"字完全不同于楚国以及三晋文字的形体结构，而与齐国文字一脉相承，其讹变、递嬗之

---

　① 例如《语丛一》第六八简："察天道以化民气"，第八四简："有察善，无为善"，第八五简："察所知，察所不知"，第八六简："势与声为可察也"，都是《五行》第八简"思不清不察"的"察"字的注解，详见下节。

　② 赵岐章句，孙奭疏：《孟子注疏》，《十三经注疏》第 8 册，第 98 页。

　③ 儒家典籍在流布的过程中不断被传习者辗转抄写，而时空的迁移也在文本烙下清晰的印痕。尤其楚国为南方之强，其语言、文化自成一系，不但与中原各国争霸，甚至问鼎周室，俨然与天子分庭抗礼。这样一个南方的大国，自国外引进学术思想，在传抄外来典籍的过程中，势必经历文字"驯化"（Domestication）的阶段。较早传入的典籍，其字体早已"居楚则楚"，被楚国文字驯化；至于新近传入或罕为人知的文本，则往往保留若干外来文字的蛛丝马迹。

迹斑斑可考。① 凡此均足以证明，这一类字体保存了较多以齐、鲁为主的儒家经典文字的特色。

第四类字体主要见于《唐虞之道》与《忠信之道》。这类字体与第三类比较接近，但笔画更形肥厚，"丰中首尾锐"的特征更为显著，其中"仁""而""皇""情""皆""用""甚""者""治"等字保存齐国文字的结构，与楚国简帛文字迥然有别。估计其底本出自齐国儒家学者之手，传入楚国为时尚暂，未经辗转抄写"驯化"，因而保留较多齐国文字的本来面貌。值得注意的是，《五行》也有少数这类字体，如"者"字就是最好的例证。此字《五行》凡二十见，字形分为两种，其一为楚国简牍所常用，即本文的第一类，见于第二十简、第四九简；其二与《唐虞之道》《忠信之道》相同，齐国文字特色，见于第一九简、第四十简、第四三简、第四四简、第四五简、第四九简、第五十简。这种字体歧出的现象，与《五行》出于儒家，传自齐、鲁正相一致。《五行》虽然写作的年代最早，传入楚国已久，其字体绝大多数已被楚国学者辗转传抄"驯化"，是一个典型的楚国抄本，然而字里行间却仍然保留着外来文字的蛛丝马迹。

总结地说，郭店竹简的字体可以分为四类，第一类常见于楚国简帛，字形结构是楚国文字的本色，书法体势则带有"科斗文"的特征，可以说是楚国简帛的标准字体；第二类出自齐、鲁儒家经典抄本，但已经被楚国所"驯化"，带有"鸟虫书"笔势所形成的"丰中首尾锐"的特征，为两汉以下《魏三体石经》《汗简》《古文四声韵》所载"古文"之所本；第三类用笔类似小篆，与服虔所见的"古文篆书"比较接近，应当就是战国时代齐、鲁儒家经典文字的原始面貌；第四类与齐国文字的特征最为吻合，是楚国学者新近自齐国传抄、引进的儒家典籍，保留较多齐国文字的形体结构与书法风格。

四、小结

通过以上的分析，我们对于郭店竹简的形式特征已经有了比较全面的理解，同时，也确认了这些形式特征具有分类的意义。兹总结如下：

第一，郭店竹简有经典与传注之分，简策长者为经，短者为传；具体的尺寸虽与两汉

---

① "者"字见于第二六简、第二八简、第三十简。这种写法是齐国文字的讹变，《陈纯釜》铭文可以参看。另外，"于""亲"等字则近似中山国器铭，而与楚简常见的字体有别。

学者所记的简牍制度略有出入，但以简策长短区分经、传的原则是一致的。

第二，简端形状也是区分经、传的主要依据，梯形者为经，平齐者为传。梯形简端需要进一步加工修治，工序较繁，但显得精致慎重，符合先秦两汉儒家学者"尊经"的心理。

第三，郭店竹简所见的简牍符号分为三种，基本颇为规范，有助于我们正确复原简序与分析篇章。

第四，四种字体的分类，使我们得以重睹先秦时代"科斗文"与"古文篆书"的原始面貌，有助于我们正确理解郭店竹简的渊源所自及其学术流派。

第五，郭店竹简以儒家"子思学派"为主体，杂有孟子与道家、阴阳术数家的思想，似乎与齐国的"稷下学派"颇有关系。孟子为儒家后学，对子思有继承也有发展，彼此思想同异互见；甲、乙、丙三组《老子》与《太一生水》与儒家典籍同出，乃当时儒家"援道入儒"的产物，目的在填补儒家思想中有关"宇宙论"的空白。这些都具体反映了战国中期以来儒、道混同，渐臻融合的大趋势。

第六，郭店竹简属于经典类的，有：《缁衣》、《五行》、《性自命出》、《成之闻之》、《尊德义》、《六德》、《鲁穆公问子思》、《穷达以时》、甲组《老子》等九篇。属于传注类的，有：乙、丙两组《老子》、《太一生水》、《忠信之道》、《唐虞之道》、《语丛一》、《语丛二》、《语丛三》、《语丛四》等九篇。

重见"七十子"*

李　零

悲愤出诗人，乱世见思想。

公元前 500 年左右的中国是个"礼坏乐崩"的时代。① 当时出了两个著名的思想家，一个是老子，一个是孔子。他们的后学对他们做了很多解释，也留下很多疑惑，成为咱们反复认识的传统。郭店楚简的重要性在于，它不但出土了战国写本的《老子》，还出土了多种记载孔子和孔门弟子言行的简文，把我们和这两大圣人的距离拉得很近。如果我们把古书比作一条藏在云端的龙，宋元以来的古书是它的尾巴，敦煌的发现是它的身子，那么，现在的发现就是它的脖子，我们离看到龙头的日子已不太远了。

过去，老实说，我一直对孔子提不起兴趣，觉得论深刻机智，他比不上老子。可是现在，90 年代，郭店楚简，上博楚简，出土最多的却是大量儒书，它们逼我重新阅读，重新思考，改变偏食的习惯，让我学到很多新知识。特别是它提醒了我，向来的思想史研究，其实有个很大的漏洞，就是近代以来，我们对孔门学案最早的一段，即所谓"七十子"，太不重视，认为《礼记》是汉代文献，《论语》以外，免谈孔子，老是用"孔—孟—荀"三段式讲早期儒家，把本来最重要的一段给忽略掉了。②

* 原载《读书》2002 年第 4 期，后作为氏著《郭店楚简校读记(增订本)》(北京大学出版社 2002 年版、中国人民大学出版社 2007 年版)的"前言"，又载《小字白劳：李零自序集》(生活·读书·新知三联书店 2013 年版)，今据《郭店楚简校读记(增订本)》收入。

① "礼坏乐崩"，见《汉书·艺文志》和《汉书·刘歆传》引汉武帝诏书，语出《论语·阳货》"君子三年不为礼，礼必坏；三年不为乐，乐必崩"，今俗语多作"礼崩乐坏"。

② 李零：《道家与中国古代的"现代化"》，收入《李零自选集》，广西师范大学出版社 1998 年版，第 299~311 页；《从简帛发现看古书的体例和分类》，《中国典籍与文化》2001 年第 1 期，第 25~34 页。

　　研究早期儒学的传承,即使今天,我们也还得读《史记》的《孔子世家》和《仲尼弟子列传》。① 从前,我总纳闷,孔子当年,既无班级编制,又无课堂讲授,弟子三千,贤人七十二(或七十七),他教得过来吗?后来我才知道,古代的教学制度和今天不一样,当时的老师,他们的学生是由三部分人构成。一种是登堂入室,亲炙师教者,是所谓"受业""及门""入室"的弟子。一种是登记在册,不一定能见到老师,而由前者辗转传授,则是所谓"编牒""著录""在籍"的弟子。还有一些,只是"仰慕虚名、借资声气"的热心追随者,除了"大会都讲",站在远处观望,一睹大师丰采,其实学不到什么。② 所谓"仲尼弟子",当是包括了这一大堆学生。比如,以东汉的情况而论,据吕思勉先生讲,当时的大师,他们的第一种学生都是动以千计,第二种学生也在万人以上。③ 西汉和西汉以前,情况还没这么热闹,但以古代的制度考虑,孔子有七十多个学生和三千多名追随者,倒也并非不可想象。④

　　在《仲尼弟子列传》中,孔子的学生,见于《论语》等书,可以考见其年龄、姓名和受业情况,只有三十五人,还不到一半。他们当中最出名,是以"德行"著称的颜回(子渊)、闵损(子骞)、冉耕(伯牛)、冉雍(仲弓),以"政事"著称的冉求(子有)、仲由(子路),以"言语"著称的宰予(子我)、端木赐(子贡),以"文学"著称的言偃(子游)、卜商(子夏),即所谓"四科十哲"。但这些弟子,他们好像都没有著作传世。相反,名气小一点的其他二十五人,他们中的某些人,后来倒是自立门派,有不少追随者,也有著作传世,如颛孙师(子张),后世有"子张之儒";曾参(子舆),司马迁说曾参作《孝经》,《汉志》有《曾子》;

---

　　① 郑玄《孔子弟子目录》佚文,《孔子家语·七十二弟子解》,以及《孔丛子》等书,也是重要参考。

　　② 吕思勉:《吕思勉读史札记》上册,"讲学者不亲授"条,上海古籍出版社1982年版,第675~678页。

　　③ 吕思勉:《吕思勉读史札记》上册,"讲学者不亲授"条,上海古籍出版社1982年版,第675~678页。

　　④ 孔子的在籍弟子(或受业弟子)到底有多少,司马迁兼载异说,一种是"七十七人"说,见《仲尼弟子列传》。他写此传,参考过一本书,就是讲孔门师承的《弟子籍》。这本书是出自孔壁的战国写本,当是孔门原来的说法(《孔子家语》的记载也是七十七人,但却以"七十二弟子解"题篇)。他是根据这个花名册,再加上《论语》的有关记述,然后写成此传。在这篇列传中,他一上来就说"孔子曰:受业身通者七十有七人"(注意:它是以"七十有七人"为受业弟子),估计就是出自《弟子籍》。另一种是"七十二人"说,则见《孔子世家》。《孔子世家》说"孔子以诗书礼乐教,弟子盖三千焉,身通六艺者七十有二人"(注意:它是以"七十有二人"为身通六艺者)。这种说法也有较早的来源。如汉景帝时,蜀郡太守文翁刻过一套《文翁礼殿图》(即以此为主题的很多汉画像石所本),上面的弟子就是七十二人("七十二"是凑"五行之数")。此外,《汉书·艺文志》著录的《孔子徒人图法》,以及后来的《孔子家语》,它们也都记载了这批弟子。

宓不齐(子贱),《汉志》有《宓子》;漆雕启(子开)①,后世有"漆雕氏之儒",《汉志》有《漆雕子》。另外,不在这批弟子当中,但活动时间相近,还有孔子的后代孔伋(子思),后世有"子思之儒",司马迁说子思作《中庸》,《汉志》有《子思子》。战国晚期的"儒家八派"(子张之儒、子思之儒、颜氏之儒、孟氏之儒、漆雕氏之儒、仲良氏之儒、孙氏之儒、乐正氏之儒),就是从"七十子"发展而来。②

　　研究"七十子",过去可以利用的资源,除去《论语》,主要是汉人传授的大小戴记(即《大戴礼》和《礼记》)。这批"记"的来源是孔壁《古文记》。它们的内容很不一样(刘向《别录》把《礼记》分成十类),其中有不少讲礼仪制度的篇章(属刘向分类的"制度""明堂阴阳记""世子法""子法""丧服""祭祀""吉礼""吉事"八类),所以曾被当作解释"礼经"(即《仪礼》)的参考资料,称为"礼记"。但值得注意的是,在这两批文献中,还有不少篇章是记孔子之言,或孔子与七十子的问答,或七十子本身的著作(主要集中于刘向分类的"通论""乐记"两类,但其他几类也有相关内容),与《论语》相似而篇幅较长。比如曾子和子思的作品,就是赖此以传,保存到现在。

　　在前人的研究中,通过发掘"七十子",重建所谓儒家"道统",最有名的是晚近影响很大的宋明理学。他们的开掘资源主要就是大小戴记。如宋杨简辑《先圣大训》,薛据辑《孔子集语》,汪晫辑《曾子》《子思子》③,以及朱熹收入《四书》的《大学》《中庸》(他认为《大学》是曾子的作品,《中庸》是子思的作品),它们的来源主要就是这两本书④。近年来,有些学者重新收集《论语》以外的孔子言论或有关记述,重新整理孔门弟

---

① "启",汉代避讳作"开"。

② "子张之儒""子思之儒",无疑义。"孟氏之儒"是孟子的学派,"漆雕氏之儒"是漆雕启的学派,"孙氏之儒"是荀子的学派,也不成问题。"仲良氏之儒"是仲梁子的学派,"乐正氏之儒"是乐正春的学派。乐正春是曾子的学生,仲梁子可能也是,他们都是传曾子之学,这点也还算清楚。唯"颜氏之儒",多以为是颜回的学派,则有疑问。按孔门弟子以"颜"为氏者有九,未必即颜回。又据上博楚简,言游之"言"与颜回之"颜"无别,它也可能是言游的学派。我们从古书引用的情况看,战国中晚期,儒家的主要派别可能是子张、曾子、子思、言游、漆雕启,以及孟子、荀子的学派。儒家八派无子夏,是一大疑问。

③ 杨简(1141—1226年),见《宋史·道学传》,学出陆九渊。薛据("据"或作"璩")是杨简的学生薛疑之("疑"或作"凝")的儿子,疑之以学授其子。汪晫(1162—1237年),与朱熹同时。他们的书都不是严格意义上的辑本,而是一种带有新编性质的主题摘录本。

④ 宋人认为,孔子之学的嫡传是颜回、曾子、子思、孟子(见朱熹《大学章句序》《中庸章句序》),但颜回无书,有书者只有孔子、曾子、子思、孟子。他们以《大学》《中庸》《论语》《孟子》为"四书",就是体现这种"道统"。

子的有关资料,① 仍然未能脱其范围。

所以,不可避免的是,现在研究孔子和他的第一批学生,宋学还是入手处。

当然,现在研究"七十子",我们又有不少新资料,宋人看不到。这就是 90 年代出土的郭店楚简和上博楚简。

在郭店楚简的十八篇中,我们读到的绝大部分作品都没有"说话人"。唯一有"说话人"的,是《缁衣》和《鲁穆公问子思》。前者有"孔子",后者有"子思"(该篇中的"成孙弋",我们还不清楚是什么人)。学者认为,这批竹简主要是子思本人或子思学派的作品。这种说法对不对,或者哪些篇是,哪些篇不是,这个问题还可讨论,但它们反映的主要是"七十子"的东西,或"七十子"时期的东西,其中也包含子思一派的东西,我完全同意。

在数量更大,现在还没公布的上博楚简中,我们也发现了很多《孔子世家》和《仲尼弟子列传》中的人物,如颜回、仲弓、子路、子贡、子游、子夏、曾子、子羔、子思等人,有些甚至就是以他们的名字题篇。它们是"七十子"的东西,这点更明显。

另外,这两批竹简,它们都有与今大小戴记相同的篇章,如上博楚简的《武王践阼》和《内礼》,见于《大戴礼》(前者是据《大戴礼》题篇,后者有自己的题名,但相当于《大戴礼》的《曾子立孝》);《孔子闲居》和《缁衣》,则见于《礼记》(都是据《礼记》题篇)。郭店楚简也有类似的《缁衣》篇。

总之,如果我们不再疑神疑鬼,我们应该相信,我们碰上的正是"七十子"或与"七十子"有关的作品。这是我们的福气。

读郭店楚简和上博楚简,我们不难发现,它们不但有与《论语》相似的辞句,而且和大小戴记也有密切关系。学者的大量考证可以证明这一点。所以,谈到对郭店楚简的印象,很多人都认为,现在的发现证实,宋明理学才找到了儒家的本源。② 对这个问题,我的看法有点不同。

---

① 如李启谦等编:《孔子资料汇编》《孔子弟子资料汇编》,山东友谊书社 1991 年版。

② 李学勤:《先秦儒家著作的重大发现》《郭店楚简与儒家经籍》《荆门郭店楚简中的〈子思子〉》,收入《中国哲学》第 20 辑"郭店楚简研究"专辑,辽宁教育出版社 1999 年版,第 13~17、18~21、75~80 页。又 Li Xueqin, The Confucian Texts from Guodian Tomb Number One: Their Date and Significance, *The Guodian Laozi*, edited by Sarah Allan and Crispin Williams, the Society for the Study of Early China and the Institute of East Asian Studies, University of California, Berkeley, 2000, pp. 107-111. 姜广辉:《郭店楚简与〈子思子〉》,收入《中国哲学》第 20 辑"郭店楚简研究"专辑,辽宁教育出版社 1999 年版,第 81~92 页;《郭店楚简与道统攸系》,《中国哲学》第 21 辑"郭店简与儒学研究"专辑,辽宁教育出版社 2000 年版,第 13~40 页。

第一，我认为，孔子的一生有多面性，他既有道德追求，也有事功考虑。过去，大家对他有一些固定印象，比如说，他不讲"怪力乱神"，也罕言"天道性命"（和道家爱谈宇宙论和养生问题形成对比），兴趣更多是在仁义道德和礼乐制度。他更关心现实问题、世俗问题，而不是宗教问题、哲学问题，这不能说是虚构。但他的思想还是包含了多种发展的可能。① 他的后学，出身背景不同，性格志趣各异，本身也有各自的选择。不但"七十子"和他们的老师不一样，而且"七十子"之间，"七十子"与"儒家八派"，他们也不一样。很多问题是，老师不讲学生讲；或老师语焉不详，学生大肆发挥。宋儒以孔子传曾子，曾子传子思，子思传孟子，建立道统，强调其心性之学，强调其道德修养，这当然有重要意义，甚至可以说是重要发现，但这只能说是发现了早期儒家的一个侧面，或一条线索，而不是它的全部，更不是它的主流。我相信，一个两千多年被人反复解释的孔子，不可能是一个有固定面貌的孔子。

第二，战国秦汉的儒学以政治关怀为中心，这也是孔子思想的重要侧面。虽然孔子当年，他在政治上不太得意，所以对讲求德行的弟子更偏爱，但孔子死后，"七十子之徒散游诸侯，大者为师傅卿相，小者友教士大夫"（《史记·儒林列传》），他的学生，真正得志的反而是长于言语、政事和文学者。当时，"子张居陈，澹台子羽居楚，子夏居西河，子贡终于齐"（《史记·儒林列传》），他的很多学生，还有学生的学生，其实都很趋时趋势，与政治潮流有密切合作。比如子夏对三晋地区的法术传统（这个传统后来被商鞅传播到秦国），还有好谈制度、传帝王术给韩非、李斯的荀卿，就有很大影响。战国晚期，流行刑名法术和阴阳五行，儒家与这类学术对话（利用儒家典籍中的亲缘成分），也主要是制度派，而不是道德派。他们的所作所为，虽未必合于孔子本人的理想，但却是战国秦汉儒学发展的主流。当时，颜回一流的人物，只能"隐而不见"（《史记·儒林列传》），人数很少，而且吃不开。

第三，宋儒的建立道统，是逆反原来的主流，重张孔子思想被掩盖的部分，变支流为主流，情况正如汉初道家从刑名法术重返清静无为。战国秦汉，儒家讲制度太多，在宗教、哲学问题面前，本来就捉襟见肘；而魏晋隋唐，又遇释道挑战，在这些精致的思想体系面前，也难免相形见绌。这是宋代学术发生重大转机的历史背景。但他们的"复古"，与其说是"复古"，不如说是"托古"。他们真正复原的恐怕还是他们心中的古代，而不是本来的古代。比如现在，以郭店楚简为例，我们碰到的情况好像是，儒家本来关心的就是天

---

① 比如他说"性相近也，习相远也"（《论语·阳货》），就涉及心性问题。

道和心性，而且对超越性的问题也饶有兴趣。这对不对呢？似乎比较对。但我们不要忘记，郭店是局部，而不是全体，在上博楚简中，早期儒家的面貌要比这复杂得多。更何况，我们就是把上博楚简加上去，它反映的也还是局部。我们应当看到，儒家在汉代之所以跃居主流，孔子之所以被历代尊崇，关键并不在于它对现行制度的批判和抗辩，[1] 也不在于它对社会苦难的悲悯和同情，而是在于它与制度的结合，特别是与文官政治和仕途经济的结合。它对"天"的关心，主要还是作为政治命运的关心；它对"人"的关心，也主要是作为政治动物的关心。

　　总之，当我们为郭店楚简的发现而欢呼雀跃时，我们千万不要忘记，我们的研究仅只是管窥蠡测。

　　　　　　　　　　　　　　　　　　2001 年 10 月 11 日写于北京蓝旗营寓所

---

　　① 秦汉之际的制度创设，每一步都伴有儒家的反动。秦始皇统一天下，本来是想三统一：统一制度，统一宗教，统一学术，一步到位。但他做到的只是一条半，即车书一统和二百祠畤。他请儒生、方士兴太平，双方闹翻，统一学术宣告失败。这是第一步。后来汉武帝罢黜百家，独尊儒术，还是统一学术；巡狩封禅，兴立祠畤，还是统一宗教，仍然是做秦始皇没有完成的事。但他完成的只是学术统一，宗教统一，遭王莽反对，被大打折扣。东汉以来，宗教失控，乃有民间借术立教的高潮，终于导致道教的兴起和佛教的引入。

论郭店楚简中的礼容[*]

彭　林

中华自古称"礼仪之邦"，《中庸》有"礼仪三百，威仪三千"之说。儒家的政治理想是实现礼治主义，古礼在传统文化中的地位，自不待言。然古礼的要素，学界迄无定说，研究者通常归纳为礼法、礼义、礼器、辞令等四目。礼法即行礼的仪轨，包括仪节的次第、人物的面位、行进的路线等。礼义指古礼所蕴涵的人文意义。礼器为行礼所需钟鼎簠簋之器。辞令乃行礼时宾主的问答之词。《仪礼》一书以记述礼法为大要，而以礼器系之，辞令则多于篇末的"记"中补述。《礼记》一书以推明《礼经》之礼义为主旨，发微索隐，说解经义。

鄙见，古礼之要素，尚有"礼容"一目，不可忽略。所谓礼容，即行礼者的体态、容貌等，为行礼时所不可或缺。因文献中涉及礼容的记载零散而简略，学者多不经意，或者疑信参半，所以相关的研究很少。郭店楚简的出土，展示了一批重要的战国文献资料，其中《六德》《五行》《成之闻之》《尊德义》以及《语丛》等篇，不仅多涉于礼容，而且有了较为深入的探究，读之颇觉耳目一新。

一、礼容为古礼要素之一

古礼肇创于周公，而大倡于孔子。孔子行礼，反对以器物仪节为主，而主张以礼义为

＊ 原载《郭店楚简国际学术研讨会论文集》，湖北人民出版社 2000 年版。

核心。子曰："礼云礼云，玉帛云乎哉？乐云乐云，钟鼓云乎哉？"(《论语·阳货》)礼义所重，在于诚敬。既是出于诚敬，则无论冠婚、丧祭、射飨、觐聘，行礼者的体态、容色、声音、气息，都必须与之相应，即"颜色称其情，戚容称其服"(《礼记·杂记下》)。由《论语》所记，可知孔子十分看重礼容，见于《乡党》篇的即有：

> 孔子于乡党，恂恂如也，似不能言者。
>
> 其在宗庙朝廷，便便言，唯谨尔。
>
> 朝，与下大夫言，侃侃如也；与上大夫言，訚訚如也。君在，踧踖如也，与与如也。
>
> 君召使傧，色勃如也，足躩如也。揖所与立，左右手，衣前后，襜如也。趋进，翼如也。
>
> 入公门，鞠躬如也，如不容。
>
> 过位，色勃如也，足躩如也，其言似不足者。
>
> 摄齐升堂，鞠躬如也，屏气似不息者。
>
> 出，降一等，逞颜色，怡怡如也。
>
> 没阶，趋，翼如也。
>
> 复其位，踧踖如也。
>
> 执圭，鞠躬如也，如不胜。上如揖，下如授。勃如战色，足蹜蹜，如有循。
>
> 享礼，有容色。
>
> 私觌，愉愉如也。
>
> 见齐衰者，虽狎，必变。见冕者与瞽者，虽亵，必以貌。
>
> 凶服者式之。式负版者。
>
> 有盛馔，必变色而作。

可见，在不同的礼仪场合，孔子或愉悦，或敬谨，或勃如，或变色，无不随仪节、场景而转换。七十子后学显然继承了孔子的这一思想，认为礼与礼容相为表里，不可分割，如《礼记·祭义》云：

> 孝子将祭祀，必有齐庄之心以虑事，以具服物，以修宫室，以治百事。及祭之

日，颜色必温，行必恐，如惧不及爱然。其奠之也，容貌必温，身必诎，如语焉而未之然。宿者皆出，其立卑静以正，如将弗见然。及祭之后，陶陶遂遂，如将复入然。

行礼在于表达内心情感，如果仅有仪节而没有礼容，则礼义无从体现，称"仪"犹可，称"礼"则断然不可。

就礼书所见，周代贵族礼仪中的礼容已自成体系和规模，并由专人执掌，《周礼·秋官·司仪》：

> 掌九仪之宾客摈相之礼，以诏仪容、辞令、揖让之节。

《说文》："颂，兒也。"容为颂的假借字，仪容即礼容。《司仪》所记为天子与诸侯、四夷摈相之礼，其内容当十分繁富，非有专司不可。礼容的范围所及，当然并非仅限于外交礼，吉、凶、军、宾、嘉五礼，在在都有。

从文献来看，古礼礼容的要求相当具体，如《礼记·玉藻》记述君子见尊者时的礼容云：

> 君子之容舒迟，见所尊者齐遬(谦悫貌也)，足容重(举欲迟也)，手容恭(高且正也)，目容端(不睇视也)，口容止(不妄动也)，声容静(不哕欬也)，头容直(不倾顾也)，气容肃(似不息也)，立容德(如有予也)，色容庄(勃如战色)，坐如尸(尸居神位，敬慎也)。(括号内为郑注)

详及于头、手、足、目、口、声、气、色等，备于全身。汉儒贾谊的《新书》，专有《容经》一篇，内含立容、坐容、行容、趋容、跘旋之容、跪容、拜容、伏容等，科条细密，已成专门之学，非经专门学习，则无法掌握。故在西汉，礼容的传授，从上至下，已有专门的职官系统。《汉书·儒林传》云：

> 汉兴，高堂生传《士礼》十七篇，而鲁徐生善为颂。孝文时，徐生以颂为礼官大夫，传子至孙延、襄。襄，其资性善为颂……襄亦以颂为大夫，至广陵内史。延及徐氏弟子公户满意、桓生、单次皆为礼官大夫。而瑕丘萧奋以《礼》至淮阳太守。诸言

《礼》为容者由徐氏。

师古注："颂读与容同。"师古注引苏林曰："《汉旧仪》有二郎为此颂貌威仪事。有徐氏，徐氏后有张氏……天下郡国有容史，皆诣鲁学之。"可知西汉因善颂而官至礼官大夫的，就《儒林传》所及，就有徐生及其孙徐延和几位弟子，专司教习"颂貌威仪"之事。在地方郡国，则有"容史"之官与朝廷的礼官大夫相对应。郡国的容史，都要诣鲁专门学习礼容，方可取得为官的资格，不难想见其内容之繁富和规范之严格。可见，汉代传《仪礼》，同时传"颂"。原因很简单，在作为礼经的《仪礼》中，几乎没有关于颂的记述，传经时若无人示范，则学者无从知晓，仪节再全，而无容貌声气与之相配，则礼义顿失。

可见，文献记载已经表明，礼容为古礼不可或缺的要素之一，研究古礼不能不及于此。

二、礼容纲目的证认

先秦儒家对于礼容是否作过分类？如果作过，又怎样建立纲目？这是礼容研究首先遇到的问题。文献中明确提到礼容纲目的，只有《周礼·地官·保氏》。保氏职责之一，是教国子以"六仪"：

> 一曰祭祀之容，二曰宾客之容，三曰朝廷之容，四曰丧纪之容，五曰军旅之容，六曰车马之容。

郑司农注云："祭祀之容，穆穆皇皇。宾客之容，严恪矜庄。朝廷之容，济济跄跄。丧纪之容，涕涕翔翔。军旅之容，阚阚仰仰。车马之容，颠颠堂堂。"郑玄认为先郑之注过于迂曲，故约《礼记》之《少仪》《玉藻》之文为"祭祀之容，齐齐皇皇。宾客之容，穆穆皇皇。朝廷之容，济济翔翔。丧纪之容，纍纍颠颠。军旅之容，暨暨诣诣。车马之容，匪匪翼翼"①注之。然郑玄援《少仪》《玉藻》注《保氏》，又以《保氏》注《少仪》《玉藻》，不免有以

---

① 《少仪》原文为："言语之美，穆穆皇皇。朝廷之美，济济翔翔。祭祀之美，齐齐皇皇。车马之美，匪匪翼翼。"郑注："美皆当为仪，字之误也。《周礼》教国子六仪，一曰祭祀之容，二曰宾客之容，三曰朝廷之容，四曰丧纪之容，五曰军旅之容，六曰车马之容。"贾疏云，言语之美"谓与宾客言语"。《释文》："之美，音仪，出注。"《玉藻》原文见下文。

经证经、循环论证之嫌。《周礼》的年代，素有争议，《礼记》则多以为出于汉儒之手。以此二书转相证明，其可信性殊难解决。

所幸者，有郭店楚简出，始得以释疑解惑。《性自命出》云：

> 宾客之礼，必有夫齐齐之颂（容）；祭祀之礼，必有夫齐齐之敬；居丧，必有夫恋恋之衣（哀）。

文中提及宾客之礼、祭祀之礼、居丧之礼的礼容，实即《保氏》祭祀之容、宾客之容、丧纪之容。"齐齐之容""齐齐之敬"与《少仪》"祭祀之容，齐齐皇皇。宾客之容，穆穆皇皇。朝廷之容，济济翔翔"以及《玉藻》"庙中齐齐，朝廷济济翔翔"类似，而文字略有区别。郑注："齐齐，恭悫貌。济济翔翔，庄敬貌也。"依郑说，则齐齐与济济有别，前者专指祭祀，后者专指朝廷；而《性自命出》两者均用"齐齐"二字，与上引文献不同。

检诸典籍，"齐齐"与"济济"似不甚区分。《诗·大雅·文王》："济济多士，文王以宁。"毛传："济济，多威仪也。"是济济指朝廷之容。《诗·小雅·楚茨》："济济跄跄，洁尔牛羊，以往烝尝。"毛传："济济跄跄，言有容也。"笺："有容，言威仪敬慎也。"是济济为祭祀之容。《礼记·祭义》："子之言祭，济济漆漆然。"是济济也为祭祀之容。《诗·大雅·棫朴》："济济辟王，左右趣之。"笺："文王临祭祀，其容济济然敬。"是济济又为祭祀之容。可见典籍朝廷之容与祭祀之容都以"济济"称之。《诗·大雅·旱麓》："瞻彼旱麓，榛楛济济。"毛传："济济，众多也。"是榛楛之树茂盛而众多也得称"济济"。综上所述，"济济"既可以指盛大之容，也可以指敬肃之容。朝廷仪典，盛大之必然整肃；宗庙祭礼，整肃之必然盛大。所以，两者都得以"济济"称之，但在行文中可以各有侧重。郭店楚简均作"齐齐"，似更近于古。

《性自命出》"居丧，必有夫恋恋之哀"，实即《周礼·地官·保氏》"丧纪之容"。礼书时有言及丧纪之容者。《礼记·玉藻》"丧容纍纍，色容颠颠，视容瞿瞿梅梅，言容茧茧"。郑注："纍纍，羸惫貌。颠颠，忧思貌。瞿瞿梅梅，不审貌。茧茧，声气微也。"所谓纍纍、颠颠、瞿瞿梅梅、茧茧，皆出于思亲之哀痛，亦即"恋恋之哀"。

郭店楚简中又有涉及军旅之容的记载，《成之闻之》云：

> 〔君甲胄而……〕一军之人不胜其勇。

这段文字与军旅之容的关系，将在第四节论及，此不赘述。

由此可见，至迟在战国中期，儒家就已经将礼容分为祭祀之容、宾客之容、朝廷之容、丧纪之容、军旅之容等类。可见《周礼》有关礼容纲目的记载并非空穴来风，而是大多渊源有自，这一点已经由郭店楚简得到认证。但是，当时对于礼容的分类，是否已有确切的定数和严格的界定，我们从郭店楚简中还得不出结论。贾谊《新书·容经》提到"容有四起"，只把礼容分为朝廷之容、祭祀之容、军旅之容、丧纪之容等四类，而没有宾客之容，这可能是因为朝廷之礼与宾客之礼同属于五礼中的"宾礼"的缘故，所以归为一类。《周礼》的"车马之容"，不见于郭店楚简，贾谊《容经》有坐车之容、立车之容、兵车之容。这很可能是《周礼》数尚六，所以约《容经》之文为"车马之容"，以凑成六数。实际上，车马之容与军旅之容不仅同属五礼中的"军礼"，而且难以分割，所以《容经》不加区别。

笔者认为，《礼记》各篇与郭店楚简诸篇关系密切，内容多所贯通，当为"古文《记》百三十一篇"之属，[①]《玉藻》《少仪》诸篇所记礼容，与《性自命出》颇有契合之处，其年代当相近，应为战国时代之作品。

三、性、情与礼容

行礼为何要讲究礼容？其合理性何在？这是先秦儒家在制定礼学理论体系时，必须回答的问题。从文献看，先秦儒家主要是从心与情的生成关系入手加以讨论的，如《礼记·祭义》云：

> 孝子有深爱者，必有和气；有和气者，必有愉色；有愉色者，必有婉容。

类似的记载还可以举出不少，但给人的总体印象是，缺乏足够的理论深度。今读郭店楚简，发现这些久佚于世的竹简中，充满着性、情与礼容关系的深刻探讨，使得我们对于儒家的伦理思想有了新的认识。郭店楚简的作者是从人类的普遍之性开始探讨礼的合理性的，认为性是人类的普遍之情，《成之闻之》云："民皆有性。"这里的所谓"性"，实际上是

---

① 参看拙作《郭店楚简与〈礼记〉的年代》，《中国哲学》第 21 辑"郭店简与儒学研究"专辑，辽宁教育出版社 2000 年版。

指人在情感、欲望等方面的本能，如喜怒哀悲之类。儒家将这种人人生而有之、通常存于内心、不形诸外的本能称为性。当外物作用于性时，喜怒哀悲遂形诸于外，就成为"情。《性自命出》云：

> 喜怒哀悲之气，性也。及其见于外，则物取之也。

传世的礼书中已有类似的论述，如《礼记·礼运》"何谓人情？喜怒哀惧爱恶欲，七者弗学而能"，《大戴礼·文王官人》"民有五性，喜怒欲惧忧也"，等等，皆是。因此，礼容的合理性，是建立在人类普遍共有的人性的基础之上的。不仅如此，先秦儒家还将性看作"道"的本源，换言之，是将"道"作为人性的自然发展，所以《性自命出》云：

> 道始于情，情生于性。

从"性"到"情"的中介，是存在于自然与社会的万事万物，它们用不同的方式和力度作用于人之"性"，性就会迅速地转换为形形色色的"情"。传世文献曾对这种转换作过描述，如《礼记·乐记》云：

> 凡音之起，由人心生也。人心之动，物使之然也，感于物而动，故形于声。
> 其哀心感者，其声噍以杀。其乐心感者，其声啴以缓。其喜心感者，其声发以散。其怒心感者，其声粗以厉。其敬心感者，其声直以廉。其爱心感者，其声和以柔。六者非性也。感于物而后动。

郭店楚简对于这一过程的描述，似乎更扣紧人的本性，《语丛一》云：

> 凡有血气者，皆有喜有怒，有慎有戁(忻)；其体有容有色，有声有嗅有味，有气有志。

人是有"血气"的动物，人之所以有情感、有思想，正是由于此。先秦儒家还指出，人们是通过感官来感知外物的，《语丛一》云：

容色，目司也。声，耳司也。臭，鼻司也。味，口司也。气，容司也。志，
〔心〕司。

先秦儒家描述的认识过程，颇有些"唯物论"的味道，由于它出现在二千多年前的战国时代，不能不令人惊奇。上引《语丛一》的文字，还提到了"心司志"的问题，这是一个更深层次的问题，我们将在下文讨论。

先秦儒家认为，人有喜怒之性，喜怒之性一旦转换为情，就必然表现于容貌、颜色、声音等各个方面，所以《成之闻之》说"形于中，发于色"。一定的礼，都是要体现一定的情感，如冠礼之喜悦、祭礼之诚敬、丧礼之哀痛，等等，从而使中心之性外化，使体态、容色、声音随之变化，舍此则不成其为礼。这是行礼必须有礼容的理论依据。

诱发人情的外力有强弱，人情感知外物的程度有深浅，因此，人情又可以递变为各种层次。《语丛二》云：

> 爱生于性，亲生于爱，忠生于亲。
> 喜生于性，乐生于喜，悲生于乐。
> 愠生于性，忧生于愠，哀生于忧。

这里依然将性作为人情的渊源，而将"亲""乐""忧"，以及"忠""悲""哀"作为由性派生出来的、不同层次的情。

人性天然合理，但并不等于说人性之发展都必定是健康的。人的禀赋并非生而完善，因此，人对外物的感知也并非总是正确。举手投足、一颦一笑，无不受到心的制约。《五行》云：

> 耳目鼻口手足六者，心之役也。心曰唯，莫敢不唯；诺，莫敢不诺；进，莫敢不进；后，莫敢不后；深，莫敢不深；浅，莫敢不浅。

心是情感中枢，心的趋向决定情的趋向。但心本身并无固定趋向。《性自命出》云：

> 凡人虽有性，心亡定志，待物而后作，待悦而后行，待习而后奠。

也就是说，心的趋向是在外物的作用下才发生的，如果对外物的感知良好就会付诸行动，多次往复之后就会形成心理定式。但是，人的禀赋并不齐一，更不可能天生完善，同一事物而见仁见智，是常有的事。此其一。好恶之心若任其发展，势必走向极端，造成恶果。如丧亲之悲，若哀痛过甚，则可能毁身灭性。此其二。为了把握心志的正确方向，控制人的情感，就需要制定"礼"，《礼记·乐记》云：

> 是故先王慎所以感之者。故礼以道其志，乐以和其声，政以一其行，刑以防其奸。礼乐政刑，其极一也，所以同民心而出治道也。

孙希旦《集解》："礼以示其所履，而所志因有定向，故曰'礼以道其志'。"孙氏将礼的作用归结为使"志"有定向，与郭店楚简"心亡定志"之说密接，最得其旨。《坊记》云：

> 礼者，因人之情为之节文。

先秦儒家是要求对人的情感加以节制，而不要任其宣泄。《中庸》提出要将情控制在恰到好处的层次：

> 喜怒哀乐之未发谓之中，发而皆中节谓之和。中也者，天下之大本也。和也者，天下之达道也。

朱熹《中庸集注》："喜怒哀乐，情也；其未发，性也。无所偏倚，故谓之中；发皆中节，情之正也。无所乖戾，故谓之和。大本者，天命之性，天下之礼皆由此出，道之体也。"朱熹将喜怒哀乐发而皆中节，解释为"情之正"，可谓深得其旨。情达于正，则容色也必然达于正。情发于中而达于正，容色也归于正，庶几乎就是"礼"了。因此，谈到出于中心之礼，就不能不谈及礼容，两者相为表里。没有礼，礼容就无所附丽；没有礼容，礼就难以显现。而谈到礼容，就不能不要求它"中于节"。这里当然有很高、很严的要求，不足或过之都不允许，因为那样都不合于礼。至此，我们就不难理解，为什么汉初天下郡国的容史，都要诣鲁学习礼容。

先秦儒家认为，尽管礼容是内心德行的外化，但它并不总是被动地从属于德行，相反，它也可以反作用于德行。也就是说，礼容与德行有互动的关系，有德行者，容貌必与之相称；容貌不庄敬，则将有伤于德。因此，保持合于礼的容貌，有利于保有或养成内心的德行。《礼记·祭义》云：

> 心中斯须不和不乐，而鄙诈之心入之矣。外貌斯须不庄不敬，而慢易之心入之矣。

郭店楚简也涉及了德行对礼容的反作用的问题，认为人的外在的容色与内在的品性有密切的关系，品性不同，容色必异；有德行者则容色佳。如《五行》云：

> 仁之思也清，清则察，察则安，安则温，温则悦，悦则戚，戚则亲，亲则爱，爱则玉色，玉色则形，形则仁。

惟仁者之思清澈，故所见能洞察，所处能自安。惟其如此，所以有温、悦、亲、爱之容，其美可比同玉色，且有仁者之貌。尤其重要的是，郭店简的作者提出了礼容之美，来自对"仁"的体认与逐步接近的理论，《五行》云：

> 不变不悦，不悦不戚，不戚不亲，不亲不爱，不爱不仁。
> 颜色容貌温，变也；以其中心与人交，悦也。中心悦焉，迁于兄弟，戚也。戚而信之，亲。亲而笃之，爱也。

只有真正的仁者，才能达到内心之美与容色之美的高度和谐。这些论述，在传世文献中尚未之见，因而弥足珍贵，它对于升华儒家关于修德养性的主张，具有重要意义。

四、礼容与治道

通观郭店楚简，不难发现先秦儒家是从治世之道的高度提出必须顺应人性与礼容的问题的，《尊德义》云：

> 圣人之治民，民之道也。禹之行水，水之道也。造父之御马，马之道也。后稷之艺地，地之道也。

犹如水有水性、马有马性，人也有其性。人性与生俱来，出于天赋，治民者只能因势利导，而不可悖逆天性。因此，治民之要，在于顺应"民之道"。《成之闻之》云：

> 天降大常，以理人伦，制为君臣之义，著为父子之亲，分为夫妇之辨。是故小人变乱天常以逆大道，君子治人伦以顺天德。
>
> "圣人天德"曷？言慎求之于己，而可以至顺天常矣。
>
> 上不以其道，民从之也难。是以民可敬导也，而不可弆也；可御也，而不可牵也。故君子不贵庶物而贵与民有同也。

治理人伦，只能用上天所昭示的"天德""天常"。如果不能用天德导民，而是强行牵拉，人民殊难服从。因此，这是能否君临万民的基本前提。《尊德义》云：

> 明乎民伦，可以为君。
>
> 凡动民，必顺民心。

可见，儒家倡行的礼治，不是一种强制的、外加的道德体系，恰恰相反，它是顺乎人情、合于自然的法则，是将人的情感体系化、理论化的产物。《中庸》："天命之谓性，率性之谓道。"朱熹《集注》："率，循也。"遵循人性行事就是治人之道。《语丛一》云"礼因人情而为之"，与《中庸》同出一源。

从郭店楚简看，先秦儒家思想中的天道，是与德、礼相生而兼容的。《五行》云：

> 德，天道也。

《语丛一》：

> 德生礼。

《尊德义》：

> 德者，且莫大乎礼乐。

因此，实行礼治就是实行德政，实行德政就是体现天道。而实行礼治，使万民都能以情入礼，关键在于君主自身能否发乎真情而皆中节。《乐记》云：

> 著诚去伪，礼之经也。
>
> 故乐也者，动于内者也；礼也者，动于外者也。乐极和，礼极顺。内和而外顺，则民瞻其颜色而不与争也；望其容貌，而众不生慢易也。故德辉于内，而民莫不倾听；理发乎外，而众莫不承顺。

只有君主"德辉于内"，一切出于诚敬，"理发乎外"，绝无伪饰，人民才会"莫不承顺"。这一思想，郭店楚简也有深入的论述。《成之闻之》云：

> 古之用民者，求之于己为恒。行不信则命不从，信不著则言不乐。民不从上之命，不信其言，而能含德者，未之有也。故君子之立民也，身服善以先之，敬慎以□之，其所在者内矣。

认为君子能否取信于民，关键在于能否"身服善以先之"，从而要求君主"求诸己"。君子不仅内心要有高于常人的德行，而且要处处动乎真情。《成之闻之》云：

> 上苟身服之，则民必有甚矣者。君衮冕而立于阼，一宫之人不胜其敬；君衰绖而处位，一宫之人不胜〔其哀，君甲胄而…〕一军之人不胜其勇。上苟倡之，则民鲜不从矣。虽然，其存也不厚，其重也弗多矣。是故君子之求诸己也深。

上述文字，并非强调衮冕、衰绖、甲胄之类的服装，而是身穿这些服装时的容色。在不同的场合下，君主如果能显现出发乎真情的容色，就能唤起民众内心的共鸣，并能将民众的心志引导到最佳的状态。《礼记·表记》云：

是故君子衰绖则有哀色，端冕则有敬色，甲胄则有不可辱之色。

可与上引《成之闻之》相互发明。所谓甲胄之色，文献有详细的解释。《礼记·玉藻》云：

戎容暨暨，言容诟诟，色容厉肃，视容清明。立容辨卑，毋谄。头颈必中。山立，时行，盛气颠实扬休，玉色。

郑注：（暨暨）果毅貌也。（诟诟）教令严也。（厉肃）仪形貌也。（清明）察于事也。（辨卑）辨读为贬，自贬卑，谓磬折也。（毋谄）谄，为倾身以有下也。（头颈必中）头容直。（山立）不摇动也。（颠实扬休）颠读为阗，扬读为阳，声之误也。盛声中之气，使之阗满。其息若阳气之休物也。（玉色）色不变也。① 这里将能否发乎真情，作为能否使一军之人震怒的先决条件。推而广之，只有处处发乎真情，才能使万民信而从命。实际上先秦儒家已经把礼容作为治国之道中的重要组成部分来看待了。所以，《成之闻之》云：

形于中，发于色，其睟也固矣，民孰弗信？

又，郭店楚简《缁衣》云：

子曰：长民者衣服不改，从容有常，则民德一。《诗》云：其容不改，出言有章，黎民所信。

孙希旦《集解》云："貌之有常，皆德之所发也。"都是说礼容可以观德，可以取信于民。

但是，德、义、仁、礼等有很高的标准，并非人人都能达到，而要喜怒哀乐都能"发

---

① 《玉藻》的这段话，郑注过于简略，贾公彦疏有更为详到的解释："此一节明戎容之体。'暨暨'，果毅刚强之貌。'言容诟诟'者，谓教令严猛也。'色容厉肃'者，厉，严也；肃，威也。军中颜色尚威严也。以义断割，使义形貌，故严威也。'视容清明'者，谓瞻视之容，须清察明审。'立容辨卑'者，谓在军中立之形容，常贬损卑退，磬折恭敬，不得骄敖忽略士卒。'毋谄'者，军中尚威武，虽自贬退，当有威可畏，无得过为谄曲以屈下于人。'头颈'必中者，头容直不低回也。'山立'者，若柱立，则巍如山之固，不摇动也。……'盛气颠实扬休'者，颠，塞也；实，满也；扬，阳也；休，养也；言军士宜怒其气，塞满身中，使气息出外咆勃，如盛阳之气，生养万物也。'玉色'者，军尚严肃，故色不变动，常使如玉也。"姑附于此，以供参考。

而皆中节"，更是难乎其难。有人不求诸德，而又要外博诚敬之名，因而伪作容色，行乡原之事。对于这类乱德之举，先秦儒家非常警觉，旗帜鲜明地加以反对，《礼记·礼器》云：

> 是故君子之于也，非作而致其情也。

郑注："作，起也，敬非己情也，所以下彼。"饶有意味的是，郭店楚简中也有反对矫情伪色的思想，《语丛一》云：

> 为孝，此非也。为弟，此非也；而不可不为也。为之，此非也；弗为，此非也。

《语丛二》：

> 父孝子爱，非为也。

庞朴先生已经正确地指出，此句"为"字与《老子》屡言之"为"相同，均有人为、做作之义①；两句的文意与《老子》甲本的"绝伪去作，民复孝慈"一贯。"为之"，则近于做作；"不为"，则连孝悌的形式亦无；故为与不为皆非。由《语丛》此语可知，至迟在礼学初成的战国早期，儒者就已经注意到真容与伪作的问题，极力防止礼的迷向和礼义的走失。

　　到西汉，随着大一统王朝的建立和巩固，礼的运用日益广泛和频繁，要能应付自如，决非易事，朝中遂有专事礼容而不问经义者。《汉书·儒林传》说徐生之孙徐襄虽"善为颂"，但"不能通经"。师古注引苏林曰："徐氏后有张氏，不知经，但能盘辟为礼容。"可见，此时的礼官虽然精于容色之辨，与礼经却是日益生分，已经背离了先秦儒家制定礼容的本意。

---

① 庞朴：《古墓新知》，《中国哲学》第 20 辑"郭店楚简研究"专辑，辽宁教育出版社 1999 年版。

从郭店竹简看先秦哲学发展脉络[*]

郭 沂

湖北荆门郭店楚墓竹简的发现是学术界的一件大事。它为我们重新认识先秦哲学史提供了可贵的新线索。

一、老子其人其书

老子其人其书属于什么时代？太史儋和老聃是一个人还是两个人？这些问题连司马迁也没能说清楚，以至于成为中国学术史上的最大公案之一。

我研究竹简《老子》认为，竹简《老子》出自春秋末期与孔子同时的老聃，今本（包括帛书本）《老子》出自战国中期与秦献公同时的太史儋；后者曾将前者全部纳入并加以改造。也就是说，老子其人其书皆有二。主要理由是：其一，竹简本不含有今本中的高远玄虚之论、非黜儒家之语、狡猾权谋之术等内容，说明它有别于今本的独特的思想体系。其二，从思想、语言、文字、分篇、分章、章次等情况看，竹简本更加原始。关于这一点的主要旁证是，竹简《文子》和竹简《老子》可互证早出。其三，今本《老子》在内容上有多处矛盾，在文本上有多处重复，这是今本吸收竹简本并加以篡改所留下的痕迹。其四，《吕氏春秋》《礼记》《大戴礼记》《史记》等多种古籍皆载有孔子问礼于老聃之事，而这些史料中的老聃

---

* 原载《光明日报》，1999 年 4 月 23 日。

思想与竹简《老子》完全一致。其五，种种证据说明，《史记》所载西出函谷关并著今本《老子》五千言的那位老子是太史儋，而不是老聃，过去那种认为太史儋无著述的观点是不妥的。

太史儋是在出关时著书的，而函谷关为秦献公所置，故今本《老子》成书时代的上限为献公元年即公元前384年；根据我的考证，太史儋出关后见秦献公的时间为献公十一年，即公元前374年（《史记·老子列传》称此年为"孔子死之后百二十九"，误，当为"百有六年"），这是今本《老子》成书年代的下限。所以，此书成于公元前384—前374十年间。据此，历史上的有关争议，大致都可以在这一框架下得到合乎情理的解释。

二、文子、关尹子和列子的时代

对老聃与太史儋及其著作的辨白，为梳理先秦哲学的发展脉络提供了新的线索，也为确定其他重要人物的时代提供了新的坐标。

竹简《文子》残卷所引《老子》皆见于竹简本《老子》，说明作者尚未见到今本《老子》，而仅见到竹简本《老子》。可见，竹简《文子》《老子》两书可互证早出，加之两书的思想相当接近，由此可推断竹简《文子》应出自春秋末年的文子；文子确为老聃弟子，《汉书·艺文志》所载"老子弟子，与孔子并时"是正确的。早有人指出，《文子》中的平王为楚平王，此书并非伪书，故《汉书·艺文志》以为《文子》中的平王为周平王，从而怀疑此书"似依托者也"则是错误的。今本《文子》由于所引《老子》之语有许多不见于简本而仅见于今本，故应晚于太史儋。

由于人们一直认为那个出函谷关见关尹子并著书上下篇的老子就是老聃，所以判定关尹子为春秋末年人，看来现在应改为战国中期。

根据有关文献看，列子既与战国中期的郑子阳同时，又曾问于关尹子，而过去人们认为关尹子为春秋末期人，故列子的时代终莫能定。现在，这个矛盾可以化解了。从列子问于关尹子的情况看，列子当为关尹子的晚辈。

郭店竹简中另一篇道家文献《太一生水》，建立了先秦哲学史上一套最完整、最精致、最独特的宇宙生成论，令人称奇。李学勤先生曾指出，此篇为关尹子一派的文献，我很赞同。而我进一步认为，从郭店一号楚墓的时代来推断，这部文献的作者就是关尹子本人。《太一生水》的思想深受竹简《老子》影响，且两部书本来就合编在一起的，故老聃书很可能传自关尹子，而关尹子当受之于太史儋。

由此可见，太史儋和关尹子的函谷关之会，是中国哲学史上的一件大事，它的意义远远超过1500多年后的朱熹和陆九渊的鹅湖之会。太史儋应关尹子之邀而著书，关尹子亦因太史儋所授老聃书之启发而作文。如果没有函谷关之会，不但太史儋和关尹子这两位杰出的哲学家都早已在历史上消失，而且老聃书也会化为乌有。

三、道家与隐者一派

刘歆说道家源于史官，冯友兰主张源于隐者。在我看来，今天我们所说的道家，本来就是两大学派。一派源于史官，其传承系统是：老聃→文子→太史儋→关尹子→黄老学派；另一派源于隐者，其传承系统是：早期隐者(如《论语》中的隐者)→杨朱→列子→庄子→庄子后学。两派的发展线索都十分清楚。

我们谈学派归属，首先应搞清判定学派的标准。这个标准应该是价值理念，而不是思维方式。我之所以区分上述两派，是因为源于史官一派的价值追求是平治天下，源于隐者一派的价值追求是修身养性；前者是入世的，后者是出世的。

先秦时期的各种讨论学术史的文献，无论《庄子·天下》，还是《荀子·非十二子》，抑或《韩非子·显学》，都没有将这两派的人物混为一谈。从史料看，第一个对诸子百家进行分类的学者是司马谈。司马谈作《论六家之要指》，将诸子分为六派。从其描述看，道家仅指源于史官的一派。在六家中，司马谈之所以最为推崇道家，主要原因是他的太史公身份与此派一脉相承，在思想上自然有更多的认同。第二个对诸子百家进行分类的是刘歆。也就是从他开始，才把上述两派合而为一。其原因是，刘歆坚持各个学派皆由官学分离出来，但隐者一派不可能出自官学，加之此派以道立论，故刘歆归之于道家。

四、子思学派

我以为，除了两种道家作品和《语丛》四种外，其余十种都出自子思和子思门人之手。子思学派的文献分为四类：

　　第一类是子思所记孔子言论，包括《表记》《坊记》《缁衣》全篇和《中庸》以孔子语单独成章的部分，属于《论语》类文献。《史记·孔子世家》说："子思作《中庸》。"《隋书·音乐志》引沈约曰："《中庸》《表记》《坊记》《缁衣》，皆取《子思子》。"对于这种说法，后人多持怀疑态度，以为这几篇不过是后人之假托。现在，郭店竹简的出土，证明上述记载是完全可靠的。首先，《缁衣》就是郭店竹简的一篇。其次，郭店竹简《天降大常》篇的一段文字又见于《坊记》。从行文看，显然是《天降大常》引自《坊记》，这说明《坊记》的成篇早于《天降大常》。

　　第二类是子思门人所记子思言论。竹简《鲁穆公问子思》为子思与鲁穆公的对话。《穷达以时》杂有孔子语，可能是子思对孔子思想的阐述。故此二篇当为子思门人所记子思言论，性质相同。它们的竹简形制一样，亦可证之。

　　第三类为子思的著作。《中庸》以孔子语单独成章之外的部分，则是子思本人的著作。《五行》显然是子思的著作。一则史载子思倡导五行之说，二则此篇的范畴概念和思想与《中庸》多有相合。《唐虞之道》与《穷达以时》思想较为一致；《忠信之道》将忠信归结为仁义，显然与《五行》有内在联系。故这两篇很可能亦为子思言论或著作。

　　第四类为子思门人的著作。《天降大常》《尊德义》《性自命出》和《六德》四篇不但竹简形制一样，而且思想一贯，当出自一人之手。《天降大常》曾引用《坊记》，故作者晚于子思。另从思想上看，此四篇上承子思，下开孟子。故其作者当为子思之后学、孟子之前辈。另外，马王堆帛书《五行》所附《五行说》的作者亦当属子思门人。

　　从这些文献看，子思学派曾经提出许多不为后人所知的卓识创见。例如，心、性、情虽然是儒学的重要范畴，但在儒家传统中，一直到宋明理学才直接地、明确地讨论三者关系。现在，这批竹简的发现改写了这段历史。关于性与情的关系，《性自命出》说："道始于情，情生于性"；关于性与心的关系，《性自命出》说："金石之有声，槌弗击不鸣；人虽有性，心弗取不出。"这与1500年以后朱熹提出的"性，本体也；其用，情也"，"心以性为体"，"须有个心，便收拾得这性，发用出来"之论何其相似。理学家虽无缘见到这批竹简，却提出相似的见解，亦令人叹服。

五、《论语》、《论语》类文献与孔子

　　自宋人首开疑古之风以来，研究孔子的著作虽不可胜数，但所引据的材料多半没有超

出《论语》《左传》《史记》等书。人们对其他古籍中所保存的大量有关孔子的记载，或讳莫如深，或斥为赝品。更有甚者，最近有人提出《论语》到汉代才结集成书，其真实性也值得怀疑。郭店竹简有助于打消这种疑虑。

关于《论语》的成书，两汉学者如刘向、刘歆、匡衡、王充、郑玄、赵岐等都有记载。被广泛征引的是刘歆的说法："《论语》者，孔子应答弟子、时人及弟子相与言而接闻于夫子之语也。当时弟子各有所记，夫子既卒，门人相与辑而论撰，故谓之《论语》。"（《汉书·艺文志》）

从《论语》关于子张在听到孔子的教诲后"书诸绅"的情况看，孔子弟子确有作笔记的习惯，这正是日后结集《论语》一书的基础。

刘歆说《论语》的原始资料虽为孔子弟子所记录，但其结集者为孔子门人，是正确的。这从书中曾子、有子、闵子等孔子弟子被称为"子"可得到印证。

具体言之，《论语》是何时结集的呢？该书所记时代最晚的一件事是曾子之死，而曾子死于公元前436年，所以这一年可以定为《论语》结集时代的上限。现存直接提到《论语》其书并引用其文的文献是《坊记》。如上所言，《坊记》确为子思所记孔子语，而子思死于公元前402年，所以这一年可以定为《论语》结集时代的下限。因而，《论语》当结集并命名于公元前436—前402这34年之间。从这个时间看，《论语》的结集者当仅限于孔子弟子和再传弟子。

孔子弟子三千，登堂入室者七十有二，故当时一定有大量记录孔子语的笔记。而孔子去世后，后学即分化，"儒分为八"，故所谓"夫子既卒，门人相与辑而论撰"，一定只是各小集团之内的事情。由此可知，当时一定存在许多结集孔子言行录而成的《论语》类文献。

当然，各小集团在结集孔子言行录的时候，是以自己的特点和兴趣进行取材的。今本《论语》特别注重道德修养。由此可以推知，此书是由孔子德行科的弟子门人结集的。

那么，《论语》之外那些《论语》类文献的下落如何呢？在现存西汉以前的文献中，常常见到集中记载孔子言行的文字，从上下文看，绝非私家著作的征引。这就是《论语》类文献的佚文，其史料价值与《论语》不相上下，如今本和帛书本《易传》中的有关文献、《孝经》、定县竹简《儒家者言》和《哀公问五义》、《荀子》中的有关文献、大小戴《礼记》中的有关文献、《孔子家语》和《孔丛子》中的有关文献等。现在，《缁衣》出土于战国楚墓，说明这种论断是可靠的。

综上所述，孔子及其思想需要重新认识和重新评价。就孔子思想的发展而言，实由礼学而仁学进而易学，这三个阶段分别属于孔子的早年、中年、晚年。这整个过程就是孔子本人所说"下学而上达"的过程。孔子对易学的最大贡献是，在形式上，将过去的占筮之学转化为哲学；在内容上，将过去的乾坤二元论提升为易一元论。所以，过去那种认为孔子思想中没有形上学甚至没有哲学的观点是错误的。

六、各学派之间的关系

（1）儒家和道家的关系。人们通常认为，儒道对立，势若水火。竹简《老子》一出，方知两派本是同根生，旨趣亦贯通。从竹简《老子》看，老聃不但没有批评儒家思想，而且对儒家所遵奉的观念如圣、仁、义、礼、孝、慈等持积极、肯定的态度。另一方面，从各种史料看，孔子对老子也是非常推崇的。而儒道之间的对立，始于战国时期。这从太史儋和庄子对儒家的贬黜以及孟子和荀子对道家的攻击中可以清楚地感觉到。

郭店竹简《语丛》四种值得注意。历史上有小简写杂记之说，而《语丛》皆为短简，且言简意赅，其性质为墓主东宫之师的札记，故应更名为《东宫之师札记》或《札记》。这部竹书兼综儒道，内容涉及墓中儒道两家的著作，故当为墓主阅读所藏儒道两家著作的读书札记，其中既有原书抄录，亦有个人感想，而《语丛四》可能抄自别家文献。这是现存最早有意识地将儒道熔为一炉的作品。

（2）道家和兵家的关系。早有学者指出，道家和兵家关系密切。今观竹简《老子》，并无兵家影响的痕迹。因而，今本《老子》与兵家相通之处，乃太史儋对兵家思想的吸收，而权术就是其中的主要内容。

（3）道家和法家的关系。有人指出，战国法家出自老子。但他们既没有注意到对法家发生影响的是太史儋而非老聃，也没有意识到两家之密切关系尚有地理上的原因。

权术是道与法的接合点，此乃太史儋思想之特色而为老聃所未及，故战国法家实出自太史儋。太史儋入秦后，促进了当地法家的发展，使秦国成为法家活动的主要舞台。因而，韩非子之作《解老》《喻老》并非偶然，这是法家承继太史儋之统绪的明证。

七、先秦哲学的特点及其演变

先秦思想的发展有两次重大转变。第一次发生在殷周之际。对这次转变的性质问题，学术界有各种各样的看法，但大致认为这是一场宗教改革运动。我以为，这是一场宗教批判运动。其实质，是摆脱传统宗教，开创人文精神。这不是宗教内部的变化，而是以人文取代宗教的过程。这场宗教批判运动的深层面的思想根源，应该归之于祖先崇拜。一方面，在先民的观念中，天帝的旨意是通过祖先神来传达的，而祖先神当然首先要保佑本族类，这使天命带有一定的任意性。另一方面，祖先神这个中介，拉近了人与天帝之间的距离，使二者之间具有一定的亲和性。所以，当一些特殊事件发生，如殷之代夏，周之代殷，便使人们比较容易地对天命发生怀疑并进而肯定人的价值。

中国哲学与文化之不同于世界其他民族的根本特质是在殷周之际奠定的。由此看来，中国哲学史的开端问题需要重新考虑。过去，胡适先生从老子写起，冯友兰先生从孔子写起，影响很大。我认为至少应该从文王、周公写起。

第二次转变发生在春秋、战国之际。过去，在人们的观念中，先秦时期，儒家侧重于伦理说教，道家侧重于哲学探讨，这已成定论了。但简本《老子》的出土，使我们不得不重新检讨这一成说。尽管简本《老子》中也有一些讨论形上学的段落，但其大部分内容，却是在阐述伦理价值，这正与《论语》相似。此外，这部《老子》的风格相当古雅、朴实，又与《论语》相合。这就是说，侧重伦理价值、风格古朴是当时哲学的共同特点。然而，进入战国，哲学之风大变。就哲学问题而言，人们已由对伦理价值的侧重，转向对天道、心性等深层问题的侧重。其风格也随之由古朴转向高远玄妙。不管是儒家的子思、子思后学、孟子，还是道家的太史儋、关尹，抑或隐逸家的庄子等人，都是如此。因而，侧重天道、心性问题，风格玄奥，是战国哲学的主要特征。这个时期的哲学，更加抽象了，或者说哲学意味更浓了。这是中国人理论思维的一次大飞跃。

从古朴、简易到抽象、精致，符合哲学发展的一般规律。这就进一步印证了本文对简本、今本《老子》时代和作者的推断。先秦哲学这种转向的转折点就是孔子晚年所创建的易学。老聃思想和孔子早期思想皆重人伦而鲜及心性及天道，孔子的易学基本上是一种天道之学。而战国哲学最大的贡献就是填补并深入、广泛地挖掘了介于人伦与天道之间的心性这个环节。仅此一点，孔子在中国哲学史上的地位就需重新评价。

　　补记：从 20 世纪 80 年代中期，笔者即致力于先秦文献与先秦哲学的研究，偶亦有得。在先秦文献方面，涉及《论语》《孝经》《易传》《中庸》《大学》等儒家经典的编者、作者、成书、时代等问题以及相关史实。1998 年《郭店楚墓竹简》由文物出版社刊行后，笔者欣喜地发现，这批珍贵竹书在很大程度上印证了自己以往的看法，于是便以此为线索对先秦文献与相关问题做了进一步的探索。其主要结论，曾在 1999 年 3 月 23 日讲演于中国社科院学术报告厅哲学所 1999 年第一次学术新进展报告会。蒙《光明日报》理论版不弃，应约将报告会讲稿以论纲的形式整理成此文。

郭店一号墓的年代与简本《老子》的结构*

彭 浩

郭店竹简《老子》及其他 15 种古籍皆出自荆门市郭店一号墓中。此墓位于东周时期楚国郢都——纪南城北八九千米的纪山楚墓群中。历年的考古工作证明，这里是一处集中的贵族墓地。郭店一号墓具有明显的楚墓特点。它用大木块构筑椁室，并将其分隔成头箱、边箱和棺室。椁室长 3.4 米、宽 2 米、高 1.3 米，葬具是一椁一棺。就其规模而论，这是一座小型楚墓。墓葬虽被盗掘过，但仍残留有部分随葬品，如陶鼎、铜质圆耳杯、剑、铍、戈、带托的铜方镜、漆耳杯和一件很难得的七弦琴。共计有各种文物 290 件。许多文物的形状及装饰风格与以往楚墓所出物品相同，具有浓厚的楚文化风格。

依历年来考古发掘所得出的楚墓年代谱系推断，郭店一号墓的年代为战国中期偏晚（参见《文物》1997 年第 7 期刊此墓简报），发掘者的看法应该是可信的。由于此墓随葬品与邻近的包山二号墓十分相近，一般都认为它们之间的年代也相近。

包山二号墓中的竹简上有七条以事纪年的材料，其中一条是"大司马昭阳败晋师于襄陵之岁"，亦见于《鄂君启节》，即史书所记公元前 323 年（楚怀王六年）之事。因楚国多用前一年发生的大事作为次年的纪年，故简文中的此年当推定为公元前 322 年（楚怀王七年）。《鄂君启节》所记为此年"夏层之月乙亥之日"（楚历五月乙亥），包山楚简所记为此年"夏栾之月庚午之日"（即七月庚午）。经与《中国先秦史历表》查对，皆与殷正（建丑）、夏正（建寅）栏合历。包山二号墓卜筮祭祷简中有三个纪年，据所记月名、干支及卜筮、祭祀

---

　* 原载《道家文化研究》第 17 辑"郭店楚简专号"，生活·读书·新知三联书店 1999 年版。

的关系，可以确定它们是前后相连的。据墓中竹简记载，下葬时间是"大司马悼愲救郙之岁冟月丁亥之日"。此条纪年与卜筮祭祷简的三条纪年中的最后一年为同一年。把以上三年的记月、干支与张培瑜《中国先秦史历表》殷正历对照，大致与公元前318、前317、前316年相合，该年八月、十月、夐月所记干支与殷正相差一天。按夏正，冟月、夏褰、九月误差一天，八月、十月则误差两天。① 中国古代以月相定朔闰，朔望周期是二十九日半或略多，反映在朔日干支上有一天的误差是合理的，若误差两天或更多则不能认为合历。因此，按殷正，包山二号墓的下葬年代是公元前316年。那么，郭店一号墓的年代与之相当，至迟不会晚于公元前300年，即公元前4世纪末。

这与根据考古学方法排列出来此墓为战国中期偏晚的判断是相吻合的。如江陵雨台山楚墓共558座，分作六期，大约自春秋中期（公元前689年楚文王都郢以后）至战国晚期前段（公元前278年秦攻占郢前后），共四百年左右。② 具体分期是：春秋分作中、晚两期；战国分作早、中（分二期）、晚四期。按此分期，战国四期的时间跨度大约是从公元前475年左右至公元前278年左右，平均每期约五十年。战国中期偏晚对应的是战国的第三期，约公元前320年。这与前面推算的包山二号墓、郭店一号墓的年代相去甚近。

从文献材料方面也可以推求包山二号墓的"大司马悼愲送（将）楚邦之币（师）徒以救郙之戕（岁）"的具体年代。悼愲即卓滑，见于《战国策·楚策四》。卓滑史迹先见于《战国策·赵策三》之"齐破燕赵欲存之"章，时为楚怀王十五年（前314年），卓滑任楚国使者往赵国说赵武灵王出兵伐齐。次见于《战国策·楚策一》等古籍，卓滑再次出使往越国，"五年而能亡越"。亡越之年各家之说不一，多取楚怀王二十三年（前306年）。至于卓滑任大司马之职未见记载，与其史迹同时或前后的大司马有昭阳（楚怀王六年，前323年）、昭常（顷襄王元年，前298年）。再考虑到卓滑两次出使他国时可能未任大司马，故推测其任大司马职约在灭越之后的公元前306年至公元前298年间。③ 其时，楚的北方屡有战事，郙地于公元前292年被秦占领，④ 卓滑救郙或在此之前的某次战事。若与卓滑任大司马职的

---

① 王红星：《包山简牍所反映的楚国历法问题》，《包山楚墓》附录二○，文物出版社1991年版。

② 荆州地区博物馆：《江陵雨台山楚墓》"伍、分期与年代"，文物出版社1984年版。

③ 刘彬徽：《楚国纪年法简论》，《江汉考古》1988年第2期。

④ 郙，春秋时称吕，在今南阳附近。一说郙当指蔡国故地的古郙亭、郙乡，是古偪阳复国之地。参见徐少华：《包山二号楚墓的年代及有关问题》，《江汉考古》1989年第4期。

年代联系起来，那么他率兵救郘之事应在公元前 298 年之前。①

总之，从现有资料分析，包山二号墓的下葬年代范围应在公元前 322 年至公元前 298 年之间，而以历谱推得的公元前 316 年较为可靠。郭店一号墓的年代与之相去不远。

郭店一号墓墓主身份因缺乏直接可供判断的材料而不能确定。此墓规模小，葬具仅一椁一棺，其身份只能是下层贵族。从已发掘的楚墓来看，墓葬规模的大小和葬具重数的多少都与死者生前地位或官爵高下有密切关系。例如，天星观一号墓墓主是封君（邸阳君番勅），墓口为 41.2 米×37.2 米，葬具是一椁三棺；包山二号墓墓主是楚左尹昭佗，墓口为 34.4 米×31.9 米，葬具是一椁四棺。作为包山二号墓的陪冢的墓口是 8.95 米×7.35 米，葬具是一椁二棺。若与上述墓葬规模相比，郭店一号墓墓主身份与之相差甚远。

郭店一号墓中发现有刻铭"东宫之币（师）"的漆耳杯，引起学者对墓主身份的推测。有人认为墓主是楚东宫（太子）的老师，墓中的书籍与其身份吻合；有人认为，杯上刻铭应理解为东宫工师之杯。前说因墓葬规模过小，难与"东宫之师"身份相配。楚国历史上曾有过两次东宫之兵的记载，称作"宫甲"（参见《左传》僖公二十八年、文公元年条）。前者是子玉，因晋楚城濮之战失败被杀，后者是楚成王太子商臣，在其师潘崇支持下发"宫甲"包围王宫，逼迫成王自缢，自立为王。潘崇也因此升为大师，"且掌环列之宫"。如果说郭店一号墓墓主是太子之师，其地位当在大夫或上卿之列，死后的入葬规模大致与包山二号楚墓、望山一号楚墓相当，而不致于沦为按"士"礼使用一椁一棺。如果把"东宫之币（师）"理解为东宫的工师，似乎很难把它与墓中华丽精致的随葬物品等同起来，工师的地位并不高，不可能拥有上等贵族享用的物品，也与墓中的书籍无必然的联系。

我认为，这件刻有"东宫之币（师）"的漆耳杯并非墓主所有，而是他人赠送给墓主或是墓主生前所得，刻铭反映当时的"物勒工名"制度，说明此件出自东宫工师之手。墓中有铜剑和铜戈各两件，铍一件，箭镞 132 件及箭箙，墓主极可能是一位男性。该墓处于楚国贵族墓地之中，随葬品多且精，按楚墓葬制的通例，墓主可能出身于显赫的贵族之家，未获爵位，好道儒学说。

墓中所出《老子》竹简自然要早于墓葬的下葬年代。由于缺乏可以直接证明成书年代的材料，因此还无法作出确切的判断。

郭店楚简《老子》（或称《简本》）抄写在三种长度和形制不同的竹简上而分成甲、乙、

---

① 徐少华认为应是公元前 303 年（楚怀王二十六年）。参见徐少华：《包山二号楚墓的年代及有关问题》，《江汉考古》1989 年第 4 期。

丙组，各组竹简上下编线间距也不完全一致。一般来说，用于抄写同一篇文章的竹简长度、形状及上下编线间距都是一致的，多年来发现的抄写在竹简上的古书也可证实这点。同时，我们从照片上也可以清楚地看到，《老子》甲、乙、丙的字体、字间距离也各不相同，应是各自抄写、编连成册的。同一部书同时出现两种或多种抄本在古代是有其例的。就《老子》一书而言，长沙马王堆汉墓帛书《老子》甲、乙本就同时出现在一个墓中，然而它们的抄写年代并不一致，甲本在前，乙本在后。1959 年在甘肃武威磨咀子六号汉墓中发现的《仪礼》，其中《服传第八》分见于甲本和乙本，而丙本只有一篇《丧服》，各本抄写年代也不尽一致。

简本《老子》甲和丙都有相当于通行本第六十四章下段的文字，这也是甲、乙、丙三组简文唯一重见的部分。甲组的这段文字接续在相当于第十五章之后；丙组的这段文字则是一个独立的部分。甲组和丙组的这部分文字有些不同，主要是：（1）甲组的"临事之纪"帛书本作"民之从事也"，丙组无此句。（2）丙组的"人之败也，亘（恒）于其叔（且）成也败之"，且位于"则无败事亖（矣）"句后。甲组无"人之败也，亘（恒）于其叔（且）成也败之"句。显然，丙组比甲组多出的两句话使全段文字意义更为明确。帛书本比简本丙少"人之败也"句，把"恒于其成事而败之"句置于"民之从事也"句后，文意更顺畅。可以看出简本丙更接近帛书本，而简本甲则与帛书本相去较远。从简本甲与丙对同一段文字的不同处理，似乎可以理解为它们是分别出自不同的传本。

我们注意到，帛书甲本在相当于通行本的第一章、四十六章、五十一章、五十二章、五十三章、五十七章、六十三章、六十四章、六十九章、七十三章、七十五章、七十六章、八十章等的开头处皆有用以分章的标志"●"。其中相当于四十六章、五十一章、五十二章、七十五章各有两个圆点标志，一个在章首，一个位于章中，帛书整理组未对这种现象作出说明。它们提示着一个重要的事实，即在某章中部出现的带圆点的部分极可能本来是独立的一章。简本可以帮助我们对此作出判断。

例一，简本甲中有两段文字分别相当于通行本第六十四章的上、下段，它们是"为之者败之，执之者远之……是古（故）圣人能尃（辅）万勿（物）之自肰（然），而弗能为"和"其安也，易枭（持）也……九城（成）之台甲□□□□□□足下"。前者接在相当于通行本第十五章之后；后者下接相当于通行本第五十六章。简本甲的这两段是不相连系的。简本丙仅有相当于通行本第六十四章的下段。由此可证明通行本第六十四章在先秦时期是分作各自独立、互不相连的两章。

例二，通行本第四十六章在简本甲中仅有其中、下两段，即"辠（罪）莫厚虖（乎）甚欲……智（知）足之为足，此亘（恒）足矣"。通行本第四十六章开头的一段即"天下有道，却走马以粪。天下无道，戎马生于郊"不见于简本。帛书甲本的这部分文字同通行本第四十六章，在"天下有道"和"罪莫大于可欲"句前各有黑色的圆点用作分章标志。证以简本甲，可知帛书甲本相当于通行本第四十六章，在帛书甲本形成前是两个独立的章。

例三，简本乙的"闵（闭）其门，赛（塞）其逸（兑），终身不堇（勤）。启其逸（兑），赛（塞）其事，终身不棻"相当于通行本第五十二章的中段。帛书甲本于该段前有分章圆点，表明它是独立的一章。通行本和帛书本于该段之前还有"天下有始……没身不殆"；于该段之后有"见小曰明……是谓袭常"。简本乙仅有该章的中段。因此可以认为通行本第五十二章先秦时期应是三个独立的章。

例四，简本甲的"天地之勿（间），其猷（犹）臿（橐）籥（籥）与？虚而不屈，迵（动）而愈出"见于通行本第五章中段，帛书本同。一些古籍在引用《老子》第五章时，多是分开引用。例如《文子·自然》引《老子》作"天地不仁，以万物为刍狗"；《道原》引作"多闻数穷，不如守中"，《淮南子·道应》引作"多言数穷，不如守中"。它们皆无"天地之间……动而愈出"四句。《吕氏春秋·贵公》《后汉书·舆服志》仅引"圣人不仁，以百姓为刍狗"，且不与下文相接。《牟子·理惑论》引作"天地之间其犹橐籥乎"，《后汉书·郎颉传》注引作"天地之间其犹橐籥，虚而不屈，动而愈出"。它们都不与"以百姓为刍狗"相接。证以简本，可知帛书本相当于通行本第五章的文字，此前可能是三个章。

依上述各例的分章原则，通行本与简本对应的 31 个章，简本分作 40 个章，多出 9 个章，即第四十六章分作两章、第五章分作三章、第十六章分作两章、第四十八章分作两章、第二十章分作两章、第五十二章分作三章。其中通行本第三十章的后半，即"物壮则老，是谓不道，不道早已"，帛书本大致相同，简本则见于相当于通行本第五十五章的文字中，故可认为帛书本和通行本第三十章的这几句是误入，不把它们当作第三十章的一部分，仍然计作一章。通行本第十五章后段有"夫唯不盈，故能蔽不新成"，帛甲本也有相似的文字。帛乙本没有前句，只有后一句，简本则无这两句。"夫唯不盈"句是对上文"保此道者不欲盈"的重复，故帛乙本略去。"故能蔽不新成"似为对上文的阐释，有可能是后加入的。因此，仍不把以上两句当作单独的一章来看待。简本乙"大成若夬……清清为天下定"（相当于通行本第四十五章）的句读符号使用比较随意。该部分在"大成若夬，其甬不幣""大涅若中，其甬不穷""大攷若仳""大成若诎"句后皆以点作句读。在"大植若屈"句后用黑色方块断句，以下的"枭勅苍""清清为天下定"句也用点断句(《郭店楚简》老子甲第一五号简"定"下之点模糊，应是一点)。此后的文字皆无句读。因此，可以从句读的使用上把"大成若夬……清清为天下定"与下文区分开来，估计简本抄写者所见传本就是把这部分作为独立的一章。那么，"大植若屈"之下的黑方块只能当句读用，而不是用作分章标志。类似用法的例子亦见于简本甲一号、二号简(相当于通行本第十九章)，每句之后都是以黑方块作为句读。

简本的章序与帛书本和通行本有很大差别，其次序见《郭店楚墓竹简·老子》的说明。帛书本和通行本只有第五十六章、五十七章和第十七章、十八章是相联系的，其余的皆不相同。

先秦至西汉时期的《老子》抄本依年代早晚是简本、帛书甲本和帛书乙本，前两种分别是战国中期和晚期的。帛书甲本和乙本的结构相同。简本与帛书本的结构却大不相同。在上面的讨论中，我们已经指出，帛书本形成时，对《老子》作了很大的改动、整理。第一，对各章文字作了整理、增删，多数情况下是增加语助词和承接上下文的重复句，给人的感觉是语句欠精炼，有时造成文意的停顿。例如，在相当于通行本第二章"先后相随"句下增加"恒也"。从上文看，"恒也"是总结之语，强调前列现象是永恒不变的。但这种常人皆知之理是无需强调的。"恒也"的插入使上下文造成了不必要的停顿。王弼本或因此不保留"恒也"，而与简本一致。当然，帛书本的改动也有优于简本之处，如前举相当于通行本第四十六章下段。第二，对分章作了部分调整，把一些独立的章合并成新的章，形成了八十一章的架构。第三，重新安排各章次序，形成了《德》《道》篇，并确定了《德》在前、《道》在后的格局。就内容而言，帛书本比简本更系统，理论阐释也更多。帛书本的出现标志着经过一百五十多年的发展，《老子》日臻成熟，其动力当来自社会发展提出的许多迫切需要解决的问题。

论郭店一号楚墓所出漆耳杯文及墓主和竹简的年代[*]

罗运环

　　1993 年 8 月和 10 月，湖北荆门市南部的郭店一号楚墓两次被盗。同年 10 月中下旬对该墓进行了抢救性清理发掘，出土了大批竹简(此前盗墓者还盗走部分竹简)和较多的其他随葬品。随葬品中编号为 B10 的漆耳杯保存完好，底部有刻文"东宫之币"4 字。① 这是该墓比较直接地涉及墓主人身份的文字材料，具有重要意义。

　　荆门市博物馆在所发表的该墓发掘报告中将杯文最后一字释为杯字，但杯文应为"东宫之师"，东宫为太子宫，东宫之师即为楚太子的老师，当与墓主人有关。发表此文，期望能有助于对杯文及该墓墓主的研究。

一、杯文"东宫"考

　　东宫作为居住处，在先秦时期除了天子、诸侯之后妃的六宫或三宫之一的宫寝名称外,② 就是太子宫室的称谓。《诗经·卫风·硕人》："卫侯之妻，东宫之妹。"毛传曰："东宫齐太子也。"唐孔颖达疏谓："太子居东宫，故以东宫表太子。"又如《吕氏春秋·审应》载，魏昭王问于田诎曰："寡人之在东宫之时，闻先生之议"。东汉高诱注曰："昭王，

---

　　* 原载《考古》2000 年第 1 期，又载氏著《出土文献与楚史研究》(商务印书馆 2011 年版)，今据后者收入。
　　① 湖北省荆门市博物馆：《荆门郭店一号楚墓》，《文物》1997 年第 7 期。
　　② 参见《周礼·天官·内宰》《礼记·祭义》。

襄王之子也；东宫，世子也。"凡此表明，先秦时代因太子一般居东宫，在习惯上人们往往以东宫代表太子。

在楚国，东宫一名，就现有资料而言，最早见于楚成王时代。《左传》僖公二十八年载，晋楚城濮之战，楚成王批给令尹子玉的军队"唯西广（楚王亲兵戎车队之一）、东宫与若敖之六卒（若敖氏家族之兵，一卒三十乘）"。《国语·楚语》载晋方分析楚军实力时也说："子玉与王（楚王）心违，故唯东宫与西广实来。"这两处提到的都是冠有东宫名称的一支军队。《左传》文公元年载，楚成王晚年欲废太子商臣（即楚穆王），太子商臣得知后发动政变，"以宫甲围成王"。历代注家多以此"宫甲"训楚参加城濮之战的东宫兵。西晋杜预注《左传》"东宫兵"条时云："太子有宫甲，分取以给之"；注"宫甲"时则曰："太子有宫甲，僖二十八年，王以东宫卒从子玉，盖取此宫甲。"唐孔颖达疏于东宫条下亦云："文元年商臣以宫甲围成王，是东宫兵也。"清人董增龄《国语正义》、今人杨伯峻《春秋左传注》等均主杜、孔之说。如前所云，太子或称东宫，宫甲为东宫之甲的省文，东宫之兵即太子宫的卫队。因楚太子居住东宫，故亦以东宫代表楚太子。

再从杯文本身来看，"东宫"与"师"字（详见下文考释）连读，也更为直接地证明了杯文中的东宫就是楚国太子的代名词。

二、杯文"帀"字辨

杯文最后一字，即"帀"字（见图1），与杯字所从声符不（小篆作否）的形体相近，又

图1　郭店 M1∶B10 漆耳杯底部刻文摹本

由于书写在杯子上，极易误认是"杯"字。下面将从"帀"和"不"的形体演变规律和特征，以及"不""杯"二字的关系来论证杯文最后一字释为"师"字的理由。

在殷墟甲骨文中，"不""丕""否"形体尚未分化，均可隶定为"不"（见图 2：1~4）。"不"字除用作人名、方国名之外，还多用为否定词，也含有"丕""否"的音义。"师"字在殷墟甲骨文中也有几种写法（见图 2：5~7），可隶定为"自"。"自"除用作军旅之师和人名外，也用为职官名。"自""不"二字形、音、义区别明显，不曾混淆。

周原甲骨文和西周金文的"不"字基本上继承了殷墟甲骨文的用法和晚期的形态（见图 3：1、2）。但"师"字的形体及用法则发生了较大的变化，除师旅的"师"外（见图 3：3），职官之师多增"帀"（见图 3：4~6）。西周晚期"师"或省"自"（见图 3：7），与"不"字的形体比较接近。

1　　2　　3　　4　　5　　6　　7

图 2　殷墟甲骨文中的"不"与"师"

　1~4. 不（《甲骨文合集》第 6345、36427 号，《小屯南甲骨》第 4518 号，《甲骨文合集》第 33829 号）；

　5~7. 师（《甲骨文合集》第 6548、178、36427 号）

1　　2　　3　　4　　5　　6　　7

图 3　周原甲骨文与西周金文中的"不"与"师"

　1、2. 不（天亡簋、盂鼎）；3~7. 师（班簋、周原甲骨 H11：4、令鼎、毛公鼎、师寰簋）

东周时期，"不"字基本形体相对稳定，只是其顶上有时增一小横画，下部竖画中间有时也增一小横画。"师"字使用情况要复杂一些，有"自"增偏旁"帀"的"师"，也有"自"省为"帀"之"师"。这两者在某些诸侯国兼用并行，在楚文字中则只通行省"自"为"帀"之"师"，其形体虽与"不"字接近，但区别是严格的。如《鄂君启节》铭"不""帀"同见一文

(见图4：1；图5：1)，又如包山楚简"不"字之形(见图4：2~4)与"币"字(见图5：2~5)均不混淆。再从与此杯文同墓所出的郭店楚简来看，"不"字(见图4：5、6)与"币"字(图5：6~8)也有区别，尤其是《缁衣》篇在一支简上写有"不"和"币"(见图4：7；图5：9)，区别也是严格的。

1　2　3　4　5　6　7

图4　东周时期的"不"

1. 鄂君启节；2~4. 包山楚简；5~7. 郭店楚简

1　2　3　4　5　6　7　8　9

图5　东周时期的"币"

1. 鄂君启节；2~5. 包山楚简；6~9. 郭店楚简

"不""币"二字的写法，总体上比较接近，区别在于中间撇、捺二笔交叉点上。"币"字的撇、捺交叉时呈"人"字形，"不"字的撇、捺交叉时呈✕形。混淆这二者的区别，正是误释本杯文"币"字为"不"字的原因。

若从文例来看，本杯文类似楚金文"卲(昭)王之皇(母)之荐(或馈)簠(或鼎)"，只是省"之杯"二字而已。而且战国以前古文字中均不见杯字，战国楚文字中发现数例，均从"木"旁(见图6)。本杯文最后一字既不从"木"又写作"币"字形，这进一步证明不是"杯"字而是"师"字。杯文"东宫之师"指的就是楚王太子的老师。

1　2　3

图6　楚国文字中的"杯"

1. 信阳楚简；2. 长沙五里牌楚简；3. 江陵望山二号墓楚简

三、墓中古籍的用途

楚王十分重视太子的教育和培养①，教学内容也很丰富。据《国语·楚语》载，楚庄王命士亹为太子箴之傅，士亹就太子教育问题请教有经验的老臣申叔时。申叔时言及太子教学的书目有：《春秋》《世》《诗》《礼》《乐》《令》《语》《故志》《训典》等 9 种。三国吴人韦昭注对这 9 种书的类别与内容作了简要的说明，其云："以天时纪人事谓之《春秋》"；"《世》，谓先王之世系也"；"诸诗所美者"，"若成汤、文、武、周邵（僖）公之属"；《礼》言"贵贱之品"；《乐》指"移风易俗，荡涤人之邪秽"者；"《令》谓先王之官法，时令也"；"《语》，治国之善语"；"《故志》，谓所记前世成败之书"；"《训典》，五帝之书"。这些书有的是楚人自己的书；有的则不是，如《诗》就是后来被儒家奉为经典的《诗经》。

当然，随着时代的推移和对象的不同，太子的教科书也会因时因人而有所损益。此东宫太子之师时处战国中期偏晚（详见下文），教育太子的教科书比起春秋中叶楚庄王时代来自当有了很大的变化。墓中所出楚简全为典籍选篇，其中《老子》《太一生水》属于道家著作类；《缁衣》《五行》《鲁穆公问子思》《穷达以时》《性自命出》《成之闻之》《尊德义》《六德》《唐虞之道》《忠信之道》《语丛》（书名和篇名皆为整理者所加）等篇皆为儒家典籍的选篇。该墓部分竹简虽被盗，其他的典籍和与之相关的篇章尚不清楚，但仅就这些内容来看就已相当丰富。这些典籍选篇或许就是当年东宫之师教楚王太子所使用的教本和参考书。

四、墓主与竹简的年代

墓葬简报认为，从墓葬形制和器物及文字书写特征判断，郭店 M1 具有战国中期偏晚的特点，其下葬年代当在公元前 4 世纪中期至公元前 3 世纪初。这一时段正是楚怀王与楚顷襄王在位之际。此时的太子应是楚顷襄王熊横为太子时的称谓，东宫之师则应是太子横的老师。

据古籍所载，顷襄王为太子时先后到秦、齐二国当过人质。第一次是因楚背叛合纵抗

---

① 见拙作《论楚国的太子制度》，《先秦史与巴蜀文化论集》，历史教学社 1995 年版。

秦联盟而与秦结好，齐、韩、魏三国于公元前 303 年(楚怀王二十六年)联合讨伐楚国，楚被迫使太子横入秦为人质以获取秦兵救援。第二次是到齐国为人质，时间在公元前 300 年(楚怀王二十九年)，主要是楚国为了解除秦国对楚的连年进攻。按楚人的习惯，太子入质他国均有师傅随从，如考烈王(顷襄王之子)为太子时入质于秦，左徒黄歇(春申君)受命为傅而随从太子。楚顷襄王为太子时两次当人质，其师傅是谁呢?《战国策·楚策》明确记载其入质于齐的师傅名叫慎子。那么，此前入质于秦时的师傅是否也是慎子呢? 史实表明是不可能的。太子横入质于秦的第二年，秦大夫有私与楚太子斗，太子横杀秦大夫而逃归。秦昭王因此"不胜怒"，以此为口实，连续数年攻楚，致使楚损兵失地。显然，随从太子横至秦的师傅是有罪责的，既然有罪就不可能继续担任师傅而随质入齐。故入秦随从太子的师傅不是慎子，而是另外一个人，即此"东宫之师"。

　　从墓葬看，一方面墓葬的规模仅相当于上士墓，与楚太子之师墓葬的常制不符。但另一方面该墓随葬品繁多，数量较大，又非一般上士之墓可比，僭制固然可以解释这种现象，① 但若将墓中所出大批竹简典籍与杯文东宫之师，以及传世文献记载结合起来，说此墓墓主是太子的老师，即太子横入质于秦时的师傅，可能更加合适一些。前面已有考证，东宫之师随太子横入质于秦国，时间在公元前 303 年(楚怀王二十六年)，太子横从秦国逃归楚国的时间在公元前 302 年。如此，则该墓的下葬时间在公元前 302 年之后(下限在白起拔郢之前)，而竹简的书写时间应在公元前 303 年以前。

---

① 湖北省荆门市博物馆:《荆门郭店一号楚墓》,《文物》1997 年第 7 期。

初读郭店楚简[*]

庞 朴

　　企盼已久的荆门战国竹简，1998 年 4 月底正式出版面世了[①]。早从 1994 年起，有关这批竹简，便有许多传说，纷纷扬扬。足足等了四年，我们这些局外人，总算得以一瞻玉影；虽然还是无缘亲炙芳容，已经很是知足了。而且，四年的岁月，在我们固然急不可耐；对于沉睡了两千多年的竹简来说，只不过一瞬而已。所以，应该说，一切都是美妙的。纵有什么不能尽如人意的地方，比起竹简的出土来，全都微不足道了。

　　因为这批竹简，不仅要改写经学史和儒家学说史，而且要动摇中国学术思想的不少有关定论，使人耳目为之一新。我们应该尽快识别这批竹简的篇章文字，认清这批竹简的学术价值，万不可辜负这位远时(不是远方)客人的盛情到来。

一

　　据报道，竹简现存 804 片，13000 多字，全部为学术著作。就数量来说，它在中国考古史上，还说不上是最多的。出土最多的一次，应推公元 279 年，晋咸宁五年，汲郡魏襄王冢的竹简。据《晋书》记载，那次"得竹简小篆古书十余万言"(《晋书·武帝纪》)，"竹书数十车"，"大凡七十五篇"(《晋书·束晳传》)。令人感兴趣的是，这先后两批竹简，虽

　　* 原载《历史研究》1998 年第 4 期，又载氏著《庞朴文集(第二卷)·古墓新知》(山东大学出版社 2005 年版)，今据后者收入。

　　① 荆门市博物馆编：《郭店楚墓竹简》，文物出版社 1998 年版(本文以下凡单注页码者均指此书)。

然在出土时间上远隔千余年，在埋藏空间上相距千余里，仿佛马牛其风，全不相涉；但巧的是，二者入土的年代，却大体相当。我们知道，汲冢的魏襄王，卒于公元前 296 年；而郭店的这座楚墓，据考证，也"具有战国中期偏晚的特点，其下葬年代当在公元前 4 世纪中期至前 3 世纪初"①，或者更精确地说，"约当公元前 300 年"②。这一年代相近的事实，无疑会引起研究者的充分注意。

郭店现存竹简，经荆门市博物馆整理，分成十六篇。十六篇中，按传统的学术分类法，有两篇属于道家，其中一篇是《老子》；其余十四篇，属于儒家。而汲冢的书目则比较驳杂，据记录最细的《晋书·束皙传》所载，其七十五篇中，可与郭店相比的学术性著作，大概有《易经》以及说《易》、论《易》书共七篇，《国语》三篇，似《礼记》书三篇，全都属于儒家。

韩非曾说过，孔子死后，儒分为八。其实从大的思想路数来说，并没有那么多，也不可能有那么多派。起先孔子倡仁；对于人为什么能够仁这样的大问题，在孔子当时，不曾提出过，也提不出来。孔子死后，学生们在探索这个问题上，逐渐分走两条路：一条是向外寻找，一条是向内追求。向外找的追到宇宙本体，有所谓"一阴一阳之谓道，继之者性也，成之者善也"之说，认为人之能仁，有着宇宙论上的依据。向内求的追到心性深处，有所谓"恻隐之心人皆有之""人之所以异于禽兽者几希"诸说，认为人之能仁，有其心性论上的依据。向外派重视《易经》《易传》，后来慢慢演变为荀学（荀子赞仲尼、子弓；子弓即传《易》的子弘）；向内派发明《五行》《六德》（郭店楚简篇名），不久遂直接形成为孟学。

汲冢书和郭店楚简，正好分属于这向外派和向内派，彼此互不兼容，却正好处在同一年代，实在是很有意思的事。充分重视这一事实，无疑会给儒家学说史的研究带来新的趣味。

二

郭店楚简的大部分内容，是今人从未见过的；它将激起学界的兴奋，自是意料中事。人们不易想到的是，我们所熟知的一些成句，在竹简中，竟然也有惊人之笔，足以改变相

---

① 湖北省荆门市博物馆：《荆门郭店一号楚墓》，《文物》1997 年第 7 期。

② 崔仁义：《荆门楚墓出土的竹简〈老子〉初探》，《荆门社会科学》1997 年第 5 期。

沿成习的观念。

譬如"民可使由之，不可使知之"，这一句老话，曾使许多人头疼过，因为它和孔子"有教无类"的思想不合，与"庶、富、教"的纲领也矛盾。有人曾曲为之解，把它读成"民可，使由之；不可，使知之"，以成全孔老夫子的名声，终因难以服人而无济于事。现在郭店楚简一出，这个难题倒解决了。

简中有好几处文字与此有关，最清楚的一处这样说："民可使道之，而不可使智之。民可道也，而不可强也。"（第174页）"道之"就是"导之"，也就是教之，这是没有问题的。"不可使智之"同位于"不可强也"，也就是"不可勉强也"，这在文句中也清清楚楚，应毋庸议。需要稍加说明的只是，"智"之为德，在儒家学说中，本来便是有着限制的。第163页上说"不欺弗智，信之至也"，"智"与"欺"并列，与"信"反对，这样的智，就是我们通常所谓的小聪明；其为德也，可不慎欤！孟子也曾这样说过："所恶于智者，为其凿也。如智者若禹之行水也，则无恶于智矣。禹之行水也，行其所无事也。如智者亦行其所无事，则智亦大矣。"（《孟子·离娄下》）凿者穿凿附会，把自己意见强加于人之谓。可见，不可使智之，说白了，就是不可强加于人；再好的主张，也只能在人民的理解中慢慢推行，强加过去。好事也会变成坏事的。第167页上有一段话说得好：

> 智而比即（次），则民欲其智之述（遂）也；福（富）而贫（分）贱，则民欲其福（富）之大也；贵而能让，则民欲其贵之上也。反此道也，民必因此厚①也以复之，可不慎乎？

"比次"就是按部就班的意思。智而能按部就班，老百姓便希望你的智得到贯彻；一如你贵而能让，老百姓便希望你步步高升一样。如果反此道也，老百姓就要"复之"了！可不慎乎？

三

儒家学说一向被讥为统治阶层的符咒、王道三纲的理窟。平心而论，汉以后的现象也

---

① 《释文》定此字为"厚"，无解，且与前后诸"厚"字笔法皆异，恐非是。

许的确如此；在早期阶段，譬如竹简所在的战国时代，却颇有不同。

简中现有被拟名为"六德"的一篇，谈的是夫妇、父子、君臣的关系，以及其各自应有的德行。这三大关系，乃人类及其社会所不可或缺的根本关系，虽洒脱如庄子者，也曾说过"子之爱亲命也，臣之事君义也，无所逃于天地之间"这样的话。至于主张尚法而不尚贤的韩非，说得就更干脆了："臣事君，子事父，妻事夫，三者顺则天下治，三者逆则天下乱，此天下之常道也。"（《韩非子·忠孝》）韩非所谓的顺逆，也就是以谁为纲的意思，后来汉代人的三纲说，不过把它说得更简明一些罢了。

楚简里也谈到了这三大关系，却有着重大不同。首先是次序上的不一样。楚简先列夫妇后叙君臣，这种由自然而社会的顺序，或者叫先"门内"后"门外"的顺序，① 包含着儒家特有的重血缘、重生生和本末先后的观念，是很值得玩味的。其次是要求上的不一样。楚简对三大关系六个方面，都提出了对等的要求：不仅要求妇德，而且要求夫德；不仅要求子德，而且要求父德；不仅要求臣德，而且要求君德。这也是儒家的传统，孔子所谓的"君君、臣臣、父父、子子"，正是这个在道德面前人人平等的意思。

最为惹人注意的是简中提出的处理这三大关系发生矛盾时的原则，叫做"为父绝君，不为君绝父；为□弟绝妻，不为妻绝□弟；为宗族□朋友，不为朋友□宗族"（第188页）。这是一个自然主义、帝力何有的原则。"为父绝君"这句话，不由得让人想起孟子那个有名的破草鞋故事：有个学生叫桃应的，设了一道难题问孟子："舜为天子，皋陶为士，瞽瞍杀人，则如之何？"（皋陶是有名的大法官，瞽瞍是帝舜的父亲）孟子说："把瞽瞍抓起来。"学生又问："然则舜如之何？"孟子的妙答是："舜视弃天下犹弃敝屣也。窃负而逃，遵海滨而处，终身欣然，乐而忘天下。"（《孟子·尽心上》）好一个窃负而逃！好一个为父绝君！困扰着后儒两千年的忠孝如何两全的苦恼，原来曾是很容易便能解开的。

尤有进者，竹简还提出，绝君不一定必得为父，不为父也可绝君。因为它认为，君臣是一种朋友关系，一种互相选择的关系，所谓"友，君臣之道也"（第209页），"君臣、朋友，其择者也"（第197页）。如果对君有所"不悦，可去也"；如果君有"不义而加诸己，弗受也"（第209页）。这种自由主义的思想，固然有着战国时代那种朝秦暮楚、楚材晋用，或者叫做"此处不留爷，自有留爷处"的政治背景，但也切勿忽视其中洋溢着的儒家那种以德抗位的倔强精神。

---

① 见第181、188页谈门内之治、门外之治。按：门内外之治的说法亦见于今本《礼记·丧服四制》。

四

据说这批竹简数经盗扰，出土时已散乱残损；能拼合成目前的样子，释读到可以理解的地步，确实应该感谢整理者的勤劳，佩服他们的智慧。他们的业绩，将和这批竹简一样，永远彪炳于史册。

但是，正如整理者所说，原来简册的面貌已绝难恢复，现有的成果还有待改进。我读了两遍以后，便发现一些与传世文献相同相通的地方，由于未曾互勘，遂时有不识、误读、错接等情况发生，有待更正。例如：

(1)《语丛三》第50、51简，很明显同于《论语·述而》的"子曰：志于道，据于德，依于仁，游于艺"。注释未能注出相同者，释文也就未能识出简上的"据"字和"依"字。

(2)《性自命出》第34、35简，现在的释文是：

> 喜斯慆，慆斯奋，奋斯咏，咏斯猷，猷斯迂。迂，喜之终也。愠斯忧，忧斯戚，戚34斯难，难斯宋，宋斯通。通，愠之终也。35

这一段文字，和《礼记·檀弓下》子游谈礼道的一段话很相似，子游说：

> 人喜则斯陶，陶斯咏，咏斯犹，犹斯舞，舞斯愠，愠斯戚，戚斯叹，叹斯辟，辟斯踊矣。品节斯，斯之谓礼。

子游这段话，历来很费解。因为它本是回答"丧之踊"的，却从"人之喜"谈起，一环一环，最后到了悲之极的踊。虽说乐极可以生悲，但谈丧之踊(号啕顿足)，于情于理，似乎并无从喜谈起的必要。加上版本不同，句子互有差异，所以一直没人能弄清楚这段话的准确意思。

现在好了，我们把文献和文物合起来看，真正看到了一幅合则双美的情景：竹简上不认识的字，马上全都可以认识了；文献中不好懂的意思，顿时也就豁然贯通了。它们的底本，大概是这样的：

> 喜斯陶，陶斯奋，奋斯咏，咏斯猷（摇），猷（摇）斯舞。舞，喜之终也。
> 愠斯忧，忧斯戚，戚斯叹，叹斯抚，抚斯踊。踊，愠之终也。

"舞"字在竹简从亡从辵，正是"無"字下面加两足。"抚"字在竹简从亡从木，亦即"手"旁加"無"。抚，拊心也，《礼记》孔疏曰："抚心为辟，跳跃为踊。男踊女辟，是哀痛之至极也。"其他的"戚"字、"叹"字、"踊"字，参照文献，很自然便都能认出了。

（3）《六德》第30、31简交接处，释文这样说：

> 门内之治纫掩义，门外之治义斩纫。（注释："纫"当读为"仁"）

查竹简他处"仁"字，一律从身从心，此处应无例外，不该写成"纫"。搜索枯肠，终于想出，这段话，也与一段文献相同；找到文献，真相遂大白起来。那是在《礼记·丧服四制》上：

> 门内之治，恩掩义；门外之治，义断恩。

这本来是谈丧服异制之理的一段话，门内指宗族，门外谓朝廷；恩和义的关系，就是亲和尊的关系。"恩"字写为"纫"，音近使然也。

（4）《语丛一》第77简至82简，谈亲与尊的关系，有"尊而不亲""亲而不尊"字样，很容易使人记起《礼记·表记》上的类似语句。那里有这样的说法：

> 厚于仁者薄于义，亲而不尊；厚于义者薄于仁，尊而不亲。

以这条文献为拐杖，来排比竹简，则第77简应下接第82简，再接第79简，其状如：

> □□□□于义亲而77不尊厚于义薄于仁82尊而不亲79

第77简上端实缺四字，不是释文所示的三个空。补足以后，即可通读：

厚于仁，薄于义，亲而不尊；厚于义，薄于仁，尊而不亲。

(5)《老子》甲第1简，释文和注释确定读为：

绝智弃辩，民利百倍。绝巧弃利，盗贼亡有。绝伪弃诈，民复孝慈。三言以 1

这几句在帛书本和传世本上都作"绝圣弃知，民利百倍。绝仁弃义，民复孝慈。绝巧弃利，盗贼无有"。简文和帛书不同的那一句，"绝伪弃诈"中，"伪"字从为从心，定成"伪"字应无问题。伪即后来荀子所谓的"文理隆盛"，即人为，即为。竹简《语丛一》第55、56简说"为孝，此非孝也；为弟，此非弟也，不可为也"，也就是这里"绝伪……民复孝慈"的意思。只是注释把"弃"后那个不认识的字定为"诈"字，于理似有未可。从道理说，诈乃恶行，非伪可比，不待言弃而必弃者也。从字形看，该字虎头且声，《说文》读昨何切；现在下面加意符"心"，表示心态，似乎可以释为"作"字。作，存心造作也，与"伪"字义近。为孝作慈，非真孝慈，故需弃绝之。

(6)《老子》丙第1、2、3简，与现存传世本的17、18章相当。其中涉及"安"字凡四处，释文将它们读为：

信不足，安 1 有不信。……
故大 2 道废，安有仁义。六亲不和，安有孝慈。邦家昏□，安有正臣。3

传世本中，有的以"焉"字代"安"字(如傅奕本)，有的则没有"安"字也没有"焉"字(如王弼注本)。按："焉"字如果读在句尾，用作语末助词，那只是表示某种语气，没有什么实质意义。如果读在句首，用作连接词，则有"乃""则"义；用作疑问词，更有"何"义，与"安"字同。至于"安"字用在句首，就只有疑问的意思。

简文中多处出现"安"字，多用作语末助词，与"焉"字通，整理者都曾逐一括号注明。现在《老子》丙本的"安"字被保持原貌，而且断在句首，读者读起来，多半会把老子的意思理解成："大道都已废了，哪里还会有什么仁义呢?"

而这和老子的原意，恐怕正好相反了。

楚墓竹简中的"昆"字及从"昆"之字*

李家浩

郭店楚墓竹简《六德》，有一段讲丧服的文字说：①

(1)绖(疏)斩布实(绖)、丈(杖)，为父也，为君亦肰(然)。绖(疏)衰齐戌(牡)枕(麻)实(绖)，② 为 A 弟也，为妻亦肰(然)。……为 A 弟绝妻，为妻绝 A 弟。

三处"弟"上一字，竹简整理者都作为不认识的字而缺释。为称说方便，此处的释文用拉丁字母 A 代替。

A 的原文写法与古文字"革"相似，③ 但中间的头部写法不同：

《郭店》71·28

《郭店》71·29

《郭店》71·29

* 原载《中国文字》新 25 期(台湾艺文印书馆 1999 年版)，又载氏著《著名中年语言学家自选集·李家浩卷》(安徽教育出版社 2002 年版)，今据后者收入。

① 本文引用书名简称：《郭店》：《郭店楚墓竹简》，文物出版社 1998 年版；《望山》：《望山楚简》，中华书局 1995 年版；《包山》：《包山楚简》，文物出版社 1991 年版；《信阳》：《信阳楚墓》，文物出版社 1986 年版。

② "布实丈"和"戌枕实"的读法，参看《郭店》第 189 页注释一六、一七裘锡圭先生按语。

③ 参看高明：《古文字类编》，中华书局 1980 年版，第 233 页。

裘锡圭先生在"为妻亦然"句之上注释一七和之下注释一八，都加有按语：

> "弟"上一字不识（《尊德义》篇有以之为声旁的从"心"之字），但可知其在此必当读为"昆弟"之"昆"。……据《仪礼·丧服》，服昆弟之丧，"疏衰裳齐，牡麻绖……"与简文合。
>
> 据《仪礼·丧服》，妻与昆弟之服皆有"疏衰裳齐，牡麻绖"。

裘先生根据文义，指出"弟"上一字"必当读为'昆弟'之'昆'"，无疑是正确的。不过从字形来说，这个字就是古文"昆"。

《汗简》《古文四声韵》所引古文"昆""混"或作如下之形：

（《汗简》卷中之一日部引《碧落碑》"昆"）

（《古文四声韵》卷一魂韵引《碧落碑》"昆"）

（《古文四声韵》卷三混韵引《古老子》"混"）

（《古文四声韵》卷三混韵引《古老子》"混"）

第一、二两个古文"昆"，都是引自《碧落碑》，区别是中间上部的圆圈中，一个有一点，一个没有一点。我们现在所见到的《碧落碑》拓本无此字，① 不能确定哪一个字形是原碑的写法，所以一并录出。"混"从"昆"声，故《古文四声韵》所引《古老子》"混"，或以"昆"为之。

《六德》的 A，与上录古文"昆"十分相似，唯简文 A 中间的头部写作实笔而已。不过这个字在楚国文字中，也有中间的头部不写作实笔的，如望山二号楚墓 6 号简一个字所从的偏旁。

《望山》52·6

此字所从偏旁的写法，跟《古文四声韵》所引《碧落碑》的"昆"更为相似。据此，《六德》的

---

① 施安昌：《唐代石刻篆文》，紫禁城出版社 1987 年版，第 5～26 页。

A 显然是古文"昆"。

在楚墓竹简里，古文"昆"有时不写一横，如上录《六德》古文"昆"的第三种写法。众所周知，战国文字往往在竖形之类的笔画上加一横画。① 根据战国文字的这一特点，古文"昆"当以没有一横画的写法为正体，有一横画的写法为异体。古文"昆"的正体，与楚国文字"黾"的结构相同：

　　　𪔂　（《包山》图版 81·179"鼂"字所从）②

"黾"是蛙类，所从的"它"像其身，"臼"像其足。颇疑古文"昆"即昆虫之"昆"的象形。昆是小虫，故古文"昆"的头比黾的头小。

总之，不论是从文义来说，还是从字形来说，《六德》的 A 都应该是古文"昆"。那么，上揭望山二号楚墓竹简那个从古文"昆"的字应该是"绲"，旧释为"缚"，现在看来是错误的。

在楚墓竹简文字里，除了上面所说的从古文"昆"的"绲"外，还有下列一些从古文"昆"的字，现在也都可以得到正确的认识：

　　　𢝵　《郭店》56·16
　　　緄　《包山》图版 115·268
　　　鞙　《包山》图版 118·273
　　　裩　《楚系简帛文字编》第 216 页

第一字即上引裘锡圭先生按语括注中提到的《尊德义》的那个字，当释为"焜"。

第二字从"糸"从"焜"声，当是"绲"字的异体。

第三字从"革"从"焜"声，以第二字例之，可以释写作"鞙"。此字不见于字书。

第四字当释为"裩"。原文把古文"昆"写在"衣"旁之中，与"衷""裹"等字的结构相同。

现在谈上揭诸从古文"昆"得声之字在简文里的用法。

----

① 参看李家浩：《战国邙布考》，《古文字研究》第 3 辑，中华书局 1980 年版，第 163 页。

② 古文字"黾""龟"二字形近，所以在古文字中，或把"龟"写作"黾"。例如郭店楚墓竹简《缁衣》四六号"龟卜"之"龟"即作"黾"。这种情况跟郭店楚墓竹简把"也"或写作"只""史"或写作"弁"同类。

1. "惃"字的用法。

《尊德义》说：

（2）耆（教）以懽（权）悔（谋），则民淫惃远豐（礼）亡（无）新（亲）怠（仁）。

"惃"上一字原文作似"汤"非"汤"之形：

此字跟《古文四声韵》卷二侵韵所引《古老子》"淫"的写法十分相似：

所以我们把它释为"淫"。"淫"与"惃"义近。《孟子·滕文公下》"富贵不能淫"，赵岐注："淫，乱其心也。"《方言》卷十："惃、愁、顿愍，惛也。楚扬谓之惃，或谓之愁，江湘之间谓之顿愍。"《玉篇》心部："惃，惛也，乱也。"所以简文"淫惃"二字连言。"教以权谋，则民淫惃远礼无亲仁"的意思是说，教人权谋，那么人的思想就会迷惑昏乱，远离礼而不亲近仁。

"惃"字还见于包山楚墓竹简 47 号、191 号，皆用为人名。

（3）周惃。《包山》图版 22·47
（4）邔（正）阳仵公惃。《包山》图版 85·191

2. "绲"字的用法。

"绲"字在楚墓竹简里出现的次数比较多，我们把用法相同或相近的放在一起释写于下：

（5）三革绲（带），一绲绲（带）。《望山》61·49
（6）一绲绲（带），一双璜，一双虎（琥），一玉句（钩），一景（环）。《望山》62·50
（7）一索（素）绲绲（带），又（有）□钩，黄金与白金之舄（错）[1]；其璠（佩）……

---

[1] 关于"舄"字的释读，参看朱德熙、裘锡圭：《信阳楚简考释（五篇）》，《考古学报》1973 年第 1 期，第 127 页。

《信阳》图版 121·2-07

（8）一纺害（盖），丹黄之纅（里），绌（生）绢①绲，绲组之緰。《包山》图版 115·268

（9）一桨坐〔前磬〕，少（小）大十又九；柧棨，鄝（漆）豫（脉）；绲维。《信阳》图版 124·2-018

（10）鄝（漆）敮（雕）革（勒），绲绅（靹）。《望山》52·6

（11）二绲绥。《楚系简帛文字编》第 938 页

（12）绲童。《楚系简帛文字编》第 938 页

（13）貂緄，绲緄，纷勗。《包山》图版 115·268

（14）一阳笲绲绖。《信阳》图版 123·2-13

（15）绲络。《楚系简帛文字编》第 938 页

（16）绲筶（席）《望山》57·22

　　"绲"是一种织成的带子。绲之阔者为带。《后汉书·南匈奴传》"童子佩刀、绲带各一"，李贤注引《说文》曰："绲，织成带也。"②绲之狭者为绳。《诗·秦风·小戎》"竹闭绲縢"，毛传："绲，绳；縢，约也。""约"亦绳也。③ 上录简文（5）至（15）的"绲"，正是指这两种带子。

　　（5）至（7）记的是"绲带"。据传世文献记载，绲带出现得比较晚，除见于上引《后汉书·南匈奴传》外，还见于《东观汉记》："诏赐邓遵金刚鲜卑绲带一具。"④所以段玉裁在为《说文》"绲，织成带也"作注时说，绲带"盖非三代时物也"。徐承庆对段氏的说法进行了批评。徐氏说："虽三代时绲带无征，要未可遽訾其说非古义。"⑤徐氏的意见是有道理的，传世先秦文献没有绲带的记载，并不等于说先秦时期就没有绲带。事实上，先秦有绲带，在传世的楚人作品中是有所反映的。《楚辞·大招》：

---

①　此（8）的"绌绢"和下（18）的"肙绒"的释读，见李家浩：《战国楚墓竹简中的"肙"字及从"肙"之字》，未刊。

②　通行本《说文》作"织带也"，无"成"字。

③　《仪礼·既夕礼》"约绥约辔"，郑玄注："约，绳也。"陈奂《诗毛传疏》卷一一和王先谦《诗三家义集疏》卷九等疑毛传"绲、绳、縢、约"互讹，非是。

④　吴树平：《东观汉记校注》，中州古籍出版社 1987 年版，第 305 页。

⑤　段、徐二氏说，见《说文解字诂林》（卷一三上第 5860 页）第 14 册第 12693 页引《段注》《段注匡谬》。

　　小腰秀颈，若鲜卑只。

王逸注：

　　鲜卑，衮带头也。言好女之状，腰支细少，颈锐秀长，靖然而特异，若以鲜卑之
　　带，约而束之也。

"衮带"即"绲带"，"衮带头"即绲带的带钩。上引《东观汉记》云"金刚鲜卑绲带一具"，上
海博物馆藏晋式白玉带具铭文云"白玉衮（绲）带鲜卑头"。① 此皆以"鲜卑"为绲带的带钩，
可见王注是有所本的。因"鲜卑"是绲带的带钩，所以《大招》用它来指代有鲜卑这种带钩
的绲带。现在我们从楚简中辨认出绲带，可以与《大招》互相证明，绲带至迟在战国时期就
已出现。

　　古代系结腰带的方法有几种，其中一种是带的一端装钩，一端装环，系时将钩勾在环
上。② (6)的"一玉钩，一环"，即这种系结绲带用的。"一双璜，一双琥"，即绲带上的
佩饰。

　　(7)的意思十分清楚，"有□钩，黄金与白金之错"指"绲带"上的带钩；"其佩"是说
"绲带"上的佩饰。"其佩"的名字当在另一简上，可惜未找出。

　　据以上所说，古代的绲带上装有带钩，并系有玉佩，增加了我们对绲带形制的认识。

　　(8)的"纺害"之"害"，望山二号楚墓竹简和天星观楚墓竹简作从"竹"从"害"声的
"箸"：

　　(17)纺箸。《楚系简帛文字编》第 366 页

　　(18)一紫箸，鲭（赭）膚（黸）之里，肙（剈）纵之纯，白金之钯（笆）钧（蚕）。③
《望山》55·12

---

　　① 引自孙机：《中国古舆服论丛》，文物出版社 1993 年版，第 215 页；《先秦·汉·晋腰带用金银
带扣》，《文物》1994 年第 1 期，第 56 页。
　　② 参看王仁湘：《古代带钩用途考实》，《文物》1982 年第 10 期，第 78 页。
　　③ 关于此条简文的释读，详见另文。

"害""𥱊"在此都是车马器，当读为车盖之"盖"。"害""盖"音近古通。例如《尔雅·释言》"盖、割，裂也"，陆德明《释文》："盖，舍人本作'害'。"

据古书记载，系车盖的带子称为"维"。《说文》系部："维，车盖维也。"或称为"纮"。《考工记·轮人》"良盖弗冒弗纮"，孙诒让疏："《淮南子·原道训》'纮宇宙而章三光'，高诱云：'纮，纲也，若小车盖四维谓之纮，绳之类也。'是维盖之绳名纮之证。"①(8)的"绳"即此"维""纮"，"生绢绳"当是指用生绢作的系车盖的绳子。

(9)至(14)的"绲维"等，与《诗·秦风·小戎》的"绲縢"构词形式相同，"绲"也是绳带。(9)的"绲维"指悬挂磬的带子。(10)的"绲靷"指牵引车轴的带子。

(11)的"绲绥"，犹《仪礼·既夕礼》的"约绥"，指登车握持的绳带。郑玄注："约，绳。绥，所以引升车。"

(12)的"绲童"之"童"，其义不详。但是，"绲"是绳带的意思是可以肯定的。望山二号楚墓竹简有"夋(缏)组之童"(《望山》54·9)，可供参考。"童"或从"糸"作"𦆶"，见包山楚墓竹简272号："纯绘(锦)之𦆶。"

(13)的"绲缳"，犹包山楚墓竹简的"纶缳"，②"绲""纶"义近。《玉篇》系部："缳，乌回切，五色丝饰。"不知简文的"缳"是否用此义。颜之推在讲《东宫旧事》"六色罽缳"时说，"缳"本作"蒿"，因"寸断五色丝，横著线股间绳之，以象蒿草，用以饰物，即名为蒿；于时当绀六色罽，作此蒿以饰绳带，张敞因造糸旁畏耳"。③ 楚简有"缳"字，张敞造"缳"字之说似不可信。

(14)的"珏"字不见于字书，从此字从"玉"来看，可能指玉饰。若此，"绲珏"犹曾侯乙墓竹简的"组珥瑱""组珥"。④"一阳筭绲珏"的意思，大概是说装有一竹筭用绳带串联的玉饰。

(15)的"绲络"，原文是承席而言的。《楚辞·招魂》"秦篝齐缕，郑绵络些"，王逸注："绵，缠也。络，缚也。"《太平御览》卷八三〇引"绵络"作"线络"。有人据近代招魂用线，认为当从《御览》作"线络"。⑤《说文》"线"字古文作"綫"，"綫""绵"二字形近易

---

① 孙诒让：《周礼正义》(卷七六)第13册，中华书局1987年版，第3190页。
② 《包山》图版119·275。"纶"字原文所从的"仑"旁写法，与《古文四声韵》卷四慁韵所引《王庶子碑》古文"论"相似，故将其释为"纶"。
③ 王利器：《颜氏家训集解》，上海古籍出版社1980年版，第446页。
④ 湖北省博物馆编：《曾侯乙墓》上册，文物出版社1989年版，第490页10号、第493页64号。
⑤ 何剑熏：《楚辞新诂》，巴蜀书社1993年版，第302页。

讹。若此，"绲络"犹比"线络"，大概是说席用绳带捆缚。

（16）的"绲席"，是一种席名。此处的"绲"显然不是绳带，大概是一个假借字。古代席的名字，或以席的原料命名，如包山楚墓竹简的"莞席"①；或以席的颜色命名，如曾侯乙墓竹简的"紫席"②。"绲席"的"绲"有可能是某种颜色之字的假借。上古音"绲"属见母文部，"缊"属影母文部，二字韵部相同，声母亦近，都是喉音，音近可通。《韩诗外传》卷一第十一章："故新沐必弹冠，新浴者必振衣，莫能以己之皭皭容人之混污然。"《史记·屈原列传》："吾闻之，新沐者必弹冠，新浴者必振衣……有安能以皓皓之白而蒙世俗之温蠖乎！"有学者指出，"混污"与"温蠖"是同一个词的不同写法。③ 此说无疑是正确的。这是"绲""缊"二字可以通用的例子。疑简文"绲席"之"绲"应该读为"缊"。《礼记·玉藻》"一命缊韨幽衡"，郑玄注："缊，赤黄之间色，所谓韨也。"

3. "鞎""裈"二字的用法。

（19）一乘韦车：……鞎鞅，鞎韦鞊。《包山》图版 118·273

（20）裈里。《楚系简帛文字编》第 216 页

"鞎""鞊"二字都不见于字书。"鞊"即上引简文（13）"纷鞊"之"鞊"，当是车马器名。"裈"字见于《集韵》卷二魂韵，是"䙑"字的异体，简文"裈"当与此无关。据包山楚墓简牍有"紫韦之鞊""紫鞊""紫里""绿里"等语，④ "鞎韦鞊"之"鞎"和"裈里"之"裈"，跟上面所说的"绲"一样，可能是颜色之字，疑也应该读为"缊"，指"赤黄之间色"。

---

① 《包山》图版 113·263。参看《包山》第 63 页考释（574）。

② 湖北省博物馆编：《曾侯乙墓》上册，文物出版社 1989 年版，第 490 页 6 号、8 号等。

③ 汤炳正：《屈赋新探》，齐鲁书社 1984 年版，第 113 页。吴文祺主编：《辞通续编》，上海古籍出版社 1991 年版，第 55~56 页。

④ 《包山》图版 112·259、113·262、121 等。

郭店楚简文字续考[*]

黄德宽　徐在国

关于新出郭店楚简中的一些文字，我们已做过考释。^① 文成后我们在进一步阅读《郭店楚墓竹简》(文物出版社 1998 年版)的过程中又产生了些许想法。今成续考，以求正于方家。

一

《缁衣》简 26 有"𣏟"字，简文为"虘大夫共歔𫐩，𣏟人不敛"。裴锡圭先生按："第一句疑当读为'吾大夫恭且俭'"，甚是。下句"𣏟"即"麻"之本字。《说文》："𣏟，葩之总名。""麻，与𣏟同。"《缁衣》简 36："白珪之石，尚可磋(磨)也。""磨"字从"麻"作"𣏟"。《成之闻之》简 8"君衰絰而处立"句，裴锡圭先生按："衰下一字，其下部即麻所从之𣏟，其上部疑是'至'之省写，此字似当释'絰'。麻絰为丧服。'立'当读为'位'。""絰"所从麻，也省作"𣏟"。《六德》简 28"戌(牡)𣏟(麻)实(絰)"。"麻"作"𣏟"。因此，"𣏟人不敛"，当即"麻人不敛"。此简"麻"当通"靡"。《吕氏春秋·任数》："西服寿靡。"《山海经·大荒西经》

*　原载《江汉考古》1999 年第 2 期，又载黄德宽、何琳仪、徐在国《新出楚简文字考》(安徽大学出版社 2007 年版)，今据作者修订稿收入。

①　详拙文《郭店楚简文字考释》，《吉林大学古籍整理研究所建所十五周年纪念文集》，吉林大学出版社 1998 年版，第 98~111 页。

作"寿麻"可证。"麻(靡)人不敛",犹"无人不敛"也。《诗·大雅·荡》"靡不有初,鲜克有终";《邶风·泉水》"有怀于卫,靡日不思",均属其例。

二

《缁衣》简 30 有字作"𧮫",原书释为"话",甚是。包山楚简中习见如下一字:𧗳、𧗳,《楚系简帛文字编》(本文以下简称"简帛编")隶作"逜"。① 此字所从"舌"与郭店简"话"字所从"舌"形同,如此"𧗳"应释为"适",字在简文中用作人名。《古陶文汇编》3·92 有一人名用字作𧗳,② 疑此字亦释为"适"。《说文》:"适,疾也。"古人有以"适"为名者,如孔子弟子南宫适。

三

《唐虞之道》简 2 有字作"𡧑",原书未释。甲骨文中有字作"𧗳",《甲骨文编》怀疑是为"雯"字。③ 施谢捷先生释为"抎",④ 可从。我们认为"𡧑"字即甲骨文"抎"字之省体,应隶作"妟",释为"抎"。《说文·手部》:"抎,有所失也。《春秋传》曰'抎子辱矣'。从手云声。"简文"抎而弗利"即有所失而不利。

四

《成之闻之》简 34 有"𡧑""𦫖"二字,简文为:"君子簸箁(席)之上,让而𦫖𦫖,朝廷之立

---

① 滕壬生:《楚系简帛文字编》,湖北教育出版社 1995 年版,第 149 页。
② 高明:《古陶文汇编》,中华书局 1990 年版,第 65 页。
③ 孙海波:《甲骨文编》,中华书局 1965 年版,第 733 页。
④ 于省吾主编,姚孝遂按语编撰:《甲骨文字诂林》,中华书局 1996 年版,第 1149 页。

（位），让而处戈（贱），所厃（宅）不远悇（矣）。"我们以为"🡇""🡇"为"受幼"二字。郭店竹简"受"字多作"🡇""🡇"，此字作🡇略有省简。🡇从子从幽。中山王大鼎"幼"作🡇，马王堆帛书老子甲本"窈兮冥兮"作"瀓呵鸣（冥）呵"。王本"窈"从"幼"，帛书本作"瀓"，从"學"即"幼"。"受幼"与下句"处贱"相对为文。《礼记·坊记》："衽席之上，让而坐下，民犹犯贵；朝廷之位，让而就贱，民犹犯君。"简文与此相近。

五

《尊德义》简 14 有"🡇"字，原书未释。我们认为此字当释为"只"，字在简文中读作"技"。《唐虞之道》26"四枳朕陉"，裴锡圭先生读为"四肢倦惰"，甚确。"枳"通"肢"作枳，所从"只"作🡇，《语丛四》16—17："利木会（阴）者，不折其枳。"后一字作枳，裴锡圭先生谓即"枳"字，读为"枝"。"枳"所从"只"作🡇，与🡇稍异，但下部不从"虫"，乃一饰笔。信阳简中的枳，包山简中🡇、茈、🡇等，李家浩先生释作"枳"（枝）、"苊"（芰）、"葪"、"邧"（枝）等。① 本简🡇字，乃由🡇稍变，故可释为"只"，读作"技"。简文为"教以艺则民野以静（争），教以只（技）则民少以叟（吝）"。"教以艺"与"教以技"相连属。《礼记·坊记》："有国家者，贵人以贱禄，则民兴让，尚技而贱车，则民兴艺。"注："技犹艺也。"《王制》："凡执技以事上者，祝、史、射、御、医、卜及百工。"简文所谓教民之"技艺"，大凡此类。

六

《尊德义》简 24 有字作"🡇"，原书隶作"愿"，无说。简文为："君民者，訂（治）民复礼，民余宪智愿裟（劳）之旬也。"我们以为🡇当释为"罹"，字从心离省声。"离"字《说文》作离，睡虎地秦简"離"所从之"离"作离。此字以"离"为声符省其下部，当是"罹"之异体。

---

① 李家浩：《信阳楚简中的"柿枳"》，《简帛研究》第 2 辑，法律出版社 1996 年版，第 1~11 页。

"离"与"離"本为一字之分化，"離"与"罹"典籍每通用无别，《书·洪范》"不罹于咎"，《史记·宋微子世家》"罹"作"離"，故"罹"字可以"离"为声符。《诗·兔爰》："我生之后，逢此百罹。"毛传："罹，忧也。"此简之"羍(罹)劳"，也即"忧劳"。简文"旬"字作旬，又见于26简，颇疑为"即"之异体，读为"君民者，訇(治)民复礼，民余憲(害)智(知)惡(罹)褮(劳)之即(节)也"；简26"即"字应属上读(原属下读)，为："不以旨(嗜)谷(欲)禽(害)其义即(节)。民惡(爱)，则子(慈)也；弗惡(爱)，则蠚(雠)也。"

七

《性自命出》简10、11有"羍"字，简文为："凡眚(性)；或勬(动)之，或羍之，或交之，或万(厉)之，或出之，或羕(养)之，或长之。"又"羍眚(性)者，兑(悦)也"。原书隶此字为"迲"，疑是"逢"字。《成之闻之》简32—33："是古(故)小人乱天棠(常)以逆大道，君子訇(治)人仑(伦)以顺天德。""逆"字作羍，与此字相同，我们认为此字也是"逆"字。"逆"字作羍，与羍(伯者父簋)、徉(吅篹)、羍(訇鼎)属同类现象。《尔雅·释言》："逆，迎也。"《韩诗外传》卷九："见色而悦谓之逆。"此简谓"逆性者，悦也"，正用此意。

八

《六德》简16"羍"字，原书未释。我们认为是"葬"字异体。左旁虽稍残，依笔势可知为旬(爿)，右旁偏旁作旬，乃"歹"。中山王兆域图"其拌(葬)眠惢(哀)后"之"葬"作拌，与此形同。山东邹县所出战国砖文"葬"字作羍，① 包山简"葬"字作羍、羍，② 从死(或省作

---

① 汤余惠：《释羍》，《于省吾教授百年诞辰纪念文集》，吉林大学出版社1996年版，第205~207页。

② 滕壬生：《楚系简帛文字编》，湖北教育出版社1995年版，第339页。

"歺")臧声。"臧"字也从"爿"声。楚文字"歺"或写作、，如从歺的"殂、殍"或作、。① 因此，"葬"字可作。

九

　　《六德》简 28、29 有字作""，均出现在"弟"字前面。《六德》释文注释："裘按：'戊朿实'，当读为'牡麻绖'。'弟'上一字不识(《尊德义》篇有以之为声旁的从'心'之字)，但可知其在此必当读为'昆弟'之'昆'。此字尚见于下文，不再注。据《仪礼·丧服》，服昆弟之丧，'疏衰裳齐，牡麻绖……'与简文合。"② 裘锡圭先生认为此字读为"昆"，实属卓识。我们认为""字应径释为"昆"。《汗简·日部》引《碧落文》"昆"字作，《古文四声韵·魂韵》引《碧落文》"昆"字作，《古文四声韵·混韵》"混"字引《古老子》作、，均为其证。上引传抄古文"昆"(或从"昆"之字)字的形体虽略有变化，但其源头应是楚简中的""字。关于""字的构形，似乎可分析为从臼从云声。包山楚简"邔"字或作、、，③ 鄂君启舟节"邔"字作，所从"云"均与""字所从""形近。古音昆属见纽文部，云属匣纽文部，二字声纽同属喉音，韵部相同，故"昆"字可以"云"为声符。

　　释出了"昆"字，楚简中下列从"昆"的字也就可以解决了。

　　1.《尊德义》16 有字作""，裘锡圭先生认为此字上部所从与《六德》""字同。甚是，此字又见于包山楚简作：、，《简帛编》隶作"愇"，④ 误。我们认为此字应分析为从"心"、"昆"声，释为"惽"。《广雅·释诂三》："惽，乱也。"《方言》卷十："惽，憰也。楚扬谓之惽。"晋郭璞注："谓迷乱也。"《玉篇·心部》："惽，憰也。"《说文·心部》："憰，不憭也。""憭，慧也。"朱骏声《说文通训定声》："(惽)字亦作惛。"《广韵·魂韵》："惛，不明。"《战国策·秦策一》："今之嗣主，忽于至道，皆惛于教。"高诱注：

　　①　滕壬生：《楚系简帛文字编》，湖北教育出版社 1995 年版，第 336~337 页。
　　②　荆门市博物馆编：《郭店楚墓竹简》，文物出版社 1998 年版，第 189 页。
　　③　滕壬生：《楚系简帛文字编》，湖北教育出版社 1995 年版，第 542~543 页。
　　④　滕壬生：《楚系简帛文字编》，湖北教育出版社 1995 年版，第 803 页。

"惛,不明也。"《尊德义》16:"誊(教)以欢(权)悔(谋),则民汤(易)悃远礼亡(无)新(亲)息(仁)。""悃"字训为"乱""惛(不明)"均适合简文之义。包山简中的"悃"字在简文中用作人名。

2. 楚遣策简中习见如下一字:

A1　絥 絥

A2　絥 絥 絥

B　絥

《简帛编》把 A1、A2 隶作"绰",① 把 B 隶作"缫",② 均误。我们认为 A1、A2 是从糸昆声,B 是从糸悃声,均应释为"绲"。A2、B 所从"昆"或作、,这与鄂君启舟节"芸"字或作相类。③

下面看一下简文的辞例。信阳楚简 2-07"一索(素)绲缔(带)"。"绲带"见于下列典籍。《后汉书·舆服志下》:"自公主封君以上皆带绶,以采组为绲带,各如其绶色。"《东观汉记·邓遵传》:"诏赐邓遵金刚鲜卑绲带一具。"《颜氏家训·书证》:"于时当绀六色罽,作此罟以饰绲带。"《说文》糸部:"绲,织带也。从糸,昆声"。段注作"织成带也",并说:"各本无'成'字。依《文选·七启》注、《后汉书·南匈奴传》注补。《玉篇》'带'误'章'。凡不待剪裁者曰织成。绲带见《后汉书》,盖非三代时物也。《诗·小戎》:'竹秘绲縢。'毛传曰:'绲,绳也。'此古义也。而许不取之,过矣。汉碑用为衮字。"假如我们所释"绲"字不误的话,那么段玉裁"绲带,盖非三代时物"的结论有误。

信阳楚简 2-018 有"绲维",天星观简有"二绲绥""二绲缨"。《说文·糸部》:"维,车盖维也。"桂馥《说文解字义证》:"维谓系车盖之绳也。"《说文·糸部》:"绥,车中把也。"又即登车时用以拉手的绳索,《说文·糸部》:"缨,冠系也。""维""绥""缨"之义均与绳有关。《玉篇·糸部》:"绲,绳也。"《诗·秦风·小戎》:"交韔二弓,竹闭绲縢。"毛传:"绲,绳。"疑"绲"字在简文中亦训"绳"。

3. 天星观遣策简有字作"",《简帛编》释为"革"。④ 我们认为此字应分析为从衣昆

---

① 滕壬生:《楚系简帛文字编》,湖北教育出版社 1995 年版,第 938 页。

② 滕壬生:《楚系简帛文字编》,湖北教育出版社 1995 年版,第 944 页。

③ 朱德熙、李家浩:《鄂君启节考释(八篇)》,《朱德熙古文字论集》,中华书局 1995 年版,第 194 页。

④ 滕壬生:《楚系简帛文字编》,湖北教育出版社 1995 年版,第 216 页。

声，释为"裩"。《类篇·衣部》："裈，或作裩。"则"裩"乃"裈"字异体。《说文·巾部》："帬，幒也。从巾军声。𢂷，帬或从衣。"段注："今之套裤，古之绔也；今之满裆裤，古之裈也。自其浑合近身言曰帬，自其两袜孔穴言曰幒。"天星观遣策简中的"裩里"似指裤的里子。

4. 包山简 273 有字作"𩏩"，《简帛编》作为不识字放在附录中。① 此字左旁所从𦥑乃"革"字，与𩏩形明显不同，释"𩏩"为"革"者亦不攻自破。此字应该隶作"𩏩"，但是不见于后世字书。颇疑此字在简文中应读为"绲"。

补记：《唐虞之道》简 2"𠬝"，应隶作"㞟"，读为"没"。《六德》简 16"𦙃"，应隶作"骩"，读为"股"。

2023 年 6 月 27 日

---

① 滕壬生：《楚系简帛文字编》，湖北教育出版社 1995 年版，第 1134 页。

郭店楚简别释[*]

陈 伟

近年来发现的战国楚简,有几批内容是当时流传的文化典籍。郭店楚简是其中最先公布的一批。[①] 由于往往可以同传世古书相对照,楚国文字中的一些疑难问题从而迎刃而解。例如,"能"上从"羽"之字,过去有不少猜测,现在能够确认读作"一"。[②] 同样是最先见于《鄂君启节》的另一个字,也有多种说法,今天可以有把握地读作"戚"。[③] 当然,这绝不意味着郭店简的释读是轻而易举的事情。实际上,这批竹简的正确辨读是一件非常艰巨的工作。经过整理者的数年努力,加上裘锡圭先生的审订,已在这方面奠定了良好的基础。但有待进一步推敲的问题也还有不少。我们在研读竹简图版和释文、注释的过程中,产生了一些想法。现将其中有关释字、断句的部分内容梳理如次。为便于排版,简文尽可能用通行字写出,某些没有通行字的则以在括号中补充说明的办法表示。

一、仆(朴)唯(虽)姑(《老子》甲简 18)

上引简文第三字原释"妻",认作"微"字的假借。这个字的上部与楚简中的"占"相

---

* 原载《江汉考古》1998 年第 4 期,又载氏著《燕说集》(商务印书馆 2011 年版),今据作者修订稿收入。

① 荆门市博物馆编:《郭店楚墓竹简》,文物出版社 1998 年版。
② 荆门市博物馆编:《郭店楚墓竹简》,文物出版社 1998 年版,第 126 页注一一、第 152 页注一七。
③ 荆门市博物馆编:《郭店楚墓竹简》,文物出版社 1998 年版,第 152 页注一五。

同,① 也可能是从女占声,即姑字。《说文》:"姑,小弱也。"与简本相当的传世本《老子》三十二章此句作"朴虽小",马王堆汉墓出土的帛书老子乙本作"朴唯(虽)小"。释"姑"在意义上正相对应。

二、以逾甘露(《老子》甲简 19)

逾,注四八云:"帛书本作'俞',整理者认为:'俞,疑读为揄或输。'可从。"帛书老子中的"俞",高明先生认为当借为"雨"。② 郭店简老子甲中的"逾",刘信芳先生认为读如"霣"。③ 我们知道,《鄂君启节·舟节》中"逾"表示与"上"相反的航行过程,大致是"下"的意思。④ 我们还曾对《国语·吴语》的一段记载作过讨论,得知其中"亦令右军衔枚踰江五里以须"的"踰"("逾"字异体)也是指沿江而下。⑤ 然则,老子甲中的"逾"字可以直接训为"下",适与传世本"以降甘露"的"降"对应。

三、持与亡孰病(《老子》甲简 36)

持,注七三云:"从'贝''之'声,与'得'音近通假。"与简本相当的传世本老子四十四章及帛书甲本此句作"得与亡孰病",整理者将此字看作"得"字假借恐与此有关。实则这个字更有可能释为"寺""持"。"持"有与"得"相近、与"亡"相反的意思。《诗·大雅·凫鹥》序"能持盈守成",孔颖达疏云:"执而不释谓之持,主而不失谓之守。"《吕氏春秋·至忠》"持千岁之寿",高诱注云:"持犹得也。"

---

① 参看滕壬生:《楚系简帛文字编》,湖北教育出版社 1995 年版,第 281~283 页。
② 高明:《帛书老子校注》,中华书局 1996 年版,第 399 页。
③ 刘信芳:《郭店〈老子〉读后记》,转引自丁原植:《郭店竹简〈老子〉释析与研究》,台湾万卷楼图书公司 1998 年版,第 119 页。
④ 参看拙文《〈鄂君启节〉之"鄂"地探讨》,《江汉考古》1996 年第 2 期。
⑤ 陈伟:《楚东国地理研究》,武汉大学出版社 1992 年版,第 224 页。

四、而亟以行(《缁衣》简 32)

亟，注八一云："亟，其上部为《说文》'恒'之古文，疑读作'恒'。"在楚简中，"亟"字往往写作"亘"。《老子》甲"至虚，亘也"，注五七云："亘，各本均作'極'。简文'恒'……与'亟'字形近易混。"《老子》乙"莫智其亘"，注三复云，亘，"今本作'極'"。从此章用韵看，当以作'極'为是"。这处简文恐亦是"亟"字。今本《缁衣》此句作"而禁人以行"。郑玄注："禁，犹谨也。"从"亟"得声之字有"悈"。《说文》："悈，疾也。从心，亟声。一曰谨重貌。"字义与"禁"相关。又"禁"有"忌"的意思，而从"亟"得声的"極"与"忌"在古书中屡见通假。①

五、私惠不坏(怀)德(《缁衣》简 41)

"德"上一字疑是"坏"之异构或讹体。读作"怀"。今本《缁衣》作"私惠不归德"，郑玄注云："归或为怀。"

六、亟称其君之恶者(《鲁穆公问子思》简 1—2、3、5)

先秦古书有"亟(或"极")称""亟(或"极")言"的用例。《穀梁传》文公十三年："极称之，志不敬也。"《孟子·离娄下》："仲尼亟称于水曰：'水哉，水哉！'"孙奭疏解"亟称"为"数数称道"。《左传》昭公二十一年："宋华费遂生华貙、华多僚、华登。貙为少司马，多僚为御士，与貙相恶，乃谮诸公曰：'貙将纳亡人。'亟言之。"孔颖达疏云："服虔云：'亟，疾也。疾言之，欲使信。'则服虔读为亟也。或当为亟，亟，数也，数言之。"依此，简文"亟称"存在两种可能，一是"屡次称述"，一是"急切指出"。后一种可能性似更大。"亟"字释文原读"恒"。"恒"训"常"，常常指出君主的过失，语义似不如读"亟"。又先秦

---

① 高亨纂著，董治安整理：《古字通假会典》，齐鲁书社 1989 年版，第 381 页。

古书似不见"恒称"用例。

七、孙叔三射郪(期)思少司马(《穷达以时》简8)

郪，原读"郢"。楚地有期思。"郪"字上古音在职部，"期"字上古音在之部，①　读音相近。《山海经·海内东经》："汝水出天息山，在梁勉乡西南，入淮极西北，一曰淮在期思北。"疑"西"为"思"字之误，"极西"实即"期思"。这是"期思"曾写作"郪思"的间接证据。孙叔敖与期思有密切关系。《荀子·非相》云"楚之孙叔敖，期思之鄙人也"。《吕氏春秋·赞能》及东汉延熹三年所立《楚相孙叔敖碑》亦有此说。②　又《淮南子·人间训》云："孙叔敖决期思之水，而灌雩娄之野，庄王知其可以为令尹也。"简文所载与此恐有某些联系。

八、穷以不均(《唐虞之道》简2)

"穷以"合文，释文以为"身穷"。"以"有所谓承接连词的用法，与"而"同。③　简文随后一句作"□而弗利"，上下正相对应。"均"疑读为"恝"，《说文》："忧也。"《战国策·赵策二》和《淮南子·诠言训》都有"穷而不忧"的说法，可比照。

九、穷(躬)仁歎(矣)北(哉)(《唐虞之道》简3)

注六裘锡圭先生按语云："'北'从'才'声。疑当属下句，似有'始'义。'歎'当读为'矣'，下同。此二字上古音极近。'仁歎(矣)'上'穷'字疑当属上句。"所云"'北'从'才'声"、"'歎'当读为'矣'"，均可从。疑"北"应读为"哉"。"矣哉"连言，为古书所习见。如《易·系辞上》"盛德大业至矣哉"，《礼记·杂记下》"由文矣哉"，《左传》襄公二十七年

---

①　参看唐作藩：《上古音手册》，江苏人民出版社1982年版，第54、100页。
②　碑文见洪适：《隶释》卷三，中华书局1985年版，第37页。
③　参看杨树达：《词诠》，中华书局1954年版，第354页。

"尚矣哉"，皆是。

十、孝之杀(《唐虞之道》简7)

杀，释文隶定为"衁"，读为"方"。实则此即"杀"字异构，见《说文》"杀"字古文、《汗简》所引《尚书》以及《古文四声韵》卷5所引《崔希裕纂古》"杀"字等。① "杀"有衰减的意思。《礼记·文王世子》"其族食世降一等，亲亲之杀也"、同书《祭统》"此之谓亲疏之杀也"、同书《丧服》"恩之杀也"、《荀子·礼论》"文理省，情用繁，是礼之杀也"，均是其例。

十一、……礼，畏(夔)守乐(《唐虞之道》简12)

10号简中段、下段及12号简，都是讲述虞舜时代的大臣。释文已经指出的有禹、益、后稷、皋陶。"畏守乐"位于"后稷"之后，"皋陶"之前，"守乐"与其他四人所司无关，所云当另是一人一事。春秋时的夔国，《公羊传》僖公二十六年记作"隗"，《史记·楚世家》索隐引谯周语作"归"。古书中"畏""鬼"相通，而从"鬼"之字复与"归"字通假。② 读"畏"为"夔"应无问题。《大戴礼记·五帝德》记云："宰我曰：'请问帝舜。'孔子曰：'蟜牛之孙，瞽叟之子也，曰重华。……使禹敷土，言名山川，以利于民；使后稷播种，务勤嘉谷，以作饮食；羲和掌历，敬授民时；使益行火，以辟山莱；伯夷主礼，以节天下；夔作乐，以歌籥舞，和以钟鼓；皋陶作士，忠信疏通，知民之情；契作司徒，教民孝友，敬政率经。'"所述与简文大致相当。进而可知"礼"上残损的文字应同伯夷有关，"礼""畏"之间应断读。

十二、不皇(忘)生(《忠信之道》简3)

第二字，注五裘锡圭先生按云："疑是'皇'之别体，读为'诳'，'诳生'与下文'背

---

① 参看黄锡全：《汗简注释》，武汉大学出版社1990年版，第466页。

② 高亨纂著，董治安整理：《古字通假会典》，齐鲁书社1989年版，第499~501页。另《尔雅·释训》云"鬼之为言归也"，似即用声训。

死' 为对文。"裴先生释为 "皇" 字，可从。《礼记·经解》有 "倍死忘生" 的说法。"忘" "皇" 古音均在阳部,[1] 或可通假。疑 "不皇生" 应读作 "不忘生"，与下文 "不倍死" 相对。

十三、此大忠不兑(《忠信之道》简 4)
　　　此口惠而实弗从(《忠信之道》简 5)

二 "此" 字，释文均属上读，作 "夫此之谓此" 和 "忠信之谓此"。古书中似不见 "……之谓此" 的句式，却有以 "之谓" 结句的例证。如《左传》成公十六年 "《周书》曰'惟命不于常'，有德之谓"；同书昭公三十年 "礼也者，小事大，大字小之谓"；《国语·晋语八》"自今之谓"。由此看来，在 "谓" 字下断句比较合理。在另一方面，古书中常见以 "此" 起句的情形。《庄子·则阳》云 "此物之所有"、《墨子·非命中》云 "此世不渝而民不改，上变政而民易教"，似与简文句型略同。

十四、故君子不贵辟(僻)物而贵与民有同也(《成之闻之》简 16—17)

辟，原释 "庶"，似不确。其字与《汗简》"人" 部引《尚书》、"辟" 部引《义云章》中的 "辟" 字大致相同,[2] 应释为 "辟"，读为 "僻"，意为偏远。《伪尚书·旅獒》云："不贵异物贱用物，民乃足。犬马非其土性不畜；珍禽奇兽，不育于国。不宝远物，则远人格；所宝惟贤，则迩人安。"《老子》三章云："不贵难得之货。" 这里的 "异物" "远物" "难得之物"，约与 "僻物" 相当。

十五、天降大常(《成之闻之》简 31)

第二字释文隶作 "夅"，无说。《古文四声韵》卷一引《义云章》"降" 字正作此形，故当

① 唐作藩：《上古音手册》，江苏人民出版社 1982 年版，第 51、133 页。
② 《古文四声韵》卷五亦录有相同出处的字形。

释为"降"。古书常见"天降"某某的说法。如《尚书·大诰》"天降威",《诗·大雅·荡》"天降滔德",《左传》昭公三十二年"天降祸于周",等等。

十六、君子簟席之上让而受幼①（《成之闻之》简 34）

"受"字的"舟"形较之楚文字中习见者简略，释"受"似问题不大。"幼"从"幽"从"子"。"幼""幽"古音同在幽部影纽，② 度之音义，恐当读为"幼"。又本句与下句相对，"幼"正与"贱"相当。《礼记·坊记》云："觞酒豆肉让而受恶，民犹犯齿；衽席之上让而坐下，民犹犯贵；朝廷之位让而就贱，民犹犯君。"与简书意义相关。

十七、小人不逞人于刃（恩）（《成之闻之》简 34—35）

"逞"，原从"呈"从"糸"。注三〇裘锡圭先生按："疑'当读为'逞'"。应是。裘先生又云："'刃'疑当读为'仁'。此文之意盖谓小人不求在仁义方面胜过人，君子不求在礼仪方面胜过人。"这当然是比较合理的解释。不过，在本文第二十四条所揭简文中，"纫"当读为"恩"。考虑到那段简文所在的《六德》与《成之闻之》字体和竹简形制相同，本条"刃"读为"恩"的可能性似乎更大一些。如然，简书这段话大致是说：小人不以恩情而对他人逞强，君子不以礼仪而对他人逞强。

十八、用身之弁者（《性自命出》简 43）

注四二云："弁，疑当读为'变'。""弁"有急、疾之意。《礼记·玉藻》"弁行"，《释文》云："弁，急也。"《汉书·王莽传下》"予甚弁焉"，颜师古注云："弁，疾也。"包山简

---

① 补注：簟，李零先生改释，见氏撰《郭店楚简校读记》，《道家文化研究》第 17 辑"郭店楚简专号"，生活·读书·新知三联书店 1999 年版。

② 唐作藩：《上古音手册》，江苏人民出版社 1982 年版，第 158、159 页。

239—241 号"疾弁"，即指病情紧急。简书于此用了五个排比句。另外四句是：用心之躁者，用智之疾者，用情之至者，用力之尽者。把"弁"解作"急"，正好与之相应。

十九、……[教]者，有学者(《六德》简 9)

注九裘锡圭先生按云："此处所言之职，依次为夫妇之职、君臣之职、父子之职，参看下文自明。言父子之职的文字中，关键的二字尚不能确识，待考。"讲父子之职的二字，前一字即讲父职者存有下半，后一字即讲子职者则笔迹清晰，可以据此并结合古书的有关记述作些推测。讲子职的字，大致轮廓很像是简书中多次出现的"学"字，只是上部右侧有所简省。这与前文第十六条所论"受"字的情形类似。讲父职的字，所存部分的左侧为"子"，右侧似为"攴"的下半，《语丛一》43 号简的"教"字及 61 号简的"教学"合文下部与此相同，因而很可能是"教"字。教、学作为父子之职，与率人、从人作为夫妇之职，使人、事人作为君臣之职，似乎正好相当。古书中也存有父教子学的记述，如《左传》昭公二十六年"父慈而教"，《国语·齐语》"是故其父兄之教不肃而成，其子弟之学不劳而能"。《孟子·离娄上》说："君子之不教子"，"古者易子而教之"，是与上述相反的见解。然体味文义，似也从反面证实了父教子学情形的存在。

二十、虽在草茅之中(《六德》简 12)

第三、四字，原释"山岳"，"岳"字下加注问号，表示是一种推测。楚文字中的"山"字或"山"旁，在竖笔与弧笔相交处都着意添描，近乎三角形。《语丛四》22 号简的"山"字及《六德》24 号简的"岳"字即是其例。简文第三字及第四字的下部并非如此，其实是"中"字。试拿楚文字中的从"中"或"艸"的字相比较，[1] 即可看出。《说文》：中，"古文或以为艸字"。因而，简文这二字可释为"艸(草)"和"茆"。"茆"通"茅"。[2] 故简文可读为"草茅"。

---

[1]　滕壬生：《楚系简帛文字编》，湖北教育出版社 1995 年版，第 52~71 页。郭店简中亦有这类例证，如《老子》乙的"若""笑"，《唐虞之道》16 号简的"草茅"合文。
[2]　参看高亨纂著，董治安整理：《古字通假会典》，齐鲁书社 1989 年版，第 752 页。

二十一、能（一）与之齐，终身弗改之矣（《六德》简19）

《礼记·郊特牲》一段话与简书略同。其云："信，事人也。信，妇德也。壹与之齐，终身不改。故夫死不嫁。"楚文字中的"罷"字，由于同传世古书的对读，可以确知读作"一"。① 简文"能"字与《郊特牲》"壹"字相当，如果不是脱写上部"羽"形的话，就应当是"罷"字的假借。

二十二、是故夫死有主，终身不嫁（《六德》简19—20）

末字注一三裘锡圭先生按语读为"变"。此字与楚文字中常见的"家"字近似，② 也许是"家"的变体。简书这句话紧接在第二十一条之后，亦与上引《礼记·郊特牲》的记述相关。故应读为"嫁"。上引《礼记·郊特牲》后面还说："妇人，从人者也；幼从父兄，嫁从夫，夫死从子。"似即"夫死有主"所指。

二十三、六者各行其职而岳（狱）訾亡由作也（《六德》简23、24）
此六者各行其职而岳（狱）訾蔑由亡〈作〉也（《六德》简35、36）
可以断岳（狱）（《六德》简42）
然后可以断岳（狱）（《六德》简43）
是以其断岳（狱）速（《六德》简44）

上举"岳"字，皆从"犬"从"山"，疑是"岳（繁体作'嶽'）"字别体，借作"狱"。如然，一、二两句可初步解释为六者各行其职则讼狱就没有发生的基础。而在三、四、五句中，此字接在"断"字之后，释为"岳"、读为"狱"至顺。

---

① 荆门市博物馆编：《郭店楚墓竹简》，文物出版社1995年版，第126页注一一、第152页注一七。

② 滕壬生：《楚系简帛文字编》，湖北教育出版社1995年版，第600~601页。

二十四、门内之治恩弇宜（义），门外之治宜（义）斩恩（《六德》简30—31）

二"恩"字，原并作"纫"。注二二裴锡圭先生按：疑"纫"当读为"仁"。《礼记·丧服四制》云："门内之治恩揜义，门外之治义断恩。"与简书基本相同。在上古音中，"纫"属文部，"恩"属真部，① 彼此为旁转关系，故可通假。

二十五、礼不同、不奉（丰）、不杀（《语丛一》简103）

释文原作"礼不同，不害不妨"。第五字实从"宀"从"奉"，当即"奉"字异构。第七字为"杀"，说见第十条。《礼记·礼器》引孔子语云："礼不同、不丰、不杀。"同书《礼运》也有大致相同的话。简书"奉"字应即"丰"字假借。

二十六、爱亲则其杀爱人（《语丛三》简40）

"杀"字之释，已见第十条。这句简文的意思亦与《唐虞之道》7号简"孝之杀爱天下之民"略同。

二十七、思亡彊（疆），思亡其（期），思亡紑（邪）（《语丛三》简48）

《诗·鲁颂·駉》四章各有一个三字句，分别作"思无疆""思无期""思无斁""思无邪"。简文应即摘取一、二、四句而成。

后记：论文写作时，承颜世铉先生寄赐资料。今删去原文第四、八、十、三十一条，相应序号依次前移。另增加一条补注。

---

① 唐作藩：《上古音手册》，江苏人民出版社1982年版，第111、33页。

读郭店楚简字词札记[*]

刘　钊

一

（一）镭缚

郭店楚简《老子》丙说：

> 君子居则贵左，用兵则贵右。故曰兵者不祥之器也，不得已而用之，为上，弗美也。

《郭店楚墓竹简》一书将""二字隶定作"銛缚"，并在注释中说：

> 銛，简文右上部是"舌"，下部是"肉"。"銛缚"疑读作"恬淡"。帛书甲本作"銛袭"，整理者云："銛、恬古音同，袭、淡古音近。"

---

　*　原载《郭店楚简国际学术研讨会论文集》(湖北人民出版社 2000 年版)，又以"读郭店楚简字词札记（一、二、三）"为题载氏著《出土简帛文字丛考》(台湾古籍出版社 2004 年版)，今据后者收入。

裘锡圭先生对此表示怀疑，他在按语中说：

> 第一字右上部似非"舌"，第二字从"龑"，恐亦不能读为"淡"。此二字待考。

按："镕"读作"恬"毫无疑问，只是《郭店楚墓竹简》一书没有解释明白，难免让人生疑。"镕"为什么能读作"恬"，下面试加以分析。

"镕"字《郭店楚墓竹简》一书直接隶定作"铦"是错误的。此字从"金"从"厣"。"厣"从"厂"从"胥"。"胥"从"甞"从"肉"。"甞"为"舌"字无可疑，金文师楷鼎"酤"字作"酤"，所从"舌"旁与"甞"极近。区别只是"甞"字上部中间没能贯写下来而已。"胥"下加"肉"为赘加之义符，郭店楚简《语丛四》"若齿之事舌"的"舌"字作"胥"，字正从"肉"作可证。"厣"字又见于楚鄂君启节的地名用字，作如下之形：①

厣

其结构应分析为在"胥（舌）"字上累加声符"厂"而成。

按已知国差𬭚的"𬭚"字作：

𬭚 《金文编》第 369 页

由此可知"厂"字在古文字中或用为"厈"字的初文。古音"厈"在章纽谈部，从"舌"声的"恬"在定纽谈部，"铦"在透纽侵部。章、定、透三组皆为舌音，侵、谈二部例可旁转，因此"胥（舌）"可加"厈"为声。镕从"厣"声，而"厣"又从"舌"声，如此"镕"字无疑应隶定作"镕"，释为"铦"。因为"铦""恬"皆从"舌"声，所以"铦"在简文中可以读作"恬"。

缠字从"龑"声，而龑字从"龍"声。古音"龍"在来纽东部，"淡"在定纽谈部。"龍"与"淡"声虽可通，韵却远隔。对此史杰鹏先生提出了一种解释。他指出秦地方言有些收尾音有唇、喉不分的现象。如《左传》文公十八年的阎职，《史记·齐太公世家》引作庸职；又

---

① 此字原分析为从"厂"从"止"从"胥"，读作"郎"，现在看来是错误的。

如司马迁在《报任安书》中提到当时宠臣赵谈时，为避父讳写作"同子参乘"，用"同"字替代"谈"字；还如信阳楚简 227 号简中有"锬匕"一词，《仪礼·有司彻》作"桃匕"，郑注："今文桃作抗。"以上庸与阎、同与谈、抗与锬，都是东部字与谈部字的关系。他认为这与郭店楚简"纆"通作"淡"情况相同。①

按：史杰鹏先生的解释有一定道理，可见"纆"字确有通作"淡"的可能。

但"纆"读为"淡"于音上终归还很迁曲。笔者在此提出另一读法，供学术界参考。我认为"纆"可读作"愉"，"镛纆"应读作"恬愉"。"愉"从"俞"声，古音在喻纽侯部，与来纽东部的"龍"声皆为舌音，韵为阴阳对转，所以"纆"读为"愉"于音理上没有问题。郭店楚简《五行》篇有"蘭而知之谓之进之"一句话，"蘭"字从"龍"省，在简文中读作"喻"。《郭店楚墓竹简》一书释文在"蘭"字后标作"〈喻〉"，显然就是认为"蘭"为"喻"之错字。其实"蘭"应是一个从"龍"省声的字，换个角度思考，完全可以认为"蘭"与"喻"是通假的关系。今本《老子》三十二章"天地相合，以降甘露，民莫之令而自均"，马王堆帛书本作"天地相合，以俞甘露，民莫之令而自均焉"。郭店楚简《老子》甲作"天地相合也，以逾甘露，民莫之令而自均焉"。对于"降"与"俞""逾"的差别，马王堆帛书研究组注谓："'俞'疑读为'揄'或'输'。"《郭店楚墓竹简》一书注释认为其说"可从"。高明先生《帛书老子校注》一书读"俞"为"雨"。刘信芳先生则读"逾"为"霣"。② 按：以上诸说皆不妥。"俞""逾"就应该读作今本的"降"字而不需他读。"降"字古音在见纽东部，而从降得声的"隆"则在来纽冬部。古东、冬不分，典籍中"降""隆"相通之例很多。③ 所以"降"字与喻纽侯部的"喻"音亦可通。"隆"与"龍"因音近在典籍中亦有相通之证。④ 既然"俞"通"降"，从"降"得声的"隆"又通"龍"，则"俞"亦应该可以通"龍"。所以"纆"可以读"愉"，"镛纆"可以读"恬愉"。

马王堆帛书《老子》与今本《老子》的主要差别之一，是使用了一些与今本不同的字词。这些字词与今本使用的字词意义相同或相近，总体上并不影响文义。如马王堆帛书甲本"而愚之首也"，今本作"而愚之始也"；马王堆帛书甲本"而王公以自名也"，今本作"而王公以为称"；马王堆帛书甲本"陵行不辟兕虎"，今本作"陆行不遇兕虎"；马王堆帛书甲本

---

① 史杰鹏：《〈仪礼〉今古文差异释例》，《古籍整理研究学刊》1999 年第 3 期。

② 刘信芳：《荆门郭店楚简〈老子〉文字考释》，《中国古文字研究》第 1 辑，吉林大学出版社 1999 年版。

③ 见高亨纂著，董治安整理：《古字通假会典》，齐鲁书社 1989 年版，第 13 页。

④ 见高亨纂著，董治安整理：《古字通假会典》，齐鲁书社 1989 年版，第 13 页。

"夫莫之爵"，今本作"夫莫之命"；马王堆帛书甲本"子孙以祭祀不绝"，今本作"子孙以祭祀不辍"；马王堆帛书乙本"廉而不刺"，今本作"廉而不列"；马王堆帛书甲本"道者万物之主也"，今本作"道者万物之奥"；马王堆帛书甲本"如以慈垣之"，今本作"以慈卫之"；马王堆帛书乙本"损有余而益不足"，今本作"损有余而补不足"；马王堆帛书甲本"微妙玄达"，今本作"微妙玄通"；马王堆帛书甲本"涣呵其若凌释"，今本作"涣兮若冰之将释"；马王堆帛书甲本"我独顽以俚"，今本作"我独顽似鄙"；等等。"恬愉"与"恬淡"意义亦相近，所以郭店楚简、马王堆帛书作"恬愉"而今本作"恬淡"并不奇怪。"恬淡"典籍或作"恬㳅""恬惔""恬澹""恬憺"。又作"恬安""恬然""恬漠""恬静""恬泊""淡泊"，为"安静淡泊"之意。"恬愉"之"愉"本义为"乐"，又训为"颜色和"，因与"恬"组词成"恬愉"，其意义亦向"恬"字靠拢，或说受"恬"字沾染类化，其意义有被"恬"字同化的趋势。《淮南子·原道训》："恬愉无矜，而得于和"，注曰："恬愉，无所好憎也。"所谓"无所好憎"，也就是"淡泊"的意思。《淮南子·俶真训》："万物恬漠以愉静"，"恬"与"漠"同义连文，与其对文的"愉"和"静"也应是同义连文，所以"愉"也应有"静"义。《庄子·天道》说："夫虚静恬淡，寂漠无为者，天地之平，而道德之至。"又"夫虚静恬淡，寂漠无为者，万物之本也"。《庄子·胠箧》："释夫恬淡无为，而悦夫啍啍之意。"《管子·心术》："恬愉无为，去智与故。"上引诸文中有"寂漠无为""恬淡无为"和"恬愉无为"，三者意思相近，"恬愉"就相当于"寂漠"或"恬淡"。《淮南子·泰族训》："静莫恬淡，讼缪胸中。"《淮南子·要略》："反之以清静为常，恬淡为本。"《淮南子·俶真训》："万物恬漠以愉静。"《楚辞·远游》："漠虚静以恬愉兮。"《淮南子·原道训》："虚无恬愉者，万物之用也。"《淮南子·精神训》："气志虚静，恬愉而省嗜欲。"又"恬愉虚静，以终其命"。《淮南子·人间训》："清净恬愉，人之性也。"上引诸文中"恬淡"和"恬愉"都与"静莫""清静""愉静""虚静""虚无"连言，亦可证明二者意义的接近。以上便是"镭繲"应读作"恬愉"从音、义两方面所作的论证。

(二)旧

《语丛四》说：

> 言以词，情以旧。

《忠信之道》说：

> 大旧而不渝，忠之至也。

《性自命出》说：

> 其居即也旧，其反善复始也慎，其出入也顺，司其德也。

以上三段文字中皆有一"旧"字。对此字《郭店楚墓竹简》一书未做任何解释。按：以上三个"旧"字都应读作"久"。"旧""久"二字音、义皆近，在典籍中经常相通。二字古音皆在疑纽之部。枢字籀文即从舊作"匶"。《尚书·无逸》："旧为小人。"《史记·鲁周公世家》作"久为小人"。《诗·大雅·抑》："告尔旧止。"郑笺："旧，久也。"《文选·答宾戏》："时暗而久章者，君子之真也。"项俗谓："久，旧也。"战国包山楚简占卜类简在谈到疾病时屡言"旧不瘥"，"旧不瘥"即"久久不愈"之意。① 睡虎地秦简《封诊式》简 60 有"其腹有久故瘢二所"之语，"久故"为同义复合词，"久故"即"旧故"，也即"故旧"。"其腹有久故瘢二所"即"其腹部有旧疤二处"之意。② 以上是"旧""久"相通之证。

上举三段简文中"言以词，情以久"译成今语犹言"言语运用词汇来表达，情感通过长久来体现"。《韩诗外传》四卷三十一章有："朽木不可雕，情亡不可久"之句，可以体会"情"与"久"的关系。"大旧而不渝，忠之至也"之"大旧"犹言"太久"或"很久"。"其居即也旧"之"居即"，《郭店楚墓竹简》一书读作"居次"，非是。《性自命出》这一段是讲"乐舞"的，"居即"应读作"居节"。"节"谓"节奏""节拍"。《说文》："居，蹲也。"《广雅·释诂》："蹲、踞、屡、启、肆，踞也。""居节"犹言"蹲节"。"蹲"字是"行动有节奏"的意思。《诗·小雅·伐木》："坎坎鼓我，蹲蹲舞我。"《毛传》："蹲蹲，舞貌。"《汉书·扬雄传上》："遂臻阴宫，穆穆肃肃，蹲蹲如也。"颜注："蹲蹲，行有节也。""其居即也旧，其反善复始也慎"，是说"遵循节奏要持久，重新开始要慎重"。

（三）腻舀

《性自命出》简中两见"腻舀"一词：

---

① 李零：《包山楚简研究（占卜类）》，《中国典籍与文化论丛》，中华书局 1993 年版。
② 刘钊：《读秦简字词札记》，《简帛研究》第 2 辑，法律出版社 1996 年版。

乐之动心也，浚深朒舀，其刾（烈）则流如也以悲，條（悠）然以思。

目之好色，耳之乐声，朒舀之气也，人不难为之死。

"朒舀"一词《郭店楚墓竹简》一书未做解释，以往的研究文章亦未见涉及。按："朒舀"应读作"鬱陶"。"朒"字不见于字书，应是从"肉""或"声的形声字。古音从"或"得声的字如"緎""緎""或"等都在影纽职部，而"鬱"在影纽物部。所以"朒""鬱"声母相同可通，韵母元音相同可以通转。典籍"郁""鬱"相通，《春秋》昭公二十四年"杞伯郁釐卒"，《公羊传》郁釐作鬱釐，而"郁"字古音就在影纽职部。"郁"从"有"声，典籍"或"声与"有"声相通之字例证极多，不赘举。以上皆可证"朒"可通"鬱"。"舀"字古音在喻纽幽部，从舀得声的"稻""蹈"在定纽幽部。"陶"亦在定纽幽部。所以"舀"可通"陶"。《性自命出》简中有"喜斯慆，慆斯奋"句，学者已指出即见于今本《礼记·檀弓下》的"人喜则斯陶，陶斯咏……""慆"从"舀"声。既然"慆"可通"陶"，"舀"自然也可通"陶"。这是"舀"可通"陶"的本身证据。

古文尚书《五子之歌》："鬱陶乎予心"，传："鬱陶言哀思也。"《礼记·檀弓下》："人喜则斯陶"，《正义》曰："鬱陶者，心初悦而未畅之意也。"《楚辞·九辩》："岂不鬱陶而思君兮。"王注："愤念蓄积，盈胸臆也。"古人解释"鬱陶"一词颇多纷歧，王念孙《广雅疏证》参会众说，指出"鬱陶"兼忧、喜二义，"大抵喜忧不能舒，结而为思"，故喜意未畅谓之鬱陶，忧思愤盈亦谓之鬱陶，暑气蕴隆亦谓之鬱陶。事虽不同，而同为郁积之义。按：王说极是。"忧""喜"本可互相转化，故"鬱陶"既可训为"忧思"，又可训为"喜乐"。《性自命出》简说："凡至乐必悲"，"哀、乐，其性相近也，是故其心不远"。《礼记·乐记》说："乐胜则流"，《礼记·曲礼》说"乐不可极"，说的都是"忧悲"与"喜乐"之间的辩证关系。中古汉语中"伤心肠断"或用为"欢快"意，① "哀"或用为"欢欣快乐"意，② 也是这一观念的反映。

上揭有"朒舀"一词的两段简文第一段说："乐之动心也，浚深朒舀，其烈则流如也以悲，悠然以思。"句中"朒舀"与"浚深"一词并列，"浚深"与有"鬱积"义的"鬱陶"义正相因。"流如以悲"及"悠然以思"中的"悲""悠""思"三字都是悲哀、忧伤的意思。《尔雅·

---

① 蒋礼鸿：《义府续貂》"伤心肠断"条，中华书局1987年版。
② 竺家宁：《论佛经哀字的词义》，"第四届训诂学学术研讨会"，台湾，1998年。

释诂》：“悠、伤，忧，思也。”《尔雅·释训》：“悠悠，洋洋，思也。”吴王光钟：“敬夙而光，油油洋洋。”《诗·邶风·雄雉》：“瞻彼日月，悠悠我思。”简文以“悲”“悠”“思”上接训为“忧思”的“鬱陶”，文气十分连贯。这也说明读“臧舀”为“鬱陶”是正确的。

第二段简文“目之好色，耳之乐声，臧舀之气也”中之“臧舀”，正是指郁积于胸中的“心初悦而未畅”的一种情感。

（四）诇

《忠信之道》说：

> 不诇不窑，忠之至也。

又：

> 忠人亡(无)诇，信人不背。君子如此，故不皇(诳)生，不背死也。

又：

> 至忠亡(无)诇，至信不背，夫此之谓此[也]。

上引简文中三见“诇”字。对此字《郭店楚墓竹简》一书未做解释，以往的研究文章亦未见涉及，大概都以为此即《说文》训为“诇言也”的“诇”字。其实此字与“诇”字只是形同，却并非一字。此字应是“诡”字的异体，应释为“诡”。《集韵·上声纸韵》：“诡、傀、诇，古委切。说文：‘责也。’一曰诈也。或从鬼，从为。”古音“为”在匣纽歌部，从“为”得声的“诇”“伪”在疑纽歌部。“危”在疑纽微部，从“危”得声的“诡”“蛫”在见纽支部。支、歌二部例可旁转。可见“为”“危”二字声韵皆可相通。《庄子·渔父》：“以危其真。”《释文》：“危或作伪。”《庄子·齐物论》：“道恶乎隐而有真伪。”《释文》：“真伪一本作真诡。”这是典籍中“为”“危”二声相通之证。所以从“危”得声的“诡”可以有从“为”得声的“诇”这一异体。

诡字典籍又通作"佹"或"恑"，三者都可训为"乖违"。

简文说："忠人毋讱，信人不背。"典籍"背""倍"相通，都训为"违背"。"讱""背"对文，"讱"亦应有"违背"之意。这与典籍训"诡"字为"反""乖违"正合。银雀山汉墓竹简《孙子兵法·计》说：

> 道者，令民与上同意者也，故可与之死，可与之生，民弗诡(《通典》引作"佹")也。

又《马王堆帛书·要》：

> 察其要者，不趡(诡)其德。

"民弗诡"之"弗诡"和"不诡其德"之"不诡"，与上引简文中的"不讱(诡)""亡(无)讱(诡)"相同，都是"不违背"的意思。

简文"不皇(诳)生、不背死"的"皇生背死"，典籍作"倍死忘生"。《礼记·经解》："丧祭之礼废，则臣子之恩薄，而倍死忘生者众矣。"①"倍死忘生"犹今言"贪生怕死"，"不皇生、不背死"犹今言"舍生忘死"。值得注意的是楚简《忠信之道》的"不皇(诳)生、不背死"同汉简《孙子兵法·计》的"可与之死，可与之生"说的是一回事。这也可证明释"讱"为"诡"是正确的。

不违背上意，敢于舍生忘死，是"忠"的最好体现。这也正是《忠信之道》简文中屡次提到"不讱(诡)""亡(无)讱(诡)"和"不皇(诳)生、不背死"的原因。

(五)𢝙

《唐虞之道》说：

> 禅之𢝙，世亡隐德。

---

① "倍死忘生"旧解为"背弃死者，忘却生者"，恐非是。

又：

　　身为天子而不骄，不 也。

《郭店楚墓竹简》一书对" "字不识，以往的研究文章亦无考释。按：" "疑为"流"字异体。字从"水"从" "，" "字下部所从为"虫"形，这是释" "为"流"的重要线索。此字之考释笔者不敢言必，提出此说供参考。

　　学者间对"流"字所从之"㐬"的来源颇多误解，为论证清楚，以下先对"㐬"的来源演变做些分析。

　　"㐬"字本为"毓"字简体，甲骨文作如下之形：

　　　　 《甲骨文编》第 557 页

字从"倒子"（云），三点表示生子时之血水。金文"毓"字所从之"㐬"作：

　　　　 《金文编》第 989 页

三点渐渐与倒子头部相连，如最后一例，遂成为后世"㐬"字之形体来源。

　　战国中山器"流"字作：

所从倒子形头部与身体已呈渐渐分离之势，并在左右各加有一个饰划。下部因笔势的关系亦已变得类似于"虫"。

　　战国楚文字中"流"字或作：①

---

　　① 此字考释见李零：《古文字杂识》（二则），《第三届国际中国古文字学研讨会论文集》，香港中文大学，1997 年。

《古玺汇编》0212

"㐬"字所从的倒子头部依然保留，但上下两部分已与中间割裂变得形同于两个"虫"。如果进一步简省，就变成了楚文字中常见的"𧖤"形。

回头再看"𪐙""𪐗"二字。"𪐙"形所从之"㐬"字上部亦已与中间分离，"𪐗"形所从之"𢆡"字下部已明确变为从"虫"。既然保留着倒子形的头部，就说明这一形体具有较早的构形形态。其与中山器"流"字所从之"㐬"的差别一是在倒子形头部中加有一点，变得类似于"日"字，二是上部所从为倒书。古文字中在一个呈轮廓状的形体内"乘隙加点"是常见的现象，例多不举。所以倒子形头部中间加有一点不难解释。又古文字中上下形体相同的两部分有时可以改变其中之一的方向。如"䡺"字既可作"𨏖"，又可作"𨏘"即是。这与"𪐙"形的变化正好相同。

也许有人会有疑问，为何郭店楚简中其他流字皆作"𧖤"，惟独《唐虞之道》的流字写成此形。其实《唐虞之道》简的文字非常独特，有一些古字和怪字。如"圣"字的写法就很特殊。所以流字写作此形并不足奇。

已释"𪐙""𪐗"为"流"，再将其放回到辞例中检验：

"禅之流，世亡隐德"一句，《广雅·释诂》："流，演也。""演"犹今言"传布""流行"。此句意为随着禅让的流布，世上便不再会掩蔽德行。"身为天子而不骄，不流也"一句，《国语·晋语一》："肆侈不违，流志而行"，韦昭注："流，放也。""放"犹今言"放纵"。此句意为身为天子却不傲慢，是不放纵也。《礼记·中庸》："故君子和而不流。"《荀子·不苟》："坚强而不暴，柔从而不流"，"不流"的用法相同。

二

（一）

《语丛四》说：

　　　　言以词，情以旧（久）。非言不酬，非德亡复。言而苟，墙有耳。

又：

　　　　口不慎而床（户）之〈不〉阕（闭），恶言复己而死无日。

"情以旧"之"旧"应读作"久"。《韩诗外传》卷四有"朽木不可雕，情亡不可久"之句，可资比较。

"口不慎而户之闭"中的"之"字应为"不"字之讹。

"而"字应训为"如"，"言而苟，墙有耳"句中的"而"字也应训为"如"。《易·明夷》："君子以莅众，用晦而明。"虞翻注："而，如也。"《诗·小雅·都人士》："彼都人士，垂带而厉。"郑笺："而亦如也。""口不慎而户不闭"即"口不慎如户不闭"。

"非德亡复""恶言复己而死无日"中的"复"应训为"报"。《左传》定公四年："我必复楚国。"杜预注："复，报也。"《汉书·江充传》："欲取必于万乘以复私怨。"颜师古注："复，报也。"

（二）

《语丛四》说：

　　　　利木阴者，不折其枝。

按：此为古成语，见于《韩诗外传》二卷二十三章。谓："田饶曰：'臣闻食其食者，不毁其器。阴其树者，不折其枝。'"

（三）

《语丛四》说：

　　　　士亡友不可，君有谋臣，则壤地不钞。

按："钞"应读作"削"。古音"钞"在清纽宵部，"削"在心纽药部。声皆为齿音，韵为阴入对转。"削"从"肖"声，而从"肖"声的"悄""哨"等就在清纽宵部，与"钞"声韵皆同，可证"钞"可通"削"。削，减也。《礼记·王制》："君削以地。"《战国策·齐策一》："夫齐，削地而封田婴。"简文此句是说士人没有朋友不行。君王如果有谋臣辅佐，国土就不会减少。

（四）

《语丛四》说：

> 一家事乃有赀，三雄一雌，三銙一堤，一王母保三殹儿。

按："一王母保三殹儿"的"保"字应读作"抱"。古文字保字作 **𠈃**，本为"抱负"之"抱"的本字。"三殹儿"之"殹儿"应读作"嫛婗"，"嫛婗"乃"婴儿"的异写。《释名·释长幼》："人始生曰婴儿，胸前曰婴，抱之婴前，乳养之也。或曰嫛婗。"《说文》："嫛，婗也，从女殹声。"又："婗，嫛婗也。从女兒声，一曰妇人恶貌。"《礼记·杂记》："中路婴儿失其母焉，何常声之有？"郑注："婴，犹鷖弥也。"按："鷖弥"即"嫛婗"，也就是"婴儿"。

"三銙一堤"疑读作"三呱一媞"或"三弧一媞"。"銙"从"夸"声。古音"夸"在溪纽鱼部，"瓜"在见纽鱼部，读音很近，所以从"夸"得声的字与从"瓜"得声的字可以相通。"銙"可读"呱"，《说文》："呱，小儿啼声。"此处以小儿啼声代指小儿。"銙"又可读"弧"。《说文》："弧，木弓也。"《礼记·射义》："故男子生，桑弧，蓬矢六，以射天地四方。"郑注："男子生则设弧于门左。"此处亦以"弓"代指三个男儿。"堤"从"是"声，应读作"媞"。《说文》："媞，谛也。一曰妍黠也。一曰江淮之间谓母曰媞。"此处"媞"即读作"江淮之间谓母曰媞"之"媞"。"三呱一媞"或"三弧一媞"意为三个男儿一个母亲，即简文前文所谓"三雄一雌"。

（五）

《语丛三》说：

> 处而无𢽳习也，损。自示其所能，损。自示其所不族，益。游蕙，益。嵩志，益。

"𣊍"字《郭店楚墓竹简》一书未释，按：字从"𣊍"从攴，应释为"斁"。蔡侯申盘"斁"字作"𣊍"，"𣊍"与"𣊍"的差别只是省去了左边几个小的笔画。蔡国文字乃楚系文字的一支，与楚文字颇多相合之处。所以"𣊍""𣊍"如此接近。"斁"字在简文中疑读作"躐"。躐意为超越。《礼记·学记》："幼者听而弗问，学不躐等。"简文"斁习"是提前预习或复习之意。

"自示其所不族"之"族"应读作"足"。古音"族"在从纽屋部，从族声的"镞"在精纽屋部，而"足"亦在精纽屋部。所以"族"可读为"足"。简文说"自示其所能"，即《大戴礼记·曾子立事》："不陈人以其所能"。"自示其所能，损"，即《大戴礼记·文王官人》："伐其所能，曰日损者也"。"自示其所不足，益"，即《大戴礼记·文王官人》："见（疑本视字之讹，亦读为'示'）其所不足，曰日益者也"。"自示其所能，损。自示其所不足，益"，体现的是儒家的"损益"观念。《说苑·敬慎》说："孔子读易，至于'损益'，则喟然而叹。子夏避席而问曰：'夫子何为叹?'孔子曰：'夫自损者益，自益者缺，吾是以叹也。"郭店楚简《太一生水》"削成者以益生者"说的也是这个意思。

"嵩志"应读作"纵志"。古音嵩在心纽冬部，纵在精纽东部，声为一系，韵古本不分。典籍中嵩又作"崧"，"松"又通"从"。如《礼记·学记》："待其从容"，郑注："从或为松"。可见"嵩"可读"纵"。《淮南子·原道训》："纵志舒节，以驰大区。"《列子·杨朱》："威无不行，志无不从。"《古玺汇编》4340号玺玺文作"从志"，此乃格言玺，"从志"亦应读为"纵志"。

（六）

《穷达以时》说：

　　初 𣊍 酺，后名扬，非其德加。

"𣊍"字《郭店楚墓竹简》一书疑为"滔"字，黄德宽、徐在国两位先生释作"沈（沉）"，并引《吴越春秋·勾践入臣外传第七》"皇天祐助，前沉后扬"句比较，十分正确。但黄徐两位先生对"沉酺"一词未作分析，故在此稍加解释。

"沉酺"之"酺"应读作"鬰"。"酺"从"有"声。古从"有"声的字或在影纽职部，或在影纽之部。"鬰"古音在影纽物部。"鬰""有"声母相同可通，"职""物"二部元音相同可以通转。典籍"郁""鬱"相通，如《春秋》昭公二十四年"杞伯郁釐卒"，《公羊传》"郁釐"作"鬱釐"。而"郁"即从"有"声。可证"酗"可以通"鬱"。"沉鬱"即"沉滞"。《左传》昭公二十九年："若泯弃之，物乃坻伏，鬱湮不育。"杜注："鬱，滞也。"唐慧琳《一切经音义》卷十三："鬱，《考声》：'滞也。'""沉滞"本义为"伏积""伏止"，引申为"不遇"之意。《楚辞·七谏·怨世》："年既已过太半兮，然坱轲而留滞。"注："坱轲不遇也。言己年已过五十，而坱轲沉滞，卒无所逢遇也。"《楚辞·九辩》："愿沉滞而不见兮"，注："思欲潜匿，自屏弃也。"《后汉书·崔骃传》："胡为嘿嘿而久沉滞也。"又"子笑我之沉滞，吾亦病子屑屑而不已也"。《后汉书·儒林尹敏传》："帝深非之，虽意不罪，而亦以此沉滞。"以上皆"沉滞"用为"不遇"意之证。简文"初沉酗(鬱)，后名扬"即"开始沉滞不遇，后来声名远扬"之意。

（七）

《性自命出》说：

> 凡性，或动之，或逆之，或交之，或励之，或出之，或养之，或长之。凡动性者，物也；逆性者，悦也。

文中"逆"字两见，《郭店楚墓竹简》一书隶作"违"，疑为"逢"字。黄德宽、徐在国两位先生据《成之闻之》简"逆"字作"逆"释此二字为"逆"，并引《韩诗外传》卷九"见色而悦谓之逆"为证，其说极是。逆，迎也。简文"逆性者，悦也"意为"迎合性情者，为愉快也"。《性自命出》简有"快于己者之谓悦"，说的也是这个意思。但是黄、徐两位先生漏释了另外二个"逆"字，故在此一并提及。

《性自命出》又说：

> 诗、书、礼、乐，其始出皆生于人。诗，有为为之也。书，有为言之也。礼、乐，有为举之也。圣人比其类而论会之，观其先后而逆训之，体其义而次序之。理其情而出入之，然后复以教。教，所以生德于中者也。

文中"逆训"之"逆"亦应释为"逆"。"逆训"应读作"逆顺"。"逆顺"一词多见于典籍，《黄帝内经·灵枢》专有《逆顺肥瘦》篇，《荀子·正论》说："不知逆顺之理，小、大、至、不至之变者也，未可与及天下之大理者也。"

竹简残片中有四字说：

> 眚(性)有**逆**生。

文中"**逆**"字似亦应释为"逆"。

（八）

《成之闻之》说：

> 故君子之莅民也，身服善以先之，敬慎以**守**之，其所在者内矣。

文中"**守**"字《郭店楚墓竹简》一书不释。按："**守**"即"守"字省写。守字本从"肘"声，故"守"可省去义符"宀"而只保留声符。"**守**"字也可直接释为"肘"，即假借为"守"。战国文字中"守"字作下列之形：

守 侯马盟书

守 《古玺汇编》3307

守 《古玺汇编》0341

如果省去"**守**"形的"宀"旁，其形体与简文"**守**"字如出一辙，应为一字无疑。所以简文"敬慎以**守**之"即"敬慎以守之"。

古代典籍中常见"敬守"一词，如《礼记·郊特牲》："知其义而敬守之，天子之所以治天下也。"《管子·内业》："敬守勿失，是谓成德。"战国古玺中有如下二方格言玺：

1. **玺** 《古玺汇编》4231

2. **玺** 《古玺汇编》3307

第一方《古玺汇编》释为"敬守"无误，第二方释作"守丘"则非是，此亦"苟守"二字，无疑也应读作"敬守"。这二方玺文正可与典籍相印证。

简文"敬慎以守之"也就是典籍中的"敬守"。

（九）

《太一生水》说：

> 此天之所不能杀，地之所不能釐，阴阳所不能成。

按："地之所不能釐"之"釐"《郭店楚墓竹简》一书训为"改"，非是。"釐"应读作"埋"。"釐""埋"皆从"里"声，故字可相通。《说文》谓从里声的"董""读若釐"，是"里"可通"釐"的明证，《荀子·儒效》说：

> 天不能死，地不能埋，桀跖之世不能污，非大儒莫之能立，仲尼、子弓是也。

文中的"天不能死，地不能埋"也就是《太一生水》的"天之所不能杀，地之所不能釐（埋）"。

（十）

《成之闻之》说：

> 唯君子道可近求而可远遣也。

《郭店楚墓竹简》一书在"遣"字后加有问号，表示不能确定。对其读法没有解释。或解释此字为"迥（向）"，但于字形不合。按：字隶作"遣"没有问题，字在简文中应读作"措"。"措"即"举措"之"措"，乃"安置"或"运用"之意。《礼记·乐记》："故曰：'致礼乐之道，举而错之天下无难矣。'"文中"错"亦读为"举措"之"措"。以"道"为"措"之对象，与上引简文相同。"措之天下"也就是简文的"远措"。

（十一）

《语丛一》说：

礼生于牂，乐生于亳，礼妻(齐)乐憲则戚，乐𣊱礼憲则誇。

"礼生于牂"之"牂"是一个从"爿"得声的字，在此疑读作"庄"。"庄"义为"庄重""严肃""恭敬"，指人之容貌仪态。《礼记·乐记》："乐也者，动于内者也；礼也者，动于外者也。""动于外"之"礼"，正是通过人的容貌仪态来体现。所以简文说"礼生于牂(庄)"。《礼记·冠义》说："凡人之所以为人者，礼义也。礼义之始，在于正容体，齐颜色，顺辞令。容体正，颜色齐，辞令顺，而后礼义备。""容体正、颜色齐"就是"庄"。《礼记·乐记》谓："庄敬恭顺，礼之制也。"《礼记·祭义》谓："致礼以治躬则庄敬，庄敬则严威。"说的都是"礼"与"庄"的关系。"乐生于亳"之"亳"应读为"度"。亳字古音在并纽铎部，度字古音在定纽铎部。《说文》谓亳"从高省乇声"。而古从"乇"得声的字都在舌音的"端""透""定"三纽。所以从"乇"声的"亳"也应可以读为定纽铎部的"度"。战国齐国量器陶文中常见有"亳区""亳豆""亳釜"等记载，"亳"字即可读为"度"，训为"法度"或"度量"。"乐"有节奏，亦必须中律，所以简文说"乐生于度"。《左传》襄公二十九年载吴公子札观周乐后说："五声和，八风平，节有度，守有序，盛德之所同也。"《礼记·乐记》说："百度得数而有常。"《吕氏春秋·大乐》说："音乐之所由来者远矣，生于度量，本于太一。"文中"生于度量"正是简文的"生于度"。

"礼妻(齐)乐憲则戚"一句，"齐"字训为"庄重""肃敬"或"完备"。"憲"字读作"靈""䨲"或"令"。"靈""䨲""令"三字音义皆近，都是"美好"的意思。春秋铜器𬭚钟铭文中有"䨲色若华"的句子，亦用"䨲"字形容音乐，可以为比。"戚"字训为"忧愁""悲哀"。

"乐𣊱礼憲则誇"一句，"𣊱"字已有学者释为"每"，所释不误。"每"在简文中读作"繁"或"烦"，皆繁多烦琐之意。"誇"字从言丏声，可隶定作"訛"，读作"慢"。古音"丏""曼"皆在明纽元部。"丏""万"本为一字之分化，"丏"至迟在战国时已用为"萬"。《荀子·正论》："曼而馈"，杨注："曼当为万。"既然"丏""万"本为一字，"万"用为"萬"，"萬"又通"曼"，则"丏"也应该可以通"曼"。所以从"丏"声的"訛"可以读作"慢"。慢字训为"放肆""无节制"。

古人认为"礼""乐"都必须有节制，不能过度。不然则"乐胜则流，礼胜则离"(《礼记·乐记》)，即所谓"大乐必易，大礼必简"(《礼记·乐记》)。"乐"一旦过度，则"流"，则"淫"，则"慢"。也必至于"忧愁""悲哀"。"乐极生悲"的道理正来源于此。所以《礼记·乐记》说：

> 五者皆乱，迭相陵，谓之慢。
>
> 郑卫之音，乱世之音也，比于慢矣。
>
> 乐极则忧，礼粗则偏。
>
> 世乱则礼慝而乐淫。是故其声哀而不庄，乐而不安，慢易以犯节。
>
> 故礼主其减，乐主其盈。礼减而进，以进为文；乐盈而反，以反为文。礼减而不进则销，乐盈而不反则放，故礼有报而乐有反。礼得其报则乐，乐得其反则安。

简文中"慝"字本训为"美善"，在此则指"礼""乐"之过度。所以"礼齐乐嘼则戚，乐繁礼嘼则慢"的意思是说"礼齐备乐过度就悲哀，乐繁盈礼过度就慢易"。

（十二）

《语丛一》说：

> 镶，可去可􀀀。

《郭店楚墓竹简》一书将"􀀀"字隶作"逼"，释作"归"。按：此释非是。"􀀀"从"辵"从"奥"，"奥"从"尸"从"􀀀"，与"帝"字无关。"奥"字乃"屎"字，字本从"尸（或尾）"从"米"，"􀀀"形即"米"和"尾"形之变。战国文字"屎"字作如下形：

1. 􀀀 2. 􀀀 3. 􀀀 4. 􀀀 5. 􀀀

《说文》徙字古文乃借"屎"字为之，作"􀀀"，《古文四声韵》引《古老子》徙字作"􀀀"。

以上诸形皆可与"奥"形比较。字从"辵""屎"声，应隶作"遲"，释作"徙"。

"镶，可去可遲（徙）"中的"镶"疑读作"权"，训为权势。简文意思是说"权势既可以离去又可以转移"。《礼记·礼运》有"在势者去"句可资比较。

（十三）

《尊德义》说：

为邦而不以礼，犹煭之亡遧也。

对于此句《郭店楚墓竹简》一书未做任何解释。按：此句有误书，本应作"为邦而不以礼，犹人之亡所遧也"。因该写"人"字之处误书作"所"，故只好将"人"字补在"所"字下。"遧"字从"辵"从"帝"字之省，应释为"适"。温县盟书"适"字作"塑"，可资比较。"适"意为"归从""归向"。"为邦而不以礼，犹人之亡所适也"是说"立国如果不用礼，就如同人之无所适从也"。《左传》昭公十五年："好恶不愆，民知所适，事无不济。"杜注："适，归也。"孔颖达疏："言皆知归于善也。"文中"所适"与简文用法相同。

<h2 style="text-align:center">（十四）</h2>

《尊德义》说：

滩緣忿，改慩胜，为人上者之务也。

此句《郭店楚墓竹简》一书未作解释。按："忿"即读如本字。"滩""緣"二字如何读待考。"慩胜"应读作"期胜"。睡虎地秦简《为吏之道》说：

毋复期胜，毋以忿怒决。

《睡虎地秦墓竹简》一书注释"毋复期胜"谓："不要一味想压过别人。"《荀子》一书有如下论述：

不恤是非，不论曲直，以期胜人为意，是役夫之知也。（《荀子·性恶》）
不恤是非，然不然之情，以期胜人为意，是下勇也。（《荀子·性恶》）
主忌苟胜，群臣莫谏，必逢灾。（《荀子·成相》）
直立而不见知者，胜也……此小人之所务，而君子之所不为也。（《荀子·荣辱》）

由上可知"期胜"是小人性恶的体现，为君子所不为。所以简文说要"改期胜"，并指出这是"人上者之务也"。

（十五）

《尊德义》说：

> 民余害(曷)知离劳之**[字]**也。
>
> **[字]**民爱，则子(孳)也；弗爱，则仇也。

"**[字]**"字《郭店楚墓竹简》一书未释，黄德宽、徐在国两位先生释为"即"。按："**[字]**"字从"勹"从"皀"，应隶定作"匌"，释为"匓"。"匓"在简文中应读作"究"。古音"匓""究"皆在见纽幽部，故可相通。马王堆帛书《称》篇："毋失天极，廄(究)数而止。"楚文字中马厩之"厩"或借"故""龛"为之，都是"匓"可通"究"的证据。简文"民余曷知离劳之匓(究)"的"究"即"究竟"之"究"，"匓民爱"之"究"意为"穷尽"或"遍及"。

（十六）

《成之闻之》说：

> 故君子所复之不多，所求之不远，**[字]**反诸己而可以知人。

《尊德义》说：

> **[字]**者出所以知己，知己所以知人。
>
> **[字][字]**则亡避。

按：以上三见之"**[字]**"字《郭店楚墓竹简》一书隶作"戥"，当作不识字。其实这三个字皆为"察"字异体，就应释为"察"。《语丛一》有一句说："憗(察)所知，憗(察)所不知"，这与上引简文"戥反诸己而可以知人""戥者出所以知己，知己所以知人"，说的正是一回事。

"戠匸则亡避"应读作"察匸则亡僻"。匸字《说文》谓："匸，衺徯，有所侠藏也，从匸，上有一覆之。读与徯同。""匸"字有掩藏义，又可读同"衺"，而典籍"衺"训为"恶"或"不正"。僻字典籍训为"邪僻"。所以"察匸则亡僻"意为"究察隐匿就没有邪僻"。

三

（一）

《语丛四》说：

> 言以词，情以旧(久)，非言不酬，非德亡复。言而苟，墙有耳。往言伤人，来言伤己。言之善，足以终世。三世之福，不足以出芒。

按：简文中"非言不酬，非言亡复"一句即《诗·大雅·抑》的"无言不雠，无德不报"。"三世之福，不足以出芒"的"芒"字，《郭店楚墓竹简》一书读作"亡"，似以为"芒"字应读作"逃亡"之"亡"。按：此读非是。"三世之福，不足以出芒"与整段简文所言皆为"出言"之事，与"逃亡"之意无关。前句言"言之善，足以终世"，后句言"三世之福，不足以出芒"，两"世"字正相呼应，说明文意应该连贯。按："芒"就应该读如本字，即"锋芒"之"芒"。《说文解字注》："芒，《说文》无铓字，此即锋铓字。"《汉书·贾谊传》："屠牛坦一朝解十二牛而芒刃不顿者，所排击剥割，皆众理解也。"古人常将口舌之利比于兵器之利。如《荀子·荣辱》说："伤人之言，深于矛戟。"《刘子·慎言》："言语在口，譬含锋刃，不可动也。动锋刃者，必伤喉舌；言失之害，非惟锋刃，其所伤者，不惟喉舌。"简文以"出芒"喻指出口伤人。所以简文"三世之福，不足以出芒"是说"三世的福佑，也不足以出言伤人"。内涵"三世的福也抵不过出言伤人而招来之祸"的意思。

（二）

《忠信之道》说：

> 至忠如土，为物而不發。

"發"即"發"之初文。《郭店楚墓竹简》一书读为"發"，裘锡圭先生按语读"發"为"伐"，谓："此句盖谓土地化生万物而不自伐其功。"按：读"發"为"伐"极是。《荀子·尧问》篇有一段可与简文比较：

> 子贡问于孔子曰："赐为人下而未知也。"孔子曰："为人下者乎？其犹土也。深抇之而得甘泉焉，树之而五谷蕃焉，草木殖焉，禽兽育焉；生则立焉，死则入焉；多其功而不德。为人下者其犹土也。"

文中谓土"多其功而不德"，与简文所言相近。"多其功而不德"即"不伐"也。

（三）

《语丛三》说：

> 才（在）心，益。

对"在心"二字《郭店楚墓竹简》一书未做解释。按："在心"之"在"应用为"存"。《说文》："在，存也。从土才声。""在""存"同义换读，故"在"可用为"存"。又《说文》："存，恤问也，从子才声（小徐本作'在省声'）。"按：《说文》的解释，"在""存"皆从"才"声，故亦可相通。战国古玺吉语玺中有"昌在"（《古玺汇编》4564—4568）、"旗在"（《古玺汇编》4569、4570）二类玺文，"昌在"和"旗在"的"在"字亦应用作"存"。银雀山汉墓竹简《孙膑兵法·见威王》："则所以在亡国而继绝世也。"文中"在"字亦用为"存"。所以郭店楚简简文"才（在）心"也就是"存心"。

《孟子·离娄下》："孟子曰：'君子所以异于人者，以其存心也。君子以仁存心，以礼存心。"又《孟子·尽心上》："存其心，养其性，所以事天也。"《春秋公羊传》宣公八年："其言万入去籥何？去其有声者，废其无声者，存其心焉尔。存其心焉尔者何？知其不可而为之也。"

以上是典籍言"存心"的例证。

《语丛三》又说：

> 所以异于父，君臣不相才(在)也，则可已。

文中"才(在)"字疑亦用为"存"，乃"恤问"之意。

（四）

《性自命出》说：

> 身欲静而毋讧，虑欲渊而毋怴，行欲勇而必至，富欲壮而毋拔，欲柔齐而泊，喜欲智而亡末，乐欲睪而有志，忧欲俭而毋惛，怒欲盈而毋𢆉，进欲逊而毋巧，退欲易(?)而毋轻，欲皆廖(度?)而毋怴。君子执志必有夫坒坒之心，出言必有夫柬柬之信，宾客之礼必有夫齐齐之容，祭祀之礼必有夫齐齐之敬，居丧必有夫恋恋之哀。君子身以为主心。

按："身欲静而毋讧"之"讧"从"言""欠"声，古"欠"声与"感"声可以相通。如今本《周易·系辞》"情伪相感"之"感"，马王堆帛书《周易·系辞》作"钦"可证。疑简文"讧"应读作"感"或"撼"，训为"动"。

"虑欲渊而毋怴"与"欲皆廖(度?)而毋怴"的"怴"字皆应读作"悔"。

"富欲壮而毋拔"之"富"和"壮"裘锡圭先生分别读作"貌"和"庄"。简文"拔"字应训为"疾"。《礼记·少仪》曰："毋拔来，毋报往。"《礼记·乐记》："奋疾而不拔。"王注："舞虽奋疾而不失节。""毋拔"即"不失节"，也就是儒家要求的"安徐正静(金文谓'温恭舒迟')"。

"乐欲睪而有志"之"睪"应读作"释"。

"怒欲盈而毋𢆉"之"𢆉"疑应隶定作"犇"。包山楚简有字作"𤲞"(简109)、"𤲞"(简102反)，疑即《说文》训为跛病的"瘏"(异体作"痷")字。"犇"与"瘏"字所从应为一字。简文"怒欲盈而毋犇"疑应读作"怒欲盈而毋掩"。

"出言必有夫柬柬之信"之"柬柬"应读作"简简"或"閒閒"。令狐嗣子壶"柬柬兽兽"和王子午鼎的"阑阑獸獸"，学者或读作"简简优优"，《淮南子·时则训》作"优优简简"。

按："优简"犹今言"悠闲"，乃从容不迫之貌。

"君子身以为主心"一句字序抄写有误，正确的应作"君子身以心为主"。儒家有"贵心"论，主张"心"主管身体一切器官。帛书《五行》谓"耳目鼻口手足六者，心之役也"，说的正是这个意思。《刘子·专务》说："心为身之主。"其所言与简文"身以心为主"相同。

（五）

郭店楚简有如下文句：

> 札行，损。《语丛三》
> 内贼也，礼札兼（"兼"疑读作减）。《语丛三》
> 知命者亡札。《语丛二》
> 札正其身，然后正世。《唐虞之道》
> 圣者不在上，天下札坏。《唐虞之道》
> 至信如时，札至而不结。《忠信之道》

对于"札"字，《郭店楚墓竹简》一书或摹原篆，或隶定作"札"。李零先生说："此字从才匕声，见于郭店楚简，多用为'必'字的异体。"[1]

按："札"字见于齏钟铭文，作"札"。齏钟铭文"札"字异文作"匕"，可见"札"应读作"匕"。古音"匕"在帮纽脂部，"必"在帮纽质部，可以相通，所以以下有"札"字的简文应如李零先生所言读作"必"。

> 知命者亡（毋）必。《语丛二》
> 内贼也，礼必兼（减）。《语丛三》
> 必正其身，然后正世。《唐虞之道》

《语丛三》"札行，损"的"札"则不应读"必"。按："札行"疑读作"粃行"。古"匕""比"音近可通，从"匕"声的"札"自然可以读作"粃"。《刘子·荐贤》："才苟适治，不问世胄；智苟能谋，奚妨粃行。"王叔岷曰："'粃'即'柴'字，《说文》：'柴，恶米也。'粃行，犹

---

① 李零：《读〈楚系简帛文字编〉》，《出土文献研究》第 5 集，科学出版社 1999 年版。

恶行。"

《忠信之道》"至信如时，丠至而不结"之"丠"也不能读作"必"，而应读"比"。"比"乃"相次"之义，"比至"即"顺序而至"之意。《广韵·质韵》："比，比次。""结"义为"凝结""聚集"。简文此句的意思是说"最高的信如同时令，一个接一个按序来到而不凝聚"。

（六）

《语丛一》说：

> 仁义为之椹。

按："椹"字从木皂声。"皂"字本是"兒"字的分化字，即在"兒"字人形下边累加"土"形而成。古文字中如"重""廷""望"等字的变化相同。战国古玺"郢"字或作"🀄"（《古玺汇编》2127)，正体现了这一变化。《集韵·屑韵》谓陧字："《说文》：危也。徐巡以为陧：凶也。贾侍中说陧：法度也。班固说：不安也。引周书'邦之阢陧'。或作隉、䮕、摰、槷、倪。"从中可看出"皂"与"兒"的关系。所以"椹"字也就是"槷"字，也就是"臬"字。"臬"字本义为箭靶，又引申为法度。简文"仁义为之椹(臬)"就是"以仁义为准的"的意思。

（七）

《语丛四》说：

> 邦有巨雄，必先与之以为朋。唯难之而弗恶，必尽其故。尽之而疑，必价 铪铪其迁。

按：此段文字言交友之道。文中"价"字不识。"铪铪"应读作"裕裕"。"裕"有"宽容""宽裕"的意思。《广雅·释诂四》："裕，容也。"王念孙《疏证》："裕为宽容之容。""宽裕"的"宽"和"裕"又都有"安徐从容"之意。"裕裕其迁"意为"安徐从容地离开"。《礼记·曲礼上》有一段谈交友之道说：

> 贤者狎而敬之，畏而爱之。爱而知其恶，憎而知其善。积而能散，安安而能迁。

文中"安安而能迁"与简文"铪(裕)铪(裕)其迁"文意相同。"安"有"徐缓"的意思，《诗·小雅·何人斯》："尔之安行"，朱熹注："安，徐。"所以"安安"就相当于简文的"裕裕"。

(八)

《性自命出》说：

> 听琴瑟之声，则译如也斯叹。

按："译"字从言季声，应读作"悸"。《说文》："悸，心动也。"

(九)

《性自命出》说：

> 羕(咏)思而动心，菁如也。

按："菁"字从艸胃声，应读作"喟"。《说文》："喟，大息也。"《论语·子罕》："颜渊喟然叹曰：'仰之弥高，钻之弥坚，瞻之在前，忽焉在后。'"何晏注："喟然，叹声也。"清王引之《经传释词》卷七："如，犹然也。如、然，语之转。"所以简文"菁(喟)如"也就是"喟然"。

(十)

《穷达以时》说：

> 无茖董愈垆山石不为……

按："垆"字从土缶声，疑为"寶"字异构。此句简文确切文意尚不清楚，但据上下文推测，应有将"玉"和"山石"进行比较的意思。所以简文"董愈"无疑应读作"瑾瑜"。《说文》："瑾，瑾瑜，美玉也。"《左传》宣公十五年："瑾瑜匿瑕。"《山海经·西山经》："瑾瑜之玉为良"。

（十一）

《性自命出》三见"**剌**"字：

> 哭之动心也，浸杀，其**剌**恋恋如也。戚然以终。乐之动心也，浚深臓（鬱）舀（陶），其**剌**则流如也以悲，條（悠）然以思。

> 凡悦人勿吝也，身必从之，言及则明举之而毋㤉（悔）。凡交毋**剌**，必使有末。

"**剌**"字《郭店楚墓竹简》一书隶作"剌"，后加问号表示不确定。按：此字从"**束**"从"刀"，疑应释为"剌"。剌字金文柳鼎作"**剌**"，曾侯乙墓编钟作"**剌**"，天星观楚简作"**剌**"（据《楚系简帛文字编》摹本），皆可资比较。"剌"字古文字和典籍中多用为"烈"，简文中的"剌"字也用为"烈"，训为"甚"。

简文言："哭之动心也，浸杀，其烈恋恋如也，戚然以终。"《礼记·乐记》："是故其哀心感者，其声噍以杀。"文中"噍以杀"正相当于简文的"浸杀"。"其烈恋恋如也"是说哭声过甚就会恋恋然。用"恋恋"形容哭声，与《性自命出》"居丧必有夫恋恋之哀"，用"恋恋"形容"哀"相同。

简文言："乐之动心也，浚深臓（鬱）舀（陶），其烈则流如也以悲，條（悠）然以思。""其烈则流"相当于《礼记·乐记》所云"乐胜则流"或"乐极则忧"。"烈"与"胜""极"对文。"胜"训为"过"，与"烈"训"甚"义本相因。"极"亦训"甚"。徐锴《说文解字系传》谓"极"字："极，屋脊之栋也，今人谓高及甚为极，义出于此。""极"训"甚"与"烈"训"甚"正合。

简文言："凡悦人勿吝也，身必从之，言及则明举之而毋悔。凡交毋烈，必使有末。"按：此段文字乃谈交友之道。"末"字训为"终"。简文意思是说："凡取悦于人不要吝啬，要有实际行动。要说到做到而不后悔。与朋友交往不能太过，要有始有终"。

（十二）

《性自命出》说：

> 謡游哀也，槑游乐也，讴游声，囂游心也。

按："谂"从"心""谂"声，而"谂"从"言""金"声，字应读作"吟"，训为叹息或呻吟。"枭"字应读作"噪"。"噪"意为欢呼。《周礼·夏官·大司马》："及所弊，鼓皆骇，车徒皆噪。"郑玄注："噪，讙也，亦谓喜也。""湫"读作"啾"，训为"歌吟"。《文选·班固〈答宾戏〉》："夫啾发投曲，感耳之声。"李善注引项岱曰："啾，口吟也。""戯"字从"戝""亡"声，应即"戲"字异体，不过是将"虍"声换成了"亡"声而已。古音"虍"在晓纽鱼部，"亡"在明纽阳部。韵为阴阳对转。古明晓二纽亦常可通。如字书中从"亡"声的"芒""恾""盳""朚""娩""統"等都有读作晓纽的"呼光切"。"戯(戲)"在简文中疑训为"戲谑"。简文中四见的"游"字应读作"由"，古"游""由"二字皆在喻纽幽部，故可相通。

这一段简文大意是说呻吟来自悲哀，欢呼来自高兴，歌吟来于声，戏谑来于心。

（十三）

《成之闻之》说：

> 及其尃长而厚大也，则圣人不可由与兽之。

按：古文字中"单""兽"二字乃由一个字形分化而成，《成之闻之》简中"惟　丕兽称德"，今本《尚书·君奭》作"惟冒丕单称德"，可证"兽"可用为"单"。"单"在简文中疑应读作"惮"，意为"畏怕"或"慢易"。"由与"即"犹豫"。《吕氏春秋·下贤》"就就乎其不肯自是"高注："就就读如由与之与。"毕沅曰："注'由与'即'犹豫'。""由与"典籍又作"犹豫""犹预""犹与"，乃"犹豫不决"之意。

旧释"折"及从"折"之字平议

——兼论"慎德"和"悊终"问题

陈伟武

在以往的古文字研究中，非"折"字释为"折"字，非从"折"之字释为从"折"之字，从"折"之字释为非从"折"之字，从"折"之甲字释为从"折"之乙字，这四种情形都出现过，本文企图分别加以辨正，并附带讨论古文字资料中"慎德"和"悊终"等问题。

一

郭店楚简《缁衣》26—27号："非甬（用）痊，𪓔（制）以型（刑），佳（唯）乍（作）五疟（虐）之型（刑）曰法。"整理者把𪓔当作"折"字而读为"制"。① 他简"折"字作𪓔（《老子》甲简19、《成之闻之》简31），读为"制"；或作𪓔（《六德》简2）。今按：释𪓔为"折"似是而非。郭店简有字作𪓔，诸家释"断"无异议，窃谓𪓔亦当释"断"，可隶作"斳"，与"剸"为同字异体，从刀从斤义近互换。《说文·叀部》："……𠧢，古文叀字。"《汗简》："𪓔，断，并见《尚书》。"《集韵·换韵》："断，古作𪓔。""𪓔"即"斳"之讹。

鄂君启节有𬂩字，朱德熙先生释为"榑"，在论证过程中朱先生列举了两类字形：（1）𬂩（龙节）、𬂩（长沙帛书），（2）𬂩（《陶录》附30上）、𬂩（《古玺》174）；认为（1）和（2）应

① 荆门市博物馆编：《郭店楚墓竹简》，文物出版社1998年版，第130页。

释为"叀"。朱先生还引黄宾虹先生之说，谓古玺文▨即《说文》"断"字古文"▨"。① "叀"字上部变化不大，中部由▨→田→日，下部由▨→▨→▨。郭店简▨字左边"叀"与古玺"▨"所从最相似。

再从词义看，把字释为"斳（断）"，用以读《缁衣》原文亦甚合适，"断以刑"即治以刑。"断"有"治"义，如《淮南子·说林》："是而行之，故谓之断；非而行之，必谓之乱。"高诱注："断，犹治也。"

郭店楚简《老子》甲简11："临事之纪，誓（慎）冬（终）女（如）忖（始），此亡败事矣。"整理者注："誓，简文与金文'誓'字或作▨（散盘）、▨（鬲比簋）相近。'誓'借作'慎'。裘按：所谓'誓'字当与注六四所说的'斳'为一字，是否可以释为'誓'待考。"②

今按：裘先生按语未将此字释为"誓"，态度矜慎。其实即使此字可释为"誓"，从音韵的角度看，"誓"为禅纽月部字，"慎"为禅纽真部字，韵部尚相隔，两字通假的可能性也很小。兹将郭店简中整理者所谓"誓"的形体及其他一些相关字形罗列如下：

A　▨《老子》甲11　　　▨《缁衣》15　　　▨《缁衣》30
　　▨《缁衣》32　　　　▨《缁衣》33　　　▨《语丛四》4
B　▨《老子》甲27　　　▨《老子》丙12　　▨《性自命出》49
　　▨《性自命出》49　　▨《成之闻之》19　▨《成之闻之》38
　　▨《成之闻之》40
C　▨《五行》16
D　▨《五行》17

整理者把上列四类字形分别释为"誓""斳""譺""譺"。裘先生认为所谓"誓"与"斳"为一字是对的。《说文·言部》："訢，喜也。从言，斤声。"又："忻，闿也。从心，斤声。"启发义与欣喜义相关，今犹言"开心"。《玉篇·心部》："忻，喜也。"从言从心互作之例甚多，颇疑訢、忻本为一字异体，许慎别小篆为二形二义，音实相同。郭店简《性自命出》忻

---

① 朱德熙：《鄂君启节考释（八篇）》，《朱德熙古文字论集》，中华书局1995年版，第199页。
② 荆门市博物馆编：《郭店楚墓竹简》，文物出版社1998年版，第115页注三〇。

字凡三见，一用为欣喜义，两处读为"近"。上列四类形体，以 B 类"新"字最常见，此字亦见于包山简 145 号，用为人名。似可析为从言纻声，"纻"当即"纻"（此字亦见于睡虎地秦简，用为"近"）之省。C 类字为最繁之体，从言从心纻声，言旁心旁既可互作，并见一体之例亦非鲜见，此与诗或作诪、讠可作诪相似。D 类作"詉"，为 C 类"詉"字之省。"誓"从"折"声，而前揭诸"折"字形体与 A 类之所从不肖，故知 **扸** 不当释为"誓"。张光裕先生疑此字从"十"乃声符，恐未安，而隶作誓甚是。① 鄙意以为此字实从言，忻声。"忻"字，《汉语大字典》《中华字海》失录，其实"忻"字亦见于楚贝币面文，作忻、**忻** 等形，② 用同"釿"。"忻"还见于曾侯乙墓一件漆箱盖上朱书文字，文云："民祀佳忻，日辰于维。"忻，饶选堂先生释"坊"，读为"房星"之"房"③；黄锡全先生改释为"此"，当指示代词释。④ 笔者以为二说均可商。"此"字亦见于另一漆箱朱书二十八宿"此（觜）佳（嶲）"之"此"，作 **忻** ，显与 **忻** 不类，而且，若释为指代词"此"，无先行词，亦不合先秦语法。以郭店简"誓"字所从之声符及楚贝币文"忻"合观，知字当释"忻"，读为"慎"。长沙子弹库楚帛书乙篇称"民祀不盲（庄），帝酒（将）繇以乱□之行"，可作漆箱盖上朱书文字"民祀佳（唯）忻（慎）"的反证。经典中关于敬慎祭祀的论述甚多，例如：《书·召诰》："愍祀于上下，其自时中人义。"又《多士》："自成汤至于帝乙，罔不明德恤祀。""恤"，慎也。此义金文习见。《诗·鲁颂·闵宫》："春秋匪解，享祀不忒。"慎则"不忒"。《论语·子张》："祭思敬，丧思哀。"《礼记·坊记》："修宗庙，敬祀事，教民追孝也。"《晏子春秋·内篇杂下》："臣其祭祀不顺，居处不敬乎？"文献中"顺""慎"音同通用之例甚多，可参高亨先生《古字通假会典》。⑤ 此处"顺"字亦当读为慎。综合文献所论，敬慎祀事大致表现为：祭祀要准时，祭品要整洁丰盛，态度要虔诚。漆箱盖上的朱书文前缀句释为"民祀佳（唯）忻（慎）"，正可与传世文献印合。

《老子》甲 27 号简"和其光，迵（同）其新"之"新"，马王堆帛书本甲种作"壄"，乙种作"壄（壘）"，其他各本作"尘"，廖名春先生认为："'光'为荣光，'新'为欣喜，大致相配。

---

① 张光裕：《郭店楚简文字编·绪言》，艺文印书馆 1999 年版，第 9 页。

② 商承祚等：《先秦货币文编》，书目文献出版社 1983 年版，第 186 页。

③ 饶宗颐：《曾侯乙匴器漆书文字初释》，《古文字研究》第 10 辑，中华书局 1983 年版，第 190~191 页。

④ 黄锡全：《湖北出土商周古文字辑证》，武汉大学出版社 1992 年版，第 108~109 页。

⑤ 高亨纂著，董治安整理：《古字通假会典》，齐鲁书社 1989 年版，第 90~91 页。

故书当作'斳（近）'，'墊'、'蠚（蚔、尘）'皆为借字。"①廖说是。郭店简"慎"字或作（图）（《语丛一》简46），其余均借斳、誓、訫为之。如《缁衣》30号简引《诗》："誓尔出话，敬尔威义（仪）。"誓，今本《诗·大雅·抑》作"慎"。《五行》简17"君子訫其[独也]"，马王堆帛书本"訫"作"慎"。郭店简称"誓（慎）冬（终）女（如）忉（始）"（《老子》甲简11）、"斳（慎）冬（终）若訋（始）"（《老子》丙简12），用为"慎"的誓、斳实是"近"字异体，不是从"折"得声的"誓"字。包山简有字作（图），整理者未释，滕壬生先生释为"近"②，李零先生指出："似可隶定为'訐'，疑是楚'慎'字的一种特殊写法。这里用作人名。参看1015页：斳。"③证以郭店简，知李先生之疑有理，（图）与"斳"同是"近"字异构。此字当隶作謥，从言，忻声，"参"为赘加声符。

二

古玺文有"悊"字，作如下诸形：

一般将此字隶作"悊"字是对的，但人们往往视为"哲"字，如曹锦炎先生在论述古玺文字的简化现象时指出："再如'哲'字，古玺写作悊，从心、折声。所从的'折'本作'斩'（4299），象以斧斤断草之形。而'悊'字的简体……竟有简化成'（图）'形，……此种简化，实在是毫无道理可言。"④《说文·口部》："哲，知也。从口，折声。悊，哲或从心。"段玉裁注："按《心部》云：'悊，敬也。'疑敬是本义，以为哲是假借。"一字异用，同见于《说

---

① 廖名春：《楚简〈老子〉校释（二）》，《简帛研究》第3辑，广西教育出版社1998年版，第56页。
② 滕壬生：《楚系简帛文字编》，湖北教育出版社1995年版，第188页。
③ 李零：《读〈楚系简帛文字编〉》，《出土文献研究》第5集，科学出版社1999年版，第153页。
④ 曹锦炎：《古玺通论》，上海书画出版社1996年版，第65页。

文》，此非独例。《水部》云："湮，河津也，在西河西。从水，垂声。"《口部》："唾，口液也。从口，垂声。湮、唾或从水。"段氏以"哲"之或体"悊"为假借字不无道理。王引之则认为"悊"是"悉"字之误。笔者认为段说近是而王说不可从，已于另文辨析。①

《古玺汇编》中，有称"悊事"（4292）、"悊言"（4288）、"悊命"（4283）、"悊官"（4300）、"悊行"（4313）、"悊上"（4297）、"悊之"（4711）、"悊鉥"（4323）；此外还有"悊信"。② 若依《说文》"悊，敬也"之训去读，无不文从字顺。这些都是箴言玺。同是箴言玺，有称"敬事"（4142）、"敬命"（4225）、"敬守"（4231）、"敬行"（4254）、"敬上"（4200）、"敬之"（4243）、"敬鉥"（4250）。两相比较，知许书训"悊"为"敬也"不妥。王人聪先生谓"悊行"之"悊"当训为"敬"，③ 此说甚是。疑"悊官"犹言"敬守"，《礼记·祭义》："莅官不敬，非孝也。"《左传》昭公二十三年："慎其官守。"因此，古玺中的"悊"字一般如字读，释为"敬"即可，不必目为"哲"字。

三

金文有字作下列诸形，通常释为"哲"：

曾伯匡　师望鼎　克鼎
弔家父匡　番生簋　王孙钟

陈初生先生说："哲字金文多从心斦声（斦字书未见，疑即折之变体，∮或即∮相连增画所致，王孙钟则横写作业）。"④"斦"字虽不见于字书，断为从阜斤声的形声结构当无问题。古文字中从阜从土之字每通作，颇疑"斦"即"圻"之或体。

① 陈伟武：《试论晚清学者对传钞古文的研究》，《第二届国际清代学术研讨会论文集》，台湾"中山大学"，1999年，第875~876页。
② 王人聪：《香港中文大学文物馆藏印续集一》，香港中文大学文物馆，1996年，131号。
③ 王人聪：《新出历代玺印集录》，香港中文大学文物馆专刊之二，1987年，第20页。
④ 陈初生：《金文常用字典》，陕西人民出版社1987年版，第99页。

再看金文文例，克鼎铭："天子明哲。"哲字作[字]；墙盘铭："渊哲康王。"哲字作[字]，陈初生先生以为字从惠(德)折省声，[1] 可从。克鼎铭又云："盅(淑)悊乎德。"井(邢)人妄钟铭"颤盅(淑)文且(祖)考，克质乎德"，"质"字作[字]，通常以为"哲"字之假。番生簋铭云："不(丕)显皇且(祖)考，穆＝克�乎德。"师望鼎铭："不(丕)显皇考宄公，穆＝克盟乎悤，悊乎德。"今按：前二例释"哲"尚可信，"哲"均用为形容词；后四例显非"哲"字，于句中用为动词，宜读为"昚(慎)"。尤其是克鼎的悊读为慎，比起将[字]、悊看为"哲"字异体同见一铭，自然要合理些。"慎德"犹言"敬德"，班簋铭："允才(哉)！显佳(唯)敬德，亡(无)迪(攸)违。"彝铭常用"穆穆"或"穆穆翼翼"形容敬慎之貌。曾伯簠铭"悊圣元＝武＝孔光"，方濬益读为"悊圣元武，元武孔光"[2]。"悊圣"读为"慎圣"犹言"肃圣"，亦无不妥。梁其钟铭："不(丕)显皇且(祖)考，穆＝异(翼)＝，克悊乎德。""悊"即"悊"，敬也。

"慎德"，是上古时期重要思想观念之一，传世文献屡见阐述，均可与金文合观。《尚书·文侯之命》："克慎明德"，句式同于金文数例。鲁《诗·大雅·下武》："媚兹一人，应侯慎德。"毛《诗》作"顺德"，《孔子家语·弟子行》引《诗》亦作"慎德"。《仪礼·士冠礼》："敬尔威仪，淑慎尔德。"《周礼·地官·司徒》："十有一曰以贤制爵，则民慎德。"《礼记·大学》："是故君子先慎乎德。"《国语·周语下》："慎德之守也。"又《晋语五》："夫敬德之属也……"知"慎"犹"敬"也。《墨子·非命下》："不慎厥德，天命焉葆？"从经传诸子的论述可知，无论对君侯还是对民众，"慎德"都是人生修养的一种基本要求，故先贤于此告诫谆谆。

四

宋代薛尚功《历代钟鼎彝器款识》、王俅《啸堂集古录》著录了一件所谓"夏带钩"，有铭凡33字，鸟书，经李零先生考释，已基本晓畅可读，知为战国时期的带钩。铭辞本隐晦艰深，李先生一旦凿破浑沌，殊堪叹服。钩首四字，李先生释"勿可悊冬"，指出："物，犹言此物。悊，即悊(古哲字)，古玺文悊多作悊，这里读为折。冬，古终字，通中，如钟铭常见的'中谲夒膓'即应读为'终翰且扬'。……'物可折中'，是用钩可系带来比喻

① 陈初生：《金文常用字典》，陕西人民出版社1987年版，第99页。
② 方濬益：《缀遗斋彝器款识考释》卷8，第19页。

折中之德。"①

根据前文对古玺"悊"字的讨论，我们认为这件带钩钩首四字当读作"物可悊终"，指带钩可使人敬终若始、善始善终。这也是一种借喻手法，因带钩能钩联首尾、贯通终始，故使人有循环往复、终始如一的联想。铭末有"允"字，李先生认为："古人说'允执厥中'，'允'与'折中'是意义关联的词，正好与铭文第一句呼应。"其实，把"悊冬"读为"悊终"，意指敬终（或慎终）若始，同样与"允"字义相吻合。

古文字资料中有关"慎终""悊终"的思想，在传世文献中也多有论述。例如《礼记·表记》："子曰：事君慎始而敬终。"又《文王世子》："古之君子，举大事必慎其终始。"又《祭义》："父母既没，慎行其身，不遗父母恶名，可谓能终矣。"又："父母既没，必求仁者之粟以祀之，此之谓礼终。"又："是故古之人有言曰：善终者如始。"

上述材料表明，儒家的敬终思想远有来自，故称举时总冠以"古之君子""古之人"等字眼。《易·谦卦》："谦，亨。君子有终。"又《九三》："劳谦。君子有终，吉。"《左传》襄公二十五年："《书》曰：慎始而敬终，终以不困。"杜预注："逸《书》。"又"子产曰：政如农功，日夜思之，思其始而成其终，朝夕而行之，行无越思，如农之有畔，其过鲜矣"。从《左传》引逸《书》及《易》之卦辞、爻辞看来，至少西周时代就有对敬终思想的明确表述。何以要敬终？《荀子·议兵》："虑必先事而申之以敬，慎终如始，终始如一，夫是之谓大吉。"《说苑·敬慎》说："官怠于宦成，病加于少愈，祸生于懈惰，孝衰于妻子。察此四者，慎终如始。《诗》曰：靡不有初，鲜克有终。"又："慎终如始，乃能长久。"刘向援引《诗·大雅·抑》为证，结合社会生活中"官怠""病加""祸生""孝衰"四种现象，足以揭示敬终思想的必要性。而且儒家的敬终思想与其"孝"的理论是相一致的，《论语·学而》："曾子曰：慎终追远，民德归厚矣。"何晏《集解》："孔曰：慎终者，丧尽其哀；追远者，祭尽其敬。君能行此二者，民化其德，皆归于厚也。"邢昺疏："终谓父母之丧也。"曾子为孔门弟子以孝著称者，故其所谓慎终也是对"孝"的一种阐释。《荀子·礼论》："使生死终始若一，一足以为人愿，是先王之道、忠臣孝子之极也。"当然，儒家也有慎始思想，且常与敬终相提并论，《逸周书·程典解》："于安思危，于始思终。"《礼记·经解》："《易》曰：君子慎始。差以豪（毫）厘，缪（谬）以千里。"这多少可以说明慎始的原因。

早期儒家与道家的思想、学说有不少共同点，学术界已有共识。现在看来，敬终思想

---

① 李零：《战国鸟书箴铭带钩考释》，《古文字研究》第 8 辑，中华书局 1983 年版，第 59～62 页。又收入《李零自选集》，广西师范大学出版社 1998 年版，第 273～277 页。

也是儒道所共有的。儒家观点已见前文，道家的论述如：郭店简《老子》甲简 11："临事之纪，誓(慎)冬(终)女(如)忓(始)，此亡(无)败事矣。"又《老子》丙简 12："斳(慎)终若訋(始)，则无败事喜(矣)。人之败也，亘(恒)于其叙(且)成也败之。"道家看到社会现实中功败垂成的大量事例，故提出敬终思想。这与儒家的观点基本相同。

　　附记：小文《旧释"折"及从"折"之字平议》原刊于《古文字研究》第 22 辑(中华书局 2000 年版)，后来收入拙撰《愈愚斋磨牙集——古文字与汉语史研究丛稿》一书。其中错误不少，如释古玺文和带钩铭中的"恕"字等。陈剑先生有论文《说慎》，原刊于《简帛研究二〇〇一》(广西师范大学出版社 2001 年版)，又收录于所著《甲骨金文考释论集》(线装书局 2007 年版)，对金文和楚文字中的"慎"字及相关问题都有精到的考释，读者自可参看。

　　与"慎"关系密切的"忻"字迄今似仅见于楚系文字，徐在国、程燕、张振谦《战国文字字形表》在引录《中国钱币》1994 年第 3 期"忻"字和《货系》4179 号"忻"字之后说："或读'十'。"(上海古籍出版社 2017 年版，第 1932 页)读"十"之说不可从。

　　李学勤先生曾引及小文，说："'忻'字有时可通读为'慎'，这里仍'用同"釿"'，学者已曾说明。"(《长布、连布的文字和国别》，《通向文明之路》，商务印书馆 2010 年版，第 201 页)

　　吴良宝先生说："'忻'字也见于楚燕尾布、连布面文中，旧多释读为'斤'、'釿'等。郭店楚简中读为'慎'的字可以写成从言、[忻]声，因此陈伟武认为楚铜贝的'忻'字也应读为'慎'。这个字待考。"(《中国东周时期金属货币研究》，社会科学文献出版社 2005 年版，第 273 页)其实，我在文中的意思是说漆箱朱书之字应释为"忻"读为"慎"(表述有点含混)，并未认为楚铜贝的"忻"字应读为"慎"，说用同"釿"也未能确证，或当如吴先生所言，待考。楚大布的"忻"读为"釿"，可能性较大。

　　适逢郭店楚简出土三十年，武汉大学简帛研究中心将选编郭店简既往研究论文集，李天虹教授来电约稿，于是欲将此文应命，只是小文电子文档荡然无存，幸得博士生毕然学棣不辞辛劳，重新录入，且校订了几处原文的错讹，其他内容保留原貌。谨对李教授和毕然君表示衷心的感谢。

2023 年 7 月 9 日

从楚简"娩"的释读谈到甲骨文的"娩妫"*
——附释古文字中的"冥"

赵平安

荆门郭店楚简《六德》有这样一段文字：

> 袒字为宗族也，为弼（朋）昏（友）亦肰（然）。① **28—29**

裴锡圭先生按语云："《礼记·大传》：'四世而缌，服之穷也。五世袒免，杀同姓也。'《仪礼·丧服》：'朋友皆在他邦，袒免，归则已。'或疑简文'袒字'之'字'为'免'之误写。"②李学勤、彭林两位先生也同意把"袒字"理解为"袒免"，并对"袒免"的含义作了专门的阐释。③

无论是从上下文义，还是从专家们的认同程度来看，把"袒字"理解为"袒免"，都是可以采信的。

问题在于，简文隶作"字"的那个字究竟是否"'免'之误写"。对此我们持否定态度。这个字本作孚，我们认为应为免的异体字。

免字楚简一般作孚（包山 172）、孚（包山 175）、孚（郭店《缁衣》24）、孚（郭店《成之

---

* 原载《简帛研究二○○一》（广西师范大学出版社 2001 年版），又载氏著《新出简帛与古文字古文献研究》（商务印书馆 2009 年版）、《文字·文献·古史——赵平安自选集》（中西书局 2017 年版），今据《文字·文献·古史——赵平安自选集》收入。

① 引自荆门市博物馆编：《郭店楚墓竹简》，文物出版社 1998 年版，第 188 页。

② 荆门市博物馆编：《郭店楚墓竹简》，文物出版社 1998 年版，第 188 页注 19。

③ 李学勤：《郭店楚简〈六德〉的文献学意义》、彭林：《〈六德〉柬释》，均收入廖名春编：《清华简帛研究》第 1 辑，清华大学思想文化研究所，2000 年，第 16~22、126~133 页。

闻之》23）等形。李零先生在《读〈楚系简帛文字编〉》一文中指出，此字"在楚简中多用为'勉'字，疑是'娩'字的古体"①。后在《郭店楚简校读记》里，② 又重申了这一看法。虽然李零先生的文章没有举出具体证据，但他参加过上博简的整理工作，见到了比我们更多的材料，所以他的观点值得引起特别的重视。③ 最近，李家浩先生循此线索，从训诂角度对孚及从孚诸字进行集中释读，结果证明李零先生说可信。现将李家浩先生的考释文字移录如下：

　　郭店楚墓竹简《缁衣》也有"孚"字（《郭店楚墓竹简》18 页 24 号），可以证明此字相当"娩"字的说法可从。郭店楚墓竹简《缁衣》23、24 号说："子曰：伥（长）民者……善（教）之旨（以）正（政），齐之旨（以）型（刑），则民又（有）孚心。"今本"孚心"作"遯心"。朱彬《礼记训纂》说，"民有遯心"即"孔子所谓'免而无耻'者也"。按朱彬所引孔子语，见于《论语·为政》："道之以政，齐之以刑，民免而无耻。"刘宝楠《论语正义》在引《缁衣》郑玄注"遯，逃也"之后说："彼言'遯'，此言'免'，义同，《广雅·释诂》：'免，脱也。'谓民思脱避于罪也。"简本《缁衣》的"孚（娩）"，当从《论语》读为"免"。考释［九］（作者按：指九店 621 号墓竹简考释［九］）曾提到望山 1 号楚墓竹简和天星观楚墓竹简有"孚"字的异体"孨"和从"孚"之字。望山 1 号楚墓竹简 37 号说："☐旨（以）不能飤（食），旨（以）心孚。""心孚"之"孚"或作"惡"（38 号）等，天星观楚墓竹简或作"瘴"等。"惡""瘴"当是同一个字的不同写法，因其是一种心病，故字或从"心"，或从"疒"。疑"惡""瘴"都是"悗"字的异体，"孚"是"悗"字的假借。《黄帝内经太素·调食》"黄帝曰：甘走肉，多食之，令人心悗，何也？少俞曰：甘入胃……胃柔则缓，缓则虫动，虫动则令人心悗"，杨上善注："悗，音闷。"《素问·生气通天论》王冰注："甘多食之，令人心闷。"据杨上善、王冰注，"悗"通"闷"。包山楚墓遣册 259 号也有一个从"孚"的字，作"䪍"，信阳楚墓遣册 2-028 号省写作"䪍"。"䪍"从"韦"从"孚"声。"韦"是熟革，所以"韦""革"作为合体字的形旁可以通用。《说文》革部"鞾"字的重文作"䪍"，即其例。疑"䪍"是"鞔"字的异体。包山楚墓遣册说：

　　① 李零：《读〈楚系简帛文字编〉》，《出土文献研究》第 5 辑，科学出版社 1999 年版，第 146 页。

　　② 李零：《郭店楚简校读记》，收入《道家文化研究》第 17 辑"郭店楚简专号"，生活·读书·新知三联书店 1999 年版，第 486 页。

　　③ 最近李零先生在《参加"新出简帛国际学术研讨会"的几点感想》一文中，谈到上博简没有发表，他当然不便拿出证据。实际肯定了上博简中有释孚为娩的证据。见简帛研究网，2000 年 11 月 16 日。

"一鱼皱(皮)之缕(屦)、一韏轹(鞹)、二缇(鞮)屡(屦)，皆缲纯。"此记的是随葬的鞋子。"韏"字不见于字书，可能是一种皮革的名字。《吕氏春秋·召类》"南家，工人也，为鞄者也"，高诱注："鞄，屦也。"信阳楚墓遣册说："一两轹(鞹)缕(屦)。"此记的也是随葬的鞋子。《盐铁论·散不足》："及其后，则綦下不借，鞮鞻革舄。"此以"鞮鞻"与"革舄"并列。简文"鞹屦"之"鞹"，与此"鞮鞻"之"鞮"用法相同。据这些"孚"字的异体和从"孚"之字的释读情况，似乎也可以证明"孚"相当"娩"字的说法可从。①

文中谈到包山楚墓遣册简 259 的"轹"和信阳楚简遣册 2-028 的"轹"是一对异体字，甚确。它们右边分别作 孚、孚，可以证明《六德》中的 孚 也就是孚。系娩的古字，简文用为免。

曾侯乙墓竹简有一个写作 孚 形的字，凡两见(28 号、129 号)，都用为人名。过去我们不认识，现在看来，也应释为娩。天星观楚简的瘗，一作 瘗，一作 瘗，后者所从和曾侯乙墓遣册上的字极为相似，可以证明。至于二者之间的形体演变关系，请参看下文。

孚的形体非常奇特，过去有学者认为从子，丌声，② 现在看来是不对的。它实际是一个表意字，可以从甲骨文中找到形体渊源。

甲骨卜辞有一个作 、 (《甲骨文编》附录上二九)等形的字，经常和妙字连用，郭老曾详加考释：

　　此二字旧释为夅奴，字形既异，义亦难通。细审此二字， 当为动词，上举 放(作者按：即妙)第六例"帚孜不其 "(《续》4.29.2)可证。而放当是形容 之状词，第一例之"帚妆 允放"(《续》4.25.1、《燕大》184)及第十二例"帚敆 不其放"(《后》下·34·4)可证。又此二字恒专系于帚某之下，此外无所见。放字有左列二例稍异，"□辰王卜在兮[贞]：娥 放？[王]曰，曰吉。在三月。"(《前》2·11·3)"乙亥卜自贞：王曰，屮 放？ 曰放。"(《佚》586)第一例乃帝乙时所卜，娥下一文左旁

---

① 湖北省文物考古研究所、北京大学中文系编：《九店楚简》，中华书局 2000 年版，第 146~147 页。

② 湖北省文物考古研究所、北京大学中文系编《望山楚简》(中华书局 1995 年版)第 89~90 页注 20 以为从丌从子或字，释为赅。

从毓右旁从止衣又，当是毓之繁文。象女人产子持襁褓以待之。第二例当在帝乙之前，武丁之后。⚇即身之繁文，象人怀娠(作者按：此实为孕字)之形。放字系于毓与身之下而加以贞问，必系吉祥之意。前例答曰吉，后例答曰放，是放亦犹吉矣。准此则放当是娶之省，读为嘉(作者按：李学勤先生告诉我，从上下文义看，这里的放应理解为男)。放字系于⚇下既与系于毓下身下之例相同，而⚇又专为女子所有事，则⚇盖㛥(作者按：即娩字)之古文，从向从𦥑(攀)，𦥑亦声也。①

唐兰先生认为此字应隶作冥，卜辞借为娩：

> 卜辞习见⚇妫……郭沫若释⚇妫(娶)而读为㛥嘉，为卜辞研究中一重要之贡献。惟以⚇为从向从𦥑，𦥑亦声，则殊勉强。余谓⚇即冥字，冥之本义当如幎，像两手以巾覆物之形，《说文》作⚇，其形既误，遂谓："从日从六一声。日数十。十六日而月始亏，幽也。"穿凿可笑。卜辞⚇字当释娱(作者按：此释有误。实为冥、女两字，分属两行。因原片残缺，加之两行间距很小，遂牵合为一字。参见姚孝遂《〈殷虚卜辞综类〉简评》，《古文字研究》第 3 辑)，冥或娱之用为动词者，并段为㛥"生子免身也"。余前作《卜辞文学》一文中释⚇为冥(《清华学报》)，而未详其说，今故补之。②

实际上，郭老后来也持这种看法，他在《殷契萃编》中即把⚇直接隶作冥。③

李瑾先生也把这个字隶作冥，但他认为冥是当产子讲的象形字。夏渌先生则更进一步，把它直接释为"娩"的象形表意字：

> ⚇，上从"入"(腿)即产妇(母体)的下肢，口(丁、顶的象形字)代表顺产婴儿头先降生，𦥑为助产保姆接生的双手，实是一幅"分娩"的简笔写实画，形义结合音义考

---

① 郭沫若：《骨臼刻辞之一考察》，收入《古代铭刻汇考续编》，文求堂书店 1993 年版，第 5 页下~7 页下。
② 唐兰：《天壤阁甲骨文存考释》，辅仁大学 1939 年版，第 60 页。
③ 郭沫若：《殷契萃编》，中国科学院考古研究所 1965 年版。

虑，当是娩子的"娩"的象形表意字。①

我们认为夏先生的说法是可取的，它实际上就是楚文字中孛的初形。两者之间的演变可如图 1 所示：

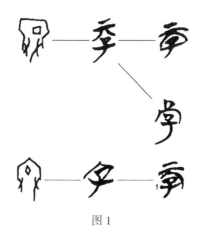

图 1

字头部分增加了一横或两横，② 行笔时横画内收，③ 讹变为 ∏ 或 ∏。字中部的变化，可以从"宀"系字中寻得轨迹。④ 字下两手省去一只，⑤ 与 ◇ 形粘连。粘连过程，可与槫作 (《楚文字编》356 页)、羼作 (《睡虎地秦简文字编》第 58 页)参照。

弄清了孛的来源，可以说，从另一个角度证明了孛是娩的古字，也证明了夏渌先生把 释为娩的象形表意字的说法可信。

---

① 夏渌：《评康殷文字学》，武汉大学出版社 1991 年版，第 23 页。

② 加一横者，请参见滕壬生：《楚系简帛文字编》天、下、正、帀、而、不等字，湖北教育出版社 1995 年版，第 15～16、19～20、130～132、503～505、739～740、829～835 页；加两横者，参见容庚编著，张振林、马国权摹补：《金文编》录字，中华书局 1985 年版，第 498～499 页。

③ 如楚帛书中的天、下、而等字，参见曾宪通：《长沙楚帛书文字编》，中华书局 1993 年版，第 6、10～11、29 页。

④ 参见容庚编著，张振林、马国权摹补：《金文编》宝、宾、客、宄诸字，中华书局 1985 年版，第 516～525、529～530、532 页。

⑤ 参见容庚编著，张振林、马国权摹补：《金文编》对、择，中华书局 1985 年版，第 155～159 页；滕壬生：《楚系简帛文字编》党、箅等字，湖北教育出版社 1995 年版，第 205～206、362 页。

古文字的孚和免是来源完全不同的两个字。免从甲骨文一直传承至今，早期一般作 🐇，隶作兔，是冤的本字。由于免和孚上古声韵相同，时相通假，所以后世为孚造形声字时，便利用免作为声符。而当孚的形声字出现以后，它自己也就逐渐退出历史舞台了。

最后，我们想附带讨论一下古文字中的冥字。我们既然否定了甲骨文 🔱 为冥，就有必要对冥作出相应的解释。

现在能确认的冥字时代最早者不超过战国，如诅楚文、《汗简》、《古文四声韵》之类，系经多次翻刻或辗转传抄，异体众多，实难抉择。因此，我们想以马王堆汉墓帛书《五十二病方》为探讨的出发点，这份写卷多次出现冥和从冥的字。其中有两个字迹比较清晰的作 冥（119行）、冥（129行），文例为"冥瓮以布四……"和"冥以布"，整理小组把它们隶作冥，理解为幂的通假字，[①] 是完全正确的。《五十二病方》抄写年代"大略在秦汉之际"[②]，字体近篆，多有古意，我们有理由相信这种写法的冥字较多地体现了早期的某些特点。后世从"宀"可能是从"网"省简而来的。如果这种推断可以成立，那么包山楚简的 🔲 也应释为冥。

包山简的这个字见于下列简文：

饮室之饮：修一簌、胥（脯）一簌、鲍酢一砠、🔲一砠、芫虡二砠、萬虡一砠、茜蔗之虡一砠、🔲某一砠、🔲肉酢一畀、箕酢一畀、鲍🔲一畀、醢一畀、🔲🔲、🔲（涓㫒）一畀、青绘之🔲四□糗、四笲饮、箕鱼一簌。255—256

整理小组原注："畀，简文作 🔲，与弅字古文 🔲 形近，弅借作篮。《说文》：'篮，大篝也。'"[③]何琳仪："🔲，从网，具声。包山简算，读暴。《说文》：'暴，举食者。从木，具声。'"[④]战国简多次出现弅字（参看《郭店楚简文字编》第45页），字上部与此有异，知此

---

① 马王堆汉墓帛书整理小组编：《马王堆汉墓帛书·五十二病方》，文物出版社1979年版，第50～51页。

② 见马王堆汉墓帛书整理小组编：《马王堆汉墓帛书·五十二病方》，文物出版社1979年版，"出版说明"第1～3页。

③ 湖北省荆沙铁路考古队：《包山楚简》，文物出版社1991年版，第60页注513。

④ 何琳仪：《战国古文字典——战国文字声系》，中华书局1998年版，第419页。

不当释舁。又望山楚简有具字(参看李守奎《楚文字编》第 122 页),也与此字所从不同,知此字亦不当隶作貫,释为暴。这个字上半部"网""日"与《五十二病方》冥所从相同,下部"㠱"与《汗简》古文冥(参看黄锡全《汗简注释》第 277 页)所从相同,应释为冥。假借为皿。古代冥声字与皿可通用,如《孟子·滕文公下》:"牲杀器皿,衣服不备,不敢以祭。"赵岐注:"皿,所以覆器者也。"朱骏声曰:"注'皿,所以覆器者也',则谓借为幎。幎、皿双声,疑赵所见别本有作幎者,故为此注。"① 皿之为器,有实物流传。战国时代的宁皿,自名称皿,其形见图 2。

图 2　宁皿(战国)

据考,这类器物商代已经流行(过去误为"瓶"),② 战国一直沿用,源远而流长。《说文·皿部》:"皿,饮食之用器也。"简文的皿用以盛鱼、肉制品,与《说文》的解释一致。因此把算隶作冥,读为皿,可谓圆通无碍。

附记:本文曾交香港大学中文系主办的"廿一世纪中国学术研究前瞻国际研讨会",并在会上宣读。会后将此文分赠同好,在一次聊天中,知陈剑同志也曾怀疑楚简中的㝀和甲骨文冥可能是同一个字。陈剑同志的意见没有形成文字,故附记于此,供大家参考。

---

① 朱骏声:《说文通训定声》,武汉市古籍书店 1983 年版,第 921 页。

② 裘锡圭:《释殷虚卜辞中的"𥃩""𥂖"等字》,收入常宗豪、张光裕等编:《第二届国际中国古文字学研讨会论文集》,香港中文大学,1993 年,第 73~94 页。

说郭店楚简中的"肆"*

沈　培

一、郭店楚简《五行》中的"肆"

郭店楚简《五行》篇简 21 和简 34 有下面几句话，整理者分别读为：①

> 不惠(直)不遝，不遝不果。**21**
> 惠(直)而述(遂)之，遝也。遝而不畏嬰(强)语(御)，果也。**34**

原释文在简 21 第一句下注"帛书本此句作'不直不迣'"，又在简 34 号"遝也"下注："前文有'不直不遝(帛书本作迣)'，可与本句相对照。"这些注解既说明了简文前后这几句话的联系，又指出"遝"字跟帛书本"迣"相当，对理解这些简文很有帮助。但是，这几句话到底是什么意思，原释文并没有说明清楚。要解决这样的问题，必须仔细研究帛书本。

帛书本《五行》除了有所谓的"经"文，还有解释性的文字即所谓"说"，对于了解这几句话的意思很有作用，我们把相关的内容抄写在下面：②

---

　*　原载《语言》第 2 辑(首都师范大学出版社 2001 年版)，今据作者修订稿收入。

　①　本文所引郭店楚简释文，如无特别说明，皆引自《郭店楚墓竹简》一书(文物出版社 1998 年版)。
　②　以下释文基本据国家文物局古文献研究室编《马王堆汉墓帛书[壹]》(文物出版社 1980 年版)，并参考了庞朴《帛书五行篇研究》(齐鲁书社 1980 年版)中的释文。

【经】：［不直不迣，不迣］不果，不果不简，不简不行，不行不义。

【说】：不直不迣。直也者，直其中心也，义气也。直而笱（后）能迣。迣〈义〉（也）者，终之者也；弗受于众人，受之孟贲，未迣也。

不迣不果。果也者，言其弗畏也，无介于心，□也。

【经】：中心辩焉而正行之，直也。直而遂［之，迣也。］□□□也□□不畏强圉（御），果也。而〈不〉以小道害大道，简也。有大罪而大诛之，行也。贵贵，其等［尊］贤，义。

【说】：中心辩（辨）焉而正行之，直也。有天下美饮食于此，许（吁）差（嗟）而予之，中心弗迷也，直。许（吁）差（嗟）而不□□□许（吁）差（嗟）正行之，直也。

直而遂之，迣也。迣者遂直者也。直者唯贵□□□□□□□□□迣也。

□□□□弗畏强御，果也。强御者，勇力者，胃□□□□□□□□□之以□□□无介于心，果也。

虽然帛书本解说比较多，但这些话到底是什么意思，还是不容易说清楚。这涉及其中关键字"迣"的理解。现在大家所用的两种《马王堆汉墓帛书［壹］》对"迣"的解释是不一样的。1974 年版的《马王堆汉墓帛书［壹］》注释说："迣，度、超逾。"①1980 年版的《马王堆汉墓帛书［壹］》则修正了前一说法：②

    迣，疑读为肆。《老子·德经》："直而不肆"，帛书甲本作"直而不绁"。《礼记·乐记》："肆直而慈爱。"

《老子》的"直而不绁"相当于今本的"直而不肆"，"绁"读为"肆"当无疑问。帛书《五行》的"迣"也从"世"声，把它读为"肆"应当也有道理。③ 但是各家对此反应并不一致。有

---

① 见《马王堆汉墓帛书》整理小组编：《马王堆汉墓帛书［壹］》，文物出版社 1974 年版，第 9 页注 24。
② 国家文物局古文献研究室编：《马王堆汉墓帛书［壹］》，文物出版社 1980 年版，第 26 页。
③ 《睡虎地秦墓竹简·为吏之道》有"吏有五失：一曰夸以迣，二曰贵以大（泰）"，睡虎地秦墓竹简整理小组《睡虎地秦墓竹简》第 284 页说："迣，《汉书·礼乐志》注引孟康云：'超踰也。'夸以迣，奢侈超过限度。"（文物出版社 1978 年版）又，1990 年 9 月版《睡虎地秦墓竹简》基本相同（文物出版社，第 169 页）。其实不如把"迣"解释为"肆"，"夸以迣"指"夸大而放肆"（补按：参看刘云《〈为吏之道〉与〈为吏治官及黔首〉对读札记》，http://www.fdgwz.org.cn/Web/Show/1470，2011 年 4 月 15 日。刘文认为"夸"当解释为奢侈，"肆"当解释为放纵）。

人仍然没有把"迣"跟"肆"联系起来。魏启鹏先生《德行校释》和《简帛〈五行〉笺释》都说："迣读为继，系也。《广雅·释诂二》：'继，系也。'"①刘信芳先生《简帛〈五行〉解诂》则把"迣"读为"跇"，他认为："《说文》：'跇，述也。'段注谓'述'为'迣'字之误，今据简本《五行》释'述'为迣，知铉本《说文》不误也。《史记·乐书》'骋容与兮跇万里'，《汉书·礼乐志》作'体容与，迣万里'。如淳《注》：'迣，超踰也。'《广雅·释诂二》：'迣，遮也。'有所遮拦，踰而行之，是为迣也。有如'泄'谓水遇阻拦，泄而行之也。所谓'直而述之，迣也'，直道而循之，不避阻拦，此谓迣也。"②有人则注意到"继"读为"肆"的意见。例如庞朴先生原来认为"迣也者，终之者也。迣无终义，疑假为泄"③，后来他在《竹帛〈五行〉篇校注及研究》中则引用了 1980 年版《马王堆汉墓帛书[壹]》注释的意见，④ 虽然没有进一步发表自己的看法，但这说明他同意这种意见，放弃了自己原来的看法。李零先生曾写有《郭店楚简校读记》一文，他在《五行》篇释文中，直接把"迣"写作"肆"，并在注释中说：

> "肆"，释文作"迣"，马王堆帛书《五行》对应的字是从辵从世，疑读为"肆"（"肆"是心母质部字，"世"是书母月部字，读音相近）。⑤

大概囿于文章的体例，李先生并没有解释为什么"迣"可以读为"肆"，只说明了"迣"读为"肆"的语音上的根据，这是对帛书整理者的意见的一个补充。需要特别说明的是，他所提出的语音上的根据应当是可靠的。为了避免有人还会提出疑问，我们这里简单补充说明一下。"肆""迣"二字，就声母来看，分属齿头、舌上音心母和书母，确实比较接近。"世"本是书母字，但从"世"声的"继""泄"等字就是心母字。从韵部看，上古时代月部字和质部字关系密切。对于同样一批字，古音学家有的归入质部，有的归入月部，各自都有一定的道理，例如大家对从"彗"声的字的处理就是这样。按照王力先生的分部，质部字和

---

① 见魏启鹏：《德行校释》，巴蜀书社 1991 年版，第 35 页；《简帛〈五行〉笺释》，台湾万卷楼图书公司 2000 年版，第 92 页。

② 刘信芳：《简帛〈五行〉解诂》，台湾艺文印书馆 2000 年版，第 110 页。

③ 见庞朴：《帛书五行篇研究》，齐鲁书社 1980 年版，第 37 页。

④ 庞朴：《简帛〈五行〉篇校注及研究》，台湾万卷楼图书公司 2000 年版，第 47 页。以上魏、刘、庞三位先生在台湾出版的书，皆劳李宗焜先生代为查找，十分感谢。

⑤ 见《道家文化研究》第 17 辑"郭店楚简专号"，生活·读书·新知三联书店 1999 年版，第 491 页。

月部字相通的情况也屡见不鲜。① 因此，把"遬"读为"肆"在语音上是没有问题的。

郭沂先生的近著《郭店竹简与先秦学术思想》有《《五行》考释"一节，他也采用了"肆"的读法，并对"肆"的含义作了说明，这是前述各家所没有的。他说：

> "肆"，极其放纵之意。《论语·阳货》"古之狂也肆"集解引苞（引者按：当为"包"之误，指包咸）注："肆者，极意敢言之也。"

他把"不直不肆"解释为"不直爽则不恣意"。②

综观以上各家说法，帛书本《老子》"遬"读为"肆"有充分的道理，简本"遬"跟帛书本"遬"对应，读为"肆"当然是一种很合理的推测。郭店简整理者对于"遬"字的隶定也不容忽视，如果这种隶定正确，其声旁显然是"希"，而"希"与"肆"读音也很近（详后文）。这就更增加了"遬"读为"肆"的可能性（关于"遬"的字形的来源，我们另文讨论）。郭沂先生对"肆"字意思的理解其实也是正确的，但是如果不弄清《五行》篇中"直""肆""果"的关系，不对"肆"字的用法作出比较清楚的说明，把"肆"解释成"极其放纵"或"恣意"，就难免让人生疑。因此，我们下面就把上引几句简文作一个简单的疏解，重点说明一下"肆"的用法。

《老子》"直而不肆"、简帛《五行》篇的"不直不肆"都是"直"与"肆"并举。一般把"直"解释为"直率""直爽"，把"肆"解释为"放肆""放纵"或"恣意"。上述帛书整理者还引用了《礼记·乐记》"肆直而慈爱"一句，这里的"肆"是什么意思呢？根据阮元《校勘记》，《史记集解》在这句话下面曾引郑《注》"肆，正也"，但今本《礼记》的这条郑《注》已经脱去。从"肆，正也"的解释来看，似乎郑《注》是把"肆直"当作"正直"来理解的。那么，"直而不肆"这句话里的"肆"到底是取"正"义还是取"直"义呢？

简帛《五行》中的"不直不肆"应当理解为"不直则不肆"的意思，后面"不肆不果"也是

---

① 关于古音学家在质部和月部归字上的异同，参看陈复华、何九盈：《古韵通晓》，中国社会科学出版社1987年版，第355~356页。反映古音月部和质部相通情况的，参看王力《同源字典》（商务印书馆1982年版），其中收有很多质部字与月部字为同源词的例子，如第412页的"髻"与"纷"、第449页的"翳"与"荟"、第471页的"莫"和"苅"、第472页的"质"和"贽"、第477页的"遏"和"抑"、第492页的"颲"和"飀"、第498页的"蔽"和"祓"。古文字材料中"质""月"相通的例子，参看王辉《古文字通假释例》（艺文印书馆1993年版）第696~697页"兑"、第699页"桌"、第705页"夥"、第715页"杋"、第724页"擦"、第737页"惠"、第755页"挚"、第761页"敚"，等等。其他学者的论文中指出的例子很多，这里不再列举。

② 以上郭说皆见其书《郭店竹简与先秦学术思想》，上海教育出版社2001年版，第175页。

"不肆则不果"的意思。直、肆、果三者是递进的关系，即有了"直"才会"肆"，有了"肆"才会"果"。

古书中"肆"有"直"的意思：

> 《易·系辞下》："其旨远，其辞文，其言曲而中，其事肆而隐。"韩康伯注："事显而理微也。"李鼎祚《周易集解》引虞翻说："肆，直也。"

从这里似乎可以得出"肆"与"直"义近的结论。但是，从简帛《五行》可以看出，"肆"显然比"直"在程度上更进一步，二者意义并不完全相等。《老子》的"直而不肆"也说明"肆"比"直"更进一步，它要求人们"直"，而不要到"肆"的地步，讲究的是自然本色，这跟此句前后"方而不割，廉而不刿（帛书作'刺'），光而不眺（耀）"的论调是一致的，都是说要保留本色、不可过分。因此，古书中"肆"作"直"解，应当属于"散言则通，对言则别"的前一种情况。

"肆"比"直"更进一步，也就是"对言则别"的"肆"，其实就是"放"的意思。"放"义的"肆"经常针对抽象的事物，即人的精神、思想、道德而言，例如：

> 晏平仲问养生于管夷吾。管夷吾曰："肆之而已，勿壅勿阏。"（《列子·杨朱》）
>
> 古之狂也肆，今之狂也荡。（《论语·阳货》）
>
> 诗曰："恺悌君子，民之父母。"君子为民父母何如？曰："君子者，貌恭而行肆，身俭而施博，故不肖者不能逮也。"（《韩诗外传》卷六）
>
> 孔子生于乱世，莫之能容也。故言行于君，泽加于民，然后仕。言不行于君，泽不加于民，则处。孔子怀天覆之心，挟仁圣之德，悯时俗之污泥，伤纪纲之废坏，服重历远，周流应聘，乃侯幸施道以子百姓，而当世诸侯莫能任用，是以德积而不肆，大道屈而不伸，海内不蒙其化，群生不被其恩，故喟然叹曰："而有用我者，则吾其为东周乎！"（《说苑·至公》）
>
> 吾闻之：君子不以安肆志，不为危易行。今吾从子，是安则肆志，危则易行也。（《新序·节士》）

一般把"肆"说成"放肆"，带有贬义，其实古代的"肆"本身并不一定含有贬义。上面几例中的"肆"显然就没有贬义。古代的"肆"什么时候表贬义，什么时候表褒义，要看用在什么场合。《左传》中的"肆"，杜《注》大多注为"放也"，大部分场合用为贬义，但也有用于非贬义的。前者如《左传》襄公十四年的"天之爱民甚矣，岂其使一人肆于民上"、襄公二十三年的"君子谓庆氏不义不可肆也"、昭公二十年的"内宠之妾肆夺于市"、昭公二十六年的"思肆其罔极"、昭公三十一年的"此二物者所以惩肆而去贪也"，杜预《注》都用"放也"来解释其中的"肆"。这些"肆"都用于说话人所不赞成的对象上面，所以可以说带有贬义。但是昭公三十二年有"伯父若肆大惠，复二文之业，弛周室之忧"，这里的"肆"就不能说有贬义了，杜《注》用"展放也"来解释它，似乎有意把这种"肆"跟那些表贬义的"肆"区别开来。其实二者本无不同。可以说，我们现在所说的"放任""放纵""放肆""放大""放得开"等义，在古代都可以用"肆"来表示，其基本义是"放"，后来才分化为用不同的词来表示。

"肆意"一词所表示的意义，本来也是"肆"可以表示的；在用"肆意"一词表示时，本也可以用于不带贬义的场合，这一点跟后代常施诸贬义不同。《马王堆汉墓帛书[叁]》的《战国纵横家书释文》"二十四公仲俪谓韩王章"：①

　　秦韩战于蜀潢，韩是（氏）急。……楚之〈王〉若（诺）。……使之韩，胃（谓）韩王曰："不穀唯（虽）小，已悉起之矣。愿大国肆（肆）意于秦，不穀将以楚佳〈隹〉韩。"［韩王］说（悦），止公中（仲）之行。（此章今本《战国策》韩一"秦韩战于浊泽章"作：楚王大说，乃儌四境之内选师，言救韩，发信臣，多其车，重其币，谓韩王曰："弊邑虽小，已悉起之矣。愿大国遂肆意于秦，弊邑将以楚殉韩。"）

后代所熟知的"肆行"一词也是可以用于非贬义的场合：

　　右衽拂于不周兮，六合不足以肆行。（《楚辞·哀时命》）

王逸《注》说："六合，谓天地四方也。言己西行则右衽拂于不周之山，以六合为小，不足肆行，言道德盛大无所不包也。"

因此，简帛《五行》中的"肆"当解释成"放"，在此不含贬义，这并不奇怪。从简文前

---

① 《马王堆汉墓帛书》整理小组编：《马王堆汉墓帛书[叁]》，文物出版社1978年版，第75页。

后看，这种"肆"是儒家所鼓励的。这一点跟《老子》不同，《老子》要人们做到的是"直而不肆"。大概"直"近于自然发出，"肆"需有意乃能做到，因此《老子》不赞成这种不自然的"肆"（参看下文对"遂"的解释）。

了解了"肆"的这种含义，我们对于简21的"不直不肆，不肆不果"就有了更明确的认识。"直"显然也是"率直"的"直"，而不是"正直"的"直"。我们认为《礼记·乐记》郑《注》把"肆直"的"肆"解释成"正"是不对的。因为"散言则通"，"肆"可以解释成"直"，而古书中的"直"多为"正直"之"直"，所以郑《注》误以为此"直"为"正"了。这说明，至少在东汉时候，"肆"的"直""放"的意义对于当时人已经比较陌生了。

"肆"比"直"更进一步，怎么才能由"直"而"肆"呢？简34简直就是这个问题的答案：悳（直）而述（遂）之，遑（肆）也。

帛书本与之相应的话作"直而遂之，迣也"，因此原释文把简文"述"读为"遂"是正确的，古文字材料中"述"读为"遂"的例子很多，不必列举。"遂"又是什么意思呢？魏启鹏《德行校释》注释说："遂，成也。《礼记·月令》：'百事乃遂。'《注》：'遂，成也。'"（第43页）这是很正确的。帛书的前文说"迣之者终之者也"，魏书注："终，成也。《国语·周语下》：'纯明则终。'《注》：'终，成也。'"（第35页）两处正好前后对应。因此，简34说的是"直而成之"就会"肆"。① 帛书"说"中有"迣者遂直者也"，古书中有"直遂"一词，可以跟"遂直"对比：

> （经）夏，五月甲午，遂灭傅阳。（传）遂，直遂也；其曰遂，何？不以中国从夷狄也。（《穀梁传》襄公十年）

简文21"不肆不果"意味着"肆则果"，为什么"肆则果"呢？简34的后半句就是回答："遂而不畏彊（强）语（御），果也。"就是说"肆"则"不畏强御"，这样就"果"了。"强御"一词，古书常见。王引之曾引王念孙说，对它有很好的解释，我们把它抄写在下面：

> 《荡篇》："曾是彊御。"《毛传》曰："彊御，彊梁御善也。"《正义》曰："御善者，见善事而抗御之。"家大人曰：御，亦彊也。"曾是彊御、曾是掊克"，"彊御"与"掊

---

① 朱熹《论语集注》在解释《阳货》"古之愚也直"的"直"时说："直，谓径行自遂。"可以跟简文"直而遂之，肆也"对照。

克"相对。"不侮矜寡、不畏彊御","彊御"与"矜寡"相对，皆二字平列，其义相同。《史记·周本纪·集解》引《牧誓》郑《注》曰："彊御谓彊暴也。"字或作"彊围"。(《汉书·王莽传》曰："不畏彊围。")又作"强围"。《楚辞·离骚》："浇身被服强围兮。"王逸《注》曰："强围，多力也。"《淮南·天文篇》："已在丁曰强围。"高诱《注》曰："在丁，言万物刚盛，故曰强围也。"《逸周书·谥法篇》曰："威德刚武曰围。"《春秋繁露·必仁且知篇》曰："其强足以覆过，其御足以犯诈。"是"御"与"彊"同义。下文曰："彊御多怼。"昭元年《左传》曰："彊御已甚。"十二年《传》曰："吾军帅彊御。"皆二字同义，非彊梁御善之谓也。①

王氏纠正了《毛传》和《正义》对"彊御"的误解，非常正确。上面提到《礼记·乐记》"肆直而慈爱"，按照一般的意见，其后应接"宜歌商"一句，全句作"肆直而慈爱者宜歌商"，此句后面说的是"……明乎商之音者，临事而屡断……临事而屡断，勇也"，这也是由"肆"而"果"的意思，跟简文"肆而不畏强御，果也"是一样的。

简文"强御"作"强语"，还启发我们检查《说文》"競"字的解说。其文说：

> 競，彊语也。一曰逐也。从誩，从二人。

我们知道，古书中"競"一般只解释为"强"，并没有把它跟"语"联系起来，王筠《说文句读》："競，彊语也。与'竸言也'对文(引者按：《说文》'竸'从'誩'部，'誩'解释为'竸言也')，竸只是彊，而谓之语者，为其从誩也。经典竸字皆训彊，不训语。"在《说文释例》中，他也说："又按竸只是彊，说解连言'语'者，为其从誩也。"段玉裁《说文解字注》也只说"彊语谓相争"，并未把它跟"语"的意思联系在一起。现在有了简本《五行》中的"强语"，我们可以知道用来解释"競"的"强语"很可能就是"强围"的意思，倒不一定是因为"从誩"的缘故，《说文》把它放在"誩"部首下面，可以说是误会。

二、郭店楚简《语丛二》中的"肆"

有了以上的讨论作为基础，我们还可以对郭店楚简中另外一段话有比较清楚的认识。

---

① 见《经义述闻》卷七《毛诗》"曾是彊御、彊御多怼、不畏彊御"条(江苏古籍出版社 2000 年版，第 165 页)。

《语丛二》简 23—24 说：

　　子生于眚(性)，易生于子，矞生于易，容生于矞。

“裘按”对此句中的“子”和“矞”有解释：

　　“子”字当读为见于《礼记·乐记》等的“易直子(慈)谅”之“子”，故言“易生于子”。“矞”疑读为“肆”，“肆”有“大”义。

　　裘先生把“易生于子”跟《礼记·乐记》的“易直子谅”联系起来，非常正确。“子谅”之“子”读为“慈”，早有定论。《礼记集说》引朱熹说：“‘易直子谅之心’一句，从来说得无理会，却因见《韩诗外传》‘子谅’作‘慈良’字，则无可疑矣。”简文说“易生于慈”，“易”是什么意思呢？“易”当释为平易、质直。“裘按”所引《礼记·乐记》的“易直慈谅”的“易直”，孔《疏》谓“易直”为“正直”，其实不正确。
　　古书“易直”一词常见：

　　君子能则宽容易直以开道人，不能则恭敬缚绌以畏事人；小人能则倨傲僻违以骄溢人，不能则妒嫉怨诽以倾覆人。(《荀子·不苟》)
　　上宣明，则下治辨矣；上端诚，则下愿悫矣；上公正，则下易直矣。治辨则易一，愿悫则易使，易直则易知。易一则彊，易使则功，易知则明，是治之所由生也。(《荀子·正论》)

“易”“直”散言，其义也相近：

　　《周诗》曰：“王道荡荡，不偏不党，王道平平，不党不偏。其直若矢，其易若底，君子之所履，小人之所视。”(《墨子·兼爱下》，《亲士》篇有“其直如矢，其平如砥”，可以对照)

古代还有“易野”一词，易野犹朴直，例如：

文质修者，谓之君子；有质而无文，谓之易野。（《说苑·修文》）

因此，简文所谓"易生于慈"的"易"就是"易直""易野"中的"易"，其义与"直"相近。

"希生于易"的"希"，"裘按"读为"肆"也非常正确，二者语音非常近，《说文》说"希"读若"弟"，"弟"和"肆"脂质对转，声母是舌头、齿头的关系，自然很接近。① 但是，裘先生把这里的"肆"解释为"大"则不甚确切。通过上文的讨论，我们知道了"易"跟"直"义相近，《五行》中的"不直不肆"，意味着"直"则"肆"，再对比《语丛二》"希生于易"这句话，就会明白，它其实就相当于"不直不肆"。

至于最后一句"容生于希"，"容"当读为"勇"（皆余母东部字），所谓"勇生于肆"，跟《五行》篇的"肆而不畏强御"相当，"不畏强御"就是"勇"。

了解了《语丛二》这几句话，我们再来看看今本《论语》中下面几句话：

子曰："狂而不直，侗而不愿，悾悾而不信，吾不知之矣。"（《论语·泰伯》）

从"吾不知之矣"看，前面几种情况都是孔子不赞成的。"狂而不直"为孔子所不赞成，这比较容易理解，因为《论语》有"古者狂而直"，是孔子称赞的。那么"侗而不愿"是什么意思？何晏引孔晁《注》说："侗，未成器之人，宜谨愿。"此说比较难解。河北定州汉墓竹简《论语》抄本此句作"侗而不愿"。② 我们怀疑"侗而不愿"当读为"勇而不愿"。《说文》："愿，谨也。""慎，谨也。"可见"勇而不愿"就是虽勇而不谨慎，正如人们说"勇而无谋"一样。《论语》屡言"勇"而"有礼"，其义正可与此对照。

从"肆生于易，勇生于肆"的衍生关系来看，"勇"和"易"也有关系，即"易"与"直"义近，也就是说"勇"与"直"有关。"勇"和"直"都是儒家所称赞的，古书中这两个词经常在同一环境下出现，更可以帮助我们对郭店简的理解：

子曰："恭而无礼则劳，慎而无礼则葸，勇而无礼则乱，直而无礼则绞。君子笃

---

① 关于"希"的归部，参看陈复华、何九盈：《古韵通晓》，中国社会科学出版社 1987 年版，第 357~358 页。

② 参看河北省文物研究所定州汉墓竹简整理小组：《定州汉墓竹简论语》，文物出版社 1997 年版，第 40 页。

于亲，则民兴于仁；故旧不遗，则民不偷。"(《论语·泰伯》)

好仁不好学，其蔽也愚；好知不好学，其蔽也荡；好信不好学，其蔽也贼；好<u>直</u>不好学，其蔽也绞；好勇不好学，其蔽也乱；好刚不好学，其蔽也狂。(《论语·阳货》)

子贡曰："君子亦有恶乎?"子曰："有恶，恶称人之恶者，恶居下流而讪上者，恶勇而无礼者，恶果敢而窒者。"曰："赐也亦有恶乎?""恶徼以为知者，恶不孙以为<u>勇</u>者，恶讦以为<u>直</u>者。"(《论语·阳货》)

"肆"与"直"散言则义近，古书中也可以看到"肆"与"勇"的关系。王引之《经义述闻》卷一九《春秋左传》下"若为三师以肆焉"条下说：

家大人曰：作肆者本字，作肄者借字也。(肄肆古字通。《聘礼记》"为肆"，古文肆为肄。《周官·小宗伯》"肄仪"，故书肄为肆。《玉藻》："肆束及带。"肆，读为肄。)《大雅·皇矣》笺曰："肆，犯突也。《春秋传》曰：'使勇而无刚者肆之。'"按：隐九年《传》"使勇而无刚者尝寇而速去之"即所谓肆也。文十二年《传》："若使轻者肆焉，其可。"杜注曰："肆，暂往而退也。"此《传》曰："若为三师以肆焉。彼出则归，彼归则出。"义并相同。

这一段文字可以说给我们解释了在打仗这种特定场合下"肆"怎么表现才是"勇"。

三、郭店楚简《性自命出》中的"隶"

上两节我们讨论了郭店楚简中读为"肆"的遾和帠。其实，郭店简中还有另外一个字应当读为"肆"。这就是"隶"字。

郭店楚简《尊德义》和《性自命出》中都有"隶"字。前一篇中出现了三次：

故为政者，或仑之，或羕之，或由中出，或设之外，仑隶其类。30

刑不隶于君子，礼不隶于小人。31—32

这三个字形分别作：①

简31—32的"隶"，"裘按"已经指出应读为"逮"，因为有古书对照，读为"逮"是肯定无疑的。② 简30的"仓隶"，"裘按"指出"隶"有可能是"求"之误写。李零《郭店楚简校读记》则读为"论列"。③ 到底"仓隶"怎么读，这里暂不讨论。我们先来看看《性自命出》简36下面几句话：

凡学者隶其心为难，从其所为，近得之矣，不如以乐之速也。

其中的"隶"作形。这个字对理解整个句子起着关键作用，它到底是什么意思呢？

"裘按"说："'者'下一字，从字形看是'隶'字，但从文义看应是'求'字，当是抄写有误。他篇亦有'求'讹作'隶'之例。"（引者按："他篇"，指《尊德义》篇。）

以"隶"为"求"之误的说法已得到好几位学者的同意。④ 后代"求心"之说确实很常见，佛家尤其讲究"求心"，⑤ 但是这里似与此无关。有人认为郭店简这里的"求其心"可能跟《孟子·告子上》中的一段话有关：⑥

---

① 选自张守中等撰集：《郭店楚简文字编》，文物出版社2000年版，第53页。

② 廖名春《郭店楚简儒家著作考》比较早指出："刑不逮于君子，礼不逮于小人"，就是《礼记·曲礼上》的"礼不下庶人，刑不上大夫"。……贾谊《新书·阶级》作："故古者礼不及庶人，刑不至君子。""逮"就是"及""至"，《新书》此文更接近于简文（《孔子研究》1998年第3期；中国人民大学报刊复印资料《中国哲学史》1999年第1期）。

③ 李文第525页注中解释"隶"读为"列"，是因为二者"都是来母月部字"。其实"隶"非来母，而是定母（《道家文化研究》第17辑"郭店楚简专号"，生活·读书·新知三联书店1999年版）。

④ 如李零《郭店楚简校读记》、刘昕岚《郭店楚简〈性自命出〉篇笺释》[（《北京大学研究生学志》1999年第1期；《郭店楚简国际学术研讨会论文汇编》第1册，武汉大学，1999年，第227~259页；《郭店楚简国际学术研讨会论文集》（湖北人民出版社2000年版）]、郭沂《郭店简与先秦学术思想》（上海教育出版社2001年版）。

⑤ 《汉语大词典》："求心，谓玄思冥想，求悟佛理。佛教禅宗认为佛在人心，自省其心行，即可悟道成佛。"

⑥ 前引郭沂：《郭店简与先秦学术思想》，上海教育出版社2001年版，第253页。

　　孟子曰：仁，人心也；义，人路也。舍其路而弗由，放其心而不知求，哀哉。人有鸡犬放则知求之，有放心而不知求。学问之道无他，求其放心而已矣。

　　但是，《孟子》所言人有"放失之心"就要去"求"，郭店简确从未提到"放失之心"，跟《孟子》不同。况且，郭店简接着说"从其所为，近得之矣"，似乎是不要"求"，简文后面说"求其心有伪矣"，也似乎是说"求其心"是一种不好的事情。这跟《孟子》所言应当"求其心"也不同。① 另外，前人早就指出，《孟子》所言"求心"其实就是"存仁"。② 郭店简这里跟"仁"也无关，这又是二者的区别。

　　李天虹先生《郭店楚简文字杂释》认为此字不是"肆"，"字形与《尊德义》简31、《语丛一》简75'逮'之所从差别显而易见"，她把这个字释为"罙"，读作"深"，并说此简所云"深"，当承接上文23号简"厚"字而言。《荀子·乐论》："夫声乐之入人也深，其化人也速，故先王谨为之文。"可与此相参证。③

　　细看简文字形可知，李文否认原释文释"肆"其实是不对的。此字跟其他几处的"肆"字形大致相同，只不过左边象尾巴形的笔画写得较高、较短而已，张守中等人撰集的《郭店楚简文字编》（第54页）把它摹成上面那个样子，我们认为是很正确的。

　　我们看到近来几篇有关《性自命出》的研究文章，都仍然把此字释为"肆"。陈伟先生

---

　　① 刘昕岚《郭店楚简〈性自命出〉篇笺释》第 342 页解为"有志于学之人，以能求得圣贤君子内心所含具之德性为难。遵从仿效圣贤君子之言行作为，已很接近于其内心之德了"（《郭店楚简国际学术研讨会论文集》，湖北人民出版社 2000 年版）。此说似也不可取。

　　② 《朱子语类》卷五九《孟子九·告子上·仁人心也章》有一段话可以参看：蜚卿问："孟子说'求放心'，从'仁，人心也'说将来，莫是收此心便是仁，存得此心可以存此仁否？"曰："也只是存得此心，可以存此仁。若只收此心，更无动用生意，又济得甚么！所以明道又云：'自能寻向上去。'这是已得此心，方可做去；不是道只块然守得这心便了。"问："放心还当将放了底心重新收来；还只存此心，便是不放？"曰："看程先生所说，文义自是如此，意却不然。只存此心，便是不放；不是将已纵出了底依旧收将转来。如'七日来复'，终不是已往之阳，重新将来复生。旧底已自过了，这里自然生出来。这一章意思最好，须将来日用之间常常体认看。这个初无形影，忽然而存，忽然而亡。'诚无为，几善恶'，通书说此一段尤好。'诚无为'，只是常存得这个实理在这里。惟是常存得实理在这里，方始见得几，方始识得善恶。若此心放而不存，一向反复颠错了，如何别认得善恶？以此知这道理虽然说得有许多头项，看得熟了，都自相贯通。圣贤当初也不是有意说许多头项，只因事而言。"（见中华书局 1994 年版，第 1411 页。我们引用时对标点略微作了改正）

　　③ 李文载《郭店楚简国际学术研讨会论文汇编》第 1 册，武汉大学，1999 年；又载《郭店楚简国际学术研讨会论文集》，湖北人民出版社 2000 年版，第 97 页。

的新作《郭店简书〈人虽有性〉校释》把这一句读为：①

　　凡学者隶其心为难，纵其所为，近得之矣，不如以乐之速也。

　　他把其中的"隶"解释为"触及，达到"，但这仍然让人感到很难理解。

　　我们认为，此字释"隶"无误，但在这里当读为"肆"。"隶"读为"肆"，是有充分的文字学和音韵学上的根据的。大家都知道，《说文》的"肆"就是从"隶"得声的。"隶"与"逮"通，古书中也可以常常看到"逮"与"肆"通用的例子。例如《墨子·尚贤中》"曰群后之肆在下"一句，孙诒让指出："'肆'，正字作'隶'，与逮声类同，古通用。此'肆'即'逮'之叚字。伪《孔传》云'群后诸侯之逮在下国。'"②古音学家对于"隶"的归部，主要有归物、归月、归质（或脂部）三说。石鼓文"逮"与"癸""济""泊"为韵（霝雨石），郭沫若就归"逮"为脂部。段玉裁《说文解字注》曾说"隶在脂微部"。③ 从"隶"得声的字，如"棣""殔"也往往跟质部字押韵。④ 从声母上讲，"隶"为定母，"肆"为心母，舌头和齿头音本来很相近。根据《说文》，"肄"也是从"隶"声的，而且"肄""肆"相通的例子也很多。⑤ 因此"隶"通"肆"是没有问题的。

　　其实，古文字材料中早就有以"隶"为"肆"的例子。金文中有 𣜩 字，跟郭店简的"隶"写法一样，它的用法是：

　　大钟八 𣜩。《邵钟》

　　鼓钟一 𨔰。《洹子孟姜壶》（又叫《齐侯壶》《齐侯罍》）

　　高田忠周《古籀篇》最早指出《邵钟》乃借"隶"为"肆"，而从金之字为悬钟之"肆"的专字，"肆"说明钟的单位，古书也常见。⑥ 此说已成定论。

---

　　① 陈伟：《郭店简书〈人虽有性〉校释》，《中国哲学史》2000 年第 4 期，第 10 页。
　　② 参看《墨子间诂》，中华书局 1986 年版，第 56 页。
　　③ 见段玉裁：《说文解字注》"罧"字下，北京师范大学出版社 1995 年版，第 155 页。
　　④ 关于"隶"声的归部，参看陈复华、何九盈：《古韵通晓》，中国社会科学出版社 1987 年版，第359~360 页。
　　⑤ 参看高亨纂著，董治安整理：《古字通假会典》"肄与肆"条，齐鲁书社 1989 年版，第 536 页。
　　⑥ 参看周法高等编：《金文诂林》"肆"字头下高田说，香港中文大学，1974 年，第 5805~5806 页。

因此，我们把郭店简中的"隶其心"读为"肆其心"是完全可以的。"肆其心"或"肆心"之说古书常见。《左传》昭公十二年：

> 昔穆王欲肆其心，周行天下。

一般认为"穆王肆其心"带有贬义，例如《国语·鲁语下》有"周恭王能庇昭、穆之阙而为'恭'"一句话，韦昭《注》："昭王南征而不反，穆王欲肆其心，皆有阙失。言恭王能庇覆之，故为'恭'也。"

因此，有人会怀疑《性自命出》"肆其心"用在这里不妥。其实，我们上文已经说明"肆"在古代并不一定施诸贬义。"肆心"之说在古书中常见，有贬义的，也有非贬义的，如：

> 雄为郎之岁，自奏少不得学，而心好沈博绝丽之文，愿不受三岁之奉，且休脱直事之繇，得肆心广意以自克就。……如是后一岁，作《绣补》《灵节》《龙骨之铭》诗三章。成帝好之，遂得尽意。(扬雄《答刘歆书》)①
>
> 公有济天下之勋，重之以明哲，道庇生民，志匡宇宙，勠力肆心，劬劳王室，自东徂西，靡有宁晏，险阻艰难，备尝之矣。(《南齐书·高帝本纪上》)
>
> 永明元年春正月辛亥，车驾祠南郊，大赦，改元。壬子，诏内外群僚各举朕违，肆心规谏(引者按：同书《明帝本纪》也有"肆心极谏"之语)。(《南齐书·武帝本纪》)

跟"肆心"意思很近的"任心""放心"也是既有贬义的用法，也有非贬义的用法，下面的例子中二者皆无贬义：

> 评曰：明帝沈毅断识，任心而行，盖有君人之至概焉。(《三国志·魏书》)
> (琦)任心而行，率意而动，不占卜，无所事。(《晋书·列传·孝友·何琦》)
> 翰任心自适，不求当世。……时人贵其旷达。(《晋书·列传·文苑·张翰》)
> 泰好酒，不拘小节，通率任心，虽在公坐，不异私室，高祖甚赏爱之。(《宋书·列传·范泰》)

---

① 转引自詹锳：《文心雕龙义证》，上海古籍出版社1989年版，第1422~1423页。

慧以供帐不厚，至于放黜，并结发登朝，出入三代，终享禄位，不夭性龄，盖其
任心而行，不为矫饰之所致也。(《隋书·列传·史臣曰》)

永平中，法宪颇峻，睦乃谢绝宾客，放心音乐。然性好读书，常为爱翫。(《后汉
书·宗室四王三侯列传·北海靖王兴》)

通过以上所举的例子，我们认为把"隶其心"读为"肆其心"，理解成一般的"放任其
心"的意思应该是可以的。其实，还可以作进一步的思考。

《说文》有"悷"字，解释为："悷，肆也。从心隶声。"桂馥《说文义证》说："肆也者，
《方言》：'肆欲为悷。'"

显然，"肆其心"的"肆"先借"隶"表示，后造"悷"作为本字。《广雅·释诂》又说：
"悷，忘也。""忘"义当由"肆"义引申而来，"肆其心"之极端应当就是"忘其心"。因此，
《性自命出》的"肆其心"很可能就是"忘其心"的意思，它跟《孟子》的"求其心"显然是不一
样的。这样解释，对于《性自命出》下文"求其心有伪也，弗得之矣"就比较容易理解了。
正因为此篇强调的是"忘其心"，所以，人为地"求其心"当然就是"伪"了。大家知道，道
家常言如果要"得道"就要"忘心""无心"，如《庄子·杂篇·让王》说："故养志者忘形，
养形者忘利，致道者忘心矣。"后代注家在注解《庄子》的时候，也往往用"忘心"来诠释道
家思想，如《庄子·内篇·逍遥游》说"彼于致福者，未数数然也"，郭象《注》："自然御风
行耳，非数数然求之也。"成玄英《疏》："致，得也。彼列御寇得于风仙之福者，盖由炎凉
无心，虚怀任运，非关役情取舍，汲汲求之。欲明为道之要，要在忘心，若运役智虑，去
之远矣。"现在我们又在先秦儒家著作中看到了"忘其心"的说法，隐隐中又看到了与道家
的关系。已经有学者指出，《性自命出》中有不少论"情"的文字，"这一文化遗产可惜未被
后儒继承，反而由道家而得以发展"①。如果我们对"隶其心"的解释可信，则可以为寻求
儒道二家的关系提供另外一条线索。

讨论至此，我们就可以回头看看《尊德义》篇中"仑隶其类"了。李零先生把它读为"论
列其类"，以"隶"为"列"，从读音上看可通，从意义上看也很好。《性自命出》篇有"圣人
比其类而仑会之"(简16—17)一句，显然跟这句话相似。"比其类"跟"隶其类"应当同义，
"比"一般解释为"排比"，则"隶"的意义当与此相关。李天虹先生已经指出《性自命出》的

---

① 陈鼓应：《〈太一生水〉与〈性自命出〉发微》，《道家文化研究》第17辑"郭店楚简专号"，生活·
读书·新知三联书店1999年版，第407页。

"比其类而仑会之"跟《国语·齐语》的"论比协材"有关，韦《注》："论，择也。比，比其善恶也。协，和也，和其刚柔也。"①这可以帮助我们理解。朱骏声《说文通训定声》"论"下认为义为"择"的"论"是"抡"之借，《说文》："抡，择也。"王念孙《广雅疏证》在《释诂》"抡，择也"下说："抡、伦、论并通。"②有些学者把"仑"读为"论"，如果是当作"择"来理解，这也是可以的。《尊德义》的"仑隶其类"的"仑"当也作"择"讲。这里的"隶"可以按照李零先生的看法，认为通"列"；也可以认为这里的"隶"当读为"肆"，"肆"本来就有"列"的意思。例如：

> 《诗经·大雅·行苇》："或肆之筵，或授之几。"《毛传》："肆，陈也。"《玉篇·长部》："肆，陈也，列也。"

这是动词性的"肆"。

> 《左传·襄公十一年》"歌钟二肆"杜预注："肆，列也。县钟十六为一肆。二肆，三十二枚。"《晏子春秋》"钟鼓成肆"，苏舆云："肆，犹列也。"

这是名词性的"肆"。③

古有"肆肆"一词，即并列貌。韩愈《袁氏先庙碑》："柏版松楹，其筵肆肆。"这是形容词性的"肆"。

从"隶"的字跟从"列"的字也有异文关系：

> 烈、栜，徐也。陈、郑之间曰栜，晋、卫之间曰烈，秦、晋之间曰肆，或曰烈。（《方言》卷一）

可见烈、肆的不同是方言的反映。而其中的"肆"有作"隶"者：

---

① 李天虹：《从〈性自命出〉谈孔子与诗书礼乐》，清华大学简帛讲读班，2000年3月11日；廖名春编：《清华简帛研究》第1辑，清华大学思想文化研究所，2000年。
② 见《广雅疏证》，中华书局1983年版，第36页。
③ 颇疑《论语·八佾》的"佾"通"肆"，故有"列"的意思。不知别人是否讲过，姑记于此。

隶,《方言》:"馀也,秦、晋之间曰隶。"(《集韵·至韵》)

方成珪《考正》:"按:《类篇》同。卢校《方言》一隶作隷,云即隷字。"其中"隷"即隷字。

《汉书·礼乐志》"迣万里"颜师古《注》引晋灼曰,谓"迣"是"古迾字"。可见从"世"的字可以跟从"列"的字相通。上文我们讲过,从"世"的"迣""绁"可以通"肆"。因此,"肆""列"很可能本来就是同源词。因此,郭店简"隶其类"的"隶"读为"列"或读为"肆"都是可以的。

总之,从上面说明的情况看,郭店简中"隶"有逮、肆二音是可以肯定的。由此可见,郭店楚简中有三个字可以读为"肆",即"遫""彖"和"隶"。关于这几个字的字形来源,我们也有自己的看法,由于篇幅所限,这里就不多说了。

后记:本文是作者《从郭店楚简的"肆""隶""杀"说到甲骨文的"彖"》一文的前一部分,在此文的后一部分,我们讨论了文中谈到的跟"肆"有关的几个字的来源,并比较详细地讨论了甲骨文中的"彖"的用法。由于文章较长,特抽出前一部分在这里发表。后一部分的内容,将再作修改,另行发表。

2000 年 12 月初稿

2001 年 4 月改定

释楚简文字"麞"*

李天虹

"麞"(从郭店竹简整理者隶定)字在仰天湖、望山、包山、郭店等地楚墓出土的竹简中均有发现。望山简整理者疑其为"虡(且)"之简体。① 包山简整理者将其隶定为麞,无说。② 滕壬生、刘信芳、裴锡圭诸先生认为麞即"麖"。刘先生并谓望山简所云"虡宫"③,即"以麖之皮所作'膚'之'宫'"④。裴先生则认为且与度、序古音相近,此字或当读为"度"或"序",⑤ 学者多从之。

今按:麞从鹿头,不从虎,视为虡字简体不能令人信服。释作"麖",或读作"度""序",从文义来说,难免顾此失彼,终有未安之处。如裴先生在对下列第(3)例作注释时说:"舍"似当读为"叙","叙"通"序"。但是如果这一说法成立,读麞为"序"的说法则难以成立。如果将第(3)例的"麞即"读为"度节",似不可通,但如读为"序次",又与简文以"舍"为"叙"相矛盾,也许"即"应读为"次","麞"应读为"度"。⑥ 所以目前对麞的释读

---

* 原载《华学》第4辑(紫禁城出版社2000年版),又载氏著《郭店竹简〈性自命出〉研究》第二章第一节(湖北教育出版社2003年版),今据作者修订稿收入。

① 湖北省文物考古研究所、北京大学中文系编:《望山楚简》,中华书局1995年版,第125页注释一〇四。

② 湖北省荆沙铁路考古队:《包山楚简》,文物出版社1991年版,第31页190号简。

③ "宫"字的隶定可能有误,兹姑从《望山楚简》。

④ 刘信芳:《望山楚简校读记》,《简帛研究》第3辑,广西教育出版社1998年版,第39页。

⑤ 荆门市博物馆编:《郭店楚墓竹简》,文物出版社1998年版,第182页注释一〇、一三、一四。

⑥ 荆门市博物馆编:《郭店楚墓竹简》,文物出版社1998年版,第182页注释一二至注释一四。

依然存在问题，尚需作进一步的分析。为方便研讨，兹先行列出各条相关的简文：

(1) 行此虔也，然句(后)可逾(?)也。《尊德义》17

(2) 时(诗)、箸(书)、豊(礼)、乐，其司(始)出皆生于人。时(诗)，又(有)为为之也。箸(书)，又(有)为言之也。豊(礼)、乐，又(有)为呈(举)之也。圣人比其颖(类)而仑(论)会之，藋(观)其之迭〈先后〉而逆训(顺)之，① 体其宜(义)而即(节)虔之，里(理)其青(情)而出内(入)之。《性自命出》15—18

(3) 其先后之舍(叙)则宜道也，或舍(叙)为之即(节)则虔也。至(致)颂(容)畜(貌)，所以虔即(节)也。《性自命出》19—20

(4) 拜，所以□□□，其诔虔也。② 《性自命出》21—22

(5) 进谷(欲)孙(逊)而毋攷(巧)，退谷(欲)𦒸而毋㽙(轻)，谷(欲)皆虔而毋怂(伪)。《性自命出》64—65

(6) 又(有)命又(有)虔又(有)名，而句(后)又(有)鲧。《语丛一》4—5

(7) 豊(礼)因人之情而为之。《语丛一》31

即(节)，虔者也。《语丛一》97

(8) 正不达虔生虏(乎)不达其虦(然)也。《语丛一》60—61

(9) 宫(宾)客，青(清)漳(庙)之虔也。《语丛一》88

(10) 虔生于豊(礼)，尃生于虔。《语丛二》5

(11) 追习虔章，益。③ 《语丛三》10

(12) 迥(踊)，④ 哀也；三迥(踊)，虔也。《语丛三》41

(13) 虔，衣(依)勿(物)以青(情)行之者。《语丛三》44

---

① "逆"，从黄德宽、徐在国先生释，氏作《郭店楚简文字续考》，《江汉考古》1999 年第 2 期，第 76 页。

② "诔"，从李零先生释，氏作《郭店楚简校读记》，《道家文化研究》第 17 辑 "郭店楚简专号"，生活·读书·新知三联书店 1999 年版，第 508 页。诔于此或可读如本字。《管子·五行》尹知章注："诔，悦顺貌。"

③ "追"，李零先生释为 "起"，氏作《郭店楚简校读记》，《道家文化研究》第 17 辑 "郭店楚简专号"，生活·读书·新知三联书店 1999 年版，第 526 页。

④ "踊"，从陈伟先生读，氏作《〈语丛〉一、三中有关 "礼" 的几条简文》，《郭店楚简国际学术研讨会论文集》，湖北人民出版社 2000 年版，第 145~146 页。

(14)命与廈与《语丛三》71 上

(15)凡敓(说)之道，级(急)者为首。既得其级(急)，言必又(有)及之。及之而不可，必廈以讹，母(毋)命(令)智(知)我。《语丛四》5—6

(16)东反人登环、屈贮、廈缰。包山 190

(17)三(四)膚，皆廈宫。望山 M2：47

(18)二廈笲。望山 M2：48

(19)一贏徲又(有)廈①仰天湖 30

(7)中的两枚简，整理者分置两处，陈伟先生认为应当连读，作"礼因人之情而为之即廈者也"，语相当于《礼记·坊记》"礼因人之情而为之节文"，② 其说甚然。比照两者的字句，不同之处仅在于简书"即廈"，《坊记》作"节文"。"即"与"节"之通假是没有任何问题的，那么，这里的关键就是廈字了。检以传世文献，与简文(7)、《坊记》相似的文句，典籍习见，如：

> 丧礼，哀戚之至也。……辟踊，哀之至也；有算，为之节文也。(《礼记·檀弓下》)
> 仁之实，事亲是也；义之实，从兄是也；智之实，知斯二者弗去是也；礼之实，节文斯二者是也。(《孟子·离娄上》)
> 礼者，因人之情，缘义之理，而为之节文者也。(《管子·心术上》)
> 礼者，因时世人情为之节文者也。(《史记·叔孙通传》)

其相当于简文"即廈"之处，一律同《坊记》，作"节文"。又典籍里的"节文"一语，都

① 滕壬生：《楚系简帛文字编》，湖北教育出版社 1995 年版，第 764 页。补注：所谓"贏"，旧多隶定为"贏"，徐在国先生据安徽大学藏楚简《诗经》改释为"兄"，氏作《谈楚文字中的"兄"》，《中原文化研究》2017 年第 5 期，第 10~12 页。仰天湖简的编号原不统一，滕壬生先生沿用郭若愚《长沙仰天湖战国竹简文字的摹写和考释》(《上海博物馆集刊》第 3 期，上海古籍出版社 1986 年版)的编号；徐在国先生沿用后出的湖南省博物馆等编著《长沙楚墓》(文物出版社 2000 年版)的编号，所引此简编号为 35。
② 陈伟：《〈语丛〉一、三中有关"礼"的几条简文》，《郭店楚简国际学术研讨会论文集》，湖北人民出版社 2000 年版，第 143~144 页。

是针对"礼"而言的。(2)的后四句话,分指诗、书、礼、乐①,其中"体其义而即廖之",是讲圣人对礼所作的规划,"即廖"亦与"礼"相应②。这使我们怀疑廖应该是一个可以读作"文"的字。而且,这一点在郭店简中还有颇具说服力的旁证。(11)云"追习廖章",将廖读作"度"或"序"等均不通,而若将廖读为"文",文义便十分畅达了。"文章"为古习语,传世文献多见。由此出发,考察楚简中各条相关的辞例,我们发现,如果把廖读作"文",除文义难明的(1)、(6)、(8)、(14)四例外,余者的文义均能得到通解,兹试为疏解如下。

(4)、(5)、(9)、(10)、(12)、(13)中的廖,大概均同"节文"之"文",指礼乐制度。《论语·子罕》载子曰:"文王既没,文不在兹乎?天之将丧斯文也。"朱熹《集注》:"道之显者谓之文,盖礼乐制度之谓。"《荀子·礼论》:"称情而立文。"王先谦《集解》引郑曰:"称人之情轻重而制其礼也。"《文选·李康〈运命论〉》:"文薄之弊,渐于灵景。"李善注引郑曰:"文谓尊卑之差制也。"(4)云"其谀廖也"、(5)云"欲皆廖而毋伪"、(12)云"三踊,廖也",其意可能是说悦顺的容貌、人欲的释发、丧礼中的三次跳跃,都是或者都有礼仪上的规定。(13)所云与(7)大体相当。

(15)云"必廖以讹",廖可能是"文饰"之意。《论语·子张》载子夏云:"小人之过也必文。"何晏《集解》引孔曰:"文饰其过,不言情实。"

(16)出自包山简,其中的廖用为姓氏。古有文氏,见《通志·氏族略四》。包山42号简"灵里子之州加公文壬"、春秋末年越国大夫文种,均为文氏。

(17)、(18)出自望山简。膚、筭均为器物名称。膚,整理者认为可能是金文"膚(盧)"字的讹体,其义待考;筭,则"是以苇竹之类编成的盛物之器"③。廖于此当作纹饰、花纹解。《说文》文部:"文,错画也。"王筠《句读》解云:"错者,交错也。错而画之,乃成文也。"简文"廖窎""廖筭"的意思大概是说窎、④ 筭上分别有绣绘或编织的花纹。

---

① 参看李天虹:《从〈性自命出〉谈孔子与诗、书、礼、乐》,《中国哲学史》2000年第4期,第41~43页。

② 此又可参看《新书》卷八:"礼者,体德理而为之节文。"《淮南子·齐俗》:"礼者,体情制文者也。"

③ 湖北省文物考古研究所、北京大学中文系编:《望山楚简》,中华书局1995年版,第125页注释一〇三、第126页注释———。

④ 刘信芳先生谓"窎"指"包裹器物之外套",氏作《望山楚简校读记》,《简帛研究》第3辑,广西教育出版社1998年版,第39页。

(19)出自仰天湖简，从文义、辞例考虑，其麖亦应解作花纹。

综合上述，基本可以肯定，楚简中的麖应当读作"文"。但是，麖为什么可以用作"文"，目前却是一个很难解释的问题。下面我们尝试着提供一条思路，希望能对这一问题的解决有所裨益。

《玉篇》鹿部："麐，同麟。"《正字通》鹿部："麖，同麐。"是古麖、麐、麟同字。《说文》鹿部麟、麐并出，谓："麟，大牝鹿也。从鹿粦声。""麐，牝麒也。从鹿吝声。"段玉裁注："张揖注《上林赋》曰：'雄曰麒，雌曰麟，其状麋身牛尾狼题。'"又《尔雅·释兽》："麐，麢身，牛尾，一角。"古文字资料中迄今未见确定的麟字。甲骨、金文并有麖，但其用法似乎与麟无关，与传世文献中的麖可能不是同一个字。① 从形体来看，简文麖的上部是鹿头形，下部所从🐎，② 与战国文字马的形体比较接近：

《性自命出》20　《语丛一》97　《语丛三》10　包山190

《语丛三》41　《语丛三》44　《尊德义》17　《语丛一》88

《尊德义》7　包山271　天星观遣策③

比照文献对麒麟形状的描述，我们怀疑麖可能是麟的象形字，因而可以读为文。古"文"为明母文部字，"麟"为来母真部字，两者声、韵均近可以通转。麖、麐、麟三字之相通即为明证(《说文》口部谓"吝"从"文"声)。又古文字常见的"㤅"，从邻之古文"𨛜"，"𨛜"亦声，"文"亦声；字既可用作"邻"，又可用作"吝"，④ 也是一个很好的例证。当然，

---

① 参看于省吾主编，姚孝遂按语编撰：《甲骨文字诂林》第二册，中华书局1996年版，第1651～1653、1664页；周法高主编，张日昇、徐芷仪、林洁明编纂：《金文诂林》第十二册，香港中文大学，1974年，第6234～6247页。

② 麖所从🐎形之上通常附加有"丿"形笔画，省略"丿"笔者很少。以郭店简为例，据笔者统计，麖共出现18次，仅4例未见"丿"形笔画。

③ 补注：滕壬生：《楚系简帛文字编》，湖北教育出版社1995年版，第753页。

④ 郭店《老子》甲本9号简、《六德》3号简和中山王鼎"㤅"皆用作"邻"(容庚：《金文编》，中华书局1985年版，第638页)；马王堆帛书用作"邻"或"吝"(补注：刘钊主编，郑健飞、李霜洁、程少轩协编：《马王堆汉墓简帛文字全编》中册，中华书局2020年版，第747页)。

说麐是麟的象形字只是一个推测，尚有待今后相关材料的检验。

　　后记：麐字的释读一直是困扰笔者的一个问题。1999 年 10 月，在武汉大学召开的"郭店楚简国际学术研讨会"上，陈伟先生对《语丛一》31、97 号简的系联，使笔者深受启发，不意李学勤先生之见与笔者不谋而合。随后，笔者即遵李先生之嘱开始本文的写作。初稿完成后，又蒙李先生审阅并提出修改意见，并推荐发表在《华学》第 4 辑（紫禁城出版社 2000 年版）。

　　2000 年 10 月，在北京大学中国古文献研究中心"郭店楚简研究"项目小组举行的例会上，李家浩先生指出：将麐读作"文"是正确的，但是笔者对字形的解释并不合理。实际上麐见于《汗简》和《古文四声韵》引石经（《汗简》卷中之二乡部引作🜨，《古文四声韵》上声轸韵引作🜨），是古文"闵"字。随后，2000 年 11 月，在清华大学思想文化研究所简帛讲读班上，李学勤先生宣讲《试解郭店简读"文"之字》一文，从《汗简》《古文四声韵》所引占文闵字的形体出发，对麐字形体提出了另外一种解释。他认为：《汗简》卷中之二心部、卷下之一民部另有闵字，分别作🜨、🜨，均云出"史书"，可隶定为"惛"或"㥃"，从"昏（昏）"声。"昏"字《说文》云或从"民"声，民为明母真部，从"昏"之字或在明母真部，或在明母文部，而"闵""文"都是明母文部，是"惛"读为"闵"殊属自然。"闵"的这两个古文写法，所从"昏"上部的"民"，与《汗简》《古文四声韵》引石经"闵"字古文的上部近似。这提示我们，石经古文其实也是从"民"声的，正因为这样，才得以读为"闵"。根据这一思路，再来看简文该字，原来大家想其上部为"鹿头"，实际错了。字的上部，和石经古文一样，是从"民"，严格一点说是从"民"省声。楚文字"民"的上半，有时候与"鹿"字之头完全相同。不过楚文字从"鹿"之字，"鹿"旁都有足形，没有省作"鹿头"的。简文该字从民省声，自然可以读作"文"。最后，从偏旁分析的角度来看，该字和石经古文闵字的下部"夐"，是《说文》"夐"字；两个字应理解为从"夐""民"声，与《说文》夐部从"门"声的"閿"乃是一个字的异写，"门"是明母文部字，与"民"声通。字或从"乡"，《说文》"乡"训"毛饰画文也"，凡从"乡"之字多有文饰之义。从"乡"的该字，就是《说文》的"彣"字，也就是文章之文。① 今按：从现有资料看，所谓麐本从"民"省声的可能性似乎更大，然而字形上的证

────────────

　　① 补注：李先生之文后来正式发表在《孔子·儒学研究文丛（一）》，齐鲁书社 2001 年版，第 117~120 页。

据也不是非常充分。我们期待将来有新的资料或证据出现，为廏字字形的解释划上圆满的句号。①

　　补记：今年是李学勤先生诞辰九十周年，再次校读此文，往事历历，唏嘘不已。此次收入《文选》，在《郭店竹简〈性自命出〉研究》版基础上作有文字润色和技术性处理，观点、论据一仍其旧。

2023 年 6 月 26 日

---

　　① 　补注：陈剑先生在李先生之文的基础上，提出此字可以隶定作"夒"，所从"民""夒"都是声旁。氏作《甲骨金文旧释"尤"之字及相关诸字新释》，《北京大学中国古文献研究中心集刊》第 4 辑，北京大学出版社 2004 年版，第 74~94 页。收入氏著《甲骨金文考释论集》，线装书局 2007 年版，第 59~80 页。

利用郭店楚简校读古书二例*

白于蓝

传世典籍经历代传抄翻刻，多有讹误。利用出土的文字材料校读传世典籍，自清代考据学兴起以来，已经取得了显著成就。近几年，战国楚简文字材料大量发现并得以公布。楚简中的很多文句可以和传世典籍中的文句相对应，有些篇章甚至可与传世典籍直接对读，为我们校读古书提供了更多的便利。本文拟举两个利用郭店楚简文字材料校读古书的例子，供读者参考。

一

今王弼注本《老子》第五十四章首句是如下一段话：

善建者不拔，善抱者不脱，子孙以祭祀不辍。

这段文字之"建""拔""抱"和"脱"四字，以往注家均依其本字加以训解，并无异议。如《韩非子·解老》："而今也玩好变之，外物引之，引之而往，故曰拔。至圣人不然，一建

---

* 原载《华南师范大学学报》（社会科学版）2010 年第 2 期，又载《纪念徐中舒先生诞辰 110 周年国际学术研讨会论文集》（巴蜀书社 2010 年版）、氏著《拾遗录——出土文献研究》（科学出版社 2017 年版），今据《华南师范大学学报》本收入。

其趋舍，虽见所好之物不能引，不能引之谓不拔。一于其情，虽有可欲之类，神不为动，神不为动之谓不脱。"河上公《老子注》："善建者不拔：建，立也。善以道立身立国者，不可得引而拔之。善抱者不脱：善以道抱精神者，终不可拔引解脱。"王弼《老子道德经注》："善建者不拔：固其根而后营其末，故不拔也。善抱者不脱：不贪于多，齐其所能，故不脱也。"宋代吕吉甫《老子道德经注》："凡物以建而立者，未有不拔者也。唯为道者建之以常无有，则善建而不拔矣。凡物以抱而固者，未有不脱者也，唯为道者抱神以静，则善抱而不脱矣。"当代学者如陈鼓应将该句解释为"善于建树的不可拔除，善于抱持的不会脱落"①。任继愈则说："善于建立的，不可动摇。……善于抱持的，不会脱落。"②

　　按：上引诸说虽然在"建""拔""抱"和"脱"四字具体字义的解释上尚不统一，但依照其本字加以训解则代表了学界的通常看法，这样的解释其实是可以商榷的。因为这段文字中"不脱"是与"不拔"对言，而"不拔"是被动用法（即不会被别人拔除），而"不脱"则是主动用法（即自身不会将所抱持之物脱落）。一为主动一为被动，句式上并不对应。

　　其实，在今《老子》的其他版本中这段话有两处异文，一处是"抱"字在傅奕本作"襃"，一处是"脱"字在范应元本作"挩"。但是，由于抱、襃俱从包声，可以相通；脱、挩俱从兑声，亦可互通，故这两处异文也就一直未引起学界的关注。马王堆帛书《老子》甲乙篇中"善抱者不脱"这句话均残缺，所以也未见学界有关于这句话太多的解释。郭店楚简公布后，简本《老子》乙简15—16中这句话写作：

　　　　善建者不拔，善佅者不兑，子孙以其祭祀不乚（辍）。③

　　"佅"字，整理者认为"疑是'保'字简写，今本此字作'抱'，'保''抱'音义皆近"。"兑"字，整理者从今本读作"脱"。④

　　关于"佅"字，原文作"𢼀"，整理者释为"保"应该是正确的。目前，除个别学者外，⑤

---

　　①　陈鼓应：《老子注译及评介》，中华书局1984年版，第275页。

　　②　任继愈：《老子新译》，上海古籍出版社1985年版，第176页。

　　③　"乚（辍）"字从何琳仪《郭店竹简选释》（《文物研究》第12辑，黄山书社2000年版，第197页）、张桂光《〈郭店楚墓竹简〉释注续商榷》（《简帛研究二〇〇一》，广西教育出版社2001年版，第187~188页）、白于蓝《郭店楚简补释》（《江汉考古》2001年第2期，第55页）释读。

　　④　荆门市博物馆编：《郭店楚墓竹简》，文物出版社1998年版，第118、120页。

　　⑤　刘信芳将该字释为"伏"，读作"緌"。参刘信芳：《荆门郭店竹简〈老子〉解诂》，台湾艺文印书馆1999年版，第66页。

这一意见已为多数学者所接受。在字义的解释上，多数学者仍从今本将简本之"保"读作"抱"，但也有部分学者注意到了简本之"保"有可能是正字，并试着依此对整段文字加以解读。如郭沂先生认为"作'保'义长"，并将前两句话翻译为："善于建树的，不可拔除；善于保持的，不会脱失。"①丁原植先生认为前两句话意谓："善于建城立国者，不会被拔除而丧国。善于保有天命者，不会被取代而灭亡。"②袁红梅则说："'善保者'，即善于保持质朴的人。"③

笔者认为，尽管郭沂等人对"保"字字义的解释尚不统一，但他们用"保"字来解释文义则是正确的。简本之"保"应是正字，王弼本之"抱"和傅奕本之"褒"均是借字(详下文)。

关于"兑"字，除赵建伟先生外，其他学者均从今本读作"脱"。赵建伟先生的相关论述如下：

> "善建者不拔"，"建"疑读为"楗"或"捷"，训为"闭"(《庄子·庚桑楚》《释文》："捷，闭也")；"拔"疑读为"发"或"拨"("拨"为并母月部字，"发"为帮母月部字。《左传》襄公二十九年"公叔发"，《礼记·檀弓上》郑注作"公叔拔")，训为"开"(《释名·释言语》："发，拨也，拨使开也"、《广雅·释诂》："发，开也")。"善捷者不发"与《老子》二十七章"善闭者无关楗而不可开"同。
>
> 又"善抱者不兑"，"兑"字今本多作"脱"，范应元本作"挩"，疑"兑""脱""挩"皆读作"敓"(古"夺"字)。
>
> 总之，这两句的意思是善闭者不可开，善抱者不可夺。④

笔者认为，赵文对"善建者不拔"的解释不可取。今王弼注本《老子》二十七章原文是："善闭无关楗而不可开；善结无绳约而不可解"。⑤ 意思是善于关闭的，不用关楗(相当于门

---

① 郭沂：《郭店竹简与先秦学术思想》，上海教育出版社2001年版，第116~117页。
② 丁原植：《郭店竹简〈老子〉释析与研究(增修版)》，台湾万卷楼图书公司1999年版，第320页。
③ 袁红梅：《郭店楚简〈老子〉校释札记》，南京师范大学硕士学位论文，2005年，第26页。
④ 赵建伟：《郭店竹简〈老子〉校释》，陈福滨主编：《本世纪出土思想文献与中国古典哲学研究论文集》上册，台湾辅仁大学出版社1999年版，第199页；又载《道家文化研究》第17辑"郭店楚简专号"，生活·读书·新知三联书店1999年版，第287~288页。
⑤ 马王堆帛书甲本该句作"善闭者无閞(关)籥(钥)而不可启也；善结者【无绳】约而不可解也"。帛书乙本该句作"善闭者无关籥(钥)而不可启也；善结者无绳(缱)约而不可解也"。补注：裘锡圭主编：《长沙马王堆汉墓简帛集成[肆]》，中华书局2014年版，第42、207页。

锁)却使人不能开启；善于捆绑的，不用绳索却使人不能解开。① 而《老子》五十四章"善建者不拔，善抱者不脱"后面还有"子孙以祭祀不辍"这句话。从文义上看，"善闭无关楗而不可开"很难说与"子孙以祭祀不辍"存在必然联系，而"善建者不拔"则同"子孙以祭祀不辍"关系十分密切，所以不能将"善闭无关楗而不可开"与"善建者不拔"等同看待。赵文依照今本将简本之"保"读为"抱"笔者认为亦不可取。但是，赵文将简本之"兑"和今本之"脱""挩"统一读作"敓（夺）"则是正确的。

典籍中"不拔"一词有主动和被动两种用法。主动用法如：

> 不拔宜阳，韩、楚乘吾弊，国必危矣！(《战国策·秦策二》"宜阳之役冯章谓秦王"章)
>
> 攻而不拔，秦兵必罢，陶邑必亡，则前功必弃矣。(《史记·穰侯列传》)

被动用法如：

> 娄敬委辂脱挽，掉三寸之舌，建不拔之策，举中国徙之长安，适也。(《汉书·扬雄传下》)
>
> 辑当世之利，定不拔之功，荣家宗于此时，遗不灭之令踪。(《后汉书·蔡邕列传》)
>
> 确乎建不拔之操，扬青于岁寒之后。(《抱朴子外篇·勖学》)

典籍中"不夺"一词亦有主动和被动两种用法。主动用法如：

> 不夺民时，不蔑民功。(《国语·周语中》"定王使单襄公聘于宋"章)
> 其收之也，不夺民财。其施之也，不失有德。(《管子·小问》)
> 其德生而不辱，予而不夺，天下不非其服，同怀其德。(《淮南子·氾论》)
> 富不骄贫也，壮不夺老也。(《墨子·天志下》)

---

① 参陈鼓应：《老子注译及评介》，中华书局 1984 年版，第 176 页；任继愈：《老子新译》，上海古籍出版社 1985 年版，第 117~118 页。

被动用法如：

> 夫孙叔敖之请有寝之丘，沙石之地，所以累世不夺也。(《淮南子·人间》)
> 周之致远，不以地利，以人和也。百世不夺，非以险，以德也。(《盐铁论·险固》)

笔者认为，"善建者不拔，善保者不夺"之"不拔"与"不夺"均是被动用法。《老子》此"不拔"即上引典籍中"建不拔之策""定不拔之功"和"建不拔之操"之"不拔"；《老子》此"不夺"即上引典籍中"百世不夺""累世不夺"之"不夺"。故"善建者不拔，善保者不夺"的意思是善于创建(创业)者，就不会被人拔除；善于保守(守业)者，就不会被人夺取，所以才能"子孙以祭祀不辍"。《老子》这段话所讲述的实际上就是创业和守业的问题。马王堆帛书《老子》甲本卷后古佚书《明君》篇有"是故善战者，亓(其)城不围；善守者，亓(其)地不亡"语，[1] 在句式和语义上均与"善建者不拔，善保者不夺"相仿。可参。

现在，我们回过头再来看范应元本《老子》之"挩"。《说文》手部："挩，解挩也。"《说文》支部："敓，强取也。《周书》曰：'敓攘矫虔。'"从字义来讲，"挩"即后世"解脱""逃脱"之"脱"字之本字[2]，"敓"即后世"抢夺""夺取"之"夺"字之本字[3]。但是就字形而言，古文字中手旁和支旁在用作形声字的表义偏旁时常可互换，如《说文》手部"扶"字古文作"𢺵"、"扬"字古文作"𢾅"、"播"字古文作"𢽳"，均从支表义，故"挩"与"敓"完全可以看作一字之异。《慧琳音义》卷七十五"鸟挩"《注》："挩，义与夺字同，《考声》从支作敓。敓，犹强取也。"就是将"挩"与"敓"当作一字来看待的。有学者研究指出，范应元为《老子》作集注，特别强调以古本为依据。[4] 故范本之"挩"很可能也是来源于古本《老子》，原本就是当作"敓(夺)"字来用的，保存了《老子》这句话的本来意思，而其他版本中的"脱"，则是后人见"挩"之字义已被"脱"字取代而人为校改过来的。

至于今王弼本之"抱"和傅奕本之"襃"字，笔者推测，很可能是在后人将"挩(敓)"字

---

① 补注：裘锡圭主编：《长沙马王堆汉墓简帛集成[肆]》，中华书局 2014 年版，第 109 页。

② 段玉裁《说文解字注》"挩"字下注曰："今人多用脱，古则用挩，是则古今字之异也。今脱行而挩废矣。""脱"字亦见《说文》，训为"消肉臞也"，用作"解脱""逃脱"等义是其假借义。

③ 段玉裁《说文解字注》"敓"字下注曰："《吕刑》篇文，今《尚书》作'夺'，此唐天宝卫包所改。""夺"字亦见《说文》，训为"手持佳失之也"，用作"抢夺""夺取"等义是其假借义。

④ 刘固盛：《范应元〈老子道德经古本集注〉试论》，《中国道教》2001 年第 2 期，第 10 页。

校改为"脱"字后，因"脱"字具有"脱落"之义，字义上更易与"抱"和"襃"二字发生联系，故而将"保"字改作读音与之相近的"抱"或"襃"。

　　综上所述，笔者认为《老子》五十四章首句原本是作"善建者不拔，善保者不敓，子孙以祭祀不辍"，后人误将"敓（敚）"校改为"脱"，在此基础上又将"保"改作"抱"或"襃"，致使文义不明。

二

　　今本《礼记·学记》当中有这样一段话：

　　　　君子既知教之所由兴，又知教之所由废，然后可以为人师也。故君子之教喻也，道而弗牵，强而弗抑，开而弗达。道而弗牵则和，强而弗抑则易，开而弗达则思，和易以思，可谓善喻矣。

这段话讲述的是儒家的教化思想，其中"道而弗牵，强而弗抑，开而弗达"不是十分容易理解，故历代注家多有注释，如：

　　　　郑玄《注》："道，示之以道途也。抑，犹推也。开，为发头角。"
　　　　孔颖达《疏》："此一节明君子教人方便善诱之事。'故君子之教喻也，道而弗牵'者，喻，犹晓也；道，犹示也；牵，谓牵偪。师教既识学之废兴，故教喻有节，使人晓解之法，但广开道，示语学理而已。若人苟不晓知，亦不偪急，牵令速晓也。'强而弗抑'者，抑，推也。谓师微劝学者，使神识坚强，师当随才而与之，使学者不甚推抑其义而教之。'开而弗达'者，开，谓开发事端，但为学者开发大义头角而已，亦不事事使之通达也。"
　　　　朱彬《礼记训纂》引方性夫曰："道之使有所尚，而弗牵之使从，则人有乐学之心。强之使有所勉，而弗抑之使退，则人无难能之病。开之使有所入，而弗达之使知，则人有自得之益。"
　　　　孙希旦《礼记集解》："愚谓教唯其豫也，故道之而无牵引之烦而和矣。和者，扞掐之反也。教唯其时也，故强之而无屈抑之患而易矣。易者，勤苦之反也。教唯其孙也，故迎其机以道之，开其端，不遽达其意，而人将思而得之矣。思者，坏乱之反也。盖君子唯知学之所由废兴，故其教喻之善如此。若相观而善，则存乎朋友之益焉。"

按：上引诸家说解均牵强迂曲。郭店楚墓竹简《成之闻之》篇简 15—16 有如下一段话，原整理者释文如下：

是以民可敬道(导)也，而不可穿(弇)也；可驮(御)也，而不可擎(贤)也。①

其后注一七有裘锡圭先生按语说："'擎'与'驮(驭)'为对文，疑当读为'牵'。'牵'字亦可作'擎'，与'擎'皆从'臤'声。"②"裘按"可从。

不难看出，《礼记》之"道而弗牵，强而弗抑"与该简文十分近似，如依照《礼记》的句式，简文就可写作"道而弗弇，御而弗牵"。但两句话又存在明显出入，即简文之"驮(御)"《礼记》作"强"，简文之"弇"《礼记》作"抑"，简文中"弇"和"擎(牵)"二字位置与《礼记》中"牵"和"抑"相互颠倒。

《礼记》之"强"字肯定是有问题的。郭店简《尊德义》简 22："民可道也，而不可强也。"明言民可引道，而不可强逼。《大戴礼记·曾子立事》："君子之于子也，爱而勿面也，使而勿貌也，道之以道而勿强也。"③亦可相参。可见，"强而弗抑"之"强"是与儒家教化思想相违背的。而简文"可驮(御)也，而不可擎(贤)也"之"驮(御)"字则不存在这一问题。《大戴礼记·盛德》："德法者，御民之衔勒也。"《刘子·法术》："君犹御也，法犹辔也，人犹马也。"可参照。《礼记》之"强"是否会是误字？待考。上古音"强"为群母阳部字，"御"为疑母鱼部字，两字声母同为喉音，韵则阴阳对转，古音十分接近，故"强"亦可能是"御"之借字。

典籍中弇及从弇声之字常可与奄及从奄声之字相通，④ 而从奄声之"掩"古可通"按"，

①　荆门市博物馆编：《郭店楚墓竹简》，文物出版社 1998 年版，第 167 页。
②　荆门市博物馆编：《郭店楚墓竹简》，文物出版社 1998 年版，第 169 页。
③　《荀子·大略》亦见相同内容的语句。
④　高亨纂著，董治安整理：《古字通假会典》，齐鲁书社 1989 年版，第 249 页。

《荀子·富国》："掩地表亩。"于省吾《双剑誃诸子新证》："掩应读作按。"①《淮南子·兵略》："掩节而断割，因资而成功。"于省吾《双剑誃诸子新证》："掩、按古字通。"②可见简文之"弇"亦可读作"按"。《玉篇》手部："抑，按也。"《广韵》翰韵："按，抑也，止也。"《淮南子·精神》："捧心抑腹。"高诱注："抑，按也。"可见，简文之"弇（按）"与《礼记》之"抑"字义相通。

至于简文中"弇（按）"和"掔（牵）"与《礼记》中"牵"和"抑"位置颠倒的问题，从文义上来看，很显然简文较《礼记》要合理。"道"有引导、疏通之义，"弇（按）"则有抑制、抑止之义，词义刚好相反。"御"有驾驭、统治之义，"牵"有牵制、制约之义，词义亦相对。《礼记》中"牵"与"抑"位置对调后，"强而弗抑"一句本身就有些矛盾，很令人费解。

至于《礼记》之"开而弗达"，亦很令人费解。"开"字本身就有"达"义。《小尔雅·广诂》："开，达也。"可见"开而弗达"之文义亦不通畅。笔者认为该句当读作"开而弗挞"。"开"义为开导。《荀子·儒效》："教诲开导成王。"杨倞注："开导谓开通导达。"挞从达声，则达自可读作挞。《玉篇》手部："挞，笞也。"《列子·黄帝》："斫挞无伤痛。"张湛注："挞，打也。"可见，"开而弗达（挞）"义即开导、教化而不要挞伐。《潜夫论·德化》："是以圣帝明王，皆敦德化而薄威刑。"《刘子·赏罚》："圣人之为治也，以爵赏劝善，以仁化养民，故刑罚不用，太平可致。"可参。

《管子·牧民》："御民之辔，在上之所贵。道民之门，在上之所先。召民之路，在上之所好恶。""召"当读为"诏"，义为"教"。《庄子·盗跖》："为人父者必能诏其子。"陆德明《释文》："诏，教也。"《吕氏春秋·审分》："多其教诏。"高诱注："诏，亦教。"该句中"御""道""诏"三字用法与《礼记》之"道""御""开"三字亦可参。

综上所述，笔者认为《礼记》之"道而弗牵，强而弗抑，开而弗达"原本是作"道而弗抑，御而弗牵，开而弗挞"，传抄有误，致使文义扞挌难通，后世注家自然也就不得其解了。

---

① 于省吾：《双剑誃诸子新证》，中华书局 1962 年版，第 208 页。
② 于省吾：《双剑誃诸子新证》，中华书局 1962 年版，第 391 页。

郭店简补释三篇[*]

陈 剑

一、莫之知而不笶

《郭店楚墓竹简·穷达以时》简 11—12：①

　　　　动非为达也，故穷而不 **11**[□；□非②]为名也，故莫之知而不笶。……**12**

"莫之知而不笶"的"笶"字，《郭简》未作进一步的解释。河井义树认为它"大概是'怜'的假借字"，引《说文·心部》"怜，哀也"为说；③ 颜世铉读为"吝"，引《说文·心部》"吝，恨惜也"为说；④ 以前我在一篇小文中引用此处简文，曾在"笶"字后括注"愠"，并加问号

---

　　* 原载荆门郭店楚简研究(国际)中心编：《古墓新知——纪念郭店楚简出土十周年论文专辑》(国际炎黄文化出版社 2003 年版)，又载氏著《战国竹书论集》(上海古籍出版社 2013 年版，第 42~56 页)，今据作者提供的稿本收入。

　　① 荆门市博物馆编：《郭店楚墓竹简》，文物出版社 1998 年版。本文以下简称为"《郭简》"。文中引用简文，除了待讨论的部分，一般使用宽式释文，不作严格隶定。

　　② "非"字据《郭简》(文物出版社 1998 年版，第 146 页)注一四所引"裘按"补。

　　③ [日]河井义树：《郭店楚简の研究(一)·穷达以时譯注》，池田知久监修，大东文化大学郭店楚简研究班，1999 年，第 96 页。

　　④ 颜世铉：《郭店楚简散论(二)》，《江汉考古》2000 年第 1 期，第 39 页。

表示不太肯定。①

现在我认为，以上意见恐怕都是靠不住的。

黄人二曾经提出：

> （笒）此疑读为"闵"，闵，愍也，忧也。《诗·邶风·柏舟》"觏闵既多，受侮不少"，《楚辞·哀时命》王逸注引《诗》作"觏愍既多"，《礼记·儒行》篇《释文》"闵，本作愍"，可见此字文献作闵、愍。②

按："笒"与"闵"字中的"文"都是声符，两字相通从读音看很自然直接。"闵"或"愍"训为"忧"，简文解释为"莫之知而不忧"也很通顺。但上举黄人二先生所引《诗经》里意为"忧"的"闵"或"愍"是名词，指客观遭遇的"忧患"，跟简文"笒"字作动词的用法还有一定距离，不免会影响其说服力。

实际上，古书中意为"忧"的"闵"，或写作"悯""惽"等，确有不少是用作动词、意为"感到忧愁"的，跟简文"笒"字用法更为切合。下面就征引古书有关用例对黄说略作补充。先看以下一例：

> 是故君子厄穷而<u>不闵</u>，劳辱而不苟。乐天知命，无怨尤焉。（《风俗通义·穷通》）

"厄穷而不闵"跟"莫之知而不笒"的句式和意义均很接近。又《郭简》整理者已经指出，《穷达以时》的内容跟很多古书所记载的孔子困于陈蔡之间时答子路的一段话类似。上引"厄穷而不闵"等语位于《风俗通义·穷通》全篇之首段，以下系列举一些著名事迹来论述"穷通"的问题，所举第一件就是孔子困于陈蔡之间的事。

---

① 陈剑：《郭店简〈穷达以时〉、〈语丛四〉的几处简序调整》，《国际简帛研究通讯》2000 年第 2 卷第 5 期，第 2 页。当时的想法是，《论语·学而》有"人不知而不愠"之语；上海博物馆藏战国楚竹书《孔子诗论》第一简"诗亡隐志，乐亡隐情，文亡隐意"的"隐"字，以"笒"为基本声符，不少研究者都认为当读为"隐"（参看刘信芳《孔子诗论述学》，安徽大学出版社 2003 年版，第 102~106 页所引诸家说）。"愠"和"隐"都是影母字，"隐"通"隐"，跟"笒"通"愠"声韵关系相类。

② 黄人二：《郭店竹简〈穷达以时〉考释》，周凤五编：《古文字与古文献》试刊号，楚文化研究会，1999 年，第 132 页。

"厄穷而不闵，劳辱而不苟"之语又见于《列女传·贞顺·卫寡夫人》，此外《孟子》等书"闵"或作"悯"：

> 柳下惠不羞污君，不卑小官。进不隐贤，必以其道。遗佚而不怨，阸穷而不悯。（《孟子·公孙丑上》，《孟子·万章下》、《韩诗外传》卷三略同）
>
> 孔子曰："富而可求，虽执鞭之士吾亦为之。"故阸穷而不悯，劳辱而不苟，然后能有致也。（《韩诗外传》卷一）

"悯"字不见于《说文》，是"闵"的后起加旁俗字。"闵""悯"或作"惛"，表示的当是同一词：①

> 上为天子而不骄，下为匹夫而不惛。（《吕氏春秋·本生》）

按《周易·乾文言》云："是故居上位而不骄，在下位而不忧。"可见此"惛"字当训为"忧"。"惛忧"或同义连用，也可证"惛"亦"忧"也。如《晏子春秋·内篇问上》"景公问欲如桓公用管仲以成霸业晏子对以不能章"云："吴越受令，荆楚惛忧。"

上引《吕氏春秋·本生》语的高诱注云："惛，读'忧闷'之闷。义亦然也。"所谓"'忧闷'之闷"，指的应该是以下一类用法的"闷"字：

> 子曰："龙，德而隐者也，不易乎世，不成乎名。遯世无闷，不见是而无闷。乐则行之，忧则违之。确乎其不可拔，潜龙也。"（《周易·乾文言》）
>
> 君子以独立不惧，遯世无闷。（《周易·大过·大象》）
>
> 蹈忠而行信，终日言，不在尤之内；国无道，处贱不闷，贫而能乐，盖老莱子之行也。（《孔子家语·弟子行》）

《说文·心部》云："闷，懑也。"上举这类"闷"字，前人多解释为"烦闷""烦懑"，应该说这也不是不可以的。但如果跟前举那些意为"忧"的"闵""悯"和"惛"相比较，它们的

---

① "闵"与"惛"音近相通，以及从"门"声、"文"声之字与从"昏"声之字音近相通，古书多见。参看高亨纂著，董治安整理：《古字通假会典》，齐鲁书社 1989 年版，第 150~154 页。

读音和用法都极为接近，应该不会毫无关系。古人也确有将上举那类"悯""惛"跟"闷"解释为同义的。如前引《孟子·公孙丑上》"阨穷而不悯"赵岐注："悯，懑也。"《广雅·释诂》亦云："悯，懑也。"《文选》卷四十三嵇叔夜《与山巨源绝交书》："所谓达能兼善而不渝，穷则自得而无闷。"李善注引《孟子》"柳下惠遗佚而不怨，厄穷而不悯"以说之。以上皆是将"悯"和"闷"解释为同义的。前引《晏子春秋》"荆楚惛忧"，王念孙以《吕氏春秋·本生》高诱注为证云："惛者，闷之借字也……"①《后汉书·张衡传》："不见是而不惛，居下位而不忧，允上德之常服焉。"李贤注："惛犹闷也。《易》曰：'不见是而无闷，乐则行之，忧则违之。'又曰'居上位而不骄，在下位而不忧'也。"这是将"惛"解释为"闷"的。

高诱注说"忧闷之'闷'"，"忧闷"一词亦见于《孔子家语》王肃注。《礼记·儒行》云"儒有不陨获于贫贱，不充诎于富贵"，此语亦见于《孔子家语·儒行》，王肃注云："陨获，忧闷不安之貌。"所谓"忧闷"显系同义连用，可见"闷"亦"忧"也，跟"惛忧"相类。上引《孔子家语·弟子行》语，王肃注释"处贱不闷"说"闷，忧"。可见前举那类"闷"字，在古人那里也是可以跟"闵""悯"和"惛"一样解释为"忧"的。

从以上情况看，古书中这类"闷"字，跟训为"忧"的"闵""悯"和"惛"，即使其所表示的不完全是同一个词，至少也可以认为是读音和意义都非常接近的。文首所引《穷达以时》"莫之知而不笶"的"笶"，当读为古书中这类用作动词、意为"忧"的"闵""悯""惛"或"闷"时，意为"感到忧愁"，应该不会有多大问题。

二、刚之椯、彊之鼓

《郭简·性自命出》简8—9：

　　凡物无不异也者。刚之椯也，刚取之也；柔之8约，柔取之也。四海之内，其性一也。其用心各异，教使然也。……9

　　① （清）王念孙：《读书杂志·晏子春秋第一》"翌州、惛忧"条，江苏古籍出版社2000年影印本，第534页。

其中"刚之桓也，刚取之也"句，①《郭简》第 182 页注六所引"裘按"已经指出："《语丛三》四十六号简：'彊（强）之鼓（尌）②也，彊取之也。'语与此近。"后来又有研究者指出，《荀子·劝学》云"强自取柱，柔自取束"，意义也与简文"刚之桓也，刚取之也；柔之约，柔取之也"相近。③ 这些意见无疑都是很正确的。但对简文和《荀子·劝学》相关的文句究竟应该如何理解，大家却存在很大的分歧。④

我们认为，诸家之说中，刘昕岚的意见是最近于事实的。但从研究现状看，刘说似未引起足够的重视，有必要略作补充论证。

---

① 此句在上海博物馆所藏《性情论》简中残失。

② 郝士宏谓："《说文·木部》'树'之籀文作'尌'，古文字中，从攴旁和从寸旁有时可以通用，所以简文'鼓'很可能就是'树'之籀文'尌'，整理者隶释作'尌'似不确。"见氏著《郭店楚墓竹简考释一则》，《古文字研究》第 23 辑，中华书局、安徽大学出版社 2002 年版，第 143 页。按：所谓"'树'之籀文'尌'"，跟"尌"其实就是一个字。"尌"字左半所从的"壴"即"查"之讹体，跟"鼓"之象形初文"壴"无关。说详裘锡圭《释"尌"》，《龙宇纯先生七秩晋五寿庆论文集》，台湾学生书局 2002 年版，第 189~194 页。

③ 刘昕岚：《郭店楚简〈性自命出〉篇笺释》，《郭店楚简国际学术研讨会论文集》，湖北人民出版社 2000 年版，第 333 页。冯胜君：《读〈郭店楚墓竹简〉札记（四则）》，《古文字研究》第 22 辑，中华书局 2000 年版，第 210 页。

④ 例如，赵建伟读"桓"为"祝""剭"，断也，谓"此言刚之决物，乃由其刚性使然；柔之束物，乃由其柔性使然"。见氏著《郭店竹简〈忠信之道〉、〈性自命出〉校释》，《中国哲学史》1999 年第 2 期，第 36 页。陈伟（《郭店简书〈人虽有性〉校释》，《中国哲学史》2000 年第 4 期，第 7 页；又《郭店竹书别释》，湖北教育出版社 2002 年版，第 182~183 页）、冯胜君（《读〈郭店楚墓竹简〉札记（四则）》，《古文字研究》第 22 辑，中华书局 2000 年版，第 210 页）、郝士宏（《郭店楚墓竹简考释一则》，《古文字研究》第 23 辑，中华书局、安徽大学出版社 2002 年版，第 143 页）皆读"桓"为"柱"训为"断"，陈伟训"约"为"弯曲"，解释为"折断刚强的东西，是利用刚的特性；卷曲柔软的物体，是利用柔的特性"。郭沂（《郭店竹简与先秦学术思想》，上海教育出版社 2001 年版，第 236 页）谓"刚之树也，刚取之也"的前"刚"字指"刚"这种性质，后"刚"字指"刚"类事物；"柔之约，柔取之也"同。解释为"有刚这种性质形成，刚类事物就会接受它；同样，具备了柔这种性质，柔类事物也会接受它"。丁原植（《郭店楚简儒家佚籍四种释析》，台湾古籍出版有限公司 2000 年版，第 36~37 页）从本文下面要详细引到的刘昕岚说释"桓"为"竖立"，谓"简文似指物之坚硬者，可用来竖立，这是取其强硬的性质……物之柔软者，可用来捆束，这是取其柔软的性质"。后来又改释为"坚硬的东西，容易折断，这是因其强硬的本性。柔软的东西，容易卷曲，这是因其柔软的本性"（丁原植：《楚简儒家性情说研究》，台湾万卷楼图书公司 2002 年版，第 73 页）。颜世铉（《郭店楚简散论（三）》，台湾《大陆杂志》第 101 卷第 2 期，2000 年，第 79 页）谓"桓"当读为"敢"，"约"当训为"弱"，解释文意为"个性刚强者，取法乎勇；个性柔顺者，取法乎弱"。李天虹（《郭店竹简〈性自命出〉研究》，湖北教育出版社 2003 年版，第 143 页）读"桓"为"树"，解释为"此言刚性挺立，为刚类事物所利用；柔性屈曲，为柔类事物所利用"。

在刘昕岚之前，李零将"桓"字径释为"树"，无说。① 刘昕岚从之，解释说：

> （《语丛三》的）尌，树立也。《说文·壴部》："尌，立也。"段注："今字通用'树'为之，树行而尌废矣。《周礼》多用尌字。"《语丛三》语既与此文相近，则李零《校读》读桓为"树"，实持之有故，确为可信矣。又，《荀子·劝学》有言"强自取柱，柔自取束"，其义与此段简文亦近，当并参。杨倞注此句曰："凡物强则以为柱而任劳，柔则见束而约急，皆其自取也。"王先谦《荀子集解》则引王引之曰：②"杨说强自取柱之义甚迂。'柱'与'束'相对为文，则柱非谓屋柱之柱也。柱，当读为祝，哀十四年公羊传'天祝予'、十三年穀梁传'祝发文身'，何、范注并曰：'祝，断也。'此言物强则自取断折，所谓太刚则折也。《大戴记》作'强自取折'，是其明证矣。"昕岚案：考《荀子》"强自取柱，柔自取束"之言，实与此处简文"刚之树也，刚取之也。柔之约，柔取之也"意近，如此则"强自取柱"之"柱"，字义应与"树"相关，故此句文义指物强则立而为柱，杨说是而王说非矣！……（"刚之桓也，刚取之也；柔之约，柔取之也"意为）刚者以其性刚，故树而为柱；柔者以其性柔，故用以束物。

刘昕岚认为《荀子·劝学》的"强自取柱"，"文义指物强则立而为柱""杨说是而王说非"，很有见地。③ 王引之读《荀子·劝学》的"柱"为"祝"，其说深入人心，久已成为所谓"改本字读之则怡然理顺"的佳例，④ 但其实是根本靠不住的。

河北大学中文系的杨宝忠先生曾论《荀子·劝学》的"强自取柱，柔自取束"说：

---

① 李零：《郭店楚简校读记》，《道家文化研究》第 17 辑"郭店楚简专号"，生活·读书·新知三联书店 1999 年版，第 504 页。李零最初的理解是"简文是以'树'为直，'约'为曲"，跟刘昕岚说其实不同；后来李零又改从冯胜君说释为"刚物易折，是因为其性太刚；柔物易卷，是因为其性太柔，皆物性使然"，跟刘说相差就更远了。见李零：《郭店竹简校读记（增订本）》，北京大学出版社 2002 年版，第 112 页。

② 王先谦所引王引之说见于王念孙《读书杂志》卷八之一"强自取柱"条，其中引杨倞注"柔则见束"的"则"字王氏家刻本作"自"（江苏古籍出版社 2000 年影印本，第 631 页）。

③ 李天虹说："考虑到简文的'树'字，疑（《荀子·劝学》之）柱当读作本字，亦直立之意。"见氏著《郭店竹简〈性自命出〉研究》（湖北教育出版社 2003 年版，第 143 页），与刘说略同。

④ 此语见（清）王引之《经义述闻》卷三十二"通说下""经文假借"条。高亨、董治安《古字通假会典·前言》（齐鲁书社 1989 年版，第 5 页）论破假借字、改读本字，就举了王引之读"柱"为"祝"之例。

　　此两句意谓坚硬之物用作支柱、柔软之物用于约束，皆由自取，"柱"用作动词，作支柱也，《论衡·幸偶篇》："同之木也，或梁于宫，或柱于桥。"是"柱"字用作动词之证，后起区别字作"拄"。《淮南子·说林篇》："虎豹之文来射，蝯狄之捷来乍。"又《缪称篇》："铎以声自毁，膏烛以明自〈自〉铄；虎豹之文来射，猿狄之捷来措。"与"强自取柱，柔自取束"意同，皆谓自取也。《庄子·山木篇》："直木先伐，甘井先竭。"亦此意。……（王引之）谓"柱"通"祝"，训为"折断"，恐非是。①

所举《论衡·幸偶篇》"柱"字的用法是很有说服力的。

　　杨倞注"凡物强则以为柱而任劳"，实际上并无不通，王引之谓其说"甚迂"，恐怕是带着先入为主的成见的。猜想起来，王说的出发点，可能很大程度上是看到《大戴礼记·劝学》跟《荀子·劝学》相当之句作"强自取折，柔自取束"，就必欲将"柱"跟"折"解释为同义，于是读"柱"为"祝"训为"断折"之"断"。其实，如果将今本《大戴礼记》中与其他古书相重出的部分，跟那些书中的相应篇章加以对照，往往可以发现今本《大戴礼记》的文字有被妄改之处，并不足为据。例如：《大戴礼记·哀公问于孔子》篇又见于《礼记》，篇名作"哀公问"。《礼记·哀公问》中"今之君子好实无厌"一句，《大戴礼记·哀公问于孔子》作"今之君子好色无厌"。王引之指出，此句乃"对上文古之君子与民同利而言"，"'实'谓货财也"；而"大戴作'好色无厌'，乃后人不知古义而妄改之"。② 此即其一例。《大戴礼记·劝学》"强自取折"的"折"字，也应系因为古书习见"太刚则折"一类的说法而被人妄改。

　　古书中"太刚则折"一类的说法如："太刚则折，太柔则卷"（《淮南子·氾论》，又《刘子·和性》）、"刚者折，柔者卷"（《盐铁论·讼贤》）、"夫太刚则折，太柔则卷"（《文子·上仁》），③ "木强则折"（《淮南子·原道》，又《列子·黄帝》）、"金刚则折"（《说苑·敬慎》）、"柔而不可卷也，刚而不可折也"（《淮南子·兵略》）、"柔而不挠，刚而不折"（《说苑·至公》），④ 等等。又马王堆帛书《易之义》第19行说："是故柔而不犰（卷），然后文

---

　　① 杨宝忠：《古代汉语词语考证》，河北大学出版社1997年版，第158~159页。
　　② （清）王引之：《经义述闻》卷十六"好实"条，江苏古籍出版社2000年影印本，第383页。
　　③ 以上四例是冯胜君首先举出与简文对照的，见氏著《读〈郭店楚墓竹简〉札记（四则）》，《古文字研究》第22辑，中华书局2000年版，第210页。
　　④ 陈伟举此例谓"可助于理解简文"，见氏著《郭店简书〈人虽有性〉校释》，《中国哲学史》2000年第4期，第7页；又《郭店竹书别释》，湖北教育出版社2002年版，第182页。

而能朕（胜）也；刚而不折，然后武而能安也。"①仔细体会，它们跟"强自取柱，柔自取束""刚（或'强'）之桓（尌、树）也，刚（或'强'）取之也；柔之约，柔取之也"，意义其实是大不一样的。前者说的是某物自身具有的性质决定了它在遭受外力作用时容易产生的后果，太坚硬则遭受外力容易折断，太柔软则遭受外力容易自己卷起来；后者说的则是某物自身的性质导致人们要拿它来干什么，太坚硬则容易被用作柱子，或被树立起来（承受重量），太柔软则容易被用来捆束其他东西。"太柔则卷"的"卷"和"柔而不挠"的"挠"，都是"卷曲""弯曲"的意思；而"柔自取束"的"束"、"柔之约，柔取之也"的"约"，则都是"约束""捆束"的意思。它们是义各有当的。同理，"太刚则折"的"折"，跟"强自取柱"的"柱"和"刚（或'强'）之桓（尌、树）也，刚（或'强'）取之也"的"桓（尌、树）"，也是义各有当的。《大戴礼记·劝学》把"柱"改为"折"作"强自取折，柔自取束"，就将两类不同的意思糅合到一起了。

再从郭店简字形来讲，《性自命出》从木豆声的"桓"字，应即树木、树立之"树"的异体，②《语丛三》则直接就用"尌（尌）"字。将它们释读为"尌"或"树"，文字的形义与用法统一。如果读为《荀子·劝学》的"柱"，又再破读为训为"断"的"祝"，反而是绕了个大弯。

通过以上辨析，有关的纠葛应该说已经清理得比较清楚了。前引杨宝忠先生解释《荀子·劝学》"强自取柱，柔自取束"句为"坚硬之物用作支柱、柔软之物用于约束，皆由自取"。《性自命出》"刚之树也，刚取之也；柔之约，柔取之也"句理应与之同解。从《性自命出》的上下文意看，此句可以解释为"坚硬之物自己招致被树立（作柱子），是因其性刚；柔软之物自己招致被用以束物，是因其性柔"。我们体会，"强自取柱"及"强（或'刚'）之树也，强（或'刚'）取之也"一类的话，在当时可能是流传很广的熟语。《荀子·劝学》跟《性自命出》出于各自行文的需要，在采入文章时意义各有侧重。二者的不

① 此文"犹"字最初陈松长、廖名春《帛书〈二三子问〉、〈易之义〉、〈要〉释文》释为"狂（？柱）"，见《道家文化研究》第3辑"马王堆帛书专号"，上海古籍出版社1993年版，第430页。此释"犹"系据廖名春：《帛书〈易之义〉释文》，朱伯昆主编：《国际易学研究》第1辑，华夏出版社1995年版，第22页。犹字当分析为从"犬"声，与"卷"音近可通。

② 楚简中"桓"用作"树"的如：包山简250"命攻解于渐（斩）木立（位），且徙其处而桓之，尚吉"。李学勤指出"桓"当读为"树"，简文是讲迁移"斩木位"之处所，重新树立起来，见氏著《"桓"字与真山楚官玺》，《国学研究》第8卷，北京大学出版社2001年版，第173页。李零也说"楚文字中的'树'字多这样写（指写作'桓'）"，见氏著《郭店楚简校读记（增订本）》，北京大学出版社2002年版，第112页。"桓"字另有一类用法是"木豆"之"豆"的专字，见于《说文·豆部》及楚简遣策等（参看李学勤《"桓"字与真山楚官玺》第173页），跟作"树"用的"桓"应该理解为同形字关系。

同之处，在于《荀子·劝学》强调不同事物之所以被派不同的用场，在于其各自所具有的不同的本性，以此来说明上文所讲的"物类之起，必有所始"；《性自命出》则强调，从不同事物所被派的用场，可以看出其"性"本有不同，以此来说明简文上文所讲的"凡物无不异也者"。

三、身欲静而毋款

《郭简·性自命出》简 62—63：

> 凡忧患之事欲任，乐事欲后。身欲静而毋款，虑欲渊而毋忿，**62** 行欲勇而必至，貌欲庄而毋伐：欲柔齐而泊。……**63**

其中"款"字原作"𧨻"，单从字形看确实是左从"言"右从"次"的。战国文字中"欠"旁写作"次"形习见，所以最初研究者多从《郭简》所释将此字隶定作"款"，并在此基础上立论。

刘信芳较早指出，"款"字与包山简 137 反、139 反的"㳂""应是一字之异"。① 按：包山简 137 反"㳂"字作"𤃶"，跟"款"字一样确实是从"言"形的，但出现于包山简 139 反的从辞例看必为"㳂"之异体的那个形体却作"𤃶"，左上所从是"𪒹"形而非"言"形。"𪒹"形在曾侯乙墓钟磬铭文中作为偏旁屡次出现，裘锡圭、李家浩曾提出它应当分析为上从"辛"下从"𣉩(即'昝'字)"，即"昝"的异体。② 陈伟据此在刘信芳说的基础上进一步指出，"款"和"㳂"字所从的实际上并非"言"，而是那类上增从"辛"的所谓"昝"形之省，"款"和"㳂"均应释读为"遣"。③ 大西克也亦有大致相同的意见，认为"款""是'歒'的异

---

① 刘信芳：《郭店竹简文字考释拾遗》，《江汉考古》2000 年第 1 期，第 45 页。
② 裘锡圭、李家浩：《曾侯乙墓钟、磬铭文释文与考释》，湖北省博物馆编：《曾侯乙墓》附录二，文物出版社 1989 年版，第 553~554 页。
③ 陈伟：《郭店楚简〈六德〉诸篇零释》，《武汉大学学报》(哲学社会科学版) 1999 年第 5 期，第 31 页。

体或省写"。① 按：在包山简 96 中，所谓"歔"字两次出现，其中第一例(中间又增从"臼"形)的左上所从作"形"形，可以清楚地看出"畜"形中下半省略掉"自"形后，"臼"形又有所省略而讹变为"口"形、从而导致"畜"形讹省为"言"形的轨迹。② 这一点，史杰鹏在讨论包山简有关文字时早已经指出过了。③

后来，上博所藏《性情论》发表，其中简 27 跟《性自命出》"歔"字相对应的字作"形"，④ 从"畜"从"止"(以下将其隶定为"歱")。"畜"即"畜"形之省写(省去下半之"自")，⑤ 这进一步证明了陈伟、大西克也的意见是正确的。为了强调"歔"形所从本来并非"言"这一点，以下将它隶定为"歔"。

所谓"畜"形及其省体"畜"形、"音"形(省去下半之"臼")，在曾侯乙墓钟磬铭文、包山简和郭店简中作为偏旁(而且可以肯定当是声旁)屡次出现。讨论《性自命出》和《性情论》此字的学者，多从前引裘锡圭、李家浩说将其释为"遣"，读为"谴"或"愆"。⑥ 有的研究者对郭店简中其他从"音"形和"畜"形之字提出了新解，但又大多没有涉及《性自命出》和《性情论》此字。将他们的意见结合起来考虑，可以对《性自命出》和《性情论》此字得出

① ［日］大西克也：《谈谈郭店楚简〈老子甲本〉"鷩"字的读音和训释问题》，《中国出土资料研究》第 4 号，中国出土资料学会，2000 年，第 77 页。不过他在文中认为包山简地名中的"曹"声也写成"言"，"属于一种省写。'曹''言'语音相近，这是诱发这种简化的语音背景"，跟下文所引我们所赞同的史杰鹏的看法不同。

② 参看滕壬生：《楚系简帛文字编》，湖北教育出版社 1995 年版，第 813 页。

③ 史杰鹏：《关于包山楚简中的四个地名》，《陕西历史博物馆馆刊》第 5 辑，西北大学出版社 1998 年版，第 132 页。

④ 马承源主编：《上海博物馆藏战国楚竹书(一)》，上海古籍出版社 2001 年版。

⑤ 下文要举到的《郭简·语丛四》"遹"字，《郭简》(文物出版社 1998 年版，第 219 页)注二〇所引"裘按"已指出其所从的"畜"是"畜"之省写。

⑥ 除陈伟、大西克也外，主张释"遣"的又如黄锡全(《读上博楚简札记》，《新出楚简与儒学思想国际学术研讨会论文集》，2002 年)，刘乐贤(《读上博简札记》，《上博馆藏战国楚竹书研究》，上海书店出版社 2002 年版，第 387 页)，徐在国、黄德宽(《〈上海博物馆藏战国楚竹书(一)缁衣·性情论〉释文补正》，《古籍整理研究学刊》2002 年第 2 期，第 5 页)，白于蓝(《〈上海博物馆藏战国楚竹书(一)〉释注商榷》，《华南师范大学学报》(哲学社会科学版)2002 年第 5 期，第 103 页)，周凤五(《上博〈性情论〉小笺》，《新出楚简与儒学思想国际学术研讨会论文集》，2002 年，第 3~4 页)等。陈伟谓"遣""在此读为'谴'或'愆'，'毋遣(或愆)'与《语丛四》的'弗遣(谴或愆)'一样，是不致获罪的意思"，徐在国、黄德宽，李天虹等均从之；大西克也谓"疑当读作'愆'，意为'过失、过错'"。此外白于蓝将全句读为"凡身欲靖而毋诣(以'歔'从'欠'声与'臽'声可通为说)"，谓"大意是说身行要谦卑但不要诣佞"；李零释读为"健羡"之"羡"。

新的认识。

《郭简·语丛四》简18—21：

> 善事其上者，若齿之事舌，而终弗齧。善[事其友]①者，若两轮之相转，而终不相败。善使其民者，若四时一遄一来，而民弗害也。

又《老子》甲本简22：

> 大曰澨，澨曰远，远曰反。

孟蓬生指出：

> 从读音来看，"齧"字在《语丛四》中与"舌、败、害"三字押韵，这三个字古音在月部。郭店简《老子》之"大曰澨"，今本《老子》作"大曰逝"，马王堆帛书《老子》甲、乙本并作"大曰筮"，"逝"和"筮"同音，古音皆在月部。所以"齧"字及从之得声的"澨"字，跟"逝筮"音同或音近，古音当在月部，应该是没有问题的。②

结合《语丛四》的"齧"和"遄"两字的释读来看，其说当可信。

《语丛四》的"善事其上者，若齿之事舌，而终弗齧"，李零曾经说：

> （"齧"）字与《老子》甲本简22读为"逝"的字所从相同，疑应读为"噬"（"噬""逝"都是禅母月部字）。我们理解，原文此句是说牙齿配合舌头但不咬舌头，故读为"噬"。③

---

① "善"字下原简约残损三字，各家所补不一，此从陈伟《言有殆（语丛四）考释》（待刊稿）补"事其友"三字。补注：该文后以"郭店简《语丛四》考释（七则）"为题收入艾兰、邢文编：《新出简帛研究》，文物出版社2004年版，第323~325页。

② 孟蓬生：《郭店楚简字词考释》，《古文字研究》第24辑，中华书局2002年版，第406页。

③ 李零：《郭店楚简校读记》，《道家文化研究》第17辑"郭店楚简专号"，生活·读书·新知三联书店1999年版，第481页。

这本是很好的意见，但他同时又怀疑可读为"啗"，后来则只取释"啗"一说，似乎放弃了原释读为"噬"的意见。① 孟蓬生、王宁也都主张释为"噬"，② "试把'噬'字代入原句……文从字顺，若合符节"。③

《语丛四》的"善使其民者，若四时一遹一来，而民弗害也"，"遹"字《郭简》原从"裘按"释为"遣"。按：四时之往来皆为自身的动作，说成为他物所"遣"，从意思上看并不很好。李零曾说："(遹)字与'去''往'等义相近，读'逝'亦通。"④但后来他又放弃了此说，改为仍释读作"遣"。⑤ 按：古书"逝"与"来"对言多见，如《楚辞·九歌·少司命》："荷衣兮蕙带，儵而来兮忽而逝。"《管子·内业》："静则得之，躁则失之，灵气在心，一来一逝。"又"逝"训为"往"乃其常训，古书"往"与"来"相对，说四时寒暑"往来"之语习见，如《周易·系辞下》："寒往则暑来，暑往则寒来，寒暑相推，而岁成焉。"所以，"四时一遹一来"释读为"四时一逝一来"文意更胜。古文字从"辵"与从"止"往往无别，"遹"与《性情论》的"歱"当为一字，也许就可以看作"逝"字异体。

以"畲"形之省体"畬"形和"音"形为声旁的字用为"噬"或"逝"，从字形和读音上也是可以得到合理解释的。前引裘锡圭、李家浩在论述"畲"形时曾指出，《说文》"辛"字"读若愆"，"'愆''遣'读音相近，所以'啬'字加注'辛'声"。⑥ "愆"和"遣"跟"噬"和"逝"从古音来讲，其韵部是月元阳入对转的关系；其声母则"愆"和"遣"是溪母，"噬"和"逝"是章组禅母，二者也有密切关系。孟蓬生曾举过不少"㓞"（溪母）声字跟"折"声和"制"声字相通的例子，可为溪母字之"遣"通从"折"声之"逝"的佳证。⑦ 此外又如"磬"（书母）从"殸（磬）"（溪母）得声，"枢"（昌母）从"区"（溪母）得声，同为从"夬"得声的"缺"是溪母字、"唉（啜字异体）"则是昌母字；古书"觭"（溪母）或与"掣"（昌母）相通；⑧ 这些都可以看作

① 李零：《郭店楚简校读记（增订本）》，北京大学出版社 2002 年版，第 46、48 页。

② 王宁认为"其文意实为齿事舌而终不伤害之也。故'嚜'字当是'齧（简体作啮）'或'噬'之本字"，又据《郭简·老子》甲本中的"澨"字，认为"'嚜'当是'噬'之本字"。见氏著《释郭店楚简中的"噬"与"澨"》，简帛研究网（http://www.jianbo.org/Wssf/2002/wangning02.htm），2002 年 8 月 27 日。

③ 孟蓬生：《郭店楚简字词考释》，《古文字研究》第 24 辑，中华书局 2002 年版，第 406 页。

④ 李零：《郭店楚简校读记》，《道家文化研究》第 17 辑"郭店楚简专号"，生活·读书·新知三联书店 1999 年版，第 481 页。

⑤ 李零：《郭店楚简校读记（增订本）》，北京大学出版社 2002 年版，第 46、48 页。

⑥ 裘锡圭、李家浩：《曾侯乙墓钟、磬铭文释文与考释》，湖北省博物馆编：《曾侯乙墓》附录二，文物出版社 1989 年版，第 553~554 页。

⑦ 孟蓬生：《郭店楚简字词考释》，《古文字研究》第 24 辑，中华书局 2002 年版，第 407 页。

⑧ 参看高亨纂著，董治安整理：《古字通假会典》，齐鲁书社 1989 年版，第 667 页"觭与掣"条。

跟"辛"声字与"噬""逝"相通是同类的现象。还有，我们知道，"辛"跟"丯"本为一字，而"丯"字之音"读如辥(薛)"，① 是"乂"和"刈"字的初文，② 其古音在疑母月部，跟禅母月部的"噬"和"逝"也相去不远。如"斥(屏)"从"屰"声、"杵"从"午"声、"烧"从"尧"声、"势"从"执"声等，这些都是谐声系统中章组字以疑母字为声符的例子，跟从"畜""音"形之字或以"丯"为声符而可以表示"噬"和"逝"相类。又疑母月部的"执"字在古文字和古书中都常常用来表示书母月部的"设"字，③ 也是同类的现象。总之，以"畜"形之省体"畜"形和"音"形为声旁的字，跟"噬"和"逝"是有相通之理的。

孟蓬生、王宁都认为"嚜"形中所从的"音"形为"辥"字，④ 我们不能同意。因为只要联系上"畜""畜"两形，就可以知道"音"形只能解释为"畜"形之省。不过"辥"字本身也是以"丯"为声符的，他们在此基础上对"嚜"跟"豁"和"噬"的关系的分析，尤其是孟蓬生所举"韧"声字("豁"从"韧"声)跟"折"声和"制"声字相通的例证，对于说明从"音"声之字之所以能表示"噬"和"逝"，仍然是有很大帮助的。请读者参看。

根据上举众多研究者意见中的合理部分，我认为《性自命出》《性情论》的"款""壴"当释读为"滞"。

从读音来讲，以"畜"形及其省体"畜"形、"音"形为声旁的字既然可以用来表示"逝"和"噬"，那么用来表示跟"逝"和"噬"读音也非常接近的"滞"，当无问题。从"带"得声的字跟从"折"和从"筮"得声之字相通，古书中例子颇多。⑤ 从用字习惯来讲，楚文字中尚未见到"滞"字或其他用以表示"滞"这个词的字，读为"滞"跟楚文字的用字习惯也不存在冲突。

---

① 王国维：《释辥》，《观堂集林》卷六，中华书局 1959 年版，第 279~282 页。

② 裘锡圭：《释"玮""秭"》，《古文字论集》，中华书局 1992 年版，第 35 页。

③ 参看裘锡圭：《释殷墟甲骨文里的"远""狄"(迩)及有关诸字》，《古文字论集》，中华书局 1992 年版，第 7、9 页；又《古文献中读为"设"的"执"及其与"执"互讹之例》，香港大学亚洲研究中心：《东方文化》总第 36 卷第 1、2 号合刊，1998 年。又，如果再进一步猜测，"设"字本身的字形还没有很好的分析办法(《说文·言部》分析为"从言殳"，段玉裁注："会意。言殳者，以言使人也，凡设施必使人为之。"颇为牵强)，它所从的"言"，会不会跟"款"所从的"言"一样，也是来源于"畜"形的讹体、在"设"字中是用作声符的呢？这恐怕也不是完全不可以考虑的。

④ 孟蓬生：《郭店楚简字词考释》，《古文字研究》第 24 辑，中华书局 2002 年版，第 406~407 页。王宁：《释郭店楚简中的"噬"与"澄"》，简帛研究网(http://www.jianbo.org/Wssf/2002/wangning02.htm)，2002 年 8 月 27 日。

⑤ 参看高亨纂著，董治安整理：《古字通假会典》"撢与柰""遭与哲""遭与逝""滞与澄"条，齐鲁书社 1989 年版，第 644 页。

从文意来讲，此处简文下文所说的"貌欲庄而毋伐"，"庄"跟"伐"之间并非如"动、静""刚、柔"那样系完全对立的关系。古书"矜庄"常常连用，"庄"是跟"矜"有密切联系的，"貌欲庄而毋伐"是说容貌要庄重，但要注意不可过于庄重而走向不好的另一方面"矜伐"。"行欲勇而必至"的"勇"和"必至"的关系，跟"庄"和"毋伐"的关系相类。行动勇猛，则往往容易半途而废，所以要强调"必至"即一定要坚持到底。"身欲静而毋滞"同样如此，"滞"是完全的"停滞""凝滞"不动，是简文所反对的。古书"滞"多训为"止"，而且这种"止"偏重指"（过分的、完全的）静止不动"一类义，有不好的、负面的意味。如《吕氏春秋·情欲》云"筋骨沈滞，血脉壅塞"，《淮南子·俶真》云"血脉无郁滞"，又《主术》云"无为者，非谓其凝滞而不动也"，等等。东汉蔡邕《太傅胡广碑》云：

　　佥谓公之德也，柔而不犯，威而不猛，文而不华，实而不朴，静而不滞，动而不躁……①

"静而不滞"可为简文释读为"身欲静而毋滞"之佳证。又《文选》卷十八晋成公子安《啸赋》谓"行而不流，止而不滞"，亦可为参考。

2003 年 8 月据旧稿增订改写

本文蒙裘锡圭师审阅指正，谨致谢忱。

后记：第二则引马王堆帛书《易之义》"柔而不玦（卷）"云云，所谓"玦"字当释读为"𪩲（錔）"。参看裘锡圭主编：《长沙马王堆汉墓简帛集成［叁］》，中华书局 2014 年版，第 99 页注一六。又陈民镇：《据清华九〈治政之道〉补说清华八（六则）》之"一"，《出土文献》第 15 辑，中西书局 2019 年版，第 193~195 页。另此则所论问题，研究者后又多有新说，可参看廖名春：《〈荀子·劝学〉篇"强自取柱，柔自取束"说新释》，《邯郸学院学报》2015 年第 2 期，第 47~51 页。作者现在的看法没有变化。

第三则所论"商"及相关诸字，后出材料与论著颇多。其字形来源与分析尚无定论，可

---

① 见（清）严可均校辑：《全后汉文》卷七十六，《全上古三代秦汉三国六朝文》第一册，中华书局 1958 年版，第 886 页。

参看较晚出的谢明文：《释鲁侯簠"逝"字兼谈东周文字中"噬"字的来源》，收入同作者《商周文字论集续编》，上海古籍出版社 2022 年版，第 91~98 页。与本文所论密切相关者，如《清华简（柒）·晋文公入于晋》2"命讼狱拘执释，遄（滞）责毋有賮（塞／赛）"，"遄"字亦读为"滞"，可与此合证。上引简文断句及"遄（滞）""賮（塞／赛）"之释读皆从冯胜君先生说，见冯胜君：《清华七〈晋文公入于晋〉释读札记一则》，复旦大学出土文献与古文字研究中心网站（http://www.fdgwz.org.cn/Web/Show/3008），2017 年 4 月 25 日；又冯胜君、郭侃：《清华七释读札记二则》之"一"，《古文字研究》第 32 辑，中华书局 2018 年版，第 351~352 页。

2023 年 6 月 23 日

荆门郭店楚简所见关尹遗说[*]

李学勤

　　湖北荆门郭店 1 号楚墓，曾于 1993 年秋遭盗掘，随后经考古学者清理，获得大量竹简，包括《老子》等典籍。[①] 消息于报端披露，[②] 在国内外学术界一时引起轰动。竹简的整理报告还要等一下才能出版，这里只根据有关介绍谈些个人看法，与大家商榷。

　　郭店简的内容涉及儒、道两家学说，儒家方面有《子思子》，道家方面有《老子》。《老子》依简长不同可分为三组，其间三章不见于传世本，有一章最为重要，据介绍是这样的（文字尽量用通用字）：

　　　太一生水，水反辅太一，是以成天；天反辅太一，是以成地。天地〔复相辅〕也，是以成神明；神明复相辅也，是以成阴阳；阴阳复相辅也，是以成四时；四时复相辅也，是以成寒热；寒热复相辅也，是以成湿燥；湿燥复相辅也，成岁而旋，[③] 故岁者，湿燥之所生也。……是故太一藏于水，行于时，迪（周）而或□□□，是万物母。……[④]

---

　　* 原载《中国文物报》（1998 年 4 月 8 日），又载《中国哲学》第 20 辑"郭店楚简研究"专辑（辽宁教育出版社 1999 年版）、氏著《重写学术史》（河北教育出版社 2002 年版），今据《重写学术史》收入。所引《太一生水》释文，"四时复相辅"，简文本脱"相"字；"是万物母"的"是"，简文原已残去。

　　① 湖北省荆门市博物馆：《荆门郭店一号楚墓》，《文物》1997 年第 7 期。
　　② 《我国考古史上又一重大发现——最早的竹简〈老子〉等典籍在荆门出土》，《湖北日报》，1994 年 12 月 15 日。
　　③ 长沙子弹库楚帛书"乃旋以为岁"。楚文字"步"与此有别，见张守中：《包山楚简文字编》，文物出版社 1996 年版，第 20 页。
　　④ 崔仁义：《荆门楚墓出土的竹简〈老子〉初探》，《荆门社会科学》1997 年第 5 期。

这段话显然是对《老子》(王弼注本)第四十二章的引申解说。《老子》该章说：

> 道生一，一生二，二生三，三生万物。万物负阴而抱阳，冲气以为和。

太一生水，是道生一；水辅太一而成天，是一生二；天又辅太一而成地，是二生三。天地相辅，于是成神明、阴阳、四时、寒热、湿燥，所以太一是万物母。此语袭自《老子》第一章"万物之母"。

太一生水这一章晚于传世本《老子》各章，证据是"太一"一词在《老子》中并未出现。《老子》不少地方讲"一"，如第十章、二十二章"抱一"，三十九章"得一"，却不见"太一"。同样，《老子》很推尚水，如第八章"上善若水"，七十八章"天下莫柔弱于水"，但也不曾有"太一藏于水"的观点。太一生水章在思想上和《老子》殊有不同，只能理解为《老子》之后的一种发展。

早期道家作品有谈"太一"的，如《庄子》杂篇里的《徐无鬼》《列御寇》《天下》，《淮南子》的《精神》《本经》《主术》《诠言》，年代都比较晚。因此，太一生水章不可能和《老子》各章是同时的著作，应该是道家后学为解释《老子》所增入。

古书说儒分为八，墨分为三。现在知道，道家在战国时也有若干支派，比如黄老一派和庄子一派就大不相同。那么，太一生水章属于怎样的支派呢？这里不妨做一猜测。

《庄子·天下》篇云：

> 以本为精，以物为粗，以有积为不足，澹然独与神明居，古之道术有在于是者，关尹、老聃闻其风而悦之，建之以常无有，主之以太一，以濡弱谦下为表，以空虚不毁万物为实。

此处以老聃、关尹为一派，其学"建之以常无有"，尚可与《老子》对应，"主之以太一"则不见于《老子》，当为关尹的学说。

关尹乃老子弟子，《史记·老子列传》：

> 老子修道德，其学以自隐无名为务，居周久之，见周之衰，乃遂去，至关(函谷关，一说散关)，关令尹喜曰："子将隐矣，强为我著书。"于是老子乃著书上下篇，

言道德之意五千余言而去，莫知其所终。

《汉书·艺文志》著录有《关尹子》九篇，班固云："名喜，为关吏。老子过关，喜去吏而从之。"

《庄子·达生》和《吕氏春秋·审己》都记有列子请问关尹的事迹。吕书高诱注云："关尹喜，师老子也。"顾实先生《汉书艺文志讲疏》指出列子曾师壶丘子林，而《吕氏春秋·下贤》载郑国子产为相，往见壶丘子林，可见关尹的年代确与老子相及。

《关尹子》一书久已亡佚，今传本乃是伪书。看《吕氏春秋·不二》说"关尹贵清"，与《庄子·天下》引"关尹曰：在己无居，形物自著，其动若水，其静若镜，其应若响，芴乎若亡，寂乎若清"相呼应。仔细品味"其动若水"等语，似乎和"太一藏于水"也有一定的关系。

"太一"的概念，并非道家所独有。如《礼记·礼运》篇为儒门七十子后学所著，中云：

> 是故夫礼必本于太一，分而为天地，转而为阴阳，变而为四时，列而为鬼神。

《吕氏春秋·大乐》篇说：

> 音乐之所由来者远矣，生于度量，本于太一。太一出两仪，两仪出阴阳。阴阳变化，一上一下，合而成章。……天地车轮，终则复始，极则复反，莫不咸当。日月星辰，或疾或徐，日月不同，以尽其行。四时代兴，或暑或寒，或短或长，或柔或刚。万物所出，造于太一，化于阴阳。

这些话，和简文太一生水章都很类似。

《礼运》《大乐》的思想来源是清楚的，就是《易经·系辞上》的"易有太极，是生两仪，两仪生四象，四象生八卦"。互相比较，不难知道太一就是太极。这一点，唐代孔颖达已经悟到，他在《礼记·月令》疏中便说，《老子》讲"道生一"，"与《易》之太极、《礼》之太一，其义不殊，皆为气形之始也"。

太极、太一属于宇宙论的范围。朱伯崑先生在《易学哲学史》中说："在中国哲学史上，关于宇宙形成的理论有两个系统：一是道家的系统，本于《老子》的'道生一'说；一是《周易》的系统，即被后来易学家所阐发的太极生两仪说。"陈鼓应先生的《易传与道家思想》则进一步称："这两个系统之间还存在着交互融合的关系。"实际上，古代传统的宇宙论有久远的渊源，① 至春秋战国之际已趋成熟。老子、关尹一派传流的时期，与《易传》的形成年代相当，他们对当时通行的宇宙论各自做出阐述发挥，其有共通之处，正是很自然的。

所以，荆门郭店楚简《老子》可能系关尹一派传承之本，其中包含了关尹的遗说。

---

① 李学勤：《古代中国文明中的宇宙论与科学发展》，《烟台大学学报》(哲学社会科学版) 1998 年第 1 期。

郭店《老子》简初探*

裘锡圭

1993 年 10 月，荆门市博物馆对已遭盗掘的郭店一号楚墓进行清理发掘，在木椁头箱中发现了八百余枚竹简。① 这批竹简经整理后，已全部发表在《郭店楚墓竹简》(以下简称"《郭店》")一书中。②

在这批竹简中，有七十一枚是抄录《老子》的，其中部分简已残损，个别简出土后经过拼接。整理者根据简的形制、长短，把这七十一枚简分为甲、乙、丙三组。甲组简三十九枚，其内容相当于今本的第十九章、六十六章、四十六章后半、三十章、十五章、六十四章后半、三十七章、六十三章首尾、二章、三十二章、二十五章、五章中段、十六章开头一段、六十四章前半、五十六章、五十七章、五十五章、四十四章、四十章、九章。乙组简十八枚，其内容相当于今本第五十九章、四十八章前半、二十章开头一段、十三章、四十一章、五十二章中段、四十五章、五十四章。丙组简十四枚，其内容相当于今本第十七章、十八章、三十五章、三十一章、六十四章后半。甲、丙二组都抄有第六十四章后半，③

---

* 原载《道家文化研究》第 17 辑"郭店楚简专号"(生活·读书·新知三联书店 1999 年版)，又载氏著《中国出土古文献十讲》(复旦大学出版社 2004 年版)、《裘锡圭学术文集》第 2 卷(复旦大学出版社 2012 年版；2015 年重印)、《老子今研》(中西书局 2021 年版)，今据《老子今研》收入。

① 湖北省荆门市博物馆：《荆门郭店一号楚墓》，《文物》1997 年第 7 期，第 35、46 页。

② 荆门市博物馆编：《郭店楚墓竹简》，文物出版社 1998 年版。

③ 分别见《郭店》老子图版甲 10—13 和丙 11—14。

但文字颇有出入。此外，三组内容无重复。三组简现存总字数为今本《老子》的三分之一左右。①

郭店一号楚墓的发掘者，认为此墓"具有战国中期偏晚的特点，其下葬年代当在公元前4世纪中期至前3世纪初"②。在1998年5月美国达慕思大学艾兰和韩禄伯二位教授召开的"郭店《老子》国际研讨会"（以下简称"达大研讨会"）上，不少与会者认为，关于墓葬年代的说法可改为"前4世纪晚期至前3世纪早期"。墓中所出《老子》简的抄写时间，大概不会晚于公元前300年左右，比已有的《老子》的最古本子——抄写于秦汉之际或汉代初年的马王堆帛书《老子》甲本（以下简称"帛甲本"，马王堆帛书《老子》乙本简称"帛乙本"，泛指两本时称"帛书本"），③ 还早了一百年左右。其所抄《老子》在分章和文字内容等方面，跟帛甲本以下各本有很多不同，对研究《老子》的源流和思想，具有极为重要的意义。本文准备在下列三方面作一些初步的探讨：

第一，郭店《老子》简与"五千言"的关系；

第二，郭店《老子》简所反映的《老子》分章和章次的情况；

第三，郭店《老子》简与《老子》各本在文字内容上的异同。

一

在郭店《老子》简抄写的时候，是否已有篇幅跟帛甲本以下各本大致相同的《老子》，即所谓"《老子》五千言"或"《道德经》五千言"存在呢？郭店的三组《老子》简是从"五千言"或"五千言"的内容较多的摘抄本里摘抄下来的呢，还是在"五千言"这种本子出现之前，流传在社会上的各种"老子语录"中的三种呢？这是郭店《老子》简出土后，很多人首先想到的问题。在"达大研讨会"上没有就这个问题展开讨论，但是不同的看法已经提出来了。

---

① 关于《老子》简的情况，参看《郭店》"前言"第1页。"前言"说："简本现存2046字，约为今本的五分之二。"承彭浩先生见告，此数字是把《太一生水》篇包括在内的。该篇现存305字，如将此数除去，郭店《老子》简现存字数应为1741。甲、丙二组都有第六十四章后半，如再将丙组相当于此章后半的75字减去，则为1666字。所以说三组简现存字数为今本的三分之一左右。

② 湖北省荆门市博物馆：《荆门郭店一号楚墓》，《文物》1997年第7期，第47页。

③ 这两本《老子》见国家文物局古文献研究室编：《马王堆汉墓帛书[壹]》（以下简称"《帛书》"），文物出版社1980年版。下引同【《老子今研》编按：又见湖南省博物馆、复旦大学出土文献与古文字研究中心编纂，裘锡圭主编：《长沙马王堆汉墓简帛集成》，中华书局2014年版。以下简称"《集成》"】。

而且有的学者对郭店《老子》简性质的看法，已经超出了上面所说的两种设想。详情见将要出版的会议论文集【《中国出土古文献十讲》（以下简称"《十讲》"）编按：见邢文编译《郭店老子——东西方学者的对话》，学苑出版社 2002 年版，第 138～143 页等】，这里不想作介绍了。

在这个问题上，我倾向于北京大学哲学系王博先生在会上提出的看法。他说：

> 甲组与乙组、丙组可能由不同的编者在不同的时间完成，但其内容又同见于今传《老子》中。这种情形说明，也许在此之前已经出现了一个几乎是五千余字的《老子》传本。郭店《老子》的甲组与乙组、丙组只是依照不同主题或需要，从中选辑的结果。①

我同意他所说的"在此之前已经出现了一个几乎是五千余字的《老子》传本"的意见。

如果在老聃死后，"五千言"形成之前，确有多种"老子语录"在社会上流传，而郭店的三组《老子》简就是其中的三种的话，就很少有可能出现其内容全部见于"今传《老子》中"的情况。很难设想，在晚于郭店《老子》简的时代，即晚于公元前 300 年左右的战国晚期，有人能把一二百年甚至更长的时间内所流传的多种"老子语录"的内容丝毫不漏地合编成一部"五千言"。所以今天偶然发现的三种"老子语录"，其所抄各章竟然全都见于今传《老子》，就未免显得太过凑巧了【《十讲》编按：参看《郭店老子——东西方学者的对话》第 142 页所记瓦格纳在"达大研讨会"上发表的意见】。

此外，郭店《老子》简中，除了甲、丙二组都抄有今本第六十四章后半之外，三组内容没有重复这一点，也很值得注意。如果它们是"五千言"编成前的三种"老子语录"，彼此重复的部分似乎不可能这样少。反之，把它们看作从"五千言"中有计划地录出的三种摘抄本，这种现象就很好理解了【《十讲》编按：参看《郭店老子——东西方学者的对话》第 142 页所记谭朴森在"达大研讨会"上发表的意见】。

王博先生认为这三组简是按照治国、修身等不同主题，从"五千言"中分别摘录的，"乙组的主题是修身，丙组的主题是治国"，甲组可分两部分，一部分（包括第一到第十及第十四到第十六章，见 1—20 号及 25—32 号简，简号据《郭店》，下同）"主要讨论治国方法"，另一部分（包括第十一到第十三及第十七到第二十章，见 21—24 号及 33—39 号简）

---

① 王博：《郭店〈老子〉为什么有三组?》，"达大研讨会"资料，1998 年。

"主题是关于道、天道与修身的"。① 这些意见是否完全合乎事实尚待研究，但是这三组简的摘录看来确是经过筹划的，不然彼此的重复不可能这样少。

有些章显然是有意抄在一起的，例如甲组 10 号简下段至 18 号简上段，接连抄了四个章，按甲组各章本身的次序是第六至第九章。第六章即今本第六十四章后半，开头一段说："为之者败之，执之者远（当从丙组作'遂（失）'）之。是以圣人亡（无）为古（故）亡（无）败，亡（无）执古（故）亡（无）送（失）。"【《十讲》编按："送"当从赵平安说改释为"逸"，其文见《古文字研究》第 22 辑。《老子今研》编按：该文又收入氏著《新出简帛与古文字古文献研究》，商务印书馆 2009 年版，第 42~46 页】第七章即今本第三十七章，开头就说"道恒亡（无）为"。第八章即今本第六十三章，开头就说"为亡（无）为"。第九章即今本第二章，有"是以圣人居亡（无）为之事，行不言之教"之文。这四章都讲到"无为"，抄在一起决非偶然。又如甲 21—23 这二简抄有两章，前一章自简首抄起，后一章结束后不再接抄他章，自成一个段落。前一章即今本第二十五章，章中屡次提到天地。后一章相当于今本第五章中段，开头就说"天地之间"。这大概也不是偶然的。至于甲组和丙组都抄有第六十四章后半，究竟是什么缘故，还有待进一步研究。

20 世纪 30 年代，唐兰先生作《老子时代新考》，指出《庄子·天下》以及《韩非子》的《六反》和《内储说下·六微》所引老聃的话，都见于今本《老子》；《韩非子》的"《解老》和《喻老》所解所喻的《老》"，也"和今本《老子》大致差不多"；因此断定"在孔子卒后二百年左右，有一本业已流传的著作和今本《老子》差不多，当时人以为是老聃的语录，这大概是很真确的事实"。② 我们根据郭店《老子》简也可以断定，至晚在战国中期，已经有《老子》"五千言"在社会上流传了。

《史记·老子韩非列传》说老聃"居周，久之，见周之衰，乃遂去。至关，关令尹喜曰：'子将隐矣，强为我著书。'于是老子乃著书上下篇，言道德之意五千余言而去"。司马迁认为"五千言"为老聃所亲著，这当然不大可能是事实。但从情理推测，"五千言"似应跟儒家的《论语》一样，为学派宗师的弟子或再传弟子，总之是离宗师的时代不远的人所编成的。③ 老子言论的广泛传播，当在"五千言"编成之后。很难设想，老子死后会有多种内容很不一样的语录在社会上流传，而且直到战国晚期才有人把它们合编成一部"五千

① 王博：《郭店〈老子〉为什么有三组？》，"达大研讨会"资料，1998 年。
② 罗根泽编著：《古史辨》第 6 册，上海古籍出版社 1982 年版，第 599~600 页。下引同。
③ 附带说一下，《论语》中有孔子弟子的言论，《老子》中当然也可能有老子弟子的言论。

言"。

　　唐兰先生在《老子时代新考》中推测,《老子》的形成与《墨子》的形成同时,当在战国早期。① 《老子》的形成是否与《墨子》同时,是很难说的。但是把《老子》形成的时代定在战国早期,还是比较合理的。如果《老子》确为老聃的弟子或再传弟子所编成,其成书年代很可能在公元前 5 世纪中叶或稍晚一些的时候,下距郭店《老子》简的时代一百几十年。

　　为了行文方便,下文把郭店《老子》简所从出的《老子》称为"简本"。前面说过,甲、丙二组分头抄录的第六十四章后半,在文字上有不少出入。这说明当时流传的《老子》已有不少异文,不同的本子大概不会少,甲、乙、丙三组所根据的本子至少有两种。但是由于具体情况不明,我们只能笼统地把它们称为"简本"。

<h1 style="text-align:center">二</h1>

　　《老子》简本的规模应该跟今本大体相同,但是从郭店《老子》简可以看出,简本在分章、章序和文字内容等方面,跟今本都有不少差别。本节先讨论章序和分章方面的问题。在进行讨论之前,有必要先介绍一下郭店《老子》简抄写方法中与章序和分章有关的一些情况。

　　如果不计重文号和合文号,郭店《老子》简使用了三种形式的标点符号▬、■、ㄴ。我们依次称之为"小横""墨块"和"钩"。从它们所占的位置来看,墨块大都是抄写时所加的,小横大都是阅读时所加的。钩也见于郭店简的《成之闻之》篇(40 号简)和《性自命出》篇(35、67 号简),是表示一个大段落甚至一篇的终结的。在《老子》简中,钩见于甲 32、39两简,由钩号至简末尾都留有较大的空白。甲组各简本来可能就分为两部分,甲 32、39分别是这两部分的最后一简。墨块和小横用得比较多。墨块主要表示一章的结束(郭店简的《缁衣》篇,每章之末都有这种墨块),但有时也用来表示句的结束,如见于甲 1 的三个墨块和甲 2 的第一个墨块。乙 2"克"字下的墨块是重文号之误,情况特殊。小横多数加在句末,但有时也加在两章之间,如甲 6"此恒足矣"和甲 27"足下"之下的小横。乙 6"是胃(谓)宠辱惊"句"辱"下有小横,可能表示此处抄脱一"若"字,情况特殊。

　　在郭店《老子》简中,有一些章是从简首开始抄写的。其中有一章就自成一个段落的,

---

　　① 　罗根泽编著:《古史辨》第 6 册,上海古籍出版社 1982 年版,第 606~608、629 页。

即此章抄完并加墨块后，在同简上不再接抄他章（有时墨块下已无抄写余地，可能原来是与从简首抄起的某一章前后相接的，但多数在墨块下尚有余地），例见甲 24 号简及丙 4—5、丙 6—10、丙 11—14 等组简；也有接抄另一章或多章后才成一段落的，例见甲 21—23、甲 1—20、乙 1—8 等组简。甲组还有两个包含数章的段落，最后所加的符号是钩，见甲 25—32、甲 33—39。按照上文对钩号性质的看法，甲组其他段落原来似应分属这两个段落，或都属于其中一个段落，位置应在其前。三组中各个段落原来的确切位置，现在都已经无法知道了。

在包含两个以上章的段落之中，抄完一章后往往加上墨块，然后再接抄他章。有时还在墨块下空出两或三字的空位，然后再抄他章，见甲 18、35 两简。但不加符号就接抄他章的情况也并不罕见，例见甲 5、10、13、乙 15 等简。用来分章的小横，大都应为阅读者所加。所以在这些地方，抄写时大都也应是不加符号就接抄他章的。要介绍的情况就是以上这一些。

下面先讨论章序问题。这个问题很不好讨论。既然三组中各个段落原来的确切位置已经无法知道，它们在《郭店》图版上的位置，当然就不能用作讨论章序的根据了（参看《郭店》"凡例"第四条）。同一段落中各章的次序，似乎可以用作讨论的根据。可是我们已经肯定郭店《老子》简（以下简称"郭简"）是摘抄，既然如此，其所抄各章的次序就不一定符合简本各章原来的先后次序。我们很难根据《解老》《喻老》引用《老子》之文的次序，来研究其所据《老子》原来的章序。① 同样，我们也很难根据郭简的章序，来研究简本的章序。关于简本章序的线索虽然不能说一点没有，但确实极为有限。

如果按照今传王弼、河上公等八十一章本中各章的序数，来看郭简的章序，绝大部分章序都显得杂乱无章，但有两处与今本密合。一处是甲 27—32，先抄第五十六章，接着抄第五十七章。一处是丙 1—3，先抄第十七章，接着抄第十八章。这种相合应该不是偶然的。后一例比较特殊，因为第十七、十八两章在简本中本应为一章，详下文。至于第五十六、五十七两章的接抄，很可能反映了简本原来的章序。这就是说，这两章的次序，简本跟今本很可能相同。

《解老》《喻老》在这方面的情况，跟郭简相似。其所引《老子》各章的次序，有三处与今本密合。《解老》第八至十一段解说第五十八章，第十二至十六段解说第五十九章，第十

---

① 参看金谷治：《关于帛书〈老子〉》讨论上下篇次序的部分，《道家文化研究》第 3 辑"马王堆帛书专号"，上海古籍出版社 1993 年版，第 303 页。

七、十八两段解说第六十章。①《解老》倒数第二段解说第五十三章，最后一段解说第五十四章。《喻老》第六段解说第六十三章，第七段解说第六十四章。看来简本和《解老》《喻老》所据本的章序，都至少有一部分是跟今本相合的。至于这部分所占的分量到底有多大，就难以判断了。

《史记》说老子"著书上下篇"。今传各本皆分两篇，帛书本亦同，只是篇序与今本相反。帛乙本两篇之末分别写有"德"和"道"的篇名。简本是否分篇，目前无法判断。好像已有学者指出，古人将《老子》分篇，主要应该从篇幅是否适度考虑的，以"道"和"德"名篇，取的是各篇首章首句中的字，与《诗经》篇名同例，并无深意。所以简本是否分篇，倒并不是一个重要问题。

帛书本各篇内的章序与今本基本一致，但仍有三处不同。第二十四章在帛书本中位于第二十一、二十二两章间（章名从今本，下同）。第四十、四十一两章在帛书本中相倒。第八十、八十一两章在帛书本中位于第六十六、六十七两章之间。简本比帛书本早了一百年左右，章序与今本不合之处可能要比帛书本多得多。简本即使分上下篇，各篇所包含的章，也不见得会跟帛书本以下各本完全相同。下面讨论分章问题时，将会提到简本和今本的章序可能有异的一些例子。

在分章方面，从郭简可以比较明确地看出简本与今本的一些不同。②

今本有些章在简本中本是或可能是独立的两章或三章，下面分条加以说明。

1. 第六十四章在简本中本为两章。

王弼本第六十四章全文如下：

其安易持，其未兆易谋，其脆易泮，其微易散。为之于未有，治之于未乱。合抱之木，生于毫末。九层之台，起于累土。千里之行，始于足下。为者败之，执者失之。是以圣人无为故无败，无执故无失。民之从事，常于几成而败之。慎终如始，则无败事。是以圣人欲不欲，不贵难得之货；学不学，复众人之所过，以辅万物之自然而不敢为。

———————————

① 所举段数据王先慎《韩非子集解》本，下同。
② 在分章方面，我们的有些意见，跟郭沂《从郭店楚简〈老子〉看老子其人其书》一文中的有关意见相同或相近。文载《哲学研究》1998年第7期，有关意见见第49~50页。

从文义看，前半的中心思想是"为之于未有，治之于未乱"，自"为者败之"（简本、帛书本"为"下皆有"之"）以下的后半的中心思想是"无为"。以这两部分构成一章，是很不自然的。

在郭简中，甲、丙两组都抄有此章后半，已见前述。甲组又抄有此章前半，见甲25—27，与所抄此章后半不相连接，中间为他章隔开。

《喻老》所释《老子》中也有第六十四章的内容。其第七段释第六十四章开头两句，第十至十二共三段释第六十四章最后"是以圣人欲不欲"（《喻老》所引无"是以圣人"四字）以下几句。中间的第八、九两段，则分别释第五十二和七十一章中的句子。其对第六十四章前后两半的句子的解释，为对他章句子的解释所隔开。

以郭简和《喻老》互证，可以断定当时读《老子》的人，是把第六十四章的前后两半看作独立的两章的。在简本和《喻老》所据之本中，这两章间很可能还隔有他章。

第六十四章的前后两半，在帛书本中是相连的。帛书本的篇内各章，彼此都是连接抄写的。帛乙本完全不用分章号，帛甲本偶尔在章前加小圆点。可惜第六十四章前半之末"始于足下"句的"下"字和后半开头的一些字，在帛甲本中已经残去，不知其间原来是否有分章圆点。① 因此，帛书本时代的人究竟把第六十四章的前后两半看成一章还是两章，还难以判断。

如果在简本和《喻老》所据本中，第六十四章的前后两半间的确隔有他章，这便是此二本的章序与帛书本以下各本不同的一个例子。下面各条涉及之章，在章序问题上大都有类似情况，不再一一说明。

2. 第四十六章在简本中似本为两章。

王弼本第四十六章全文如下：

> 天下有道，却走马以粪。天下无道，戎马生于郊。祸莫大于不知足，咎莫大于欲得。故知足之足，常足矣。

"祸莫大"句之上，各本皆有"罪莫大于可欲"一句（郭简作"辠莫厚乎甚欲"，又"祸""咎"

---

① 见《马王堆汉墓帛书［壹］》"老子甲本及卷后古佚书图版"（以下简称"甲本图版"）57 行【《老子今研》编按：又见《集成》第 1 册，第 97 页 57 行。陈剑缀出"下"字小片，参看《集成》第 4 册，第 33 页注一三七】。

二句互倒，且亦有异文），王本误脱。此句以下文字，与前面"天下有道""天下无道"两句，在文义上没有明显的联系。王弼注牵合前后两段作解，十分勉强。

此章后段的内容见于郭简甲 5—6，前段"天下有道"等两句则不见于郭简。帛甲本有此章全文，但在"天下有道"之上和"罪莫大于可欲"之上都加了分章圆点。① 彭浩先生以郭简与帛甲本互证，断定第四十六章后段本是独立的一章。② 其说可从。"天下有道"等两句大概已见于简本，也应是独立的一章。

3. 第五十二章在简本中似本为三章。

王弼本第五十二章全文如下：

> 天下有始，以为天下母。既得其母，以知其子。既知其子，复守其母，没身不殆。塞其兑，闭其门，终身不勤。开其兑，济其事，终身不救。见小曰明，守柔曰强。用其光，复归其明，无遗身殃，是为习常。

郭简乙 13 抄有相当于此章中段，即自"塞其兑，闭其门"（简文此二句相倒）至"终身不救（简文作从'止''来'声之字）"一段的文字。此章前后段的内容皆不见于郭简。看来，此章中段在简本中应为独立的一章。此章前中后三段文字，在文义上都没有明显的联系。如果这三段全都见于简本，当时人应该是会把它们看成独立的三章的。

帛甲本有第五十二章全文，但在"天下有始"句和"塞其闷（'阅'之误字，通'兑'）"句之上，都加有分章圆点，③ 可以与郭简互证。可惜帛甲本"见小曰明"句之"见"字已残去，其上是否有分章圆点已不可知。

4. 第五章在简本中似本为三章。

王弼本第五章全文如下：

> 天地不仁，以万物为刍狗。圣人不仁，以百姓为刍狗。天地之间，其犹橐籥乎? 虚而不屈，动而愈出。多言数穷，不如守中。

---

① 甲本图版 18—19 行【《老子今研》编按：又见《集成》第 1 册，第 95 页 18—19 行】。

② 彭浩：《关于郭店楚简〈老子〉整理工作的几点说明》，"达大研讨会"资料，1998 年。

③ 甲本图版 29—30 行。"闷"为"阅"之误字，为《帛书》释文部分 7 页注 18 之说【《老子今研》编按：又见《集成》第 1 册，第 96 页；《集成》第 4 册，第 21 页注八〇】。

郭简甲 23 抄有与此章中段，即自"天地之间"至"动而愈出"一段相当的文字。此段前后的文字皆不见于郭简。看来此段在简本中应是独立的一章。此段以及其前的"天地不仁""圣人不仁"二句和其后的"多言(当从帛书本等作'闻')数穷，不如守中"句，彼此在文义上都没有明显的联系。如果它们都见于简本，当时人应该是会把它们看成独立的三章的。不过"多言数穷"句只有八个字，也有可能是在简本之后的时代由他章错入此章的。

5. 第二十章在简本中似本为两章。

郭简中有相当于今本第二十章开头一段的内容。由于这段文字在简文中究竟迄于何处尚有疑问，我们在讨论分章问题之前，先讨论一下这个问题。

郭简乙 4—8 抄有相当于今本第二十章开头一段和第十三章全章的文字。现在把前者和后者的开头部分的释文写在下面(原文所用之字为字书所无或罕见者，以通用字代替。本文引简除特殊情况外皆用此例。为了说明的方便，下引简文中原来用以断句或分章的短横仍予保留，外加方括号，以与我们所加的标点相区别)：

绝学亡(无)忧。唯与可，相去几可(何)？美与亚(恶)，相去可(何)若？人之所畏，亦不可已(以)不畏[-]人宠辱若惊，贵大患若身……

按照原有的断句小横，简文与今本第二十章开头一段的末句"人之所畏，不可不畏"相当之句为"人之所畏，亦不可以不畏"，与今本第十三章首句"宠辱若惊"相当之句为"人宠辱若惊"。后一句句首"人"字实嫌多余，帛书本亦无此字。尤其值得注意的是，帛乙本与今本第二十章"人之所畏，不可不畏"相当之句，作"人之所畏，亦不可以不畏人"，句末正好有一个"人"字。①

刘殿爵先生在研究帛书本时曾指出，"人之所畏，不可不畏"的意思是"别人所畏惧的，自己也不可不畏惧"，"人之所畏，亦不可以不畏人"的意思则是"为人所畏惧的——就是人君——亦应该畏惧怕他的人"。② 两相比较，帛书本的意思显然比今本好。而且此句末如无"人"字，按当时汉语通例，就不应说"不畏"而应说"弗畏"。"弗畏"犹言"不畏

---

① 见《帛书》"老子乙本及卷前古佚书图版"(以下简称"乙本图版")234 行下。帛甲本此句基本残去【《老子今研》编按：《集成》整理者新缀入一片碎片后，指出"甲本原文无疑应同于乙本、北大本及郭简，句末有'人'字"，参看《集成》第 4 册，第 50~51 页注七五】。
② 刘殿爵：《马王堆汉墓帛书〈老子〉初探(下)》，香港《明报月刊》1982 年 9 月号，第 35 页。

之"，"之"即指"人之所畏"的事物。① 简文既说"不畏"，其后便应该有"人"字。所以简文此句应同于帛书本，"宠辱若惊"句上的"人"字原应属于此句，"不畏"与"人"之间的短横应为阅读者所误加，其正确位置应在"人"字之下。

今本第二十章在"人之所畏"句之后，还有"荒兮其未央哉"至"我独异于人而贵食母"一大段。帛书本亦有此段，只不过文字稍有出入。此段与上文在文义上不连贯，如已为简本所有，一定是独立的一章。

6. 第四十五章在简本中似本为两章。

王弼本第四十五章全文如下：

> 大成若缺，其用不弊。大盈若冲，其用不穷。大直若屈，大巧若拙，大辩若讷。躁胜寒，静胜热，清静为天下正。

郭简乙 13—15 抄有与上引之章相当的文字，其句序与所用之字与今本颇有出入。"大辩若讷"句，简文作"大成若诎"（此异文在下节中将加以讨论），"大直（简文作'植'）若屈"句在此句之后。尤其值得注意的是，简文在"大直若屈"句下加墨块后，才接抄与今本"躁胜寒"相当的"桌胜蒼（凔）"句以下的文字。前面讲过，墨块除用作章末符号外，也可以用作句号。但是"躁胜寒"以下一段与前面的"大成若缺"一段，在文义上明显缺乏联系。所以我怀疑"大直若屈"下的墨块是用作章末符号的，这两段是独立的两章。这两章在简本中就应该是前后相次的，后来的本子沿袭了这种章序，以致这两章最后被误认成了一章。

附带说一下，甲 18—20 抄有相当于今本第三十二章的文字，甲 19"万勿（物）将自宾"句下有墨块，也有可能是用作分章符号的。不过下面的一段文字中有"始制有名"等语，似与第三十二章的首句"道恒（今本作'常'）亡（无）名"相照应。从这一点看，又不应分为两章，有待研究。

从以上所举的例子看，在《老子》流传的过程中，原来独立的章可能有不少被三三两两地合并成了一章。前面说过，帛书本篇内各章是连接抄写的，乙本完全不用分章号，甲本

---

① 关于"不""弗"的用法，可参阅刘殿爵：《马王堆汉墓帛书〈老子〉初探（上）》，香港《明报月刊》1982 年 8 月号，第 15 页。刘文说"'不'字不包含代名词宾语在内，但用'弗'字时，第三人称代名词宾语就必定省略不用"，并举了今本《老子》由于把"弗"改为"不"而使文义模糊或改变的不少例子。今按：古汉语中"不""弗"的用法问题是很复杂的。在有些情况下，用"弗"字时，动词仍可带第三人称代词宾语。不过刘先生的说法对古本《老子》基本适用。

只是偶尔用分章号。郭简用分章号较多，但两章相连而无章号相隔的情况也是屡见的。由于存在这种抄写习惯，相邻之章很容易被人误认为一章。此外，章的合并还可能跟有些传授者想把章数凑成七十二、八十一等有一定意义的数目有关。

这里应该说明一个问题。简文某一章的内容只相当于今本相应之章中的一段的现象，不能都用今本的一章在简本中本为两章或三章的模式来解释。有时，不见于简本的段落跟见于简本的段落，在意义上是有较明显的联系的，甚至是不可分割的。例如郭简乙 3—4 抄有相当于今本第四十八章前半的内容：

> 学者日益，为道者日员（损）。员（损）之或员（损），以至亡（无）为也，亡（无）为而亡（无）不为。

王弼本此下还有"取天下常以无事。及其有事，不足以取天下"之文。帛书本亦有此文，只不过文字稍有出入。此文之义与上文有比较明显的联系，虽然不能说没有原为独立的一章的可能，但是为简本时代之后的人所添加的可能性也是存在的。又如甲 24 抄有相当于今本第十六章开头一段的文字，末句为"各复其堇（根）"。王弼本此句作"各复归其根"，其下尚有"归根曰静，是谓复命"至"没身不殆"一段文字。帛书本亦有此段，只不过文字稍有出入。此段文义紧承上文，显然不能独立。如果不是郭简只取此章一部分的话，此段文字就应该是后加的。

在《老子》流传的过程里，有没有原来的一章被分割为两章的现象呢？通过郭简可以发现一个这样的例子。

郭简丙组由四个段落组成。其中三个段落都只有与今本的一章或半章相当的内容：丙 4—5 所抄与第三十五章相当。丙 6—10 所抄与第三十一章相当。丙 11—14 所抄与第六十四章后半相当，前面已经说过，这半章在简本中也是独立的一章。唯有丙 1—3 这个段落，所抄的相当于今本中前后相连的两章，即第十七和十八章。但是简文在相当于第十七章和相当于第十八章的文字之间，未加任何表示区分的符号。而且今本第十八章的首句为"大道废，有仁义"，简文则作"古（故）大道废，安又（有）仁义"，句首有"故"，语气是承接上文的，显非一章的首句。所以今本第十七、十八两章，在简本中肯定是一章。由此又可知丙组的四个段落，每个段落都只抄一章，情况非常一致。

从文义上看，第十七章所说的"太上下知有之""功成事遂，百姓皆谓我自然"，可以理解为"大道行"之时的现象，"其次亲而誉之"等等则是"大道废"之后的现象；以第十八章的"大道废，有仁义"等语上承这些话，是很自然的。所以简本不分章肯定合于《老子》原貌。

在帛书本中，"大道废"之上仍有"故"字，① 可见此章尚未被分为两章。分此章为两章，大概是"故"字脱落以后的事。

在《老子》流传的过程中，原来的一章被分为两章的情况大概很少发生。《老子》分章方面的变化，其主要趋势是合而不是分。

<h1 style="text-align:center">三</h1>

郭简的文字内容，跟《老子》各本有不少相异之处，除去简文讹误所造成的差异外，大都对《老子》的研究有重要意义。就是其文字内容跟《老子》各本或其中部分或个别本子相合之处，有时也能对解决《老子》研究中所存在的问题起重要作用。例如：上一节中曾引过乙组简中与今本第二十章开头一段相当的内容，其首句跟今本一样，也是"绝学无忧"。此句与其下文在文义上的联系不明显，因此过去很多研究《老子》的人，都认为此句原应上属第十九章。② 郭简中也有相当于今本第十九章的文字（见甲1—2），但与相当于第二十章开头一段的文字不相接。"绝学无忧"句并不在前者之末，而仍在后者之首。可见此句原属第十九章的说法是难以成立的。关于郭简与《老子》各本在文字内容上的异同，有大量研究工作要做，这是长期的任务。在本节中，只能挑少数例子来讨论一下。

1. 关于第十八、十九章。

王弼本第十八章之文如下：

　　大道废，有仁义。慧智（他本多作"智慧"）出，有大伪。六亲不和，有孝慈。国家昏乱，有忠臣。

---

　　① 甲本图版125行、乙本图版233行上【《老子今研》编按：又见《集成》第1册，第100页125行，第146页59行上】。

　　② 参看陈鼓应：《老子今注今译及评介（二次修订本）》，台湾"商务印书馆"1997年版，第123页注⑥【《老子今研》编按：陈氏《老子今注今译及评介（参照简帛本最新修订版）》（商务印书馆2016年版，第150页）已将此句改置于二十章之首了】。

第十九章之文如下：

> 绝圣弃智，民利百倍。绝仁弃义，民复孝慈。绝巧弃利，盗贼无有。……

今传他本及帛书本都没有影响实质性内容的异文。

第十八章把"仁义"放在与"大伪"相类的地位上，第十九章明确主张"绝圣弃智""绝仁弃义"，显然是对儒墨提倡仁义、推崇圣贤的反动，不是年辈比孔子还要略早些的老聃所能有的思想。过去把《老子》的时代往后拉的学者，往往以此为论据。① 对主张《老子》反映老聃思想的学者来说，这确是很难解决的一个矛盾。

其实，在上举这两章之间以及这两章与《老子》他章之间，就存在着明显的矛盾。第十九章说"绝仁弃义，民复孝慈"，孝慈是被肯定的。但在第十八章中，孝慈却与仁义一样，跟绝对属于被否定之列的"大伪"并列。第十九章说"绝圣弃智"，而《老子》全书中却经常以"圣人"指称道德最高的人。早在二三十年代之间，唐兰先生就在《老聃的姓名和时代考》中指出："……'圣人'在《老子》里凡二十九见【《十讲》编按："圣人"在今本《老子》中实出现三十一次】，足见老子是推崇圣人的，而第十七章(引者按：当作"第十九章")却说'绝圣弃智，民利百倍'，自相矛盾，那一节怕也有后人搀入的。"② 有人认为"绝圣弃智"的"圣"与"圣人"的"圣"异义，这是为了弥缝矛盾而硬做文章。

郭简的出土，使上述那些矛盾都得到了解决。

第二节里说过，今本的第十七、十八两章在简本中是一章。此章后半相当于今本第十八章之文，如下(见丙2—3)：

> 古(故)大道废，安(用法同"焉"，可训"乃")又(有)仁义；六新(亲)不和，安又(有)孝慈；邦家缙(昏)乱，安又(有)正臣。

---

① 例如顾颉刚先生在写于20世纪30年代初的主张《老子》成书在《吕氏春秋》之后的文章里就说："我以为在没有儒家提倡仁义以前，《老子》说的'绝仁弃义'是无意义的。"见《从〈吕氏春秋〉推测〈老子〉之成书年代》，罗根泽编著：《古史辨》第4册，上海古籍出版社1982年版，第464页。他还认为"绝圣弃智"是在战国末年才会出现的思想，见上引书第516页。

② 罗根泽编著：《古史辨》第4册，上海古籍出版社1982年版，第351页。

其中并无与今本"慧智出，有大伪"相当之句。此句应是在简本之后的时代添加进去的，并非《老子》原本所有。老子并未以仁义、孝慈与大伪相提并论。

郭简中与今本第十九章相当之文如下【见甲1—2。《十讲》编按：此文的释读有误，请参看《纠正我在郭店〈老子〉简释读中的一个错误——关于"绝伪弃诈"》一文。"绝伪弃诈"应改释为"绝为——亦可作'伪'——弃虑"，"季子"不应改读为"孝慈"。又"鞭"应读为"辩"，当另文讨论(《老子今研》编按：参看《老子今研》所收《关于〈老子〉的"绝仁弃义"和"绝圣"》)】：

> 绝智弃鞭(辩)，民利百倍。绝攷(巧)弃利，眺(盗)惻(贼)亡(无)又(有)。绝伪弃悎(诈)，民复季〈孝〉子(慈)。……

原来老子既不"绝圣"，也不"绝仁弃义"。他在这一章中所反对的，只是智辩、巧利、伪诈。[1] 这是相当朴素的思想，在老子的时代当然是可以有的。显然是简本之后的时代的某个或某些传授《老子》的人，出自反儒墨的要求，把"绝智弃辩"改成"绝圣弃智"，把"绝伪弃诈"改成"绝仁弃义"，并由于"绝仁弃义"的分量比"绝巧弃利"重，而把"绝仁弃义"句移到"绝巧弃利"句之前的。这种窜改以及第十八章"慧智出"句的窜入，在战国晚期就应该已经完成了。而且经过窜改的本子，大概相当快地就把原来的本子排挤掉了。这从帛书甲、乙两本都属于这种窜改本的系统，就可以看出来。

《庄子·胠箧》说："故绝圣弃知，大盗乃止【《十讲》编按：《庄子·在宥》也说"绝圣弃知而天下大治"】。……削曾、史之行，钳杨、墨之口，攘弃仁义，而天下之德始玄同矣。"究竟是《胠箧》篇作者所见到的《老子》已是经过窜改的本子呢，还是《老子》的窜改就是受到《胠箧》篇的这种思想影响的人所进行的呢，这是今后需要研究的一个问题。

明白了第十八、十九两章的原貌，回过头来看《老子》全书，就可以看出老子的确没有绝仁弃义的意思。第十八章说"大道废，有仁义"，第三十八章说"故失道而后德，失德而后仁，失仁而后义，失义而后礼"，第五章说"天地不仁，以万物为刍狗。圣人不仁，以百姓为刍狗"，意思都是一样的，即强调仁义的境界低于道德，道德丧失了才会讲仁义。天

---

[1] 关于"辩""诈"等字的释读，详我在"达大研讨会"上的发言《以郭店〈老子〉简为例谈谈古文字的考释》，待刊【《十讲》编按：此文已载于《中国哲学》第21辑，辽宁教育出版社2000年版。《老子今研》编按：已收入《老子今研》，见第1~11页】。

地、圣人都是合乎道的，所以他们都"不仁"。老子推崇道，当然要这样说，但是这并不意味着他"绝仁弃义"。第十八章把仁义、孝慈、忠臣并提。前面已经说过，孝慈在第十九章中是受肯定的【《十讲》编按：据简本，"孝慈"本当作"季子"，所以不能说十九章肯定孝慈，但六十七章以"慈"为"三宝"之一，可见老子至少不会绝弃"孝慈"】。第三十八章说："夫礼者，忠信之薄而乱之首也。"可见老子也不会把忠臣看成是坏的。"忠臣"，帛书本作"贞臣"，简本作"正臣"，显然也不是受否定的。那么，仁义当然也不会被老子绝弃。陈鼓应先生在"达大研讨会"上，曾举今本第八章的"与善仁"，来说明老子肯定仁。① 这一句帛乙本作"予善天"，②《老子》原本是否用"仁"字还难以肯定。但老子并不反对仁这一点是千真万确的。

一般称之为"黄老"的"道法家"，也是不绝弃仁义的。③ 我们当然不能把老子跟道法家等同起来，也不能把他们对仁义的态度完全等同起来。但是他们之间的实际距离，显然没有我们过去所想象得那么大。

2. 关于第二十五章。

王弼本第二十五章之文如下：

> 有物混成，先天地生，寂兮寥兮，独立不改，周行而不殆，可以为天下母。吾不知其名，字之曰道，强为之名曰大。大曰逝，逝曰远，远曰反。故道大，天大，地大，王亦大。域中有四大，而王居其一焉。人法地，地法天，天法道，道法自然。

郭简中有此章，见甲21—23。以简文与《老子》各本对照，有以下一些值得注意之处：

(1) 各本首句皆同(帛书本"混"作"昆"，二字通)，而简文则作"有䆋蟲成"。《郭店》第116页注五一："䆋，从'屮''百'声(引者按：'百'与'首'为一字异体)，疑读作'道'。"今按：此章下文有"吾(简无此字)不(简作'未')知其名，字之曰道"之语，首句如说"有道混成"，文章就不通了。郭店简《五行》篇36号简也有"䆋"字，《郭店》第153页注

---

① 陈鼓应：《初读简本〈老子〉》，"达大研讨会"资料，1998年。

② 乙本图版223行下。帛甲本此句有脱文【《老子今研》编按：乙本图版又见《集成》第1册，第147页49行下】。

③ 参看拙文《马王堆〈老子〉甲乙本卷前后佚书与"道法家"》，已收入拙著《古代文史研究新探》(江苏古籍出版社1992年版)及《文史丛稿》(上海远东出版社1996年版)【《老子今研》编按：又载《裘锡圭学术文集》第5卷，第271~285页】。

四七说："牆，帛书本（引者按：指马王堆帛书《老子》甲本卷后古佚书中的《五行》篇）作'婆'，解说部分作'莊'。'牆'从'爿'声，与'莊'可通。"此言甚是。见于《老子》甲 21 的"牆"，无疑也应分析为从"百（首）""爿"声，依文义当读为"状"。"状"也是从"爿"声的。《老子》第十四章形容"道"的时候，有"是谓无状之状，无物之象，是谓惚恍"之语。"有状混成"的"状"就是"无状之状"的"状"。

（2）今传各本在"独立不改"（河上公等本"不"上有"而"字）句下，皆有"周行而不殆"（景龙碑等少数本子无"而"字）一句。帛书本无此句。高明先生在《帛书老子校注》（以下简称《校注》）中，指出此句当为后人所加。① 简本亦无此句，对高说有利。

（3）"可以为天下母"句，今传各本除范应元本、司马光本"天下"作"天地"外，皆同王本。前人有因此章上文有"先天地生"句，而主张此处当从范本者。帛书本此处正作"天地"，似可证成此说。② 但是简文此处却作"天下"，与王本等大部分今本相合，使此说又显得可疑了。当然，我们也不能因为郭简早于帛书本，就认为《老子》原本一定作"天下"。在第一节里已经说过，在郭简的时代，《老子》已有不少异文。郭简完全有可能误用与原本不符的异文。我们从本章中就可以找出实例。此章"四大"的次序，各本皆为道、天、地、王，唯独郭简作"天大，地大，道大，王亦大"，与下文"人法地，地法天，天法道"之序不合，显然不会是《老子》原貌。

简本同于帛书本而异于今本之处很多，但同于今本而异于帛书本之处也颇有一些。跃进《振奋人心的考古发现——略说郭店楚墓竹简的学术史意义》一文，在指出《老子》"帛书本与竹简本比较相近"以后，又根据简本与帛书本不合而与今本相合的例子，指出"帛书与竹简不是同一传承系统"。文中说：

> 第十五章王弼本"古之善为士者"，"士"字，帛书本作"道"。高明注："河上公本'古之善为士者'注：谓得道之君也，显见原本'士'当作'道'。"（引者按：高说引自《校注》，此书还指出"傅奕、楼古二本'士'作'道'"，见 290—291 页）但是，竹简本正作"士"，与河上公本、王弼本同。说明先秦传本如此，不能遽以论定原本即作"道"，各有不同传本。同一章有"孰能"排比句，今传各本均有，唯帛书无（引者按：指帛书本无"孰能"二字，非谓全无以"孰能"开头的两句。据《校注》295—296 页，遂

① 高明：《帛书老子校注》，中华书局 1996 年版，第 349 页。
② 参看高明：《帛书老子校注》，中华书局 1996 年版，第 349~350 页。

州、顾欢二本亦无"孰能"二字，并非"今传各本均有"。今本中还有只在前一句用"孰能"者）。高明注："今本中'孰能'二字，无论出现一次或两次，皆后人所增，非《老子》原有。"但是，早于帛书本的竹简本就有"孰能"二字，不能说"皆后人所增"。只能说有不同的传本。①

这段话在细节上与实际稍有出入，我们已在按语中指出；其主旨则是很正确的。上面所说的"天下"和"天地"的异文，也是这方面的一个例子。

如果从今本出发看问题，则今本的异文往往有的同于帛书本，有的同于简本。我们所举的"天下""天地"，跃进先生举的"为士""为道"以及"孰能"二字的有无，都是如此。在我们现在所讨论的第二十五章中还有这样的例子。今本"周行而不殆"上一句，王弼等本作"独立不改"，河上公等本作"独立而不改"。在"而"字有无的问题上，前者同简本，后者同帛书本。本条之(6)要讲到的"居""处"异文，也是一例。这些说明今本的异文往往各有传承。下文中还会接触到这类例子，不再一一点明。

从以上所说的情况来看，从先秦到汉代，《老子》的不同本子显然已经很多了。今本的异文当然有很多是在汉代之后才产生的，但也有很多是从较早的时代的不同本子传下来的。即使是不见于郭简和帛书本的异文，也不能完全排斥其从先秦或汉初的本子传下来的可能性。总之，情况极为复杂。我们校释《老子》，必须十分谨慎，切忌鲁莽下断语。

(4)简文中与各本"大曰逝，逝曰远"之"逝"相当的字作"澨"。《郭店》第116页注五三谓此字"待考"。此字左从"水"，右边所从之字当是声旁。曾侯乙编钟音律铭文中屡见用为此字声旁的那个字，其异文作"滰"，当是"澨"的异体。我和李家浩先生在《曾侯乙墓钟、磬铭文释文与考释》中，认为它们在钟磬铭文中所代表的词"很可能就是与'遣'音近的'衍'。'衍'字古训'溢'，训'广'，训'大'，有'延伸'、'扩大'、'超过'一类意思"。详细考释见那篇文章。② 简文此字大概也应该读为"衍"。从文义上看，"大曰衍，衍曰远"是讲得通的【《十讲》编按：郭店简和上博简中从"音"得声之字，多应读为"噬""逝"等字。此处所讨论之字，应从孟蓬生等学者之说，依今本读为"逝"。参看陈剑《郭店简补释三篇·三、身欲静而毋訹》及简帛网站上发表的各家有关文章。陈文载《古墓新知——纪念

---

① 《文史知识》1998年第8期，第40~41页。
② 湖北省博物馆编：《曾侯乙墓》上册附录二，文物出版社1989年版，第553~554页。

郭店楚简出土十周年论文专辑》，国际炎黄文化出版社 2003 年版】。

(5) 今传各本中，"王亦大"有作"人亦大"的。近代学者或以作"人"者为是。高明先生因帛书本作"王亦大"，反对此说。① 简文也作"王亦大"，对高说有利。

(6) "王亦大"下一句，帛书本作"国中有四大，而王居一焉"，② 简文作"囿中又（有）四大安，王尻一安"。

囿，《郭店》误释"國"，我在校读此书原稿时失校。此字亦见云梦秦简，是"囿"字异体。③ "有"与"域"古音相近可通。④ "囿"从"有"声，亦可与"域"相通。⑤ 简文之"囿"，跟帛书本的"國"一样，似皆应从今本读为"域"。

今本"王"字下动词，王弼、河上公等大多数本子作"居"，景龙碑本、傅奕本作"处"。蒋锡昌曰："按王注'处人主之大也'，是王本'居'作'处'。《淮南·道应训》引亦作'处'。"朱谦之曰："作'处'是也。"⑥敦煌写本亦作"处"。⑦

此字帛书本作"居"，简文作"尻"。《郭店》释文在"尻"字下加括号注"居"字。《说文·十四上·几部》："尻，处也。从尸，得几而止。《孝经》曰'仲尼尻'。尻谓闲居如此。"盖以此字为居处之"居"的本字。但楚简实用此字为"处"。包山楚简第 32 号简以"居尻名族"连言可证。⑧ 李零先生在提交给"达大研讨会"的《读郭店楚简〈老子〉》一文中已指出："尻，乃'处'字。……似不必注为'居'。"这是很对的。今本作"居"者与帛书本合，作"处"者与简本合。

3. 关于第三十一章。

王弼本第三十一章之文如下：

夫佳兵者不祥之器，物或恶之，故有道者不处。君子居则贵左，用兵则贵右。兵

---

① 高明：《帛书老子校注》，中华书局 1996 年版，第 352 页。

② 甲本图版 142 行、乙本图版 240 行下【《老子今研》编按：又分别见于《集成》第 1 册，第 101 页142 行，第 149 页 66 行下】。

③ 张守中：《睡虎地秦简文字编》，文物出版社 1994 年版，第 93 页。

④ 高亨纂著，董治安整理：《古字通假会典》，齐鲁书社 1989 年版，第 370 页。

⑤ 杨树达谓秦公簋之"竈囿"，即《诗·商颂·玄鸟》之"肇域"，见《积微居金文说（增订本）》，科学出版社 1959 年版，第 45 页。

⑥ 以上参看朱谦之：《老子校释》，中华书局 1984 年版，第 103 页。

⑦ 据郑成海：《老子河上公注斠理》，台湾"中华书局"1971 年版，第 169 页。

⑧ 滕壬生：《楚系简帛文字编》，湖北教育出版社 1995 年版，第 1007 页。

者不祥之器，非君子之器，不得已而用之。恬淡为上，胜而不美。而美之者，是乐杀人。夫乐杀人者，则不可以得志于天下矣。吉事尚左，凶事尚右。偏将军居左，上将军居右，言以丧礼处之。杀人之众，以哀悲泣之，战胜以丧礼处之。

此章王弼无注，自宋代以来有不少人认为不是《老子》原来所有，或认为有注文羼入。① 但帛书本却有这一章，文字与今本并无太大出入，可见旧说是不可信的。②

郭简亦有此章，其文如下（见丙 6—10）：

> 君子居则贵左，甬（用）兵则贵右。古（故）曰：兵者□□□□□（引者按：疑原文作"不祥之器也"或"非君子之器"），[不]得已而甬（用）之。铦缠为上，弗嫩（美）也。嫩（美）之，是乐杀人。夫乐□（引者按：疑原文是"杀"），[不可]以得志于天下。古（故）吉事上左，丧事上右，是以鞭（偏）将军居左，上将军居右，言以丧礼居之也。古（故）杀[人众]，则以哀悲位（莅）之，战胜则以丧礼居之。

除了王弼本章首的"夫佳（帛书本无此字）兵者不祥之器（帛书本此下有'也'），物或恶之，故有道（帛书本作'欲'）者不处（帛书本作'居'）"一整句，以及"兵者不祥之器，非君子之器（帛书本作'故兵者非君子之器也，兵者不祥之器也'）"句中的半句，为简文所无外，二者的字句是大体相应的。上举的简文所无之文，疑为后加。但从帛书本已有其文来看，加入之时当亦颇早。

以简文与《老子》各本中相应字句作对照，有以下一些可注意之处：

（1）王弼本"恬淡"二字，今传各本于"淡"字或有异文，但音义实无别。此二字帛甲本作"铦袭"③，帛乙本作"铦憺"④，帛书整理小组皆读为"恬淡"⑤；简文作"铦缠"，整理者亦疑当读作"恬淡"⑥。

---

① 参看罗根泽编：《古史辨》第 4 册，上海古籍出版社 1982 年版，第 315、462 页；郑成海：《老子河上公注斠理》，台湾"中华书局"1971 年版，第 207~208 页。

② 参看高明：《帛书老子校注》，中华书局 1996 年版，第 387~396 页。

③ 甲本图版 156 行【《老子今研》编按：又见《集成》第 1 册，第 102 页 156 行】。

④ 乙本图版 246 行下【《老子今研》编按：又见《集成》第 1 册，第 149 页 72 行下】。

⑤ 国家文物局古文献研究室编：《马王堆汉墓帛书［壹］》，文物出版社 1980 年版，释文第 15 页注 59、99 页注 34。

⑥ 《郭店》第 122 页注一一。我加在此注后的按语谓"铦"字之释可疑，不确，附正于此。

远在帛书本和郭简出土之前，劳健在《老子古本考》中就指出"用兵而言恬淡，虽强为之词，终不成理"，他认为"恬淡""乃'铦锐'之讹，谓兵器但取铦锐，无用华饰也"。简文和帛书甲、乙本皆用"铦"字，可见劳氏实有卓识。但他以下一字为"锐"字之讹，则不可信。简文"铦"下一字从"纟""龏"声。"龏""龚"同音，与"工""功"都是见母东部字。此从"纟""龏"声之字似当读为"功苦"之"功"。《国语·齐语》"辨其功苦"韦注："功，牢也。"《管子·七法》"器械不功"尹注："功谓坚利。"铦功为上，就是说兵器以坚利为上。"龏""龍"上古音相近，《说文·三上·収部》说"龏"从"龍"声。所以帛乙本的从"心""龍"声之字也可读为"功"。帛甲本的"襲"应是从"龍"声之字的形近讹字。"襲""淡"二字上古音相距不远。"襲"属邪母，"淡"属定母。"襲"本以从二"龍"之字为声旁，此字即属定母。"襲"属缉部，"淡"属谈部，两部有旁对转关系。可能有人将"铦襲"一类异文读为"恬淡"，遂为今本所袭用【《裴锡圭学术文集》重印本按：从图版看，帛甲本之字实非"襲"，张松如《老子说解》(齐鲁书社 1998 年版，第 182、184 页)释为"龐"，似可从。"龐"从"龍"声，与乙本之"懼"、简文之"纏"音亦相近，此处谓帛甲本之"襲"为形近讹字等语应删】。

(2)"铦功为上"之下一句，简文作"弗美也"，帛书本作"勿美也"，皆紧接上句而言，也应是就兵器说的。传世各本及敦煌写本中，此句有作"故不美"或"故不美也"的。[①] 语气也是紧接上句的。"弗美"犹言"不美之"，[②] 疑是《老子》原本之旧，没有说出来的"之"即指兵器。帛书本改"弗"为"勿"，传本或改为"不"，与简文距离不大。王弼本作"胜而不美"，加上"胜而"二字，就把讲兵器的话变成讲用兵的话了。老子的原意是说，兵器是在不得已的情况下使用的东西，只要锋利坚固合于实用就好，不应加以装饰使之美观(即劳健所谓"无用华饰")，如果这样做，那就是以杀人为乐了。

老子所处的春秋晚期，正是王公贵族刻意追求兵器精致华美之时，从古书中的吴越铸剑传说和徐君羡慕季札宝剑等故事就可以看出来。出土春秋晚期兵器，有的器身有美丽暗纹，有的有黄金或宝石装饰，正是"美"兵的实例。所以老子会有上引那段话。

(3)帛甲本中与王弼本"杀人之众，以哀悲泣之"相当之句，作"杀人众，以悲依(哀)立之"。[③] 帛乙本此句有残缺处，"之"上一字亦作"立"。[④]

---

① 参看高明：《帛书老子校注》，中华书局 1996 年版，第 391~392 页。
② 关于"弗""不"，参看本文"二"之"5. 第二十章在简本中似本为两章"第三条注释。
③ 甲本图版 158 行【《老子今研》编按：又见《集成》第 1 册，第 102 页 158 行】。
④ 乙本图版 247 行下【《老子今研》编按：又见《集成》第 1 册，第 149 页 73 行下】。

传世各本，"泣之"上二字多作"悲哀"，只有范应元本同王本，作"哀悲"。《校注》第395页说："王本'哀悲'二字，《道藏》王本则作'悲哀'，与帛书甲、乙本同（引者按：此二字帛乙本实已残去）。可见老子原本如此。"但简文此二字却作"哀悲"，与王本同。原本情况似尚难断定。

与今本"泣"字相当之字，帛书本作"立"，简文作"位"，整理者都读为"莅"，无疑是正确的。罗运贤早在1928年印行的《老子余义》中，就认为此章"泣"字"当为'涖'之讹"，① 可谓卓识。

4. 关于第三十五章。

王弼本第三十五章之文如下：

　　执大象，天下往。往而不害，安平大。乐与饵，过客止。道之出口，淡乎其无味，视之不足见，听之不足闻，用之不足既。

郭简中有此章，见丙4—5，以简文与《老子》各本对照，有以下一些值得注意之处：

（1）此章第一字，今传各本及帛书本皆作"执"，只有简文作"埶"。"执大象"当然讲得通，但"埶大象"也可以讲通。"埶"字上古音与"设"相近，殷墟卜辞、马王堆帛书、武威汉墓所出《仪礼》简以及《荀子》等书中，都有以"埶"为"设"的用例，② "埶大象"也可以读为"设大象"。《易·系辞·上》："圣人设卦观象，系辞焉而明吉凶。"《易·观卦·彖传》："圣人以神道设教而天下服。"《韩诗外传·卷五》："上设其道而百事得序。""设大象"的"设"，用法跟上举各例相似。"执""埶"形近，在古书和出土文献中都有互讹之例。《老子》原本究竟作"执大象"抑作"埶大象"，尚难断定【《十讲》编按：魏启鹏先生在《楚简〈老子〉柬释》中指出《国语·齐语》言西周时代"设象以为民纪"，并谓"西周旧制的'设象'，犹是陈列形之于文字的政教法令，以为万民所观所诵，《老子》书中的'大象'则升华为无形无声的大道之象"，见《道家文化研究》第17辑，生活·读书·新知三联书店1999

---

① 据朱谦之《老子校释》（中华书局1984年版，第128页）转引。

② 参看拙文《释殷墟甲骨文里的"远""狱"（迩）及有关诸字》（拙著《古文字论集》，中华书局1992年版，第7页及有关注文【《老子今研》编按：又载《裘锡圭学术文集》第1卷，第174页】），及《简帛古籍的用字方法是校读传世先秦秦汉古籍的重要根据》（曹亦冰主编：《两岸古籍整理学术研讨会论文集》，江苏古籍出版社1998年版，第524~528页【《老子今研》编按：又载《裘锡圭学术文集》第4卷，第465~467页】）。

年版，第 253～254 页。据此，"埶大象"当是《老子》原文】。

（2）"安平大"之"安"，一般理解为"安宁"，但王引之认为应训为"乃"。他在《经传释词》卷二"安、案"条中说："安，犹于是也，乃也，则也。字或作'案'，或作'焉'，其义一也。……《老子》曰'往而不害，安平大'，言往而不害乃得平泰也。"上面引过的李零《读郭店楚简〈老子〉》指出，简文用作"焉"的"安""均无宀旁"，与简文中一般"安"字有别。这是可信的【《十讲》编按：李文关于简文"安"字的说法，从全部郭简看有例外，但对老子简可以这样说】。此章"安平大"之"安"，正好没有"宀"旁，可以证成王引之的说法。

（3）此章末句，王弼本作"用之不足既"，他本"不足"皆作"不可"。"不足"乃"不可"之误，前人早已指出。① 简文末句与他本（包括帛书本）有一个重要的不同之处，即开头无"用之"二字（今本有的无"之"字），而有"而"字。这也许合乎《老子》原貌。"不可既"指道之内蕴不可穷尽，似乎不必专从"用"的角度来说这一点。

5. 关于第五十七章。

王弼本第五十七章之文如下：

> 以正治国，以奇用兵，以无事取天下。吾何以知其然哉，以此。天下多忌讳，而民弥贫。民多利器，国家滋昏。人多伎巧，奇物滋起。法令滋彰，盗贼多有。故圣人云：我无为而民自化，我好静而民自正，我无事而民自富，我无欲而民自朴。

郭简有此章，见甲 29—32。以简文与各本对照，有以下一些值得注意之处：

（1）此章首句"以正"下动词，部分敦煌写本和日本古抄本以及遂州本等作"之"。据马叙伦研究，此字在河上公本中原来也作"之"。② 过去有人认为敦煌写本等作"之"，是为了避唐高宗李治之讳。帛书本此字作"之"，已使其说破产。简文亦作"之"，可证明作"之"之本确有很古的依据。

（2）"吾何以知其然哉"句后，今本大都有"以此"二字，只有严遵《老子指归》本等少数本子没有。帛书本亦无此二字，高明先生在《校注》中指出，此二字实不应有，今本有此二字，乃后人窜入，理由十分充足（见第 103 页）。简文亦无此二字，为高说添一强证。

---

① 参看高明：《帛书老子校注》，中华书局 1996 年版，第 416 页。
② 以上参看郑成海：《老子河上公注斠理》，台湾"中华书局"1971 年版，第 344 页；高明：《帛书老子校注》，中华书局 1996 年版，第 101～102 页。

（3）今本"天下多忌讳而民弥贫"以下四句，一般传本只在第一句中间用"而"字，只有傅奕本第三句也用"而"字，范应元本四句皆用"而"字。帛书甲、乙两本此段文字皆有残缺，但可以看出四句也都用"而"字。① 简文此段文字如下：

> 夫天多期韦，而民尔（弥）畔；民多利器，而邦慈（滋）昏；人多智，而哦勿（物）慈（滋）起，法勿（物）慈（滋）章，眺（盗）恻（贼）多又（有）。

前面两句有"而"字，"人多智"下也有"而"字，但"法物滋章"下则无"而"字。如果不认为简文有误脱，这段文字就只能分为三句。这三句，前面表条件的小句都以"多"为谓语的主体，后面表结果的小句用副词"弥""滋"，语法很有规律。第三句中表结果的小句有三个，最后一个小句用了"多"字，但用法跟条件小句中的"多"并不相同，仍跟"弥""滋"一样，是用为副词的。帛书本以下把这段文字当作四句来看，最后一句就变成在条件小句中用"滋"字了。这显然是不合适的。所以我认为简文应是比较接近原本的，后人为求句子长短整齐，把这段文字分成四句，失去了原意。

（4）简文中与各本"天下多忌讳而民弥贫"相当的文字，是"天多期韦而民弥畔"。《郭店》释文把"期韦"读为"忌讳"，把"畔"读为"叛"。从语音上讲是完全可以的，但语义似难通。我怀疑"期韦"当读为"期违"，指约期和违期，"违"字用法与《孟子·梁惠王上》"不违农时"之"违"相似。"天多期违"当指天时变化太多和天时不正常等情况。老子虽然把道置于天之上，仍未完全把天看作自然的天。天法道，圣人也法道。圣人是有意志的，天也不一定没有神性。老子把鬼神甚至天帝也置于道之下，这也并不等于否定他们的存在。所以他说"天多期违"并不可异。我们应该注意不要把老子现代化。

"畔"读为"叛"，在古书里有不少实例。但是"叛"这种比较典型的动词，一般不用"弥"来修饰。"民弥畔"的"畔"究竟应该读为何字，还需要研究。我怀疑它就是"贫"的音近讹字。在农业社会里，天时不正，人民当然就要贫穷了。

从以上所说来看，简文此句可能比较接近原本。大概后人把"期韦"误读为"忌讳"（帛乙本已作"忌讳"，帛甲本此二字残去），由于"天多忌讳"语义难通，就在"天"字下加上了"下"字【《老子今研》编按：本文对"期韦"和"畔"的意见是错误的，"期韦"仍应据各本读为"忌讳"，指天用来告诫下民的特异的天象。此句之意当为"天越频繁地示警于民，民越

---

① 以上参看高明：《帛书老子校注》，中华书局 1996 年版，第 104～105 页。

不听话"。参看《中国古典学重建中应该注意的问题》一文对此句的解释，收入《裘锡圭学术文集》第 2 卷，第 339~340 页】。

（5）今本"人多伎巧"句，有些本子作"民多知（或作'智'）慧"或"人多知巧"，敦煌写本或作"民多知巧"，帛甲本作"人多知"（帛乙本此句残去）。① 高明先生认为此句原来当作"人多知巧"，帛甲本此句当脱一"巧"字，并把帛乙本的缺文补为"人多知巧"。② 简文此句作"人多智"，与帛甲本同（帛甲本"知"字当读为"智"）。《老子》原本此句有没有"巧"字，似尚难断定【《老子今研》编按：《集成》帛乙本整理者已据衬页反印文释为"人多知（智）"，断定此处本无"巧"字。参看《集成》第 4 册，第 202 页注八九】。

（6）今本"奇物"，帛甲本作"何物"（帛乙本此二字已残去），③ 简文作"哉勿（物）"（《郭店》释文误"哉"为"载"）。一般把它们都读为"奇物"。此章上文"以奇用兵"句的"奇"字，帛书本作"畸"，简文作"载"。"何物"之"何"与"哉物"之"哉"，似乎不应该也都读为"奇"。疑此二字皆应读为"苛刻""苛细"之"苛"。傅奕、范应元二本"奇物"作"衰事"。"物"字本可训"事"。《诗·大雅·烝民》"有物有则"毛传："物，事也。"《周礼·地官·大司徒》"以乡三物教万民"郑注："物犹事也。"例不胜举。"苛物"犹言"苛事"，"苛"字用法与"苛政""苛礼"之"苛"相类【《老子今研》编按：北大本 55 号简此句正作"苛物"。参看北京大学出土文献研究所编：《北京大学藏西汉竹书［贰］》，上海古籍出版社 2012 年版，第 132 页】。

（7）今本"滋彰（或作'章'）"上二字，王弼等本作"法令"，河上公等本作"法物"，帛书本及简文亦作"法物"（帛乙本"法"字虽残去，"物"字尚存）。看来，作"法物"的比较可靠。但河上公注以"好物""珍好之物"释"法物"，恐不可据。朱谦之说："强本成疏'法物犹法令'（引者按：强本指唐强思齐《道德真经玄德纂疏》，成疏指成玄英疏），知'法令'义优。《淮南子·道应训》、《文子·道原篇》、《史记·酷吏列传》、《后汉书·东夷传》引并作'法令'。'物'字盖涉上文'奇物'二字而误。"④朱氏认为"法物"为"法令"之误，不确。但如我们关于"苛物"的看法基本合乎事实，"法物"很有可能确是指法令一类事物而言的。

---

① 以上参看高明：《帛书老子校注》，中华书局 1996 年版，第 105 页；郑成海：《老子河上公注斠理》，台湾"中华书局"1971 年版，第 347 页。

② 高明：《帛书老子校注》，中华书局 1996 年版，第 104~106 页。

③ 甲本图版 41 行、乙本图版 193 行下【《老子今研》编按：又见《集成》第 1 册，第 96 页 41 行，第 145 页 19 行下】。

④ 朱谦之：《老子校释》，中华书局 1984 年版，第 232 页。

黄钊先生认为"法物""似当释为'著有法律条文的实物'",如刑鼎之类。① 可供参考。

(8)章末四个排比句的次序,简文与帛书本以下各本不同,但对文义无影响。简文句序与他本不同但不影响文义之例颇有一些,下面第 7 条中还会碰到一个例子。

6. 关于第三十章末的三句话。

今本第三十章末的三句话,王弼、河上公等本作"物壮则老,是谓不道,不道早已"。有些传本有异文,但不影响文义,此三句亦见第五十五章末。从文义上看,它们跟第三十章上文的关系,不如跟五十五章上文的关系密切。姚鼐《老子章句》认为第三十章末的三句是衍文。帛书本此二章末皆有此三句(文字与今本稍有出入,但不影响文义),《校注》第 386 页在引了姚鼐之说后说:"今从帛书甲、乙本谶之,《德经·含德》(引者按:即第五十五章)与本文(引者按:即第三十章)皆有此十二字,乃同文复出者,非衍文也。姚说非是。"

郭简中既有与今本第三十章相当的内容,也有与今本第五十五章相当的内容,分别见甲 6—8 和甲 33—35。后者章末有"勿(物)壮则老,是胃(谓)不道"两句,前者章末则无此文。由此看来,姚鼐的意见很可能是正确的。上引简文无"不道早已"一句,不知是偶然遗脱,还是简本原无此句。如属后一种情况,此句应是在简本与帛甲本之间的时代添入的。

7. 关于"大直若屈"等三句。

王弼本第四十五章之文如下:

> 大成若缺,其用不弊。大盈若冲,其用不穷。大直若屈,大巧若拙,大辩若讷。躁胜寒,静胜热,清静为天下正。

今传其他各本多同王本,有的有异文,但亦不影响文义。

此章内容见于郭简。"躁胜寒"以下原来似应别为一章,上节已加说明。此章简文中与今本"大直若屈"等三句相当之文如下(见乙 14—15):

> 大攷(巧)若仳(拙),大成若诎,大植(直)若屈。

句序与今本有异,且无"大辩若讷"句而有"大成若诎"句。此句首二字与章首二字重复,

---

① 黄钊:《帛书老子校注析》,台湾学生书局 1991 年版,第 309 页。

句义难以索解，需要参考《老子指归》和帛书本，才能把问题弄清楚。

清人易顺鼎《读老札记》说："《道德指归论(引者按：即《老子指归》异名)·大成若缺篇》'大巧若拙'下又云'是以赢而若诎'，疑所据本有'大赢若诎'一句，无'大辩若讷'一句。"高明先生指出，帛甲本与今本"大直若屈"等三句相当之文，作"大直如诎，大巧如拙，大赢如炳"，古音"内""出"相近，"如《广韵》十四《黠》：'豽'，别体作'貀'(引者按：《尔雅·释兽》：'貀，无前足。'《经典释文》：'貀，本又作豽。')"，《道德指归论》的"赢而若诎"与帛甲本的"大赢如炳"相应，可证"易说至确"，"今本'大辩若讷'乃为后人窜改"。① 所言极是。

帛乙本此章残缺殊甚，由章首至"躁胜寒"之前的文字，只剩下分别见于两小块已与帛书其他部分脱离关系的残片上的"盈如冲其"四字和"巧(此字只残存下端，从整理小组释)如拙"三字，以及与左边邻行尚未断开的连在"躁胜寒"之上的一个"绌"字。② 高明先生参照帛甲本，把帛乙本的这段残文复原如下：

[大成若(引者按：从下句残文看，此字似以复原作"如"为妥)缺，其用不敝。大]盈如冲，其[用不穷。大直如诎，大巧]如拙，[大赢如]绌。③

这也是可信的。

帛书整理小组误以为甲本的"大赢如炳"有脱文，"原文当作'大赢如绌，大辩如讷'。炳，即讷字之误"。其乙本释文把有关文字复原如下：

[大直如诎，大辩如讷，大]巧如拙，[大赢如]绌。

高明先生已经指出了此释文误加"大辩如讷"句的错误④【《老子今研》编按：《集成》整理者据衬页反印文及新缀残片将乙本有关文字释定为"……[大]盈如冲，亓(其)用不穷。大巧如拙，大直如屈，大程(赢)如绌"。证实了原释文和原注之误。参看《集成》第4册《老子

① 高明：《帛书老子校注》，中华书局1996年版，第44页。所引帛甲本之文见甲本图版17~18行【《老子今研》编按：又见《集成》第1册，第95页】。
② 乙本图版182行下【《老子今研》编按：又见《集成》第1册，第143页8行下】。
③ 高明：《帛书老子校注》，中华书局1996年版，第42~43页。
④ 高明：《帛书老子校注》，中华书局1996年版，第44页。

甲本·德篇》，第 14 页注四四；《老子乙本·德篇》，第 199 页注二九至注三一】。

古书中"赢""绌"常为对文。《荀子·非相》说"缓急赢（通'赢'）绌"，《鹖冠子·世兵》说"蚤晚绌赢"，《吕氏春秋·执一》说"长短赢绌"，皆其例。"赢"指有余，"绌"指不足。帛甲本"大赢如炒"的"炒"和易顺鼎所引《道德指归论》"赢而若绌"之"绌"，① 都应读为"绌"。高明先生认为帛甲本"炒"字"假为'朒'，'赢'指盈余，'朒'谓亏损或不足"②。此说则非是。有"亏损或不足"义的"朒"，即"缩朒"之"朒"。其字从"月""肉"声，作"朒"者是讹体，《康熙字典》和《说文段注》等早已指出。"炒"和"绌"从语音上看不能与"朒"相通。

现在我们可以来解释简文的"大成若绌"了。这一句显然与帛书本的"大赢如绌"相当。"成"和"赢"都是耕部字。"成"属禅母，"赢"属余母。余母即喻母四等，上古音与定母相近，故曾运乾有"喻四归定"之说。与"禅"同从"单"声的"惮""弹"等字古属定母，可见禅母原来也跟定母相近。所以"成""赢"二字的上古音一定是很相近的。简文"成"字应是"赢"的音近讹字。简文"绌"字应读为"绌"，与易顺鼎所引《道德指归论》"绌"字同例。总之，"大成若绌"就是"大赢若绌"，简文此句与帛书本和《指归》所据本基本相合【《裘锡圭学术文集》重印本按：简文"大成若绌"，北大本作"大盛如绌"，整理者已指出郭简"大成若绌"当据北大本读为"大盛如绌"（北京大学出土文献研究所编：《北京大学藏西汉竹书［贰］》，上海古籍出版社 2012 年版，第 126~127 页。引者按："若"不必读"如"）】。

8. 关于"无为而无不为"。

王弼本第四十八章前半之文如下：

> 为学日益，为道日损，损之又损，以至于无为，无为而无不为。

"以至"以下文字，除《道德真经指归（按：亦为《老子指归》异名）·为学日益篇》所列经文作"至于无为而无以为"外，今传各本或同于王本，或虽有异文但不影响文义。此段文字在帛甲本中全部残毁【《老子今研》编按：《集成》整理者据新缀残片指出帛甲此句尚存"而无不"三字及其上"为"字右下重文号末笔，参看《集成》第 4 册《老子甲本·德篇》，第 17~18

---

① 《老子指归》有的本子作"赢而若绌"，参看王德有点校：《老子指归》，中华书局 1994 年版，第 27 页。

② 高明：《帛书老子校注》，中华书局 1996 年版，第 43 页。

页注五四】。帛乙本在"云（损）之有（又）云（损）"下只残存"以至于无"四字【《老子今研》编按：《集成》整理者据衬页反印文及陈剑新缀残片残笔释出乙本最末二字"为也"。参看《集成》第 4 册《老子乙本·德篇》，第 200 页注四〇。今本无"也"字】。

《老子》今本还有一处提到"无为而无不为"，即第三十七章之首的"道常无为而无不为"。此句文字今传各本皆同，但帛书本则作"道恒无名"。

此外，王弼、河上公等本第三十八章"上德无为而无以为"句，《解老》所引及傅奕、范应元等少数本作"上德无为而无不为"（《解老》所引句末有"也"字）。帛书本除句末有"也"字外，同于王弼等本。王弼、河上公等本第三章"……为无为，则无不治"句，傅奕、范应元等少数本作"……为无为，则无不为矣"。帛乙本此句作"……弗为而已，则无不治矣"。（帛甲本此处残毁）也近于王弼本。总之，在帛书本现存文字中，见不到"无不为"的说法。①

高明先生根据上述现象以及他对《老子》思想的分析，提出了"'无为而无不为'的思想不出于《老子》"，而"是战国晚期或汉初黄老学派对'无为'思想的改造"的看法。他认为《道德真经指归·为学日益篇》经文不说"无为而无不为"，而说"无为而无以为"，反映了"《老子》原本之旧"，《老子》"原来只有'无为而无以为'，没有'无为而无不为'，今本多经后人妄改"。②

刘殿爵先生在《马王堆汉墓帛书〈老子〉初探（下）》中，承认"高明的结论很可能是对的"，但同时又指出了与《道德真经指归》经文有关的问题的复杂性。根据他的分析，不但"严遵所解的《老子》究竟作'无为而无以为'抑'无为而无不为'是无法判断的"，就是注释者谷神子所增的经文"作'无为而无不为'的结论也无确实证据"。③

高明先生在《校注》中承认上引刘说"实为中肯"，但仍保持原来的全部看法。他把帛乙本与今本第四十八章"以至"一句相当的文字复原为"以至于无 [为而无以为]"。④

郭简中有与今本第四十八章前半相当的内容，在上一节中已经引过。其最后关键性的一句作"亡（无）为而亡（无）不为"，与今本全同。可见这种思想决非战国晚期或汉初人所窜入。《庄子·知北游》："故曰：为道者日损，损之又损之，以至于无为，无为而无不为

---

① 以上参看高明：《帛书〈老子〉甲乙本与今本〈老子〉勘校札记》，《文物资料丛刊》2，文物出版社 1978 年版，第 219~220 页。

② 高明：《帛书〈老子〉甲乙本与今本〈老子〉勘校札记》，《文物资料丛刊》2，文物出版社 1978 年版，第 220 页。

③ 刘殿爵：《马王堆汉墓帛书〈老子〉初探（下）》，香港《明报月刊》1982 年 9 月号，第 38 页。

④ 高明：《帛书老子校注》，中华书局 1996 年版，第 54~56 页。

也。"引此章之文也作"无为而无不为"。高明先生认为《庄子》之文有误。① 从简文也作"无为而无不为"来看，此说恐难成立。

前面说过，第三十七章的首句，今本作"道常无为而无不为"，帛书本作"道恒无名"。简文此句作"道恒亡(无)为也"(见甲13)，虽未言"无不为"，但也比较近于今本。

《淮南子·原道》解释"无为而无不为"说："所谓'无为'者，不先物为也；所谓'无不为'者，因物之所为也。"②以"因物之所为"释"无不为"，似乎很确当。这并非老子所不能有的思想。

"说有易，说无难"，看来这句话不但对语言研究适用，就是对文史领域的其他方面的研究也是普遍适用的。

1998 年 10 月 7 日写完

---

① 高明：《帛书〈老子〉甲乙本与今本〈老子〉勘校札记》，《文物资料丛刊》2，文物出版社 1978 年版，第 220 页。

② 引文据张双棣《淮南子校释》本，北京大学出版社 1997 年版，见该书 60 页。

尚处形成阶段的最早文本：郭店楚墓竹简《老子》*

[日]池田知久

一、前言

1998 年正式公布的《郭店楚墓竹简》内所收《老子》甲本、乙本、丙本并非后代定形的《老子》五千言中的一部分，只能说是尚处于形成阶段的、目前所见最早时期的《老子》文本。本文的写作目的，就在于阐明这一点。

众所周知，《史记·老子韩非列传》有如下内容：

> 老子者，楚苦县厉乡曲仁里人也，姓李氏，名耳，字聃，周守藏室之史也。
>
> 孔子适周，将问礼于老子。老子曰："子所言者，其人与骨皆已朽矣，独其言在耳。且君子得其时则驾，不得其时则蓬累而行。吾闻之，良贾深藏若虚，君子盛德容貌若愚。去子之骄气与多欲，态色与淫志，是皆无益于子之身。吾所以告子，若是而已。"孔子去，谓弟子曰："鸟，吾知其能飞。鱼，吾知其能游。兽，吾知其能走。走者

---

* 曹峰、孙佩霞译。日文版原载池田知久《郭店楚简老子研究》(东京大学文学部中国思想文化学研究室，1999 年)，中文版原载《道家文化研究》第 17 辑"郭店楚简专号"(生活·读书·新知三联书店 1999 年版)，又以"郭店楚简《老子》——形成阶段的《老子》最古文本"为题载《池田知久简帛研究论集》(中华书局 2006 年版)。后内容有增改，依原题载池田知久《郭店楚简老子の新研究》(汲古书院 2011 年版)、《郭店楚简〈老子〉新研究》(中译本，江苏人民出版社 2022 年版)。今据《郭店楚简〈老子〉新研究》收入。

可以为罔，游者可以为纶，飞者可以为矰。至于龙，吾不能知其乘风云而上天。吾今日见老子，其犹龙邪。"

老子修道德，其学以自隐无名为务。居周久之，见周之衰，乃遂去。至关，关令尹喜曰："子将隐矣，强为我著书。"于是老子乃著书上下篇，言道德之意五千余言而去，莫知其所终。

这里，《史记·老子韩非列传》把老子这个人物活动的年代看作与孔子大致相同，记述了老子受"关令尹喜"之托，"著"了由"上下篇"构成的字数达"五千余言"的"书"等内容。① 如果我们相信《史记·老子列传》的这段记述，把以上《史记》所记看作历史事实，也许我们会倾向于这样认为，即与马王堆汉墓帛本《老子》(本文以下简称马王堆帛本《老子》或马王堆《老子》)以及各种今本基本相同的《老子》五千言在春秋时代晚期已经完成，这个郭店《老子》或是完成本《老子》的一部分，或是其节略本。然而，因为《史记·老子列传》本身包含着相当多的非常重大的问题，所以这是一部对其记述不可简单、轻易地作为史实来相信的文献，为此，这篇文献自古以来就因为问题多而出名。②

因此，本文意图阐明作为文本之一的郭店《老子》的价值与意义，不将《史记·老子列传》的记述当作可信的史实，作为前提来加以采用，舍弃关于《老子》及老子的所有现存理论和一切固有观念，站在百分之百白纸的立场上，展开对郭店楚简《老子》的分析。

二、关于章与段

下面，笔者从郭店《老子》甲本、乙本、丙本三个文本中分别抽取性质各异的、存在着文本问题的一个段落进行研究。将这三个段落与马王堆《老子》及各种今本的相应段落作比较、对照和分析，以此阐明郭店《老子》并非已完成的《老子》的一部分，而是正处形成阶

---

① 对《史记》的引用，用的是《史记》(中华书局 1972 年版) 的标点本。

② 关于《史记·老子韩非列传》中所存在的矛盾、问题，以及针对这些矛盾、问题所采取的措施，请参看拙著《老庄思想》(放送大学教育振兴会 1996 年版) 之 1《最初の思想家たちとその生きた时代》《谜に包まれた老子という人物》。《道家思想の新研究——〈庄子〉を中心として》(汲古书院 2009 年版) 第 1 章第 1 节《多くの矛盾を含む〈史记〉老子列传》；《道家思想的新研究——以〈庄子〉为中心》(中州古籍出版社 2009 年版) 上第一章第一节《包含许多矛盾的〈史记·老子列传〉》。

段的《老子》最早时期的文本。需要指出的是，所谓"各种今本"，在讨论时主要引用的是有代表性的王弼本。①

在下文第三节中，抽取郭店《老子》甲本第六十四章上段、下段和丙本第六十四章下段展开讨论。

笔者在此虽采用"第六十四章"之用语，但郭店《老子》与马王堆帛书甲本、乙本相同，尚未将其作类似"第一章""第二章"这样的分章。本文使用"第一章""第二章""第六十四章"，只是为了写作上的方便，权且采用了今本（王弼本）的分章。

在讨论第六十四章之前，先简单介绍一下郭店《老子》三个本子中各章的出现情况。这一介绍，主要基于文物出版社《郭店楚简》"老子释文注释"的"说明"，还有依据笔者见解加以补充、修正的地方。

郭店《老子》甲本的排列顺序为：

　　第十九章→第六十六章→第四十六章中段、下段（缺上段）→第三十章上段、中段（缺下段）→第十五章上段、中段（缺下段）→第六十四章下段（缺上段）→第三十七章→第六十三章上段、下段（缺中段）→第二章→第三十二章。

　　第二十五章→第五章中段（缺上段、下段）。

　　第十六章上段（缺下段）。

　　第六十四章上段（缺下段）→第五十六章→第五十七章。

　　第五十五章上段、中段、下段（缺最下段）→第四十四章→第四十章→第九章。

乙本的排列顺序为：

　　第五十九章→第四十八章上段（缺下段）→第二十章上段（缺下段）→第十三章。

　　第四十一章。

　　第五十二章中段（缺上段、下段）→第四十五章→第五十四章。

_____

① 在此用王弼本作为各种今本之代表。主要依据的版本是岛邦男《老子校正》（汲古书院 1973 年版）所收"王本校正"，同时也常常参看波多野太郎《老子道德经研究》（国会刊行会 1979 年版）所收"老子王注校正"及楼宇烈《王弼集校释》上册（中华书局 1980 年版）所收的"老子道德经注"等。

丙本之排列顺序为：

第十七章→第十八章。

第三十五章→第三十一章中段、下段(缺上段)。

第六十四章下段(缺上段)。

这里面，没有"中段、下段(缺上段)"之类用括号加以附记、类似"第十九章"及"第六十六章"等的章节，① 说明这一章内容的完整性和今本(王弼本)相似。"→"符号，表示已缀合的竹简中，后面一章接着前面一章连续抄写。"。"符号表示连续到了这里断绝了。

其中，与马王堆《老子》及今本(王弼本)章序一致者，为甲本的"第五十六章→第五十七章"及丙本的"第十七章→第十八章"，仅仅两处。

前者，在第五十六章章末，附加着一个表示文章终结的"▇"形符号，但从内容上看，感觉上似乎第五十六章和缓地、持续地连接到了其后的第五十七章。因此，关于"第五十六章→第五十七章"的顺序，分为两章是否适当的问题暂且不论，不正说明这是一个从郭店楚简甲本开始，经马王堆帛书本，再被各种今本接受、继承的排列法吗？

关于后者，郭店《老子》丙本第十八章开头有"古"字，马王堆《老子》甲本、乙本皆作"故"字，毫无疑问，"古"是"故"的假借字。由此可见，从郭店《老子》丙本到马王堆《老子》甲本，战国后期至战国晚期的《老子》，其第十七章、十八章并不分为两章，而是合成一个整体(一章)的。而这正是古《老子》的本来面目。②

除以上两处外，郭店《老子》的章序与马王堆《老子》及今本(王弼本)之章序完全不一致。这一事实，笔者认为意味着修正、整理郭店《老子》之后形成的东西才是马王堆《老子》和今本(王弼本)。其依据在于，郭店《老子》作为一个文本的古朴、单纯的自然性，还有此文本处于形成过程之中所带来的不确定性。这些特点通过下面的论述会自然而然地愈发明确。

另外，笔者虽然采用了"上段、中段、下段"这样的用词，但这些在郭店《老子》以后的各文本中均看不见，显而易见是《郭店楚墓竹简》的编者分出的段落。本文也是为了写作

---

① 要说明的是，笔者所作"缺上段各章""缺中段各章""缺下段各章"的认定，和文物出版社《郭店楚简》所收"老子释文注释"之"说明"之认定，有若干差异。

② 详细讨论可参看《郭店楚简〈老子〉新研究》第七编《郭店楚墓竹简〈老子〉对于儒学的批判》，江苏人民出版社 2022 年版。

上的方便权且使用了这些分段。①

　　尽管本文使用了诸如"第四十六章中段、下段"这类用语，并不等于笔者认为，当时与马王堆《老子》及今本（王弼本）基本相同的《老子》五千言已经完成，"第四十六章"已由完整、充足的"上段、中段、下段"构成了。不等于作者认为，郭店《老子》因某种原因而仅仅碰巧抄录了"中段、下段"，结果"上段"未被抄录未能出土。如对前述采用"上段、中段、下段"用语的各章加以仔细分析便可判明，例如"第四十六章中段、下段"，可以说仅此二段已十分完整，内容上与"上段"并不相关，称得上一篇保存着古朴、单纯之自然性的文章。因此不能不认为，第四十六章"上段"是马王堆《老子》甲本形成之前、战国时代《老子》形成过程中，经道家思想家之手修正整理而成的东西。

　　还有一个根据，马王堆《老子》甲本第四十六章之上段开头与中下段的开头各有一个"●"形符。这个符号表示抄写者意识到这里是文章一处小结（或者说间隔），所以，由此可知，即便到了战国晚期，抄写者还没有想到第四十六章是由"上段、中段、下段"构成的一个整体（一章）。因此，马王堆甲本将第四十六章区划成上段及中段、下段两部分，其设想正表明了马王堆甲本来自只抄写了中段、下段的郭店《老子》古本。然而，从马王堆乙本第四十六章始，这些"●"符就消失了。不妨认为，较之甲本，马王堆乙本更接近今本（王弼本）。

　　这里谈到的有关第四十六章的情况，似乎在采用了"上段、中段、下段"这类用语的十二个篇章（总计十四处）中任何一处都能适用。

三、第六十四章的上段与下段

　　郭店《老子》甲本第六十四章与丙本第六十四章，虽然具备下段，但缺乏上段。甲本第六十四章下段部分，如下所示：

---

　　①　采用"上段、中段、下段"用语的篇章分别为：甲本的"第四十六章中段、下段""第三十章上段、中段""第十五章上段、中段""第六十四章下段""第六十三章上段、下段""第五章中段""第十六章上段""第六十四章上段""第五十五章上段、中段、下段"。乙本的"第四十八章上段""第二十章上段""第五十二章中段"。丙本的"第三十一章中段、下段""第六十四章下段"。"第六十四章下段"甲本和丙本重复出现，但算作两处，总计为十四处。

为之者败之，执之者远〈遯(失)〉之。是以圣人亡(无)为，古(故)亡(无)败。亡(无)执，古(故)亡(无)遯(失)。临事之纪，斳(慎)冬(终)女(如)忌(始)，此亡(无)败事矣。圣人谷(欲)不谷(欲)，不贵难导(得)之货。孝(学)不孝(学)，退(复)众之所芒(过)。是古(故)圣人能尃(辅)万勿(物)之自肰(然)，而弗能为。

马王堆甲本的全文是：①

●亓(其)安也，易持也。〔亓(其)未兆也〕，易谋〔也。亓(其)脆也，易泮(判)也。亓(其)微也，易散也。为之于亓(其)未有，治之于亓(其)未乱。合抱之木，生于〕毫末，九成之台，作于羸(蔂)土，百仁(仞)之高，台(始)于足〔下。为之者败之，执之者失之。是以声(圣)人无为也，〔故〕无败〔也〕。无执也，故无失也。民之从事也，恒于亓(几)成事而败之。故慎终若始，则〔无败事矣。是以声(圣)人〕欲不欲，而不贵难得之腸(货)。学不学，而复众人之所过。能辅万物之自〔然而〕弗敢为。

马王堆乙本的全文是：②

〔亓(其)安也，易持也。亓(其)未兆也，易谋也。亓(其)脆也，易泮(判)也。亓(其)微也，易散也。为之于亓(其)未有也，治之于亓(其)未乱也。合抱之〕木，作于毫末，九成之台，作于纂(蔂)土，百千(仞)之高，始于足下。为之者败之，执〔之〕者失之。是以即(圣)人无为，〔故无败也。无执，故无失也。〕民之从事也，恒于亓(几)成而败之。故曰，慎冬(终)若始，则无败事矣。是以即(圣)人欲不欲，而不贵难得之货。学不学，复众人之所过。能辅万物之自然，而弗敢为。

王弼本的全文是：

其安，易持。其未兆，易谋。其脆，易泮。其微，易散。为之于未有，治之于未乱。合抱之木，生于毫末，九层之台，起于累土，千里之行，始于足下。为者败之，

---

① 参看拙著《老子》（"马王堆出土文献译注丛书"，东方书店 2006 年版）之"老子(甲本)"。
② 参看拙著《老子》（"马王堆出土文献译注丛书"，东方书店 2006 年版）之"老子(乙本)"。

执者失之。是以圣人无为，故无败。无执，故无失。民之从事，常于几成而败之。慎终如始，则无败事。是以圣人欲不欲，不贵难得之货。学不学，复众人之所过。以辅万物之自然，而不敢为。

郭店丙本第六十四章(下段)的文章，如下所示：

> 为之者败之，执之者遴(失)之。圣人无为，古(故)无败也。无执，古(故)〔无遴(失)也〕。訢(慎)终若词(始)，则无败事喜(矣)。人之败也，亘(恒)於亓(其)叙(且)成也败之。是以〔圣〕人欲不欲，不贵戁(难)导(得)之货。学不学，遉(复)众之所逃(过)。是以能桶(辅)壄(万)勿(物)之自肰(然)，而弗敢为■。

然而，郭店《老子》第六十四章的上段，其实也是存在的。在甲本中，仅仅只有上段的部分，被置于和(甲本)下段分离的别的位置。郭店楚简甲本第六十四章上段部分，如下所示：

> 亓(其)安也，易枲(持)也。亓(其)未菲(兆)也，易愳(谋)也。亓(其)霾(脆)也，易畔(判)也。亓(其)几也，易徙(散)也。为之于亓(其)亡(无)又(有)也，绸(治)之于亓(其)未乱。合〔抱之木，生于毫〕末，九成之台，已(起)〔于羸(蔂)土，百仁(仞)之高，台(始)于〕足下■。

基于以上的资料，首先，从分开置于不同位置的形式来判断，可以明确的是，郭店《老子》甲本的抄写者并没有把第六十四章上段和下段视为一章的想法。郭店甲本上段末尾附有表示文章终结、间隔的"■"符号，也证明了这一判断的正确。还有，郭店甲本第六十四章下段末尾，虽然未见郭店《老子》其他章末常见的"■"符号，但应视为偶发的例外的现象。

其次，如果从内容上考察郭店第六十四章上段与下段的关联，粗略加以把握的话，第六十四章上段大意为，"安""未菲(兆)""霾(脆)""几"各种现象是否已萌芽还难以确定，事物从一个极微弱的阶段刚刚开始，在这个阶段里，人"易枲(持)也""易愳(谋)也""易畔(判)也""易徙(散)也"亦即容易对付处理。因而，就人间伦理的政治的现象看，也还处于"亡又(有)也""未乱"，亦即不能确定是否会发生，在此微弱的阶段，应该用"为之"

"绐(治)之"加以对处。反言之，巨大的、宏观的现象无疑也发端于"〔毫〕末""〔羸(蘽)土〕""足下"亦即极微弱的阶段，最终发展至"合〔抱之木〕""九成之台""〔百仁(仞)之高〕"之阶段。①

与之对应，下段的思想，是期待着"亡(无)败""亡(无)遊(失)"之我辈，要以"圣人"的"亡(无)为""亡(无)执"亦即"谷(欲)不谷(欲)，不贵难导(得)之货。斈(学)不斈(学)，遉(复)众之所华(过)"为模范，必须采取"能尃(辅)万勿(物)之自肰(然)，而弗能为"之态度。一言以蔽之，就是在力主"亡(无)为"。②

如上段"为之于元(其)亡(无)又(有)也，绐(治)之于元(其)未乱"所示，这里归根到底是在主张人为、作为的必要性。下段则正相反，显然是在力主"亡(无)为"。因此，必须这样思考，力图将两者一同放置于第六十四章中去理解的今本(王弼本)以及其前身——马王堆《老子》中存在着相当牵强之处，如按照郭店《老子》那样，将其分置别处，理解为内容各不相同的两篇文章，显得更为自然合理，是其本来的形态。因此，可以这样设想，保存着本来的、古朴自然性质的郭店《老子》本，是现存的《老子》最古文本，而马王堆《老子》、今本(王弼本)是以古文本为基础加以修正整理之后形成的文本。

这里说一下后来各种文本中两者关系的变迁，马王堆甲本，因为相应部分残缺非常严重，所以下段"为之者败之，执之者失之"的开头是否有"●"符号，是否把下段看作和上段不同的文章，只能说无法判明。但是，到了后面的马王堆乙本，把两者视作一个整体(一章)的想法已经形成的可能性很高。而王弼本不用说是处在后者的延长线上。

顺便指出，打开《韩非子·喻老》可以看到，只有第六十四章上段"其安，易持也。其未兆，易谋也"二句存在，下段被集中置于其他地方，作："欲不欲，而不贵难得之货。""学不学，复归众人之所过也。""恃万物之自然，而不敢为也。"两者在《韩非子·喻老》中

---

① 郭店《老子》甲本第六十四章上段，特别是最后那几句，"合〔抱之木，生于毫〕末，九成之台，己(起)〔于羸(蘽)〕土，百仁(仞)之高，台(始)于足下"这段话，给人感觉似乎受到战国末期儒家之代表荀子"积微"(通过不断积累微小的努力以达成巨大的目的)思想的影响。虽然这么说，但来自荀子的影响，还没有马王堆《老子》甲本、乙本、王弼本第六十三章中段那么强烈，因此，郭店《老子》甲本的成书年代及抄写年代，应该是荀子的思想已被世人逐渐了解的时代，这么考虑比较合适吧。

② 郭店甲本第六十四章与丙本第六十四章下段开头的"为之者败之，执之者远〈遊(失)〉之"一段，马王堆甲本、乙本、王弼本的第二十九章也能够看到。但是，第二十九章所包含这一段，在郭店《老子》甲本、乙本、丙本都不存在，在《韩非子》的《解老》篇、《喻老》篇中也没有被引用、解说。恐怕是比较晚作成的《老子》(例如马王堆甲本、乙本)所采入的章节吧。

被分置两处之事实也是上述推测之正确性的旁证。① 还有，《战国策·楚策一》《贾谊新书·审微》《史记·苏秦列传》等也引用了《老子》第六十四章，这些引用有上段的一部分，而没有下段。这些资料也有助于我们推测上段与下段本来被分置各处之事实。

　　还要指出，同为郭店《老子》第六十四章下段，甲本和丙本之间包含着重要的差异。那就是两个文本中间部分的文章。甲本作：

> 临事之纪，斳(慎)冬(终)女(如)忌(始)，此亡(无)败事矣。

丙本作：

> 斳(慎)终若词(始)，则无败事喜(矣)。人之败也，亘(恒)于亓(其)叙(且)成也败之。

　　两者的文句，除了以下一句：

> 斳(慎)冬(终)女(如)忌(始)，此亡(无)败事矣。

之外都不相同，相异十分显著。不仅如此，就两者主语而言，前者前后一贯都是"圣人"，而后者的后半部分为"人"。因此，这个地方两者在思想内容上存在的差异也是很大的。②

　　同样是郭店《老子》第六十四章下段经文，究竟为何甲本和丙本会有如此差异？这恐怕是因为郭店《老子》作为历史上几乎最早问世的《老子》，其文本尚处形成阶段，因此尚未确定下来。顺便想指出的是，同一部分在马王堆《老子》甲本那里作：

---

　　① 小野泽精一《韩非子(上)》卷第七《喻老第二十一》在对《老子》第六十四章上段"其安，易持也。其未兆，易谋也"的解说中，已经这样指出过："这是《老子》第六十四章的文章。……第六十四章引用之后面，又引用了其他的两章，形成两个段落。这样看来，《喻老》所见《老子》是第六十四章现在之形态固定以前的形态。"现在，郭店《老子》的出土，正好证明了小野泽教授这一观点的正确性。

　　② 我认为马王堆甲本、乙本的"民之从事也"及王弼本的"民之从事"，并非依据郭店甲本，而是依据郭店丙本的"人之败也"。不仅如此，马王堆甲本、乙本、王弼本中对"圣人"与"民"二者间对立的强调，还有"圣人"对"民"教化之强调，这些思想看来也是来自郭店丙本的。

民之从事也，恒于亓(几)成事而败之。故慎终若始，则〔无败事矣〕。

乙本几乎完全相同：

民之从事也，恒于亓(几)成而败之。故曰：慎冬若始，则无败事矣。

王弼本继承这些文本，作：

民之从事也，常于其几成而败之。慎终如始，则无败事。

对此加以比较、对照，显而易见，较之郭店《老子》甲本，丙本更接近于马王堆《老子》甲本、乙本及王弼本。正因为是从丙本演化至马王堆《老子》及王弼本，故而不得不作了调整"斩(慎)终若词(始)，则无败事喜(矣)"与"人之败也，亘(恒)于亓(其)叔(且)成也败之"次序的修正工作。

四、第二十章上段和第十三章的连续与断绝

这一节我们抽取郭店《老子》乙本第二十章上段和第十三章加以讨论。郭店乙本第二十章有上段缺下段。上段末尾在插入"▬"符号后接续了第十三章。如将这两章全部引用，其文如下：

醫(绝)学亡(无)息(忧)。售(唯)与可(诃)，相去几可(何)。竞(美)与亚(恶)，相去可(何)若。人之所畏(畏)，亦不可以不畏(畏)。人憨(宠)辱若缨(撄)，贵大患若身。可(何)胃(谓)憨(宠)辱。憨(宠)为下也，导(得)之若缨(撄)，遊(失)之若缨(撄)。是胃(谓)憨(宠)辱〔若〕缨(撄)。〔可(何)胃(谓)贵大患〕若身。虗(吾)所以又(有)大患者，为虗(吾)又(有)身。及(及)虗(吾)亡(无)身，或可(何)〔患。故贵为身于〕为天下，若可以尾(托)天下矣。悉(爱)以身为天下，若可以达(寄)天下矣▬。

《老子》第二十章马王堆甲本作：

〔绝学无忧〕。唯与诃，其相去几何。美与恶，其相去何若。人之所〔畏〕，亦不〔可以不畏人。望（恍）呵（乎）亓（其）未央才（哉）〕。众人巸（熙）巸（熙），若乡（飨）于大牢，而春登台。我泊（怕）焉未㑊（兆），若〔婴儿未咳〕，累（儽）呵（乎）如〔无所归。众人〕皆有余，我独遗（匮）。我禺（愚）人之心也，惷（沌）惷（沌）呵（乎）。鬻（俗）〔人昭昭，我独若〕閒（昏）呵（乎）。鬻（俗）人蔡（察）蔡（察），我独閲（闷）閲（闷）呵（乎）。忽呵（乎）其若〔海〕，望（恍）呵（乎）其若无所止。〔众人皆有以，我独閲（顽）〕以悝（俚）。吾欲独异于人，而贵食母。

马王堆乙本作：

绝学无忧。唯与呵（诃），亓（其）相去几何。美与亚（恶），亓（其）相去何若。人之所畏，亦不可以不畏人。望（恍）呵（乎）亓（其）未央才（哉）。众人巸（熙）巸（熙），若乡（飨）于大牢，而春登台。我博（怕）焉未㑊（兆），若婴儿未孩，累（儽）呵（乎）佁（似）无所归。众人皆又（有）余（餘）〔，我独遗（匮）〕。我愚人之心也，惷（沌）惷（沌）呵（乎）。鬻（俗）人昭昭，我独若閲（昏）呵（乎）。鬻（俗）人察察，我独闽（闷）闽（闷）呵（乎）。汹（忽）呵（乎）亓（其）若海，望（恍）呵（乎）亓（其）若无所止。众人皆有以，我独閲（顽）以鄙。吾欲独异于人，而贵食母。

王弼本如下所示：

绝学无忧。唯之与阿，相去几何？善之与恶，相去若何？人之所畏，不可不畏。荒兮其未央哉！众人熙熙，如享太牢，如春登台。我独泊兮其未兆，如婴儿之未孩，儽儽兮若无所归。众人皆有余，而我独若遗。我愚人之心也哉！沌沌兮。俗人昭昭，我独昏昏；俗人察察，我独闷闷。澹兮其若海，飂兮若无止。众人皆有以，而我独顽似鄙。我独异于人，而贵食母。

首先，从形式上考察，郭店乙本第二十章这段文章的末尾，没有打上郭店《老子》其他各章章末多见的"■"符号,这是个例外。取而代之的是,末尾的"叕(畏)"字下被加上了"▬"符号。文章在这个地方显然是一个终结之处,因此我想本章的"▬"符号其实与章末的"■"符号意义相同,或者就是"■"符号的误抄,以下,展开进一步的考察。

如果深入考察中间夹着"▬"符号的郭店乙本前后二章,即第二十章上段和第十三章接续处的变迁,就能够发现一个重要的事实,即郭店《老子》经文和马王堆《老子》经文直接的继承关系。

这两章接续处必须深入考察的重点问题是,第二十章上段末尾或第十三章开头那个"人"字,后来的《老子》各版本是如何处理的。其核心部分如下所示:

> 人之所叕(畏),亦不可以不叕(畏)。■人甯(寵)辱若缨(撄),贵大患若身。

中间那个"人"字是核心中的核心。

如前面所提到的那样,郭店乙本第二十章那段话"亦不可以不叕(畏)"可以看作文章的终结,① 因为如果察视其"图版"(照相版),"叕"字下"人"字上有一符号"▬"附于其间,可以说这是显示句读的符号。此外从语法上看,"不叕"之宾语即为上文已出现之"人之所叕",将下文之"人"视作"不叕"的宾语则文意难通,因此,将"人"看作第十三章"甯(寵)辱若缨(撄)"的主语是适当的。

然而,马王堆乙本的第二十章上段末尾作"人之所畏,亦不可以不畏人",将"人"字置于"不畏"宾语的位置。② 这个"人"字究竟从何而来?——最合理的判断是,这是从郭店乙本第十三章开头处移过来的。③ 因此,我怀疑马王堆乙本直接目睹了郭简乙本原物或者说与之类似的《老子》古本,而且此文本可能移动了"人"等经文文字。但是,马王堆乙本第二十章上段末尾的"人之所畏,亦不可以不畏人",将"人"作为"不畏"的宾语这种新的处理方式,可以断定在语法上相当成问题。正因此,以王弼本为代表的各种今本皆作"人之所畏,不可不畏",引用此文的《淮南子·道应》也作"故老子曰:人之所畏,不可不

---

① 文物出版社《郭店楚简》的"老子释文注释"也认为"叕"字是第二十章终结,第十三章从"人"字开始。

② 《老子乙本卷前古佚书释文》的《老子乙本·道经》(收入《马王堆汉墓帛书[壹]》)的注释二二说"人,各本皆无,疑是衍文"。马王堆帛书甲本作"人之〔所畏〕,亦不□",此处毁损甚重,没法将其视为证据使用。推测残缺处内容与乙本相同,作"人之所畏,亦不可以不畏人"。

③ 再查马王堆本第十三章开头,甲本、乙本均无此"人"字。

畏"。《文子·上仁》也作"故曰：人之所畏，不可不畏也"，把"人"字去除了。

　　那么，郭店乙本第十三章开头的这个"人"字，后来到哪里去了呢？此"人"字在《老子》第十三章的马王堆甲本、乙本及王弼本中皆未见，在《老子》版本变迁历史中似乎销声匿迹了，这也是因为马王堆乙本武断地移字于第二十章上段末尾的缘故。但，被认为是《老子》注释中最古的想尔注，就第十三章"贵大患若身"部分作如下注释：

　　　　谓若者，彼人也。必违道求荣，患归若身矣。①

这说明，或许想尔注看到过类似于郭店乙本这种开头有"人"字的文本。

　　再从内容上考察《老子》第二十章，发现难以将上段和下段视为关系密切的文章。为什么呢，仅有上段的郭店乙本思想内容是：

　　　　舍弃"学"则无"恿（忧）"。通过"学"而被教诲的、"售（唯）"之应诺与"可（诃）"之怒吼，两者间究竟有多少区别呢。"美"与"亚（恶）"之间究竟存在多少差别呢。但是别人所"杲（畏）"惧的，我也不可不"杲（畏）"惧。

这里至少表明了一个态度，即关于"所杲（畏）"，"我"必须和他"人"同一步调。与此相对，马王堆甲本、乙本、王弼本下段的思想，是将"众人"或说"鬵（俗）人"同"我独"进行了五次对比，极端强调了两者在为人之方式上本质的差异。这样看来，第二十章上段与下段处于相反的方向。如此，在内容上不存在矛盾的郭店乙本第二十章，没有下段只有上段的形态是正常的，这才是《老子》本来的面目。下段的文章恐怕是郭店乙本向马王堆甲本、乙本演变过程中，被撰述或被从什么地方搜求出来，追加到上段后面的吧。

　　要指出的是，如调查《老子》第二十章的引用情况，战国、秦、西汉时代各种文献中，对其全文引用的一处也没有。仅引上段之一部分的有《文子·道原》和《淮南子·道应》及《文子·上仁》（上文已引），完全没有下段的引用。——这一事实，旁证了第二十章下段的文章是后出的。

_____

　　①　想尔本的版本主要依据岛邦男《老子校正》所收"想本校正"，但也参看饶宗颐《老子想尔注校证》（上海古籍出版社 1991 年版）所收的"老子想尔注校笺"等。

五、第十八章所见一句话的追加

郭店《老子》丙本第十八章，其文如下：

古（故）大道癹（废），安（焉）又（有）悳（仁）义。六新（亲）不和，安（焉）又（有）孝孳（慈）。邦蒙（家）緍（昏）〔乱〕，安（焉）又（有）正臣▉。

同样场所马王堆甲本作：

故大道废，案（焉）有仁义。知（智）快（慧）出，案（焉）有大伪（为）。六亲不和，案（焉）有畜（孝）兹（慈）。邦家闷（昏）乱，案（焉）有贞臣。

乙本作：

故大道废，安（焉）有仁义。知（智）慧出，安（焉）〔有大伪（为）〕。六亲不和，安（焉）又（有）孝兹（慈）。国家闷（昏）乱，安（焉）有贞臣。

王弼本作：

大道废，有仁义。慧智出，有大伪。六亲不和，有孝慈。国家昏乱，有忠臣。

以下，依据马王堆甲本展开讨论。

对这一段落，笔者所注意到的郭店《老子》丙本的特征有两处。

第一点是第十八章开头有"古"（"故"的假借字），马王堆《老子》甲本、乙本均作"故"字，因此，从郭店丙本到马王堆甲本、乙本即战国后期到西汉初期的《老子》，似乎是将第十八章和上文的第十七章合为一体（一章）的，这一点前面第二节已经提到过。此外，第十七章与第十八章之间，显然郭店丙本未附加有表示文章终结（或者间隔）的"▉""▬""●"

符。马王堆甲本、乙本也无"●"符。① 相反，各种今本中，没有一个文本第十八章是以"古""故"开头的。

　　第二点是马王堆甲本、乙本以及各种今本无一例外包含有第二段文字，即"知(智)快(慧)出，案(焉)有大伪"，在郭店丙本中却找不到。显然这六至七个字决非竹简保存状态恶化等原因导致的残缺。笔者推测，这并非经抄写者之手时有意识或无意识地被抄落，恐怕是作者原文最初就不存在这一段吧。因为没有这六至七个字的郭店丙本，就第十八章而言更体现出古朴、单纯的自然性。基于这一事实，我们判断这是郭店《老子》一类《老子》古本所没有的内容，是在那之后马王堆《老子》甲本、乙本形成过程中新添的东西。因为，郭店《老子》阶段尚不存在的文字、文句，到了后来的马王堆《老子》阶段被添加上去的例子，是相当多见的。②

　　这段文字究竟什么意思呢？我们来看看过去解释中有代表性的例子——诸桥辙次《掌中老子の讲义》(大修馆书店 1966 年版)。诸桥辙次解释说：

　　　　只有第二句"慧智出，有大伪"，与其他四句形式有所不同，意思是人类自以为是的知识、聪明出现以后，就必然会出现大的虚伪。

　　这之后出现的日本学者的研究，多是在重复同样的解释。而中国学者也多与上述的解释类似，这里不再引用。

　　然而，诸桥辙次及之后各家的解释是不恰当的。为什么呢？因为他没有想过要把这四联对句的第二段读成和前后三段相同构造、相同旨趣的文章。

　　首先，"知(智)快(慧)出"，和前后文的"大道废""六亲不和""邦家阍(昏)乱"一样，从老子看来理当具有负面价值的意义。因此只能理解为，人类古老的、良好的"无知"或者说"素朴"之性丧失之后才会有此结果。

―――――――――――――

　　① 然而，确切地说，马王堆甲本第十七章末尾附有一个钩号"∟"。但是，因为这类符号在马王堆甲本中频繁出现，可以认为这并不代表它是显示文章终结的具有重要意义的符号。

　　② 详细考察，请参看《郭店楚简〈老子〉新研究》第六编《郭店楚墓竹简〈老子〉各章的上中下段——从〈老子〉文本形成史的角度出发》(江苏人民出版社 2022 年版)，以及以下各篇拙论：《郭店楚简〈老子〉诸章の上段・中段・下段——〈老子〉のテキスト形成史の中で》(东京大学中国哲学研究会：《中国哲学研究》第 18 号，东京大学文学部中国思想文化学研究室，2003 年)；《郭店楚简〈老子〉各章的上中下段》[曹峰译，荆门郭店楚简研究(国际)中心编：《古墓新知——纪念郭店楚简出土十周年论文专辑》，国际炎黄文化出版社 2003 年版]。

其次，"案"字虽是"焉"的假借字，但不是一部分学者所主张的反问疑问词，而是意为"于是"的接续词。①

最后，"有大伪"，和前后文的"有仁义""〔有〕畜（孝）兹（慈）""有贞臣"一样，属于当时社会常识的眼光看来有着正面价值的内容，而且还理应包含有对其加以讽刺或者反向论说的因素。如果这样的话，那么把"有大伪"解释成为"产生大的虚伪"的诸桥辙次等人的解释之不恰当，就显而易见了。"伪"这个词，不能理解为"虚伪"这种负面价值的意思，而应该理解为世人常识的眼光看来正面价值的意思。因此，在文字上把"伪"当作"为"的假借字或异体字更好吧。必须这样去思考，即"大伪"意味着大的人为、作为及人类伟大的努力，是和"仁义""畜（孝）兹（慈）""贞臣"相并列的、主要为那个时代的儒家所倡导的伦理之一，在世人常识的眼光看来应该作为正面的价值来评价。

总之，第二段话"知（智）快（慧）出，案（焉）有大伪（为）"的大意是：

> 本来存在着的，无知、素朴的好处被遗忘之后，智慧之类人类的小聪明开始出现，结果，大的人为（人类伟大的努力）之类等为人崇尚的伦理开始流行。

第十八章的思想内容大致为，作者以讽刺的口吻批判道：像现代社会中出现的"悬（仁）义""孯（慈）""正臣"，等等，看上去是对社会有益的正面的价值，如果将其还原到成为其存在基础的"大道發（废）""六新（亲）不和""邦豪（家）绲（昏）〔乱〕"来把握，结果决不是什么根本解决之道。假如原文中存在有第二段，那么"大伪"也应当是一种相当正面的价值存在，"知（智）快（慧）出"也必然说的是大的、负面的基础崩溃。然而，如果说在郭店《老子》的阶段，已经包含了"知（智）快（慧）出，案（焉）有大伪（为）"的"大伪（为）"批判，不能说绝对不可能，但也是相当困难的。顺便指出，木村英一、野村茂夫所著《老子》（讲谈社1984年版）将这部分译为"智慧孳生曼衍的结果，是作为的大行于世"之后，又作了如下注释："如荀子'人之性恶，其善者伪也'所示，'大伪'意味着'礼'吧。"我认为这基本上是正确的解释，但将"大伪"仅仅指向"礼"，这种理解稍稍有些狭隘吧。

这样看来，"知（智）快（慧）出"和郭店《老子》中所包含的对"智（智）"的批判，或者说对"无智（智）"的提倡，属于同出一辙的思想。不用说，在这句话写入马王堆《老子》第十

---

① 参照《郭店楚简〈老子〉新研究》第七编《郭店楚墓竹简〈老子〉对于儒学的批判》（江苏人民出版社2022年版）。

八章时，《老子》对"智（智）"的批判，对"无智（智）"的提倡，已浸透到社会中，广为人知。

还有，如果说"大伪（为）"作为和"仁义""畜（孝）兹（慈）""贞臣"相并列的主要由儒家倡导的伦理，被世人的常识理所当然地视为正面的价值来接受，那么，不得不认为这句话是对荀子倡导的人为的一种讽刺或者说反向论说。

众所周知，和《老子》几乎相同时代的儒家荀子，立足于性恶说这样一种人性理解，为矫正"性恶"而强调各种各样的人为、作为的必要性。其实，这种意义上的人为、作为，《荀子》中用"为"字加以表达的场合并不少见。例如《劝学》篇有：

> 学恶乎始，恶乎终。……故学数有终，若其义则不可须臾舍也。为之人也，舍之禽兽也。

《修身》篇有：

> 故跬步而不休，跛鳖千里。累土而不辍，丘山崇成。……一进一退，一左一右，六骥不致。彼人之才性之相县也，岂若跛鳖之与六骥足哉。然而跛鳖致之，六骥不致，是无他故焉，或为之或不为尔。道虽迩，不行不至，事虽小，不为不成。

但有时也使用"伪"字来表达。例如，《性恶》篇有：

> 人之性恶，其善者伪也。……然则从人之性，顺人之情，必出于争夺，合于犯分乱理而归于暴。故必将有师法之化，礼义之道，然后出于辞让，合于文理，而归于治。用此观之，然则人之性恶明矣，其善者伪也。

《正名》篇有：

> 散名之在人者，生之所以然者，谓之性。性之和所生，精合感应，不事而自然，谓之性。性之好恶喜怒哀乐，谓之情。情然而心为之择，谓之虑。心虑而能为之动，谓之伪。虑积焉能习焉而后成，谓之伪。……是散名之在人者也，是后王之成名也。

我们认为，这样说来，不包括"知（智）快（慧）出，案（焉）有大伪（为）"这一句的郭店丙本第十八章，其成书时代应在荀子作为思想虽已逐渐为世人所知，受到世人注目，但《老子》还未感受到其影响的时代。相反，包括这句话的马王堆《老子》第十八章的成书，则到了这样一个时代，不仅荀子的作为思想已广为人知，《老子》已受到其影响，而且《老子》自身还基于对"为"加以批判、对"无为"加以提倡的立场，认为必须给予强烈的讽刺、给予反向的表述。

顺便指出，《老子》的儒学批判中，原先在郭店《老子》阶段，未见明确的针对荀子的批判，到后来的马王堆《老子》阶段，则出现了针对荀子"礼""前识（知）"加以批判的例子，这方面的例子，这一点，在《郭店楚简〈老子〉新研究》第七编《郭店楚墓竹简〈老子〉对于儒学的批判》作了论述。①

因此，笔者认为第二段当初在郭店丙本中并不存在，有其他三段文字已十分完整地构成了一篇文章。这段文字被追加进去，或许是战国后期到战国晚期，从郭店丙本到马王堆甲本亦即《老子》文本被添加、修正、整理过程中发生的事。究其原因，可以说是因为出现了这样一种新的情况，即道家内部为在思想上与战国晚期最大儒家——荀子学派对抗，第二段文字无论如何都成为必要。或者就文章构成而言，较之奇数的三句，偶数的四句更显踏实，即文章表现意识的变化积累也导致了这一结果。

六、结语

以上，我从郭店《老子》甲、乙、丙三个本子中，分别抽取了性质各异的、文本上存在问题的一个段落加以研究。将这三个段落与马王堆《老子》及今本（王弼本）的相应段落作比较和分析，由此阐明了郭店《老子》并非已形成的《老子》的一部分，相反，必定是正处形成途中的《老子》最早时期的文本。

---

① 请参看《郭店楚简〈老子〉新研究》第七编第四部分第 3 节《马王堆汉墓帛书〈老子〉第十八章所追加的一句》（江苏人民出版社 2022 年版）。

读郭店楚墓竹简札记：卞、绝为弃作、民复季子*

季旭昇

《郭店楚墓竹简》(本文以下简称《郭店》)公布后，① 各界瞩目，其中包含的文字、哲学材料，极为可贵。旭昇在拜读之余，偶有所感，随读随记，以就教于时贤大家。为了排版方便，文中讨论到的关键字，在同一章节段落重复出现时，直接以△代替。

一、卞(夆)

《郭店·老子》甲简 1："𢇍(绝)智(知)弃卞(辩)"，"卞"字作"夆"。注释一引裘锡圭先生说以为当释"夆"："裘按：'弃'下一字当是'鞭'的古文，请看《望山楚简》116 页注一六。'鞭''辩'音近，故可通用。后面《老子》丙第 8 号简也有此字，读为'偏'。本书《成之闻之》32 号简、《尊德义》14 号简也都有此字，分别读为'辩'和'辨'。《五行》34 号简又有以此字为声旁的从'言'之字，马王堆帛书本《五行》与之相当之字为'辩'。"

按：《望山楚简》M2：2 简有"夆"字，该书第 116 页考释一六云："《说文》'鞭'字古文作夆，此作夆，字形稍有变化。字在此似当读为'缠'。'缠'与'编'、'辩'音义皆近。"②

---

* 原载《中国文字》新 24 期(台湾艺文印书馆 1998 年版)，又载《季旭昇学术论文集》(台湾花木兰文化事业有限公司 2022 年版)，今据作者提供的修订稿收入。

① 荆门市博物馆编：《郭店楚墓竹简》，文物出版社 1998 年版。相关简文及注释均见此，不再出注。

② 湖北省文物考古研究所、北京大学中文系编：《望山楚简》，中华书局 1995 年版，第 116 页。

《郭店·老子》丙简 8 此字写法和《老子甲》相同；《成之闻之》简 32 作"▢"、《尊德义》简 14 字形大致相近；《五行》简 34 以此字为声旁的从"言"之字，所从此形亦相近。裘先生释为"㪑"字，应属可从，但是其中有一些可以再讨论的地方。"㪑"字于甲骨文作"▢"（《甲骨文编》0414 号），刘钊以为"本象手持鞭形，后从丙声作'▢'，金文改从'免'声"①。金文"便"字作"▢"（《金文编》1340），右旁从"㪑"，其上改从冕声。战国时代的《信阳楚简》"缠"字所从作"▢"（《楚系简帛文字编》第 924 页），承金文而稍讹；秦文字"便"作"▢"（《秦文字类编》第 24 页），右上仍袭甲文从"丙"声。明确释为"㪑"字的字形，和楚简此字有一点距离。事实上，《郭店》此字的上部，即去掉"又"形后，和"卞"字的确同形。这要怎么解释呢？

《说文解字》未见"卞"字，"卞"字晚出，《玉篇·▢部》："卞：皮变切，法也，又县名。"②更早的来源已不可考，其初形本义也不可知。《类篇》以为"弁"字之省文："臣光按：《说文》无卞字，又按弁不从厶，变隶作弁，故卞止从弁省。"③翟云升《隶篇》云："《说文》覍，籀文作曑，或文作弁，诸碑皆弁之省也。"④按："卞"之字形，《孔龢碑》作"▢"、《孔宙碑》作"▢"⑤；"弁"字战国文字作"▢""▢"等形⑥。《汉印征》作"▢""▢"，和"卞"字字形不像，应该没有相通的可能。《正字通·子集下·卜部》以为是从一从卜："卞：弼面切，音便。地名。……又法也。《书·顾命》：'临君周邦，率循大卞。'注：'大法也。'又躁疾。《左传》：'邴庄公卞急而好洁。'……又姓，本周曹叔振铎之后，支子封卞，因氏。周卞和、汉卞崇。通作弁，音盘。《诗·小弁》，《汉书·杜钦传》作《小卞》，义同。○《同文备考》作卞，篆作卞，从一在中，上下各有定位。又以'。'指在下者，则上之名分自尊，而下不可僭上矣。《易》曰：'君子以卞上下，定民志。'据此说，卞即辨，非

---

①　刘钊：《古文字构形研究》，吉林大学博士学位论文，1990 年，第 137 页。

②　顾野王原撰，宋增修：《宋本玉篇》，中国书店 1983 年版，第 400 页。

③　司马光编：《类篇》卷八下，第十叶，上海古籍出版社 1988 年版，第 301 页。

④　翟云升：《隶篇》卷八，中华书局 1985 年版，第 150 页。

⑤　顾霭吉（南原）：《隶辨（隶书字典）》，中国书店 1982 年版，第 585 页。

⑥　参李家浩：《释弁》，《古文字研究》第 1 辑，中华书局 1979 年版，第 391 页。

从宀从卜作卞，今《易》本作辨，改从卞，非。《备考》说泥。《举要》：'卞从上从下成文，分上下也。篆作卞，别作卞。'亦泥。"①按：从宀从卜，不知何所取义，而且看不出什么学理根据。

今《郭店·老子》"卞"字，其上所从与后世"卞"字同形，报告隶定作"卞"，相当可信；裘先生以为此字当释"攴"，也证据充分。因此我们怀疑"卞"字其实就是由"攴"字分化出来的。甲骨文"攴"字从"又"持"鞭"，因此去掉"又"形的部分本来也就是"鞭"的象形文。古文字中从"又"与否，往往同字，其例甚多，如"爵""未"等。"攴"字本义为以手持鞭，鞭的作用在于迫使牲畜就范，因此引申有法的意思，这和《玉篇》说"卞"的意思是"法"，可以连系起来。其后二义逐渐分化，"攴"字保留"攴"形，或作"鞭"；"卞"义则去掉"又"形，二字从此分道扬镳。但是，在郭店楚墓竹简的时代，这两个意义还没有分化，因此，此字释"攴"、释"卞"，皆无不可。

二、绝为弃作

《郭店·老子》甲简1"绝（绝）憍弃虑"，注释三："帛书本作'绝仁弃义'。裘案：简文此句似当释为'绝伪弃诈'。'虑'从'且'声，与'诈'音近。"②按：帛书本作"绝仁弃义"，"仁""义"是儒家推崇而老子绝弃的德行；"伪""诈"则是儒家、老子都共同贬抑的行为。和前二章对比，"智""辩""巧""利"是一般喜爱的行为，但是老子特意贬斥之，以回归自然淳朴。如此章释为"绝伪弃诈"，则显与前二章不侔。

"憍"字作"憍"，字不见《说文》。《字汇》："憍：谐也。"音居伪切，读ㄍㄨㄟˋ/guì，这显然不是《郭店》本简的用义。窃疑此字就是"为"的分化字，表示"心之作为"。战国文字往往有加繁分化的现象，如《郭店》"浴"字不得释为后世"洒身"义，它只能释为"谷"的异体，加义符"水"不过表示这是有水的山谷而已。据此，"憍"字也是"为"的异体，加义符"心"表示是心之作为，《老子》主张无为，"绝为"也就是"无为"的意思。

---

① 张自烈、廖文英：《正字通》卷一《子集下·卜部》，第九十九叶，中国工人出版社1996年版，第115页。

② 荆门市博物馆编：《郭店楚墓竹简》，文物出版社1998年版，第113页。

池田知久指出这个字形在马王堆帛书老子甲本应读为"化"。① 同在《郭店·老子》甲简13 的"万物将自憍，憍而欲作"，对比今本《老子》，"憍"也都读为"化"。但是在此章此句中，释为"化"，或读为"讹"，都不容易说得通。

"慮"字作"🔲"，从虘从心：《郭店》注三裘锡圭先生按语以为"慮"从"且"声，与"诈"音近，故读为诈。裘先生又在《以郭店老子简为例谈谈古文字考释》中说："楚简'诅'字作'虘'（盟虘连文）。《汉书》'诅'或作'谯'、'襦'。古书'槢'亦作'柤'，'嬬'亦作'姐'。《说文》'殂'或作'殂'。《诗·邶风·谷风》'既阻我德'，《太平御览》835 引《韩诗》'阻'作'诅'。《诗·大雅·荡》'侯作侯祝'，《释文》'作本或作阻'，《正义》：'作，则古诅字。'《尚书·无逸·正义》引作'诅'。《礼记·月令》：'毋或作为淫巧。'郑注：'今《月令》"作为"为"诈伪"。'今本'绝圣弃智'，简本作'绝智弃辩'，今本'绝仁弃义'，简本作'绝伪弃诈'，且位置在'绝巧弃利'之后，意义重大。"②按：从《老子》的哲学体系来看，《老子》的哲学主张有很多看起来和儒家的道德观念或一般的价值取向针锋相对，也就是说：很多儒家或一般以为是主要的或正面的价值，在《老子》则视为次要的或负面的，如今本十八章："大道废有仁义，慧智出有大伪，六亲不和有孝慈，国家昏乱有忠臣。""仁义""慧智""孝慈""忠臣"等在《老子》而言，都是次要的。十九章也是类似："绝圣弃智，民利百倍；绝仁弃义，民复孝慈；绝巧弃利，盗贼无有。""圣""智""仁""义""巧""利"等一般认为重要的价值，在《老子》则以为是负面的。比照着来看，《郭店》本章说："绝智弃𢍆（辩），民利百伓（倍）；绝攷（巧）弃利；覸（盗）侧（贼）亡又（有）；绝憍（伪）弃慮（诈），民复（复）季子。""智""𢍆（辩）""攷（巧）""利""憍"慮"应该也是一般认为重要的价值。因此如果把它们释为"伪""诈"，似乎和全章体例不合，因为"伪""诈"并不是一般认为重要的价值，相反地，它们是一般认为负面的价值。

池田知久指出这个字形在马王堆帛书老子甲本应读为"虑"，在押韵和意义上比较合适。但他也知道楷字"虑（慮）"字中间从"田"之形，楚文字中未见从"且"的。又有人以为此句可读为"弃义绝虑"（当是研讨会上的意见）。"憍"读为"义"，声音可通；但是，"慮"读为"虑"，恐怕在声音上是行不通的。"慮"当为从"心"、"虘"声的字，"虘"字《说文》从

---

① 池田知久：《荆门市博物馆郭店楚墓竹简笔记·老子甲》，《郭店老子国际研讨会论文集》，美国达慕思大学，1998 年，第 218 页。

② 裘锡圭：《以郭店老子简为例谈谈古文字考释》，《郭店老子国际研讨会论文集》，美国达慕思大学，1998 年，第 89~92 页。

"虍"、"且"声，大徐音"昨何切"，段玉裁以为古音当在五部；"虑"字《说文》从"思"、"虍"声，音"良据切"，段玉裁第五部。"盧""虑"二字韵部可通，但是声纽似乎远了些。而且《老子》其他类似的句子都是成组的，"智""金"一组，"攺""利"一组，"仁""义"一组，而"义"和"虑"似乎很难凑成一组。疑"愒"字应读为"为"，加上义符"心"，表示是心的作为；"慮"字应读为"作"（从"且"声和从"乍"声可通，前引裘先生的文章中已经说明了），加上义符"心"，也表示是心的作为，而"为""作"是可以凑成一组的。《老子》主张"无为""不为"，因此这样解释，似乎可以和《老子》全书的精神一致。

三、民复季子

"季"字简文作"季"，从"禾"从"子"，非常清楚。"子"字也毫无疑问。"民复季子"句，一般比照传世本《老子》，"季子"读为"孝慈"，恐不妥。从字形上来看，"孝"字罕见，《楚帛书》作"李"，《长沙楚帛书文字编》隶定作"孛"，注云："此字朱德熙、裘锡圭先生据《三体石经》殷字古文作與帛文近而释为殷，训乱。商锡永先生释孛，李学勤先生谓'孛'据《春秋》文十四年注，即彗星。"① 按：姑不论释"孝"、释"孛"之不同，《郭店》此简之"季"字没有人以为是"孝"字。"季"是脂部字，"孝"是幽部字，两者韵部相差较远，似难通假。从义理上来看，今本第十八章："六亲不和有孝慈。"据此，"孝慈"在《老子》的哲学体系中是次等的善德。我们以为：此章的"季子"照原文读就可以了，《说文》："季：少侢也。从子稚省，稚亦声。"《老子》常以"婴儿"比喻原始浑朴的善德，今本第十章："专气致柔，能婴儿乎？"二十章："我独泊兮其未兆，如婴儿之未孩。"《郭店》本章的"季子"，犹言"婴儿"，也是指道德纯朴的本质。《马王堆汉墓帛书·老子》甲本作"民复畜兹"，② "畜"字是幽部字，与"孝"音近可通。疑《老子》本作"季子"，义近或作"畜子"，"畜"者"好也"，《孟子·梁惠王下》："畜君者，好君也。""畜子"者，"好子"也，由"畜子"转为马王堆《老子》甲本的"畜兹"。由"好"再转则为"孝"（好、孝，同为晓母幽部开口一等字，二者可以说是同音），就成了马王堆《老子》乙本的"孝兹"，③ 再转则作今本的

---

① 曾宪通撰集：《长沙楚帛书文字编》，中华书局1993年版，第30页。
② 国家文物局古文献研究室编：《马王堆汉墓帛书［壹］》，文物出版社1980年版，释文第11页。
③ 国家文物局古文献研究室编：《马王堆汉墓帛书［壹］》，文物出版社1980年版，释文第96页。

"孝慈"。只有这样解释，《老子》各本的异同才能合理解决。而所以会有这样的转变，可能是受了十八章"六亲不和有孝慈"的"孝慈"的影响。

　　后记：本文原发表在台北艺文印书馆发行《中国文字》新 24 期，1998 年 12 月，第 129～134 页。本次尽量依原文，不作更动，而依规定调整版面，改为简体字，并修订了几个错漏字，加了几个注释。"绝为弃作"一句，现时学者多依裘锡圭先生改释为"绝为弃虑"。本文以为老子五千言不言"虑"，而楚简"作""为"不同义，因此仍然主张释为"绝为弃作"。

2023 年 6 月 19 日

郭店《老子》札记[*]

刘国胜

郭店楚墓《老子》竹简甲组 30—31 号简上有段文字，《郭店楚墓竹简》释文如下：

夫天多期（忌）韦（讳），而民尔（弥）畔（叛）。民多利器，而邦慈（滋）昏。人多 **30** 智（知），天〈而〉戟（奇）勿（物）慈（滋）迟（起），法勿（物）慈（滋）章（彰），眺（盗）恻（贼）多又（有）……**31**①

马王堆汉墓《老子》帛书甲、乙本亦都记有相似的一段文字：

夫天下〔多忌〕讳，而民弥贫。民多利器，而邦家兹（滋）昏。人多知（智），而何（奇）物兹（滋）〔起。法物滋章，而〕盗贼〔多有〕。② **甲本**

夫天下多忌讳，而民弥贫。民多利器，〔而国家滋〕昏。〔人多智慧，而奇物滋起。法〕物兹（滋）章，而盗贼〔多有〕。③ **乙本**

今所见《老子》通行本亦载有类似的内容：

---

* 原载《郭店楚简国际学术研讨会学术论文集》，湖北人民出版社 2000 年版。

① 荆门市博物馆编：《郭店楚墓竹简》，文物出版社 1998 年版，第 113 页。
② 马王堆汉墓帛书整理小组编：《马王堆汉墓帛书·老子》，文物出版社 1976 年版，第 6 页。
③ 马王堆汉墓帛书整理小组编：《马王堆汉墓帛书·老子》，文物出版社 1976 年版，第 41 页。

天下多忌讳，而民弥贫。民多利器，国家滋昏。人多伎巧，奇物滋起。法令滋彰，盗贼多有。① （王弼本）

夫天下多忌讳，而民趺贫。民多利器，国家滋昏。民多知慧，而衰事滋起。法令滋章，盗贼多有。② （傅奕本）

各本《老子》的以上内容在文字上相互间略有差异，但总体出入不大。在这里，我们将着重讨论简本中"而邦滋昏"以下句。《郭店楚墓竹简》的释文基本正确，唯"人多"下一字我们以为应就读为"智"，"物滋起"上一字应隶作"哦"。这段话按往常一般视作两句读，即"人多智，而哦物滋起"一句，"法物滋彰，盗贼多有"一句。这样一来，句式就成了两个复句，在文意理解上就自然将"哦物滋起"看作"人多智"的结果，而将"盗贼多有"看作"法物滋彰"的结果。这种理解是否符合老子原意？简本《老子》的问世，促使我们有必要作重新的思考。

我们知道，在今所见诸本《老子》中，另一处直接谈论有关"盗贼"问题的语句就是："绝巧弃利，盗贼无有。"在老子看来，盗贼滋盛的根源是存在"巧""利"。关于"巧""利"的含义，一般是把"巧"理解成"巧诈"，把"利"理解成"货利"。如河上公注云："绝巧者，诈伪乱真也。弃利者，塞贪路闭权门也。"③我们以为简本《老子》此处"巧""利"二字表达的词义是紧密相关的。正如简文"绝智弃辩"的"智"与"辩"、"绝伪弃虑"的"伪"与"虑"，④ 虽用字有别，词义则彼此互见，可谓词异谊同。"利"有"机巧""灵利"之义。《荀子·王制》"辨功苦，尚完利"，杨倞注："利，谓便于用，若车之利转之类。"郭店《性自命出》45—46 号简有文云："人之巧言利辞者，不有夫诎诎之心则流。"⑤这里的"巧"和"利"是一个意思，两词词义没有多少差别。不过，简本《老子》此处的"巧""利"与"智""辩""伪""虑"一并是意含负面的价值取向，在简本《老子》的思想价值观中都被看作与"清静""无为"的高尚境界极度背离，而危害极大的东西。《老子》主张应绝而弃之，使回复"自然"本性。《韩非子·扬权》云："圣人之道，去智与巧，智巧不去，难以为常。"我们可以用"智巧"一词来涵盖简本《老子》中这类词所要表达的特定意义。《庄子·胠箧》云："世俗

① 参看高明：《帛书老子校注》，中华书局 1996 年版，第 104、105 页。
② 马王堆汉墓帛书整理小组：《马王堆汉墓帛书·老子》，文物出版社 1976 年版，第 72 页。
③ 参见王卡点校：《老子道德经河上公章句》，中华书局 1993 年版，第 76 页。
④ 荆门市博物馆编：《郭店楚墓竹简》，文物出版社 1998 年版，第 3 页。
⑤ 荆门市博物馆编：《郭店楚墓竹简》，文物出版社 1998 年版，第 64 页。

之所谓至智者，有不为大盗积者乎？所谓至圣者，有不为大盗守者乎？"又云："圣人不死，大盗不止""绝圣弃智，大盗乃止"。《庄子》这里所说的"圣人"恐怕与简本《老子》"是以圣人之言曰：我无事而民自福，我无为而民自化，我好静而民自正，我欲不欲而民自朴"中所言的"圣人"已经不是一回事了。① 在简本《老子》的思想价值观中，"圣人"是抱守"清静无为"之道，乃以其道德之崇高，称为"圣人"。《周易·乾》云："圣人作而万物睹。"《庄子·胠箧》中所谓的"圣人"是以"智"至圣。《左传》襄公二十二年："曰：'焉用圣人。'"杜预注："武仲多智，时人谓之圣。"所以说，《庄子》"绝圣弃智"的实质是绝聪智。《庄子》亦是主张"无为而治"的，如《庄子·逍遥游》云："至人无己，神人无功，圣人无名。"因此，我们似乎不应该怀疑《庄子》对《老子》推崇以"清静无为"为道的"圣人"有什么反感。时过境迁，《庄子·胠箧》言谈"圣人"是针锋相对窃名的智巧之人。《老子》说"绝巧弃利，盗贼无有"，《庄子》说"绝圣弃智，大盗乃止"，两者是一脉相承的，皆视智巧为盗贼滋盛的根源。《淮南子·主术》云："智诈萌兴，盗贼滋彰。""智巧"与"智诈"含义相同，古语谓之起机心，也就是我们现在常说的动巧心事。这在道家看来是促成盗贼滋盛的本源。

本篇要讨论的文字同样涉及有关盗贼滋盛的起因问题。我们不妨先来辨析一下这段话句首"人多智"之"智"的含义。

简本《老子》有"智"无"知"字。作"知道（认识）""知识"讲的"知"这个词都是用的"智"字。一般地说，作动词用的"智"都可读成"知"。而用为名词的"智"是看作"智"还是"知"，这是有争议的。我们以为，简本《老子》中作名词的"智"应看作"智"。这类"智"是老子思想中一个重要的概念。以下有几例：

(1) 绝智弃辩，民利百倍。绝巧弃利，盗贼无有。绝伪弃虑，民复孝慈。……视素保朴，少私寡欲。简本《老子》甲组

(2) 人多智，而戒物滋起，法物滋彰，盗贼多有。……我欲不欲而民自朴。简本《老子》甲组

(3) 恒使民无智无欲也，使夫知不敢、弗为而已。则无不治矣。帛书《老子》乙本

(4) 民之难〔治〕也，以其智也。故以智知邦，邦之贼也；以不智知邦，邦〔之〕德也。帛书《老子》甲本

我们不难看出，《老子》在表述"智"时，常与"朴""不欲""无为"等对立。显然上述几例中的"智"属性相同，都意含负面的价值。在《老子》看来，"智"是人生欲施为的动力，社会邪私败坏的根源。"智"与"清静""无为"是相背离的。对于例(4)，河上公有注云："民之所以难治者，以其智多，而为巧伪。"①可见，这类"智"亦是能用"智巧"来释解的。关于"人多智"之"智"，我们觉察到，今通行本"人多"下有作"伎巧""技巧""知巧""利巧""智慧"等。事实上，"人多"下一词只作一个"智"字。这一点可由简本与帛书本《老子》同出一辙基本可以确信。我们颇疑上列种种异文实是"智"的释义，诸家增字解义，又误入正文。王弼给此句作注曰："民多智慧，则巧伪生。巧伪生，则邪事起。"②王弼对"智"的解释正合"智巧"之义。

"人多智"之"智"如果是作"智巧"意思讲，那么，结合前文，我们就有理由将这段话句末的"盗贼多有"与句首的"人多智"联系起来去理解文意。也就是说，把"盗贼多有"视为"人多智"的结果。这是符合老子思想的。因此，照着简文的语序，我们把这段话理解作一句读，"而"之下"哦物滋起""法物滋彰""盗贼多有"是三个并列的小句，所表叙的三种现象皆是"人多智"的结果。《文子·道原》中有段话："故曰：'民多智能，奇物滋起，法令滋章，盗贼多有。'去彼取此，天殃不起。故'以智治国，国之贼；不以智治国，国之德。'"③这段话里的两个"故"中所引《老子》的内容是相关联的。前者引说恶因及其败果，后者是回应前者引说救正之术。后一个"故"中只围绕了"智"来说教，因此，前一个"故"中要说明的恶因就应该只涉及"智"，即所谓的"智能"，而与"法令"无涉。也就是说，《文子》理解《老子》这句话亦是将"奇物滋起""法令滋章""盗贼多有"三者一同视为"民多智能"的结果。只有这样，《文子》才是有的放矢。

值得注意的是，简本《老子》在"盗贼多有"前并没有一"而"字。只在"奇物滋起"前有一"而"字。《老子》此段文句的基本句型是："……多……，而……弥(滋)……"。此为偏正复句的句式，前一小句表条件，后一小句表结果，"而"是复句的关联词。这段话陈述了"天多……""民多……""人多……"，若将"法物滋……"与之相提并论，恐有不妥。一是"法物"与"天""民""人"层次有隔，不便等齐；二是"滋彰"与"多忌讳""多利器""多智"等以动宾结构充当谓语的文法不符，而与"弥叛""滋昏""滋起""多有"系程度副词修饰谓

---

① 参见王卡点校：《老子道德经河上公章句》，中华书局1993年版，第255页。
② 参见朱谦之：《老子校释》，中华书局1984年版，第231页。
③ 参见丁原植：《郭店竹简〈老子〉释析与研究》，台湾万卷楼图书公司1998年版，第183页。

语的结构相类。因此，简本《老子》的这句话从语法上考虑也宜作一句读。此句前面相连的三个复句，关联词"而"后皆作一小句。唯此句"而"后有三个小句，其行文语气似乎显得不太和谐。从帛书《老子》乙本中我们就看到已经在"盗贼多有"前系以"而"字，以整齐划一。然文意也就歧生旁枝了。其实，简本《老子》行文固然讲求工整，但申明文旨是首要的。简本《老子》乙组10(缀图版残片20号)、11、12号简文有段话："明道如㶊，迟道如缋，〔进〕道如退。上德如谷，大白如辱，广德如不足，建德如〔偷〕，〔质〕真如愉。"①"进道如退"以下句与帛书《老子》乙本语序一致，对的也并不太工整。有些以前研究《老子》的文章将"大白如辱"移至"质真如愉"前，以求"三德"的严格并文，实属不当。

需要进一步讨论的是"哦物""法物"的释读问题。哦，从可从戈。帛书《老子》甲本相当之字作"何"，一般释为"奇"。奇从可得声。马王堆帛书《春秋事语》"宫之柯"，《左传》僖公二年作"宫之奇"。② 简本《老子》甲组29—30号简简文云："以正之邦，以㦤用兵，以无事取天下。"③第六字"㦤"从奇从戈。帛书《老子》甲、乙本相当之字皆作"畸"，一般也释为"奇"。与帛书《老子》同墓出土的《道原》佚书有"操正以政畸"句，而并出的《十大经》佚书有"操正以正奇"句。④ 我们以为，简本《老子》中的"㦤""哦"均可释为"奇"，但两字词义各有侧重。作"㦤"形的奇字，作偏解。《荀子·天论》"故道之所善，中则可从，畸则不可为，匿则大惑"，杨倞注："畸者，谓偏也。"《汉书·邹阳传》有"系奇偏之浮辞哉"句。睡虎地秦墓竹简《为吏之道》简文云："申之义。以毄畸。欲令之具下勿议。"⑤"毄畸"与"系奇偏之浮辞"是一个意思。作"哦"形的奇字，作异解。"奇物"就是指怪异、邪恶的事物。《荀子·儒效》"倚物怪变"，《韩诗外传》作"奇物"。《荀子·君道》云："众庶百姓无奸怪之俗，盗贼之罪。"可与简本《老子》将"奇物"与"盗贼"并言相映证。

"法物"二字，通行本多作"法令"，自帛书《老子》乙本作"物"而不作"令"后，"法物"二字多获认可。直至简本《老子》见世，"法物"二字得以确信。"法物""法令"字不相通，义难相同。大概是倚"法"而改"物"以"令"。对于"法物"一词的释义，河上公曾注曰：

---

① 荆门市博物馆编：《郭店楚墓竹简》，文物出版社1998年版，第7、8、108页。

② 参见李学勤：《简帛佚籍与学术史》，台湾时报文化出版企业有限公司1994年版，第280页。

③ 荆门市博物馆编：《郭店楚墓竹简》，文物出版社1998年版，第5页。

④ 《马王堆汉墓帛书》整理小组编：《马王堆汉墓帛书·经法》，文物出版社1976年版，第102、74页。

⑤ 参见睡虎地秦墓竹简整理小组编：《睡虎地秦墓竹简》，文物出版社1990年版，释文注释第173页。

"法物，好物也。珍好之物滋生彰著，则农事废，饥寒并生，故盗贼多有也。"①法，无"好"之训。"法物"解释成"好物"恐为之牵强。前面我们论述了"奇物滋起""法物滋彰""盗贼多有"是三个并列句。"奇物"指的是那些怪异、邪恶的事物。"起"是兴立的意思。"奇物""盗贼"皆是一般意义的社会之公害，则"法物"亦应同属。我们以为此处"法物"可读为"废物"。"法""废"二字，古通用。包山楚简"法"字凡三见，② 似皆读为"废"，如："肉箓旦废之，无以归之""宋强废其官事""颈事将废"。郭店《缁衣》9 号简有文云："故心以体法，君以民荒"，裘锡圭先生疑"法"字当读为"废"。③ 今本《缁衣》相当的文字作"心以体全，亦以体伤；君以民存，亦以民亡"，今本所记似有申张。"废物"犹言败物、坏物。指的是那些质性败坏的事物。"彰"是显著的意思。简本《老子》的这段话似读作："人多智，而奇物滋起，废物滋彰，盗贼多有。"大意是说：人们重视智巧，结果却使得社会上邪物愈发兴立，败物愈发显赫，盗贼愈发增多。故此，《老子》鄙弃智巧，提倡"自然""无为"。以为这才是圣人之德，"取天下"之道。

---

① 参见王卡点校：《老子道德经河上公章句》，中华书局 1993 年版，第 221 页。
② 参看滕壬生：《楚系简帛文字编》，湖北教育出版社 1995 年版，第 763 页。
③ 荆门市博物馆编：《郭店楚墓竹简》，文物出版社 1998 年版，第 132 页。

郭店《老子》甲简"㱃"字试论[*]

刘传宾

郭店《老子》甲简 34 有"㱃"字，其所在简文内容如下：

> 未智牝牡之合㱃怒，精之至也。

整理者释"㱃"为"然"，认为与《古文四声韵》所引《古老子》的"然"字"㿜""㿜"及《说文》"肰"字古文"㹠"相似，只是省去"月"旁罢了。① 裘锡圭先生已指出释"然"之说不可信②；李春桃先生进一步指出上举"然"字古文"上部为'虎'旁讹变，与㱃形来源不同"③。郭店简有从虎从肰的"然"字作㿜(《语丛一》简 30)，上举古文当由此讹变。因此，将"㱃"释为"然"是不正确的。

"㱃"字对应帛书乙本(甲本残损)、傅奕本作"朘"，汉简本作"㱃"，王弼本作"全"，河上公本、严遵本作"峻"。"朘""㱃""全""峻"诸字音近可通，④ 学者多以"朘"字为正，

* 原载《中国文字研究》第 33 辑，华东师范大学出版社 2021 年版。本文为国家社科基金冷门绝学研究专项"出土简牍编联与拼缀研究及数据库建设"(编号 2018VJX079)、国家社科后期基金资助项目"郭店简词义整理与研究"(编号 18FYY009)、天津市哲学社会科学研究规划项目"郭店简字词全编"(编号 TJZW18-010)。

① 荆门市博物馆编：《郭店楚墓竹简》，文物出版社 1998 年版，第 116 页注七一。
② 荆门市博物馆编：《郭店楚墓竹简》，文物出版社 1998 年版，第 116 页注七一"裘按"。
③ 李春桃：《传抄古文综合研究》，吉林大学博士学位论文，2012 年，第 308 页。
④ 俞樾先生(《诸子平议》卷八《老子》"牝牡之合而全作"条)曾认为王弼本《老子》"全"字为"㑹(阴)"字之误，并不可信。朱骏声(《说文通训定声干部》"全"字下)认为"全""朘""峻"等皆借为"卵"字，亦不可信。

《说文·肉部》："朘，赤子阴也。"裘锡圭先生认为"亐"字之义当与"朘"字相当，[1] 代表了学界关于该字释读的主要思考方向。但是，关于"亐"字的形体分析以及与"朘"字的关系，学界有多种意见，现择要分类总结如下：

第一，形近讹混。赵建伟先生信从整理者释"然"之说，认为"朘"因与"然"形近故讹为"然"。[2] 释"然"之误前文已辩，而由此得出的相关意见恐怕也是不正确的。

第二，义近换用。部分学者认为"亐"是与"朘"意义相同的另外一个字：（1）王辉先生隶作"仝"，认为即"阴"字，指男女生殖器官。[3] "亐"与"仝"在字形上有一定距离，恐不可信。（2）韩禄伯、刘信芳、廖名春等先生释为"阳"，[4] 概以之为雄性生殖器。其中刘信芳先生依《说文》解"易"字从"日一勿"之例，认为"亐"字从"上一勿"；廖名春先生隶定为"旸"，认为该字上为"丄"，为牡器之形，下为"易"。"亐"字当分析为"丄（丄）""丂"两部分，刘信芳先生的意见恐怕有问题。廖名春先生关于"丄"的认定应当是正确的，但认为下部为"易"并不可信。"易"字甲骨文从日从丁（亏），西周金文或加二至三斜笔为饰，后与"勿"字形体讹混，《说文》以为从"勿"是不正确的。[5] 郭店简等材料中"易"字多见，似不见省略"日"旁。此外，"阳"当雄性生殖器讲，所见文献时代普遍较晚。因此，释"亐"为"阳"恐怕也是不正确的。[6]（3）魏启鹏先生释为"然"，读为"势"，指男性生殖器之别称。[7] 这种意见也不可信，除释"然"之误外，"势"字多指人及动物的睾丸，且所见文献时代相对较晚。（4）何琳仪先生疑该字为从士从勿的会意兼形声字，读若"物"。士之物，即年轻男子的阳物，与"朘""朘""尹"等异文为义近互换关系。[8] 这种意见将"亐"字分析为"丄"

①　荆门市博物馆编：《郭店楚墓竹简》，文物出版社 1998 年版，第 116 页注七一"裘按"。

②　赵建伟：《郭店竹简〈老子〉校释》，《道家文化研究》第 17 辑"郭店楚简专号"，生活·读书·新知三联书店 1999 年版，第 288 页。

③　王辉：《郭店楚简释读五则》，《简帛研究二〇〇一》，广西师范大学出版社 2001 年版，第 168~169 页。

④　韩禄伯：《简帛老子研究》，学苑出版社 2002 年版，第 82 页；刘信芳：《荆门郭店竹简老子解诂》，台湾艺文印书馆 1999 年版，第 41 页；廖名春：《郭店楚简老子校释》，清华大学出版社 2003 年版，第 330 页。

⑤　季旭昇：《说文新证》，福建人民出版社 2010 年版，第 758 页。

⑥　李春桃先生也认为释"阳"不可信。参看李春桃：《传抄古文综合研究》，吉林大学博士学位论文，2012 年，第 308 页。

⑦　魏启鹏：《楚简〈老子〉柬释》，台湾万卷楼图书公司 1999 年版，第 33 页。

⑧　何琳仪：《贵尹求义》，《楚地简帛思想研究（三）》，湖北教育出版社 2007 年版，第 4~5 页。

"刀"两部分，这是不正确的。此外，单独的"物"字似见作雄性生殖器讲，无法与"朘"字等形成义近互换关系。（5）释为"屌"。杨琳先生认为该字从士弓声字，"即男阴之'鸟（屌）'的专字"，"弓"为"溺"字初文①；萧旭先生认为该字从士刀声，"读为'弔'，即俗'屌'字，与'朘'义近"②。这两种意见也皆将"弔"字分析为"上""刀"两部分，并不正确。甲骨文"溺"字作□（《合集》137 正）、□（《合集》4305）等形，"弓"存在由其演变而来的可能性；但在楚系简帛文献中"溺"字多作□（包山简 172）、□（郭店《老子》甲简 37）等形，未见省作"刀"者。"刀"字，多写作□（包山简 254）形，写作"刀"未见。此外，"屌"为方俗语（《汉语大字典》第 1042 页），作男性生殖器讲时代偏晚。

第三，读"弔"为"朘"。多数学者认为"弔"与"朘"存在语音上的联系，如何琳仪、程燕先生认为字应与"朘""全"音近③，刘钊先生认为字应读为"朘"无疑④。具体又可分为如下几类：（1）音近通假。如许文献先生疑此字为楚系铜器铭文中之"前"字，通作"全""朘""峻"⑤；李零先生认为此字与西周金文中的"�"字相近，疑假"�"为"朘"⑥；彭浩先生释为"然"，借作"朘"⑦；郭永秉先生认为该字大概是"鹰"之变体，读为"朘"⑧。楚系铜器铭文"前"字作□（酓前簠，《集成》4550）、□（酓前鼎，《集成》2623）等形，上从"止"；"鹰"字上博简凡甲简 26 作□、凡乙简 19 作□，上半部分是带有两角的鹰的头部，由甲骨、金文□（《合集》28420）、□（亚鹰父丁觚，《集成》7228）等形演变而来。上文已言

---

① 杨琳：《楚简〈老子〉男阴之"鸟"考释》，《中国文字研究》第 22 辑，上海书店出版社 2015 年版，第 57~60 页。

② 萧旭：《郭店楚简〈老子〉"弔"字考》，未刊稿。

③ 何琳仪、程燕：《郭店简〈老子〉校记（甲篇）》，《简帛研究二〇〇二、二〇〇三》，广西师范大学出版社 2005 年版，第 41 页。

④ 刘钊：《郭店楚简校释》，福建人民出版社 2005 年版，第 24 页。

⑤ 许文献：《楚简中几个特殊关系异文字组释读》，《第四届国际中国古文字学研讨会论文集》，香港中文大学中国语言及文学系，2003 年，第 443~445 页。

⑥ 李零：《郭店楚简校读记》，《道家文化研究》第 17 辑"郭店楚简专号"，生活·读书·新知三联书店 1999 年版，第 467 页。

⑦ 彭浩：《郭店楚简〈老子〉校读》，湖北人民出版社 2000 年版，第 65 页。

⑧ 郭永秉：《由〈凡物流形〉"鹰"字写法推测郭店〈老子〉甲组与"朘"相当之字应为"鹰"字变体》，复旦大学出土文献与古文字研究中心网站（http://www.fdgwz.org.cn/Web/Show/583），2008 年 12 月 31 日。按：颜世铉先生（《利用语文学与新出土文献校读古书举隅——以〈淮南子〉为例》，首届新语文学与早期中国研究国际研讨会论文，澳门，2016 年）也倾向这种意见。

"◇"字上半部分"⊥"当为雄性生殖器，与"前""鹰"形体有异。所谓西周金文的"豙"字作◇（井侯簋，《集成》4241）、◇（趞觯，《集成》6516）等形，陈剑先生改释为"豙"①，李零先生从之并指出自己此前"举例不当"，进而认为"◇"字可能与秦汉时期的"遂"字有关②。但正如李先生所言，"古文字中的'遂'，早期都是假'述'字为之"③，因此，要认定"◇"为"遂"字所从的"豙"还需要更多的材料来佐证。(2)将"◇"看作形声字，读为"朘"。如黄德宽、徐在国先生认为该字从士、勿声，隶定为"劳"，古音勿、夋二字韵部为物文对转，疑"劳"为"朘"字或体；范常喜先生认为字从士、寻省声，"士"即"⊥"为雄性生殖器之象形，"寻"古音属邪纽侵部，"夋"属精纽文部，声韵皆近。④ 两种意见都将"◇"字分析为"⊥""勿"两部分，这是不正确的。

第四，"◇""朘"二字并不对应。如崔仁义先生释为"岉"，《广韵·物韵》："崛，崛岉，高貌。"⑤李若晖先生从李零先生意见释为"豙"，读为"豕"，"豕"类之字有淫逸义。⑥史杰鹏先生认为字上从"士"，意符，由表示雄性生殖器的"⊥"形变化而来；下从"勿"，声符。该字读为"勃"，本义是"勃起"，而不是什么"赤子阴"。⑦ 释"豙"之误前文已辩；释"岉""勃"二说，⑧ 字形分析皆误。此外，诸说于文意皆不畅顺，"◇"当为名词，为施事主语，后接动词"怒"。⑨

从上文的总结可以看出，很多学者都将"◇"字分析为"⊥""勿"两个部分，从士从勿隶

---

① 陈剑：《金文"豙"字考释》，《甲骨金文考释论集》，线装书局 2007 年版，第 243~272 页。

② 李零：《郭店楚简校读记（增订本）》，北京大学出版社 2002 年版，第 14 页。

③ 李零：《郭店楚简校读记（增订本）》，北京大学出版社 2002 年版，第 14 页。

④ 黄德宽、徐在国：《郭店楚简文字考释》，《吉林大学古籍整理研究所建所十五周年纪念论文集》，吉林大学出版社 1998 年版，第 100 页；范常喜：《〈郭店楚墓竹简〉中两个省声字小考》，简帛网（http://www.bsm.org.cn/? chujian/4605.html），2006 年 8 月 1 日。

⑤ 崔仁义：《荆门郭店楚简〈老子〉研究》，科学出版社 1998 年版，第 66 页注 282。

⑥ 李若晖：《郭店〈老子〉校注简论（上）》，《郭店楚简国际学术研讨会论文汇编》第 2 册，武汉大学，1999 年，第 195~231 页。

⑦ 史杰鹏：《释郭店老子简的"勃"字》，简帛网（http://www.bsm.org.cn/? chujian/5254.html），2009 年 5 月 14 日。

⑧ "山"字未见作"⊥"或"⊥"形者，释为"岉"不可信。

⑨ 史杰鹏先生认为："'虺蛋虫蛇弗蜇，攫鸟猛兽弗扣，骨弱筋柔而捉固，未知牝戊（牡）之合而◇怒'，四句话都是承接'赤子'的，也就是列举'赤子'会具备的特征，把'◇'解释为'赤子阴'，相当于说'赤子不懂得的牝牡之合但是赤子的生殖器会怒起'，完全是床上架床，多此一举。"这种意见恐怕并不正确，"怒"的直接施事主语是"（赤子之）朘"而非"赤子"。

定为"𡥉"。楚文字"士"字有作 ⩳(包山简 80)形，"勿"字有作 ⼓(郭店《老子》甲简 17)形，故将"⩳""⼓"分别释为"士""勿"并无问题。但实际上"𡥉"字当分析为"⼂""⼓"两部分。廖名春先生指出"⼂(⼂)"为雄性生殖器之形，当可凭信。原因有二：一是"⼂"形尤多见于甲骨文"牡"字所从，为"牡"字初文；① 二是"𡥉"与"朘"字相当，在文献中表示赤子阴。也有学者将"士"与"⼂"联系起来，如范常喜先生引罗振玉、王国维、郭沫若等先生意见认为"士"即是"⼂"。"士"字本为斧钺之象形(⼟，士上卣，《集成》5421)，后引申为职官名或男子的美称等；"⼂"为雄性生殖器之象形。二者形体有异，本是不同的两个字。史杰鹏先生认为"士"由"⼂"变化而来，并举"毒"字为例。"毒"字上所从之"士"确有可能为"⼂"形讹变，但不能由此认为"𡥉"字为已讹变之形；相反的，"𡥉"字之类的形体或许极大地促成了"⼂"形向"士"的讹变。

"𡥉"字的释读，关键在于"⼓"形的认定。乍看"⼓"形似并不成字，故学者多有将其上一横画与"⼂"结合。我们认为"⼓"当为"豕"字省变。从古文字材料来看，"豕"字的主要演变轨迹见图 1：

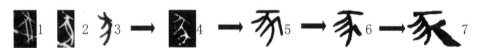

图 1

1.《合集》1677；2.《合集》21104；3. 英 1891；4. 㠱皇父鼎(《集成》2745)；5. 石鼓文；
6. 睡虎地《日书》甲种 80 背；7. 武威《有司》1

甲骨文"豕"字喙部或由豕背直笔与贯穿豕颈的斜笔构成，或由一斜笔和一撇笔构成；少部分豕形腹部轮廓的一笔省略。到了西周金文，"豕"字喙部继承了甲骨文第二类写法，腹部轮廓的一笔省略，"表示尾部的一笔不再由背部延伸而来，而是与之相交"②。石鼓文、睡虎地秦简的"豕"字基本上延续了金文的写法，变化比较大的是喙部逐渐变得不象形，最上一斜笔变为横笔，一撇笔与豕前腿趋近。到了武威汉简，则与今天"豕"字的写法完全相同了。

———————————

① 周忠兵：《甲骨文中几个从⼂(牡)字的考辨》，《中国文字研究》第 7 辑，广西教育出版社 2006 年版，第 139~143 页。

② 李学勤主编：《字源》，天津古籍出版社 2012 年版，第 842 页。

受"豕"字形体演变启发，我们认为"𠂤"形最上的一横笔和一撇笔本或表示豕喙。如此，则表示豕腿的部分便缺少一笔，可能存在借笔现象——即表示豕喙的撇笔与表示豕前腿的笔画共借一笔（参见图2）。《合集》1761"豕"字作 A，可与之比较。当然，理论上也存在笔画遗漏或省写的情况。① 豕尾不是一定要与豕背相交，甲骨文基本上都由背部延伸而来。金文也有此类写法（参见图2），如函皇父簋作 B（《集成》4141.2），便与上举函皇父鼎不同；再如《新金文编》所收"圂"字的三种形体 C（妇圂甗，《集成》922）、D（妇圂罍，《集成》9820）、E（妇圂角，《近出》910），其所从"豕"形也皆是如此。《合集》22355"豕"字作 𠂤，"𠂤"形或许由此类形体省变而来。楚系文字"豕"字作 𧰫（上博《周易》简 23）、𧰨（包山简 227）、𧰨（包山简 211）等形，与之不类，"𠂤"形当保留了较早的写法。战国简帛文字中保留文字较古老写法的现象频见：如郭店《语丛四》简 11"某"字，"上从草、下从木、中间作叶片形"②；再如上博二《容成氏》简 37"◢"字，"系'瞑'之象形"③。皆可为证。

图 2

通过上面的讨论，我们认为"𠂤"字当隶定为"豙"。李零先生很早就怀疑该字"表示公猪生殖器"，④ 很有启发性。北大汉简《老子》整理者在注解"㣻"字时，将与之对应的郭店简"𠂤"字隶定为"豙"，以为"雄性生殖器之象形"；又在《〈老子〉主要版本全文对照表》中，将该字隶定为"豙"。⑤ 这些意见都可作为本文观点的佐证。"豙"字本义当为雄性生殖器，

---

① 《集韵》纸韵："豕，古作𧱣。"（此蒙王志平先生提示）

② 林素清：《郭店竹简〈语丛四〉笺释》，《郭店楚简国际学术研讨会论文集》，湖北人民出版社 2000 年版，第 392 页；刘传宾：《上博、郭店古竹书补释三则》，《古文字研究》第 32 辑，中华书局 2018 年版，第 422~423 页。

③ 邱德修：《上博楚简（一）（二）字词解诂》，台湾古籍出版有限公司 2005 年版。按：从"瞑"之字出土文献中多见，如上博三《周易》简 15"冥"字等，周波先生有集中讨论。参阅周波：《说上博简〈容成氏〉的"冥"及其相关诸字》，《出土文献与中国经学、古史研究国际学术研讨会论文集》，台湾高文出版社 2019 年版；又见复旦大学出土文献与古文字研究中心网站（http://www.fdgwz.org.cn/Web/Show/4588），2020 年 6 月 23 日。

④ 李零：《郭店楚简校读记（增订本）》，北京大学出版社 2002 年版，第 14 页。

⑤ 北京大学出土文献研究所编：《北京大学藏西汉竹书[贰]》，上海古籍出版社 2012 年版，第 131 页注四、181 页。

非专指公猪生殖器，这就像"牡"字不专指公牛一样。"牡"字有从豕从丄之形，一般为左右结构，与"𡥀"字的差异是通过偏旁位置关系的变化而形成的。裘锡圭先生曾指出"偏旁之间的位置关系在表示字义上有重要的作用"①，类似的例子如"保"(，《合集》16431正)与"毓"(，《合集》32113)，"并"(，中山王䇅方壶，《集成》9735)与"替"(，中山王䇅鼎，《集成》2840)，宁(，《合集》21115)与(《合集》5884)等②。"𡥀"字写作上下结构，除了与"牡"字区别之外，还在于突出"丄"形的表意作用。

"朘"字《说文》训为"赤子阴"，语义范围比"𡥀"小，二者的对应关系理论上存在三种可能：(1)"𡥀"为"朘"字初文，是早期象形写法；而"朘"是后起形声字，③ 在《老子》中训为"赤子阴"是一种随文释义的现象，本义并不局限于此。(2)"朘"字是为专门表示"赤子阴"而出现的"𡥀"的分化字。(3)朘与"𡥀"是完全不同的两个字。综合比较而言，我们更倾向于第一种情况。

"朘"字也有假借"尹"字来表示的。上博五《鲍叔牙与隰朋之谏》5—6号简有这样一句话："今竖刁，匹夫而欲知万乘之邦，而贵尹(朘)，其为忈也深矣。"讲的是竖刁自宫之事，学者多读"尹"为"朘"，"尹""夋"古韵皆属文部，语音相近。④ 此处"尹(朘)"字当指男性生殖器，并非指"赤子阴"，可印证我们上文的观点。

附记：本文写作得到蒋玉斌、周忠兵、王志平、萧旭四位先生帮助，谨致谢忱。

---

① 裘锡圭：《文字学概要(修订本)》，商务印书馆2013年版，第128页。

② 参看姚孝遂：《甲骨文形体分析》，中国古文字研究会第七次年会论文，吉林长春，1988年；万业馨：《"关系位"略说》，《古文字研究》第22辑，中华书局2000年版，第311~315页。按：此处例证蒙蒋玉斌、周忠兵两位先生指点。

③ 甲骨文有(京都2141)字，钟柏生先生释为"朘"，训为"缩"。如果这种意见不误，那么说明"朘"字出现时间很早，表示"赤子阴"或许是一种假借行为。参看钟柏生：《说"異"兼释与"異"并见诸词》，台湾《"中研院"历史语言研究所集刊》第56本第3分，1985年，第545~563页。

④ 何琳仪：《贵尹求义》，《楚地简帛思想研究(三)》，湖北教育出版社2007年版，第1~5页；季旭昇：《上博五〈鲍叔牙与隰朋之谏〉试读》，《楚地简帛思想研究(三)》，湖北教育出版社2007年版，第20页；李天虹：《〈鲍叔牙与隰朋之谏〉5—6号简再读》，《简帛》第2辑，上海古籍出版社2007年版，第279~284页。按："尹"字刘云先生读为"势"，但正如刘先生所言，称"势"为男性生殖器的文献最早都是东汉时期的，而且读"尹"为"势"在语音上没有读"尹"为"朘"更为密合。参看刘云：《说〈鲍叔牙与隰朋之谏〉中的"贵尹"与"人之与者而食人"》，复旦大学出土文献与古文字研究中心网站(http://www.fdgwz.org.cn/Web/Show/892)，2009年9月5日。

郭店《老子》甲组 21 号简有关异文的解释*

邬可晶

20 世纪 90 年代，湖北荆门郭店 1 号楚墓出土三组《老子》简（本文以下简称"郭简"或"郭简本"），甲组 21 号简有一句见于今本《老子·道经》第二十五章的话：

> 又（有）𥅆蟲城（成），先天堕（地）生，敚繆，蜀（独）立不亥（改），可以为天下母。……①

湖南长沙马王堆 3 号西汉早期墓所出帛书《老子》甲、乙本（甲本约抄写于汉高祖之世，为西汉初年的抄本；乙本抄写于汉文帝时期，为西汉早期的抄本。本文以下简称"帛书本"或"帛甲本""帛乙本"）②和北京大学近年入藏的西汉中期（约汉武帝或昭帝时）竹简《老子》（本文以下简称"北大本"）③中，也有相应之文。但此语在出土和传世各本里有不少异文，有些异文涉及对《老子》文意的正确理解，十分重要，学者们已提出了许多不同的看法。我们打算对各家说法择善而从，并参以己见，为郭简本与各本的异文作一疏释。

---

　　* 原载《人文中国学报》第 25 期（上海古籍出版社 2017 年版），又载氏著《战国秦汉文字与文献论稿》（上海古籍出版社 2020 年版），今据后者收入，作者略有修订。

　　① 荆门市博物馆编：《郭店楚墓竹简》，文物出版社 1998 年版，第 4、112 页。

　　② 裘锡圭主编：《长沙马王堆汉墓简帛集成》，中华书局 2014 年版，第壹册第 101、149 页，第肆册第 41~42、206 页。关于帛书《老子》甲、乙本的时代，参看同书，第肆册第 1 页。

　　③ 北京大学出土文献研究所编：《北京大学藏西汉竹书［贰］》，上海古籍出版社 2012 年版，第 95、156 页。

　　需要解释的异文，以郭简本文句称说，有"有牆蟲成"的"牆"与"蟲"、"周行而不殆"一句的有无及其含义、"可以为天下母"的"天下"。下面分三节依次加以讨论。

一

　　郭简的"牆"字又见于同墓所出《五行》36 号简(后者原隶定为从"首")。按："百""首"本一字)。整理者在《五行》的注释里指出，此字马王堆帛书本《五行》"经"作"裝"、"说"作"庄"，"牆"当从"爿"声，故可与"庄"等字相通。① 但在《老子》的注释里，整理者却分析"牆"从"百"声，"疑读作'道'"。② 自帛书以下各本此字皆作"物"，郭简整理者认为"物""即指'道'"。③ 这是他们所以如此释读的文义方面的依据。

　　裘锡圭先生指出，此章下文才说"吾不知其名，字之曰道"(引文据今本)，"首句如说'有道混成'，文章就不通了"。④ 裘先生认为《老子》的"牆"字亦应从《五行》注之说，分析为从"百(首)"、"爿(床)"声，"依文义当读为'状'。'状'也是从'爿'声的。《老子》第十四章形容'道'的时候，有'是谓无状之状，无物之象，是谓惚恍'之语。'有状混成'的'状'就是'无状之状'的'状'"。⑤ 赵建伟、廖名春先生据"牆"从"首"，"表状貌之义"，认为此字大概就是状貌之"状"的本字。⑥ 这些说法都正确可从。

　　但是，晚近仍有学者或从郭简整理者之说读"牆"为"道"⑦；或在整理者分析字形的基础上，引古音"幽物通转"说径读为"物"⑧。后来公布的战国竹简中屡次出现"牆"字，在

---

① 荆门市博物馆编：《郭店楚墓竹简》，文物出版社 1998 年版，第 153 页。

② 荆门市博物馆编：《郭店楚墓竹简》，文物出版社 1998 年版，第 116 页。

③ 荆门市博物馆编：《郭店楚墓竹简》，文物出版社 1998 年版，第 116 页。

④ 裘锡圭：《郭店〈老子〉简初探》，《裘锡圭学术文集·简牍帛书卷》，复旦大学出版社 2012 年版，第 297 页。

⑤ 裘锡圭：《郭店〈老子〉简初探》，《裘锡圭学术文集·简牍帛书卷》，复旦大学出版社 2012 年版，第 297~298 页。

⑥ 彭裕商、吴毅强：《郭店楚简老子集释》，巴蜀书社 2011 年版，第 209 页引赵建伟《郭店楚简〈老子〉校释》。廖名春：《郭店楚简老子校释》，清华大学出版社 2003 年版，第 207 页。

⑦ 彭裕商、吴毅强：《郭店楚简老子集释》，巴蜀书社 2011 年版，第 209 页引魏启鹏《楚简〈老子〉柬释》。

⑧ 史杰鹏：《由郭店〈老子〉的几条简文谈幽、物相通现象及相关问题》，《简帛》第 5 辑，上海古籍出版社 2010 年版，第 128~129 页。

《上博（二）·容成氏》17、39、49 号简皆用为"如是状"之"状"，《上博（五）·鬼神之明、融师有成氏》5 号简用为"氐〈乑（厥）〉状若生"之"状"，《上博（六）·天子建州》甲本 7 号简、乙本 6 号简用为"诸侯食同状"之"状"，《清华（壹）·楚居》3 号简用为"厥状聂耳"之"状"，《清华（叁）·说命上》2 号简用为"厥说之状"的"状"，《清华（叁）·芮良夫毖》11 号简用为"以暴（貌）其状"之"状"，①《清华（肆）·筮法》41 号简用为"上下同状"之"状"；在《清华（叁）·周公之琴舞》3 号简中则用为"日就月将"之"将"，"将"亦从"爿（床）"声。"牊"如从"百（首）"声，无论读为"道"还是读为"物"，上述用例都讲不通。又有不少学者虽同意"牊"从"爿"声，但主张在郭简《老子》中当读为"象"，"象""物"义近。② 从"牊"在已发表的楚简中绝大多数用作"状"而从不用作"象"的情况来看，"有牊"之"牊"读为"象"，显然不如读为"状"合适。③

　　裘先生指出"有状混成"之"状"即"无状之状"之"状"，这当然是对的。陈锡勇先生说："'道'之动而无形、无名，视之而不见，听之而不闻，抚之而不得，恍忽忽恍而无状无象……忽恍而无状，故曰'有状混成'，是无以名状者也。"④指"道"而言的"状"，其状实为"无状"。前面说过，郭简的"状"在其他出土和传世各本中皆作"物"。有学者认为，在形容"道"的状态的"有状/物混成"句中，不当称"道"为"物"，"道乃生物而非物"。⑤ 此说有一定的道理。不过，王弼本《老子·道经》第二十一章："道之为物，惟恍惟惚。惚兮恍兮，其中有象。恍兮惚兮，其中有物。"帛书本、北大本首句皆作"道之物"。传世各本首句除有极个别作"道之于物"者外，均同王本。学者或训"道之物"的"之"为"是"，意谓"道这个东西"，与今本"道之为物"义近。⑥ 此处"生物而非物"之"道"用"物"来指称，与"无状"之"道"用"状"指称同例。所以，"有物混成"的说法也不是绝不可通。

---

① "暴（貌）"的释读，从陈剑先生说[《〈清华简（伍）〉与旧说互证两则》，复旦大学出土文献与古文字研究中心网站（http://www.fdgwz.org.cn/Web/Show/2494），2015 年 4 月 14 日]。

② 彭裕商、吴毅强：《郭店楚简老子集释》，巴蜀书社 2011 年版，第 209～211 页引赵建伟、黄锡全、廖名春说，第 213 页"今案"。

③ 已有学者指出，郭简《老子》乙组 12 号简、丙组 4 号简各有一个"象"字，甲组"牊"大概不会也用为"象"。参看丁四新：《郭店楚竹书〈老子〉校注》，武汉大学出版社 2010 年版，第 176 页。

④ 彭裕商、吴毅强：《郭店楚简老子集释》，巴蜀书社 2011 年版，第 212～213 页引陈锡勇《郭店楚简老子论证》。

⑤ 彭裕商、吴毅强：《郭店楚简老子集释》，巴蜀书社 2011 年版，第 211 页引聂中庆《郭店楚简〈老子〉研究》。

⑥ 参看高明：《帛书老子校注》，中华书局 1996 年版，第 329 页。按：高书认为传本的"为"字"似为后人增入"，"之"训"生"较好（第 330 页）。其说不可信。

　　"道之为物"或"道之物"的"物"，乃是泛称，跟宇宙生成模式中由"道"所生的"物"是不同层次的概念。但二者都用"物"字，毕竟容易引起混乱。王弼注"有物混成"云："混然不可得而知，而万物由之以成，故曰'混成'也。"①他把"混"和"成"分开作解，所"成"者为万物，似少有人相信。王氏"万物由之以成"的说法，不免让人误解为"有物混成"的"物"指"由之以成"的"万物"。《后汉书·班彪列传》所附《班固列传》引固之《典引篇》："太极之原，两仪始分……沉浮交错，庶类混成。"颜师古注："庶类，万物也。混犹同也。《老子》曰：'有物混成，先天地生。'"颜氏似已把"有物混成"之"物"误当作"庶类"（即万物）了（《典引篇》说"庶类混成"，如确系化用《老子》之文，似班固已有此误）。如作"有状混成"，就不可能产生此种歧解。从这一点看，郭简的"状"确有优于帛书以下各本的"物"的地方。

　　郭简"蟲"字，学者多以为系"蚰"之讹体或繁体（《说文·十三下·蚰部》"蚰""读若昆"），从今本读为"混"②（帛书本作"昆"，北大本作"纶"。"纶""昆"与"混"音近可通。"纶"在《广韵》等韵书里有"古顽切"一读，属见母；"昆"也是见母字）。但也有学者据"蟲"音而读为"融"（"融"从"蟲"声）。③

　　《说文》分"虫""蚰""蟲"为三字，分别读"虺""昆""蟲"音。过去的《说文》学家已指出，"虫""蚰""蟲"皆可用为"蟲"，乃一字繁简体。从出土文字资料看，"虫""蚰""蟲"也都有"虺"或"昆"音。"虫"本象小蛇之形，即"虺"之初文。殷墟甲骨文中，"有虫（害）""亡虫（害）"之"虫"或作"虫"［见《甲骨文合集》23110、《小屯南地甲骨》644。《合集》21825"戊寅，子卜：亡害"之"害"亦作"虫"，但与之对贞的"戊寅，子卜：又（有）害"之"害"，则"虫"上有横"止"形］。裘锡圭先生指出"虫"有"虺"音，故可读为"害"，上古虫害甚烈，"'虫'（害）大概就是由'虫'孳生的一个词"④【编按：甲骨卜辞用为"害"的"虫"宜看作"虫"的形省，或以"害"的施事"虫"表示"虫（害）"的行为。"虺""害"韵不近，不能通读】。《上博（八）·兰赋》3 号简的"蝼蛾虫蛇"，当读为"蝼蚁虺蛇"。⑤ 郭简《老子》甲组 33

---

　　① 楼宇烈：《老子道德经注校释》，中华书局 2008 年版，第 62 页。
　　② 彭裕商、吴毅强：《郭店楚简老子集释》，巴蜀书社 2011 年版，第 213~214 页引整理者、丁原植、魏启鹏、廖名春、刘钊、"今案"。
　　③ 杨泽生：《战国竹书研究》，中山大学出版社 2009 年版，第 65 页。补注："融""蟲"上古声母可能不同类，是否可以相谐，有待研究。
　　④ 裘锡圭：《释"虫"》，《裘锡圭学术文集·甲骨文卷》，复旦大学出版社 2012 年版，第 210 页。
　　⑤ 马承源主编：《上海博物馆藏战国楚竹书（八）》，上海古籍出版社 2011 年版，图版第 99 页、释文考释第 260 页。

号简"蠱(蛓/螣)蝨﹍(蝨虫)它(蛇)弗蓋",帛甲本作"逢(蜂)俐(蠆)蝖(虺)地(蛇)弗螫"（36 行），帛乙本作"蠢(蜂)瘤(蠆)虫蛇弗赫(螫)"（190 行下—191 行上），北大本作"蠭(蜂)蠆蚖(虺)蛇弗赫(螫)"（48 号简），王弼本作"蜂蠆虺蛇不螫"。郭简本、帛乙本的"虫"应即他本的"虺"。① 马王堆帛书《疗射工毒方》（原为《杂疗方》的一部分）"令蛾及虫蛇蛇弗敢射"（11/66 行）、"即不幸为蛾虫蛇蠭(蜂)射者"（12/67 行），《长沙马王堆汉墓简帛集成[肆]》注："虫，此处读为虺，一种蝮蛇。下一蛇字系衍文。"② 皆"虫(虺)蛇"连文之例。帛书《五十二病方·人病蛇不痈》"取蛇兑(蜕)【□】乡(向)者"（152/残片 1），同篇《颓》则云"【取】全虫蜕一"（236/223 行），《长沙马王堆汉墓简帛集成[肆]》注云"全虫蜕，即蛇蜕，见《神农本草经》"。③ "全虫蜕"既与"蛇蜕"相当，疑"虫"亦读"虺"。银雀山汉简"阴阳时令、占候之类"所收《占书》有"日倍儢"（2092 号简）、"倍蚰"（2094 号简），整理者指出即"倍儢"，古书又作"背儢""背穴"等，"儢""蚰"当从"虫"声。④ 这里的"虫"显然也读"虺"音，所以可与"儢""穴"通用。

《说文·十三下·蚰部》："蚰，蟲之总名也。从二虫。读若昆。"《清华（壹）·祭公之顾命》3 号简的"魂"写作"賦"，陈剑先生分析为两声字，所从"员""蚰"皆声，此"蚰(蚰)"即"读若昆"。⑤ 段玉裁在"蚰"字下注云："蟲之总名俙蚰。凡经传言昆蟲，即蚰蟲也。"⑥ 但"昆蟲"之"昆"，古人一般训为"众"，如《大戴礼记·夏小正》："昆小蟲，抵蚳。昆者，众也。"《汉书·成帝纪》："君道得，则草木昆蟲咸得其所。"颜师古注："昆，众也。昆蟲，言众蟲也。""昆蟲"之"昆"实与"蟲"无关。《玉篇·日部》："昆，同也，并也，咸也。"《太玄·攡》："理生昆群，兼爱之谓仁也。"范望注："昆，同也。"《汉书·扬雄传上》引《羽猎赋》"嘤嘤昆鸣"，颜师古注："昆，同也。""同""众"二义相因，"昆群""昆鸣"之"昆"跟"蟲"更是毫无关系。

"昆"是见母文部字（中古为合口一等平声），"虺"是晓母微部字（中古为合口三等上声，但也有合口一等平声的读音），二者韵部阴阳对转，声母相近（从见母的"军"得声的

---

① 参看陈剑：《岳麓简〈占梦书〉校读札记三则》，复旦大学出土文献与古文字研究中心网站（http://www.fdgwz.org.cn/Web/Show/1677），2011 年 10 月 5 日。
② 裘锡圭主编：《长沙马王堆汉墓简帛集成[陆]》，中华书局 2014 年版，第 89 页。
③ 裘锡圭主编：《长沙马王堆汉墓简帛集成[伍]》，中华书局 2014 年版，第 257 页。
④ 银雀山汉墓竹简整理小组：《银雀山汉墓竹简[贰]》，文物出版社 2010 年版，第 244 页。
⑤ 陈剑：《清华简〈厹灾皋盅〉与〈诗经〉"烈假"、"罪罟"合证》，《饶宗颐国学院院刊》第二期，中华书局（香港）有限公司 2015 年版，第 63 页。
⑥ 段玉裁：《说文解字注》，上海古籍出版社 1981 年版，第 674 页。

"辉""挥""晖""羣"等就属晓母）。"烛"应是在其初文"虫"上加注"兀（元）"声而成的。①
跟"烛"同从"兀/元"声的"髡/髨"，与"昆"都是文部合口一等平声字，彼此仅声母有溪母
与见母之别。周祖谟先生在早年发表的一篇文章中说：

> 甲骨文的"𝑥"字在形体上就是《说文》读若昆的"蚰"字，在声音上应当是读作仲
> 烛的"烛"字，"烛"古读如"傀"若"媿"，"昆"与"烛"为一语之转。②

把卜辞"蚰"释读为仲烛之"烛"固不可信，但周先生指出"'昆'与'烛'为一语之转"，却很
有启发性。古文字形体往往单复无别，如同"虫""蚰""蟲"皆可表"蟲"一样，"蚰"的"昆"
音很可能就是由"虫（烛）"音演变、分化而来的；"蚰"读"昆"跟"虫"读"烛"其实是一
回事。

既然如此，作为"虫""蚰"繁体的"蟲"读"昆"或"烛"音，就没有什么可奇怪的了。
《上博（五）·三德》14 号简"天灾缲₌"，范常喜先生读为"天灾混混"③；《上博（八）·志书
乃言》4 号简"蟲材"，陈剑先生读为"抡材"④。这些都是"蟲"有"昆"或"烛"音的例证。总
之，郭简的这个"蟲"字读为"融"抑或读为"混"，在文字学上似都有根据；要决定"蟲成"
的释读，应该充分考虑文义。

主张读为"融成"的杨泽生先生，承认"古书未见'融成'的说法"；但又认为"简文
'融'可能指热气蒸腾的状态"，并引《庄子·田子方》仲尼曰"薰然其成形"，前人有"薰然

---

① 前面引过的北大本《老子》"蜂虿虺（烛）蛇弗赫（螫）"，裘锡圭先生在为帛甲本《老子》所作的注
里，指出此"虺"非字书"螝"之异体，"虺"与"烛"应该是由一字分化（裘锡圭主编：《长沙马王堆汉墓简
帛集成［肆］》，中华书局 2014 年版，第 25 页）。清华简《系年》"元"字皆作"兀"（参看李学勤主编，沈建
华、贾连翔编：《清华大学藏战国竹简【壹—叁】文字编》，中西书局 2014 年版，第 1 页）；《清华（陆）》
所见三个"悉（愿）"字，《子产》21 号简那一例从"兀"（参看李学勤主编：《清华大学藏战国竹简（陆）》，
中西书局 2016 年版，下册《字形表》第 202 页），并可为证。

② 周祖谟：《甲骨卜辞中的"蚰"字》，《申报》"文史"第 15 期，1948 年 3 月 20 日。参看蔡哲茂：
《释殷卜辞中的"蚰"字》，陈昭容主编：《古文字与古代史》第 1 辑，台湾"中研院"历史语言研究所 2007
年版，第 73~92 页。

③ 范常喜：《〈上博五·三德〉札记三则》，简帛网（http://www.bsm.org.cn/? chujian/4451.html），
2006 年 2 月 24 日。

④ 陈剑：《〈上博（八）·王居〉复原》，《战国竹书论集》，上海古籍出版社 2013 年版，第 441~442
页。

者，如气之熏蒸而成也"之说，谓此文可与"融成""相互印证"。① 《田子方》的"薰然其成形"，承万物"有待也而死，有待也而生""吾一受其成形，而不化以待尽，效物而动，日夜无隙，而不知其所终"言，下接"丘以是日徂"（郭象注："不系于前，与变俱往，故日徂。"），成玄英疏训"薰然"为"自动之貌"，"无物使之然也"。② 其说似无不妥。又疑"薰然"也许可以读为"浑然"或"混然"，③ "薰（浑、混）然其成形"即郭简《老子》之"有状混成"。退一步说，就算《田子方》的"薰然"确为"如气之熏蒸而成"之意，把郭简的"蟲（融）成"解释为"如热气蒸腾而成"这样一种动态，用以形容"道"本身的状貌，似乎也不够恰切。

"有状混成"则很好讲。马叙伦认为"混成"之"混""借为棞"。④ 按《说文·六上·木部》："棞，棔木未析也。"（同部："棔，棞木薪也。"）段注云"凡全物浑大皆曰棞"⑤，王筠、朱骏声等人指出"棞"与"混沌""囫囵"语近⑥。"混沌"指元气未分、浑然一体不可分剖之貌。"棞"也就是后来中古汉语中当"整个儿"讲的"浑"。⑦《淮南子·精神》："古未有天地之时……有二神混生，经天营地……""混生"即"同生""俱生"，不分彼此、整个儿地生出来[前人以为"二神"就是《原道》"泰古二皇，得道之柄，立于中央……"的"二皇"。"二皇""二神"，高诱注（或为许慎注）谓指阴阳，或"阴阳之神"。《精神》下文说："于是乃别为阴阳，离为八极，刚柔相成，万物乃形。"可知"二神"在"别为阴阳"之前确是不加分别地"混生"的]。"混生"与"混成"，造语相类。《庄子·应帝王》里有一个脍炙人口的故事：

---

① 杨泽生：《战国竹书研究》，中山大学出版社 2009 年版，第 65 页。

② 参看王叔岷：《庄子校诠》中册，台湾"中研院"历史语言研究所 1988 年版，第 777 页。

③ "薰""军"二声字相通，参看高亨纂著，董治安整理：《古字通假会典》，齐鲁书社 1989 年版，第 114 页【荤与薰】、【荤与獯】，第 115 页【辉与燻】、【辉与熏】。"浑""混"古通，不烦举例。"勋"有通"沦"之例（高亨纂著，董治安整理：《古字通假会典》，齐鲁书社 1989 年版，第 116 页），此犹《老子》"混成"之"混"，北大本作"纶"、陈剑先生读《志书乃言》之"蟲"为"抡"。

④ 马叙伦：《老子校诂》，中华书局 1974 年版，第 270 页。

⑤ 段玉裁：《说文解字注》，上海古籍出版社 1981 年版，第 269 页。

⑥ 王筠：《说文句读》，上海古籍书店 1983 年版，第 780 页。朱骏声：《说文通训定声》，武汉市古籍书店 1983 年版，第 804 页。按：朱德熙先生指出，古汉语中"屯""纯"有类似于"全"的意思（朱德熙：《说"屯（纯）、镇、衡"》，《朱德熙古文字论集》，中华书局 1995 年版，第 173~184 页）。"混沌"之"沌"不知有没有可能得义于此种"屯、纯"。

⑦ 参看张永言：《语源探索三例·一"浑脱"考》，《语文学论集（增补本）》，语文出版社 1999 年版，第 266~268 页。

南海之帝为儵，北海之帝为忽，中央之帝为浑沌。儵与忽时相与遇于浑沌之地，浑沌待之甚善。儵与忽谋报浑沌之德，曰："人皆有七窍以视听食息，此独无有，尝试凿之。"日凿一窍，七日而浑沌死。

此是言"道"之为混沌、浑然未分状貌(无七窍，实即无状貌)的最生动的例子。由此可见，"道"之"混成"本指其状貌而言，郭简的"有状混成"从文义上说无疑比各本的"有物混成"要好。

二

郭简"独立不改(帛书本及多数传本'不改'前多一'而'字)"之下，传世各本皆有"周行而不殆"句，但不见于帛书本。高明先生据帛书本认为"周行"一句为盛行"骈体偶文"的六朝人所增入。① 郭简本发表后，高说得到了多数学者的支持(但大家未必都赞同他"六朝人增入"的观点)。② 不过，也有学者对《老子》古本是否有"周行"句的问题，持谨慎态度。如郑良树先生据《韩非子·解老》"圣人观其玄虚，用其周行，强字之曰道"，说：

本书"周行"只此一见，韩非此文盖即化用老子本章"……周行不殆……吾不知其名，字之曰道"而来，疑先秦古本自有"周行不殆"一句；降至西汉时，一本无此句，盖即帛书本所自出也。③

郑氏未及提到的郭简本，也无此句。郭简大概是战国中期的抄本(郭店一号楚墓的时代约为战国中期偏晚，墓中随葬的古书的抄写时代要更早些)，所以郑氏"降至西汉时，一本无此句，盖即帛书本所自出"的推测已不能成立。但《韩非子·解老》所据《老子》显然有"周行"句，这是不能随便否定的。

后来公布的北大本"独立而不改"后有"偏(遍)行而不殆"(187 号简)，整理者认为"汉

①　高明：《帛书老子校注》，中华书局 1996 年版，第 349 页。
②　彭裕商、吴毅强：《郭店楚简老子集释》，巴蜀书社 2011 年版，第 218~220 页。
③　郑良树：《老子新论》，上海古籍出版社 2011 年版，第 114 页。

简本证明此句至少在西汉中期已出现"。① 李若晖先生据北大本以及《韩非子·解老》，力主"此语的出现当早于汉代，即仍应在战国"。② 这是有道理的。

北大本虽抄写于西汉中期，但从有些异文看，当有战国古本为其依据。例如：北大本216号简的"埶（设）大象"，与郭简本合，但帛书本以及传本"埶"皆讹作"执"。③ 北大本220号简"道恒无为"，与郭简本作"道恒无为也"合；传本作"道常无为而无不为"，帛书本作"道恒无名"，皆不如郭简、北大本近古。④ 又如裘锡圭先生在讨论《老子》的"宠辱若惊"为"宠辱若荣"的误读时指出：北大本152—153号简"何谓宠辱？宠为下"后有"是谓宠辱"句；"得之若惊，失之若惊"后有"是谓宠辱若惊"句。此本的"荣"虽已误为"惊"，但多出的"是谓宠辱"一句，"对解释这种本子的文义并无帮助，决不会是在'荣'已经误读为'惊'之后才出现的。所以，北大本的'何谓宠辱？宠为下，是谓宠辱'这三句，也应该源自'荣'尚未被误读为'惊'的古本，很可能是一种与郭店简所据本属于不同系统的战国古本"。⑤ 北大本"偏（遍）行而不殆"也源自战国古本的可能性确实很大。这对前引郑良树先生"疑先秦古本自有'周行不殆'一句"的说法有利。不过郑说尚需稍加修正。应该说，战国时代所流传的《老子》中，有"周（或'遍'）行而不殆"一句的本子和没有此句的本子，很可能是并存的。

在郭简的抄写时代（战国中期）已有多种《老子》本子在社会上流传，这一点从郭简本身就能得到证明。郭店楚墓所出甲、乙、丙三组《老子》简，是整理者根据简的形制和契口位置的不同分出来的。三组《老子》简的总字数，相当于今本的三分之一左右，三组内容全都见于今本《老子》。对于此种郭简本的性质，学者间的看法尚存分歧。我们认为，郭简本是《老子》五千言的"摘抄"的看法比郭简本是《老子》尚未定型的一些原始本子的看法，具有更强的说服力。持"摘抄"说的学者们已经指出，甲、丙二组都抄了今本第六十四章的后半段，但彼此的文字颇有出入，"这说明当时流传的《老子》已有不少异文，不同的本子大

① 北京大学出土文献研究所编：《北京大学藏西汉竹书[贰]》，上海古籍出版社2012年版，第156页。

② 李若晖：《中国哲学之真实建立——以〈老子〉第25章"周行而不殆"为核心论老子之道物》，《清华大学学报》（哲学社会科学版）2013年第5期，第83页。

③ 参看北京大学出土文献研究所编：《北京大学藏西汉竹书[贰]》，上海古籍出版社2012年版，第161页。

④ 参看裘锡圭主编：《长沙马王堆汉墓简帛集成[肆]》，中华书局2014年版，第55页。

⑤ 裘锡圭：《"宠辱若惊"是"宠辱若荣"的误读》，《中华文史论丛》2013年第3期，第10页。

概不会少，甲、乙、丙三组所根据的本子至少有两种"①。此外，王博、金白铉等先生还注意到了甲、乙、丙三组中否定词"无"用字的差别。② 甲组、乙组基本上都以"亡"为"无"，只有甲组 31 号简"是以圣人之言曰：我无事而民自富"用了一个"无"字，但下一句"我亡为而民自化"，马上又用回"亡"字；丙组全部用"无"字。有的学者认为以"亡"为"无"是较古的用字习惯，甲、乙组用"亡"而丙组用"无"，表明甲、乙组所据的简本时代较早。这未必正确，因为战国楚竹书中否定词"无"写作"亡"之例极为多见，③ 较晚时代的人也可以继承较古的用字习惯(直到《汉书》里还有把否定词"无"写作"亡"的现象)。可能甲组所从出的底本原来都是用"亡"的，摘录者或抄手偶尔按照较晚的或他本人的书写习惯，把一处"亡"改成了"无"，其余则照录未改。我们还可以看一下句末语气词"矣"的情况。甲组只用了一个"矣"(11 号简)，乙组用了三个"矣"(8 号简二见，10 号简一见)，丙组也只用了一个"矣"(12 号简)。甲组、乙组"矣"就写作"矣"，丙组写作"壴"，也是甲组、乙组用字一致，丙组跟它们有别。这些都是三组《老子》简不出于一本的证据，并且看起来甲、乙组所据之本的关系较丙组所据之本密切。

　　我们知道，时代相近的《老子》诸本往往有不少异文，如同出一源的帛甲本与帛乙本，即为显例。④ 郭简甲、丙二组重见的相当于今本第六十四章后半段的内容中的异文，反映的也应是它们所从摘抄的《老子》"五千言"的不同传本之间的差异。可以注意的是，甲组所抄此章，在"慎终如始"前有"临事之纪"一句(11 号简)，为丙组及其他各本所无；丙组"则无败事壴(矣)"之后，有"人之败也，恒于其且成也败之"(12 号简)，帛书本、北大本和传本都有类似的话，却为甲组所无。所以，虽然今天偶然看到的郭简甲组所摘抄的《老子》中不见"周(或'遍')行而不殆"一句，但跟郭简同时代的有些《老子》传本中已有此语，是完全可能的。

　　与郭简《老子》丙组形制、字体相同的《太一生水》(整理者推测它们可能原来合编为一

---

　　①　裘锡圭：《郭店〈老子〉简初探》，《裘锡圭学术文集·简牍帛书卷》，复旦大学出版社 2012 年版，第 286 页。又参看裘锡圭主编：《长沙马王堆汉墓简帛集成[肆]》，中华书局 2014 年版，第 16 页注五〇。其他学者也有相似的论述，参看王博：《关于郭店楚墓竹简〈老子〉的结构与性质——兼论其与通行本〈老子〉的关系》，《简帛思想文献论集》，台湾古籍出版有限公司 2001 年版，第 235 页。

　　②　王博：《关于郭店楚墓竹简〈老子〉的结构与性质——兼论其与通行本〈老子〉的关系》，《简帛思想文献论集》，台湾古籍出版有限公司 2001 年版，第 236 页。

　　③　参看白于蓝：《战国秦汉简帛古书通假字汇纂》，福建人民出版社 2012 年版，第 662～664 页。

　　④　从种种迹象观察，帛甲本与帛乙本的底本应是同源的本子。参看刘殿爵：《马王堆汉墓帛书〈老子〉初探(上)》，香港《明报月刊》1982 年 8 月号，第 11～12 页。裘锡圭主编：《长沙马王堆汉墓简帛集成[肆]》，中华书局 2014 年版，第 2 页。

册),6—7号简说:

> 是古(故)大(太)一赞(藏)于水,行于时,迿(周)而或〔始,以己为〕万勿(物)母。①

《老子》"周行而不殆"的"殆",马叙伦谓"或借为已"②,"已"即"终止"③。裘锡圭先生指出《老子》此语与上引《太一生水》简文的"意思几乎完全相同":

> 《太一生水》的写作时代不会晚于战国中期。可见虽然今本《老子》的"周行而不殆"很可能为后来所加,道的运行循环不止的思想则确实出现得相当早,从后面要讲到的老子所说的"反(返)者道之动"的话来看,他应该已经有这种思想了。④

陈伟先生也早已指明《太一生水》此文与《老子》第二十五章所说"道"的特征的联系。⑤ 我们虽不敢断言"周行而不殆"必为《老子》原文所有,但至少可以认为,《太一生水》的作者所根据的《老子》,很可能是有"周行而不殆"一句的本子(形容"太一"的"周而或始,以己为万物母",显然是从《老子》形容"道"的"周行而不殆,可以为天地母"化出的);现与《太一生水》同墓出土的《老子》甲组所摘抄的,则是没有这句话的本子。古书流传的复杂情况,于此可见一斑。"独立而不改"的"改"、"周行而不殆"的"殆"、"可以为天地母"的"母"皆之部上声字,符合《老子》一书押韵"四声分用"的通例⑥,似也可说明"周(或

---

① 荆门市博物馆编:《郭店楚墓竹简》,文物出版社 1998 年版,第 13、125~126 页。

② 马叙伦:《老子校诂》,中华书局 1974 年版,第 274 页。按:《孙子·地形篇》:"知彼知己,胜乃不殆;知天知地,胜乃可全(或作'不穷')。""胜乃不殆"的"不殆"疑与"周行而不殆"的"不殆"同义。

③ 罗运贤《老子余谊》读"殆"为"佁儗"之"佁",这是错误的,但他说"'不殆'犹不止,与周行义相成",对文义的理解近是。参看李若晖:《中国哲学之真实建立——以〈老子〉第 25 章"周行而不殆"为核心论老子之道物》,《清华大学学报》(哲学社会科学版)2013 年第 5 期,第 87 页。补注:"殆"读为"已"之说需存疑。

④ 裘锡圭:《老子与尼采》,《裘锡圭学术文集·古代历史、思想、民俗卷》,复旦大学出版社 2012 年版,第 347 页。

⑤ 陈伟:《〈太一生水〉校读并论与〈老子〉的关系》,《燕说集》,商务印书馆 2011 年版,第 264~265 页。

⑥ 关于《老子》押韵"四声分用"的问题,参看裘锡圭:《关于〈老子〉的"绝仁弃义"和"绝圣"》,《裘锡圭学术文集·简牍帛书卷》,复旦大学出版社 2012 年版,第 519~520 页;裘锡圭主编:《长沙马王堆汉墓简帛集成[肆]》,中华书局 2014 年版,第 51 页注八二。

'遍')行而不殆"一句即使是后学根据老子已有的思想所增入的，其出现时代也不会晚①。

关于"周行而不殆"的解释，李若晖先生已作了相当全面的搜集。从他提供的资料看，历来主要有两派意见：一派认为"周"当"周遍"讲，如河上公注："道通行天地(旧题顾欢《道德真经注疏》引作'道遍行天地'，疑是)，无所不入，在阳不焦，托阴不腐，无不贯穿，而不危殆也。"王弼注："周行无所不至而不危殆。"古人从之者甚众。训"周"为"周遍"者，多训"殆"为"危殆"。另一派认为"周"当"循环"讲，此说大概由元代全真教道士玉宾子邓锜《道德真经三解》"虽周圆启行而不危其化"发其端，在当代几成定论。后来的训"周"为"循环"者，于"殆"多取终止、停止义。② 北大本作"偏(遍)行而不殆"，似为前一派意见提供了有力的支持。如李若晖先生就认为"周行而不殆"指"道""无所不至，却没有危险"。③

从《太一生水》说"太一藏于水，行于时"来看，老子当然很可能已有"道遍行天地，无所不入"的思想了。但是，说"道""无所不至""遍行天地"，那是要到"道"生天地万物之后才有的事。这里所描述的"有状混成"的"道"，强调其"先天地生""可以为天地母"，所谓"独立而不改，周行而不殆"当侧重于指天地生成之前的"道"本身固有的状态。在这种情形下，说"道"遍行于天地之间，迹近无的放矢。而且，结合《太一生水》的"周而或始"考虑，如果把"周行"解作天地间"无所不至"，"或(训'又')始"的"始"甚至根本讲不通。

我认为"周行""遍行"之"行"，不是指"道"在宇宙间的行历，恐怕仍应如近代以来许多学者所说，理解为"道"自身的运动、运行。④ 但"周行"之"周"只能从前一派的意见训为"周遍"而不能训为"循环"，这有北大本的"遍行"为证("遍"无"循环"义，只有"周遍"义)。所谓"周行"或"遍行"，是说"道"循其周期自始至终运行一周遍；所以古人又称巡回一遍为"一周"(《管子·弟子职》："受业之纪，必由长始，一周则然，其余则否。")、从

---

① 类似的可以参考的例子如：在《老子》的绝大多数传本中，《道经》第二章"为而不恃"之上有"生而不有"句，但不见于出土简帛各本。《长沙马王堆汉墓简帛集成》的注释认为此句"恐为后人增入，但其增入时间大概也不会晚于汉代"，因为增入的"有"字与其他韵脚"恃""始"皆之部上声字，合乎《老子》押韵之例(裘锡圭主编：《长沙马王堆汉墓简帛集成[肆]》，中华书局 2014 年版，第 45 页)。

② 李若晖：《中国哲学之真实建立——以〈老子〉第 25 章"周行而不殆"为核心论老子之道物》，《清华大学学报》(哲学社会科学版)2013 年第 5 期，第 85~88 页。

③ 李若晖：《中国哲学之真实建立——以〈老子〉第 25 章"周行而不殆"为核心论老子之道物》，《清华大学学报》(哲学社会科学版)2013 年第 5 期，第 88 页。

④ 参看李若晖：《中国哲学之真实建立——以〈老子〉第 25 章"周行而不殆"为核心论老子之道物》，《清华大学学报》(哲学社会科学版)2013 年第 5 期，第 85 页引王光前、冯友兰、刘笑敢、任继愈、严灵峰等说。

头到尾经历一次为"一遍"。《太一生水》"逪(周)而或始"之"周"即"周行"或"遍行一周"之意。"逪"字从"辵",大概就是"周行"的专字。《汉书·食货志上》"可以周海内而亡饥寒之患",颜师古注:"周,谓周遍而游行。"可证"周"确有动词用法。"道"的"周行"或"遍行",跟古书中"周行天下"(或"周海内")、"遍行天下"的"周行""遍行"的字义,可以说没有本质的不同;只不过后者指把天下从南到北、从东到西遍行一回,前者指"道"把自身的运动轨迹(即"一周"或"一遍")自始至终遍行一回,彼此所"行"对象有异罢了。

按照我们的解释,"周行"或"遍行"并无"循环运行"之意,"周/遍行而不殆""周而或始"才是说"道"循环往复、运行不止。好多学者指出,《德经》第四十一章的"反(返)者,道之动",与"道""周行而不殆"同意。"返"也就是"周而或始"。老子认为,"道"所化生的天地万物,最终要毁灭,复归于"道","而道化生万物的功能是不会止息的,旧的天地毁灭后,又会产生新的天地"。[①] 万物所以能不断生出,乃是由于化生它们的"道"自始至终完成其自身运行的一个周期(即"周行""遍行")之后,又由终返始,反复"周行",循环不已。从某种角度说,"道"的"周行而不殆",是通过万物不断地由生到死、再由死复生的过程表现出来的。就"道"的存在而言,它是"独立而不改"的,即永恒不灭;"周行而不殆"正是"道""不改"、不灭的原因。

我们还可以从其他章里找到旁证。郭简甲组 24 号简抄有相当于今本《道经》第十六章的如下一章:

> 至虚亘(亟—极)也,兽(守)中篤(笃)也。万勿(物)方(并)乍(作),居以寡(顾)逨(复)也(传本多作"吾以观其复"):天道员₌(员员),各逨(复)亓(其)董(根)。[②]

出土与传世各本异文颇多,此不详列。

"天道员员"一句,帛甲本作"天物云云",帛乙本作"天物祳祳(整理者疑即'魂'之异体)",北大本作"天物云云"。传世本中,首二字多作"夫物"(也有改为"凡物"的),多数

① 裘锡圭:《老子与尼采》,《裘锡圭学术文集·古代历史、思想、民俗卷》,复旦大学出版社 2012 年版,第 348 页。

② 荆门市博物馆编:《郭店楚墓竹简》,文物出版社 1998 年版,第 5、112 页。释文吸收学者们的研究成果有所改动,参看武汉大学简帛研究中心、荆门市博物馆编著:《楚地出土战国简册合集(一)·郭店楚墓竹书》,文物出版社 2011 年版,第 3、10 页。

学者认为乃"天物"之讹；后二字，王弼本作"芸芸"，傅奕本作"夗夗"，音近可通。"员员""芸芸""魂魂"等皆"运动之貌"。① 研究郭简的学者一般认为《老子》原作"天道"，后被改为"天物"，"天道员员"即天道不断运转之意。② 北大本整理者则认为"天物""天道"分属不同系统的本子，义各有当。③ 其实，上句既言"万物并作，居以顾复也"，这里无论是说"夫/凡物"还是"天物"，行文都嫌重复（"万物"显然可以包括"天物"④）。主"天道"为是的各家多已指出，"各复其根"当指"并作"之万物而言，意思是说天道循环运动不已，使得万物各自不断地回归其本始。⑤ 可能道家后学误解"各复（他本下有'归'字或'归于'二字）其根"的主语为上一句的"天道"，但以"各"说"天道"显不可通，故改"天道"为"天物"的。

　　道家所说的"天道"，有时差不多就是"道"的同义语，如《老子·德经》第七十九章"天道无亲，常（当据简帛本作'恒'）与善人"，第七十七章"天之道损有余而补（帛书本作'益'）不足"等。"天道员员，各复其根"与"道"通过万物不断生生死死而展现其"周行而不殆"，亦可相互印证。

三

　　郭简"可以为天下母"，与王弼本等多数传本相同。帛书本、北大本以及传世范应元、司马光本，"天下"却作"天地"。而且今传王弼本虽作"天下"，但《道藏》所收《道德真经集注》本引王注云"故可以为天地母也"⑥，蒋锡昌甚至认为王弼本经、注本来就作"天地"，"天下""盖经后人所改也"⑦。

　　"天下"与"天地"两种异文各有不少相信者。⑧ 在主张"天地"为是的诸说中，我认为

---

① 裘锡圭主编：《长沙马王堆汉墓简帛集成[肆]》，中华书局 2014 年版，第 49 页注六六。
② 彭裕商、吴毅强：《郭店楚简老子集释》，巴蜀书社 2011 年版，第 257~260、263 页。裘锡圭主编：《长沙马王堆汉墓简帛集成[肆]》，中华书局 2014 年版，第 49 页注六六。
③ 北京大学出土文献研究所编：《北京大学藏西汉竹书[贰]》，上海古籍出版社 2012 年版，第 151 页。
④ 参看彭裕商、吴毅强：《郭店楚简老子集释》，巴蜀书社 2011 年版，第 263 页"今案"。
⑤ 彭裕商、吴毅强：《郭店楚简老子集释》，巴蜀书社 2011 年版，第 260~261 页。
⑥ 楼宇烈：《老子道德经注校释》，中华书局 2008 年版，第 65 页。
⑦ 蒋锡昌：《老子校诂》，《民国丛书》第五编，第 5005 册，上海书店 1996 年版，第 168 页。
⑧ 参看彭裕商、吴毅强：《郭店楚简老子集释》，巴蜀书社 2011 年版，第 220~222 页。

有两个理由很有力量：

第一，聂中庆《郭店楚简〈老子〉研究》说：

"天下"在今本《老子》中共出现 61 次，泛指国家，也指国家政权。"天地"在今本《老子》中共出现 9 次，指天空和大地，统指自然与社会，其含义有别。此文是对道的阐释和描写，道生天生地故当为天地母，"天地"这里指的是自然界，而"天地(引者按：当为'天下'的笔误)"一般指人类社会。此句当作"可以为天地母"，简本"下"当为"地"之误。①

聂氏对"天地""天下"的解释虽不甚精确，但他指出"天地"与"天下"在《老子》一书中含义、用法有别，确是事实。如果像有的学者所说的那样，要表达"道""可以作为天下万物的根源"的意思，原文就应该作"可以为万物母"(《道经》第一章就有"有名，万物之母"的话，上引郭简《太一生水》也说太一""以己为万物母"），而不当说"可以为天下母"。因为在《老子》书里，单独的"天下"并不表示"天下万物"之义[如郭简甲组 37 号简的"天下之勿(物)生于又(有)"，"天下之物"决不能省成"天下"]。

第二，马叙伦《老子校诂》同意范应元此句原作"天地"的意见，并说：

上谓"先天地生"，则此自当作"为天地母"。成疏(引者按：即成玄英《道德经义疏》，已佚，见于《道藏》所收《道德真经玄经纂疏》，蒙文通《道书辑校十种》有辑录)曰"间化阴阳，安立天地"，则成亦作"天地"。②

马氏指出作"为天地母"正与上文"先天地生"相应。可以补充的是，此章在论述"道"时，屡次提到"天""地"与"道"的关系，如"天大，地大，道大，王亦大""人法地，地法天，天法道，道法自然"等。这里讲"道""可以为天地母"，也比讲"可以为天下母"合适。

不过，廖名春先生认为：

从义理上看，上文既说"先天地生"，这里就不存在可不可以"为天地母"的问题。

① 彭裕商、吴毅强：《郭店楚简老子集释》，巴蜀书社 2011 年版，第 222 页引。
② 马叙伦：《老子校诂》，中华书局 1974 年版，第 274 页。

既然说"可以"，就是将问题推进了一层。就是说"道"，不但"为天地母"，还"可以"为"天地"之外、天下所有一切之母。正因为是从"天地"扩展到"天下"，所以才说"可以"。①

廖氏揭出"可以"为此句的关键，这是很敏锐的；但他似乎没有弄清"道""可以为天地母"的真意所在。

《老子·道经》第一章说："无名，万物之始；有名，万物之母。""无名"显然指"道"。作为"万物之母"的"有名"，根据严遵《老子指归》以及徐复观②、陈鼓应③等先生的讲法，当指"道"所生的"一"。"道"是"无"，先生出来的"一"就是"有"。裘锡圭先生认为作为"万物之母"的"一"是跟"万物"相对的；"道"在未生"一"之前，没有对立的东西，所以是"无"，是"无名"④【编按：裘锡圭先生在后来发表的《说〈老子〉中的"无为"和"为"——兼论老子的社会、政治思想》中认为"道生一"的"一""即化生天地万物的那部分'道'"（《中华文史论丛》2019 年第 4 期，第 22 页注②）】。大体而言，万物是"道"所生的；但细究起来，生万物的是"道"最先生出来的那个"一"，即"有"，这就是第四十二章所谓的"道生一，一生二，二生三，三生万物"。"一生二"的"二"，有人认为指"天地"，有人认为指"阴阳"。郭简《太一生水》的宇宙生成模式当本于《老子》，简文开头说："太一生水，水反辅太一，是以成天。天反辅太一，是以成地。天地〔复相辅也〕，是以成神明。"（1—2 号简）⑤正以"天地"为"太一"所生（"太一"和"水"是二位一体的），不少学者认为此即《老子》"道生一，一生二"的具体化。可从。即使认为"二"指"阴阳"，按照古人的阴阳观，"阴""阳"跟"天""地"也是相配的。

既然"道"所生的"一"，是"万物之母"，是"二（天地或阴阳）"之母；那么说"道""可以为天地母"，意即"道"是可以通过生"一"进而生出"天地"的。严格地讲，"道"不是直接生出"天地"，是通过"一"来生的，所以《老子》说"可以为天地母"而不是简单说"道"

---

① 廖名春：《郭店楚简老子校释》，清华大学出版社 2003 年版，第 214 页。

② 徐复观：《中国人性论史（先秦篇）》，华东师范大学出版社 2005 年版，第 202~203 页。

③ 陈鼓应：《老子哲学系统的形成》，《老庄新论（修订版）》，商务印书馆 2008 年版，第 142~143 页；陈鼓应：《老子今注今译》，商务印书馆 2003 年版，第 75 页。

④ 裘锡圭：《〈老子〉第一章解释》，复旦大学古籍整理研究所、章培恒先生学术基金编：《中国经典新诠论》，上海文艺出版社 2014 年版，第 33~36 页。本段对"有名""无名"二句的解说，多参考裘先生此文。

⑤ 荆门市博物馆编：《郭店楚墓竹简》，文物出版社 1998 年版，第 13、125 页。

"为天地母"。此章先说"道""先天地生"①，再说"可以为天地母"（"道"不但先于"天地"存在，而且可以认为"天地"就是由"道"所生的），分两个层次把"道"作为宇宙本原化生天地万物的观点简明地阐述了出来。

廖名春先生论证此句当作"可以为天下母"，曾引《德经》第五十二章"天下有始，以为天下母（北大本及少数传本'以为'前有'可'）。既得其母，以知其子。既知其子，复守其母，没身不殆"为其比。② 朱谦之《老子校释》早已以此章与"可以为天下母"作过对照（朱氏谓"子母相承不绝，即不殆之义。不殆犹不止"）。③ 王弼注："善始之，则善养畜之矣。故天下有始，则可以为天下母矣。"④据此注并参考上举"无名，万物之始"，可知"天下有始""天下之母"当指"天下"之"道"。这里所以讲"天下"而不讲"万物"或"天地"，当就把握天下大事的"道"（规律）而言，不是从宇宙生成的角度来说的。下云"既得其母，以知其子。既知其子，复守其母，没身不殆"，也可看出说的是立身处世之道。这跟第二十五章从宇宙本原角度论"道""可以为天地母"大异其趣。我们不能仅据二章字面上有相似之处，就随意加以比附。

当时一般人认为万物由天地所生，老子在这里提出"道""可以为天地母"，那么天下万物不消说更是"道"的产物了。所以，从宇宙生成论的发展看，说"可以为天下母"，也不如说"可以为天地母"有意义。

古书"天下""天地"二词多有互讹之例。如，《文子·道德》第七章："天下大器也，不可执也，不可为也。"语本《老子》第二十九章："天下神器，不可为也，不可执也。"八角廊汉简《文子》0870 号简作"〔天〕地大器也，不可执，不可为"，"天地"显系"天下"的误抄。⑤ 又如，

---

① 《老子》"道""先天地生"的思想史意义，郭沫若《先秦天道观之进展》已有较好说明："老子的最大的发明便是取消了殷周以来的人格神的天之至上权威，而建立了一个超绝时空的形而上学的本体。""'道'是宇宙万物的本体，是为感官所不能接触的实在，一切由人的感官所生出的范畴不仅不能范围它，且都是由它所引伸而出；一切物质的与观念的存在，连人所有的至高的观念'上帝'都是由它所幻演出来的。……连'上帝'都是由'道'所生出来的，老子对于殷周的传统思想的确是起了一个天大的革命。"《郭沫若全集·历史编》第一卷《青铜时代》，人民出版社 1982 年版，第 351、352 页。在老子看来，"天地"仍属于"物"的范畴，并非宇宙的本原，"道"才是生"物"之"母"。他提出"道""先天地生"，似有超越当时流行的"天地化生万物"的宇宙生成模式的意味。

② 廖名春：《郭店楚简老子校释》，清华大学出版社 2003 年版，第 214 页。

③ 朱谦之：《老子校释》，中华书局 1984 年版，第 206 页。

④ 此注原佚，参看楼宇烈：《老子道德经注校释》，中华书局 2008 年版，第 139、140 页。

⑤ 参看李学勤：《〈老子〉与八角廊简〈文子〉》，《古文献丛论》，上海远东出版社 1996 年版，第 158 页。

王弼本《老子·道经》第三十七章："不欲以静，天下将自定。""天下将自定"，帛甲、帛乙本、北大本皆作"天地将自正"（郭简本作"万物将自定"）。① "天下""天地"必有一误。彭浩先生也主张郭简"可以为天下母"的"天下"为"天地"之误写，并举出郭简本甲组 18 号简"天地弗敢臣"的"天地"，帛乙本和传世王弼本、河上公本均误作"天下"（引者按：北大本亦作"天下"，见 209 号简）。② 其说甚确。总之，我们认为《老子》原文很可能是作"天地"而不是作"天下"的。郭简本的时代虽早，但不能保证一定无误。③

2016 年 12 月写于香港浸会大学

附识：蒙两位匿名审稿人提出宝贵修改意见，使拙文避免了一些失误，本人十分感谢。

一位审稿先生还提示我，"道""可以为天地母"的"天地"变为"天下"，是否受到儒家思想的影响，似可考虑；并告知孙以楷《老子通论》对此已有讨论［孙书（安徽大学出版社 2003 年版）第 143 页已谓"儒家学者不能同意道为天地之母说，只能说道是天下万物之母"］。今按：郭简本的"天下"，究竟是不是出自儒家学者的有意改动，尚难推断，也许只是"天地"的传抄之误；至少不会如孙以楷先生所说，乃"崇信儒学"的"东宫之师"所改［所谓"东宫之师"实是"东宫之不（杯）"的误释］。但是，后来的多数《老子》传本所以采用"天下"这一误文（包括"天地弗敢臣"的"天地"，帛甲以下各本多变为"天下"），则确有可能跟"不能同意道为天地之母说"的儒家学者或受此种思想影响的人有关。这一问题值得继续研究。

2017 年 3 月 27 日

（《战国秦汉文字与文献论稿》）编按：此文原分四节，第二节解释郭简本"敓缪"二字，认为就是《楚辞·九辩》"泬寥兮天高而气清"的"泬寥"。后来作者感到"敓""泬"古音相差较远，难以沟通，故已放弃此说。现将第二节悉数删去。

---

① 参看北京大学出土文献研究所编：《北京大学藏西汉竹书［贰］》，上海古籍出版社 2012 年版，第 162 页。

② 彭浩：《郭店楚简〈老子〉校读》，湖北人民出版社 2000 年版，第 44 页。此蒙审稿人赐示。

③ 时代最早的郭简本有脱误的例子，可参看裘锡圭主编：《长沙马王堆汉墓简帛集成［肆］》，中华书局 2014 年版，第 44 页注一〇。

"太一生水"思想的数术基础[*]

冯 时

郭店楚简《太一生水》云："大（太）一生水，水反辅大（太）一，是以成天。天反辅大（太）一，是以成地。……是故大（太）一藏于水，行于时。""太一"与"水"的关系如何理解，直接关系到对全篇哲学思想的认识。我们认为，"太一生水"实际描述了"太一"与"水"相互依存的关系，这种关系导源于中国传统的数术思想。

古人赋予太一的含义是多层次的，其本义近于"道"，乃万物之始；后引申为万物之神，也即天神；天神居天之中央而指建四时，故又为主气之神；而天神之居所则为极星。这些思想应当来源于古人对于万数之始的"一"的理解。

太一，简文作"大一"，古文字"大""天"形近而通，其例甚多。故"大（太）一"本应作"天一"。郑玄《易纬乾凿度注》："太一者，北辰之神名也。……曰天一，或曰太一。"《史记索隐》引《乐汁徵图》："北极，天一，太一。"引宋均云："天一，太一，北极神之别名。"知天一、太一实本相同。天一作为北极神名，其所居之位即为极星所在。故天一、太一名称的不同似留有因不同时期极星的转变所造成的用字变化的痕迹。计算表明，天一星接近北天极约当公元前 2608 年，太一星接近北天极约当公元前 2263 年。很明显，从极星历史的变迁考虑，天一之称早于太一是非常清楚的。由于二名同指北极之神，因此我们没有理由不将"太一"一称视为"天一"之名的演变。

"天一"一词的构成应作这样的分析，"天"为天地之天，"一"为数之本。从数术的角

* 原载《新出简帛研究：新出简帛国际学术研讨会文集》（文物出版社 2004 年版），今据以收入。相关问题的拓展研究见氏著《中国古代的天文与人文》第 4 章第 1 节（中国社会科学出版社 2006 年版）。

度考察，"天"与数字相配构词，其意可以理解为天数。古人以数分阴阳，奇为阳，偶为阴；又以数分天地，奇为天，偶为地。《易·系辞上》："天数五，地数五，五位相得而各有合，天数二十有五，地数三十。凡天地之数五十有五，此所以成变化而行鬼神也。……天一，地二，天三，地四，天五，地六，天七，地八，天九，地十。"这套理论反映了古人对数的某种理解。天数与地数实际代表着奇偶，用易理去衡量，奇偶也就是阴阳；用数理去衡量，奇偶加一或减一可以相互转换，这也就暗示着阴阳的转换。因此"天一"的本义应该就是天数一，"天"在这里作为对于数字"一"的性质的限定，指其为天数、阳数，因此"天一"所强调的是"一"而不是"天"。显然，在古人尚未创造出"道"这一抽象概念之前，"一"作为天数和阳数，既可表示天地和阴阳，又为万数之源，自然可以借喻为万物之源，这种观念符合原始思维的特点。

由此看来，简文"太一生水"实即"天一生水"，本质乃是"一生水"。这样理解的另一个重要证据便是古人以生成数与五行配合的传统。《礼记正义》引郑玄云："天地之数五十有五。天一生水于北，地二生火于南，天三生木于东，地四生金于西，天五生土于中。阳无耦，阴无配，未得相成。地六成水于北与天一并，天七成火于南与地二并，地八成木于东与天三并，天九成金于西与地四并，地十成土于中与天五并也。"事实很清楚，古代生成数理论所讲的"天一生水"实际就是简文所记的"大（太）一生水"，"天一""大（太）一"的本质便是《系辞》"天一地二"的"天一"。

"天一"何以生水？反映了天数思想与五行思想的结合。"天一生水于北"的"水"作为五行之一，郑玄已讲得很清楚。古人以五行概括宇宙万物，而水为根本。这样，"一"作为数之本，推而广之又为万物之本，便与"水"作为万物之本的性质吻合了。二者的这种结合在洛书九宫与后天八卦方位的配合上表现得尤为鲜明。传统以洛书九宫的布数原则为戴九履一，左三右七，二四为肩，六八为足，五居中央，这是天地数系统。将其与八卦分配，则成一为坎，二为坤，三为震，四为巽，六为乾，七为兑，八为艮，九为离的完整形式。《易·说卦》："坎者，水也。"生成数理论以天一生水于北，水配北方，这是五行方位，坎主北方，则是八卦方位，二者匹配。坎为水，与一相配，正合天一（太一）生水。如果将五行与生成数系统分配，结论也很明确。《太玄·太玄数》："三八为木，为东方；四九为金，为西方；二七为火，为南方；一六为水，为北方；五五为土，为中央，为四维。""一"与"水"仍为完配。这是天一（太一）生水的本质。

简文讲太一生水，水反辅太一成天，天反辅太一成地，知太一、水、天、地的出现实有先后之别。简文同时言太一藏于水，行于时。理解这一点，仍需追溯简文所体现的数术思想。水虽为万物之本，但它毕竟还是物质，如果将水理解为万物之始，则水自身的来源便难于解释。显然，假如古人需要描述从无到有的宇宙生成过程，或者追溯物质产生之前的无的状态，他们就必须创造出比万物之本的水更为抽象的概念来表示无。数字相对于物质的水是抽象的，而"一"不仅是天地数之源，也是阴阳数之源，同时又是生成数之源，因此以"一"这样一个抽象的数字概念作为解释天地、阴阳、万物生成乃至一切物质现象的基础是颇为合适的。尽管"一"与"水"作为万物之本的性质相同，但"一"所抽象出的用以表述宇宙万物产生之前的无的状态的特点却是"水"所不曾具备的。因此，"太一生水"反映的正是无先于有，这是相对于"天一"与"水"这两个抽象和具体的概念所排定的次序。当然，数字"一"相对于物质"水"虽然抽象，但仍有形可查，有物可感，这使古人必须追溯出宇宙间比"一"更为本质的东西，于是产生了"道"的概念。应该说，这种认识过程所体现的哲学思辨十分精妙。

如果说"太一生水"意在强调"天一"的天数本义的话，那么"太一藏于水，行于时"则更着重于"天一"作为主气之神的引申意义，这实际是对太一行九宫的描述。郑玄《易纬乾凿度注》："太一者，北辰之神名也。居其所曰太一，常行于八卦日辰之间。……太一下行八卦之宫，每四乃还于中央。中央者，北神之所居，故因谓之九宫。"九宫的中宫象北极所在，八方之宫则应建八节，其中东西南北四宫主配四时。依照郑玄的解释，"天数大分，以阳出，以阴入，阳起于子，阴起于午，是以太一下九宫从坎宫始"。如此则太一行九宫自阳起而始于子，子属坎位，坎为水，故云"太一藏于水"；八卦之宫应四时八节，故太一行九宫即"行四时"。这样理解简文的"太一生水"及"太一藏于水"或许更准确一些。

《唐虞之道》：崇尚禅让*

[美]艾兰

《虞诗》曰："大明不出，万物皆暗。圣者不在上，天下必坏。"

——《唐虞之道》简 27—28

  《唐虞之道》是湖北荆门郭店一号墓出土的由二十九支竹简构成的文本。① 篇名取自简文开头的四字，也是对文本内容的贴切总结：简文把善善相禅（即唐尧和虞舜之道）推崇为确保善治的最佳方式。该篇所宣扬的善善相禅是中国政治传统下在世袭统治之外的唯一替代性选择。王朝更替的思想包含了世袭制和贤能制的冲突性原则，也因而产生一个悖论：任何世袭统治者都可能被指摘为不配统治的暴君，而新王朝的建立者又会被指摘为弑君者。《唐虞之道》推崇有德者的统治，把禅让宣扬为权力继承的理想方式，挑战了世袭统治的原则，其激进的理论学说在随后的王朝时期被抹去也就不足为奇了。简文同时也肯定了一种二元模式，强调对家、国两方面尽责的必要性。

---

  * 本文为《湮没的思想——出土竹简中的禅让传说与理想政制》一书的第四章，全书于 2015 年由纽约州立大学出版社以英文出版，书名为 *Buried Ideas: Legends of Abdication and Ideal Government in Early Chinese Bamboo-Slip Manuscripts*。该书中译本由蔡雨钱翻译、仝卫敏等校，作为"艾兰文集之五"于 2016 年由商务印书馆出版。此次在中译本基础上，删去了文末附录的释文与英译、文中引用文献的英译及面向一般读者的介绍性文字，并对文字作了润色，修订工作主要由郑伊凡完成。需要提请读者注意的是，作者对《唐虞之道》释文的选取一方面广泛参考了学界的先行研究成果，但在不少地方含有作者个人的见解，此次因篇幅限制而删去释文，读者如对文中《唐虞之道》的释文有疑问，可参看英文原书或商务印书馆中译本文末附录中的解释与说明。

  ① 荆门市博物馆编：《郭店楚墓竹简》，文物出版社 1998 年版，第 39~41、157~159 页。

一、禅让传说

战国文献中出现过尧舜故事的多个不同版本，它们有一些共同点：第一，尧子丹朱不配统治。第二，舜的父亲为瞽瞍，舜还有一个异母弟象；瞽瞍和象都想杀舜，但舜笃行孝悌之道。第三，舜耕种、制陶或捕鱼。第四，尧嫁二女于舜。第五，尧把舜从卑位提拔为大臣。第六，尧指定舜为继承人。第七，舜接替了尧。①

尧传位于舜的一种叙事版本见于《尚书》首篇《尧典》。学界通常认为《尧典》虽然包含了一些来源较早的材料，但成书可能晚至战国时期。② 早期流传的哲学类文献常常以概括的方式叙述历史传说，这类概要把不同时期的例子并列对举，作为阐释政治理论的常见方式。《墨子·尚贤》中涉及一系列开国贤臣的叙述，就是上述修辞方式的一例：

> 古者舜耕历山，陶河滨，渔雷泽，尧得之服泽之阳，举以为天子，与接天下之政，治天下之民。伊挚，有莘氏女之私臣，亲为庖人，汤得之，举以为己相，与接天下之政，治天下之民。傅说被褐带索。庸筑乎傅岩，武丁得之，举以为三公，与接天下之政，治天下之民。③

这里《墨子》与《唐虞之道》一致，把尧传位于舜描述为禅让。历代开国大臣多被描述为位卑之人，以显示君王治国的贤德和能力。这些文本把不同时期的传说人物类比或对举，在不同人物之间建立了结构性关系。例如，尧"得"舜、商汤"得"伊尹和周文王"得"太公属于平行类比，傅说与武丁的关系也是如此。而根据传世典籍，武丁是中兴之主而非开国之君。尧年老时由舜摄政，与太甲在位时由伊尹摄政、成王年幼时由周公摄政相对应。尧的不肖子丹朱则与夏桀、商纣平行，尧之禅位与他们的失败相对应。

---

① 见拙著 The Heir and the Sage：Dynastic Legend in Early China，San Francisco：Chinese Materials Center，1981，chapter 2；中译本《世袭与禅让：古代中国的王朝更替传说》，余佳译，商务印书馆 2010 年版。

② 参看拙著 The Shape of the Turtle：Myth，Art，and Cosmos in Early China，Albany：State University of New York Press，1991，pp. 57-62；中译本《龟之谜：商代神话、祭祀、艺术和宇宙观研究》，汪涛译，商务印书馆 2010 年版，第 69~79 页。

③ 吴毓江：《墨子校注》，中华书局 1993 年版，第 77 页。

在概括式的传说中，哲人常通过价值判断的词汇和道德意味的总结来表达意图。① 由于与朝代的建立相关，传世典籍中涉及三代以前尧舜禅让的故事，支持而非挑战了王朝更替模式中世袭统治的观念。与之相反，《唐虞之道》认为禅让是所有时代王权承继的理想模式。通过分析《唐虞之道》中尧舜禅让的传说，我们能把这篇文本置于更广阔的哲学语境中，它的论点其实很难被归为某一特定学派或文本谱系。

二、学派归属问题

顾颉刚曾提出尧舜禅让的传说源自墨子，不过当代学者并不因此认为《唐虞之道》出自墨家。② 李学勤认为，郭店一号墓的六篇简文是孔子之孙子思的佚文，尽管带有儒家的口吻，从《唐虞之道》对禅让的强调来看，它大概不是儒家的文献，而可能与纵横家有关。③ 多数研究者认为《唐虞之道》属于"儒家"，尽管有学者也承认它有墨家的影响。④ 对很多学

①　以图表的形式表述这些关系的总结，见拙著《世袭与禅让：古代中国的王朝更替传说》（英文本第 147~152 页，中译本第 133~138 页）。

②　顾颉刚：《禅让传说起于墨家考》，收入顾颉刚主编：《古史辨》第 7 册（下），上海古籍出版社 1982 年版，第 30~109 页，主张禅让传说由墨子首创。另见同册杨宽的论文，第 110~117 页。近来对这一观点的批判，见阮芝生：《评"禅让传说起于墨家"说》，《燕京学报》1997 年第 3 期，第 29~54 页。

③　Sarah Allan（艾兰），Crispin Williams（魏克彬）eds., *The Guodian Laozi: Proceedings of the International Conference, Dartmouth College, May, 1998*（《郭店〈老子〉：达慕思大学 1998 年 5 月国际研讨会纪要》），Berkeley: Society for the Study of Early China and Institute of East Asian Studies, University of California, Berkeley, 2000, pp. 153, 179, 253. 另见李学勤：《先秦儒家著作的重大发现》，《人民政协报》，1998 年 6 月 8 日，第 3 版；邢文：Scholarship on the Guodian Texts in China: A Review Article（《郭店楚简研究综述》），*The Guodian Laozi*, 2000, pp. 243-266.

④　有学者认为《唐虞之道》是儒家文献，见邢文《郭店楚简研究综述》（第 253 页）；彭邦本：《楚简〈唐虞之道〉初探》，《郭店楚简国际学术研讨会论文集》，湖北人民出版社 2000 年版，第 261~272 页；陈明：《〈唐虞之道〉与早期儒家的社会理念》，《中国哲学》第 20 辑"郭店楚简研究"专辑，辽宁教育出版社 1999 年版，第 243~262 页；邓建鹏：《略论〈唐虞之道〉的思想及其学派性质》，《武汉大学学报》（哲学社会科学版）1999 年第 5 期，第 44~48 页；丁四新：《爱亲与尊贤的统一——郭店简书〈唐虞之道〉思想论析与考证》，《华学》第 4 辑，紫禁城出版社 2000 年版，第 95~107 页。邓把《唐虞之道》看作代表子思思想的作品，而丁视其为儒家作品并视禅让为历史事件。李零：《郭店楚简校读记（增订本）》，北京大学出版社 2002 年版，第 95~100 页，也把该篇归为儒家文献。Carine Defoort（戴卡琳），Mohist and Yangist Blood in Confucian Flesh: The Middle Position of the Guodian Text "Tang Yu zhi Dao 唐虞之道"（《墨家的血液在儒家的筋肉里：〈唐虞之道〉的"中道观"》），*Bulletin of the Museum of Far Eastern Antiquities*, 2004（76），pp. 44-70, 则把简文与杨朱思想相关联。有关讨论见 Scott Cook（顾史考），*The Bamboo Texts of Guodian: A Study and Complete Translation*（《郭店楚简：研究与全译》），New York: Cornell University East Asia Program, 2012, pp. 110-121.

者来说，把该篇归为儒家，就能自然地把其中的德治理论归于孔门后学。笔者认为，早期"儒"家更多的是通过师承关系而非特定的哲学观点来定义的。《唐虞之道》的哲学立场和传世典籍中儒家的立场存在矛盾之处。

三、竹简

《唐虞之道》有二十二支完简，七支简底部有缺字，简 12 顶端残缺。原整理者彭浩的释文及裴锡圭的按语，都注意到《唐虞之道》的书写风格与郭店出土的其他文献有所不同，而与《忠信之道》相近。① 《郭店楚墓竹简》出版之后，很多学者提出了不同的编联方案，但未达成共识。笔者较为认同的一种简序，是由京都大学的浅原达郎及其研究班成员所提出的，即简 1—3+简 22—28+简 4—10+简 12—13+简 18—21+简 11+简 14—17+简 29。②

除了物质材料方面的证据，这一排序也是唯一能避免简与简之间的文本内容生硬过渡

---

① 见《郭店〈老子〉》（第 133~134、178 页）。Dirk Meyer（麦笛），*Philosophy on Bamboo: Text and the Production of Meaning in Early China*（《竹简上的哲学：早期中国的文本和意义生成》），Leiden: Brill，2012，详细讨论了《忠信之道》，包括对简文的重构及英译。他指出（第 31 页），两篇简文（《唐虞之道》与《忠信之道》）的编绳间距表明，尽管它们具有相似的书写风格和竹简长度，但它们并没有被捆编为同一卷。见拙作《〈唐虞之道〉：战国竹简中任命以德的继位学说》，《儒学文化研究》2007 年第 1 辑，第 118~154 页。

② 中国古代基础史料研究班（「中国古代の基礎史料」研究班）：《读郭店楚墓竹简札记（4）》，《日古》2007 年第 10 期，第 1~18 页，他们重新编联的关键在于发现了部分编绳痕迹不是水平的，而是呈现一定角度，如，斜痕说明简 4 应跟在简 28 之后。其他简序编联方案包括，周凤五：《郭店楚简〈唐虞之道〉新释》，台湾《"中研院"历史语言研究所集刊》第 70 本第 3 分，1999 年，第 740~743 页，及其后陈伟等：《楚地出土战国简册[十四种]》，经济科学出版社 2009 年版，第 192~199 页：1—10、12—21、11、22—29；李零：《郭店楚简校读记（增订本）》，北京大学出版社 2002 年版，第 497 页：1—3、4—11、22—28、12、13、14—21、29；范毓周：《郭店楚简〈唐虞之道〉的释文、简序与分章》，简帛研究网（www.jianbo.org/Wssf/2002/fanyuzhou03），2004 年 1 月 8 日：1—3、14—21、22—28、4—11、12、13、29；陈伟：《郭店竹书别释》，湖北教育出版社 2002 年版，第 60~73 页：1—3、13、4—11、12、14—17、22—28、18—21、29；顾史考：《郭店楚简〈成之〉等篇杂志》，《清华大学学报》（哲学社会科学版）2006 年第 1 期，第 87 页：1—10、12—13、22—28、14—21、11、29；林志鹏：《郭店楚墓竹书〈唐虞之道〉重探》，《楚地简帛思想研究（三）》，湖北教育出版社 2007 年版，第 483 页：1—3、18—21、13、4—10、12、14—17、11、22—28、29；詹群慧：《对郭店楚简〈唐虞之道〉简序、分章的再探讨》，简帛研究网（www.jianbo.org/Wssf/2002/zhanqunhui01.htm），2002 年 9 月 27 日：1—3、22—28、4—11、14—21、12、13、2。

的版本。尤其有说服力的是简文的结尾：简 29 明显应是最后一支简，因为它只有三个字"如此也"，随后就是章节符和留白。① 如果简 27、28 在简 29 之前，那简文末尾就是来自佚失的《虞诗》的一句引文"仁者为此进"，而简 29 上的"如此也"则显得孤立且无所指。如果简 28 排在简 4 之前，那"仁者为此进"则终于助词"也"，下文"夫圣人上事天"就接得顺畅。此外，如果简 17 在简 29 之前，那"如此也"之前就是"未"字，即常见的"未如此也"。这样一来，简文的最后一部分就自然地以"今之式于德者，未如此也"一句结束。

四、最能体现仁义的禅让

《唐虞之道》的主要论题是唐尧和虞舜禅让的方式，即指定贤者继承，而非世袭继承，是有德政制的理想形式。简文开头为：

> 1/1 唐虞之道，禅而不专。尧舜 1/11 之王，利天下而弗利也。禅 1/21 而不专，圣之 2/1 盛也。利天下而弗利也，仁 2/11 之至也。（第 I 节）

对"禅"的意涵，简文定义如下：

> 19/26 极仁 20/1 之至，利天下而弗利也。禅 20/11 也者，上德授贤之谓也。（第 VIII 节）

"禅"就是圣王把统治权交给贤者，而这是使人心向善的唯一途径。

整理者把第一简第五字（1/5）隶定为"禅"，该字也可读为同音异义的"擅"，其义与《荀子》中的相关文段一致，这两个字大概记录了同一个词。传世文献中表示非世袭继承的其他语词还包括"授""与""让"。"让"在《荀子》中与"擅"连用为"擅让"（或"禅让"）。② "授"和"与"在《唐虞之道》中也有出现，意指交出王位，而"禅"似乎意指一种特定的禅让

---

① 顾史考提出的简序编联见 *The Bamboo Texts of Guodian*（《郭店楚简：研究与全译》，第 564 页），他把简 11 置于简 29 之前，使最后一句为"节乎脂肤血气之情，养性命之正，安命而弗夭，养生而弗伤。知[禅者]如此也"。

② （清）王先谦：《荀子集解》，中华书局 1988 年版，第 331~338 页。

仪式，葛兰言(Marcel Granet)甚至认为它是一种赎罪补偿仪式。①

第一简第八字(1/8)，笔者译为"垄断"，与任何已知文字都不对应。据其表音音素"更"，学者曾提出两种读法。整理者把它读为"传"，笔者则赞同周凤五的观点把它读为"专"。② 两种读法是从同一个音素衍生而来的，因此需要依据同一时期文献的上下文语境来判断。③ "传"常指权力转移，在此为"禅"的反义，指世袭继承而非禅让，采用这一读法的学者似乎暗示了这层意思。然而在传世文献中，"传"是中性的，传位对象既可以是儿子也可以是贤者。如《韩非子》中，尧欲禅位于舜，鲧和共工告诫他："孰以天下而传之于匹夫乎!"④在《孟子》中，万章问："人有言:'至于禹而德衰，不传于贤，而传于子。'有诸?"孟子曰:"否，不然也。"⑤在这些例子中，"传"明显不指世袭继承，也不是"禅"的反义词。

如读作"专"，则其对象为"利"，即统治天下之利益。如此，聚统治之利于一家之内就和为天下之利禅位于贤者相对立。⑥ 这和简文其他文段中的"爱亲"与"尊贤"之间的对立相当契合。传世文献中也有"专利"一词，指统治者霸占国家财富。比如《国语》中，厉王被指责为垄断了天下的资源，并因此导致了西周的衰落:

> 厉王说荣夷公，芮良夫曰:"王室其将卑乎! 夫荣夷公好专利而不知大难。夫利，百物之所生也，天地之所载也，而或专之，其害多矣。"⑦

---

① 见 Marcel Granet(葛兰言)，*Danses et légendes de la Chine ancienne*(《古代中国的舞蹈与传说》)，Paris: Presses Universitaires de France，1959，pp. 88-89，293-297.

② 顾史考(《郭店楚简:研究与全译》，第 545 页注 3、第 548 页)和其他人一样，他也隶定此字为"專"，并考释其义为"垄断"。

③ 周凤五:《郭店楚墓竹简〈唐虞之道〉新释》，台湾《"中研院"历史语言研究所集刊》第 70 本第 3 分，1999 年，第 740~743 页。

④ 陈奇猷:《韩非子集释》，台湾河洛图书出版社 1974 年版，第 741 页。

⑤ 杨伯峻:《孟子译注》，中华书局 2000 年版，第 221 页。

⑥ 关于这个词与其他表示转移的词之间的关系的讨论，见拙著《世袭与禅让:古代中国的王朝更替传说》(英文本第 28 页，中译本第 30 页)。戴卡琳《墨家的血液在儒家的筋肉里》(第 49~50 页)，指出"传"并不是指世袭权力的转移，但她最终接受了这种读法，把它解释为具有这种意义，理由是另一个词"專"(垄断)的对象并没有"天下"或"国"。然而，笔者把垄断之物理解为统治之利，而非天下之利。另见 Carine Defoort(戴卡琳)，The Profit That Does not Profit: Paradoxes with lì in Early Chinese Texts(《利而弗利:早期中国文献中"利"的悖论》)，*Asia Major*，2008(1)，pp. 153-181.

⑦ 《国语》卷一及卷一二，上海古籍出版社 1978 年版。此事也见于《史记》卷四，中华书局 1973 年版，第 141 页。

"专利"，即统治者及其亲属垄断国家利益。尧禅让而非"专利"，意味着他并不把天下的权力和财富据为自己宗族所独有，而愿意把权力和财富交给一位能为民众谋利益的贤者。《史记》中有类似的说法：

> 尧知子丹朱之不肖，不足授天下，于是乃权授舜。授舜，则天下得其利而丹朱病；授丹朱，则天下病而丹朱得其利。尧曰："终不以天下之病而利一人"，而卒授舜以天下。①

"利天下"也是《墨子》评判某项政策得失的主要标准。《唐虞之道》中利天下与利一己的对立让人想起《孟子》中的名言："杨子取为我，拔一毛而利天下，不为也。墨子兼爱，摩顶放踵利天下，为之。"②然而如下文所示，《唐虞之道》宣扬"爱亲"而非"兼爱"，它和墨家(或杨朱)学派的传统并不一致。

尧舜时期的禅让与王朝时期的世袭继承制相对立。《庄子》："帝王殊禅，三代殊继。"③《孟子》中也有相似的看法：

> 孔子曰："唐、虞禅，夏后、殷、周继，其义一也。"④

孟子在此借用了孔子的权威，但这句话并不见于今本《论语》。这是《孟子》中唯一一次出现"禅"字，也是唯一一次用世系名(唐、虞)指称前王朝统治者(尧、舜)。在其他地方，孟子只说尧是"荐"舜于天：

> 万章曰："尧以天下与舜，有诸?"孟子曰："否。天子不能以天下与人。""然则舜有天下也，孰与之?"(孟子)曰："天与之。"……(孟子)曰："天子能荐人于天，不能使天与之天下；诸侯能荐人于天子，不能使天子与之诸侯……昔者，尧荐舜于天，而天受之；暴之于民，而民受之；故曰，天不言，以行与事示之而已矣。"……(孟子)曰："使

① 《史记》卷一，中华书局 1973 年版，第 30 页。
② 杨伯峻：《孟子译注》，中华书局 2000 年版，第 313 页。
③ (清)郭庆藩：《庄子集释》，台湾河洛图书出版社 1974 年版，第 580 页。
④ 杨伯峻：《孟子译注》，中华书局 2000 年版，第 222 页。

之主祭，而百神享之，是天受之；使之主事，而事治，百姓安之，是民受之也。"①

孟子认为，统治者可以荐贤者于天，但无法直接禅位于他人，因为决定继承者的权力仰赖于天。这种权力转移的理论微妙地使对贤能制的提倡与世袭制相平衡。孟子不但否认禅让之于世袭的优越性，还否认了其可能性。他也否认商汤打败夏桀和武王伐纣时战争的必要性。②

根据《孟子》，统治者可荐继任于天，但这不是决定性因素，所有非世袭的继承都是天命所定。尧荐舜于天，尧死后民众跟随舜，但禹死后，民众却跟随禹之子启，而不是禹所荐的益。③ 类似地，天把桀纣弃置一旁，而民众归附汤武。④《荀子》也有类似观点，认为王权是由民众的遵从来决定的：如果儿子贤，民众就会遵从；儿子不贤，民众就会遵从圣人。因此，尧舜不能自动禅位，汤武也不能以暴力夺权。⑤

这些传说的变化表明世袭和非世袭的权力转移同等有效，都是天命及（或）人心所向的展露。把这种外在力量的介入当作原因，意味着新统治者不再对世袭制的破坏负责。《唐虞之道》中尧禅位于舜且禅让高于世袭的观点，在孟子对万章的回答中是隐晦的。孟子虽接受尧"禅"位的说法，但不认同尧可以"授"或"与"。尽管没有证据表明孟子读过《唐虞之道》，但他认为只有"天"（而非统治者）才拥有"授"或"与"的权力，这一观点似乎是针对《唐虞之道》这类禅让学说而发的。

五、"爱亲"与"尊贤"

在《唐虞之道》中，禅让与利天下之民相关，而与垄断统治权和利一己之利相峙。简文用"尊贤"和"爱亲"作为互补的一对词，分别与"义"和"仁"相关联。

---

① 杨伯峻：《孟子译注》，中华书局 2000 年版，第 219 页。
② 杨伯峻：《孟子译注》，中华书局 2000 年版，第 171 页。
③ 杨伯峻：《孟子译注》，中华书局 2000 年版，第 219~224 页。《容成氏》及若干传世文献中，启是从益手里强行夺权的。
④ 杨伯峻：《孟子译注》，中华书局 2000 年版，第 171 页。
⑤ （清）王先谦：《荀子集解》，中华书局 1988 年版，第 322 页。

6/16 尧舜之行，爱 6/21 亲尊贤。爱 7/1 亲故孝，尊贤故禅。孝之杀，7/11 爱天下之民。禅之动，世无 7/21 隐德。孝仁之大也。8/1 禅义之至也。六帝兴于古，8/11 皆由此也。爱亲忘贤，仁而 8/21 未义也。尊贤 9/1 遗亲，义而未仁也。古者虞 9/11 舜笃事瞽瞍，乃试其孝；忠 9/21 事帝尧，乃试其臣。10/1 爱亲尊贤，虞舜其人也。（第Ⅵ节）

舜对尧的尽孝，某种程度上意味着他违反了对亲生父亲瞽瞍的义务；尧任命舜而不是尧之子则破坏了世袭承继的原则。这在道家和法家对传说的化用中更为明显：尧被描述成"不慈"或有"不慈之名"，甚至"杀长子"。① 类似地，舜被描述成有"不孝之行"及"流母弟"。② 这类传说在思想观念上与尧并非禅位而是由舜篡位的说法一脉相承。③《孟子》指出尚有亲父在世的非世袭继承者在礼义上存在矛盾：当舜南面而治时，瞽瞍是否北面并侍舜如臣。孟子答道："舜见瞽瞍，其容有蹙。孔子曰：'于斯时也，天下殆哉。'"理由大概是，如果他认邪恶的瞽瞍为父亲，可能会使天下陷入危机。④

然而舜不只是圣人，还是传世文献中常被作为典范的孝子。⑤ 即使瞽瞍和象多次试图杀死他，以最极端的方式破坏了父子关系，舜仍然超越了德行的要求，笃行孝道。⑥《唐虞之道》里，作者用这个故事把禅让解释为支持孝道的行为：

古 22/11 者尧之与舜也：闻舜孝，知其 22/21 能养天下 23/1 之老也。闻舜悌，知其能事 23/11 天下之长也。闻舜慈乎弟 23/21〔象也，知其能〕24/1 为民主也。故其为

① 分别见(清)王先谦：《庄子集解》，台湾河洛图书出版社 1974 年版，第 997 页；刘文典：《淮南鸿烈集解》，中华书局 1989 年版，第 449 页；陈奇猷：《吕氏春秋校释》，学林出版社 1984 年版，第 596、1309 页；(清)郭庆藩：《庄子集释》，台湾河洛图书出版社 1974 年版，第 1005 页。

② (清)郭庆藩：《庄子集释》，台湾河洛图书出版社 1974 年版，第 997、1005 页。另见陈奇猷：《吕氏春秋校释》，台湾河洛图书出版社 1974 年版，第 596 页；刘文典：《淮南鸿烈集解》，中华书局 1989 年版，第 683 页。

③ 陈奇猷：《韩非子集释》，台湾河洛图书出版社 1974 年版，第 741 页。

④ 杨伯峻：《孟子译注》，中华书局 2000 年版，第 317 页；另见第 215 页，孟子引用了孔子语"舜见瞽瞍，其容有蹙""孔子曰：于斯时也，天下殆哉，岌岌乎！"

⑤ (清)王先谦：《荀子集解》，中华书局 1988 年版，第 336～337 页；杨伯峻：《孟子译注》，中华书局 2000 年版，第 258～259 页。

⑥ 《史记》卷一，中华书局 1973 年版，第 32～33 页；杨伯峻：《孟子译注》，中华书局 2000 年版，第 183、209～210 页。

瞽瞍子也，24/11 甚孝。及其为尧臣也，甚忠。24/21 尧禅天下 25/1 而授之，南面而王天下，而 25/11 甚君。古尧之禅乎舜也，如 25/21 此也。（第Ⅱ节）

尽管统治权的转移不是世袭的，简文也明确否认亲属间的忠诚会因此遭到破坏。传世文献中，尧之子丹朱总是与夏桀和商纣放在一起，而《唐虞之道》完全没有提及丹朱，也没有暗示尧禅位是因为他的儿子不肖。尧把统治权交给舜，仅是因为禅让是"仁之至也"。

世袭与德行的二元性在此被归纳为"爱亲"和"尊贤"。"爱亲"与墨子最著名的信条"兼爱"不同，"爱"在这里并不是情感性的词汇，而是对不同人的偏好倾向。"爱亲"则是指孝子之爱父，如舜之"爱"瞽瞍。爱亲与世袭相关，尊贤则与禅让相关。在《唐虞之道》中，"爱亲"也是"爱天下之民"的方式，两者最终都归于禅让，这样禅让也就成了权力继承的唯一恰当方式。《唐虞之道》把孝道中的"爱亲"作为亲属关系的决定性因素，并借以宣称尧的禅位同时符合为家尽孝和为国尽忠两条原则。

"爱亲"与强调"爱人"的儒家和宣扬"兼爱"的墨家都不一样。"爱人"是儒家对仁的常见定义，《孟子》和《荀子》也都有"仁者爱人也"的说法。① "爱亲"一词则在《论语》《孟子》或《荀子》中完全找不到，这些文献在讨论"孝"时常用"亲亲"而非"爱亲"。《唐虞之道》的论述与三部主要儒家经典都不尽相同。

由于《墨子》宣扬"尚贤"，并把"利天下"当作道德判断的最重要标准，《唐虞之道》似乎可以被看作墨家文献，② 然而，其"爱亲"的原则，按亲疏向他人渐次扩展，与墨家"兼爱"的准则明显相左，《唐虞之道》可能是有意以"爱亲"的原则来区别于墨家的。

六、六帝

《唐虞之道》提到了"六帝"，他们最终都实践了禅让。商代甲骨文中的"帝"常用于指

---

① （清）程树德：《论语集释》，中华书局 1990 年版，第 873 页；杨伯峻：《孟子译注》，中华书局 2000 年版，第 197 页；（清）王先谦：《荀子集解》，中华书局 1988 年版，第 279 页。

② 见 A. C. Graham（葛瑞汉），*Disputers of the Tao: Philosophy and Philosophical Argument in Ancient China*（《论道者——中国古代哲学论辩》），La Salle, IL: Open Court, 1989, pp. 39-41；戴卡琳《墨家的血肉在儒家的筋骨里》（第 52 页）。

称商人先祖，独立使用时则指"上帝"。① 在战国时期，"帝"多用于指称前王朝时期的统治者，与商周的王不同。尧、舜被称作帝尧和帝舜，禹作为最后一位接受禅让的人，也被称为帝或王。汉代文献在讨论古史时，也继续用"帝"来称呼前王朝时期的统治者。

六帝都有谁？历代学者提出过不同的版本。《尚书》以尧为始，《史记》以"五帝"为始，即黄帝、帝颛顼、帝喾、尧和舜，以"五"作为帝之数可能受到五行理论的影响。值得注意的是，另一位被包括在系谱里但不算在五帝中的是帝喾的长子、帝尧的长兄帝挚。他继承了王位，但因"不善"而导致民众归附了尧，如果加上他就是六位。但传世文献里从未见这六位被合称为"六帝"的记载。②《唐虞之道》说尧生而为天之子(《容成氏》也持此说)，所以尧并非禅位的接受者。③ 看起来很有可能如郭永秉所说，六帝都早于尧。④

在传世战国文献中，前王朝时期的禅让由于系统性对称而和王朝更替联系起来，它们被用于支持而不是挑战世袭统治的思想。《子羔》不把禅让归于上古时期，而称夏商周最早的祖先为"天子"；《容成氏》开篇就列举了一份比尧更早的禅位统治者名单，统治者的总数很可能超过二十位。⑤《容成氏》的简文明确说上古的统治者都禅位于贤臣而不是传位于子嗣。因此，《唐虞之道》和《容成氏》都认为在尧之前就已经有了禅位思想，而统治者数目的不一致表明关于远古的看法是模糊而尚未系统化的。

---

① 笔者讨论过"帝"的历史及含义，见拙著《龟之谜：商代神话、祭祀、艺术和宇宙》(英文本第59页，中文本第74~75页)；On the Identity of Shang Di 上帝 and the Origin of the Concept of a Celestial Mandate (tian ming 天命)(《上帝的本体及天命观念的来源》)，*Early China*，2007(31)，pp. 1-46(收入中文版《龟之谜》附录，第231~285页)；T'ien and Shang Ti in preHan China(《汉代之前的天与上帝》)，*Acta Asiatica*，2010(98)，pp. 1-18.

② 李零：《郭店楚简校读记(增订本)》，北京大学出版社2002年版，第97页，推测其他五位应当是：伏羲、神农、少昊、颛顼及帝喾；周凤五《郭店楚墓竹简〈唐虞之道〉新释》提出黄帝(轩辕)、金天氏(少昊)、高阳、高辛、陶唐及有虞。另见邓建鹏：《〈唐虞之道〉"六帝"新释》，收入《郭店楚简国际学术研讨会论文集》，湖北人民出版社2000年版，第277~282页，他认为六帝的表达与其他使用"六"的系统有关。

③ 李零认为这里的"于"是误写，当作"为"字(见商务印书馆本章末的版本注释14/7)，很多学者从其说。这种提法基于的假设是，有了"于"字这句话读不通。

④ 郭永秉：《帝系新研》，北京大学出版社2008年版，第149页。

⑤ 李零认为在已佚失的第1简上有13个人名，在第2简上有8个名字，见马承源主编：《上海博物馆藏战国楚竹书(二)》，上海古籍出版社2002年版，第249页。

七、圣王和自然之"命"

在《唐虞之道》中，统治者被置于宇宙论的框架内，禅让被描述为四肢老化、感官衰弱的统治者颐养天年的退休之法，也是自然之"命"的一部分。这里的"命"是"天命"，不单指统治权力的更替而是指以王为顶点的整个自然世界。① 由于统治者和天命之间的自然性关联，他应当在年老体弱时就禅位，而不是在死后才由别人继位。

25/23 古者圣人{二十}而 26/1 冠，{三十}而有家，{五十}而治天下，26/11 七十}而致政，② 四肢倦惰，耳目 26/21 聪明衰，禅天下而 27/1 授贤，退而养其生。此以知 27/11 其弗利也。（第Ⅲ节）

据《尚书·尧典》记载，尧在禅位后的第二十八年才过世。③《容成氏》也把尧舜禅位的原因解释为年老。在古代中国，禅让还涉及一个实际的问题：如果统治者在世时就把王位传下去，那么就会有两位"天子"，也会颠倒先前君臣父子的等级关系，如《古本竹书纪年》佚文中说："尧禅位后，为舜王之。"④而《孟子》和《荀子》认为这只是摄政时期，所以并没有什么矛盾。⑤

统治者应当在年老时任命继承人的思想也见于上博简《昔者君老》。⑥《昔者君老》关心

① 见拙著 *The Way of Water and Sprouts of Virtue*，Albany：State University of New York Press，1991，尤其是第130~136页；中译本《水之道与德之端》，张海晏译，商务印书馆2010年版，第152~158页。

② 见 Yi Song-ryul（李承律）《郭店楚简〈唐虞之道〉译注》（《郭店楚簡の思想史的研究》1999年第1辑，第100页注释131）提供了"至正"作交出统治权之意的例子。"至"写为"致"时也有相同的意思，见于《荀子》中尧问舜"致天下"之事的段落，（清）王先谦：《荀子集解》，中华书局1988年版，第547页。

③ Bernhard Karlgren（高本汉）译《尚书》，Museum of Far Eastern Antiquities，1950年，第5页，第24行。有趣的是，"放勋"被用作《尧典》第一行里出现的帝尧之名，但在同一章的其他地方，帝尧只被简称为"帝"，而文末计算年数时，却又只是"尧"（第8页，第30行）。

④ 范祥雍编：《古本竹书纪年辑校订补》，新知识出版社1956年版，第6~7页。

⑤ 见拙著《世袭与禅让：古代中国的王朝更替传说》（英文本第125~129页，中译本第113~116页）。

⑥ 马承源主编：《上海博物馆藏战国楚竹书（二）》，上海古籍出版社2002年版，第85~90、239~246页。有关这篇简文及世袭传递体系的讨论，见彭浩：《〈昔者君老〉与"世子法"》，《文物》2004年第5期，第86~88页。

世袭继承而非禅位于贤者，该篇明确主张世袭继承当发生在君王逝世之前。对继承权的争夺在战国时期很常见，而允许指定继承人在其父仍在世时就继位的做法使得世袭继承的机制稳定化。这在《唐虞之道》中是以人类与自然世界都仰赖于一位年富力强的统治者这一方式来阐明的。

紧接着，简文里有一段来自佚"书"的引文，论述重点在统治者的德行和尚贤思想。统治者如日月照耀万民，他们任用关心民众的贤者来维持天下秩序：

> 27/15《虞志》曰：大明不 27/21 出，万物皆暗。圣 28/1 者不在上，天下必坏。治之 28/11 至，养不肖；乱之至，灭贤。仁 28/21 者为此进 4/1 也。（第Ⅳ节）

圣王任命圣人来辅佐他维持天下和谐，这一思想在下一节简文中有进一步阐述：

> 4/2 夫圣人，上事天，教民有 4/11 尊也。下事地，教民有亲也。4/21 时事山川，教民 5/1 有敬也。亲事祖庙，教民孝 5/11 也。大教之中，天子亲齿，教 5/21 民弟也。先圣 6/1 与后圣，考后而归先，教民 6/11 大顺之道也。（第Ⅴ节）

只有当具有杰出德行的人为王时，人"性"与自然之"命"才会和谐一致，而这样的统治只能由禅让来保证：

> 21/13 不禅而能化民者，自 21/21 生民未之有也。11/1 顺乎脂肤血气之情，养性 11/11 命之正，按命而弗夭，养生 11/21 而弗伤。知〔命而天下〕14/1 治也。（第Ⅷ节）

统治者如日与月，为众生所仰赖。"命"在这里是一个宇宙论框架，即由"天"支配的自然秩序。"天"既指字面意义上的天空，又委婉地指"上帝"。[①] 统治者只要正确地使自己契合于"天"及其维护的宇宙力量，就不会产生不祥之兆。社会与自然秩序都需要圣王的统治才能繁荣昌盛，禅位于贤而非世袭统治对于社会和宇宙和谐来说是必需的。这里的"命"不是天命变化的命，而是自然秩序的命，"性"与"命"之间存在"感应"，这与后世关于天地万物相互影响的宇宙论相似，或为其先导。

---

① 见拙作《上帝的本体及天命观念的来源》，*Early China*，2007(31)。

圣贤的成功还取决于是否遇"时"：

14/3 古者，尧生于天子而 14/11 有天下。圣以遇命，仁以逢 14/21 时，未尝遇[命而] 15/1 并于大时，神明均从，天地 15/11 佑之。从仁，圣可与，时弗可 15/21 及矣。（第Ⅸ节）

对中国古代的贤者来说，终极悲剧不是注定的失败，而是时代的混乱以及王朝更替的"时"尚未到来，这为孔子那样的圣贤为何不能成功提供了一种解释。等待合适的时机是郭店简另一篇竹书《穷达以时》的主题，在那里，舜的耕田和制陶与三位霸主的辅臣相关联，与受辱而死的伍子胥相并列。① 这一问题是所有不享有世袭权力只能依靠统治者任命的士人所共同面临的问题。

《唐虞之道》提倡尊贤与爱亲，主张禅位于贤者是同时达成这两个目标的最佳方式。在王朝建立以后的传说中，君王通过任命一位尚未获认可的贤者来证明自己的谦恭和知人。而《唐虞之道》描述的是对圣王而非开国大臣的任命，人类世界和自然世界都仰赖于这样的圣王，而圣王的出现必须由禅位制度来保障。

八、燕王哙的禅让

公元前4世纪的禅让思潮，其影响见于燕王哙禅位于子之的故事。② 这是历史上真实发生过的禅让，尽管燕王的继任者被描述为篡位者。几乎与之同时的河北平山县中山王墓出土的鼎铸铭文（约为公元前316年）记载了中山国对燕国的成功入侵：

昔者，郾（燕）君子哙叡弇夫悟，长为人主，闭（闲）于天下之勿（物）矣，犹规

---

① 荆门市博物馆编：《郭店楚墓竹简》，文物出版社1998年版，第145页，简2/6—4/13：有其人，亡其世，虽贤弗行矣。苟有其世，何难之有哉。舜耕于鬲（历）山，陶拍于河滨，立而为天子，遇尧也。

② Yuri Pines（尤锐），Disputers of Abdication: Zhanguo Egalitarianism and the Sovereign's Power（《禅让：战国时期关于平等主义与君主权力的论争》），*T'oung Pao*，2005，91（4-5），pp. 243-300（尤其是第268~271页），认为燕王哙禅让的失败是一个转折点，其后对禅让的宣扬就不再令人信服。另见顾史考《郭店楚简：研究与全译》（第526~538页）。

（迷）惑于子之而亡其邦，为天下戮，而皇（况）才（在）于小子君虖？①

燕王哙与子之的故事也见于《战国策》，与《史记》的记载几乎一致。在这些记录中，禅让的语境有可能是虚构的，其中代替其父苏秦的苏代扮演了齐宣王说客的角色：

鹿毛寿谓燕王曰："不如以国让子之。人谓尧贤者，以其让天下于许由。由必不受。有让天下之名，实不失天下。今王以国让相子之，子之必不敢受。是王与尧同行也。"燕王因举国属子之，子之大重。

或曰："禹授益，② 而以启为不足任天下。及老，而以启不足任天下，传之益也。启与友党攻益而夺之天下。是禹名传天下于益，其实令启自取之。今王言属国子之，而吏无非太子人者，是名属子之，而太子用事。"王因收印自三百石吏而效之子之。子之南面行王事，而哙老不听政，顾为臣，国事皆决子之。③

燕王哙死后不久，太子及其党羽反叛并攻击子之，因此爆发的内乱导致成千上万人被杀。王哙禅让时，孟子正在齐国，这一事件也载于《孟子》。孟子不赞成王哙的理由是，只有天可以把统治权给予非世袭继承者：

子哙不得与人燕，子之不得受燕于子哙。有仕于此，而子悦之，不告于王而私与之吾子之禄爵；夫士也，亦无王命而私受之于子，则可乎？④

和《孟子》一样，《荀子》也认为禅让是不可能的：

① Constance A. Cook（柯鹤立）and Paul R. Goldin（金鹏程），*A Source Book of Ancient Chinese Bronze Inscriptions*，Society for the Study of Early China（《中国古代青铜器铭文选编》），Berkeley：Society for the Study of Early China，2016，铭文 80。
② 《史记》（见下一条注释）在这里用了"荐"而非"授"，笔者认为这反映了孟子的影响，他认为前王朝时代的统治者只能"荐"而不能"授"其统治权。
③ ［日］横田惟孝：《战国策正解》，台湾河洛图书出版社 1976 年版，第 17 页。另见《史记》卷三四，中华书局 1973 年版，第 1555~1556 页。鹿毛寿的姓或写作厝，见［日］横田惟孝：《战国策正解》，台湾河洛图书出版社 1976 年版，第 19~22 页。
④ 杨伯峻：《孟子译注》，中华书局 2000 年版，第 99~100 页。

世俗之为说者曰："尧、舜擅让。"是不然。天子者，势位至尊，无敌于天下，夫有谁与让矣？①

这一观点取"让"的双关意。与《孟子》一样，《荀子》也认为天子是至高无上的，他不能"让"（屈服）于任何人的压力。

《荀子》接着否认天子会因年老而禅让："曰'老衰而擅'，是又不然。"②他认为天子与普通人不同，其血肉之躯并不会衰老。虽然《荀子》的观点与《孟子》稍有不同，但其基本主张都认为禅让并没有发生过。这些问题被提及的方式，暗示在当时正有人向年老的统治者谏言禅让。更具戏剧性的是，《韩非子》把尧舜的禅让当作篡位，并警告统治者不要被阴谋篡权的所谓贤者诱骗：

人主有二患：任贤，则臣将乘于贤以劫其君；妄举，则事沮不胜。故人主好贤，则群臣饰行以要君欲……故越王好勇，而民多轻死；楚灵王好细腰，而国中多饿人……燕子哙好贤，故子之明不受国。③

这些事件也见于《庄子》的晚期篇章，与《唐虞之道》和《穷达以时》里"时"的主题相呼应：

昔者尧舜让而帝，之哙让而绝。汤武争而王，白公争而灭。由此观之，争让之礼，尧桀之行，贵贱有时，未可以为常也。④

尽管燕王哙的禅让被归因于说客的诡计，但实际上他禅位于无亲缘关系之人的意愿，是因为接受了在当时已经常见的圣王禅让的观念。

九、分析

《唐虞之道》大概在墓主生前就已被书于竹简，同墓出土的鸠杖的形制显示，墓主人去

---

① （清）王先谦：《荀子集解》，中华书局 1988 年版，第 331 页。
② （清）王先谦：《荀子集解》，中华书局 1988 年版，第 333 页。
③ 陈奇猷：《韩非子集释》，台湾河洛图书出版社 1974 年版，第 112 页。
④ （清）郭庆藩：《庄子集释》，台湾河洛图书出版社 1974 年版，第 580 页。

世时已年迈。① 如果竹简是在墓主人老师那一代就成书的，那么它的年代还要更早到公元前5世纪晚期到公元前4世纪中期。② 而这从思想史的角度来看是有可能的。

尽管禅让并非《论语》中的重要议题，但人们对禅让的兴趣似乎在孔子死后不久就发展起来，并在公元前4世纪变得显著，当时世袭继承正在各国遭遇挫折，尤为重要的是由韩、赵、魏三家分晋导致的晋国灭亡。山西侯马和河南温县出土的盟书记载了千千万万向争位的赵氏盟主宣誓效忠的誓词，魏克彬（Crispin Williams）近来的分析显示，侯马盟书里的主要盟主是活跃于公元前5世纪下半叶的赵嘉，而监督这一宣誓效忠仪式的神灵不是赵氏先祖，而是山神岳公。③ 由此来看，这一行为并非与世袭权力有关，它表明把吸引民众拥护作为获取统治手段的思想和禅让一样，在当时并不只是纯粹理论上的，赵国的统治者试图把参盟者的忠诚归集到受超自然力监督的誓言里。

燕王哙禅位给子之一事，一方面与前王朝时期的尧舜禅让有关，但也有许多记载把它描述为说客们的诡计。④ 说客们在谋划时或许使用过《唐虞之道》这类文献，但《唐虞之道》似乎不是为统治者而作，而是为等待时机以实现其雄心壮志的贤者，其目的并非要鼓励特定的统治者禅位。传世文献把禅让的支持者刻画为骗子暗示着在那一时期，前王朝的尧舜传说不仅被理解为古史，而且被当作潜在的政治模板，以禅让为圣王最伟大德行的观念已相当普遍。

强调"尚贤"重要性的《墨子》是最早把尧舜之间的关系描述为禅让的文本。然而《唐虞之道》的语言，尤其是作为"仁"之定义的"爱亲"一词，明显区别于墨家学说。和《墨子》一样，它也讨论统治者对民众和对亲属有职责上的矛盾这一问题，并赞同统治者服务其家人的最佳方式是对天下所有人都公正无私。两者似乎是同一争论的组成部分。

---

① 见李学勤《郭店1号楚墓文献的性质与年代》（第107~111页）。

② 另见彭邦本：《楚简〈唐虞之道〉初探》第263页，他把年代定在公元前5世纪中期到公元前4世纪末。

③ Crispin Williams（魏克彬），Dating the Houma Covenant Texts：The Significance of Recent Findings from the Wenxian Covenant Texts（《由温县盟书最新研究成果再谈侯马盟书的年代问题》），*Early China*，2012（35-36），pp. 246-275，259-269。

④ 《史记》卷三四，中华书局1973年版，第1555~1556页。参见［日］横田惟孝：《战国策正解》，台湾河洛图书出版社1976年版，第17页；（清）郭庆藩：《庄子集释》，台湾河洛图书出版社1974年版，第580页；陈奇猷：《韩非子集释》，台湾河洛图书出版社1974年版，第853页。

十、小结

《唐虞之道》呈现了一个在后世传统中完全缺失的禅让案例，展示了它与大量战国时期传世文献之间的互文性。《孟子》及后来的《荀子》都明确否认了统治者能直接禅位于非世袭继承者的可能性，因为统治权的转移由天命所定，并以民心转向作为天命转移的呈现方式。孟子的历史公式，即只有当民众改变其效忠对象时天命才会有所改变，很可能是对《唐虞之道》这类宣扬禅让理论的文本的回应。《韩非子》把尧舜禅让的传说描述成舜篡夺了尧的统治权，则可以被理解为另一种回应。如果说《唐虞之道》在秦统一天下时仍在流传，那就不难理解秦始皇为何要压制"百家之语"了。

再论"五行"与"聖智"*

郭齐勇

我在拙文《郭店楚简身心观发微》中已经探讨过竹帛《五行》及聖、智等哲学术语的意蕴,① 今再作补论。

一、汉代五行图式的启发

关于思孟五行,汉代典籍中仍能找到一些佐证。《史记·乐书》结尾:"太史公曰:夫上古明王举乐者,非以娱心自乐,快意恣欲,将欲为治也。正教者皆始于音,音正而行正。故音乐者,所以动荡血脉,通流精神而和正心也。故宫动脾而和正聖,商动肺而和正义,角动肝而和正仁,徵动心而和正礼,羽动肾而和正智。故乐所以内辅正心而外异贵贱也;上以事宗庙,下以变化黎庶也。琴长八尺一寸,正度也。弦大者为宫,而居中央,君也。商张右傍,其余大小相次,不失其次序,则君臣之位正矣。故闻宫音,使人温舒而广大;闻商音,使人方正而好义;闻角音,使人恻隐而爱人;闻徵音,使人乐善而好施;闻羽音,使人整齐而好礼。夫礼由外入,乐自内出……"(《史记》卷二十四)

---

* 原载《中国哲学史》2001 年第 3 期,又载《楚地出土简帛文献思想研究(一)》(湖北教育出版社 2002 年版),又载氏著《儒学与儒学史新论》(台湾学生书局 2002 年版)、《儒学新论·郭齐勇学术文集》(孔学堂书局 2016 年版)。今据《儒学与儒学史新论》收入。

① 《郭店楚简国际学术研讨会论文集》,湖北人民出版社 2000 年版,第 198~209 页。(本文以下简称《发微》)

清人梁玉绳怀疑《乐书》，以为"此乃后人所补，托之太史公也"，并引徐氏《测议》，谓上引"太史公曰""是截旧文为之"（《史记志疑》卷十五）。梁、徐的怀疑是否有据，不敢说，如果是截自旧文，那么是何种旧文？我看，这段文字至少与思孟五行有关，当然使用了汉代人的模型。

《乐书》明确标举"仁、义、礼、智、圣"，并把这五种德性与五音相配合，又以五音协和、陶冶五脏之气，以端正身心，唤发德气。这段文字又明确以"圣"作为五行之中心。这都与《五行》简帛本、《性自命出》简本相合。按郑玄《洪范注》，"行者，言顺天行气也"。《乐书》以乐音感通体内德气，以德气顺天而行，实行出来。五行与乐的关系，在简帛《五行》中都有明确的表示。简书云："金声而玉振之，有德者也。""圣智，礼乐之所由生也，五〔行之所和〕也。和则乐，乐则有德，有德则邦家兴。"[①]《五行》与《乐书》都肯定乐者天地之和，乐的特征是和合，亦肯定音乐有陶冶内心的功能，能使人超凡脱俗，亦有治世之功能，能协和邦家。不过，简帛《五行》没有像《乐书》那样，把"仁、义、礼、智、圣"五行与五音、五脏作图式化的比拟。

按《乐书》及《左传》昭公元年、昭公二十五年之注疏，我们不妨绘制下表（见表1）：

表1

五行	仁	礼	圣	义	智
五音	角	徵	宫	商	羽
五脏	肝	心	脾	肺	肾
五方	东	南	中	西	北
五性	木	火	土	金	水

这种图式显然与汉代人的思维模式有关，不过并不违背简帛《五行》。仁义礼智四行之所和是人道之善，仁义礼智圣五行之所和是天道之德。圣德居中，君位，宫音，土德。圣德含容四德。《白虎通·礼乐》："土谓宫，宫者含也，容也，含容四时者也。"按《月令》注："声始于宫。宫数八十一，属土者，以其最浊，君之象也。季春之气和则宫声调。"《钟律书》："宫，中也，居中央，畅四方，唱始施生，为四声纲也。"圣德有包含、为主、和谐、生生之意蕴，是无疑的。

---

① 简书据《郭店楚墓竹简》（文物出版社1998年版），下引不再另注。个别标点、文字有改动。

土德为五行之主。《淮南子·墬形》："音有五声，宫其主也；色有五章，黄其主也；味有五变，甘其主也；位有五材，土其主也。""宫为音之主"，又见《国语·周语》。"五声莫贵于宫"，"五行最贵者土"，"土为五行之主"，又见于《月令》《春秋繁露》《太玄》《白虎通》。《白虎通·五行》："五行之性，土者最大。苞含万物，将生者出，将归者入，不嫌清浊，为万物母。""土味所以甘何？中央者，中和也，故甘，犹五味以甘为主也。"

按：《春秋繁露·五行五事》以"貌、言、视、听、思"五事配五行"木、金、火、水、土"。"思"的地位即《乐书》"聖"的地位。董氏《繁露》发挥的是《尚书·洪范》的"五行""五事"，只是五行的排列次序略为不同。《繁露》把"思"释为"容"，即包容、宽容之意，以"容作聖"，释《洪范》的"睿作聖"。

扬雄《太玄·玄数》以"仁、义、礼、智、信"配五行"木、金、火、水、土"。"信"的地位为中央，属土。"五五为土，为中央，为四维，日戊巳，辰辰戌丑未，声宫，色黄，味甘，臭芳，形殖，生金，胜水，时该，藏心。存神，性信，情恐惧，事思，用睿，撝聖，徵风。帝黄帝，神后土，星从其位……"以上《玄数》的解释，更全面地表达了"土"行的中心地位和生长、繁殖的意义。当然，"聖"在这里是"思曰睿""睿作聖"的重复，与思孟五行的"聖"有了区别。

《白虎通》卷四《五行》、卷八《性情》亦以"仁、义、礼、智、信"五性配五行，同于《太玄》。以五脏配五性，"五脏，肝仁，肺义，心礼，肾智，脾信也"，则同于《乐书》。其中，信(诚、专一)的地位更加肯定。又，《白虎通》卷七《聖人》："聖者，通也，道也，声也。"这种解释，也可以用来解读思孟五行的"聖"德。

以下我们把《繁露》《太玄》《白虎通》的大体相同的图式制成表2：

表 2

五性	仁	礼	信	义	智	扬、班
五行	木	火	土	金	水	董、扬、班
五事	貌	视	思	言	听	董、扬
五音	角	徵	宫	商	羽	董、扬、班
五脏	肝	心	脾	肺	肾	班
五脏	脾	肺	心	肝	肾	扬
五方	东	南	中	西	北	董、扬、班

我们必须注意的是,《太玄·玄数》的五脏配制与《白虎通》略为不同,它以脾属木,肝属金,肺属火,肾属水,心属土。另要注意的是,《繁露》并没有以五性(仁、义、礼、智、信)配五行。

贾谊《新书·六术》:"人有仁、义、礼、智、圣之行,行和则乐,与乐则六,此之谓六行。"贾谊深知五行之多样统一并生成新的要素的道理。由五行之和合生成六行,表明五行模式的"生生"观念。①

综上所述,我们略可得出以下结论:第一,《史记·乐书》保留了思孟五行,堪称一绝。其所保留的根据虽很难考订,即使是司马迁以后的人据旧文所补,至少也反映出汉代甚至汉以后,仍有思孟"仁、义、礼、智、圣"五行学说在流行。其说以宫音喻圣德,以五音之和合喻五行,强调了德气在个体身心的运行,突显思孟五行学说的"和"与"生"的意蕴。《新书·六术》也与《乐书》相似,表达了上述意蕴。第二,依据《洪范》五行的"思曰睿""睿作圣",董仲舒把居于中央地位的"思",进而把"圣"释为宽容、包容。第三,《太玄》《白虎通》正式把五德"仁、义、礼、智、信"以"五性"的名义列入图式,"信"取代了"圣""思",居于中央的地位。"信"原本即是"诚","诚"乃具有神秘性,如《中庸》之"诚"。但汉以后,"仁、义、礼、智、信"的"信"作为德目之一,渐渐消解了其神秘天道意义。第四,汉代五行说把五行释为五种气,把五行间的关系看成相生相克的关系,以"相生"为主、为常。处于中央地位的土德,更具有主导、容摄、综和、统和、生成新的东西的意味,《白虎通》直接释"圣"为"通、道、声",这些解释及汉代五行图式,反过来对我们理解思孟五行的"圣""圣德""圣智"很有帮助。

二、传世文献中的聪明聖智

无论是在传世文献中,还是在简帛《五行》中,"圣智"总是与"聪明"联系起来用的。

传世文献中有"高上尊贵,不以骄人;聪明圣智,不以穷人"。这句话出自批评思孟五行的《荀子·非十二子》。《荀子·宥坐》:"子路曰:'敢问持满有道乎?'孔子曰:'聪明

---

①　关于贾氏《新书》与《五行》《六德》的关系,详见李学勤:《郭店楚简与儒家经籍》,《中国哲学》第 20 辑"郭店楚简研究"专辑,辽宁教育出版社 1999 年版;又请见氏著《郭店楚简〈六德〉的文献学意义》,《郭店楚简国际学术研讨会论文集》,湖北人民出版社 2000 年版。

聖智守之以愚，功被天下守之以让……'"由此可知，"聪明聖智"的连用，至迟源于孔子。帛书易传《缪和》也记载了孔子类似的话，只是"聪明聖智"变成"聪明睿智"，"聖"与"睿"相通。《荀子·劝学》又云："积善成德，而神明自得，聖心备焉。"以上材料都可以反证"聖智"所具有的神秘体验的内涵。

当然，与竹帛《五行》的"聖智观"最接近的是《中庸》与《孟子》。《中庸》三十二章："苟不固聪明聖智达天德者，其孰能知之?"全句是《中庸》的核心，强调至诚者能"经纶天下之大经，立天下之大本，知天地之化育"，这是只有聖人才能做到的。"肫肫其仁，渊渊其渊，浩浩其天"，意即聖人以极其诚恳的态度，面对天下，高深静穆，胸襟广大。如此聪明聖哲，能通达天德，即启导出天赋我人的道德。前一章，即《中庸》三十一章："唯天下至聖，为能聪明睿智，足以有临也；宽裕温柔，足以有容也；发强刚毅，足以有执也；齐(斋)庄中正，足以有敬也；文理密察，足以有别也。"——恰如庞朴先生所说，这里正是指的聖、仁、义、礼、智。① 不过，"文理密察"的"智"，尚不能称为"聖智"之"智"。相对于知识理性(知识之知)或世俗伦理理性(道德之知)而言，"聖智"是对于天道之体验的智慧。《五行》中的"智"有文理密察的"智"，也有超文理密察的"智"。

让我们再来读《孟子》："人之有德慧术知者。"(《孟子·尽心上》)德、慧、术、知，是有分别的。正如孟子对于人，有"天民""大人""事君""安社稷"的分别一样，只有"聖人"或"天民"才有体悟、接近天道的智慧。正是在这种意义下，子贡才说："学不厌，智也；教不倦，仁也。仁且智，夫子既聖矣。"(《孟子·公孙丑上》)"聖"是仁智的统合和对仁智的超越。

对于"聖智"最典型的表达，应当是《孟子·尽心下》："可欲之谓善，有诸己之谓信，充实之谓美，充实而有光辉之谓大，大而化之之谓聖，聖而不可知之之谓神。""聖人"能感化、和合、改变、造就、生成长养出新的事物、新的氛围、环境与局面，具有莫大的力量——人文教化的力量，人心归服的力量，感召力、凝聚力，等等。"聖人"就有这种智慧，它可以达到神秘莫测的境界，固而谓之"神"！这正是孟子所说的"智，譬则巧也；聖，譬则力也"(《孟子·万章下》)。"聖智"之不可测度与神奇，谓之"巧"；"聖德"之化成天下的力量，谓之"力"。譬犹射箭，达到百步之外，是你的力量，射中靶子，却是你的神奇。

孟子说："仁之实，事亲是也；义之实，从兄是也；智之实，知斯二者弗去是也；礼

---

① 庞朴：《竹帛〈五行〉篇校注及研究》，台湾万卷楼图书公司2000年版，第101~102页。

之实，节文斯二者是也；乐之实，乐斯二者，乐则生矣；生则恶可已也，恶可已，则不知足之蹈之手之舞之。"（《孟子·离娄上》）这里的仁、义、礼、智，是就社会道德而言的，"智"在这里主要是分辨、通晓以事亲、从兄为起点的仁、义及其社会推广。这里最值得注意的是"仁、义、礼、智"之后的"乐"。从智、礼之中体验到的这种快感、快乐，无法休止。这不仅是感性的快乐，也不仅是理性的快乐，恰似"孔颜乐处"，是超越了社会价值，"从心所欲不逾矩"的快乐。"乐"在这里也具有"和""生"之意，正是处于五行结构之中心位置者所具有的特性——包容、为主、和合、生生。因此我们不妨把这里的"仁、义、智、礼、乐"的"乐"（le，不是 Yue）看作"圣"的指代。

孟子说：口、眼、耳、鼻和手足四肢对于美味、美色、悦耳之音乐、芬芳之气味和安逸舒服的爱好，是天性，但是否得到，却属于命运，因此君子不以此为天性的必然，不去强求——"性也，有命焉，君子不谓性也"。相反："仁之于父子也，义之于君臣也，礼之于宾主也，智之于贤者也，圣人之于天道也，命也，有性焉，君子不谓命也"（《孟子·尽心下》）。庞朴于马王堆帛书《五行》发表之后，肯定"圣人"之"人"字为衍字，强化了不被人重视的朱子《四书集注》的"或曰：'人'衍字"的注文，肯定这里所说的就是"圣之于天道也"，肯定"五行"为"仁、义、礼、智、圣"。[1] 按孟子的原意，这里强调的是，"仁、义、礼、智、圣"能否实现，属于命运，但也是天性的必然，君子不认为是属于命运的，因而可以突破、超越于命运的限制，力求顺从天性，求其实现。这就包含有"知其不可而为之"的意味了。

清人戴东原的《孟子字义疏证》倒是有天才的体悟，其《法象论》曰：

> 是故生生者仁，条理者礼，断决者义，藏主者智，智通仁发而秉中和谓之圣；圣合天，是谓无妄。无妄之于百物生生，至贵者仁。是故仁得则父子亲，礼得则亲疏上下之分尽，义得则百事正，藏于智则天地万物为量，归于无妄则圣人之事。

这段解释易象的文字，又被他加以发挥，收入《原善上》，足见作者的重视和喜好。其中，戴震强调生生者为仁，生生而有条理为礼与义，"得乎生生者谓之仁，得乎条理者谓之智。至仁必易，大智必简，仁智而道义出于斯矣"（《原善上》）。戴震在这里的确是对

---

① 庞朴：《马王堆帛书解开了思孟五行说古谜》，《文物》1977年第10期，现收入《竹帛〈五行〉篇校注及研究》，台湾万卷楼图书公司2000年版。

"仁、义、礼、智、聖"五行的阐发。把"聖"界定为"仁智中和","智通仁发而秉中和",是相当精粹的。其《原善中》对于"聖智"的体会极深:

> 天之道施,地之道受;施,故遍物也;受,故不有也。魄之谓灵,魂之谓神;灵也者明聪,神也者睿聖;明聪睿聖,天德矣。心之精爽以和,知明聪睿聖,则神明一于中正,事至而心应之者,昏事至而以道义应,天德之知也。是故人也者,天地至盛之征也,惟聖人然后尽其盛。

戴震在这里是以宋明理学家的话语来解读"天德"和"天德之知"的。其实,"天德之知"正是"聖智"。宋明学术对于"德性之知"与"闻见之知"的讨论是可以参证的。

综上所述,从《荀子》《中庸》,特别是《孟子》与《孟子字义疏证》中,我们找到了有关"聪明聖智"与上达"天德"及"天德之知"的材料,这对我们理解思孟五行之本旨极有帮助。要言之,"聖""聖智"与聪明有关。"聖智"是一种"神明",是聖哲对天道、天德的体悟。"聖"有化成天下的力量,"聖智"则有鬼斧神工、神妙莫测的功能。"聖智"与一般伦理分辨之"智"("仁、义、礼、智、信"的"智")不一样,更不能等同于感知、认知或知识之"知"。当然,"聖智"是一种感通,是一种体知,必然与身体、容貌、闻见、聪明有关,但不能等同于感性或理性之知。对于"智",我们需要梳理层次;对于"聖智",我们不能把它下降到知识论的方面或者伦理学的方面来理解。

刘信芳先生把"聖知"解释为知识。他说:"闻见是人的感觉,聪明是人的能力,聖知是人的知识。"①刘著以主客体之间的认识论来解读《五行》和"聖智",似有未妥。实际上,"聖智"是对本体的体悟,是对超越天道的冥契。这不是知识论涵盖得了的。

三、聖智与德聖

拙文《发微》指出:"'聖人'是理想人格,'聖德'是超越之境,'聖智'是神契之知。现实人与聖人之间有时空的阻隔,不能用'目'见,只能凭'耳'听,凭心灵来感通,此亦即天人相通。"又说:"'聖之思'是以耳听闻古乐、传闻和应对言语之后的反思,即通过口

---

① 刘信芳:《简帛五行解诂》,台湾艺文印书馆 2000 年版,第 78 页。

传、心传，对身以载道的圣人气象予以体认。这种圣听、圣思，是对于超越天道的谛听和冥契，是一种精神性的直觉体验，是心灵感应。"①圣智表示人心与天道的贯通、感应，玉音表示圣人感化天下的广泛。

竹书《五行》反复论证"圣""智"的关系，如第二十二至二十九简：

> 未尝闻君子道，谓之不聪。未尝见贤人，谓之不明。闻君子道而不知其君子道也，谓之不圣。见贤人而不知其有德也，谓之不智。见而知之，智也。闻而知之，圣也。明明，智也。虩虩，圣也。"明明在下，虩虩在上"，此之谓也。闻君子道，聪也。闻而知之，圣也。圣人知天道也。知而行之，义也。行之而时，德也。见贤人，明也。见而知之，智也。知而安之，仁也。安而敬之，礼也。圣智，礼乐之所由生也，五〔行之所和〕也。和则乐，乐则有德，有德则邦家兴。文王之见也如此。

圣字通声、听，都有耳。按：帛书第 242—244 行："不聪不明。聪也者，圣之藏于耳者也。〔明也〕者，智之藏于目者也。聪，圣之始也。明，智之始也。故曰：不聪明则不圣智，圣智必由聪明。圣始天，智始人；圣为崇，智为广。"②"智"德是见贤思齐，"圣"德是谛听、冥契天道。"明"是"智"的表征和起始，"聪"是"圣"的表征与起始，固而有"聪明圣智"之说。据简书第十四简关于"智之思"的表述，很显然是把"明""智"界定为身心合一地见贤思齐，乃至诚于中而形于外。那么，这种"见"而后"明"而后积淀为内在的"智"德并表现为"玉色"的过程，就不是近代认识论的所谓感性之知，尽管它并不排斥感觉、身形、容色。没有道德意识，就不可能有所"见"，甚至会视而不见，因此不能"明"，也不可能回复到内心，形成智德。同样，第十五至十六简关于"圣之思"的表述，则是把"聪""圣"界定为谛听圣人之道。这种"闻"而后"聪"而后积淀为内在的"圣"德并在耳际充满"玉音"的过程，也不是近代认知科学的感觉、知觉之类。因为假如没有道德意识，就不可能有所"闻"，甚至会充耳不闻，因此不能"聪"，也不可能回复到内心，形成圣德。所谓"君子无中心之忧则无中心之智""无中心之忧则无中之圣"更证明了这一点。按："见"而后"明"，"闻"而后"聪"，乃由内心之"忧"引起，并非从所谓客观外物引起。又，其结果

---

① 《郭店楚简国际学术研讨会论文集》，湖北人民出版社 2000 年版，第 203~204 页。

② 国家文物局古代文献研究室编：《马王堆汉墓帛书〔壹〕》，文物出版社 1980 年版，第 20 页。下引帛书据此。

则是"不智不仁"。按帛书的解释，"不知所爱则何爱？言仁之乘知而行之"。可见这里讲的都是道德的知，而不是知识的知。

帛书《五行》在集中论述了"目而知之""譬而知之"之后，又论述了"鑯而知之"，第343—344行："鑯而知之，天也。鑯也者，赍数也。唯有天德者，然后鑯而知之。'上帝临汝，毋贰尔心'。上帝临汝，□鑯之也。毋贰尔心，俱鑯之也。""鑯"，魏启鹏读为"仉"，取精谨深察之意。魏先生又谓"赍数"是持天地之数，而明变化、达性命之意。饶宗颐同意魏说，进一步释"仉"为极深研几。又说，"赍数"是指把握变化之数，即占筮者乃能通其变。庞朴则释"鑯"为機，指吉凶先兆。① 显然，"鑯而知之"，类似于"聪明聖智"，是具有天德良知的人的神秘体验。

帛书第454—457行，《德聖》残篇："聖，天知也。知人道曰智，知天道曰聖。聖者声也。聖者智，聖之智知天，其事化翟。其谓之聖者，取诸声也。知天者有声，知其不化，智也。化而弗之，德矣。化而知之，叕也。"这很可能是解释竹书《五行》第四至五简的："德之行五，和谓之德，四行和谓之善。善，人道也。德，天道也。"

由此可知，"聖"高于"智"，"德"高于"聖"。"仁、义、礼、智"四行和合生成"善"，属人道层面，对于人道的体悟、理解和分别叫做"智"。"仁、义、礼、智、聖"五行和合生成"德"，属天道层面，对于天道的体悟、理解，叫做"聖"。"聖"德与"聖人之智"或"聖智"是对宇宙本体、生命本体的体悟，是对超越天道的神契。不是"聖人之智"或"聖智"，而是贤者之"智"德，则属于对人道、社会层面的知。聖人与贤者的区别，以耳学习聖人与以目接近贤人的区别，聪与明的区别，在一定意义上就是"聖"德与"智"德的区别。耳与目、聪与明、聖与智的统合，则是"聖智"。

在一定意义上，郭店简的五行观应当称为"聖智五行观"，因其重心是"聖""智"与"聖智"。比"聖"更高一层的是"德"，比"聖智"更高一层的是"德聖"。"德"是超越之境，"德聖"是对超越的体证、会悟。

如前所述，"五行"的本意即含有相生的观念，特别是居其中心之一行，兼有包容、统合、为主、生生诸意蕴。准此，我们可以推测思孟五行向上的发展是"仁、义、礼、智、聖、德""六行"。"聖"统合"仁、义、礼、智"，"德"统合以"聖"为中心的"五行"。按

---

　　① 魏启鹏：《简帛〈五行〉笺释》，台湾万卷楼图书公司2000年版，第129页；饶宗颐：《从郭店楚简谈古代乐教》，《郭店楚简国际学术研讨会论文集》，湖北人民出版社2000年版，第6页；庞朴：《竹帛〈五行〉篇校注及研究》，台湾万卷楼图书公司2000年版，第83页。

《德圣》：“道者、德者、一者、天者、君子者，其闭塞谓之德，其行谓之道。”“德”是宇宙、世界和人的一种潜在性、完满性、自足性。而“道”是“德”的一种展开、流行、实现。

如果说“五行”的向上发展是由“圣”而“德”，由“圣智”而“德圣”的话，那么，“五行”的向下发展则是社会道德层面的“六德”。郭店楚简《六德》是这样说的：“何谓六德？圣、智也，仁、义也，忠、信也。圣与智戚（就）矣，仁与宜（义）戚（就）矣，忠与信戚（就）矣。作礼乐，制刑法，教此民尔，使之有向也，非圣智者莫之能也。”这里的“六德”就是指的“圣、智、仁、义、忠、信”，且圣与智、仁与义、忠与信“相辅相成”，“相辅互补”，“分出三组显示其结构性的意义”。① 《六德》肯定制定礼乐刑法以规范民众的圣人才有“圣智”。在这里，“圣”“智”既有分用，又有合用，同于《五行》。据徐少华《郭店楚简〈六德〉篇思想源流探析》，② 《周礼·地官·大司徒》已明确指出“六德：智、仁、圣、义、忠、和”。

“五”与“六”的架构，或“五”与“六”之转，即由五行和合相生，而成六行的，有前引贾谊《新书·六术》的例证，郭店简《五行》与《六德》间的关系似与这种架构有关。《白虎通》的五性六情、五藏六府之说亦相类似。《六德》又以六德配六位，形成“父圣、子仁、夫智、妇信、君义、臣忠”的伦理学结构。

《五行》与《六德》的最大差别是，《五行》论述以天道观为背景的个体道德及其深层的道德形而上的问题，有极深的信仰、神性意义的成分，而《六德》只是五行向社会伦理面的推行。

关于《五行》竹帛之比较，庞朴、邢文等都有大文。③ 庞、邢都认为，竹书《五行》的枢纽是“圣智”，首先谈“圣智”，把“圣智”作为最重要的原则，而帛书《五行》按仁义礼智圣的次序谈，有的地方取消了“圣”与“智”的关联，而且把“圣智，礼乐之所由生也”改变成“仁义，礼乐之所由生也”。邢文认为，竹书《五行》更接近子思之学，帛书《五行》却经过了子思后学的妄改。庞朴认为，从文理和逻辑来分析，帛书本的次序较为合理。

我的想法是，从郭店竹书到马王堆帛书，儒家道德形上学的圣智观处于旁落、下移的

---

① 庞朴说“相辅相成”，丁原植说“相辅互补”与“结构性的意义”。庞文《六德篇简注》，见氏著《竹帛〈五行〉篇校注及研究》，台湾万卷楼图书公司 2000 年版，第 183 页。丁文《六德篇释析》，见氏著《郭店楚简儒家佚籍四种释析》，台湾古籍出版有限公司 2000 年版，第 209 页。

② 《郭店楚简国际学术研讨会论文集》，湖北人民出版社 2000 年版，第 375 页。

③ 庞朴：《竹帛〈五行〉篇比较》，《竹帛〈五行〉篇校注及研究》，台湾万卷楼图书公司 2000 年版；邢文：《郭店楚简〈五行〉试论》，《文物》1998 年第 10 期。

过程中，汉代世传文献中"仁义礼智信"取代了"仁义礼智聖"，特别是"信"之神秘性的"诚"意的逐步弱化，则表明这种天人聖智观或聖智五行观进一步处于消解的过程中。思孟五行正是因其哲学形上学的或终极信仰的诉求，被荀子及荀子前后的儒者视为不切实用，太过玄虚，终免不了湮灭的命运。从道家文献来看，郭店《老子》并无"绝聖"的主张，而帛书《老子》已有了"绝聖弃智"的主张。这亦从反面佐证了这一点。

总而言之：与"聪明"相联的"聖智"是一种"神明"，是对"天德""天道"的体悟或神契，是体验、接近超越层的"天德之知"。切不可从知识论的视域，特别是主客对待的认识论的角度去理解思孟五行。思孟五行是具有终极信仰的、以天道观为背景的"天人聖智五行观"，蕴含着深刻的道德形上学的思想，其枢纽是"聖智"。五行间相互作用，居于中央的一行，具有包容、为主、统合、生生的意蕴。"五行"之和合而生长出"六行"。向上推，其最高天道超越层是"德"，对它的体验是"德聖"，即由"德"统合"仁义礼智聖德"六行；次高层是"聖"，对它的体验是"聖智"，即由"聖"统合"仁义礼智聖"五行，它是天赋的，或天德下贯在人心中的、内在性的道德的知、情、意；向下推，则展开为个体道德与社会道德和合的"聖、智、仁、义、忠、信"六德，或"善"统合的"仁义礼智"四行；再下推，则是社会伦理关系的六位、六职。

试论《缁衣》错简证据及其在《礼记》本《缁衣》编纂过程中的原因和后果*

[美]夏含夷

　　郭店楚简和上海博物馆所藏楚竹书皆有《缁衣》篇，两篇互相相似，可以视作一篇的两个本子，毫无疑问。两篇简文又和《礼记·缁衣》篇内容基本上相同，就是《礼记》本《缁衣》与郭店本和上博本各章的次序完全不一样。两篇简文出土以后，学术界对《缁衣》的重要研究工作是针对简文的释读，以《礼记》本《缁衣》当作固定的参考资料。《郭店楚墓竹简》和《上海博物馆藏战国楚竹书》对两篇简文已经作过很好的释文，也已有许多学者对个别的文字作过深入的考释。现在简文基本上可以读通。然而，有了简文的启发以后，现在对《礼记》本《缁衣》可以提出一些新的问题，特别是关于各章次序是怎样编纂出来的。本文打算通过对简文本(因为两篇简文基本上相似，而郭店本完整，所以以郭店本来作代表)与《礼记》本的比较来探讨《礼记》本的编者所作的一些编辑工作，并推测复原他所利用的底本之一部分。

　　郭店本《缁衣》出土发表以后，已有学者据之指出《礼记》本里这章或那章的出入大概是由于错简而来的。譬如，郭店本第十四、十五、十六三章在《礼记》本里变成两章(即《礼记》本第七和八章)，周桂钿先生以为是因为有错简。① 同样，邢文先生不但论证《礼记》本第一章(郭店本所缺乏的一章)原来应属于《表记》篇，后来误编入《缁衣》，并且以为

---

* 原载《新出土文献与古代文明研究》(上海大学出版社 2004 年版)，又载氏著《古史异观》(上海古籍出版社 2005 年版)。另外，本文曾以不同形式收入氏著《重写中国古代文献》(上海古籍出版社 2012 年版)第二章，文字有较大出入。今据《新出土文献与古代文明研究》收入。

① 周桂钿：《郭店楚简〈缁衣〉校读札记》，《中国哲学》第 20 辑"郭店楚简研究"专辑，辽宁教育出版社 1999 年版，第 212 页。

《礼记》本第五章(相当于郭店本第七章)多一句"诗云：赫赫师尹，民具尔瞻"也系错简。① 然而，没有人对《礼记》本《缁衣》的错简问题作过系统的分析。现在对这个问题试作一个解释，然后也牵涉到《礼记》本《缁衣》的整个编纂过程，便于说明其与简文本某些出入。

　　如邢文已经指出，《礼记》本《缁衣》头一章置于此很可能是由于错简关系。这一章读作：

　　　　子言之曰：为上易事也，为下易知也，则刑不烦矣。

有至少五个原因可以说明这一章原来不属于《缁衣》。第一，这一章既不见于郭店本，又不见于上博本《缁衣》。第二，"子言之曰"这一套语与《缁衣》所有其他章文的"子曰"者不一样(郭店本第一章即谓"夫子曰")，可是在与《缁衣》有姊妹关系的《表记》篇里出现多达八处。第三，《缁衣》所有其他的章文是由"子曰"的引语和"诗云"(或"书"的某一篇)的引语组成的，可是这一章仅仅见夫子的引语，没有加上其他经典的引语，很像不完整。第四，"缁衣"这个篇题是从次章"子曰：好贤如《缁衣》"的"缁衣"得来的。战国时代作篇题的常用方法是采取头一句话最显著的两个字。在郭店本《缁衣》里"夫子曰：好美如好缁衣"这一章正好是全篇头一章，与篇题的关系似乎可以证明这一章应该是全篇的开头，因而《礼记》本头一章应该是误置的。第五，"子言之曰：为上易事也，为下易知也，则刑不烦矣"一共只有十九个字，很可能是一条竹简上所写的文字。这一个原因我们下面还会提供其他类似的例证。

　　我们下面还要从哲学角度谈谈《礼记》编者为何会将这一章误置到篇首，也会讨论这误置的章对《礼记》本整个的次序还有什么影响，但是现在可以根据这一误置的章来对《礼记》本《缁衣》的编纂过程作出下面四个推论：第一，郭店本和上博本比《礼记》本更接近《缁衣》的原来原貌，《礼记》本的出入大概是由后人编辑错了而来的。第二，当《礼记》本《缁衣》经过最后编定之时，无论是郭店本还是上博本都不在世(两本显然已埋在地下)(于此应该顺便说明一点：我所谓的《礼记》本的编者不一定是《礼记》的编者。《缁衣》被编入《礼记》之前，很可能已经经过最后编纂。另外也应该指明，为了阐述的方便，于此我仅仅

----

① 邢文：《楚简〈缁衣〉与先秦礼学》，《郭店楚简国际学术研讨会论文集》，湖北人民出版社2000年版，第158页。

设想有一个底本一个定本的编纂过程；实际的过程很可能比这个复杂，很可能经过两个以上的抄写变动）。第三，《礼记》编者所利用的底本像战国秦汉大多数的典籍一样是写在竹简上的。第四，《礼记》本的编者所利用的底本不像郭店本和上博本那样从头到尾从一条简到另一条简是连接写的，反而每一章都在一条简上头重新开始。因为每一章都始于新简上，底本的编线假如折断，简条分散，编者就没有语言方面上下文的联系将之再连接起来，只能根据他自己对每一章的内容的了解来安排次序。

这四个推论当中，头三个大概都不会引起多少争论。反而，第四点尽管在战国秦汉简牍中并不无前例（比方说，据上海博物馆书法展览室所展览的该馆所藏战国时代楚竹书《周易》的两条简文，可知《周易》的每一卦都始于新的竹简上头；因为竹简已经分散，所以无法用之来探讨大家都关心的六十四卦次序这一问题），可是关于《礼记》本《缁衣》似乎缺乏具体证据。我当然承认这仅仅是一个假设，但是从下面还要举出的几个例子看，好像并不是凭空的。

《礼记》本《缁衣》还有一章情况与头一章很相似。第十八章谓：①

　　　　子曰：下之事上也，身不正，言不信，则义不壹，行无类也。子曰：言有物而行有格也，是以生则不可夺志，死则不可夺名。故君子多闻质而守之，多志质而亲之，精知略而行之。《君陈》曰："出入自尔师虞庶言同。"《诗》云："淑人君子，其仪一也。"

这一章里第一个"子曰"的引语像第一章一样也不见于郭店本《缁衣》，也没《诗》或《书》的引语，恐怕也是错简衍文。这一假设如果不误，有两点应该注意：第一，"子曰：下之事上也，身不正，言不信，则义不壹，行无类也"这一句话是由二十一个字写成的，也很可能是一条竹简上所写的文字。其实，《汉书·艺文志》说孔壁发现的《尚书》《论语》《孝经》和《礼记》的竹简，每一简都载有二十二个或是二十五个字。我们如果设想《礼记》本

----

① 《礼记》本《缁衣》的章数颇难确定。唐陆德明作注谓"'子言之曰'此篇二十四章，唯此一'子言'，后皆'子曰'"，说一共有二十四章，那么应该有二十三章作"子曰"。然而，《礼记郑注》和《礼记正义》两本在"子言之曰"一章以后皆载有二十四个"子曰"，似乎暗示一共有二十五章。上面所引用的"子曰：下之事上也，身不正、言不信，则义不壹，行无类也"在郑玄注里仅作"类谓比式"，与其他章文的注不大一样，我怀疑这一章是衍文。

《缁衣》编者所利用的底本每简有二十一、二十二、二十三个字，大概不会太错。第二，这个衍文也置在一章的开头。如果这一章确实始作"子曰：言有物而行有格也"（在郭店本也是第十八章就始作"子曰：君子言有物，行有格"），而其前面若能误置完整的一条简文，似乎说明"子曰：言有物而行有格也"的"子曰"也是在一条竹简的上头写的。这好像可以支持上面第四个大推论的可靠性，就是在《礼记》本的编者所利用的底本里，每一章都始于新的一条简的上头。

《礼记》本《缁衣》的衍文不都是一章或者置在一章的开头的文字，也有章后头或是里头的衍文。现在来看无论是简文本还是《礼记》本最后一章。郭店本作：

> 子曰：宋人有言曰：人而亡恒，不可为卜筮也，其古之遗言与？龟筮犹弗智而况于人乎。《诗》云："我龟既厌，不我告犹。"

《礼记》本却多加两个经典的引语在章的后面：

> 子曰：南人有言曰：人而无恒，不可以为卜筮也，古之遗言与？龟筮犹不能知而况于人乎。《诗》云："我龟既厌，不我告犹。"《兑命》曰："爵无及恶德，民立而正，事纯而祭祀，是为不敬。事烦则乱，事神则难。"《易》曰："不恒其德，或承之羞。恒其德侦，妇人吉，夫子凶。"

《礼记》本里"子曰"和"诗云"的引语虽然与郭店本几乎一模一样，可是后面的《兑命》和《易》的引语却不见于简文本。《易》的这个引语与"子曰"的引语不但在内容上有直接关系，并且在《论语》里也被连接作为一章，很容易想象后来的编者会把它编入这一章。然而，《兑命》的引语似乎和"子曰"的引语根本没有关系，很像是衍文。我们应该注意这两个引语在章里的位置："《兑命》曰"的"兑"是这一章里第四十五个字，其前面四十四个字（在郭店本有四十三个字）正好等于上面所设想每简二十一或二十二个字的两条竹简上所写的文字。"兑命曰……"若是在另一条竹简上头写的，那么《礼记》本编者就很容易能接之在前面两条竹简的后头，似乎可以说明衍文的位置。可是，于此要强调说，这种分析与前面所提出的第四个大前提完全一致，也就是说每一章都始于新的竹简的上头。于此，"子曰南人有言曰……"只能是写在一条简的上头，如图1所示：

子曰南人有言曰人而无恒不可以为卜筮古之遗言与

龟筮犹不能知也而况于人乎诗云我龟既厌不我告猷

兑命曰爵无及恶德……

图 1

邢文已经指出《礼记》本第五章里似乎也含有错简，可是仅仅说"也系错简"，并没有作出任何分析。《礼记》本第五章和第四章在内容上是直接连接的，可是在郭店本里相当于第七章和第八章，也就是说在两个本子里两章的先后次序是颠倒的。为了作深入分析，先把两本的两章比较一下，而便于对比，每一章的引语就分行写：

郭店本第七章：

　　　　子曰：禹立三年，百姓以仁道，岂必尽仁。

　　　　诗云：成王之孚，下士之弋（式）。

　　　　吕刑云：一人又庆，万民赖之。

郭店本第八章：

　　　　子曰：下之事上也，不从其所以命，而从其所行。上好此物也，下必又甚焉者矣。

　　故上之好恶，不可不慎也，民之表也。

　　诗云：虩虩师尹，民具尔瞻。

《礼记》本第四章：

　　子曰：下之事上也，不从其所令，从其所行。上好是物，下必有甚者矣。

　　故上之所好恶，不可不慎也，是民之表也。

《礼记》本第五章：

　　子曰：禹立三年，百姓以仁遂焉，岂必尽仁。

　　诗云：赫赫师尹，民具尔瞻。

　　甫刑曰：一人有庆，兆民赖之。

　　大雅曰：成王之孚，下士之式。

即使没有郭店本、上博本的证据，我们大概也会看出《礼记》本第五章的"《诗》云：赫赫师尹，民具尔瞻"一引语不应该属于这一章，而原来应该属于现在缺乏"《诗》云"引语的第四章。在《缁衣》里，"子曰"的引语和"《诗》云"的引语往往有密切的关系，可是《礼记》本第五章里的"子曰：禹立三年，百姓以仁遂焉，岂必尽仁"与"《诗》云：赫赫师尹，民具尔瞻"没有显著的联系，反而《礼记》本第四章的"子曰：下之事上也，不从其所令，从其所行。……是民之表也"却与民具瞻师尹的关系非常清楚。在郭店本里这一引语置于相当于《礼记》本第四章的第八章，这个道理一目了然，似乎不用再说。然而，假如再探讨这一引语在《礼记》本怎么会误置如此，就会再发现上面所推测的大前提的很好证据。《礼记》本第四章的"子曰"引语含有四十二个字，正好是两条有二十一个字的简文（所相当的郭店本第八章的"子曰"引语有四十四个字，即两条有二十二个字的简文），与上面推测的《礼记》本的底本里每简载有二十一或二十二个字完全符合。如图2所示，"子曰"这个引语如果写满了两条竹简，其后的"诗云赫赫师尹民具尔瞻"就会写在第三条简的上头。

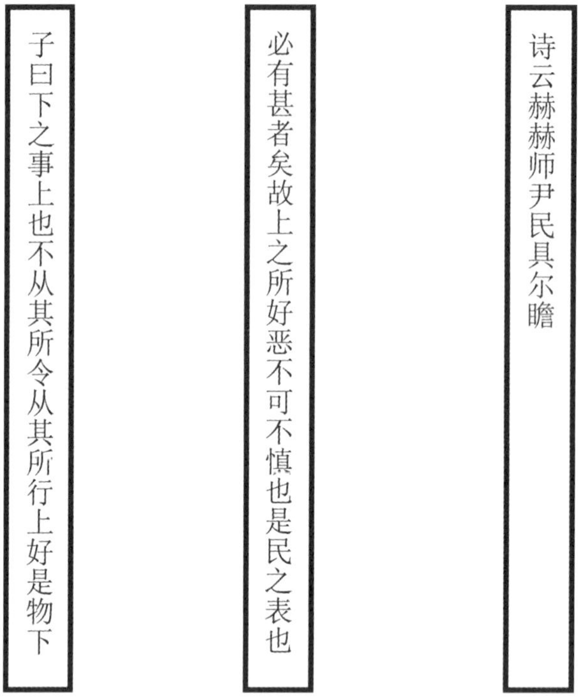

子曰下之事上也不从其所令从其所行上好是物下

必有甚者矣故上之所好恶不可不慎也是民之表也

诗云赫赫师尹民具尔瞻

图 2

　　更有趣的，《礼记》本的底本如果真是把每一章写到一条新的竹简上（而这一错简的分析似乎又证明这一推测不误），那么"诗云：赫赫师尹，民具尔瞻"下面就会是空白的，也就是说这十个字是单独的一条竹简的文字。《礼记》本的底本的编线如果折断，竹简分散，后来的编者很容易地把这一条简误置到直接连接的第五章里。

　　这一章的错简问题好像很简单，仅仅是由于一个编者的误解（于此还要指出，这一误解不一定是《礼记》本的编者的误解；他所采用的底本可能已经读作如此，也就是说这一简的误置可能是在《缁衣》的编纂过程当中另一步出现的）。然而，再检查《礼记》本第五章的全文，我们就会发现《缁衣》的编辑过程并非这样简单。现在有郭店本《缁衣》作证据，可得而知原本《缁衣》里的引语之间有很严格的规律：在一章里，凡有两个或两个以上的经典引语，先引《诗》后引《书》；若有两个《诗》语，先引《大雅》后引《小雅》或《国风》。《礼记》本第五章的三个引语完全违背这个规律，先引的"赫赫师尹，民具尔瞻"是《小雅·节南山》的文字，后来就引用《甫刑》（即《书·吕刑》）和《大雅》（即《大雅·下武》）的文字，不但再表明"赫赫师尹，民具尔瞻"一句是误置的，而且下面《吕刑》和《大雅》的引语也是颠倒的(如郭店本第七章所示)。这种误置的或颠倒的引语恐怕不是由错简而来的。

这一章开头的"子曰"引语谓"禹立三年，百姓以仁遂焉，岂必尽仁"，连包括"子曰"两个字一共只有十六个字，似乎不足以写满整条竹简，《礼记》本的底本里谅其必再接上一个引语，原本几乎可以肯定像郭店本一样是《大雅》的"成王之孚，下士之式"。然而，在编纂过程中，《礼记》本编者(或其前某一编者或抄写者)把《吕刑》引语置到《大雅》引语的前头，原因大概是因为《吕刑》的"一人有庆，兆民赖之"与"禹立三年，百姓以仁遂焉"的关系比《大雅》的"成王之孚，下士之式"的关系更为显著。这种更订很可能是故意的。

《礼记》本的编者错误地将《小雅·节南山》的"赫赫师尹，民具尔瞻"编入这一章里以后，很可能自己重新配置了三个引语。这个当然又是一种推测，可是再看一个例子我们就会发现《礼记》本的编者再次错置了一条竹简的文字以后就确实地重新配置上下文。

周桂钿先生已经指出郭店本第十四、十五、十六三章相当于《礼记》本第七、八两章，以为这种改变应该是由于错简发生的，然而他也一点没有提出具体证据。现在来比较一下两个本子的文字，改变的过程恐怕比前举的几个例子更为复杂，但是对说明《礼记》本《缁衣》整个的编纂过程也许更有意义，值得详细地论证。再次将所有的个别引语分行写，便于作比较。

郭店本第十四章：

　　子曰：王言如丝，其出如绤。王言如索，其出如绋。故大人不倡流。
　　诗云：慎尔出话，敬尔威义。

郭店本第十五章：

　　子曰：可言不可行，君子弗言；可行不可言，君子弗行，则民言不危行，不危言。
　　诗曰：叔慎尔止，不侃于义。

郭店本第十六章：

子曰：君子道人以言，而恒以行。故言则虑其所终，行则稽其所敝，则民慎于言而惕于行。

诗云：穆穆文王，于偮逗（熙）敬止。

《礼记》本第七章：

子曰：王言如丝，其出如纶。王言如纶，其出如绰。故大人不倡流言。可言也不可行，君子弗言也；可行也不可言，君子弗行也，则民言不危行而行不危言矣。

诗云：淑慎尔止，不愆于仪。

《礼记》本第八章：

子曰：君道人以言，而禁人以行。故言必虑其所终，而行必稽其所敝，则民谨于言而慎于行。

诗云：慎尔出话，敬尔威仪。

大雅曰：穆穆文王，于缉熙敬止。

很清楚，《礼记》本第七章把郭店本第十四、十五两章连接起来，只是郭店本第十四章"《诗》云"引语漏列。《礼记》本的编纂过程很可能像前面其他的例子一样。郭店本第十四章的"子曰"引语含有二十四个字，在《礼记》本的底本里也可能是一条竹简上的文字。如果真是这样，那么其"《诗》云"的引语就会写在另一条竹简的上头，而因为这一章原来只载有这一经典引语，所以这条竹简下面就会留空白了。如此，在《礼记》本的底本里这一段可能是写在两条竹简上，如图3。

因为这三章都集中地论到说话的重要性，所以如果有一条简仅仅载有"诗云：慎尔出话，敬尔威仪"，容易被理解为另一章的引语，就会引起错简的问题。再详细地检查相接的郭店本第十五章还可以看出类似的情况。这一章和前一章的内容特别相近（即小心说话），连其经典引语也是从《诗经》里同一首诗（即《大雅·抑》）引来的。在郭店本里这一章非常简洁（其实，至少漏了一个重文号），一共有三十九个字（包括"子曰"和"《诗》云"两段；《礼记》本比较繁衍，多出了几个虚词，一共有四十六个字。在《礼记》本的底本里这

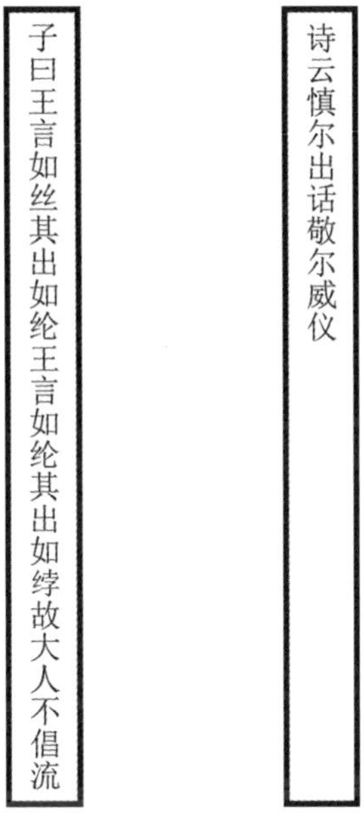

子
曰
王
言
如
丝
其
出
如
纶
王
言
如
纶
其
出
如
绰
故
大
人
不
倡
流

诗
云
慎
尔
出
话
敬
尔
威
仪

图 3

一章的字数很可能在这两个数字之间。无论如何，底本的这一章大概写满两条竹简。前一条上头的"子曰"两个字假如被折断或者抄漏，就容易把这一章和前一章的"子曰"引语连接起来视作完整的章文。

　　《礼记》本里相当于郭店本第十六章的文字一共有四十四个字，应该也正好是两条竹简上的文字。如上面已经指出，郭店本第十四章的"《诗》云"引语误置到这一章里，最简单的位置就是把文字接在两条简的后头。可是，看《礼记》本第八章，反而把它置在章中间。这个位置似乎只能是由于一个编者故意地更订而来的，原因可能是为了使两条引语更合适地配合"子曰"引语的内在逻辑。这个"子曰"引语有很严格的对连形式："君子道人以言，而禁人以行。故言必虑其所终，而行必稽其所敝，则民谨于言，而慎于行。"很清楚，这个引语有两个论题，即"言"与"行"。因此，《礼记》本的编者把载有"诗云：慎尔出话，敬尔威仪"的竹简误置在这一章里以后，他谅必以为两个《诗经》的引语中应该有一个说明"言"这一论题，另一个说明"行"那一论题。这样，"慎尔出话，敬尔威仪"当然是说明"言"，"穆穆文王，于缉熙敬止"尽管不如此直接关系着"行"的论题，可是文王确实可以作为行动的模型。将讲"言"的引语前置，将讲"行"的引语后置以配合"子曰"引语的内在逻辑。

这样的编纂更订如图 4 就可以看清楚：①

子曰：君子道人以言

　　　　　　　　　而禁人以行

故言必虑其所终

　　　　　　　　　而行必稽其所敝

则民谨于言

　　　　　　　　　而慎于行

诗云：慎尔出话，敬尔威仪

　　　　　　　　　大雅曰：穆穆文王，于缉熙敬止

图 4

　　上面已经提出六个例子来证实《礼记》本《缁衣》的底本的样子以及《礼记》本在编纂过程当中为什么会出现如此多错简的问题。下面再举最后一个例子，希望能更清楚地表示《礼记》本《缁衣》的这个编纂过程。这个例子也显示错简和编者的故意更订文字的两种改变。像前两个例子一样，说明错简问题比较简单；说明编者对文字的更改却需要条分缕析。

　　郭店本第五章相当于《礼记》本第十七章。再将两个本子的文字引用，便于作对比：

　　郭店本第五章：

_____

① 德国学者瓦格纳(Rudolf G Wagner)曾经指出战国时代的文献往往利用这种对连形成。关于《缁衣》篇，他对郭店中第四章(相当于《礼记》中第十二章)作过类似的图：

子曰：

　上人疑则百姓惑

　　　　　　　下难智则君伥劳

故

　君民者章好以视民欲

　懂恶以御民之淫，则民不惑

　　　　　　　　臣事君，言其所能，不辞其所能，则君不劳

大雅云：上帝板板，下民卒瘅

　　　　　　小雅云：非其止共，惟王之邛

如瓦格纳指出，此章《大雅》的引语说明百姓或下民的"惑"，《小雅》的引语却说明国君的"劳"。

子曰：民以君为心，君以民为体。心好则体安之，君好则民欲之。故心以体濂（废），君以民芒（亡）。

诗云：佳秉国成，不自为贞，卒劳百姓。

君牙云：日俗雨，少民佳日怨。晋冬旨（耆）沧，少民亦佳日怨。

《礼记》本第十七章：

子曰：民以君为心，君以民为体。心庄则体舒，心肃则容敬。心好之身必安之，君好之民必欲之。心以体全，亦以体伤；君以民存，亦以民亡。

诗云：昔吾有先正，其言明且清，国家以宁，都邑以成，庶民以生。谁能秉国成，不自为正，卒劳百姓。

君雅曰：夏日暑雨，小民惟曰怨。资冬祁寒，小民亦惟曰怨。

两个本子的出入比较多。由错简问题开始作分析。郭店本的"《诗》云"引语和《礼记》本的最后三句话都一样，是《小雅·节南山》的文字。可是，《礼记》本"《诗》云"引语还包括前面五句的二十二个字（即"昔吾有先正，其言明且清，国家以宁，都邑以成，庶民以生"），既不见于郭店本，又不见于《诗经》。尽管唐代的《礼记正义》说"今诗皆无此语"（指的是前面五句），"或皆逸诗"（指的是整个引语），可是这个结论不大可能。五句的头两句都是五字句，与《诗经》的四字句很不一样，显然不是从《诗经》引来的。上面已经举出相当的证据来证实《礼记》本《缁衣》的底本是由载有二十一或二十二个字的竹简组成的。现在《礼记》本此章"《诗》云"的引语里正好多了二十二个字，应该是误置的一条竹简上的文字，大概没有多少疑问。

再进一步分析这一简怎么会置于此，回答并非那么简单。如上所推测，每一章都始于新竹简的上头，而每一简一般都载有二十一或二十二字，那么这一误置的简前头应该有差不多二十二个、四十四个或是六十六个字。然而在《礼记》本，这一错简以前有五十四个字，即两条竹简有余，三条不足。郭店本里相当的一段才有三十五个字，一简有余，两简不足。虽然如此，从《礼记》本和郭店本的这种差别……一个有五十四个字，一个有三十五个字……我们也许可以设想《礼记》的底本与这两个本子都不一样，而《礼记》本的编者对它进行了某些编辑更订。更详细地比较这两段文字。

郭店本第一句与《礼记》本第一句一样，《礼记》本的底本谅必也与之一样：

郭店本
《礼记》本 } 子曰：民以君为心，君以民为体

第二句话却大不一样，《礼记》本比郭店本长两倍。郭店本的句子是由两个片语组成的，而《礼记》本却是由四个片语组成的。

郭店本：　　心好则体安之　　　　　　君好则民欲之
《礼记》本：　心庄则体舒，心肃则容敬
　　　　　　　　　　　　　　　　　　心好之身必安之，君好民必欲之

《礼记》本这句话所以这样长两倍恐怕是因为郭店本的片语含有两种意义。由于"好"字之双义，一边当作形容词（即"良好"），一边当作动词（即"爱好"），所以郭店本的片语都有一点不清楚。"心好则体安之"可以读作"假如心脏是良好的，那么四体就会感到舒服"，但是也可以读作"假如心脏喜爱某种事物，四体也会喜爱之"。前一个读法可能与片语的语法比较好解，可是后一个读法却与《缁衣》篇内的上下文和"好"字的用法大概比较合适，诸如郭店本第六章（相当于《礼记》本第六章）之"上好仁则下之为仁也争先"、郭店本第八章（相当于《礼记》本第四章）之"上好此物也，下必又甚焉者矣"，等等。为了避免这种暧昧的情况，《礼记》本的编者大概改动了句子，加上两个片语以将两种不同的意思都清清楚楚地表示出来。他尽管把《礼记》本的这句话增加到二十四字，可是他所用的底本恐怕和郭店本一样还是相近，大概只有十二个字。

《礼记》本第三句话也比郭店本长两倍，已经引起了不少讨论。

郭店本：　　故心以体瀺（废）　　　　　君以民芒（亡）
《礼记》本：　心以体全，亦以体伤
　　　　　　　　　　　　　　　　　　君以民存，亦以民亡

这种出入可能也是由《礼记》本的编者故意改变原文的，可因为是由四字韵文句组成的，不像是一个编者发明的。并且，在郭店本里这一句是完全消极的，和上面积极的意味有点不顺；《礼记》本既含有积极意思，又含有消极意思，似乎和前面两句话比较一致。我觉得可能是郭店本少了两个片语，或者有两个本子并行地传下。无论如何，《礼记》本的底本在这一句话上与《礼记》本很可能一样或是相近。

如果这些分析不误，那么在《礼记》本所利用的底本里，这一章的"子曰"引语大概含有四十个字左右，即"子曰：民以君为心，君以民为体。心好则体安之，君好则民欲之。心以体全，亦以体伤；君以民存，亦以民亡"。再加上"诗云"两个字（根据上面对"《诗》云"引语错简的分析，有完整的一条竹简上的文字接在"《诗》云"和真正《诗经》引语之间，只能是因为"诗云"两个字是在一条竹简最下面而写的）。如此，这一章的开头就以两条竹简，各以二十一个字，大概读作如图 5：

图 5

这个分析如果不误，我们就可以得出三个结论。第一，《礼记》本的底本是由二十一或二十二个字写在竹简上，而且每一章都始在一条新简的上头。第二，在《礼记》本的整理过程中，因为底本的竹简已经分散，编者会偶尔把原不属于这一章的竹简插进，作出所谓错简问题。第三，在底本暧昧情况之下，编者也会故意地改写原文，以使其读法清楚。我承认这三个结论都是推测性的，可是关于第一个和第二个结论我们上面已经对五六章都作过详细的分析，也举出许多证据来证实其为然，恐怕不会有太多的疑问。关于第三个结论，我有自信熟悉中国古代编纂和抄写习惯的学者大概也不会觉得有什么不合理。

论证了这三个结论以后，我们现在可以归到上面所举出的头一个例子，即《礼记》本第一章："子言之曰：为上易事也，为下易知也，则刑不烦矣"，来说明它怎么会误置到这样重要的位置。为了证明这一点，我们还需要对《礼记》本和郭店本的《缁衣》再作一次对比。这一对比是关于《礼记》本的第一章，亦即郭店本第一章。

郭店本第一章：

> 夫子曰：好美如好缁衣，恶恶如恶巷伯，则民咸龙而型不屯。
> 诗云：仪型文王，万邦作孚。

《礼记》本第二章：

> 子曰：好贤如缁衣，恶恶如巷伯，则爵不渎而民作愿，刑不试而民咸服。
> 大雅曰：仪刑文王，万国作孚。

这两个本子间有不少出入，诸如郭店本的"夫子曰"和《礼记》本的"子曰"、第一句有无"好""恶"重写、郭店本的"《诗》云"和《礼记》本的"《大雅》曰"，等等。这些异文可能有某些意义，可是现在打算讨论的异文却是大家都以为是一个没有多大意义的异文，即郭店本的"型不屯"和《礼记》本的"刑不试"。如众所周知，无论是在战国秦汉的古文字资料还是在古书里，"型"和"刑"往往互相借用，"型"可以代作刑罚的"刑"，"刑"也可以代作模型的"型"，读法只能根据上下文来定。《礼记》本的读法于此很清楚："刑不试"的意思只能是"刑罚不利用"，"刑"就读作本字。然而，郭店本的"型不屯"虽然在文字隶定方面没有多少分歧，可是在读法上不一定如此简单。《郭店楚墓竹简》把"屯"释作"蠢"，意思是"动"，这样"型"也只是"刑"的假借字，三个字的意思是"刑罚不动作"，也就是说不利用刑罚。这个读法显然是为了将郭店本和《礼记》本调和起来。"屯"和"蠢"虽然音近可以通用，可从上下文来看这样读还是相当勉强的。在下面"《诗》云"引语"仪型文王，万邦作孚"里，不但"型"字必要读作模型的型毫无疑问（《礼记》本虽然引作"仪刑文王，万国作孚"，可是于此"刑"也得读作模型的型），与刑罚毫无关系。《缁衣》里的"子曰"引语和"诗云"引语经常配得非常恰当，如上面所引郭店本第八章的"子曰：下之事上也，不从其所以命，而从其所行。上好此物也，下必又甚焉者矣。故上之好恶，不可不慎也，民之表也"和同章"诗云：赫赫师尹，民具尔瞻"就是一个例子。在这边，如果"子曰"的引语作"刑罚不利用"和同章的"诗云"引语作"文王是适当的模型"，好像没有任何的关系。并且，正如刚才引的郭店本第八章所示，《缁衣》里的一个大论题是时君应该作为人民的模型，其他的例子很多，诸如郭店本第一章的下一章（相当于《礼记》本第十一章）的"有国者章好章恶，以视民厚，则民情不弋"。郭店本第四章（相当于《礼记》本第十二章）的"君民者章好以示民欲，懂恶以御民淫，则民不惑"，郭店本第六章（相当于《礼记》本第六章）的"长民者章志以昭百姓"，等等，于此不繁举。全篇的大论题如果是时君要给老百姓作为一个模型，那么在通常是最重要的第一章里出现的"型"字，有没有可能应该读作本字，即"模型"的型？

"屯"是一系列字的母字，诸如"沌""钝""顿"，皆有相关的意义，如"混沌""愚钝"或"顿败"，意思都相当消极。如果说模型不"钝"或者不"顿"，就是没有钝锋了还是没有顿败了，似乎与这一章里的《诗经》引语和全篇的大论题都非常恰当。唯一的原因不这样破读恐怕是因为受了《礼记》本的读法的影响，可是我们已经知道《礼记》本的读法往往不可靠。其实，在这边我们也应该设问《礼记》本的读法是不是由于其编者的误解？

检查郭店本屯字的写法大概就会理解《礼记》本的读法是怎么来的。郭店本屯字写作"𢦏"（上博本写作"𢦏"，似可以直接隶定为刖）。篆文弋字，即式字或试字的母字，乃写作𢦏，与𢦏字形非常相近。如果《礼记》本的底本写得稍微不清楚，就很容易看错。特别是一个已经误解"型"为刑罚的"刑"的编者会不知不觉想起一个与刑罚可以相连的字。那么，"刑不试"不但与"型不𢦏"字形相近，并且也与孔子思想完全一致，《礼记》编者这样读不很奇怪。

《礼记》本的编者对这一章里"型不𢦏"这一句话有了这样理解以后，他当然会以为《缁衣》篇开头一段的大论题是关于刑罚的。因此，他就会把大概原来属于《表记》篇的"子言之曰：为上易事也，为下易知也，则刑不烦矣"一条竹简的文字误置到此章的前头，开始将《缁衣》篇的内在次序倒乱。这一错误的影响不但在《礼记》本第一章可以视出，并且在

第三章(即"好贤如缁衣"的下一章)也可以看出。

《礼记》本第三章:

> 子曰:夫民教之以德,齐之以礼,则民有格心。教之以政,齐之以刑,则民有遯心。故君民者,子以爱之,则民亲之;信以结之,则民不信;恭以莅之,则民有孙心。《甫刑》曰:苗民匪用命,制以刑,惟作五虐之刑曰法。是以民有恶德而遂绝其世也。

这一章不但含有孔子有名的"齐之以刑,则民有遯心"的引语(亦见于《论语》),并且《书·吕刑》的引语也强调刑罚的起源。虽然如此,在郭店本里这一章是全篇第十二章,可以知道对《缁衣》的原来作者或编者,刑罚的作用只能算是次要的论题。郭店本第二章(即"好美如好缁衣"的下一章)却再次强调国君应该给老百姓表现一个好的模型:

郭店本第二章:

> 子曰:又国者章好章恶,以视民厚,则民情不弌。《诗》云:情共尔位,好氏贞植。

这一章又可以说明郭店本第一章里的"型不𢍺"应该读作"型不顿",意思是"模型不顿败"。

上面已经证实了《礼记》本的编者在整理《缁衣》篇的时候,所用的底本的编线大概已经折断,竹简都散乱。他像现在考古学家和古文字学家整理出土的竹简一样,只能根据他自己对上下文的理解来安排竹简的次序。现在知道郭店本和上博本的次序与《礼记》本的次序大不一样,不同的次序只能反映不同的理解。

结　　论

没有必要对《礼记》本《缁衣》的每一章都作这样详细的分析以说明它的编纂过程。相信上面所举的几个例子已经充分地证实了这篇文章开头所提出的四个大推测,即郭店本

《缁衣》比《礼记》本更接近《缁衣》的原来面貌，《礼记》本的编者在做整理工作时候没有郭店本来参考，他所利用的底本也是写在竹简上的，可是不像郭店本那样一章一章连续写，在底本里每一章都写在新的竹简的上头。根据这四个推测，我们已经得知在《礼记》本的编纂过程当中，《缁衣》经过了不少重要的改变。这些改变包括次序不一样、错简、把其他篇文的文字插进本文、文字隶定和改写。我自己觉得在大体上来说《礼记》本《缁衣》远不如郭店本理想。无论如何，我们有理由说在某一程度上《礼记》本《缁衣》和郭店本《缁衣》不是同一篇经典。

　　从战国时代文献的整理情况来说，恐怕像《缁衣》的这些改变并不是例外的。有了这种启发，我们是不是对所有的先秦古文献应该采取一种怀疑的态度？这个怀疑态度并不应该像 20 世纪初期的"疑古"作风那样。最近三十年以来的众多考古发现已经证明了当时的伪书概念往往是过分的。虽然如此，今天流行的"信古"观恐怕也有点过分。我们今天所看的先秦文献不一定就是先秦时代的文献；它们都经过了后人的整理写定。假如儒家经典的《缁衣》篇在整理编纂过程中都曾经过了如此重要的改变，何况其他的文献！

郭店简《鲁穆公》篇"极称"说及其思想史意义 *

廖名春

1993 年冬出土于湖北省荆门市郭店一号楚墓的郭店简，有一篇记载早期儒家重要代表、孔子嫡孙子思事迹的佚文，整理者名之曰"鲁穆公问子思"。全文共八简，虽稍有残损，经整理者和时贤补缀，终成完篇。其文曰：

> 鲁穆公问于子思曰："何如而可谓忠臣?"子思曰："恒称其君之恶者，可谓忠臣矣。"公不悦，揖而退之。城孙弋见。公曰："向者吾问忠臣于子思。子思曰：'亘称其君之恶者，可谓忠臣矣。'寡人惑焉，而未之得也。"城孙弋曰："嘻，善哉言乎! 夫为其君之故杀其身者，尝有之矣。亘称其君之恶者，未之有也。夫为其〔君〕之故杀其身者，效禄爵者也。亘〔称其君〕之恶〔者，远〕禄爵者也。〔为〕义而远禄爵，非子思，吾恶闻之矣。"①

简文"恒"字一见，"亘"字三见。整理者将后来的三个"亘"字，都读为"恒"。②《说文·二部》："恒，常也。从心，从舟，在二之间上下，心以舟施恒也。𠄓，古文恒从月。

---

* 原载《中华文史论丛》2016 年第 2 期；后加以增补，译为英文，收入陈慧 (Shirley Chan) 主编 *Dao Companion to the Guodian Bamboo Manuscripts Editor* (New York：Springer，2019) 一书。今据作者修订稿收入。

① 荆门市博物馆编：《郭店楚墓竹简》，文物出版社 1998 年版，第 141 页。按：释文除文中重点讨论者外，一律以宽式。

② 荆门市博物馆编：《郭店楚墓竹简》，文物出版社 1998 年版，第 141 页。

《诗》曰：'如月之恒。'"商承祚《〈说文〉中之古文考》："（甲骨文、金文）皆从月。既云古文从月，又引《诗》释之，则原本作亙，从外为传讹。"此字通行体作"恒"。① 如此，"恒称"就是"常称"，就是经常称说、时时称说。学界早期研究之作都取此说，将"恒""亙"读如本字。

陈伟对此通说却有不同意见，他说：

> 先秦古书有"亟（极）称""亟（极）言"的用例。《穀梁传》文公十三年："大室屋坏。……极称之，志不敏也。"《孟子·离娄下》："仲尼亟称于水曰：'水哉，水哉！'"孙奭疏解"亟称"为"数数称道"。《左传》昭公二十一年："宋华费遂生华貙、华多僚、华登。貙为少司马，多僚为御士，与貙相恶，乃谮诸公曰：'貙将纳亡人。'亟言之。"孔颖达疏云："服虔云：'亟，疾也。疾言之，欲使信。'则服虔读为亟也。或当为亟，亟，数也，数言之。"依此，简文"亟称"存在两种可能，一是"屡次称述"，一是"急切指出"。后一种可能性似更大。"亟"字释文原读"恒"。"恒"训"常"，常常指出君主的过失，语义似不如读"亟"。又先秦古书似不见"恒称"用例。②

这是说"恒""亙"当为"亟"字之误，先秦古书只有"亟（极）称""亟（极）言"的用例，而不见"恒称"用例。陈伟的意见，得到古文字学界的普遍认同。比如裘锡圭先生就认为"其说甚确"，并进而指出："在我们所能看到的、数量不能算少的战国时代的楚简里，基本上是借'亙'为'亟'的。已有学者指出，'亟'和'亙'不但字形在楚文字中相似，而且上古音也相近，二者的声母皆属见系，韵部有职、蒸对转的关系，所以楚人会以'亙'为'亟'。"③ 这一分析合符事实，很有道理。

"极（亟）称"的解释陈伟倾向于"急切指出"说，李锐则取"屡次称述"说。他说：简文"亟"之义为"屡次"，《吕氏春秋·当赏》："拂吾所欲，数举吾过者，吾以为末赏。""数举

---

① 汉语大字典编纂委员会编纂：《汉语大字典》第二版九卷本，崇文书局、四川辞书出版社 2010 年版，第 2456 页。

② 陈伟：《郭店楚简别释》，《江汉考古》1998 年第 4 期，第 68 页。

③ 裘锡圭：《是"恒先"还是"极先"？》，"2007 中国简帛学国际论坛"论文，台湾大学中文系等主办，2007 年 11 月 10—11 日；《裘锡圭学术文集·古代历史、思想、民俗卷》，复旦大学出版社 2012 年版，第 326~329 页。

吾过"，即相当于本篇之"亟称其君之恶"。① 如此，"极(亟)称"之义与"恒称"就没有多大区别了。因为"恒"就是"常"，经常、常常与屡屡、屡次，意思非常接近。

黄人二则认为："盖'亟称'指'直言极谏'。好的君王，错误少；不好的君王，错误多，但都需要严色正辞地'亟称其恶'，义之所在，谏必往之。好的君王会改正他的错误，不好的君王则会讨厌'亟称其君之恶'的臣子，故下云'亟称其君之恶者，远禄爵也'。《孝经·谏净章》：'父有争子，则身陷于不义。故当不义，则子不可以不争于父，臣不可以不争于君。故当不义则争之，从父之令，又焉得为孝乎?'可为此注脚。"②

笔者认为，较之陈伟的"急切指出"说和李锐的"屡次称述"说，黄人二的"直言极谏"说更为准确，但词义还有未说透、证明还有未到位之处。下文笔者试为补证。

"极(亟)称"实即"极言"。称，言也。《论语·阳货》："子贡曰：'君子亦有恶乎?'子曰：'有恶：恶称人之恶者，恶居下流而讪上者，恶勇而无礼者，恶果敢而窒者。'""称人之恶"就是"言人之恶"，所以何晏《集解》引注包咸曰："好称说人之恶。"③"称说"就是言说。《礼记·射义》："旄期称道不乱"，郑玄注："称，犹言也。"④《文选·王巾〈头陁寺碑文〉》："则称谓所绝"，李善注引郑玄《礼记注》同。⑤ 所以，"极(亟)称"亦可谓之"极言"。

"极言"就是"直言规劝"，《吕氏春秋·贵直论·直谏》篇讲得非常清楚。其文曰：

> 言极则怒，怒则说者危，非贤者孰肯犯危? 而非贤者也，将以要利矣。要利之人，犯危何益? 故不肖主无贤者。无贤则不闻极言，不闻极言则奸人比周、百邪悉起，若此则无以存矣。凡国之存也，主之安也，必有以也。不知所以，虽存必亡，虽安必危，所以不可不论也。

"言极则怒"，直言规劝则怒。"不闻极言"，不闻直言规劝之言也。

---

① 李锐：《郭店楚墓竹简〈鲁穆公问子思〉》，转引自邓少平：《郭店儒家简的整理与研究》，清华大学博士学位论文，2013年，第12页。

② 黄人二：《郭店楚简〈鲁穆公问子思〉考释》，《张以仁先生七秩寿庆论文集》，台湾学生书局1999年版，第398页。

③ 何晏注，邢昺疏：《论语注疏》，《十三经注疏》，中华书局1980年版，第2526页。

④ 郑玄注，孔颖达疏：《礼记正义》，《十三经注疏》，中华书局1980年版，第1688页。

⑤ 萧统编，李善注：《文选》，上海古籍出版社1986年版，第2528页。

此篇又曰：

> 齐桓公、管仲、鲍叔、宁戚相与饮酒酣，桓公谓鲍叔曰："何不起为寿?"鲍叔奉杯而进曰："使公毋忘出奔在于莒也，使管仲毋忘束缚而在于鲁也，使宁戚毋忘其饭牛而居于车下。"桓公避席再拜曰："寡人与大夫能皆毋忘夫子之言，则齐国之社稷幸于不殆矣。"当此时也，桓公可与言极言矣。可与言极言，故可与为霸。

"桓公可与言极言矣"，即桓公可与言规劝之直言也。

此篇还有：

> 王乃变更，召葆申，杀茹黄之狗，析宛路之矰，放丹之姬。后荆国兼国三十九。令荆国广大至于此者，葆申之力也，极言之功也。①

"极言之功"，直言规劝之功也。《说苑·正谏》也录有此说，"葆申之力也，极言之功也"作"保申敢极言之功也"，②说"后荆国兼国三十九。令荆国广大至于此者"，是保申敢于直言规劝的功劳，句式有别，但意思相同。特别值得注意的是，《吕氏春秋》此篇名为"直谏"，通篇说的都是"极言"。"极言"即直谏，明矣。

《吕氏春秋·先识览·先识》篇又有：

> 臣闻之：国之兴也，天遗之贤人与极言之士；国之亡也，天遗之乱人与善谀之士。③

"国之兴也"与"国之亡也"相对，"贤人"与"乱人"相对，"极言之士"则与"善谀之士"相对。"善谀之士"是善于逢迎、谄谀之人，于此相对的"极言之士"就是敢于直言规劝之士。

东汉王充《论衡》一书"极言"之说四见。其《问孔》篇有云：

---

① 陈奇猷：《吕氏春秋新校释》，上海古籍出版社2002年版，第1554~1555页。
② 向宗鲁：《说苑校证》，中华书局1987年版，第222页。
③ 陈奇猷：《吕氏春秋新校释》，上海古籍出版社2002年版，第956页。

孟武伯问孝，子曰："父母，唯其疾之忧。"武伯善忧父母，故曰"唯其疾之忧"。武伯忧亲，懿子违礼。攻其短，答武伯云"父母，唯其疾之忧"，对懿子亦宜言"唯水火之变乃违礼"。周公告小才敕，大材略。子游〔樊迟〕之大材也，孔子告之敕；懿子，小才也，告之反略。违周公之志。攻懿子之短，失道理之宜，弟子不难，何哉？如以懿子权尊，不敢极言，则其对武伯，亦宜但言"毋忧"而已。（但）〔俱〕孟氏子也，权尊钧同，（形）〔敕〕武伯而略懿子，未晓其故也。使孔子对懿子极言"毋违礼"，何害之有？专鲁莫过季氏，讥八佾之舞庭，刺太山之旅祭，不惧季氏增邑不隐讳之害，独畏答懿子极言之罪，何哉？且问孝者非一，皆有御者，对懿子言不但心服、臆肯，故告樊迟。①

其《效力》篇也说：

谷子云、唐子高章奏百上，笔有余力，极言不讳，文不折乏，非夫才知之人不能为也。②

这四处"极言"，注家虽不措意，但也无疑是直言规劝之义。

属于先秦《尚书》之列的《逸周书·宝典》篇有"十散"之说，其六曰："极言不度，其谋乃费。"卢文弨云："极言不度，言汗漫也。"潘振云："至言不揆，忠告之谋损矣。"陈逢衡云："穷极其言而皆不合于法度，所谓言则非先王之法言也，故其谋乃废。"③黄怀信注译："极言，犹甚言。""极度地言说而没有节度，他的计谋就会报废。"④张闻玉《逸周书全译》："极言，甚言，即过头话。""说过头话而没有节制，他的计谋必有违事理。"⑤按：上述解释恐怕都有问题。这里的"极言"，即"直言"。照直而言，率性而言，"不度"，不加考虑，故云"其谋乃废"。

"极言"，为什么能训为"直言"呢？《吕氏春秋·先识》篇"极言"高诱注说得很清楚：

---

① 黄晖：《论衡校释》第二册，中华书局 1990 年版，第 399~400 页。
② 黄晖：《论衡校释》第二册，中华书局 1990 年版，第 582 页。
③ 黄怀信、张懋镕、田旭东：《逸周书汇校集注》(修订本)，上海古籍出版社 2007 年版，第 290 页。
④ 黄怀信：《逸周书校补注译》(修订本)，三秦出版社 2006 年版，第 142 页。
⑤ 张闻玉：《逸周书全译》，贵州人民出版社 2000 年版，第 115~116 页。

"极,尽。"①可见"极言"就是"尽言",就是规劝净谏,毫无保留,毫不顾忌,言无不尽,有什么就说什么。在这一意义上,"极言"就是"直言","极称"也就是"直称"。

比如《晏子春秋·内篇问下》有载:

> 晏子使于晋,晋平公问曰:"吾子之君,德行高下如何?"晏子对以"小善"。公曰:"否,吾非问小善,问子之君德行高下也。"晏子蹴然曰:"诸侯之交,绍而相见,辞之有所隐也。君之命质,臣无所隐,婴之君无称焉。"平公蹴然而辞送,再拜而反,曰:"殆哉吾过!谁曰齐君不肖!直称之士,正在本朝也。"②

这里的"直称之士"也就是"直言之士",与《吕氏春秋·先识》篇的"极言之士"意义全同。而郭店简《鲁穆公问子思》篇的四处"极称其君之恶","极称"与《吕氏春秋》的"极言"、《晏子春秋》的"直称"没有多少不同,毫无疑义,也应该是直言规劝的意思。

《穀梁传》文公十三年有云:

> "大室屋坏"者,有坏道也,讥不修也。大室犹世室也。周公曰"大庙",伯禽曰"大室",群公曰"宫"。礼,宗庙之事。君亲割,夫人亲舂,敬之至也。为社稷之主而先君之庙坏。先君之庙坏,极称之,志不敬也。③

这里的"极称"如何解释?目前尚有分歧。《汉语大词典》以为这里的"极称"是"极力称述"的意思。④ 承载《译注》同。⑤ 而范宁的注、夏先培整理本则是如此标点的:"极称,言屋坏不复,依违其文。"⑥骈宇骞、郝淑慧点校清人钟文烝的《春秋穀梁经传补注》标点同,也将"不复"归上读。⑦ 其实,这错得离谱。"依违"是模棱两可的意思。《穀梁传》说"极称之,志不敬也",怎能说成"其文"是模棱两可呢?这不刚好把意思说反了吗?白本松的译

① 陈奇猷:《吕氏春秋新校释》,上海古籍出版社2002年版,第963页。
② 吴则虞:《晏子春秋集释》,中华书局1962年版,第267页。
③ 范宁注,杨士勋疏:《春秋穀梁传注疏》,《十三经注疏》,中华书局1980年版,第2409页。
④ 罗竹风主编:《汉语大词典》第四卷,汉语大词典出版社1989年版,第1142页。
⑤ 承载:《春秋穀梁传译注》,上海古籍出版社2004年版,第358页。
⑥ 夏先培整理:《春秋穀梁传注疏》繁体标点本,北京大学出版社2000年版,第205页。
⑦ 钟文烝撰,骈宇骞、郝淑慧点校:《春秋穀梁经传补注》,中华书局1996年版,第402页。

注将范宁注"不复"归下读,将《穀梁传》"极称之,志不敬也"译为"所以《春秋》毫不隐讳地记载此事,就是要记下文公对祖先不恭敬的态度"①。比较起来,白本松显然是正确的。所谓"不复依违其文",就是《春秋》经对文公的批评不再含糊。换言之,"极称"就是"《春秋》毫不隐讳地记载此事"。钟文烝《补注》曰:"所谓尽而不污也。"②也是此意。《左传》文公十三年云:"秋,七月,大室之屋坏,书不共也。"③《公羊传》云:"世室屋坏,何以书?讥。何讥尔?久不修也。"④所谓"书不共也""何以书?讥。何讥尔?久不修也"云云,与《穀梁传》"讥不修也""极称之,志不敬也"说同,都是对文公毫不隐讳地批评。这种对文公"志不敬"的"极称",绝不是什么"极力称述"的意思,明显是"直言""直称"之义,是照直而言,直接批评的意思。而郭店简《鲁穆公问子思》篇的"极称",也当作如此解。

郭店简《鲁穆公问子思》篇"亘"作"亟"的现象,使我想起了二十多年前的一段轶事。1992 年 8 月湖南省博物馆召开马王堆汉墓国际学术讨论会,我有幸赴会,提交了一篇名为"《帛书系辞释文》校补"的论文,对陈松长发表在《马王堆汉墓文物》一书中的《帛书〈系辞〉释文》作了系统的校勘、补正。⑤ 其中认为帛书《系辞》篇"大恒"的"恒"字,乃是"极"字的误写,"大恒"乃是"大亟"形近之讹。饶宗颐先生不同意我的观点,在《帛书〈系辞传〉"大恒"说》一文中提出了批评,说:

> 顷见马王堆会议论文,廖名春提出《〈帛书系辞释文〉校补》,他强调大恒的"恒"字,乃是"极"字的误写,他认为《庄子》已经出现"太极"一词,《系辞上传》必依据之,故大恒乃是大亟形近之讹。他说帛书写得很随便,不免有误笔。案亟字从𠄌在二中,与恒之作亟(子弹库帛书此字三见)、亘(金文)全不一样。《系辞上传》大恒的恒字,和《阴阳五行》的《天一图》均作亟,是汉初的字体,与篆文的恒非常接近,决非随意写错。⑥

---

① 白本松:《春秋穀梁传全译》,贵州人民出版社 1998 年版,第 286~287 页。

② 钟文烝撰,骈宇骞、郝淑慧点校:《春秋穀梁经传补注》,中华书局 1996 年版,第 402 页。

③ 孔颖达:《春秋左传正义》(第 1853 页)。

④ 何休注,徐彦疏:《春秋公羊传注疏》,中华书局 1980 年版,第 2272 页。

⑤ 傅举有、陈松长编著:《马王堆汉墓文物》,湖南出版社 1992 年版,第 118~126 页。

⑥ 饶宗颐:《帛书〈系辞传〉"大恒"说》,《道家文化研究》第 3 辑"马王堆帛书专号",上海古籍出版社 1993 年版,第 18 页。

承蒙张光裕教授推荐，拙文后改名为"《帛书系辞释文》补正"，发表在 1993 年刊出的香港中文大学《中国文化研究所学报》新第二期上。不过，我论大恒的"恒"字乃是"极"字误写的一段就删去了。现在看来，我当时会议上论文的观点未必就错，郭店简《鲁穆公问子思》篇的"恒称""亘称"当作"极称"就是证明。

将郭店简《鲁穆公问子思》篇的"恒称"读为"极称"，对于研究思孟学派的政治思想，意义深矣。所谓"恒称"，就是"常称"，"恒称其君之恶"，就是常常指出君主的过失。而"极称"，就是直言极谏，"极称其君之恶"，就是对君主的过失、错误不留情面、不加保留地全部予以揭露。"恒称其君之恶"，如果是小恶，一般的君主还能忍受。但"极称其君之恶"则不然，一般的君主都是难以接受的。比如说我们有些下级经常给领导提意见，说领导只顾工作，不顾身体；只关心群众，不关心家人。这样的"恒称其君之恶"，我想我们的领导都是乐于接受的。但如果下级说领导贪污公款，包庇私人，有生活作风问题。这样意见，不需要经常提，只提一次，领导就会"不悦"了。所以，"恒称"讲的是"称其君之恶"的数量，"极称"讲的是"称其君之恶"的质量。就思想史而言，质量更胜于数量。

"称其君之恶"实质就是"进谏"。《说苑·正谏》："谏有五：一曰正谏，二曰降谏，三曰忠谏，四曰戆谏，五曰讽谏。"①《白虎通·谏诤》："五谏：谓讽谏、顺谏、窥谏、指谏、陷谏。"②《公羊传》庄公二十四年"三谏不从"汉何休注："谏有五：一曰讽谏，二曰顺谏，三曰直谏，四曰争谏，五曰赣谏。"③《孔子家语·辨证》："忠臣之谏君，有五义焉：一曰谲谏，二曰戆谏，三曰降谏，四曰直谏，五曰风谏。"④所谓"戆（赣）谏"，即"陷谏"，⑤指勇于规劝。《初学记》卷十八引汉班固《白虎通》："陷谏者，义也，言国之害，忘生为君，不避丧身。"所谓"降谏"，指和颜悦色、平心静气地进谏。所谓"顺谏"，指出言逊顺的进谏。其实"降"当读为"愉"。⑥"降谏"相当于"顺谏"。所谓"窥谏"，谓观察君主神色相机进谏。班固《白虎通·谏诤》："窥谏者，礼也。视君颜色，不悦，且郤，悦则复前。以礼进退。"⑦"谲谏"，委婉地规谏。这些进谏的名目中，"顺谏""窥谏""降谏""谲谏""讽

---

① 向宗鲁：《说苑校证》，中华书局 1987 年版，第 206 页。

② 陈立：《白虎通疏证》，中华书局 1994 年版，第 235 页。

③ 浦卫忠整理：《春秋公羊传注疏》繁体标点本，北京大学出版社 2000 年版，第 197 页。

④ 杨朝明、宋立林主编：《孔子家语通解》，齐鲁书社 2009 年版，第 163 页。

⑤ 段玉裁：《古文尚书撰异》卷二十六，清乾隆道光间刻经韵楼丛书本。

⑥ 廖名春《简帛〈五行〉篇"不仁思不能清"章补释》（《出土文献研究》第 9 辑，中华书局 2010 年版）一文有详细讨论。可参看。

⑦ 陈立：《白虎通疏证》，中华书局 1994 年版，第 235 页。

谏"，君主一般都能接受，这不仅仅是方式、方法的问题，更重要的是利益问题。而"戆（赣）谏""陷谏""正谏""忠谏""指谏""争谏"，属于"极称其君之恶"之类，君主一般都难以接受。这也不仅仅是方式、方法过激的问题，更是因为其触及了君主的根本利益。

子思"极称其君之恶"，"为义而远禄爵"，鲁臣城孙弋称之为"未之有也"，是从来没有过的。但具体内容指什么？简文并没有告知。

《公羊传》何休注"直谏"以"子家驹"为代表，"争谏"以"子反请归"为代表，"赣谏"以"百里子、蹇叔子"为代表，① 而子思"极称其君之恶"，直言极谏，其正义感、其对君主的触犯，理应远超历史上的子家驹、子反、百里子、蹇叔子等人。其内容我们可以做一点推测。

《礼记·檀弓下》记载："穆公问于子思曰：'为旧君反服，古与？'子思曰：'古之君子，进人以礼，退人以礼，故有旧君反服之礼也；今之君子，进人若将加诸膝，退人若将队诸渊，毋为戎首，不亦善乎！又何反服之礼之有？'"② 子思面对鲁穆公，敢说"今之君子，进人若将加诸膝，退人若将队诸渊"，控诉现在的国君翻脸无情：需要用人时，就像要把人家抱到怀里，亲热得无以复加；不需要用人时，就像要把人家推入深渊，必欲置之死地。至于说"毋为戎首，不亦善乎！又何反服之礼之有"，这样对待臣子，臣子不带领他国军队前来讨伐就不错了，哪里还谈得上为旧君"反服"呢？子思对鲁穆公这样的态度，言人所不敢言，可以说是大逆不道，称之为"未之有也"，应不为过。

《荀子·非十二子》篇有"子思唱之，孟轲和之"说，后人因而称之为"思孟学派"。不管这种说法能否成立，但孟子"受业子思之门人"（《史记·孟子荀卿列传》），其思想深受子思影响则是不争的事实。如上述"反服"一事孟子与齐宣王也有讨论：

"王曰：礼，为旧君有服，何如斯可为服矣？"齐宣王说："按礼制，臣子要为自己过去的君主服丧，应该怎样做才能让臣子为之服丧呢？"

孟子的回答是："谏行言听，膏泽下于民；有故而去，则使人导之出疆，又先于其所往；去三年不反，然后收其田里。此之谓三有礼焉。如此，则为之服矣。今也为臣，谏则不行，言则不听；膏泽不下于民；有故而去，则君搏执之，又极之于其所往；去之日，遂收其田里。此之谓寇仇。寇仇，何服之有？"孟子说："君主对臣子的劝告能够接受，建议能够听取，因而恩惠能够下达到百姓；臣子因故要离去，君主能派人引导其出国境，并派

---

① 浦卫忠整理：《春秋公羊传注疏》繁体标点本，北京大学出版社 2000 年版，第 197 页。
② 吕友仁整理：《礼记正义》，上海古籍出版社 2008 年版，第 378~379 页。

人事先前往其要去的地方进行妥善安排；其离去三年后不回来，才收回他的土地房产；这样做叫做三有礼。做到这些，臣子就会为他服丧。现在做臣子，劝谏不被接受，建议不被听取，因此恩惠到不了百姓；臣子因故要离开国家，君主就派人拘捕他的亲族，并故意到他要去的地方为难他，离开的当天就没收了他的土地房产，这就叫做强盗仇敌。对于强盗仇敌，为什么还要服丧呢？"

并因此得出结论："君之视臣如手足，则臣视君如腹心；君之视臣如犬马，则臣视君如国人；君之视臣如土芥，则臣视君如寇仇。"①（《孟子·离娄下》）君主看待臣子如同看待自己的手足，臣子就会把君主看待如同心腹；君主看待臣子如同犬马，臣子就会把君主看待如同常人；君主看待臣子如同尘土草芥，臣子就会把君主看待如同强盗仇敌。

"寇仇"脱胎于"戎首"。孟子这一著名的君臣对等理论，显然就是从子思答鲁穆公"反服"问发展出来的。

《孟子·梁惠王下》又载："孟子谓齐宣王曰：'王之臣有托其妻子于其友而之楚游者，比其反也，则冻馁其妻子，则如之何？'"齐宣王的回答是："弃之。"和他绝交！

孟子又问："士师不能治士，则如之何？"齐宣王的回答是："已之。"撤他的职！

孟子进而问："四境之内不治，则如之何？"国家的治理得很糟糕，那又该怎么办呢？"王顾左右而言他"，宣王只好左右张望，讲别的事情去了。②

这与简文面对子思"极称其君之恶"，"公不悦，揖而退之"，情景何其相似乃尔。

由此看，子思"极称其君之恶"的，其内容很可能就是这种"从道不从君"的思想。这种思想为人君所不喜，也为当时儒者所讳言，但正是先秦儒学最为珍贵的精神。过去，讲反绝对君权、反君主专制、君民平权思想，我们只关注孟子的贡献。现在有了郭店简《鲁穆公问子思》篇，就可以将这种思想上溯至子思，正所谓"子思唱之，孟轲和之"也。

---

① 廖名春、刘佑平整理：《孟子注疏》繁体标点本，北京大学出版社 2000 年版，第 255 页。
② 廖名春、刘佑平整理：《孟子注疏》繁体标点本，北京大学出版社 2000 年版，第 61 页。

楚简与帛书《五行》篇章结构及其相关问题[*]

徐少华

《郭店楚墓竹简》之《五行》篇的面世，[①] 不仅使学界认识了早期儒家思、孟学说的本来面目和原始内容，同时也充分证明了早年庞朴先生关于马王堆三号汉墓所出帛书佚文即思、孟《五行》论断的正确性，[②] 其学术意义十分重要。

自郭店楚简发表以后，已有不少学者从不同的角度对楚简和帛书《五行》进行比较和分析，使不少疑难得到了解决，[③] 然由于问题的复杂，仍有一些值得进一步深入讨论。本文拟在认真比勘竹简与帛书两种《五行》的基础上，参照已有的校释与研究成果，对其篇章结构的划分、两本之间的调整变化，及其思想内容和学术背景等加以分析和探讨，以促进这一研究向纵深发展。

---

[*] 原载《中国哲学史》2001 年第 3 期，又载氏著《简帛文献与早期儒家学说探论》(商务印书馆 2015 年版)，今据后者收入。

① 参阅荆门市博物馆编：《郭店楚墓竹简》，文物出版社 1998 年版。

② 参阅国家文物局古文献研究室编：《马王堆汉墓帛书[壹]》，文物出版社 1980 年版；庞朴：《马王堆帛书解开了思孟五行说之谜——帛书〈老子〉甲本卷后佚书之一的初步研究》，《文物》1977 年第 10 期；庞朴：《帛书五行篇研究》，齐鲁书社 1980 年版。

③ 参阅李学勤：《从简帛佚籍〈五行〉谈到大学》，《孔子研究》1998 年第 3 期；庞朴：《竹帛〈五行〉篇比较》，邢文：《〈孟子·万章〉与楚简〈五行〉》，廖名春：《荆门郭店楚简与先秦儒学》，均载《中国哲学》第 20 辑"郭店楚简研究"专辑，辽宁教育出版社 1999 年版。

一

关于章节的划分，在马王堆汉墓帛书《五行》篇整理出版之后，庞朴先生即在其研究中，将全篇划分为二十八章，详予注释和论说，为这一研究奠定了良好的基础。郭店楚简出土后，整理者根据竹简抄写时使用的墨钉标识和文章的论述层次，将全篇分为二十七章，其中大多数章节与庞朴先生的划分是一致的，也有少数分章不同。在这些不同中，一些是因竹帛两本时代或学术流派的不同对某些章节层次加以变动调整所引起的，一些因竹简抄写时墨钉标识的使用不一所致，另有一些则因研究者对文意的理解不同所致。

比较两种分章结果，我们认为各有所长，但还有一些地方值得进一步讨论，才能更加明确、清楚。

庞先生的分章，主要是结合帛书《五行》篇《经》《说》中的部分圆点标识和内容层次而定，如《经》文于所分的第四、七、八、九、十四、十七、十八、二十一、二十八章前均有圆点标识，第一、二十、二十三、二十六章前因帛书残损，情况不明，其余 15 章前没有圆点标识。《说》文虽佚脱前面第一至六章，然却将第七、八、九、十、十一、十四、十五、十六、十七、十八、十九、二十、二十一、二十二、二十三、二十四、二十六、二十七等各自独立成章解说，除了第七、十四、二十、二十一章起始几字残损外，其余章节前皆有圆点标识。《经》《说》互相参照，第九、二十八章前《经》文有圆点标识，而《说》文无；第十、十一、十五、十六、十九、二十二、二十四、二十七章前《说》文有圆点标识，而《经》文无；抛开《说》文所佚脱的一至六章不论，《经》《说》仅于第十二、十三、二十五章前无圆点标识，当是庞先生根据文章内容而划分的。

值得注意的是，帛书《经》文在第五章内的"《诗》曰'未见君子……'"、第六章内的"圣之思也轻"、第十五章内的"贵贵，其等尊贤"三段前还有三处圆点标识，庞先生未作分章标识处理。从文意来看，第五章、第十五章内的两段不另行分章是合理的，而第六章内的一段，从文意来看应另作一章，《说》文将此段另为一章，并于前面加圆点标识即可说明。以此为例，第六章内的"智之思也长，长则得……"一段亦应另为一章，从而才能适合文章此处重点分述"仁之思也清""智之思也长"与"圣之思也轻"三者的并列结构。

此外，庞先生关于第八、九两章的划分，当据帛书《经》文的圆点标识而定，然《说》

文又将二者合为一章，竹简本的处理与《说》文相同，从这两段重在讲"德""善"及与"金声玉振"的关系来看，并为一章应更合理、紧凑些。

又庞先生的第二十二、二十三、二十四、二十五章，当据《说》文的划分而定，然帛书《经》文并为一章对待，竹简本与《经》文处理办法相同，从这四段连用"目而知之……喻而知之……譬而知之……几而知之……"四个排比句以及后面用"《诗》曰'上帝临汝，毋贰尔心'此之谓也"作参证、归纳的结构看，并为一章更加合理。

竹简本的分章，主要以简文抄写中墨钉（墨书方块）的使用为据。同时我们也应看到，在简文抄写过程中，墨钉的使用并不很规范，有时用作分章标识，有时又用作句读标识，如竹书第一章内分别于谈"仁""义""礼""智""圣"每句后有一墨钉，整理者将前四处墨钉作为句读标识，而将"圣……谓之德之行"一句后的墨钉作为分章标识，显然是根据文章内容加以处理的。又文章最后一章"闻道而悦者……闻道而畏者……闻道而恭者……闻道而乐者……"四句后均有一墨钉，最后一处作为全篇的终结符当无疑问，另外三处墨钉，整理者亦将其看作句读标识，是合理的。

在第 37 简中间靠下处，即"恭而博交，礼也"一句后，墨钉标识并不明显，而似常用的句读符号。整理者将其作为分章标识对待，从上下文结构来看，这样处理是正确的，由此亦见句读与分章符号的使用并没有严格的区别。

又第 19 简中间"金声而玉振之，有德者也"一句后，有一墨钉标识，整理者将其作为分章符号，值得考虑，从其下文"金声，善也；玉音，圣也"与上文紧密相连的情况分析，将此墨钉标识作为句读符号处理应更加合适，帛书于此处并无任何分章的迹象，亦可参证。反之，依文章内容和结构，在第 20 简中"然后能金声而玉振之"与"不聪不明，不圣不智"两句之间，应有一处分章标识，但简文却没有，当为抄写者所遗漏，帛书《说》文和庞朴先生的著述均将此处作分章处理，是正确的。

二

根据全文的内容和已有的两种分章情况，我们可将全篇分为三个部分、二十六个章节，每一部分和每一章节既有各自的侧重点和论述主题，其间又有密切的内在联系。

第一部分即第一章，从篇首至第 5 简前半之"惪（德），天道也"，亦即庞先生所分的

第一章，这一章开篇依次举出"仁""义""礼""智""圣"五种德行概念，即点明主题，并指出"型(形)于内谓之德之行""不型(形)于内谓之行"的区别，然后归纳说：

> 德之行五，和谓之德，四行和谓之善。善，人道也。德，天道也。

所谓"形于内""不形于内"之别，即体现于内在的可称为"德之行"，不体现于内在的(即外在的)，则称为"行"，从贯穿于全篇的"善""德"主题和文中反复论述"思""悦""乐"等众多人的思维、情感活动看，"五行"篇所强调的，主要是五种"形于内"的"德之行"，即为人处世、终身应该追求的五种德行，从这种意义上来说，早年魏启鹏先生将帛书该篇称为"德行"也是颇有道理的。①

按照作者的归纳，可将"德之行"分为：四行—善—人道和五行—德—天道两种层次，亦即人生所应追求的两种道德境界。就一般人来说，所能达到的是前一种境界，即人道，而就少数人(君子)来说，则应追求后一种境界，即天道。这是两种颇不相同的层次，很不一样的境界，亦是全篇的中心思想，后面两大部分均是围绕这一主题展开论述。

第二部分包含九个章节，即第二至第十章。第二章包括"君子无中心之忧则无中心之智……不乐则无德"与"君子无中心之忧则无中心之圣……不乐则无德"两段，竹简本缺后一段，当是抄手所遗漏。这两段分别提出"智""圣"与"德"的关系，互相对应，又互相联系：

> 无忧—无智—无悦—不安—不乐—无德；
> 无忧—无圣—无悦—不安—不乐—无德。

"智""圣"二者均与"忧""悦""安""乐""德"密切相关，也就是说要达到"德"(五行、天道)的境界，一定要有"中心"(内心)的"忧""悦""安""乐"等境况。

第三章为第6、7简的"五行皆形于内而时行之，谓之君子；士有志于君子道，谓之志士"一段，指明"君子"与"志士"的区别和联系，所谓的"君子道"，当指上文所说的德、五行、天道；则与"君子道"相对应的"士道"，可能就是善、四行、人道。此章应是对第二章的补充，亦是对第一章归纳部分的回应。

---

① 参阅魏启鹏：《马王堆汉墓帛书〈德行〉校释》，巴蜀书社1991年版。

第四章即庞先生所分的第四章，在指明"善弗为无近，德弗志不成，智弗思不得"的基础上，又提出"思不清不察，思不长不得，思不轻不形……不乐无德"一系列思想，后面一层当是对前面"善……德……智……"一层的进一步补充。从文章的结构来看，这一章在第二部分中起着承上启下的作用，所提出的一系列命题为后面各章的讨论作了铺垫。

第五章即庞先生的第五章，竹书之第四章：

> 不仁，思不能清；不智，思不能长。……不仁，思不能清；不圣，思不能轻。……

一方面从反向说明"仁"与"智""圣"的关系，另一方面又以仁—清、智—长、圣—轻作对应解说，也是对上一章"思不清不察，思不长不得，思不轻不形"命题的补充，两章结合，其关系为：不仁—不清 不察，不智—不长—不得，不圣—不轻—不形。即围绕"仁"与"智""圣"的关系而展开。

第六、七、八章是对庞先生第六章的分解，与竹书之五、六、七章相对应，这三章是对"思不清不察，思不长不得，思不轻不形"命题的逐一解析和补充：

> 第六章：仁—清—察—安—温—悦—戚—亲—爱—玉色—形—仁
> 第七章：智—长—得—不忘—明—见贤人—玉色—形—智
> 第八章：圣—轻—形—不忘—聪—闻君子道—玉音—形—圣

也就是对"仁""智""圣"三"行"特点作正面论述、说明，以突出这一部分的重点所在。从上所述三者的特点要旨来看，各自有不同的表现形式与循环回归，"仁"的特点主要体现在安、温、悦、戚、亲、爱等情感方面，"智"的特点主要通过明、见等观察行为体现，而"圣"则通过聪、闻、玉音等听觉行为体现。

第九章从第16简的"淑人君子，其仪翟（即'一'）也"至第17、18简的"君子慎其独也"一段，即庞先生的第七章。首先以《诗·曹风·鸤鸠》"淑人君子，其仪一也"为题，引出"君子慎其独"的论点，然后以《诗·邶风·燕燕》"瞻望弗及，泣涕如雨"作补充、引申，再回到"君子慎其独也"的论点。应是对前面数章，特别是第三章"五行皆形于内而时行之，谓之君子"之言的补充和引申。

第十章从第 18 简之"君子之为善也"至第 20 简的"惟有德者，然后能金声而玉振之"，即庞先生的第八、九两章。在提出"君子之为善也，有与始，有与终也；君子之为德也，有与始，无与终也"的关系之后，进一步说明金声、玉振与善、德，和人道、天道的关系。从本章的阐述来看，君子之为善，是有始有终的，而君子之为德，则是有始无终的，即善的行为是有限的，而德的影响是无限的，其相互关系为：

善—人道（士道）—金声
德—天道（君子道）—金声玉振

联系第一章中关于"四行""五行"的归纳，其关系进一步扩展为：

四行—善—人道（士道）—金声
五行—德—天道（君子道）—金声玉振

比较可见，这一章既是对前面第二至九章的综合、归纳，亦是对第一章的回应。

又据帛书《说》文第 244 行"圣始天，智始人"的解析，以及帛书《老子》甲本卷后另一佚书《德圣》篇的记载："知人道曰智，知天道曰圣。……圣者智，圣之智知天……知其不化，智也。化而弗知，德矣。"①"智"与代表"四行"的人道、善相通，而"圣"与代表"五行"的天道、德相通，上述《五行》第十章曰"金声，善也；玉音，圣也。善，人道也；德，天道也"亦可为证。

四行—智—善—人道（士道）—金声
五行—圣—德—天道（君子道）—金声玉振

三

第三部分包含十六个章节，即第十一至第二十六章。第十一至十四章：

---

① 参阅国家文物局古文献研究室编：《马王堆汉墓帛书[壹]》，文物出版社 1980 年版，第 39 页。

不聪不明，不圣不智，不智不仁，不仁不安，不安不乐，不乐无德。

不变不悦，不悦不戚，不戚不亲，不亲不爱，不爱不仁。

不直不泄，不泄不果，不果不简，不简不行，不行不义。

不远不敬，不敬不严，不严不尊，不尊不恭，不恭无礼。

这四章分别对"德""仁""义""礼"的特点及其关系提出反向命题。第十一章当是在第二及六、七、八等章的基础上，加以综合，从反向说明"德"与圣、智、仁的关系。

第十二章是在第六章的基础上，对"仁"的特点作反向说明。第十三、十四章则是对"义""礼"的特点和关系分别提出反向命题。其简要关系为：

德：不聪—不明—不圣—不智—不仁—不安—不乐—无德。

仁：不变—不悦—不戚—不亲—不爱—不仁。

义：不直—不泄—不果—不简—不行—不义。

礼：不远—不敬—不严—不尊—不恭—无礼。

第十五章从第22、23简的"未尝闻君子道，谓之不聪"至第25、26简的"'赫赫在上'，此之谓也"，在逐一解释第十一章提出的"不聪""不明""不圣""不智"之后，再从正面解释"智""圣"，然后引《诗·大雅·大明》为证，以加强说服力。

第十六章从第26简的"闻君子道，聪也"至第30简的"'文王在上，于昭于天'，此之谓也"，即竹简本第十六章。本章一方面正面解释"聪""圣"，"明""智"，然后说明圣、智与仁、义、礼的相互关系，最后归纳说：

圣、智，礼乐之所由生也，五行之所和也。和则乐，乐则有德，有德则邦家举(兴)。

可以说是在第十五章的基础上，对第十一章作义理上的全面解说。

第十七章即从第30简的"见而知之，智也"至第31、32简的"和则同，同则善"一段，先解析"智""仁""义""礼"，然后说：

仁，义、礼所由生也，四行之所和也。和则同，同则善。

应该说亦是在前两章的基础上对第十一章的进一步补充。

第十八、十九、二十章的划分与竹简本的分章相同，第十八章是对第十二章变、悦、戚、亲、爱、仁诸命题的正面解说；第十九章是对第十三章直、泄、果、简、行、义等概念的分析；第二十章是对第十四章所列远、敬、严、尊、恭、礼诸立论加以说明。

以上分析可见，第十一至十四章是提出命题，第十五至二十章围绕着命题作解说，第十五章是对第十一章反向命题的直接解说，第十六、十七章再对第十一章从正面解析，意在阐释"圣""智"的重要性及与仁、义、礼之关系，然后落实在"德"（五行）、"善"（四行）上，与第一、第二章前后照应。值得注意的是，第十八、十九、二十章对第十二、十三、十四章的解说皆从正面入手，且均较简明。

第二十一章应包含竹简本的第二十一、二十二两章，先提出"不简，不行。不匿，不辨于道"的立论，然后逐一说明这两句四词的含义；接着再解释"简""匿"二字的意义与特点，其主要内容为：

有大罪而大诛之，简也。有小罪而赦之，匿也。

简之为言犹练也，大而罕者也。匿之为言犹匿匿也，小而轸者也。

简，义之方也。匿，仁之方也。刚，义之方也，柔，仁之方也。

由此可见，这一章实即对第十三章"不简不行，不行不义"两句作进一步的补充和引申，说明简、匿，刚、柔与义、仁二行相辅相成，最后引《诗·商颂·长发》之"不强（竟）不杕（绿），不刚不柔"为证，以加强说服力。

第二十二章从第42简的"君子集大成"至第44简的"后，士之尊贤者也"。"君子集大成"与第三章之"五行皆形于内而时行之，谓之君子"，第十章的"金声而玉振之，有德者也"是同一层意思，代表人生伦理的终极。"能进之为君子，弗能进也，各止于其里。……疋（索）膚膚达诸君子道，谓之贤"劝勉人们要通过不断的努力和追求，尽可能达到道德伦理的理想境界，即"达诸君子道"。本章关于尊贤的论述：

君子知而举之，谓之尊贤；知而事之，谓之尊贤者也。前，王公之尊贤者也；后，士之尊贤者也。①

① 按帛书本，竹简本于"后，士之尊贤者也"一句前遗脱"前，王公之尊贤者也"一句，应据补。

说明因人的地位不同，"尊贤"具有"知而举之"和"知而事之"两种形式，与前面所言不断追求，进之为贤的论述互相照应。结合第十九章"贵贵，其等尊贤，义也"的论述来看，这两章之间具有内在的联系，应是第十三章的引申和发挥。

第二十三章即竹简本第二十四章：

> 耳、目、鼻、口、手、足六者，心之役也。心曰唯，莫敢不唯；诺，莫敢不诺；进，莫敢不进；后，莫敢不后；深，莫敢不深；浅，莫敢不浅。和则同，同则善。

从字面上看，这一段主要讲"心"与耳、目、鼻、口、手、足六者的关系，然从后面"和则同，同则善"的归纳、提示来看，意在说明"智"与仁、义、礼之间的辩证关系，即四行之所和的重要性，与前面第十七章互相呼应。

第二十四章为：

> 目而知之，谓之进之；喻而知之，谓之进之；辟（譬）而知之，谓之进之；几而知之，天也。"上帝贤汝，毋贰尔心"，此之谓也。

"目而知之""喻而知之""譬而知之""几而知之"当与第十五章所言"见而知之，智也；闻而知之，圣也"的"见而知之""闻而知之"类似，都应是"索膚膚达诸君子道"上的不同层次和境界。"谓之进之"，应是第二十二章"能进之为君子，弗能进也，各止于其里"之"进之"。由此可见，这一章应是对第十五、二十二章的综合、深化。

第二十五章说：

> 大施诸其人，天也；其人施诸人，𥬖（法）也。①

这一章寥寥数语，然语意不明，关键在于对"施诸（其）人"的解释，或许是就"目而知之……喻而知之……譬而知之……几而知之"等不同层次的质性而言。

---

① "其人施诸人"后一字，帛书本残损，竹简本字体清晰，然究为何字，难识。以前庞朴先生曾补为"人"（见氏著《帛书五行篇研究》，齐鲁书社1980年版，第66页），文意可通但与简文明显有别。台湾大学周凤五教授告知，此字可能是"法"之误写，值得认真考虑。

第二十六章即最后一章：

> 闻道而悦者，好仁者也；闻道而畏者，好义者也；闻道而恭者，好礼者也；闻道而乐者，好德者也。

用四个排比将悦—仁、畏—义、恭—礼、乐—德作对应解说，以阐明各自最本质的特点，来作为全篇的结束。所用四个排比和指明的四个基本特点，既是对第三部分各章的综合归纳，亦是对第十一至第十四章有关"德""仁""义""礼"立论的照应。

通过以上分析，《五行》篇三部分的论述层次和内在逻辑清晰可见，第一部分首先提出"五行"的命题，然后归纳为"德之行五，和谓之德，四行和谓之善。善，人道也。德，天道也"。第二部分在"五行"命题的基础上，围绕着善、德，智、圣及相互关系立论并展开，然后引申出"慎独"和"金声而玉振"的观点。第三部分围绕"德""仁""义""礼"及其相互关系立论、解说、引申，重点在以德、圣为代表的五行之所和上。第二、三部分立论、阐述的内容虽各有不同，但始终围绕着同一个中心议题展开，两部分具有密切的内在联系，从内容和结构上形成一个完整的论述体系。

四

比较竹帛两本《五行》，除因遗、脱、残、误及学术流变等所引起的两本之间部分文字和语句上的差异外，[①] 结构上最明显的不同则在于对第十一至二十章顺序的安排上，主要体现在两个地方：(1)若按竹简本的顺序，帛书本将"不聪不明，不圣不智……不安不乐，不乐无德"一段移到"不远不敬，不敬不严……不恭无礼"一段之后，即将第十一章移到第十四章之后。(2)帛书本将第22—32简的"未尝闻君子道……四行之所和也，和则同，同则善"一大段移到第37简的"尊而不骄，恭也。恭而博交，礼也"之后，即将第十四至十七章移到第二十章之后。

这两种结构，哪种更为合理？也就是说哪一种是原来的面貌，哪一种是因某种需要作

---

① 关于这些问题，笔者曾有专文讨论，说详拙作《楚简与帛书〈五行〉篇若干问题探析》，《长沙三国吴简暨百年来简帛发现与研究国际学术研讨会论文集》，中华书局 2005 年版，第 273~282 页。

了调整，学术界有不同的看法，庞朴先生认为帛书本更为合理，可能是本来面目①；邢文先生则认为竹简本的顺序是原始的、合理的，帛书本出于与最后一章的归纳顺序保持一致而对中间论述部分作了调整②。细加分析，我们认为邢文先生的说法更为恰当一些。

细读《五行》，可以看出在第二、三两大部分的论述中，有一种值得注意的方式，即按不同的内容层次，先提出一系列命题、立论，然后回头对这些命题和立论逐一解说，第四至第八章是如此，第十一至第二十章更是如此。下以竹简本为例加以说明：

立论：

不聪不明，不圣不智，不智不仁，不仁不安，不安不乐，不乐无德。（第 11 章）

不变不悦，不悦不戚，不戚不亲，不亲不爱，不爱不仁。（第 12 章）

不直不泄，不泄不果，不果不简，不简不行，不行不义。（第 13 章）

不远不敬，不敬不严，不严不尊，不尊不恭，不恭无礼。（第 14 章）

解说：

未尝闻君子道，谓之不聪；未尝见贤人，谓之不明；闻君子道而不知其君子道也，谓之不圣；见贤人而不知其有德也，谓之不智。见而知之，智也；……知而安之，仁也；安而敬之，礼也。……五行之所和也，和则乐，乐则有德，有德则邦家兴。……四行之所和也，和则同，同则善。（第 15～17 章）

颜色容貌温，变也；以其中心与人交，悦也；中心悦焉，迁于兄弟，戚也；戚而信之，亲【也】；亲而笃之，爱也；爱父，其继爱人，仁也。（第 18 章）

中心辨然而正行之，直也；直而遂之，泄也；泄而不畏强御，果也；不以小道凌大道，简也；有大罪而大诛之，行也；贵贵，其等尊贤，义也。（第 19 章）

以其外心与人交，远也；远而庄之，敬也；敬而不懈，严也；严而畏之，尊也；尊而不骄，恭也；恭而博交，礼也。（第 20 章）

---

① 参阅庞朴：《竹帛〈五行〉篇比较》，《中国哲学》第 20 辑"郭店楚简研究"专辑，辽宁教育出版社 1999 年版。

② 参阅邢文：《〈孟子·万章〉与竹简〈五行〉》，《中国哲学》第 20 辑"郭店楚简研究"专辑，辽宁教育出版社 1999 年版。

第十一至十四章分别就德、仁、义、礼及其主要特点提出反向命题，第十五至二十章则是对这一系列命题的解说，其中，第十五至十七章是对第十一章的解说，并加以引申、发挥，第十八章是对第十二章的解说，第十九章是对第十三章的解说，第二十章是对第十四章的解说，其立论的顺序是按：德、仁、义、礼，解说的顺序也是按：德、仁、义、礼。然第二十六章在归纳时，其顺序为仁、义、礼、德，将"德"移到仁、义、礼之后，以致文章立论、解说的顺序与最后归纳的顺序不尽一致。

帛书本关于立论与解说顺序的处理则与竹简本不同，其将有关"德"的立论置于仁、义、礼的立论之后，同时将有关"德"的解说置于仁、义、礼的解说之后，从而使文章立论、解说与最后归纳的顺序均为：仁、义、礼、德，前后完全一致。

如果我们细加分析，第二十一章关于"不简，不行；不匿，不辨于道。……有大罪而弗大诛也，不行也……"的论述，是在第十九章"不以小道凌大道，简也；有大罪而大诛之，行也"的基础上，对第十三章"不简不行，不行不义"的立论作进一步的解说、引申。第二十二章"大而罕者，能有取焉。小而轸者，能有取焉"的论述，又与第二十一章紧密相连。帛书本将有关"德"的立论和解说移置于"礼"的立论和解说之后，虽然达到了前后顺序上的一致，但又带来了新的矛盾，一是割裂了第二十一、二十二章与前面解说的联系与衔接；二是将文章第二部分的重点，即有关"德"的论述插在其他论述之间，处于次要的位置，反而削弱了文章的主题和中心思想。

我们认为，竹简本在有关德、仁、义、礼的立论、解说与归纳顺序上虽存在不尽一致的地方，但其在解说内容和逻辑联系上，却显得更加紧凑、合理，重点突出，更可能是文章的原貌。帛书本对竹简本的章节顺序作了一定调整，虽弥补某些不足，但却带来了论述结构上的脱离和主题思想的削弱，这是我们应该辨明的。

竹简本《五行》有"经"无"说"，帛书本则"经""说"并存，因而大多数学者认为在竹简本下葬时，《五行》只有"经"，"说"文应是在此后完成的，我们同意这一说法。通过对竹帛两本"经"文的分析，使我们觉得在《五行》的"经"文中似乎还包含有更早的"经"与"解"的成分，如第四章，尤其是第十一至十四章所提出的一系列命题，就具有"经"的性质，第五至八及第十五至二十章都是对应解说前面所提出的命题，即"解"。如果是这样，则"经"文（命题）应有更早的来源，或即《荀子·非十二子》所说"子思唱（倡）之"的"先君子之言"，而后面的解说、引申，则可能是经子思后学等综合加工而成，也不能排除为"孟轲和之"的可能，《五行》篇如此完整的论述结构和逻辑联系，以及与《孟子》一书中诸多对应之处，亦可作为这一推论之辅证。

郭店竹书《六德》"道枼止"新解

颜世铉

观诸《诗》《书》则亦在矣，观诸《礼》《乐》则亦在矣，观诸《易》《春秋》则亦在矣。新(亲)此多(者)也，蜜(密)此多(者)【也】，美此多(者)也，道枼止。

——郭店竹书《六德》简 24—26①

此段简文经过学者的研究，有些疑难的释读已经得到了解决，如"多"读为"者"，释"蜜"读为"密"；但对于"道枼止"的理解，至今仍众说纷纭，没有共识。② 本文主要讨论"道枼止"的意义，尤重在"枼"字的考释，此字原作。针对"道枼止"句，裴锡圭按语云："疑'道枼'即以上一篇的篇名，'止'即此篇至此完了之意。'枼'也有可能当释'柞'或'枼'，待考。"③李零将本文释为"枼"的字读为"御"，说："'御'，原从木从亡。案此字亦见于《缁衣》简6，加有水旁，读为'御'。"④此所谓加有"水"旁之字作。郭店简中还有

---

① 本段释文，主要参考以下两位学者的释文，李家浩：《关于郭店竹书〈六德〉"仁类蘆而速"一段文字的释读》，《安徽大学汉语言文字研究丛书·李家浩卷》，安徽大学出版社 2013 年版，第 265~266 页；单育辰：《郭店〈尊德义〉〈成之闻之〉〈六德〉三篇整理与研究》，科学出版社 2015 年版，第 258、262、265 页。

② 单育辰：《郭店〈尊德义〉〈成之闻之〉〈六德〉三篇整理与研究》，科学出版社 2015 年版，第 265~269 页。

③ 荆门市博物馆编：《郭店楚墓竹简》，文物出版社 1998 年版，第 189 页。

④ 李零：《郭店楚简校读记(增订本)》，北京大学出版社 2002 年版，第 131、133 页。

与此字形相关的字，如《穷达以时》简 1—2："有其人，亡其▨（世）。"《语丛四》简 25+3："一言之善，足以终▨（世）。"冯胜君把《缁衣》简 6 加有"水"旁的字释作"渫"，上述两个读为"世"的字释作"枼"，而《六德》"枼"字与此三个从"枼"声偏旁的字有关。① 上博简《容成氏》简 5"上下贵贱各得其▨（世）"，② 清华简《殷高宗问于三寿》简 8"▨=（世世）至于后飤"，③ 这两个读为"世"的字和《穷达以时》《语丛四》读为"世"的字相对照，它们的右半偏旁之形大概相同，所以此字也应当隶定为"枼"。上古音"世"在祭部，"枼"在葉部，祭部字、月部字（王力合祭部于月部）与葉部字的关系至为密切，从"世"声之字与"枼"声之字多相通。④ 楚简多用"枼"字表示"世"。⑤

基于以上相关的字形和读法，所以把《六德》"▨"字释为"枼"。李零和冯胜君都指出此字和郭店《缁衣》简 6"渫"字有关，这个看法值得重视。因此，讨论《六德》"枼"字前，有必要再重新检视郭店《缁衣》"渫"字的释读。

一、《缁衣》"谨恶以渫民淫"之"渫"

渫，裘锡圭按语云："'以'下一字，上部与《穷达以时》篇二号简'枼'字右旁相同，似当释为'渫'。《说文》：'渫，除去也。'"⑥此字今本作"御"，上博简《缁衣》作"▨"。冯胜君赞成裘锡圭所提出释作"渫"字的看法。⑦ 白于蓝将此"渫"字读为"遏"，说：

① 冯胜君：《郭店〈缁衣〉"渫"字补释——兼谈战国楚文字"枼"、"枾"、"枀"之间的形体区别》，《2007 中国简帛学国际论坛论文集》，台湾大学中国文学系，2011 年，第 337~347 页。

② 马承源主编：《上海博物馆藏战国楚竹书（二）》，上海古籍出版社 2002 年版，第 254 页。

③ 黄德宽主编：《清华大学藏战国竹简（伍）》，中西书局 2015 年版，第 150 页。

④ 参裘锡圭：《读〈战国纵横家书释文注释〉札记》，《裘锡圭学术文集·简牍帛书卷》，复旦大学出版社 2012 年版，第 204 页。

⑤ 有关楚简"枼"多用为"世"的现象，张富海指出，这证明当时"世"已经由-ps 韵尾变为-ts 韵尾。张富海又说："世，是'枼（葉）'的分化字，语源上也相关，'葉'是入声-p 韵尾，故去声字'世'是-ps 韵尾。参氏著《上古汉语 *-ps> *-ts 音变在战国文字中的反映》，《古文字与上古音论丛》，上海古籍出版社 2021 年版，第 304、309 页。

⑥ 荆门市博物馆编：《郭店楚墓竹简》，文物出版社 1998 年版，第 132 页。

⑦ 冯胜君：《郭店〈缁衣〉"渫"字补释——兼谈战国楚文字"枼"、"枾"、"枀"之间的形体区别》，《2007 中国简帛学国际论坛论文集》，台湾大学中国文学系，2011 年，第 346 页。

简文中"渫(渫)"字与今本之"御"字相对应，据其文义当读为"遏"。渫从枼声，遏从曷声。典籍中从枼声之字与从曷之字常可相通，《礼记·士冠礼》："加柶覆之面叶。"郑玄《注》："古文叶为擖。"《礼记·少仪》："执箕膺擖。"《管子·弟子职》擖作揲。《诗·秦风·小戎》孔《疏》引《管子》揲作揭。可见"渫(渫)"可读为"遏"。《尔雅·释诂下》："遏，止也。"《诗·大雅·民劳》："式遏寇虐，憯不畏民。"郑玄《注》："遏，止也。"可见从文义上来看，将简本之"渫"释为"渫"，读为"遏"，训为禁止，与今本之"御"是完全相合的。①

这里指出从"枼"和从"曷"声之字音近相通的现象，所以可以把郭店简本之"渫"读为"遏"，而"遏"和今本"御"皆表示"止"义。② 白氏的读法可以信从。这里再举古文献中从"世"、从"枼"声之字和从"曷"声之字相通的用例：③

（1）朱骏声《说文通训定声·泰部》"泄"字指出"泄"假借为"歇"，《诗·民劳》"俾民忧泄"，《方言》卷十："泄，歇也。""泄，息也。"朱氏之说可信。《左传》宣公十二年："得臣犹在，忧未歇也。"杜预注："歇，尽也。"杨伯峻注："歇，竭也，尽也。"④《诗》"忧泄"之"泄"即《左传》"忧未歇"之"歇"。

（2）《说文》："歇，息也。一曰'气越泄'。从欠、曷声。"段注："泄，当作'渫'。此别一义，越渫，犹漏溢也。"《广雅·释诂》："歇，泄也。"《方言》卷十："泄，歇也。"戴震《方言疏证》云："泄，亦作'渫'，曹植《七启》'于是为欢未渫'，李善注引《方言》'渫，歇也'。"又《淮南子·精神》"膈下迫颐"，高诱注："膈，读精神歇越［无］之歇也。"《俶真》"必形系而神泄"，高诱注："身形疾而精神越泄。"此"歇越"和"越泄""越渫"相同，⑤ 其中"泄""渫"和"歇"音近相通。

① 白于蓝：《郭店楚墓竹简释读札记》，《考古与文物丛刊》第四号《古文字论集（二）》，考古与文物编辑部，2001 年，第 176 页。

② 《左传》襄公四年："匠庆用蒲圃之槚，季孙不御。"杜预注："御，止也。"

③ 其中第（3）至（6）例的考释可参颜世铉：《说几则与从"曷"声之字相关的词义》，《中国古典学》第 1 卷，中华书局 2020 年版，第 191、192~194 页。

④ 杨伯峻：《春秋左传注（修订本）》，中华书局 1995 年版，第 748 页。

⑤ 吴承仕云："歇越、越泄意义大同。"氏著《经籍旧音辨证》，与《经籍旧音序录》合刊，中华书局 1986 年版，第 238 页。王利器说："歇越、越泄、越渫义同。"氏著《吕氏春秋注疏》，巴蜀书社 2002 年版，第 635 页。

（3）安徽大学藏战国楚简中记载有"老僮之配渫淖之子"，黄德宽指出，"渫淖"应读为"竭潮"，《大戴礼·帝系》："老童娶于竭水氏，竭水氏之子谓之高缃氏。"此"渫淖"即"竭水"，"渫"和"竭"是音近相通。①

（4）《战国策·赵策一》"赵收天下且以伐齐"章云"今鲁句注禁常山而守三百里"，马王堆帛书《战国纵横家书》"苏秦献书赵王"章作"今增注、莅恒山而守三百里"，② 此"禁常山"和"莅恒山"为异文。张清常、王延栋说："禁，制止、防遏。"③帛书本"莅"所表示的词义应和这意义相近，因此"莅"很可能读为"遏"，与今本"禁"为同义换读。

（5）银雀山汉墓竹简《孙膑兵法·禽庞涓》："挟莅环涂夹击其后，齐城、高唐当术而大败。"原注云："一说环涂当读为环途，迂回之意。"又云："挟莅，疑亦魏军驻地或将领之名。莅字当为葉之异体。一说挟莅当读为浃渫，连续、周洽之意。"④此"莅"应读为"遏"，"环涂（途）"在此篇中或指环城的道路，或指迂回之意；⑤ "挟莅（遏）环涂"，指控制环城的道路，以困阻敌方行动的意思。《焦氏易林·坤之艮》："涂遏道塞，求事不得。"这是指所行的道路受到遏制而断绝，以致行动受到困阻而不能成事。

（6）《周易·睽·六三》："见舆曳，其牛掣。"阜阳汉简作"见车渫，其牛絜"，马王堆帛书作"见车恝，其牛諅"，此"恝"和"諅"两字当是上下互易。⑥ 上博竹书本作"见车遏，其牛㪅（掣）"。廖名春指出，今本的"曳"、阜阳汉简的"渫"、帛书本的"諅"，都可说是楚简本"遏"的借字，其义当训为"止"。⑦

（7）上博简《仲弓》简20"𣎴其情，尽其慎"，首字白于蓝释作"渫"，读为"竭"。⑧ 陈

---

① 黄德宽：《安徽大学藏战国竹简楚史略说》，"中国简帛学国际论坛2017"，武汉，2017年。

② 裘锡圭主编：《长沙马王堆汉墓简帛集成[叁]》，中华书局2014年版，第248~249页。

③ 张清常、王延栋：《战国策笺注》，南开大学出版社1993年版，第435~436页。

④ 张海波整理：《银雀山汉墓简牍集成[贰]》，文物出版社2021年版，"释文、注释"第3、5、6页。

⑤ 《禽庞涓》中与"环涂"相关的文句还有："四达环涂"，"环涂，被甲之所处也"，"环涂，击被（破）其后"。前二者似指环城的道路，后者则指迂回。

⑥ 参韩自强：《阜阳汉简〈周易〉研究》，上海古籍出版社2004年版，第135页。张政烺：《马王堆帛书〈周易〉经传校读》，《张政烺论易丛稿》，中华书局2010年版，第144页。

⑦ 廖名春：《楚简〈周易〉睽卦新解》，《简帛考论》，上海古籍出版社2007年版，第35~36页。按：笔者作《说几则与从"曷"声之字相关的词义》一文，其中也讨论到《周易·睽·六三》的相关释读，释读观点大致上和廖名春相同；然而当时却未注意到廖氏早有相关的论述，这是不应该有的疏失。特此说明。

⑧ 白于蓝：《简帛古书通假字大系》，福建人民出版社2017年版，第786页。

剑则释作"渫",读为"竭"。①

(8)清华简《治邦之道》简26"故万民慊病,其粟米六扰败🀄",末字原整理者释作"渫",读为"竭"②;其后有学者将此字改释作"渫",读为"竭"③。

上举第(7)、(8)两例之字,或释作"渫",或释作"渫",虽释字有异,但都读为"竭"。因为古文字"枼"和"桀"之形相近,所以会有讹混的现象;在此把二字都释为"渫",读为"竭"。以上共举出八个传世文献和出土文献的用例,都是从"世"或"枼"声的字读为"竭"或"遏"的情形,此可作为《缁衣》"谨恶以渫民淫"之"渫"读为"遏"语音条件的例证。"遏"表"禁止"义,可用来禁止不好的人或事,《易·大有·象传》:"君子以遏恶扬善,顺天休命。"此"遏恶"和郭店《缁衣》"渫(遏)民淫"之"遏"都表示禁止不好的事。

郭店简《缁衣》"渫"字,卜博简作"虞",此字应是双声字④,大多数学者把"虞"读为今本之"御",与"止"意义相近⑤。虞万里释读作"禦",认为作"禦"于音义皆有所本,并引用了杨树达所说与此类读法相关的意见。⑥ 杨树达说:

> 故有同一字而两家通读互异,义实无殊者,《毛公鼎》云"以乃族干吾王身",徐同柏读吾为禦(《从古堂》拾陆之贰捌下),此以经传常用字读之也。吴大澂读为敔(《愙斋录》肆之捌下),此以《说文》本字读之也,敔禁之敔,经传恒假禦祀之禦为之,

① 陈剑:《〈上博(三)·仲弓〉膡义》,《战国竹书论集》,上海古籍出版社2013年版,第275页。单育辰:《〈清华大学藏战国竹简(捌)〉释文订补》,《出土文献》第14辑,中西书局2019年版,第171页。

② 李学勤主编:《清华大学藏战国竹简(捌)》,中西书局2018年版,第138、224页。

③ 参单育辰:《〈清华大学藏战国竹简(捌)〉释文订补》,《出土文献》第14辑,中西书局2019年版,第170~171页。李学勤主编,沈建华、贾连翔编:《清华大学藏战国竹简【柒-玖】文字编》,中西书局2020年版,第476页"释文"隶作"渫",但在第312页"字表"中仍隶作"渫"字。

④ 何琳仪:《战国古文字典——战国文字声系》,中华书局1998年版,第502~503页。冯胜君:《郭店简与上博简对比研究》,线装书局2008年版,第90页。叶玉英:《古文字构形与上古音研究》,厦门大学出版社2009年版,第392页。刘洪涛:《上海博物馆藏楚二合"虞"官印考释》,《文史》2016年第2辑,第271页。

⑤ 廖名春:《新出楚简试论》,台湾古籍出版有限公司2001年版,第278页。陈伟:《郭店竹书别释》,湖北教育出版社2002年版,第35~36页。裘锡圭:《谈谈上博简和郭店简中的错别字》,《华学》第6辑,紫禁城出版社2003年版,第50页。徐在国:《上博楚简文字声系》,安徽大学出版社2013年版,第1345页。白于蓝:《简帛古书通假字大系》,福建人民出版社2017年版,第369页。

⑥ 虞万里:《上博馆藏楚竹书〈缁衣〉综合研究》,武汉大学出版社2010年版,第47~48页。

故徐用之也。①

"以乃族干吾王身"之"吾"，徐同柏读为"禦"，这是用经传常用字来读；吴大澂读为"敔"，则是用《说文》本字来读。这两种读法在意义上并没有分别。

《说文》："敔，禁也。一曰：'乐器椌楬也，形如木虎。'从攴、吾声。"段注云："（敔）与圉、禦音同。《释言》：'禦、圉，禁也。'《说文》'禦'训祀，'圉'训囹圄，所以拘罪人。则敔为禁禦本字，禦行而敔废矣。古假借作御、作圉。"甲骨文有"𩂡"（《合集》32935）、"𩃁"（《合集》17941），裘锡圭说此为"抵禦"义之"禦"的初文。② 也会用"𩃀"（《合集》6761）、"𩃂"（《合集》2631 正）作为"抵禦"义的"禦"。又甲骨文表示"抵禦"之"禦"，有在其初文加上声旁"鱼"者，例如"𩃃"（《全集》28011）字，王子杨说：

> 上博简《缁衣》"故君民者章好以视（示）民谷（欲），戁（慎）恶以虘民淫"，与"虘"地位相当的传世本作"禦"（引者按：应作"御"），可见到了战国时期"禦"字还经常假从"鱼"声之字来表示。把"𩃃"理解为添加"鱼"作为声旁有充足的证据。③

上博简《缁衣》"虘"字和甲骨文"𩃃"字皆从"鱼"得声，前者表示"禁止"义，后者表示"抵禦"义。《尔雅》："禦，禁也。""禦"之"禁止"义应是"抵禦"义的引申。上博简和甲骨文两字在音义关系上比较密切，在文字构形上也可以互证。因此，虞万里把"虘"读为"禦"，最能直指所表语言的本字，应该是最适当的读法；至于多位学者把它读为今本之"御"，也没有问题。虽读法不同，就如同杨树达所说"有同一字而两家通读互异，义实无殊者"这种情形。

段玉裁说表示"禁禦"义的本字为"敔"，现在看来，这个看法并不很精确，因为甲骨文已有表示"抵禦"义的"禦"字初文；不过，《说文》"敔"字小篆作"𣀷"，这很可能是甲骨文"禦"字的后起形声字，所从的"吾"为声符，"攴"则为义符。"敔"字在西周时期就已经出现，西周早期青铜器铭文作"𣀷"（敔簋），春秋晚期的秦系文字作"𣀷"（石鼓文），战国

---

① 杨树达：《积微居小学述林全编》，上海古籍出版社 2007 年版，第 260～261 页。

② 裘锡圭：《读〈安阳新出土的牛胛骨及其刻辞〉》，《裘锡圭学术文集·甲骨文卷》，复旦大学出版社 2012 年版，第 10～11 页。

③ 参王子杨：《甲骨文字形类组差异现象研究》，中西书局 2013 年版，第 30 页。

时期的楚系文字作"𢼄"（包山简 125）。许慎作《说文》时，虽未能看到甲骨文表示"抵禦"义的"禦"这类字形，但很可能看到如秦系和楚系文字的"敔"字，而此"敔"字很可能就是所谓的"籀文"和"古文"，① 在当时就表示"禁禦"义，许慎作《说文》把它收录在书中。又段玉裁没见到甲骨文表示"抵禦"义的"禦"字，所以会做出"敔"字是表示"禁禦"义本字的这种论断，其实这也未可厚非。

上文论述郭店简"谨恶以渫（遏）民淫"和上博简"谨恶以虞（禦）民淫"的读法，"遏"和"禦"是同义替换，这里举两例来看二者的意义关系：

（1）《说文》"敔"字段注："敔取义于遏，楬为遏之假借耳。敔者所以止乐，故以敔名。"蒋绍愚说："'楬'在奏乐终止时击之，取义于'遏'则名为'楬'，取义于'敔'（禁也、止也）则名为'敔'。"这是同一物从不同的角度命名而有不同的名称，有其不同的理据。② 乐器名"敔"，取义于"禁禦"义；名"楬"，则取义于"遏"，此为一物而有二名的现象。

（2）《周礼·秋官·司寤氏》："禦晨行者，禁宵行者、夜游者。"郑玄注："禦，亦禁也，谓遏止之，无刑法也。"

所以，今本《缁衣》"御"、上博简"虞（禦）"和郭店简"渫（遏）"三者作为异文，都表示"禁止"义。郭店《缁衣》"谨恶以渫（遏）民淫"，就是禁戒罪恶的行为，来遏止人民去做淫乱的行为。③ 古书中有与"禁止民淫"相近的说法：

> 惠民由任，徇句遏淫。清华简《殷高宗问于三寿》17④
>
> 故君子礼以坊德，刑以坊淫，命以坊欲。（《礼记·坊记》）
>
> 故舜藏黄金于崭岩之山，所以塞贪鄙之心也；仪狄为酒，禹饮而甘之，遂疏仪狄

---

① 许慎《说文·叙》云："今叙篆文，合以古、籀。"裘锡圭说："《说文》所收的字，字形一般以小篆为主，如果古文和籀文的写法跟小篆不同，就兼收录古文和籀文。"参氏著《文字学概要（修订本）》，商务印书馆 2013 年版，第 54 页。《说文》"敔"字中未列古文和籀文，可能就是此字的古文、籀文和小篆字形相同。

② 蒋绍愚：《汉语历史词汇学概要》，商务印书馆 2015 年版，第 314~315 页。

③ "谨"有戒敕、约束之义。参虞万里：《上博馆藏楚竹书〈缁衣〉综合研究》，武汉大学出版社 2010 年版，第 46~47 页。又王引之《经义述闻·尔雅中》"诰、誓，谨也"条引王念孙曰："谨者，戒敕之谓。"《盐铁论·世务篇》引《诗》云："诰尔民人，谨尔侯度。"《说苑·修文篇》引《诗》云："告尔民人，谨尔侯度。""诰""告"并与"谨"皆有戒敕、约束之义。

④ 黄德宽主编：《清华大学藏战国竹简（伍）》，中西书局 2015 年版，第 151、156 页。

而绝旨酒，所以遏流湎之行也；师涓为平公鼓朝谮北鄙之音，师旷曰："此亡国之乐也。"大息而抚〔止〕之，所以防淫辟之风也。（《淮南子·泰族》）

　　聘则为妻，奔则为妾，所以开善遏淫也。（《列女传·仁智传》）

第一例，"徇"为顺，"句"为谦恭。"傑"，原整理者释作"傑"，读为"遏"；此字应释作"傑"，读为"遏"。第二例，"坊"通"防"，① 有防止、禁止之意。孙希旦《礼记集解》曰："刑以治之于已犯，故曰'坊淫'，坊其入于淫也。"又引应镛曰："性之善为德，礼以坊之而养其源；性之荡为淫，刑以坊之而遏其流。"第三例，三个"所以"之后所接的动词"塞""遏""防"，都是表示"禁止"的意思。第四例，"遏淫"指禁止淫行，此与郭店《缁衣》"渫（遏）民淫"都用"遏"作为述语动词。《礼记·缁衣》"御民淫"、上博简"禦民淫"、郭店简"渫（遏）民淫"，犹《殷高宗问于三寿》"遏淫"和《坊记》"坊淫"，上述"御""禦""遏""坊（防）"四个动词的意义都很相近。

　　郭店《缁衣》"谨恶以渫民淫"的"渫"，应读为"遏"，表示"禁止"之意。这个读法符合古文献中从"枼"声和从"曷"声之字音近相通的现象。

二、《六德》"道枼止"的"枼"和"止"

　　上文论述《缁衣》"谨恶以渫民淫"的"渫"应读为"遏"，并揭示许多从"世""枼"声之字和从"曷"声之字相通的现象。据此现象，《六德》"道枼止"的"枼"应读为"竭"，表示"竭尽"之义，这句话是指"人伦之道完备无遗"的意思。

　　古书中有与"道枼（竭）止"相类似的句式和表述：

　　上治祖祢，尊尊也。下治子孙，亲亲也。旁治昆弟：合族以食，序以昭缪，别之以礼义，人道竭矣。（《礼记·大传》）

　　上取象于天，下取法于地，中取则于人，人之所以群居和壹之理尽矣。（《礼记·三年问》）

　　礼者，谨于治生死者也。生，人之始也；死，人之终也。终始俱善，人道毕矣。

---

① 孔颖达疏："或土旁为之，或阜旁为之，古之通用也。"

（《荀子·礼论》）

　　人论（伦）：①　……礼者，人主之所以为群臣寸尺寻丈检式也。人伦尽矣。（《荀子·儒效》）

　　然后一行其法，禁诛于私家，不害功罪。赏罚必知之，知之，道尽矣。（《韩非子·八经》）

第一例，郑注："竭，尽也。""人道竭矣"，意思是说："人道伦常就都体现无遗了"；②"人道毕矣""人伦尽矣"，也是相同的表述。第二例，"人之所以群居和壹之理尽矣"，意思是说："人类之所以群居而和谐一致的道理，尽备于此了。"③第五例，"知之，道尽矣"，意思是说："谁该赏，谁该罚，君主一定要知道，这样，治理国家的办法就完备了。"④上述"人道竭矣""人伦尽矣""人道毕矣""道尽矣""人之所以群居和壹之理尽矣"等句，它们都是"主语+竭（尽、毕）+矣"的句式，指陈述某种道理体现完备无遗的意思；《六德》"道棐（竭）止"也应该是这种句式，而它所表示的意思和前三者最为相近，总括其上下文意是说，《诗》《书》《礼》《乐》《易》《春秋》六经包含有人伦六德之道，能够"亲之""密之""美之"，人伦之道也就能体现完备了。把《六德》"道棐（竭）止"和"人道竭矣"等句相对照，可以推测"止"和"矣"的语法功能应该相同，都是句末语气词。以下论述这个作为句末语气词的"止"。

　　杨树达认为"止"有作为语末助词的功能，如《诗经》的"亦既见止，亦既觏止"（《召南·草虫》）、"高山仰止，景行行止"（《小雅·车舝》）。⑤　方有国指出，《诗经》的语末助词"止"，相当于"矣"，它是由动词"止"虚化演变而来表已然语气的陈述语气词。⑥　张玉金、何乐士等皆认为如"亦既见止，亦既觏止"的"止"，应该是句末语气词，表示比较确

------

①　王念孙《读书杂志·荀子第二》"人论、人臣之论"条云："论，读为'伦'。伦，类也，等也，即下文所谓'众人''小儒''大儒'也。"

②　王文锦：《礼记译解》，中华书局 2001 年版，第 480 页。孔颖达《正义》："揔结'上治祖祢，下治子孙，旁治昆弟'，言此三事皆分别之以礼义，使人义之道理竭尽于此矣。"

③　王文锦：《礼记译解》，中华书局 2001 年版，第 874 页。

④　参《韩非子》校注组编写，周勋初修订：《韩非子校注（修订本）》，凤凰出版社 2009 年版，第 534 页。

⑤　杨树达：《词诠》，上海古籍出版社 2006 年版，第 165 页。

⑥　方有国：《〈诗经〉虚词"止"复议》，《上古汉语语法研究》，巴蜀书社 2002 年版，第 189～191 页。

定的语气。① 以上诸家对于"止"作为语气词的看法比较接近。但也有学者主张"止"是"之矣"合音，这种看法最早应是美国汉学家金守拙(George A. Kennedy)所提出来的，龙宇纯亦主此合音说，而辨之甚详。② 王力则认为"止"字显然是动词的词尾，如"亦既见止，曷又极止"，"齐子归止，其从如云"，又指出："有人说'止'是'之矣'的合音，那是靠不住的，'归止'不能解释为'归之矣'。"③以上简述诸家对于"止"具有语气词功能的相关说法，接着再以《庄子·人间世》"吉祥止止"中末"止"字的异文现象来看这种"止"的语法功能。

《人间世》云："瞻彼阕者，虚室生白，吉祥止止。"郭象注："夫吉祥之所集者，至虚至静者也。"成玄英疏："言吉祥善福，止在凝静之心。""吉祥止止"后一"止"字，有几种不同的异文：④

　　　　吉祥止止(《庄子·人间世》)

　　　　吉祥止也(《淮南子·俶真》)

　　　　吉祥止焉(《太平御览》卷七百二十引《淮南子》)

　　　　吉祥至矣(《刘子·清神篇》)

　　　　吉祥止耳(唐卢重元注《列子·天瑞篇》)

　　　　吉祥止矣(宋张君房《云笈七签》卷六一)

上述六个例子中，应属《庄子》为最原始的面貌，其他则是后来经过传述或传抄过程中改读的结果。此"止"字的异文有"矣""也""耳""焉"这四种。学者认为"止止"，从意义上说不通，所以就把后一"止"加以校改。俞樾《诸子平议》以"止"为"也"字之误。也有学者认为"止"为"之"字之误，奚侗《庄子补注》曰：

　　① 张玉金：《西周汉语语法研究》，商务印书馆2004年版，第189页。何乐士：《古代汉语虚词词典》，语文出版社2006年版，第615～616页。中国社会科学院语言研究所古代汉语研究室编：《古代汉语虚词词典》，商务印书馆2002年版，第846页。
　　② 龙宇纯：《析诗经止字用义》，《丝竹轩诗说》，五四书店有限公司2002年版，第93～132页。金守拙之文，名为"中文合音词"(Chinese Fusion Words)[《美国东方学会杂志》(Journal of American Oriental Society)第67册第1期，1947年]。金守拙之文的出版信息转引自龙氏之文。
　　③ 王力：《关于汉语有无词类的问题》，《龙虫并雕斋文集》第2册，中华书局1982年版，第511页。
　　④ 前五则引自王叔岷：《庄子校诠》，台湾"中研院"史语所1994年版，第134～135页。

> "止止"连文，义不可晓。……本书下"止"字当作"之"，语词也。"止之"与"止也""止耳"文例正同。"止""之"篆形相似，易误。《诗·陈风》"歌以讯止"，今本"止"作"之"。(说本王引之。)《小雅》"高山仰止，景行行止"，《史记·孔子世家》《汉书·三王世家》"止"并作"之"，皆其证也。

这是以"止"为"之"字之误，而"之"为语气词。① 上述学者皆认为《庄子》作"止止"不能通读，于是把下"止"字校改为"也"字或"之"字；又奚侗明白指出作"之"为语气词，而俞樾作"也"，也是语气词。

阮毓崧以为作"止"不误，它可作为语气词，他说：

> 《诗·草虫章》"亦既见止，亦既觏止"，《毛传》曰："止，辞也。"又《杕杜章》"日月阳止"，九"止"字义同，据知此第二"止"字亦语词，不得改为"也""耳"等字。②

阮氏的看法应该可以信从。"止"字的四个异文"矣""也""耳""焉"，它们都是表示陈述语气功能的句末语气词，③ 因此"止"应该也是这种语法功能；根据这个异文例子，或许可以说明上述学者所持"止"为"之矣"合音的观点应该不能成立。

先秦时期以"止"作为句末语气词，应该是没有问题的，《诗经》中已有用例；既然如此，那实在不必要将"止"校改为其他字。多位学者把它校改为"之"，但在文献上却未见有作"吉祥止之"者，因此，这个校勘意见缺乏版本的支持，证据力略嫌不足。所以，"止"应该是原本的用字，表示句末语气词，后来这种用法逐渐消失。在相关文献流传的过程中，传述者或传抄者也许对"止"作为句末语气词的用法已经感到不熟悉，所以就用"矣""也""耳""焉"这几个比较常见的语气词来改读它。

先秦时期以"止"作为句末语气词，应该是没有问题的，《诗经》中就有这种用法，学

---

① 其他持"止"为"之"字之误观点者，如王先谦《庄子集解》，又武延绪《庄子札记》说："篆书'止''之'二字相似，疑下'止'字即'之'字也。"杨伯峻说："《庄子》作'止止'，乃'止之'之误。此作'止耳'，《淮南子·俶真训》作'止也'，皆可通。"参氏著《列子集释》，中华书局1991年版，第29页。奚侗、武延绪的说法可参严灵峰：《无求备斋庄子集成续编》第40册，台湾艺文印书馆1974年版。

② 阮毓崧撰，刘韶军点校：《重订庄子集注》，上海古籍出版社2018年版，第112页。

③ 参刘晓南：《先秦语气词的历时多义现象》，《古汉语研究》1991年第3期，第74~81、62页。郭锡良：《先秦语气词新探》，《汉语史论集(增补本)》，商务印书馆2005年版，第65页。

者的这种观点在上文已有引述。以下再举出两个古代文献中用“止”作为句末语气词的例子。

(1)郭店简《五行》简 9—10：“未见君子，忧心不能惙惙；既见君子，心不能悦。‘亦既见㞢，亦既觏㞢’，我心则【悦】。”帛书本《五行》引《诗》作“亦既见之，亦既钩(觏)之”，今本《诗经》则作“亦既见止，亦既觏止”。“㞢”字，隶作“㞢”，郭店简整理者则依帛书本读为“之”，刘信芳则依今本读为“止”①。据此可见帛书本“之”和今本“止”为异文。“㞢”为双声字在简文中读为止、之、等、待、侍等词。② 李家浩认为“㞢”是个两声字，“之”和“止”皆声。③ “之”和“止”有音近关系。④ 郭店竹书《五行》简 42：“能进之为君子，弗能进也，各㞢(止)于其里。”学者指出，从用字的情况看，“㞢”读为“止”的用例最多，应该是战国文字表示“止”的一种写法，上博竹书《内豊》简 6 有“善则从之，不善则㞢之”句，“㞢之”读为“止之”，此句“㞢(止)”与“之”并立，可以为证。⑤ 所以，郭店简《五行》引诗“亦既见㞢，亦既觏㞢”之“㞢”读为“止”，这种读法比较符合战国文字大多数以“㞢”为“止”的用字情况，也有今本作“止”的版本依据。

(2)西周“五年琱生簋”铭“余老止，公仆庸土田多諫”，朱凤翰认为“止”为句末语气词。“余老止”句，新出土“五年琱生尊”作“余老之”。⑥ 林沄赞同朱氏的释读，说：“朱凤瀚主张应在‘余老止’处断句。而把‘止’字理解为句末语气词。现在和琱生尊铭对照，可知‘止’字也可以作‘之’，可见朱先生的说法很对。”⑦(有关上述“止”字、“之”字之形，可参文末附表。)谢明文认为，其实簋铭此字从拓本看，也应释为“之”而非“止”，昔年于省吾先生有《诗经》“语末助词”“止”为“之”之误释的意见，琱生器铭“余老之”的“之”可为于说提供新的支持。邬可晶赞同谢氏的看法，并指出“此是早期出土文献‘之’

---

① 刘信芳：《简帛五行解诂》，台湾艺文印书馆 2000 年版，第 31 页。

② 李守奎：《楚文字编》，华东师范大学出版社 2003 年版，第 83 页。陈斯鹏：《楚系简帛中字形与音义关系研究》，中国社会科学出版社 2011 年版，第 22~24 页。

③ 李家浩之说，参见杨泽生：《战国竹书研究》，中山大学出版社 2009 年版，第 70 页。

④ 参梅祖麟：《跟见系字谐声的照三系字》，《中国语言学报》第 1 期，商务印书馆 1983 年版，第 119 页。

⑤ 曾宪通、陈伟武主编，禤健聪编撰：《出土战国文献字词集释》卷二上，中华书局 2018 年版，第 762 页。

⑥ 宝鸡市考古研究所、扶风县博物馆：《陕西扶风五郡西村西周青铜器窖藏发掘简报》，《文物》2007 年第 8 期，第 19、20 页。

⑦ 林沄：《琱生尊与琱生簋的联读》，《林沄文集·古史卷》，上海古籍出版社 2019 年版，第 283、284、286 页。

用作语气词的确证。"①裴锡圭也采用谢氏的观点，说："'之'是先秦文献中屡见的句末语气词，其义与'矣'相近。"②上述诸家对于释字的观点可以分为两种：林沄把簋铭释作"止"、尊铭释作"之"，而谢明文、邬可晶和裴锡圭则把二者都释作"之"字。但也有学者把二者都释作"止"字者。③ 以上各家虽有释为"止"或"之"字的不同看法，但都认为这个语法位置上所表示的是一个语气词。比较簋铭和尊铭的字形，把两种尊铭的字释作"之"字，学者大致上有共识；而簋铭则有释"止"或"之"的两种不同观点。本文附表中前四个都是簋铭同一字的字形，此字下方是否为由左至右联成一笔的横画，仍有可疑之处；因为左下方类似笔画的痕迹很可能是锈蚀处，要把它与右下横画连成一笔，看起来似乎不够自然。因此，如果此字左下方的痕迹不是笔画，那么以此字为"之"字的观点，就不能成立。至于把此字看作"止"字的观点，左侧竖笔下行，至下端右弯后再继续向右写成一横笔，整个笔画比较平顺自然；根据五年琱生簋的典藏单位美国耶鲁大学艺术陈列馆所拍摄的照片，应该就是基于此字为"止"字的观点来呈现其影像。所以，谢明文所持琱生簋铭为"之"字的观点，并非就是确切而无疑的。朱凤瀚、林沄簋铭释为"止"字、尊铭释为"之"的观点，并不应该轻易加以否定；假如此观点成立，则琱生诸器就是以"止"和"之"为异文，皆用以表示句末语气词。虽然笔者倾向把簋铭之字释作"止"，但也不完全地排除释作"之"的可能性；如果想得到确切可信的结果，或许需要再核验实物。

上述《庄子·人间世》"吉祥止止"和今本《诗经》"亦既见止，亦既觏止"，都是"止"作为句末语气词的例证；如果郭店简《五行》引《诗》"亦既见芷（止），亦既觏芷（止）"和五年琱生簋铭"余老止"的释读能够成立，那就可以再添上两个例证。因此，在先秦时期"止"作为句末语气词并不罕见；之所以在传世古书上比较少见，很可能是在古书传述的过程中，有一部分作"止"者被改读作"之""矣""也""耳""焉"等几个比较常见的语气词。

总之，《六德》"道枼止"的"枼"应读为"竭"，训为"尽"，而"止"为句末语气词；"道枼（竭）止"，犹"道竭矣"。郭店竹书《六德》简24—25："观诸《诗》《书》则亦在矣，观诸《礼》《乐》则亦在矣，观诸《易》《春秋》则亦在矣。亲此多（者）也，蜜（密）此多（者）【也】，

---

① 谢明文的说法，参邬可晶：《上古汉语中本来是否存在语气词"只"的问题的再检讨——以出土文献所见辞例和字形为中心》，《出土文献与古文字研究》第6辑，上海古籍出版社2015年版，第403页注7所引。

② 裴锡圭：《琱生三器铭文新解》，《中华文史论丛》2021年第4期，第7页。

③ 参陈昭容、内田纯子、林宛蓉、刘彦彬：《新出土青铜器〈琱生尊〉及传世〈琱生簋〉对读——西周时期大宅门土地纠纷协调事件始末》，《古今论衡》第16期，台湾"中研院"史语所2007年版，第41、42页。

美此多(者)也，道某(竭)止。"此段话的大意应该是说：观看《诗》《书》《礼》《乐》《易》《春秋》六经，那人伦六德的道理都在六经之中。能够亲近六经典籍、审正六经的道理、①以六经的道理为美善，那人伦之道也就能很完备地体现了。

附：

五年琱生器铭文"余老止"的"止"、"余老之"的"之"

五年琱生簋 美国耶鲁大学 照片 A②	五年琱生簋 美国耶鲁大学 照片 B	五年琱生簋 《殷周金文集 成》拓本③	五年琱生簋 《陕西金文集 成》拓本④	五年琱生尊 1 《陕西金文集 成》拓本	五年琱生尊 2 《陕西金文集 成》拓本
止(?)	止(?)	止(?)	止(?)	之	之

后记：2017 年 10 月 10—11 日，作者在武汉大学举办之"中国简帛学国际论坛 2017——新出土战国秦汉简牍研究"会议上发表《简帛字词释读三则》，其中第一则讨论《六德》"道朞止"的释读。后来作者将此则内容做了比较大幅度的增补和修订，而写成《郭店竹书〈六德〉"道朞止"新解》，此文将在 2023 年 8 月 17—18 日由台湾"中研院"史语所主办之"出土文献与古文字学术研讨会"上发表，今据此会议之增订稿收入本纪念论文集中。又本增订稿写作过程中，得到汪维辉、周波两位先生以及陈书豪、李想、王精松、谢忠晟、阙河仰诸君的帮助，谨向他们表示谢意。

2023 年 8 月 4 日

---

① "密"有"审正"义，王引之《经义述闻·礼记下》"文理密察"条云，《考工记·庐人》"傅人则密"，郑注："密，审也，正也。"

② 美国耶鲁大学艺术陈列馆网站（https://artgallery.yale.edu/collections/objects/14869）。

③ 中国社会科学院考古研究所编：《殷周金文集成》第 8 册，中华书局 1987 年版，第 237 页。

④ 以下三字参陕西省古籍整理办公室、陕西省考古研究院编，张天恩主编：《陕西金文集成》第 5 册，三秦出版社 2016 年版，第 227、177、181 页。

看校样补记：在史语所主办之"出土文献与古文字学术研讨会"上，广濑薰雄先生针对《六德》"蜜（密）此多（者）【也】"的"蜜（密）"字提出看法，认为此字应校读为"审"字，并指出陈剑校读马王堆帛书《经法》中两个"审"字应为"密"字的讹误（参陈剑《读马王堆简帛零札》，《上古汉语研究》第 1 辑，商务印书馆 2016 年版，第 47~49 页）。今按：广濑氏的看法应该可以信从。陈氏指出，"密"字本身，实并无"审"或"清楚、确定"义，"密"字训"审"者仅《周礼·考工记·庐人》一条。在本文末段"审正六经的道理"句下，出注引用王引之《经义述闻》以"密"有"审正"义之说；今据陈氏、广濑氏的看法，则《庐人》之"密"有"审"义者，应属王挺斌所论"字形传抄讹误对词汇的反作用"的现象（参王挺斌《论字形对词汇的反作用》，《古汉语研究》2018 年第 1 期，第 57~58 页）。此亦即原来表示"审正"义的"审"字，因与"密"形近而被误写作"密"，以致"密"有"审正"之义。

2023 年 10 月 13 日

郭店楚简《成之》篇杂志[*]

[美]顾史考

　　《郭店楚简》儒家逸书，对孔孟之间人性论的形成，及此后荀子等流派的思想由来，皆给我们提供极其珍贵的讯息。如《性自命出》之言道之始于情而终于义，《尊德义》之以礼乐为率民之道，《成之》之论求己以用民等概念，均与约同时及稍后的《孟》《荀》与《礼记》中诸篇战国间儒书，大有相互辉映之处，可借以研究早期儒者对求己与治学、内圣与外王等重大命题的各种论述何以成立，其思想脉络与学术背景究竟如何。然由于文字形体与通假之不识及简序的错乱等问题，其中不少关键段落尚缺完善的理解，乃至令我们对其所表达的确切涵义仍是茫然不知。本文将以《成之》一篇为中心，试图就该篇中两处尚属难通的片段加以新序与新解，望以能对其思想内涵有进一步的认识，对其思想史上意义的研究提供一些新的线索。过当失误之处，仰望方家指正。

　　《成之》一篇，旧题为"成之闻之"，今以学者对简序的调整[①]为虑而改称"成之"。以下分对《成之》中两段相关的章节进行简序上的调整而就其文字上的释读提出新解。

　　[*] 原以"郭店楚简《成之》等篇杂志"为题载《清华大学学报》(社会科学版)2006年第1期，收入氏著《郭店楚简先秦儒书宏微观》(繁体版：台湾学生书局2006年版；简体版：上海古籍出版社2012年版)。今据作者提供的题为"郭店楚简《成之》篇杂志"的删节本收入。
　　[①] 郭沂：《郭店楚简〈成之闻之〉篇疏证》，收入《中国哲学》第20辑"郭店楚简研究"专辑，辽宁教育出版社1999年版，第281~283页；周凤五、林素清：《郭店竹简编序复原研究》，收入周凤五编：《古文字与古文献》试刊号，楚文化研究会，1999年，第56~57页。

一、《成之》简 36、29、23、22、30

依《郭店楚墓竹简》原来的释文,《成之》有两段文如下:①

简 29—30:

> 《君奭》曰:"戛(襄)我二人,毋又(有)合才音"害(曷)? 道不说(悦)之司(词)也。君子曰:唯又(有)其亘(恒)而 **29** 可能终之为难。槁木三年,不必为邦羿(旗)。害? 言舋之也。是以君子贵……**30**

简 21—23:

> 是以智(知)而求之不疾,其达(去)人弗远悗(矣)。戥(勇)而行之不果,其悗(疑)也弗枉(往)悗(矣)。**21** 是古(故)凡勿(物)才(在)疾之。《君奭》曰:"唯伶不畏畀(称)惪(德)"害(曷)? 言疾也。君子曰:疾之,**22** 行之不疾,未又(有)能深之者也。孚之述也,强之工也,陛之弆(弇)也,訂(词)之工也……**23**

此先看其中关键的两句,即简 29 接 30 之"唯又(有)其亘(恒)而可能终之为难",以及简 22 接 23 之"君子曰:疾之,行之不疾,未又(有)能深之者也"。前一项,虽未尝有人怀疑其相连,但却有学者曾讨论其标点。如李零、周凤五都认为应在"可"后加逗点②,而陈伟则引《礼记·祭义》中之"养可能也,敬为难"等句,认为"与此句式相同,因而得知应在'可能'之下断开。简文是说:虽然长久是可能的,但坚持到最终则是困难的"③。陈氏此

---

① 本文所引原释文均出荆门市博物馆编:《郭店楚墓竹简》,文物出版社 1998 年版。

② 李零:《郭店楚简校读记》,《道家文化研究》第 17 辑"郭店楚简专号",生活·读书·新知三联书店 1999 年版,第 511~516 页。(此篇以下简称《校读记》,独出其 2002 年增订本者将另注);周凤五:《读郭店竹简〈成之闻之〉札记》,收入氏编《古文字与古文献》试刊号,楚文化研究会,1999 年,第 43 页。

③ 陈伟:《郭店楚简〈六德〉诸篇零释》,《武汉大学学报》(哲学社会科学版)1999 年第 5 期,第 29~33 页。陈氏后来另从周凤五说(周凤五:《读郭店竹简〈成之闻之〉札记》,收入氏编《古文字与古文献》试刊号,楚文化研究会,1999 年,第 42~44 页;亦见本书第 393 页注③周凤五释读意见),而释"亘"为"亟",说为"急切一时"。见陈伟:《关于郭店楚简〈六德〉诸篇编连的调整》,《郭店楚简国际学术研讨会论文集》,湖北人民出版社 2000 年版,第 64~74 页;《郭店竹书别释》,湖北教育出版社 2002 年版,第 144 页。

说颇有锐见，然而句式并非全同，其说亦有未尽之处（见下）。学者之所以如此纷纭，乃因为整句语法奇怪；但又不至于说不通，因而未曾有人对其接连本身提过质疑。至于"君子曰：疾之。行之不疾，未有能深之者也"，则情况相同：以"疾之"为指令式的单句颇为奇特，不过因为于意义上完全可与下句连读，亦未曾有学者提出异议。

然则依原释文简 29 接简 30 的顺序，调整简序的学者对此并无异言，都将 29—30 视为一组。至于其 21、22、23 的简序，虽然周凤五曾主张将简 21 调到简 23 之后，而未有学者将 22 接 23 的简序调动过。今笔者却将简 29 与简 30 破开，又将简 22 与简 23 之顺序颠倒，以 29、23、22、30 为序（简 21 的位置则稍后再说）。又以文章形式的考虑，姑将简 36 置于前（但亦无必然关系），重新排列且释读如下：

> ……君子曰：从允怿（释）忎（过），则先者余（豫），坴（来）者信。36《君奭》曰："戫（襄）我二人，毋又（有）合才（哉）？"音（言）害（何）？道不说（辍）之司（治）也。
>
> 君子曰：唯（虽）又（有）其亘（恒），而 29 行之不疾，未又（有）能深之者也。孚（勉）之述（遂）也，强之工（功）也；陣（陈）之臵（弁）也，訇（治）之工（功）也。23 是古（故）凡勿（物）才（在）疾之。《君奭》曰："唯伶（髟〔冒〕），不（丕）畧（单）爯（称）惪（德）"，害（何）？言疾也。
>
> 君子曰：疾之 22 可能，终之为难。"槁木三年，不必为邦羿（旗）"，害？言窨（寅）之也。是以君子贵 30 成之。……1①

以上所谓读起较怪的关键两句，假若按照笔者所调过的简序排列，则语法变得顺畅许多，且于意义层面亦未有丝毫损失，反而逻辑结构显得更加清晰。按：陈氏所引《礼记·祭义》该段全文是："教曰孝，其行曰养。养可能也，敬为难；敬可能也，安为难；安可能也，卒为难。父母既没慎行其身，不遗父母恶名，可谓能终矣。"②此段论行孝之道，从易行者到难行者递增累进，而以"A 可能也，B 为难"的句式来表示这个过程。《成之》似亦以同样的递增累进过程为文：先以"君子曰"及《君奭》的引文来泛泛地表示"恒治"的概念，

---

①　简 30 接简 1 依周凤五及郭沂的排列。见郭沂：《郭店楚简〈成之闻之〉篇疏证》，收入《中国哲学》第 20 辑"郭店楚简研究"专辑，辽宁教育出版社 1999 年版，第 281~283 页；周凤五、林素清：《郭店竹简编序复原研究》，收入周凤五编：《古文字与古文献》试刊号，楚文化研究会，1999 年，第 56~57 页。补记：此段中各"害"字，固亦可以读为"盖"而属下。原文未提到此种可能。

②　见（清）孙希旦，沈啸寰、王星贤点校：《礼记集解》，中华书局 1989 年版，第 1226 页。

再进以"君子曰"的口吻发难曰"唯(/虽)有其恒,而行之不疾,未有能深之者也",而既已又通过《君奭》引文来阐发"疾之"的概念,则又进而以"君子曰"之口再次发难曰"疾之可能,终之为难",以便突显出其"君子贵成之"之理。换句话说,乃是以一种"恒之可能,疾之为难;疾之可能,终之为难"的句法为其整段的逻辑结构。"疾之可能,终之为难"既较"虽有其恒而可能,终之为难"更贴近《祭义》的句式,"虽有其恒,而行之不疾,未有能深之者也"又比"疾之。行之不疾,未有能深之者也"顺畅,则于各句的语法上亦显得更接近于古人的语言习惯。

笔者对整段的诠释则是围绕着这个理解而来的。其中唯一稍微不安之处,在于前面的"君子曰"与《君奭》曰"两句所言,是否可以说就是"恒"的概念?前面已说过,简 36 之所以置放于此,是由于形式上的考虑,因为如此排列则三个小段都是以"君子曰"开头的(且前两小段俱以《君奭》曰"接后),但不见得有必然的关系。此句所言亦不甚明了,学者多认为所谓"先者""来者"指先前已在的本地人民与慕名而来的外界民族,① 然则大致所言即是以诚信、宽政来巩固政权的效用。至于《君奭》的引文,则所云更难把握。整理者本以"音"字属上而为引文的最后一字("毋有合在音"),而将"道不说之司也"读为"道不悦之词也"。前人已指出过,这个读法大概是受到《书序》的影响,即其所谓:"召公为保,周公为师,相成王,为左右。召公不说(悦),周公作《君奭》。"或即如廖名春所说:"周公是指责君奭不能与更多的人合作,所以下文解释说'道不说(悦)之司(词)也'。所谓'不悦之词'即'勿有合在言',是周公对君奭的批评。"②这种说法固然有其依据,然而问题在于,不管是召公"不悦"抑或是周公"不悦",且无论简序如何排列,都很难看出此"不悦之词"与任何上下文的可能关系。依笔者之见,此文所言应该是跟同简下面所云"恒"的概念有直接的瓜葛才是。

按:裘锡圭按语已指出,《君奭》文"'言'字一般属下读。'才'似当读为'在'。'毋有合在音(或是'言'之误)',其意与今本'汝有合哉'大不相同"③。"音(/言)"字之意义与位置既已如此不明,似也不该排除其在此并非引文的部分,而或该属下读为"言何?"才是。此固然是破了文章中之惯例,且稍感不辞,然亦完全可通,或即是说"〔周公此言〕所指何

① 见颜世铉:《郭店楚墓竹简儒家典籍文字考释》,《经学研究论丛》第 6 辑,台湾学生书局 1999 年版,第 179~180 页。

② 廖名春:《郭店楚简〈成之闻之〉篇校释》,收入廖名春编:《清华简帛研究》第 1 辑,清华大学思想文化研究所,2000 年,第 97 页。

③ 裘锡圭按语均出《郭店楚墓竹简》。

谓?"那么以"毋有合哉?"当反问句,大概的意思即是说:"'我们两个辅佐成王之治,岂不是志同道合的吗?'〔周公此言〕所指的是什么?所说的就是'不辍之治'。"下面既言"恒",那么"不说之司"所指应该便是"恒"的意思,因而在此做个猜测,将彼句读为"不辍之治"。按:"说"字为书纽月部,"辍"为端纽月部,声纽均舌音,韵部则迭韵,可通。文献中"兑"与"叕"二声系经常通假,如《韩非子·喻老》"倒杖而策锐贯颐",《淮南子·道应》篇"锐"作"镊";此外亦有"挩"作"掇"、"悦"作"棳"等例。① 《郭店楚简》其他篇章虽然没有此二声系通假之明例,然《忠信之道》(简4)之"大忠不兑"若读为"大忠不辍",亦堪称一种相当合理的读法。② "不辍"正是永恒不变之谓,那么既以"不辍之治"讲"恒"的概念,下面接着便加以深论,言"恒"之外尚需要"疾"的功夫方可。③

除了"不辍之治"符合"恒"之概念这一点以外,这个读法亦出于对《君奭》本身之宗旨的考虑。即使《君奭》是周公因应召公之"不悦"而作的,然周公基本上是以"正面教育"的方式来劝他,并没有明显的自己"不悦"的口气,④ 只不过是提醒召公天命无常,周朝不一定"永孚于休",因而要"永远念天威",二人必须好好辅佐成王,"咸成文王功于不怠",而最后亦特别强调"罔不能厥初,惟其终"。⑤ 然则所言无非是要经过不断的合作与努力,维持一种永恒不息、长久不怠之治,如此方能有始有终,使文王之德永垂不朽,世世代代永享其成。这正是所谓"不辍之治"。且先秦文献当中,"不辍"亦正是用来表示这个意思的。如《荀子·儒效》曰:"周公归周,反籍于成王,而天下不辍事周";《道德经》第54章曰:"善建者不拔,善抱者不脱,子孙以祭祀不辍"(郭店简《老子》乙"辍"作形似"毛"或"中"之字);《孔丛子·记问》云:"子曰尧舜之功,百世不辍,仁义之风远也",指的都是这个意思。如此说来,则"不辍之治"之正道,亦可说即在于前面"君子"所曰的"从允释过"之效用。

① 见高亨纂著,董治安整理:《古字通假会典》,齐鲁书社1989年版,第642~643页。

② 一则可与下一句"大信不期"相对,因为"不辍"与"不期"都是指一种时间上的永恒不变之状态,指天地是永久不息的,不断循环而不须期约。二则其前面已谓"大旧(久)而不俞(渝),忠之至也",而"大久不渝"正是一种永恒不辍之谓。

③ 周凤五释"亘"字为"亟",读为"急",则与"疾"相同,后来陈伟等人亦采取此说(见本书第390页注③)。此说当然可通,惟以今所主张的简序衡量,"亘"应该是与"疾"为不同的功夫才对,因而笔者仍以释"亘"、读"恒"为宜。且如《吕氏春秋·孟夏纪》形容没有"恒心"的老师为"失之在己,不肯自非",而真正有恒心之师则能"反己以教……所加于人,必可行于己",与《成之》之宗旨相当接近。

④ 且如屈万里所说:"经文皆周公勉召公之言,并无召公疑周公之语。"见氏著《尚书集释》,台湾联经出版事业公司1983年版,第203页。

⑤ 《尚书·君奭》原文见屈万里:《尚书集释》,台湾联经出版事业公司1983年版,第203~212页。

至于讲"疾"与"终"两小段中所存在的诠释问题，如"季之述也，强之工也；陸之穿也，訂之工也"及"槁木三年，不必为邦荠(旗)"等句的确切读法与解释，今且不准备另加以探讨。现在只指出，依周凤五对前者的解释，所指是为了改变物体形状的两种功夫，①而周氏此说若能成立，则直接接着以第 22 简的"是故凡物在疾之"便是很自然的。这点也牵涉到另外一个问题，即第 21 简的位置。该简是可独立成文的两句话，即"是以智(知)而求之不疾，其迲(去)人弗远悇(矣)。戡(勇)而行之不果，其悇(疑)也弗枉(往)悇(矣)"，因而所排的位置有很多可能性。其一种可能当然就是排在简 23 与简 22 之间，但笔者认为或许排在本段之外，即在简 28 之后可能更为妥当。下一条所言即是。

二、《成之》简 26—28、21

先将简 26 至 28 原来的释文列于下：

> 圣人之眚(性)与中人之眚(性)，其生而未又(有)非之节于而也，**26** 则猷(犹)是也。唯(虽)其于善道也，亦非又(有)译娄以多也。及其尃长而毛(厚)**27** 大也，则圣人不可由与覃之。此以民皆又(有)眚(性)而圣人不可莫也。**28**

此段颇为费解。关于"其生而未又(有)非之节于而也，则猷(犹)是也"一句，周凤五、李零及李学勤皆于"非之"下断句。然李零将"之"读为"志"，谓"圣人与中材之人在人性上是相似的，他们生下来都没有什么坏心眼，中材以下的人，情况也是一样的"②；周凤五则读"非"为"分"，亦即"别"义，而李学勤则以为此字实该视为"别"字古文③。至于"节于而也，则猷(犹)是也"，裴锡圭按语已以为"而"字可能为其他字之讹，然未指出该为何字。

---

① 见周凤五：《读郭店竹简〈成之闻之〉札记》，收入氏编《古文字与古文献》试刊号，楚文化研究会，1999 年，第 50~51 页。

② 李零：《郭店楚简校读记》，《道家文化研究》第 17 辑"郭店楚简专号"，生活·读书·新知三联书店 1999 年版，第 515 页。

③ 周凤五、李学勤二说，见周凤五：《郭店楚简识字札记》，收入《张以仁先生七秩寿庆论文集》，台湾学生书局 1999 年版，第 357~358 页；周凤五：《读郭店竹简〈成之闻之〉札记》，收入氏编《古文字与古文献》试刊号，楚文化研究会，1999 年，第 52~53 页；李学勤：《试说郭店简〈成之闻之〉两章》，收入廖名春编：《清华简帛研究》第 1 辑，清华大学思想文化研究所，2000 年，第 23~24 页。

李零疑该读为"此"，而读"节"为"次"；周凤五则读"而"为"尔"，亦即"此"义，而将"节于尔"解为"偶然如此，即如此也"。刘信芳及李学勤皆读"节于而"为"即于儒"，然刘氏似将"即于"当作"至于"来看，① 而李氏则以"即于儒"为"入学受六艺之教"，以全句义则为"就学时也是一样"。陈伟则读"节于而"为"即于能"，意为"就是在才能方面，也是如此"。②

再往下看，"唯（虽）其于善道也，亦非又（有）译娄以多也"一句，诸位对"译娄以多"亦有种种说法：陈伟前作读为"泽数以多"，以"泽"指恩惠，"数"即计量，"以"犹"而"；③ 李零读"怿，数"，于"怿"后断句；周凤五则读"泽薮以多"，谓"圣人之成就，非依赖外在有利之环境如泽薮之孕育万卉群生，而不断的自我要求，自我提升"；④ 李学勤读"择娄"，即"取""牵曳"之义，而以"多"读"移"；陈伟后作则读"择数"，分为"区别""疾切"义；⑤ 而刘钊则解"择"为抉择之义。不论于意义或语法而言，此诸说当中多半仍难顺通。至于"及其尃长而宅（厚）大也，则圣人不可由与墿之"一句，同样是众说纷纭。"尃长"云者，《郭店楚墓竹简》原释文连读，而学者就此有如"专长""溥长""博张"等读法，然对此句的诠释皆不外乎颜世铉所谓"至于深厚广大的境界"之义。⑥ 然"由与墿之"则更为费解。"墿"字有两种释读，其一为裘锡圭按语释之为"墠"，李零谓即"除"的意思，而颜世铉及陈伟则读为"单"，分别训为"尽""大"，即是说一般人无法"极尽"圣人之境或使自己的品质"跟着增强"。⑦ 另一种释读则是李学勤之释为"嘼"（畜）⑧，读为"敩"（效），其意则为

① 刘信芳：《郭店竹简文字考释拾遗》，《江汉考古》2000年第1期，第43~44页。

② 陈伟：《郭店竹书别释》，湖北教育出版社2002年版，第141~143页。

③ 陈伟：《郭店楚简〈六德〉诸篇零释》，《武汉大学学报》（哲学社会科学版）1999年第5期，第29页。

④ 周凤五：《郭店楚简识字札记》，收入氏编《古文字与古文献》试刊号，楚文化研究会，1999年，第358页。

⑤ 陈伟：《郭店竹书别释》，湖北教育出版社2002年版，第142页。

⑥ "专长"见颜世铉：《郭店楚墓竹简儒家典籍文字考释》，《经学研究论丛》第6辑，台湾学生书局1999年版，第177~178页；李零《校读记》同。"溥长"见陈伟：《郭店楚简〈六德〉诸篇零释》，《武汉大学学报》（哲学社会科学版）1999年第5期，第29页。"博张"见李学勤：《试说郭店简〈成之闻之〉两章》，收入廖名春编：《清华简帛研究》第1辑，清华大学思想文化研究所，2000年，第23页。

⑦ 《郭店楚墓竹简》第170页注二七所引"裘按"；李零：《郭店楚简校读记》，《道家文化研究》第17辑"郭店楚简专号"，生活·读书·新知三联书店1999年版，第515页；颜世铉：《郭店楚墓竹简儒家典籍文字考释》，《经学研究论丛》第6辑，台湾学生书局1999年版；陈伟：《郭店楚简〈六德〉诸篇零释》，《武汉大学学报》（哲学社会科学版）1999年第5期。

⑧ 依刘钊解释，"古文字中'单'、'嘼'二字乃由一个字形分化而成……'嘼'可用为'单'"。见刘钊：《读郭店楚简字词札记》，收入《郭店楚简国际学术研讨会论文集》，湖北人民出版社2000年版，第92页。

"圣人便不是中人能够追随效仿的了"①；陈伟则就此读为"守"，即保守或持有之义，则以全句之大义为"等到圣人的品质变得很大时就达到圣的境界，而一般的人（中人）则无从拥有这种品质"②。此种种说法，虽大义可通，然均未对"不可由与+动词+之"的特殊文法加以说明。唯刘钊则对"由与"本身给予不同解释，认为"由与"乃读为"犹豫"，"单"则读为"惮"，即圣人不可"犹豫不决"而"畏怕"（或"慢易"）的意思。③ 至于"此以民皆又（有）眚（性）而圣人不可莫也"句，裘锡圭按语疑"莫"读为"慕"，而李学勤解"不可慕也"为"非勉强可得"，刘钊则释为"不可仿效"，而陈伟则读"莫"为"募"或"侔"。④

然则依照学者的解释，此段大义盖可理解为：圣人与一般人性本相近，然而圣人经过不断的自我提升，因而到后来圣人乃远超乎一般人之上了。在此段之简序排列无误的前提之下，此种理解该是正确的，只是其中细节似乎犹有可论者。今再将简21接于此段之后，且按照笔者自己的释读、句读而重列如下：

> 圣人之眚（性）与中人之眚（性），其生而未又（有）非之。节于而〈天〉也，26 则獣（犹）是也。唯其于善道也，亦非又（有）译（舍/释），娄（屡）以多也。及其専（薄），长而㤝（厚）27 大也。则圣人不可由（须）与（臾）置（罢〔舍/休〕）之。此以民皆又（有）眚（性），而圣人不可莫（无）也。28 是以智（知）而求之不疾，其迲（去）人弗远悇（矣）；戠（勇）而行之不果，其悇（疑）也弗枉（往）悇（矣）。21

按：此跟着周凤五、李零及李学勤于"非之"后断句，意盖为：以其本性而言则无所不同。然"节于而也，则犹是也"句，今以"而"为"天"之误（郭店简中此二字相混之例甚多，今不多举），⑤ 亦即其天然本性之义。"唯其于善道也，亦非又译娄以多也"，笔者以为该于"译"字后断句，且读"译"为"释"或"舍"，谓圣人之于善道乃"无有所舍弃之时"。"译"

---

① 李学勤：《试说郭店简〈成之闻之〉两章》，收入廖名春编：《清华简帛研究》第 1 辑，清华大学思想文化研究所，2000 年，第 23~24 页。

② 陈伟：《郭店竹书别释》，湖北教育出版社 2002 年版，第 142 页。陈氏于"圣"后断句。

③ 刘钊：《读郭店楚简字词札记》，收入《郭店楚简国际学术研讨会论文集》，湖北人民出版社 2000 年版，第 92 页。

④ 见李学勤：《试说郭店简〈成之闻之〉两章》，收入廖名春编：《清华简帛研究》第 1 辑，清华大学思想文化研究所，2000 年，第 23~24 页；刘钊：《郭店楚简校释》，福建人民出版社 2003 年版，第 145 页；陈伟：《郭店竹书别释》，湖北教育出版社 2002 年版，第 142~143 页。

⑤ 陈宁亦有此说，见其《〈郭店楚墓竹简〉中的儒家人性言论初探》，《中国哲学史》1998 年第 4 期。

(余纽铎部)与"释"(书纽铎部)同声符,固可通假,而"舍/捨"乃书纽鱼部,声纽均为舌音(与"释"则双声),而韵部则对转。读"释"或"舍"于意义无别,且"释""舍(捨)"二字经常通假,例不胜举。① "娄"或读为"屡"(或"数"),"屡以多"似为"以频繁次数而积累"之谓。然则全句之意即是,就其天然而言,圣人虽与中人相同,不过其对于善道的追求则没有舍弃的时候,因而其所以能达到圣人之境,乃是以频繁不断的追求之累积而成的。接着此后的一句,乃是对此道理的进一步说明。按:学者就此均以"及……则……"为结构,即是说等到圣人如何如何,则中人之于圣人乃如何如何也。笔者则以"则"以后为下一句,而以"及"至"大也"视为独立一句话。关键在于以"尃"读为"薄",而将之视为"厚大"之相反词。② "及"字除了有"逮""至"等义以外,亦有如"乘时""趁早"之义,③ 然则此句意思或是说,只要乘其圣性尚且薄弱微小时即便开始修养善道而日夜不休,则等其成熟之时乃将已变得雄厚而浩大,此即其趁早而不舍的结果。

　　至于"则圣人不可由(须)与(臾)墨〔罍〔舍/休〕〕之"一句,"则"字用法在此或犹"故""然则",④ 而"由与墨"则读为"须臾舍"或"须臾休"。按:刘钊读"由与"为"犹豫",无论从声韵角度或通假前例看之皆能通,唯于语法上在双音节动词后再加单音节动词颇嫌不辞(除非其中加"而"字)。然依笔者之见,将"由与"看作双音节连语此一点并不误,只是因为其后所接二字形成动宾结构,则此双音节词作为副词的可能性较大。因而笔者则疑此处"由与"实借为"须臾"一词。"由"是余纽幽部(Λĭəu),"须"是心纽侯部(sĭwo),余、心为邻纽,⑤ 幽、侯旁转,可通;而"与"是余纽鱼部(Λĭǎ),"臾"是余纽侯部(Λĭwo),乃双声旁转,亦通。然则"须臾"亦即《礼记·中庸》所谓"道也者,不可须臾离也"之"须臾",在《成之》此句中即是说,欲成为圣人的,片刻也不能休息,片刻也不能停止或舍弃其对"善道"的修养("舍"或"休"之读法见下)。

　　再仔细看,"由与"虽该可借为"须臾",然"由与"实为双声连语(Λĭǎ—uĕĭ)(与"犹豫"声音全同),而"须臾"实乃迭韵(sĭwo—Λĭwo)。或者仅可说:两种连语在楚语中有同

────────────────

　　① 见高亨纂著,董治安整理:《古字通假会典》,齐鲁书社1989年版,第839~840页。此非只意义通假,而兼为声音通假,因为此外"余"字声系中亦有"泽"借为"舍","敍"与"涂"相通之例。

　　② 此亦见于《语丛一》第82简:"军(厚)于义,尃(薄)于愳(仁)";见李零:《郭店楚简校读记》,《道家文化研究》第17辑"郭店楚简专号",生活·读书·新知三联书店1999年版,第534、536~537页。

　　③ 《史记·高帝纪》:"及其锋而用之,可以有大功。天下已定,人皆自宁,不可复用",是其例。

　　④ 《经词衍释》卷八:"'则',犹'故'也。《左传·昭二十年》:'夫火烈,民望而畏之,故鲜死焉;水懦弱,民狎而玩之,则多死焉。''则'与'故'相对成文,是'则'、'故'同一义也。"

　　⑤ 前者是齿音,与后者舌音关系较远,然"由"字声系中亦有舌音者,如"袖"(邪纽[zĭə])。

样的效果，而有时可当特种动词来用，有时则当副词来用。何以知其然呢？按：楚语中有一连串的连语，如"须臾""逍遥""容与""踌躇""犹豫"等，都是相关的。"须臾"当副词之外，亦可当动词（或形容词）用，义为"从容"，① 与"逍遥"通。"逍遥"二字分别为心纽宵部、余纽宵部（sǐau—ʎǐuau），两字声母均与"须臾"一样，而其宵部则与"须臾"之侯部旁转（亦与"由与"之幽鱼两部旁转）。《楚辞·离骚》："欲远集而无所止兮，聊浮游以逍遥"，王逸注："'逍遥'、'相羊'，皆游也……'逍遥'，一作'须臾'。"是"逍遥"与"须臾"可通假，皆从容而游之意。《楚辞·九章·哀郢》："去终古之所居兮，今逍遥而来东。羌灵魂之欲归兮，何须臾而忘反？"是则二词相对为文之征。② "逍遥"亦与"容与"义近：《楚辞·九歌·湘君》曰"时不可兮再得，聊逍遥兮容与"；朱熹集注："'逍遥'、'容与'，皆游戏闲暇之意也。"《楚辞·九章·涉江》："船容与而不进兮，淹回水而疑滞"；《楚辞·九章·思美人》："固朕形之不服兮，然容与而狐疑"；《广雅·释训》"'踌躇'、'犹豫'也"，王念孙《疏证》："'容与'，亦'犹豫'也。"是"容与"既通"逍遥"又通"犹豫"（"容与"如"犹豫"同样为双声连语："容"是余纽东部〔ʎǐoŋ〕，"容与"即ʎǐoŋ—ʎǐ，与"犹豫"〔ʎǐəu—ʎǐ〕音近）。"踌躇"一词（定纽幽部、定纽鱼部〔dǐəu—dǐa〕），与"由与""犹豫"声音几乎一样，而在《庄子》中，"踌躇""容与"均有"徘徊犹疑"及"安闲自得"两义③。在此诸词当中，习惯上双声连语者多用于"犹豫不决"之意，迭韵者则多谓"从容不迫"，然并非定律。此外尚有"斯须"（sǐe—sǐwo）（"斯"字心纽支部），用法与"须臾"一样，但前者乃与"由与"（或"犹豫"）一样为双声连语，且两韵部之间均为旁转关系，其实将"由与"直接认为"斯须"之变音似亦无所不可。《礼记》中《乐记》与《祭义》两篇均曰："礼乐不可斯须去身……心中斯须不和不乐，而鄙诈之心入之矣；外貌斯须不庄不敬，而易慢之心入之矣"，是之谓也。

今用表列诸词之古音及施用范围见表1：

---

① 王念孙《读书杂志·史记第五·淮阴侯列传》"足下所以得须臾至今者"，王氏按语谓"须臾，犹从容，延年之意也"。

② 或亦释此"须臾"为"片刻"之义（见金开诚、董洪利及高路明：《屈原集校注》，中华书局1996年版，第497页）。然释为"徘徊"亦通，或在此更为合理。

③ 《养生主》篇庖丁解牛而"为之踌躇满志"（亦见《田子方》）；《人间世》篇则托孔子之语谓"案人之所感，以求容与其心"。至于"须臾"一词，外篇《知北游》曰："自本观之，生者，暗醷物也。虽有寿夭，相去几何？须臾之说也，奚足以为尧、桀之是非！"《山木》曰："吾敬鬼尊贤，亲而行之，无须臾离居"，亦有其不同用法。

表 1

双节词	拟音	二字声纽、韵部	词意
犹豫、由与	ʎĭəu—ʎĭɑ	余幽—余鱼	迟疑不决
踌躇	dĭəu—dĭɑ	定幽—定鱼	迟疑不决、安闲得意
容与①	ʎĭwoŋ—ʎĭɑ	余东—余鱼	迟疑不决、安闲得意、从容无为
逍遥	sĭau—ʎĭau	心宵—余宵	从容无为
须臾	sĭwo—ʎĭwo	心侯—余侯	片刻之暇、从容无为
斯须	sĭe—sĭwo	心支—心侯	片刻之暇

总之，此种种盖皆“徘徊不进”之义，然在不同情况含义有别：无事时则以“从容不迫”为意，急迫时则以“犹豫不决”为意，而变为副词时则以“以一片刻之犹豫”或“以一片刻之逍遥”为意。以后来用词的习惯而言，则在《成之》此段读为“须臾”（或“斯须”）似最为近之。

至于“䍐”字，此依李学勤之见释为“罯”，然笔者则读为“舍”或“休”。按：以“罯”为声之“獸（罯）”字是书纽幽部（ɕĭəu），“舍”则是书纽鱼部（ɕiɑ），二字双声旁转可通。《荀子·劝学》：“学恶乎始？恶乎终？曰：其数则始乎诵经，终乎读礼；其义则始乎为士，终乎为圣人。真积力久则入，学至乎没而后止也。故学数有终，若其义则不可须臾舍也。为之，人也；舍之，禽兽也。”是以求成为圣人之道中而言，以学问之“不可须臾舍”为文。此所谓“真积力久”，似亦可以当《成之》之“屡以多”注文。《荀子·天论》亦曰：“若夫君臣之义，父子之亲，夫妇之别，则日切瑳而不舍也”，则更以“六位”之道言“不舍”之功夫。唯上面既已言“译”或借为“舍”，若同段中又借“罯”为之，无乃不可乎？其实此种“上下文异字同”现象，《郭店楚简》中屡见不鲜，不足怪。② 然而既已有之，则或不如看成“罯”借为“休”才对。“休”是晓纽幽部（xĭəu），声母与“罯”字之书纽虽是较疏的牙音与舌

① 与“容与”“逍遥”等声、义均近之迭韵词，亦有如从容（ts'ĭwoŋ—ʎĭwoŋ；清东—余东）、相羊（sĭaŋ—ʎĭaŋ；心阳—余阳）等词，今不多举。类似的双声连语亦有徘徊（buəi—ɣuəi；并微—匣微）、彷徨（baŋ—ɣuaŋ；并阳—匣阳）等。

② 见颜世铉：《郭店竹书校勘与考释问题举隅》，台湾《“中研院”历史语言研究所集刊》第 74 本第 4 分，2003 年，第 635~639 页。

音关系，但晓、书二纽确有同声系中通假之例（如"晓""烧"是也），而二字韵母则迭韵，通假的可能性仍是不小。此"休"则即"日夜不休"之"休"，与"舍"意无甚别。《荀子·修身》曰："故颐步而不休，跛鳖千里；累土而不辍，丘山崇成"，亦即"不可须臾休之"之谓。

接着"此以民皆又（有）眚（性），而圣人不可莫也"句，"莫"字确可读为"慕""模"或"侔"，而强调的则是在此长久"不休"的功夫之后，圣人之境已远不是中人所能效法的了。然笔者则疑此"莫"读若"无"，① 所言乃圣人之所以"不可须臾舍/休"其对善道的自我修养，即因为其本性与中人仍然无别，何以独能无此本性？此乃重申本段开头一句所言。这种理解若是无误，则再接着以第 21 简便是相当合理的："是以智（知）而求之不疾，其达（夫）人弗远悆（矣）；戤（勇）而行之不果，其悆（疑）也弗枉（往）悆（矣）。"所谓"求之不疾"即是"须臾舍之"之谓，而一旦如此，便"去人弗远"，与中人乃无大分别；需要急切、果断地求善而行事，才将往前迈进而超乎中人之上。

《中庸》谓"修道"为"教"，而道"不可须臾离"，此所以率本性而至于达道也。《荀子》强调修学之跬步千里、小流江海之"功在不舍"之理，其义则终身积蓄而不可须臾舍之。均言教学对本性的熏染与自我修养之永不可废。《成之》所言"恒""疾""终"等概念，盖可视为这些后来儒书所凭的思想渊源之一。

以上诸条中的文字新释读与简序调整，其所涉及的具体问题虽小，而给先秦思想史所带来的意义却不可低估。《成之》中的"恒""疾""终"等概念从何而来？其间的定义、分界及相互关系究竟如何？假如圣人之功在于"善道"之"不舍"，则其"求之于己"的功夫所指，毕竟是求之于本性而推广之？抑或是借之于《诗》《书》而砥砺诸己？凡此皆与郭店楚简他篇所言，甚至与思、孟、荀况所论，皆有相互出入与遥遥相对之处。以上所推论容有过言失真之所，然若能借此而引起对郭店楚简思想内涵及思想史意义的进一步讨论与推想，则此块小砖不至废抛。郭店楚简的研究已进行七年之久，② 经过多位学者不断而急切的努力，而其中不少奥秘至今仍待探索。诚然是"疾之可能，终之为难"，此所谓者并非虚言。

---

① 不但二字本义相近，二声系亦经常通假，见高亨纂著，董治安整理：《古字通假会典》，齐鲁书社 1989 年版，第 925、926 页。

② 补注：此据本文写作时而言。

补记：本文主要内容首次在 2004 年 7 月 6 日发表于北京清华大学中国思想文化研究所。后来增进"《唐虞》《性命》《六德》等篇杂识"及"《语丛一》零释"两节，题为"郭店楚简《成之》等篇杂志"发表于 2005 年 3 月 26 日台湾东吴大学哲学系举办、台湾大学哲学系举行的"新出土文献与先秦思想重构"国际学术研讨会，收入该会论文集。此后部分内容又讲述于 2005 年 5 月 30 日美国芝加哥大学东亚语言文明系举办的"中国古文字学：理论与实践"国际学术研读会上。最后转刊于《清华大学学报》（社会科学版）2006 年第 1 期。今为减省篇幅，将后所增两节删除，仅以《成之》篇的内容为主，此外并不改动原文，一仍其旧。文中不当或不成熟之处，敬请读者海涵。

2023 年 6 月

郭店楚简中的"天""命""性"*

曹　峰

　　郭店楚简问世至今，儒家文献中，关注最切、分析最多的是与人性论相关的问题，讨论主要集中于《性自命出》《尊德义》《成之闻之》《六德》，《语丛》之一、二、三，和《五行》、《穷达以时》、《唐虞之道》、上博楚简《孔子诗论》等篇也有一定关系。

　　在此，如果简要总结这些年郭店楚简人性论方面讨论的历程，可以说目前学界已经走出了一种狭隘的思路。这种思路认为：郭店楚简所见人性论述可以和道统论结合起来，郭店楚简为思孟学派的成立提供了更多的材料，郭店楚简是证成思孟道德形上学的有力证据。而更为广阔的思路强调从郭店楚简看出思想的多元性、复杂性。在学术脉络上，不仅仅注意郭店楚简和孟子之间的关系，同样注意郭店楚简和荀子之间的关系。就人性论而言，较之道德本体的意义，学者们更注重郭店楚简中"性"道德中立、自然而然的特征。[①]

　　笔者赞成郭店儒简研究中这种新的走向，同时认为，为了更好地理清思路，有必要再次回到文本中去，看看与此问题相关的重要材料，如"天""命""性"等概念，郭店楚简究竟是如何定位和阐发的，郭店楚简有没有花大力讨论这些问题，郭店楚简在讨论这些问题时，采用了怎样的论述方式，和先秦思想相比较，谁与郭店楚简的思路最为接近。在此，先提出结论：郭店楚简有非常清晰的本末意识，"命"和"性"属于"本"，为"天"所生，"命"是和"性"相接近的概念，学界习用的"天命"并不成立，"命""性"是虚位概念，并非

　　* 原载台湾《哲学与文化》(第 39 卷第 4 期，2012 年)，今据作者修订稿收入。

---

　　① 　具体可参梁涛：《郭店楚简与思孟学派》(中国人民大学出版社 2009 年版)之第一章和结语。也可参曹峰：《思孟学派的建构与解构——评梁涛〈郭店竹简与思孟学派〉》，《哲学研究》2010 年第 4 期，第 122~126 页。

道德根源，因此和性善学说没有直接关系。"情"属于"化"的领域，为"人"所生。正因为属于"天"的"性"具有非人为的自然而然性，因此，人必然最终采取与"本"相应的"化"（无为无形）的行为方式，以处理"情"及由"情"生长出来的各种道德伦理。正因为"命"属于"天"，因此也是人力不可把握的领域，是无常的，只能顺其自然。这种天人相分的思路，对"命""性"自然性、无常性的认识，好用生成论概括的思维结构，都反映出郭店楚简所见儒家和道家存在密切关系。这也就解释了郭店儒简与《淮南子》等道家文献屡屡相似决非偶然。沿着这条思路走出的儒家，更多归向于荀子而非孟子。

在解答这些问题之前，有必要首先对郭店楚简中一条始终未被人重视的材料，即"天生本、人生化"作出合理的解释，在此基础上，考察郭店楚简的儒家形上学，兼及郭店楚简所见的儒道交涉问题。由于郭店楚简儒家文献呈现出多元、复杂的面貌，本文在讨论相关问题时，主要以《性自命出》《尊德义》《穷达以时》和《语丛》之一、二、三等思想比较接近的文献为考察对象。

至今为止，已有不少学者，论及郭店楚简所见儒道关系。大约可以分为两个方向，一个是郭店楚简道家文献所见道家对儒家的态度，这方面的文章更多一些，结论也比较一致，即认为早期儒道关系还没有达到尖锐冲突的地步。另一个方向是考察郭店楚简儒家文献中所见道家影响，这方面论文比较少，而且比较零碎，多停留于相似概念、相似语句的比较，系统性的论述，尤其是从儒家形上思维的角度所作考察，很少看到，拙文也想在这方面做一些尝试。

一、从"天生本、人生化"看天人意识

郭店楚简《性自命出》篇有所谓"性自命出，命自天降，道始于情，情生于性"，学者多与《中庸》的"天命之谓性，率性之谓道，修道之谓教"联系起来，倒推《性自命出》的文意，说《性自命出》的"性"是"天命"所致，又通过《中庸》的"率性之谓道"，认为"性"就是道德的根本。以此证成《性自命出》篇与子思的关系，证明《性自命出》篇属于思孟学派。①

---

① 如蒙培元说："《性自命出》涉及很多问题，有比较丰富的内容，但是，就其整篇所反映的思维模式或模型而言，与今本《中庸》最为接近，不如说两者有基本相同的思维模式。"蒙培元：《〈性自命出〉的思想特征及其与思孟学派的关系》，《甘肃社会科学》2008 年第 2 期，第 37 页。

然而，如果我们仔细分析《性自命出》这段话，可以发现，这里并没有"天命"连用。同时，我们还可以发现，在许多学者眼中如此重要的一段话，《性自命出》并没有加以展开，作出更为深入的分析，却只是一笔带过而已，这是非常值得注意的现象。

那么，在郭店楚简中，"天""命""性"是如何被排列和定位的呢？从《性自命出》的"性自命出，命自天降，道始于情，情生于性"看，这里显然有两条线索，一条是"天→命→性"，另外一条是"性→情→道"，这里的"道"显然指的是"人道"，即人应该遵循的人伦规范。① 这两条线索分别代表两个不同的领域，前者属于"天"，后者属于人，而"性"既属于"天"又属于"人"，是由"天"到"人"的媒介。类似的表述方式还可见于《语丛》。如下所示，《语丛一》中也有地方论述到"天""命"：

(1)有天有命，有物有名 2
(2)有天有命，有地有形 12
(3)有命有文有名，而后 4 有緐 5

由此可见，"物""名""地""形"这些非人力可为的、和人的道德伦理无关的存在直接来自"天"和"命"，第三句话虽然没有提到"天"，但结构相似。"緐"如下文所论证的那样，可以读为"本"，因此，在《语丛一》作者看来，"物""名""地""形""文"都是天生的、具有本质规定性的东西。

从"性自命出，命自天降，道始于情，情生于性"看，"性"既属于"天"的范畴，又是走向"人"的中介。《语丛》中没有找到"天""命""性"按前后排列的表述，但从《性自命出》的"性自命出，命自天降"看，"有天有命有性"的存在也是可能的。《性自命出》所见另外一条线索，即"情"出自"性"的论述，在《语丛二》中得到了充分的反映，《语丛二》以非常整齐的四字句格式，描述了各种各样的人"情"（"情""欲""爱""子""恶""喜""愠""惧""智""强""弱"），② 及各种伦理"礼""敬""爱""亲""忠"，皆出自"性"。

《语丛》中还可以看到郭店楚简对存在物本末地位的清晰认识。郭店楚简《语丛一》中有一句非常重要的话，对了解文意起到关键性作用。原释文作"天生緐、人生冗"（简 3）。裘锡圭的按语以为"緐"当解作"伦"，意为"伦序"。"裘按"释"冗"为"卯"，但未进一步解

---

① 《语丛二》有"情生于性，礼生于情"，可以佐证。
② 释文参李零：《郭店楚简校读记(增订本)》，中国人民大学出版社 2007 年版，第 220~221 页。

释何谓"人生卯"。① 这之后，关于"鰍"和的字又有多种解释。对于"鰍"，有学者读为"本""根""玄"；对于的字，有学者读为"化""末""某""流""獣""舜"。② 不管怎么解释，有一个现象是不能忽视的，那就是这一句必须能够和《语丛一》"凡物有本有，有终有始"（简49）及前引"有命有文有名，而后有鰍"相对应，也就是说，这里显著存在着本和末、始与终、主与从的鲜明对比意识。笔者以为，从字形、文意看，将"鰍"读为"本"、将的字读为"化"，可以为两个句子给出最为合理的解释。在《郭店楚简"天生本、人生化"解》一文中，笔者详细论证了这一解读的合理性，如果将的字读为"化"，那么，"凡物有本有化"告诉我们"本""化"有上下本质之别，包括人在内的世间万物都既有本生的成分也有化生的成分，本生是天生的、命定的、人力不可及的，化生虽然在下、在其次，但却是一种作用方式，体现出对人的作用与功能的尊重与肯定。将"鰍"读为"本"，不仅形成了"本"与"化"的对应，也可以得到"有命有文有名，而后有鰍"的印证，如前所述，"命""文""名"指天所赋予的本质性规定，"鰍"来自这三者，正表明这是一个来自"天"、非人力所能把握的概念。

《语丛一》说："知天所为，知人所为，然后知道，知道然后知命。"（简30）就是在强调既要了解"本"也要了解"化"。"本""化"相对，传世文献中可以举出《楚辞·天问》的"阴阳三合，何本何化？"为例证。把"天生鰍、人生"读为"天生本、人生化"，就对理解《性自命出》为什么能够排列出"天→命→性""性→情→道"两条线索，对理解郭店楚简儒家思想的背景具有重要意义。当然，郭店楚简儒家文献论述的重点其实不在于天，而在于人不同于天的、特殊的作用，即建立在自然人性基础上的、非强制的、感化式的道德政治。因此，可以说"化"字最能够体现这一功能。

二、郭店楚简所见儒家形上学意识

通过以上对"天生本、人生化"及相关资料的分析，我们得知，郭店楚简所见儒家也有关注本源的形而上学思维，但这种思维，和我们通过《易传》或通过《中庸》《孟子》所见的形上学并不相同。

---

① 荆门市博物馆编：《郭店楚墓竹简》，文物出版社1998年版，第200页。
② 详见曹峰：《郭店楚简"天生本、人生化"解》，《儒林（2011）》，山东大学出版社2011年版。

《周易·序卦传》说："有天地然后有万物，有万物然后有男女，有男女然后有夫妇，有夫妇然后有父子，有父子然后有君臣，有君臣然后有上下，有上下然后礼义有所错。"《周易·说卦传》说："昔者圣人之作《易》也，将以顺性命之理，是以立天之道曰阴与阳，立地之道曰柔与刚，立人之道曰仁与义。"这是将人类社会种种伦常秩序的发生，归因于天地外在的施予，视天地为伦常秩序的直接来源。郭店楚简也有类似表述，如《成之闻之》有"天降大常，以理人伦。制为君臣之义、著为父子之亲，分为夫妇之辨。是故小人乱天常以逆大道，君子治人伦以顺天德"。但这种思维在郭店楚简中并不多见。当郭店楚简使用生成论的表达方式，从"性""命"之角度讨论这个问题时，显然不是这种框架。

《中庸》有所谓"天命之谓性，率性之谓道，修道之谓教"。"诚者，天之道也。诚之者，人之道也。""自诚明，谓之性。自明诚，谓之教。诚则明矣；明则诚矣。唯天下至诚为能尽其性；能尽其性，则能尽人之性；能尽人之性，则能尽物之性；能尽物之性，则可以赞天地之化育；可以赞天地之化育，则可以与天地参矣。"按照这个逻辑，存在所谓的"天命"之"性"，"诚"就是这种"天命"之"性"，因此"天命"就是道德命令，人伦道德由天直接进入人心内部，天人在此意义上合一。

孟子进一步论证"心性"一体，认为德性是区别于动物的、人之为人的本质，将儒家所宣扬伦理视为天赋的道德本能，"由仁义行，非行仁义也"（《孟子·离娄下》），然后通过"尽心""知性""存心""养性""事天""立命"（《孟子·尽心上》）的修养功夫来确立德性主体，实现天人合一的圣人境界。郭店楚简也显然不是这种框架，具体而言，郭店楚简所见儒学形上学有这样一些特征。

第一，从"天生本、人生化""凡物有本有化、有终有始""性自命出，命自天降，道始于情，情生于性"来看，郭店楚简通过生成论的表达方式追问事物的起源、存在的依据以及行为的方式，虽然不能说郭店楚简所见儒家典籍中看不到本体论的影子，但主要还是一种生成论。如梁涛指出的那样，"竹简的天……不具有明显的道德意义，与宋明理学的天或天理不能同日而语。从哲学的层面看，'性自命出，命自天降'主要是生成论的，而非本体论的，由这种'天'所出的'性'，不论其与天统一与否，均不必然是一种善性"[1]。不过，郭店楚简儒家文献所见形上建构，却极为零散，不是作者论述的重点，往往一笔带过而已，仿佛存在一个不言自明的思想背景。

第二，郭店楚简所见儒学形上思维是以天人相分为思想背景的，郭店楚简存在永恒不

---

① 梁涛：《郭店楚简与思孟学派》，中国人民大学出版社 2009 年版，第 144 页。

变的"本"和移动常变的"化"相对应的思路，天负责"本"的领域，人为作用的领域只在于"化"，对于"本"而言，人是无能为力的。

第三，郭店楚简并无"天命"的表述，也不存在"立命"之说。用"天命"这样一种带有意志性的表述去理解"性自命出"是不妥的，"性"由"命"所出和把"天命"直接判定为"性"有着很大的区别，这一点早已有学者指明。①

第四，如"喜怒哀悲之气，性也""四海之内，其性一也"所言，"性"是带有普遍意义的气质之性，而非道德之性。如"好恶，性也"，"善不善，性也"②，"牛生而长、雁生而伸、其性〔使然〕"所言③，"性"指的是天赋的本能。再如"凡人虽有性，心无奠志，待物而后作，待悦而后行，待习而后奠""人虽有性，心弗取不出"所言，郭店楚简的"性"和"心"作用意义完全不同，不可能合为一体。因此孟子的心性一体、良知良能是无法想象的。

因此郭店楚简的"天""命""性"虽然具有形上的意义，但却不能看作道德本体，和《易传》《中庸》《孟子》的论述是显然有别的。④

郭店楚简所见儒家为什么要设置这么一个简单的生成论框架，又不作详论呢？这个问题暂且不谈，我们先来看看这个生成论框架和谁最为相似。在古典文献中对"天""性""命"同时作出论述者，如余开亮指出的那样，⑤ 可以举出以下两个用例。

> 分于道谓之命，形于一谓之性，化于阴阳，象形而发谓之生，化穷数尽谓之死。故命者，性之终〈始〉也，〔死者，生之终也。有始〕则必有终矣。（《大戴礼记·本命》）⑥

> 泰初有无，无有无名，一之所起。有一而未形，物得以生，谓之德。未形者有分，且然无间，谓之命。留动而生物，物成生理，谓之形。形体保神，各有仪则，谓

①　丁四新：《郭店楚墓竹简思想研究》，东方出版社 2000 年版，第 176～177 页。

②　此句郭店楚简缺，据上博简《性情论》补。笔者以为，这里的"善不善"其实也是"好恶"之义，可以作肯定否定解，而非具有价值判断色彩的"善恶"。季旭昇读"善"为"擅长"，参见季旭昇主编：《上海博物馆藏战国楚竹书(一)读本》，台湾万卷楼图书公司 2004 年版，第 157 页。

③　这句话上博简《性情论》缺。"其性"后补"使然"，从李零：《郭店楚简校读记(增订本)》，中国人民大学出版社 2007 年版，第 136 页。

④　梁涛《郭店楚简与思孟学派》也指出《性自命出》"所谈主要是自然人性，与《中庸》的'诚明'之性，道德人性显然有所不同"(中国人民大学出版社 2009 年版，第 26 页)。

⑤　余开亮：《〈性自命出〉的心性论和乐教美学》，《孔子研究》2010 年第 1 期，第 19～20 页。

⑥　据《孔子家语·本命解》"故命者，性之终也"当作"故命者，性之始也"。"则必有终矣"前面据《孔子家语·本命解》可补"死者，生之终也。有始"。

之性。性修反德，德至同于初。同乃虚，虚乃大，合喙鸣。喙鸣合，与天地为合。（《庄子·天地》）

《孔子家语·本命解》和《大戴礼记·本命》类似，前面有"鲁哀公问于孔子曰：'人之命与性何谓也？'孔子对曰：……"从其内容看，似是通过生命的过程去谈"性""命"，余开亮说"命是自然万物形成的分定过程，而性则是自然万物形成的分定结果"[1]。《大戴礼记·本命》恐没有那么复杂。关于"道"，王聘珍《大戴礼记解诂》谓"道者，天地自然之理"，可见"道"在这里也可以代表"天地"。关于"命"，王聘珍《大戴礼记解诂》谓"命，谓人物所禀受度也"。关于"性"，王聘珍《大戴礼记解诂》引董仲舒曰"性者，生之质也"。笔者以为杨朝明主编《孔子家语通解》对"性""命"的解释可以接受，即"天道赋予人的，称作命"。"生来形成具有的，称作性。"[2]即"命"和"性"都属于生而具有的性质。《庄子·天地》篇是从宇宙生成论的角度谈"命"和"性"，起点是"无有无名，一之所起"的"泰初"，但从此段文章后半"性修反德"，最终"与天地为合"的论述看，说其生成论的起点是"天地"也无大碍。《庄子·天地》以包括人在内的"物"为对象，指出在从无形到有形的生成过程中，"命"处在"有分"却又"无间"的阶段，这应该强调的是物所共有的统一性，而"性"则因有"形体""仪则"，而具备了物区别于物的差异性。就"命"和"性"在本质上均代表物之内在规定性而言，两者并无大异，只是在前后次序上有所不同，这也是道家文献"性命"常常连用的原因。

《大戴礼记·本命》虽然属于儒家文献，但类似的表述在儒家文献中并不多见。对"天""命""性"这些概念，使用生成论的框架，强调造化的过程，不认为其具有道德的属性，只强调其普遍性、自然性特征者，无疑是道家。而且这种论述一定是以天人相分为前提的，因为只有天人相分，才能在天人之间拉开距离，视与天相关者为本，视与人相关者为末。道家正是"天人相分"的倡导者，如《庄子·大宗师》有"知天之所为，知人之所为，至矣"。《淮南子·泰族》说"凡学者能明于天人之分，通于治乱之本，澄心清意以存之，见其终始，可谓知略矣"。当然在天人相对的框架中，庄子肯定天，而否定人，肯定天性无为，而否定人道有为。郭店楚简"天生本、人生化"也有以天为本为主、以人为末为次的思路，不过对人决非完全否定。不少学者将郭店楚简《语丛一》的"知天所为，知人所为，

---

① 余开亮：《〈性自命出〉的心性论和乐教美学》，《孔子研究》2010 年第 1 期，第 20 页。

② 杨朝明主编：《孔子家语通解》，台湾万卷楼图书公司 2005 年版，第 313 页。

然后知道，知道然后知命"。和《中庸》的"思知人，不可以不知天"联系起来解释，但《中庸》的思路是要达成天人一体、心性一体，为天赋予道德属性，为性设置道德属性，郭店楚简看不到这样的道德形上学。

　　这里有必要对先秦道家的人性论作一个简单的回顾。概而言之，先秦道家的人性论分为两种形态，第一种形态是将"无知""无欲"视为人的本性。如《庄子·天道》云"夫虚静恬淡寂漠无为者，万物之本也"。《庄子·马蹄》云"同乎无知，其德不离；同乎无欲，是谓素朴；素朴而民性得矣"。这种人性论认为人性是真实不伪、自然而然的，因此，如《淮南子·诠言》"邪与正相伤，欲与性相害，不可两立。一植一废，故圣人损欲而从事于性"所言，为了维护、保持纯真的人性，必须要做减法，减除各种人欲、人为，听任人自然本性的自由发展，这是把先天的人性和后天的人为（包括各种伦理道德）对立了起来。第二种形态同样认为人性是真实不伪、自然而然的，但不把先天的人性和后天的人为（包括各种伦理道德的树立）对立起来，不是做减法，而是做加法。如《淮南子·泰族》有以下的话：

　　　　圣人之治天下，非易民性也。……（禹）因水之流也。……（后稷）因地之势也。……（汤、武）因民之欲也。故能因，则无敌于天下矣。……民有好色之性，故有大婚之礼。有饮食之性，故有大飨之谊。有喜乐之性，故有钟鼓筦弦之音。有悲哀之性，故有衰绖哭踊之节。故先王之制法也，因民之所好，而为之节文者也。

这种说法表示，"好色""饮食"这些都是人的自然本性，圣人之治，不是改变人的本性，而是因顺人的本性。利用自然之性中可以利用的"仁义之资"，经过圣人的教导，从自然之性中发展出礼乐、贵贱等伦理和规范来。

　　可以说，道家的这一路思维，在承认人性自然的前提下，利用人性的自由发展，利用"性"处于天人之间的特殊位置，利用人的合理作为（如"教""养""明""习""修"），从"性"中引导出自然合理的人伦规范来。

　　笔者以为，郭店楚简儒家文献中，如《性自命出》《尊德义》，其思维结构和上述《淮南子·泰族》几乎同出一辙。① 甚至有些文句都极为相似，如《尊德义》的"禹以人道治其民，桀以人道乱其民。桀不易禹民而后乱之，汤不易桀民而后治之。圣人之治民，民之道也。

---

　　① 上博简《孔子诗论》的"民性固然"，也基于同样的思维方式，本文以郭店楚简为主，故不作展开。

禹之行水，水之道也。造父之御马，马之道也。后稷之艺地，地之道也。莫不有道焉，人道为近。是以君子人道之取先"。如《性自命出》的"圣人比其类而论会之，观其先后而逆顺之，体其义而节文之，理其情而出入之，然后复以教。教，所以生德于中者也。礼作于情，或兴之也。当事因方而制之"等。

如前所述，已经有越来越多的学者倾向于认为，郭店楚简儒简所见的人性论，较之道德性的一面，更强调的是自然而然、真实不伪、反对做作、尊重情感的一面。[1] 有学者以为，"情的价值得到如此高扬，情的领域达到如此宽广，都是别处很少见到的"[2]。"可以说，《性自命出》的最大特色，在于它的情论，而不是性论。"[3]之所以花大量的篇幅论"情"，是因为"情"乃"性"的现实反映，通过对"情"的彻底分析和研究，可以了解"情"的各种作用方式，以此建立起更为自然、合理的社会伦理规范。因此，无论是《性自命出》《尊德义》，还是《淮南子·泰族》，性情（包括"欲"）是一体的，而非对立的。都是通过因顺自然人性，寻求最为合理的社会管理方式。论性论情，不是为人之德性的先天拥有寻求依据，而只是为现实政治的合理性寻求人性的依据。只要把握住了性命之本，其他顺其自然即可。

所谓"人生化"也切合这样的思维方式，当然，这个"化"不是"造化"的"化"，不是物由生而死的变化，也不是由一物向另一物的转化，而是因人的作为而发生的量变（非质变），和人的社会伦理有关，但恐怕也不能简单视其为由上而下的"教化"，如《管子·七法》所言"渐也、顺也、靡也、久也、服也、习也，谓之化"，是一种无形、渐进的影响方式，其基本思维构造应还是老子的"道"无为而"物（人）"自化的思路（见《老子》三十七章、五十七章），可以视其为在不违背"本"的前提下，使人能够自然而然地接受、遵循各种道德伦理和社会规范的姿态。《语丛一》有"察天道以化民气"，《尊德义》有所谓"民进善安为（化）"之说，《淮南子·泰族》则有"故圣人怀天气，抱天心，执中含和，不下庙堂而行于四海，变习易俗，民化而迁善，若性诸己，能以神化也"。《淮南子·缪称》有"圣人在上，民迁而化，情以先之也。动于上，不应于下者，情与令殊也"。均和《尊德义》的论述相

---

① 可参李友广：《真实不伪：前孟荀时代的人性论——以"眚自命出，命自天降"为基点》，《兰州学刊》2008 年第 11 期，第 4~8 页。

② 庞朴：《孔孟之间——郭店楚简中的儒家心性说》，《中国哲学》第 20 辑"郭店楚简研究"专辑，辽宁教育出版社 1999 年版，第 31 页。

③ 蒙培元：《〈性自命出〉的思想特征及其与思孟学派的关系》，《甘肃社会科学》2008 年第 2 期，第 40 页。

似，也和"天生本、人生化"的精神一致。如前所述，近年来学者更多认识到《性自命出》中的"性"具有自然性，并通过自然性进入社会性，而"性"正好处于"本"和"化"之间，通过"性"既可以反归自然本初，也可以化生道德情感。当然，与"天生本"相比，郭店楚简更侧重于"人生化"，《性自命出》对"情"作出那么多的论述，说明了其虽然受到道家影响，但对本源的关注并非其重点，人伦道德、社会秩序的自然化生才是其着眼点。《性自命出》以大量篇幅论"情"，《语丛二》的绝大部分内容是论述各种情态、欲望生于"性（或欲）"之后的层层展开，这都是"人生化"的表现形态。在"人生化"的过程中，"心"起到了能动的作用①，对于"心"的作用，有学者使用"心术"加以表示②，甚至认为可能和《管子》四篇稷下道家有关，限于篇幅，这里不再展开③。

回过头来回答前面的问题，郭店楚简所见儒家文献为什么要设置一个简单的生成论框架，又不作详论呢？笔者以为，这是因为郭店楚简所见儒家受到了道家（某一支）天道无为、性命自然思维模式的影响，在考虑和设计儒家政治思想时，自觉或不自觉地利用了一些基本的思维框架，如"命""性"为天所生，属于本的领域，人力所不可及。相反，人的作为只能是"化"，即在顺应天性的前提下，演绎出与天性不相矛盾的、自然的、合理的人伦秩序来。这些东西既然道家已论之甚详，故只要点到为止即可，不必从头论起。④ 由于"性"横亘于天人之间，通过"性"可以从统一性、普遍性走向差异性、特殊性，从圆融走向分化，从静到动，从隐到显，"性"以及与"性"相关的"情""欲"就成为导出合理政治之第一步，所以"性情论"成了郭店楚简论述的重点。

笔者以为，传世文献中只有《论衡》是依据天人相分的框架以及"天""性""命"的关

---

① 如丁四新而言，这个能动作用，表示"心"是一个单纯的"心之官则思"的"心"，而孟子之"心"则不仅具有"思"的特性，而且推明了道德"本心"概念。参丁四新：《"生"、"眚"、"性"之辨与先秦人性论研究之方法论的检讨：以阮元、傅斯年、徐复观相关论述及郭店楚简为中心（下）》，刘笑敢主编：《中国哲学与文化》第 7 辑，广西师范大学出版社 2010 年版。

② 可参郭齐勇：《郭店楚简〈性自命出〉、〈五行〉发微》的第一节《〈性自命出〉的主题"心术"》，《楚地出土简帛文献思想研究（一）》，湖北教育出版社 2002 年版。欧阳祯人《〈性自命出〉的性情思想研究》说"简文的真正意义是要拓展出'心术'"（《楚地简帛思想研究（二）》，湖北教育出版社 2005 年版）。中嶋隆藏《郭店楚简〈性自命出〉篇小考》甚至认为可以用"心术"或"奠志"来重新命名《性自命出》（《楚地简帛思想研究（三）》，湖北教育出版社 2007 年版）。

③ 陈鼓应《楚简〈太一生水〉之宇宙生成论——兼论〈性自命出〉之尚情说》说"《性自命出》如此重视'心术'，将心术视为道的核心部分，这个观点显然受到稷下黄老的影响"（收入陈鼓应：《老庄新论（修订版）》，商务印书馆 2008 年版，第 118 页）。

④ 无论是郭店楚简还是上博楚简，均儒道共存，相互影响是不言而喻的。

系,① 利用天地自然，万物自生的原理，解释了为什么"命不可勉"，利用这一框架，我们可以为《穷达以时》"天人有分"框架下的"遇不遇，天也"和"穷达以时"的理论提供合理的解释，结合《性自命出》的"性自命出、命自天降"和《语丛一》的"天生本、人生化"我们也可以为《语丛二》的"有行"有"不行"、"知命者无坣(必)"找出背后的依据。同时，还可以由此推测，《语丛一》的"知天所为，知人所为，然后知道，知道然后知命"中的"命"应该指的是"命运"，前面的"道"应指的包括"天""人"在内整体的"道"。而《尊德义》的"知人所以知命，知命而后知道""有知己而不知命者，亡知命而不知己者"也是对人生无常的一种默认吧。

最后再对郭店楚简所见儒家形上学做一简单归纳。郭店楚简所见儒家有其形上学建构的努力，但这种建构并不是原创的，并非儒家之擅长，而是借来的框架。因此极为简单，语焉不详，只有与道家思想相对照，我们才能了解大意。通过"天生本、人生化"的天人相分思维，以及"天""命""性"的架构，郭店楚简设置了一个简单的生成论，以"天""命""性"代表本源和根据，代表统一性和普遍性，"天"并没有意志，也不存在可以下达道德命令的所谓"天命"，"命""性"均为事物存在的依据，代表着事物的本质，在此意义上可以"性命"连用。当"命"指向时间维度时，代表的是命运。当"性"指向空间维度时，代表的是存在物的特殊性、差异性。正因为天道自然，因此"行""不行""遇不遇"由"天"决定，"穷达"由"时"决定。"性"是"天"与"人"的媒介，"人"由此获得"天"赋予的内在质性，又因为性情一体，为"人生化"即人心的能动性提供了广大的活动空间。这个空间建立在重"情"即重视人自然情感的基础之上，以"化"(自然无形而不强迫)的形式展开，故而特别重视诗乐之教以情动人的作用。只有基于真实不伪的性情，所有的人为(包括人伦道德和社会管理)才具有合理性。显然，这种本体论和依赖"天命"的、基于"心性"合一的、由人心推出天理的道统论完全不是一回事。②

如果我们承认郭店楚简中有着道家思想背景，就能解释很多有趣现象。第一，郭店楚简儒家文献不仅表现出对本源的关心，连叙述方式也力图使用生成论模式来排列各种重要的概念，这在儒家传世文献中是少见的。第二，郭店楚简中有一些重要的概念，如"无为"

---

① 当然，王充的框架中还有一个重要的概念，就是"气"，但这不影响王充整个思想框架对我们的启发。

② 蒙培元《〈性自命出〉的思想特征及其与思孟学派的关系》说"《性自命出》和《中庸》都提出性命合一之学。命是指天命，性是指人性，性命就是天人合一"。"命就在性中，性就是命的实现。"(《甘肃社会科学》2008 年第 2 期，第 37 页)依照本文的逻辑，这样的结论怎么也无法导出。

"物物"似乎也是直接来自道家的。第三，郭店楚简儒家文献和传世道家文献往往语句重合。限于篇幅，对这些现象的分析只能另文展开。这些现象，恐怕不能仅仅用"同文重见"、资源共享来作说明，必须承认郭店楚简中一些儒家文献和道家有着思想上的密切关联。这些交流不是零散的、偶尔的，而是从形上框架到语言表达，从不同层次、不同角度展开的。

三、结语

这里再简单地疏理一下郭店楚简人性论的余韵。

毋庸置疑，"天人相分"是荀子思想的基本构造，对道家思想大量吸纳是《荀子》的一大特色。如果将荀子、孟子与郭店楚简相比，显然荀子更为接近。荀子关于"性"的种种认识，如"不事而自然谓之性"（《性恶》）、"生之所以然者谓之性"（《正名》）、"凡性者，天之就也，不可学，不可事者也。礼义者，圣人之所生也，人之所学而能，所事而成者也。不可学，不可事，而在人者，谓之性。可学而能，可事而成之在人者，谓之伪。是性伪之分也"（《性恶》）、"性之好、恶、喜、怒、哀、乐谓之情"（《正名》）、"性者，天之就也。情者，性之质也。欲者，情之应也"（《正名》）、"故曰：性者，本始材朴也。伪者，文理隆盛也。无性则伪之无所加，无伪则性不能自美"（《礼论》）。荀子对于"性"的定义，和郭店楚简的"性"论极为相似，和"天生本、人生化"的思路一脉相承，在天人相分基础上，荀子发展出了性伪之分。当然荀子更重视的是"人"，为此，他更倾向"人生化"的一侧，反复强调"圣王之治，而礼义之化"（《性恶》），从而发挥出圣人"化性起伪"的哲学。和郭店楚简一样，荀子认为性情一体，因此荀子也主张基于人的性情来设置合理的政治。不过，他更侧重性恶的一面，所谓的"伪"也更多了强制的色彩。这是荀子根据现实政治的需要作出的新发展。但究其思想根源，依然可以上溯到郭店楚简。到了西汉，董仲舒视"性"为"自然之资"，说"性者，天质之朴也；善者，王教之化也"（《春秋繁露·实性》），这里依然有"天生本、人生化"的痕迹。关于性情，在广义上，他说"天地之所生，谓之性情，性情相与为一瞑，情亦性也"（《春秋繁露·深察名号》），和郭店楚简相似。但在狭义上，董仲舒又从阴阳论性情，说性生于阳，为仁、为善，情生于阴，为贪、为恶，这就是他新的发明了。

　　一些学者以《五行》是子思子之作为前提，使用《性自命出》和《中庸》看似相同、其实有别的材料，努力要在郭店楚简中打造出思孟心性论。如果说心性合一、天人合一是思孟的基本要素，那么，通过上述的分析，我们已经得出郭店楚简其实是天人相分、性情一体，要在其中找出思孟心性论来，看来相当困难。①

---

　　① 中嶋隆藏也指出"所谓《性自命出》篇的整理者有一个明显的判断错误，引用《中庸》首章，暗示属于思孟学派，而对与《荀子》的关联则等闲视之"。参中嶋隆藏：《郭店楚简〈性自命出〉篇小考》，《楚地简帛思想研究(三)》，湖北教育出版社 2007 年版，第 435～436 页。

《性自命出》与《淮南子·缪称》论"情"*

刘乐贤

一

　　荆门郭店一号楚墓所出竹简中，有一种被整理者拟题为"性自命出"的儒家文献。[①] 其内容，据学者研究，大致可分为上、下两个部分。[②] 两部分所论各有侧重，但总的思想仍然相关，不妨放在一起讨论。[③]《性自命出》多处提到"情"，其下部分还有一段专门论述"情"的文字：

　　* 原载《中国哲学史》2000 年第 4 期，又载氏著《战国秦汉简帛丛考》(文物出版社 2010 年版)，今据前者收入。注释提到的《郭店楚简国际学术研讨会论文汇编》，正式出版物为武汉大学中国文化研究院编《郭店楚简国际学术讨论会论文集》(湖北人民出版社 2000 年版)。

　　① 荆门市博物馆编：《郭店楚墓竹简·性自命出》，文物出版社 1998 年版，图版第 61~66 页，释文第 179~184 页。

　　② 李学勤先生说："我觉得，被称为《性自命出》的六十七支简，恐怕原来不是一篇，而是两篇。从简号一到三六为一篇，中心在于论乐；从简号三七至六七乃是另一篇，中心在论性情。两者思想相关，可能共属一书，然而各为起迄，不是同一篇文字。"(李学勤：《郭店简与〈乐记〉》，《中国哲学的诠释和发展——张岱年先生 90 寿庆纪念文集》，北京大学出版社 1999 年版，第 23~28 页)李零先生在校读郭店简时，则将《性自命出》分为上、下两篇。参见李零：《郭店楚简校读记》，《道家文化研究》第 17 辑"郭店楚简专号"，生活·读书·新知三联书店 1999 年版，第 504~511 页。

　　③ 这两部分之间的关系目前尚不能确切考定，它们可能如李学勤先生所说是同一书的两篇文字，也可能是某一篇文字的上篇和下篇。

凡人情为可悦也。苟以其情，虽过不恶；不以其情，虽难不贵。苟有其情，虽未之为，斯人信之矣。未言而信，有美情者也。未教而民恒，性善者也。未赏而民劝，含福者也。未刑而民畏，有心畏者也。贱而民贵之，有德者也。贫而民聚焉，有道者也。①

关于这段文字的大意，陈来先生有很好的概括，兹引述如下：

一个治民者，如果与人民有感情上的沟通，虽有过失，人民也不会嫌恶他。他若对人民有情，即使他没有做事，人民也相信他。未许诺而得到民的信赖，这是有美情的人；未施教化而使民有常心，这是性善的人；未行赏赐而民勉力，这是有福的人。他不做官，而民尊敬他，这是有德的人；他没有财富，而民聚集其周围，这是有道的人。这样的人，不喜欢他的人说不出他的过失，批评他的过失的人又不嫌恶他。这样的人就是修身近仁的人。总之，强调治民者内在情性的修养。②

强调统治者应加强内在情性修养，做到以德治民，这样的思想在先秦儒学中并不陌生。但是，像简文这样通过"情"来进行论证，却较为少见。用庞朴先生的话说，"情的价值得到如此高扬，情的领域达到如此宽广，都是别处很少见到的"③。陈鼓应先生也说"如此畅然地阐发情，为先秦典籍中所仅见"，他还指出：

考察先秦典籍，原始儒家对"情"并无所涉，其所言"情"乃"实"之义，与感情无关。由荀子始，以为"人情甚不美"，至董仲舒彰显儒家恶情之论。董氏以阴阳比附情性，认为性阳情阴，性表现为仁，情表现为贪，董氏"以性禁情"的思想为宋儒所延续。④

---

① 荆门市博物馆编：《郭店楚墓竹简》，文物出版社 1998 年版，图版第 65 页，释文第 181 页。为便于排印，简文一律采用宽式处理，即直接将通假字写出。
② 陈来：《荆门竹简之〈性自命出〉篇初探》，《中国哲学》第 20 辑 "郭店楚简研究" 专辑，辽宁教育出版社 1999 年版。
③ 庞朴：《孔孟之间——郭店楚简中的儒家心性说》，《中国哲学》第 20 辑 "郭店楚简研究" 专辑，辽宁教育出版社 1999 年版。
④ 陈鼓应：《〈太一生水〉与〈性命出〉发微》，《道家文化研究》第 17 辑 "郭店楚简专号"，生活·读书·新知三联书店 1999 年版。

《性自命出》论"情"之说既然不见于传世先秦儒籍，则《性自命出》是否为纯粹的儒家文献，便成了问题。陈鼓应先生就根据《性自命出》的论情主题，判定它受到了道家的《庄子》及《管子》四篇(即《心术》上下、《白心》、《内业》)的影响。他说，《性自命出》"全篇以论性情为主，文中常将情与性对举，主题在于阐扬性情，与庄子学派'任性命之情'相通"，"《性自命出》可以说是仅见的一篇古代尚情之作，这一文化遗产可惜未被后儒所继承，反而由道家而得以发展"。①

看来，论"情"之说事关《性自命出》的思想性质，在《性自命出》研究中具有不容忽视的地位。下面，我们拟从文献学的角度就此谈一些个人的粗浅看法，不当之处，尚祈方家指正。

二

据我们的初步理解，《性自命出》下部分所论之"情"，是指真情，与传世先秦儒籍"所言'情'乃'实'之义"(上引陈鼓应先生语)，其实并无区别。因此，《性自命出》下部分的论"情"观点，与先秦儒家对"情"的看法并无二致。但是，像简文"苟以其情，虽过不恶。不以其情，虽难不贵……"这样特别强调"情(真情)"的作用，在传世先秦儒籍中的确不易找到。倒是在汉初撰成的《淮南子》一书的《缪称》篇中，能找到一些类似说法。《缪称》有不少地方谈到"情"，较集中的有如下几段：

> 情系于中，行形于外。凡行戴情，虽过无怨；不戴其情，虽忠来恶。
>
> 勇士一呼，三军皆辟，其出之也诚。故倡而不和，意而不戴，中心必有不合者也。故舜不降席而王天下者，求诸己也。
>
> 故舜不降席而天下治，桀不下陛而天下乱，盖情甚乎叫呼也。无诸己，求诸人，古今未之闻也。同言而民信，信在言前也；同令而民化，诚在令外也。圣人在上，民迁而化，情以先之也；动于上，不应于下者，情与令殊也。

---

① 陈鼓应：《〈太一生水〉与〈性自命出〉发微》，《道家文化研究》第 17 辑"郭店楚简专号"，生活·读书·新知三联书店 1999 年版。

怀情抱质，天弗能杀，地弗能蘁也。声扬天地之间，配日月之光，甘乐之者也。苟乡善，虽过无怨；苟不乡善，虽忠来患。故怨人不如自怨，求诸人不如求诸己得也。

情先动，动无不得，无不得则无菩，发菩而后快。故唐虞之举错也，非以偕情也，快己而天下治。

上意而民载，诚中者也。未言而信，弗召而至，或先之也。①

类似的文句，在《缪称》中还能找出一些，限于篇幅，这里就不一一列出。上面所引的几段话，都强调统治者应以真情待人，强调统治者应通过"求诸己"而加强内在修养，主旨与《性自命出》的上引文字相近。"凡行戴情，虽过无怨；不戴其情，虽忠来恶"，与《性自命出》的"苟以其情，虽过不恶；不以其情，虽难不贵"，在语意和文句上都颇为接近。②"未言而信，弗召而至，或先之也"，也与《性自命出》的"未言而信"等句相当一致。《缪称》与《性自命出》在论"情"观点上的一致，是显而易见的。③

三

汉淮南王刘安主持编撰的《淮南子》一书，在《汉书·艺文志》中与《吕氏春秋》等同列于"杂家"。但它与《吕氏春秋》杂糅诸说不同，实有其一贯的思想宗旨，如东汉高诱所说，"其旨近《老子》，淡泊无为，蹈虚守静，出入经道"④。《缪称》开头即论"道""德"，篇中不少文字又与道家的《文子》相同，有明显的道家思想倾向。初看起来，这似乎正好印证了上面所引陈鼓应先生的说法：《性自命出》论"情"的"这一文化遗产可惜未被后儒继承，反而由道家而得以发展"。

但是，仔细考察了《缪称》的特点后，我们觉得问题并非如此简单。原来，《缪称》一篇在《淮南子》书中独具特色，早已引起了前辈学者的注意。例如，杨树达先生在论及《缪

① 何宁：《淮南子集释》，中华书局 1998 年版，第 709、712、717~718、726、730~731、733 页。

② 刘昕岚女士也注意到了这一点，见氏著《郭店楚简〈性自命出〉篇笺释》，《郭店楚简国际学术研讨会论文汇编》第 1 册，武汉大学，1999 年，第 250~259 页。

③ 其实，《缪称》与郭店简其他儒书也颇有关系，限于篇幅，本文暂不讨论。

④ 何宁：《淮南子集释》，中华书局 1998 年版，第 4~8 页。

称》的特色时，就明确指出：

> 此篇多引经证义，皆儒家之说也。今校知与《子思子》佚文同者凡七、八节之多，疑皆采自彼也。惜《子思子》不存，不得尽校耳。①

杨树达先生指出《缪称》有不同于《淮南子》其他篇的两个特点：第一，篇中多引儒家经典进行论证；第二，不少文字与《子思子》佚文相同。这两点对确定《缪称》的性质都很重要，下面不妨略加申述。

对于第一点，熟悉《淮南子》的人都很清楚：像《缪称》这样频繁地引用《诗经》《周易》，在《淮南子》中再无第二篇。仅以引用《周易》为例，李学勤先生业已指出：《淮南子》中明引《周易》之处共计十则，而《缪称》一篇就独占六则。②

对于第二点，杨树达先生之前，已有清人黄以周指出过一些例子；杨树达先生之后，还有学者也补充过个别例子。现将这些例子引述如下：③

（1）今谓狐狸，则必不知狐，又不知狸。

谓狐为狸者，非直不知狸也，忽得狐，复失狸者也。（《太平御览》卷九百十二引《子思子》）

（2）中行缪伯手搏虎而不能生也。

中行穆伯手捕虎。（《太平御览》卷三百八十六引《子思子》）

（3）故终年为车，无三寸之辖，不可以驱驰。

终年为车，无一尺之轮，则不可以驰。（《太平御览》卷七百七十三引《子思子》）

终年为车，无一尺之轸，不可驰。（《意林》卷一引《子思子》）

（4）故舜不降席而天下治，桀不下陛而天下乱。

舜不降席而天下治，桀纣不降席而天下乱。（《北堂书钞》卷十五及百三十三、《艺文类聚》卷六十九引《子思子》）

（5）同言而民信，信在言前也；同令而民化，诚在令外也。圣人在上，民迁而化。

---

① 杨树达：《淮南子证闻》，收入《杨树达文集》之十一，上海古籍出版社1985年版，第92页。
② 李学勤：《周易经传溯源》，长春出版社1992年版，第118~126页。
③ 为节省篇幅，以下不一一注明《缪称》和《子思子》佚文的版本和页码，请参看《淮南子集释》的有关部分。

同言而民信，信在言前也；同令而民化，诚在令外也。（《中论·贵义篇》引《子思子》，《后汉书·宣秉传》注谓为《子思子·累德篇》之辞）

言而信，信在言前；令而化，化在令外。圣人在上，而迁其化。（《意林》卷一引《子思子》）

（6）声自召也，貌自示也，名自命也，文自官也，无非己者。

声自呼也，貌自眩也，物自处也，人自官也，无非己者。（《中论·贵验》引《子思子》）

（7）故筦子，文锦也，虽丑，登庙；子产，练染也，美而不尊。

管仲，缋锦也，虽恶而登朝；子产，练丝也，虽美而不尊。（《太平御览》卷八百十五引《子思子》）

（8）故两心不可以得一人，一心可以得百人。

故两心不可以得一人，一心可以得百人。（《意林》卷一及《太平御览》卷三百七十六引《子思子》）

（9）同是声而取信焉异，有诸情也。故心哀而歌不乐，心乐而哭不哀。夫子曰："弦则是也，其声非也。"

情哀而歌，歌弗信矣。其弦则是，其声则非也。（《北堂书钞》卷百六引《子思子》）

（10）故世治则以义卫身，世乱则以身卫义。

国有道，以义率身；无道，以身率义。①（《意林》卷一引《子思子》）

（11）昔东户季子之世，道路不拾遗，耒耜余粮宿诸畮首，使君子小人各得其宜也。

东户氏之熙载也，绍荒屯，遗美好，垂精拱默而九寰以承流。当是之时，禽兽成群，竹木遂长，道上雁行而不拾遗，耕者余饩宿之亩首。其歌乐而无淫，其哭哀而不声者，皆至德之世。（《天中记》一引《子思子》）

（12）君根本也，臣枝叶也，根本不美，枝叶茂者，未之闻也。

君本也，臣枝叶也，本美而叶茂，本枯则叶凋。（《意林》卷一引《子思子》）

以上所列《缪称》与《子思子》佚文相近的例子，共计十二则。

---

① 《孟子·尽心》"天下有道，以道殉身；天下无道，以身殉道"，当袭自《子思子》此句。

《缪称》的上述两个特点，是互有联系的。由《缪称》有十二处文字与《子思子》佚文相近，可以断定《缪称》确与《子思子》一书有着不同寻常的关系。而《缪称》好引《诗经》《周易》等儒家经籍进行论证，又正好为此提供了旁证。因为，广泛称引《诗经》《周易》等经典，乃是《子思子》书的一个显著特点。①

值得注意的是，《缪称》有些地方还明显保留着《子思子》的口气。例如，上引第 9 则说：

> 同是声而取信焉异，有诸情也。故心哀而歌不乐，心乐而哭不哀。夫子曰："弦则是也，其声非也。"

其中"夫子曰"三字，与《淮南子》其他篇的体例不合。黄以周在引证《子思子》佚文后指出，"《缪称训》作'夫子曰'，盖子思子述夫子之言也"②。无独有偶，《缪称》的另一段文字说：

> 子曰："钧之哭也，曰'子予奈何兮乘我何！'其哀则同，其所以哀则异。"故哀乐之袭人情也深矣。

对此，杨树达解释说："《淮南》书称'子曰'者，他篇绝未见。盖此篇多本自《子思子》，详具上下文。《子思子》书多称'子曰'，此节盖亦本之，而仍其称耳。"③

上引杨树达等前辈学者的研究，足已证实《缪称》与《子思子》有密切关系。据此，我们虽不能说《缪称》全部取自《子思子》，但可以肯定，《缪称》保存的子思学派思想必定相当丰富。

四

以上的考述表明：《性自命出》下篇论"情"之说与《淮南子·缪称》最为接近；而《缪

---

① 现存于《礼记》的《缁衣》《表记》《坊记》三篇，一般认为出于《子思子》。而这三篇中，有许多引用《诗经》《尚书》《周易》的例子。

② 参看何宁：《淮南子集释》，文物出版社 1998 年版，第 732~733 页。

③ 杨树达：《淮南子证闻》，收入《杨树达文集》之十一，上海古籍出版社 1985 年版，第 99 页。

称》正好是一篇保存了大量儒家子思学派学说的文献,内中有不少文句与《子思子》佚文相近。因此,《性自命出》下部分的论"情"诸简,应和《缪称》一样,很可能与《子思子》一书有密切关系。

尤其值得注意的是,上引《缪称》论情的"故舜不降席而天下治,桀不下陛而天下乱,盖情甚乎叫呼也。无诸己,求诸人,古今未之闻也。同言而民信,信在言前也;同令而民化,诚在令外也。圣人在上,民迁而化,情以先之也;动于上,不应于下者,情与令殊也"一段中,其前面的"故舜不降席而天下治,桀不下陛而天下乱",及中间的"同言而民信,信在言前也;同令而民化,诚在令外也。圣人在上,民迁而化"等句,正好都是见于《子思子》的佚文。[1] 这说明,《子思子》中的确有与《性自命出》论"情"诸简观点大致相似的文字存在。因此,《性自命出》下篇确有可能出于《子思子》。

郭店楚墓竹简公布后,包括《性自命出》在内的几篇儒家文献受到学者关注,成为研究中的焦点。《韩非子·显学篇》说,孔子死后,儒分为八,"有子张之儒,有子思之儒,有颜氏之儒,有孟氏之儒,有漆雕氏之儒,有仲梁氏之儒,有孙氏之儒,有乐正氏之儒"。那么,郭店楚墓所出儒书到底属于儒家的哪一支派呢?对此,学术界正在进行讨论,暂时难以得出一致结论。具体到《性自命出》,虽然李学勤先生等早就提出应属子思学派,但迄今未能得到大家的一致赞同。例如,陈来先生的意见就与此有别,他说:"从哲学方面看,《性自命出》既引子游语,所论情性又与《乐记》接近,应与孔门中子游、公孙尼子有关,或许公孙尼子就是子游的弟子。从政治思想看,此篇又与《中庸》一致。很可能,子游、公孙尼子、子思就是一系,所以《缁衣》才会有子思作、公孙尼子所作两种说法。而我更多地倾向于认为《性自命出》这一篇是属于《公孙尼子》。"[2] 陈鼓应先生甚至怀疑它不是纯粹的儒家著作,认为它受了道家思想的影响,应作于《管子》四篇和荀子之间。[3]

陈鼓应先生说《性自命出》受了道家思想的影响,主要根据在于其论"情"观点不见于

---

[1]　与这一整段相近的文字,又见于《文子·精诚》(见李定生、徐慧君:《文子要诠》,复旦大学出版社 1988 年版,第 61~62 页)。按:今本《文子》的来历及其与《淮南子》(包括《缪称》)的关系十分复杂,容另作讨论。

[2]　陈来:《荆门竹简之〈性自命出〉篇初探》,《中国哲学》第 20 辑"郭店楚简研究"专辑,辽宁教育出版社 1999 年版。

[3]　陈鼓应:《〈太一生水〉与〈性自命出〉发微》,《道家文化研究》第 17 辑"郭店楚简专号",生活·读书·新知三联书店 1999 年版。

传世先秦儒籍。本文通过对《缪称》的考察，基本可以肯定，儒家的子思学派也有类似的论"情"之说。所以，我们不必再因此而怀疑《性自命出》受了道家思想的影响。

　　至于《性自命出》到底是属于《子思子》还是《公孙尼子》，现在尚难做出十分肯定的回答。这两说也许并不矛盾，李学勤先生和陈来先生都已提到，子思和公孙尼子的学说可能相当接近。[①] 不过，如果从郭店儒书的整体倾向看，《性自命出》属于《子思子》的可能性似乎要多一些。而本文对《性自命出》下篇论"情"诸简的考察，又为此说提供了一个新的证据。因此，在目前的情况下，我们更倾向于认为《性自命出》属于《子思子》。

　　后记：本文初稿曾于 2000 年 2 月 26 日在清华大学举办的第一次"简帛讲读班"上宣读，蒙讲读班同仁提供宝贵意见，谨此致谢。

---

　　① 李学勤：《周易经传溯源》，长春出版社 1992 年版，第 86~90 页；陈来：《荆门竹简之〈性自命出〉篇初探》，《中国哲学》第 20 辑"郭店楚简研究"专辑，辽宁教育出版社 1999 年版。

郭店儒家简中的"圣"与"圣人"的观念[*]

晏昌贵

　　1993 年出土于湖北荆门郭店的简书包括儒道二家的著述。其中儒家简经整理者编次，分别命名为"缁衣"、"鲁穆公问子思"、"穷达以时"、"五行"、"唐虞之道"、"忠信之道"、"成之闻之"（或称"求己"或称"天降大常"）、"尊德义"、"性自命出"、"六德"以及"语丛"一至四。[①] 据学者研究，这批儒家著述主要是孔门后学的作品，属于子思、孟子一系。[②] 在这批儒家简中，"圣"字凡 62 见，或单称"圣"，或称"圣人"，或"圣智"连称，或"圣道"连称，可见"圣"与"圣人"是早期儒家的重要观念。今试分疏如下，切望方家指教。

一、圣、声、听三者相通例

　　（1）其体有容有色，有圣（声）有嗅有味。《语丛一》46—48

　　（2）人苟有言，必闻其圣（声）。《缁衣》40 背

　　（3）其圣（声）变则〔其心变〕，其心变则其圣（声）亦然。《性自命出》32、33

---

　　* 原载《江汉考古》2000 年第 3 期，今据作者修订稿收入。

　　① 荆门市博物馆编：《郭店楚墓竹简》，文物出版社 1998 年版。

　　② 李学勤：《荆门郭店楚简中的〈子思子〉》，《文物天地》1998 年第 2 期，第 28~30 页；廖名春：《郭店楚简儒家著作考》，《孔子研究》1998 年第 3 期，第 69~83 页。

(4)凡圣(声)，其出于性也信，然后其入拔人之心也厚。闻笑圣(声)，则鲜如也斯喜；闻歌谣，则舀如也斯奋；圣(听)琴瑟之圣(声)，则悸如也斯难。《性自命出》23—25

(5)金石之有圣(听)。《性自命出》5

(6)金圣(声)而玉振之。《五行》19、20凡二见

(7)金圣(声)，善也。《五行》19

(8)郑卫之乐，则非其圣(声)而从之也。《性自命出》27

(9)圣(声)，耳司也。《语丛一》50、51

(10)耳之乐圣(声)。《性自命出》44

(11)圣(听)君而会，视朝而入。《语丛四》27

(12)誉毁在旁，圣(听)之弋母之白。《穷达以时》14

"圣(聖)"字原形从耳从口，是出于口而入耳的意思。"出于口"则为声，"入于耳"便是听，故圣、声、听三者为一字，古书所见甚多，不烦备举。但日本学者白川静却另辟新说，以为"圣(聖)"字的"口"形乃是指祭神的祝祷容器，它的最初含义是对神的祝祷，聆听神的应答和启示。①《国语·楚语下》"其智能上下比义，其圣能光远宣朗，其明能光照之，其聪能听彻之，如是，则明神降之，在男曰觋，在女曰巫"亦能证成其说。但在郭店简书中，通"圣"之声、听并没有丝毫神秘气息，其声约可分为二类：一类是指人声，例(1)~(3)及例(4)前半；另一类是指金石琴瑟音乐之声，例(5)~(8)及例(4)后半。《礼记·乐记》云："凡音之起，由人心生也。人心之动，物使之然也。感于物而动，故形于声。声相应，故生变，变成方，谓之音。比音而乐之，及干戚羽旄，谓之乐。"人心感于物而动，故形成声。在人心与物的关系中，人心处于主导能动地位。"是故其哀心感者，其声噍以杀；其乐心感者，其声啴以缓；其喜心感者，其声发以散；其怒心感者，其声粗以厉；其敬心感者，其声直以廉；其爱心感者，其声和以柔。"声、音、乐三者是有区别的，《礼记·乐记》："知声而不知音者，禽兽是也。知音而不知乐者，众庶是也。唯君子为能知乐。"例(4)中的"笑声""歌谣""琴瑟之声"亦当作如是解。《礼记·郊特牲》："歌者在上，匏竹在下，贵人声也。"在人声与乐声之中，特以人声为贵。

---

①　白川静：《字统》，平凡社1984年版。

二、圣的观念

圣与声、听相通，圣的观念也来自声或听。

  (13)涅圣(听?)之谓圣。《语丛一》100

  (14)备之谓圣。《语丛一》94

  涅，意为满，《字汇补·水部》："涅，音盈。"《管子·宙合》："春采生，秋采蓏，夏处阴，冬处阳。此言圣人之动静、开阖、诎信、涅儒，取与之必因于时也。"王念孙《读书杂志》："涅与盈同。"涅又有通义，《篇海类编·地理类·水部》，"涅，丈井切，读如郑，通也"。因此，《说文》径写作："圣，通也。"所谓"通"，即"涅听"。与一般的听不同，圣表现为多听、盈听，也就是"闻其末而达其本者，圣也"[①]。

  由于"涅听"，所以能"备"。《礼记·祭统》："备者，百顺之名也，无所不顺者谓之备。"《易·系辞》："以言乎天地之间则备矣。"《论语·为政》："子曰：吾十有五而志于学，三十而立，四十而不惑，五十而知天命，六十而耳顺，七十而从心所欲不踰矩。""耳顺"即"无所不顺者谓之备"之意，亦即成圣之意。

  (15)见而知之，智也；闻而知之，圣也。明明，智也；虩虩，圣也。"明明在下，虩虩在上"，此之谓也。《五行》25、26

  (16)闻君子道，聪也；闻而知之，圣也。圣人知天道也。……圣，智礼乐之所由生也，五行之所和也。《五行》26—29

  (17)未尝闻君子道，谓之不聪。……闻君子道而不知其君子道也，谓之不圣。《五行》22—24

  (18)金声，善也；玉音，圣也。善，人道也；德，天道也。唯有德者然后能金声而玉振之。不聪不明，不圣不智，不智不仁，不仁不安，不安不乐，不乐无德。《五行》19—21

---

① 《韩诗外传》卷5引《传》曰，参看许维遹：《韩诗外传集释》，中华书局1980年版，第176页。

（19）圣形于内谓之德之行，不形于内谓之行。《五行》3、4

（20）圣之思也轻，轻则形，形则不忘，不忘则聪，聪则闻君子道，闻君子道则玉音，玉音则形，形则圣。《五行》15、16

（21）不圣，思不能轻。不仁不圣，未见君子，忧心不能忡忡；既见君子，心不能降。《五行》11、12

上述例（15）～（21）均见于《五行》简，据庞朴先生对帛书《五行篇》的研究，思孟五行观念为仁、义、礼、智、圣，全部五行之中，圣又异于其他四行，独以天道为对象。① 证之简本《五行篇》，其说可信。但简本《五行》与帛书《五行》最大的不同，乃是圣智观念在简本中处于更崇高的地位，更接近原始思孟五行学说。② 在古人的认知观念中，耳听和目视是两个重要途径，但耳的作用要大于目，所谓"耳听八极，目睹四方"（《新语·道基》），耳听的范围较目视广泛，《韩诗外传》卷一云："有声之声，不过百里；无声之声，延及四海。"从认知的结果看，耳知之圣也要高于目知之智，《大戴礼记·四代》："圣，知之华也；智，仁之实也。"这也是例（16）所谓"圣，智礼乐之所由生也"的缘故。孔子将"耳顺"提高到"知天命"之上亦基于此。《孟子·尽心下》："由尧舜至于汤，五百有余岁，若禹、皋陶，则见而知之，若汤，则闻而知之。由汤至于文王，五百有余岁，若伊尹、莱朱，则见而知之，若文王，则闻而知之。由文王至于孔子，五百有余岁，若太公望、散宜生，则见而知之，若孔子，则闻而知之。"可见孟子仍有此观念。但到了荀子时代，则更强调目见之智，《荀子·儒效》："不闻不若闻之，闻之不若见之，见之不若知之，知之不若行之，学至于行之而止矣。行之明也，明之为圣人。"司马迁更将道听途说视之为"耳食"，此后才有"眼见为实，耳听为虚"的认知实践。

耳听主要是听天道或天德。《尚书·说命中》："惟天聪明，惟圣时宪，惟臣钦若，惟民从义。"伪孔《传》："言圣王法天以立教于下，无不闻见，除其所恶纳之于善。"《吕氏春秋·季春纪·圜道》："故唯而听，唯止；听而视，听止。以言说一，一不欲留，留运为败，圜道也。"圜道即天道。《孟子·尽心下》："口之于味也，目之于色也，耳之于声也，鼻之于臭也，四肢之于安佚也，性也。有命焉，君子不谓性也。仁之于父子也，义之于君臣也，礼之于宾主也，智之于贤否也，圣之于天道也，命也，有性焉，君子不谓命也。"《礼记·中

---

① 庞朴：《帛书五行篇研究》，齐鲁书社1980年版，第16～22页。
② 邢文：《楚简〈五行〉试论》，《文物》1998年第10期，第57～61页。

庸》："唯天下至圣，为能聪明睿知。"又说："苟不固聪明圣知达天德者，其孰能知之。"《左传》成公十五年记子臧引前《志》曰："圣达节，次守节，下失节。"杜注："圣人应天命，不拘常礼。"所指皆为圣知天道。简文多处提到圣或圣人知天道，正是这种观念的反映。

然而简书提到更多的还是"君子之道"，君子之道即人道。在早期儒家"天人合一"的观念中，实以仁（人）道为本。《韩诗外传》卷一说："仁道有四：磏为下。有圣仁者，有智仁者、有德仁者、有磏仁者。上知天，能用其时；下知地，能用其财；中知人，能安乐之，是圣仁者也。"圣人知天知地知人，《尊德义》："莫不有道焉，人道为近。是以君子人道之取先。"如何由天道转入人道，郭店简书用较多的文字论述这个问题［例(17)~(21)］。尤其是例(18)用金声玉音作比喻，类似的例子见于《孟子·万章下》："集大成也者，金声而玉振之也。金声也者，始条理也；玉振之也者，终条理也。始条理者，智之事也；终条理者，圣之事也。"何谓"金声玉振"，历代注疏家众说纷纭，朱熹《四书章句集注》："金声玉振，始终条理，疑古《乐经》之言。"所谓"金"，指钟镈；所谓"玉"，是指玉磬。玉虽经人工琢磨，然不失其天性。金则指青铜合金，经人工熔冶陶铸后，已失其天然本性而成为人工制品。古人对金、玉的品性有深刻认识，所以用"金声"比喻人为特征，所谓"金声，善也"，而善为人道；用"玉音"形容天然特征，所谓"玉音，圣也"，圣（德）为天道。所谓"金声而玉振之"，意为天然的圣德人所具备，只有经过后天人为的学习，方能成就圣道。《韩诗外传》卷一说："在内者皆玉色，在外者皆金声。"内指天然本性，外指人为修行。《成之闻之》简26云："圣人之性与中人之性，其生而未有非之节于天也。"又简28："此以民皆有性而圣人不可慕也"。正说明圣人之性与中人之性相同。[①] 在较晚的《荀子》《吕氏春秋》《韩诗外传》等诸子书中，都有圣人必须加强后天学习，圣者皆有师的观念，其根源正在于此。

郭店简书通过金声玉振的比喻将圣人从天道改造为人道，并在圣之上虚悬一个"德"的观念［例(18)、(19)］。然而这还不够，于是又通过"六德"将圣归为父之德，详见下例：

(22) 既生畜之，或从而教诲之，谓之圣。圣也者，父德也。《六德》20、21

(23) 何谓六德？圣智也……圣与智就矣……作礼乐，制刑法，教此民尔使之有向也，非圣智者莫之能也。《六德》1—3

(24) 父圣，子仁，夫智，妇信，君义，臣忠。圣生仁，智率信，义使

---

① 参看郭沂：《郭店楚简〈天降大常〉（〈成之闻之〉）篇疏证》，《孔子研究》1998年第3期，第61~68页。

忠。《六德》34、35

（25）有仁有智，有义有礼，有圣有善。《语丛一》16、17

（26）势与圣为可察也。《语丛一》86

　　六德是指六种道德规范，规范于父子、君臣、夫妇三对伦理范畴，其实为三，演之为六。《六德》云："凡君子所以立身大法三，其绎之也六。"六德为圣、仁、智、信、义、忠。《周礼·春官·大司徒》："以乡三物教万民而宾兴之，一曰六德：智、仁、圣、义、忠、和。"除以"和"代替妇德之"信"外，余五者全同。《语丛一》云："有仁有智，有义有礼，有圣有善。"所述六者无"忠、信"而多出"礼、善"。可见六德的规范尚处于初始阶段，尚未固定化。

　　然而，以"圣"为父德古书却少见。《潜夫论·论荣》云："尧，圣父也，而丹凶傲。"虽然"圣"与"父"连称，但其义是指尧作为父亲，虽有圣德，其子丹仍不免"凶傲"。下文云："舜，圣子也，而瞍顽恶。""圣"与"子"连言，也是指舜作为顽恶之瞍的儿子来说的，"圣"并不是"父"的一德。所谓"父圣"的观念，可能是从《诗经》中演化出来的。《诗·小雅·十月之交》："皇父孔圣，作都于向。择三有事，亶侯多藏。不慭遗一老，俾守我王。择有车马，以居徂向。"皇父为周厉王时司徒番，郑《笺》："皇父甚自谓圣。"孔《疏》："言皇父不自知甚，自谓己圣。"朱子《集传》："孔，甚也；圣，通明也。"《诗·邶风·凯风》："凯风自南，吹彼棘薪。母氏圣善，我无令人。"郑《笺》："叡作圣。令，善也。母乃有叡知之善德。"毛《传》以为本篇"美孝子也"。朱子《集传》称："复以圣善称其母，而自谓无令人，其自责也深矣。"《尚书·洪范》言五事："一曰貌，二曰言，三曰视，四曰听，五曰思。""思曰叡""叡作圣"，此为郑《笺》所本。要之，"皇父孔圣""母氏圣善"皆为一般修饰语，并没有将父母之德规范为"圣"的意思。先秦古书中，多称父慈子孝。不过，古人造说，多出附会。《荀子·非十二子》批评思孟学派"甚僻违而无类，幽隐而无说，闭约而无解"，学者多以为是指"五行"而言，实则"六德"亦复如此。简文对"父圣"的论证甚为简单，"既生畜之，或从而教诲之，谓之圣。圣也者，父德也"[例（22）]。《诗·小雅·蓼莪》："父兮生我，母兮鞠我，拊我畜我，长我育我，顾我复我，出入腹我，欲报之德，昊天罔极。"鞠为畜为养。简文"既生畜之"，单称则为父生母畜，合称则为父了，此言父德，其实是暗含父母之义。在早期"圣"观念中，"圣"是指天而言的，有未卜先知的本领，《庄子·胠箧》："夫安意室中之藏，圣也。"《论衡·实知》："儒者论圣人，以为前知千岁，后知万世，有独见之明，独听之聪，事来则名，不学自知，不问自晓，故称圣则神矣。"这种"圣"观念，在简文中也有所反映，《五行》48 号简："几而知之，天也。"《尊德义》18 号简："夫生而有职事者也，非教所及也。"这种"生而知之""圣之于天道"的观念，在前文中略有论及。但《六德》的目的是要将"圣"从天道拉回到人道上，而在人伦关系中，类似于自然天的，莫过于父母。传出于曾子的《孝经·圣治》说得清楚："子曰：天地之性，人为贵。人之行，莫大于孝，孝莫大于严父，严父莫大于配天。""父子之道，天性也，君臣之义也。"万物为天地所生养，人群为父母所生养，圣既为天德，连类而及，固宜为父德也。《诗·大雅·思齐》毛《传》："文王所以圣也。"郑《笺》："言非但天性，德有所由成。"孔《疏》："言文王所以得圣由其贤母所生，文王自天性当圣，圣亦由母大贤。"此三家解虽未必合乎《诗》义，但用来说明"既生畜之"的"父圣"之德，则颇为明白，只不过"由母"须改作"由父"，这是母系社会过渡到父系社会的缘故。父为天，"父子之道，天性也"，君臣关系反在其次，《语丛一》69 号简："父子，至上下也。"《六德》29 号简："为父绝君，不为君绝父。"与"父圣"的观念是一致的。《礼记·曲礼上》："父前子名，君前臣名。"元代陈澔《集说》："事君者固无二尊，虽父不可以抗之。"与简文思想不合。《吕氏春秋·孟夏纪·劝学》引曾子曰："君子行于道路，其有父者可知也，其有师者可知也。夫无父而无师者，余若夫何哉！此言事师之犹事父也。"师之职在于教诲，此为简文"或从而教诲之"所本。学者称思孟学派源于曾子，此又添一凭证矣。

三、圣人观念

(27) 昔者君子有言曰："圣人天德"何？言慎求之于己，而可以至顺天常矣。《成之闻之》37、38

(28) 始正其身，然后正世，圣道备矣。《唐虞之道》3

(29) 夫圣人上事天，教民有尊也；下事地，教民有亲也；时事山川，教民有敬也；亲事祖庙，教民孝也。《唐虞之道》4、5

(30) 圣人之治民，民之道也。禹之行水，水之道也；造父之御马，马之道也；后稷之艺地，地之道也。莫不有道焉，人道为近。《尊德义》6—8

（31）圣人比其类（指诗书礼乐）而论会之，观其先后而逆训之，体其义而节度之，理其情而出入之，然后复以教。《性自命出》16—18

（32）圣人之性与中人之性，其生而未有非之节于天也，则犹是也。虽其于善道也，亦非有译数以多也，及其博长而厚大也，则圣人不可由与埄之，此以民皆有性而圣人不可慕也。《成之闻之》26—28

（33）《君陈》云："未见圣，如其弗克见；我既见，我弗迪圣。"《缁衣》19

（34）古者尧生为天子而有天下，圣以遇命，仁以逢时，未尝遇□□并于大时，神明均从，天地佑之，纵仁圣可与，时弗可及矣。《唐虞之道》14、15

（35）禅而不传，圣之盛也；利天下而弗利也，仁之至也。故昔贤仁圣者如此。《唐虞之道》1、2

（36）古者圣人廿而冒，卅而有家，五十而治天下，七十而致政。……圣者不在上，天下始坏。《唐虞之道》25—28

（37）先圣与后圣考，后而归先，教民大顺之道也。《唐虞之道》5、6

早期儒家的认知系统，大致分为三个方面：一是天体宇宙论，形成天道观；二是人性论；三是历史经验，即所谓"法先王"。在上文中，我们看到儒家从天道和人性两个方面论述"圣行"和"圣德"，然其中心落脚点却是在人的方面。很显然，具备"圣德"之人便成为"圣人"，所以圣人观念与圣德观念是密不可分的。但在简文中有更进一步讨论，一方面，圣人知天道[例（16）]，但圣人之所以知天道是建立在修性正身的基础上的[例（27）、（28）]；另一方面，又从人性论的角度强调圣人之性与中人之性并无本质差别[例（32）]。这样，就将"圣人"从未卜先知、生而知之的神秘气氛中解放出来，而充满人本主义思想。

在郭店简书《唐虞之道》中，集中讨论了尧舜禅让的历史故事。过去疑古派学者曾怀疑尧舜禅让的真实性，把它说成是墨家的创制。但从郭店简书看，尧舜禅让是早期儒家的传统说法，应有相当的合理性，同时也是儒家用以证成其仁政学说的"历史经验"武器。《论语·雍也》："子贡曰：如有博施于民而能济众，何如，可谓仁乎？子曰：何事于仁，必也圣乎！尧舜其犹病诸！"在孔子的观念中，圣是比仁更进一步的道德规范，并将圣与尧舜联系在一起，这一点当为郭店简书所本。《吕氏春秋·孟春纪·去私》："天无私覆也，地无私载也，日月无私烛也，四时无私行也。……尧有子十人，不与其子而授舜；舜有子九人，不与其子而授禹，至公也。"大约也是由此而言的。

例(34)讲到尧具备的品德，然而之所以成为圣人，乃时势造成。《荀子·荣辱》："尧禹者，非生而具者也，夫起于变故，成乎修，修之为待尽而后备者也。"《吕氏春秋·孝行览·首时》："圣人之所贵唯时也。水冻方固，后稷不种，后稷之种必待春，故人虽智而不遇时无功。……事之难易不在小大，务在知时。"《荀子·非十二子》还提到圣人之得得势者，舜禹是也。圣人之不得势者，仲尼、子弓是也。所以郭店简文说"势与圣为可察也"[见例(26)]。

在具体的圣人指认上，除《唐虞之道》提到的尧舜之外，还有所谓的"先圣""后圣"。《孟子·离娄下》："先圣后圣，其揆一也。"《韩诗外传》卷三则引作孔子曰。注家的意见，先圣指舜，后圣指周文王。按：我国具有道德意义的"圣人"观念，大约起源于商末周初，① 所指大约为商汤。《诗·商颂·长发》："汤降不迟，圣敬日跻。"《书·微子之命》："乃祖成汤，克齐圣广渊，皇天眷佑，诞受厥命。"《左传》昭公七年"圣人之后也"，杜注："圣人，殷汤。"《大戴礼记·少闲》："汤取人以声。"《韩诗外传》卷八作："汤作《濩》，闻其宫声，使人温良而宽大；闻其商声，使人方廉而好义；闻其角声，使人恻隐而爱人；闻其徵声，使人乐养而好施；闻其羽声，使人恭敬而好礼。"大约是商汤天生圣德，皇天眷佑，而又以声取人，所以赢得圣人称号。《吕氏春秋·有始览·谨听》还说尧得舜，舜得禹，"断之于耳而已矣"。也是从耳(声、听)立论，颇存古义。后来，得圣人称号日众，师旷、臧武仲、伊尹、柳下惠、伯夷等人都被称为圣人。不过从郭店简书看，圣人称号还没有那么宽泛，简书强调圣人作礼乐，制刑法[例(23)]，以诗书礼乐教民[例(31)]，更多地是指在位的"王者"。《礼记·中庸》："虽有其位，苟无其德，不敢作礼乐焉。虽有其德，苟无其位，亦不敢作礼乐焉。"《礼记·乐记》："故知礼乐之情者能作，识礼乐之文者能述。作者之谓圣，述者之谓明。"《易·观卦·象》曰："圣人以神道设教。"从这一点看，郭店儒家简的圣人观念更接近《礼记·中庸》一系，而与后来的孟荀有所不同。

补记：小文发表于 20 多年前，此次主要根据《文选》要求调整格式、核对古籍引文、校正讹误文字；对原文总体格局、行文多未涉及，所引简文由于是文章写作论述的依据，亦未作改变，凡此皆以存原貌，略窥学术研究进展之一斑。

2023 年 6 月 19 日

---

① 参看侯外庐等：《中国思想史》第 1 卷《古代思想》，人民出版社 1957 年版，第 64~65 页；李学勤：《帛书〈五行〉与〈尚书·洪范〉》，《学术月刊》1986 年第 11 期，第 37~40 页。

释"旮繇"*

徐在国

新出《郭店楚墓竹简》中的《穷达以时》篇内容弥足珍贵。① 此篇是战国时期的著作，"其内容与《荀子·宥坐》、《孔子家语·在厄》、《韩诗外传》卷七、《说苑·杂言》所载孔子困于陈蔡之间时答子路的一段话类似，与后二书所载尤为相近"②。这里我们仅就此篇中的一个人名略加探讨。为了便于讨论现将此篇简 2 至简 4 的有关内容释写如下：③

　　　　舜耕于历山，④ 陶拍于河匽，立而为天子，遇尧也。旮繇衣胎盖帽絰蒙巾，释板筑而佐天子，遇武丁也。……

"旮繇"二字原书隶作"邵繇"，并在注释五中说："简文'邵繇'之名不见于各书，所记为传说之事。"⑤今按原书将"旮"字隶作"邵"是错误的。此字应该分析为从"口""九"声。包山楚简中习见一个从"羽"从"旮"的字，李家浩先生考释说："上古音'咎''旮'都是群母幽部字，可以通用。《诗·小雅·大车》'有洌氿泉'，陆德明《释文》：'氿音轨，字又作㽏。'

---

　　* 原载《古籍整理研究学刊》1999 年第 3 期，又载黄德宽、何琳仪、徐在国《新出楚简文字考》(安徽大学出版社 2007 年版)，今据作者修订稿收入。

　　① 荆门市博物馆编：《郭店楚墓竹简》，文物出版社 1998 年版。
　　② 荆门市博物馆编：《郭店楚墓竹简》，文物出版社 1998 年版，第 145 页。
　　③ 为了便于印刷，本文所引简文多用通行字写出。
　　④ 舜耕"耕"字从裘锡圭先生释，似可分析为从"田""争"声，乃"耕"字异体。
　　⑤ 荆门市博物馆编：《郭店楚墓竹简》，文物出版社 1998 年版，第 146 页。疑"传"应为"傅"字之误。

此是其例。"①其说甚是。如此，"咎"字可读为"咎"，"咎繇"即典籍中习见的"咎繇"。梁玉绳说："咎繇始见《离骚》《尚书大传》《说文·言部》引《虞书》。今本作皋陶。"②《书·舜典》："帝曰：皋陶。"《唐六典》卷十八引"皋陶"作"咎繇"。《书》有《皋陶谟》。《尚书大传》《说文·言部》引作《咎繇谟》。《书·大禹谟》："皋陶迈种德。"《文选·在元城与魏太子笺》李注引"皋陶"作"咎繇"。③ 这些都是"咎繇"与"皋陶"相通的例证。

"咎繇"又见于《郭店楚墓竹简·唐虞之道》篇。《唐虞之道》简 12 至 13："咎繇④内用五刑，出弋兵革，罪泾□□□用威，夏用戈，正不服也。爱而正之，虞夏之治也。"《尚书·舜典》："帝曰：'皋陶，蛮夷猾夏，寇贼奸宄。汝作士，五刑有服，五服三就。五流有宅，五宅三居。惟明克允！'"孔安国传："士，理官也。"出土典籍与传世文献相互印证，可知咎繇(皋陶)是舜的大臣，掌管刑狱。其卒年，《史记·夏本纪》载："帝禹立而举皋陶荐之，且授政焉，而皋陶卒。封皋陶之后于英、六，或在许。"据此可知，皋陶卒于夏朝。而上引《穷达以时》篇中说"咎繇遇武丁"，显然有误。因为武丁是商王，约生活在商代中期。此外，与简文相关的内容，《韩诗外传》卷七："故虞舜耕于历山之阳，立为天子，其遇尧也。傅说负土而版筑，以为大夫，其遇武丁也。"《说苑·杂言》："故舜耕历山而逃于河畔，立为天子，则其遇尧也。傅说负壤土，释板筑而立佐天子，则其遇武丁也。"《墨子·尚贤中》："古者舜耕历山，陶河濒，渔雷泽，尧得之服泽之阳，举以为天子，与接天下之政，治天下之民。……傅说被褐带索，庸筑乎傅岩，武丁得之，举以为三公，与接天下之政，治天下之民。"《史记·殷本纪》："帝小乙崩，子帝武丁立。帝武丁即位，思复兴殷，而未得其佐。三年不言，政事决定于冢宰，以观国风。武丁夜梦得圣人，名曰说。以梦所见视群臣百吏，皆非也。于是乃使百工营求之野，得说于傅险中。是时说为胥靡，筑于傅险。见于武丁，武丁曰是也。得而与之语，果圣人，举以为相，殷国大治。故遂以傅险姓之，号曰傅说。"

据以上记载可知，《穷达以时》篇中的"咎繇"乃"傅说"之误，系抄书者误写。郭店楚简中有许多错字，原书注释中多已指出。这里就不再多说了。

---

① 李家浩：《包山楚简中的旌旗及其他》，《第二届国际中国古文字学研讨会论文集(续编)》，香港中文大学，1995 年，第 380 页。

② 转引自王利器、王贞珉：《汉书古今人表疏证》，齐鲁书社 1988 年版，第 84 页。

③ 高亨纂著，董治安整理：《古字通假会典》，齐鲁书社 1989 年版，第 710 页。

④ "繇"字原简作"采"，裘锡圭先生认为"采"音"由"，与"繇"通。参荆门市博物馆编：《郭店楚墓竹简》，文物出版社 1998 年版，第 159 页。

郭店楚简《性自命出》的性情说和"礼乐"*

——礼乐之根源问题在思想史上的展开

[韩]李承律

一、序论

郭店楚简《性自命出》一般被视为儒家的文献。自裘锡圭先生在《郭店楚墓竹简》所收的《性自命出》释文注释中,指出《性自命出》开头的"性自命出,命自天降"与《礼记·中庸》"天命之谓性"的内容相似以来(文物出版社1998年版,第182页注释二),世界上众多的研究者开始了热烈的讨论,发表了不少研究成果。

虽然已经有许多研究者发表了关于《性自命出》的论著,但是未必能充分阐明这篇文献的思想特征、思想史上的地位等。倒不如说,因为将简报所说郭店一号楚墓的推定年代为"战国中期偏晚"说之年代设置固定化,所以反而意识不到这篇文献中内在的各重要问题了。

本文的目的是,集中探讨向来没有意识到的一个重要问题,即"性情说与礼乐说之关系"的问题,对《性自命出》的思想特征、思想史上的地位、意义、成书年代及所属学派等问题的历来看法做全面重新探讨。

---

* [日]西山尚志、曹峰译,原载《中国文字》新32期(台湾艺文印书馆2006年版),今据作者修订稿收入。

二、郭店楚简《性自命出》的性情说

如果依从最初的整理意见,《性自命出》的首要问题是:"性、心、志"及"志"和"物、悦、习"等人的内部构造特质,① 及主体、客体的关系。首先,第1—2简有:

> 凡人唯有性,心无奠志。待物而后作,待悦而后行,待习而后奠。

虽然"性"与"心"的关系还不太清楚,但是"心"与"志"的关系是:"志"是具备于"心"的构造。② 但是,那个"志"不是自我完结的东西,我们把它定义为要依赖"物、悦、习"(本文以下,为了方便起见,称其为广义的"物")才能安定下来的,不稳定的东西。当然,不稳定的状态绝不是理想的状态,最后必须走向稳定化。在这种场合下,使"心"与"志"稳定的原因不仅仅在于自己内部,也在于"物、悦、习"那样的自我外部。这就是说,在《性自命出》中,"志"与"心"含有以下的意义:"志"与"心"不是不变的、固定的、孤立的、自我完结的,而是受到来自自我外部之物(包括悦、习)的影响;通过与"物"接触、通过学习而发生质的变化;从这个意义上讲,具有社会性、实践性,也就是说,在《性自命出》中,"志"与"心"是与"物"互相依存的、具有可变性、流动性、社会性、实践性、发展性的概念。

就是"性"也一样,"性"在第2—3简中定义为:

> 性自命出,命自天降。

---

① 《性自命出》的引用,以荆门市博物馆编《郭店楚墓竹简》(文物出版社1998年版)为底本。但在确定本文文字时,笔者根据图版作了不少修改。在确定意思时,主要参考了以下论文。李零:《郭店楚简校读记》,《道家文化研究》第17辑"郭店楚简专号",生活·读书·新知三联书店1999年版;《郭店楚简校读记(增订本)》,北京大学出版社2002年版;大东文化大学郭店楚简研究班:《郭店楚墓竹简『眚自命出』譯註》(その一)~(その三),池田知久监修:《郭店楚简の研究》(四)~(六),2002年、2004年、2005年。以下,用"〔〕"表示所补缺字。

② 这从第6简的"凡心有志也"来看,也很清楚。

"性"出自"命"、"命"从"天"降，这说的是"性"之根源的问题。而不是后代朱子学定义的"性即理说"，即不以孟子"性善说"那种自我完结的思考为前提（但是天人接连的思考与《孟子》相通）。这是因为，那句话前面有：

> 喜怒哀悲之气，性也。及其见于外，则物取之也。

由此可知，这是将"性"视为四种感情之"气"，是非固定、流动的东西，或者与"物"具有互相依存的关系。

再说，第4—5简有：

> 好恶，性也。所好所恶，物也。善不〔善，性也〕。所善所不善，势也。

就是说，"性"天生具有通过感情、欲望去"好恶"之判断能力①，以及"善不善"之价值判断能力②。而将这两种判断的对象视为不同的"物""势"。就说明没有将"性"看作固定、孤立的东西，而是从与他者的关系中，视其为具有互相依存性的东西。

《性自命出》的作者无疑将"心""志""性"的性质以及与广义之"物"的关系理解为本来的、自然的关系。但是，正因为如此，作者认为仅仅停止于这种互相依存之关系并不是理想的状态。如第7—9简：

> 牛生而长，雁生而伸，其性〔一也〕。而学或使之也，凡物无不异也者。刚之尃也，刚取之也。柔之约，柔取之也。四海之内，其性一也。其用心各异，教使然也。

这里，首先选取人之外的自然界的代表"牛"和"雁"，提出了"物"天生的"性"之同一性和"物"之多样性是两两对立的观点。人类也一样，这里提出了天生的"性"之同一性和心（的应有状态、存在方式）的多样性是两两对立的观点。并将"学"（学习）作为自然界出现多样性的原因；将"教"（教育、教化）作为人类出现多样性的原因。

---

① "天生具有"表明无法保证充分发挥其能力。为了充分发挥其能力，有待于下文所述的广义的七个教。

② 关于"善不〔善，性也〕"解释问题，参见末永高康《仁内義外考——郭店楚簡と孟子の仁義説》（《鹿儿岛大学教育学部研究纪要》第54卷，2003年，第21页）注释31。

但是第9—14简有:

> 凡性或动之,或逆之,或节之,或厉之,或出之,或养之,或长之。凡动性者,物也。逆性者,悦也。节性者,故也。厉性者,义也。出性者,势也。养性者,习也。长性者,道也。凡见者之谓物。快于己者之谓悦。物之势者之谓势。有为也者之谓故。义也者,群善之菈也。习也者,有以习其性也。道者,群物之道。

这里提示了将"性"的同一性引向多样性的广义的七个教,即"物、悦、故、义、势、习、道"。这是不是表示着如下的含义:因为性生来就是不完整的,所以"性"的原初状态并不是理想的(但这并不赋予消极的意思),只有通过外部的"教"使其变化、成长,才能具备理想的性质。要使其变化、成长为理想的性质,不用说需要一定的方向性,但在这个阶段还没提到这个问题。不管怎么说,上文所说的将"性"看作流动的、互相依存的("动""逆""出")、可变的、社会的("节")、实践的、发展的("厉""养""长")之观点具有一贯性。① 这是它的第一个特征。

接着,第14—15简,应该论述的是上述广义的七个"教"中最重要的"道"。关于这个"道",在第3简的记述如下:

> 道始于情,情生于性。始者近情,终者近义。知[情者能]出之,知义者能入之。

这是非常有意思的一段话。"道"首先是由"性"生出的"情",即它发自人内在的自然。有意思的是,这种将"道"的起点置于"情"的思想在其他的先秦资料中看不到。所以,第二个特征是,将"道"之始源、根源求自"情"。

但是,这绝不是"道"="情"(或者"情"="义")的意思。因为这句话后面有"始者近情,终者近义",说的是道的起点虽然近于"情",但终点近于"义"。如此这样情况下的"情"与"义",一方面指人的自然感情,另一方面指从外向内约束"人"的带有规范性的东西。② 两者虽然有连续性,但是实际上有质的差别。③

---

① 前文以性的同一性和心的多样性为两两对立的关系。变化、成长的对象应该是"心",但不知为何这里设定为"性"。笔者推测,这是将"心"看作依存于"性"的东西。

② 参见上文所举的"厉性者,义也"。

③ 第12简有"长性者,道也",这意味着作为终点的、近于"义"的"道"是从外部使"性"成长。

对于这种"道"，第14—15简有进一步的论述：

> 道者，群物之道。凡道，心术为主。道四术，唯人道为可道也。其三术者，道之
> 而已。①

"道"虽然是内在于所有"物"中的群物之"道"，但将此"道"再分为四，就只有"人道"可为
"道"，所以这个"道"仅限定于人类社会中。值得注意的是，"人道"也是将焦点集中于"心
术"，即以心的应有状态、存在方式作为主要问题。在笔者看来，如果跟上述的"用心"一
起考虑的话，作者通过《性自命出》想要说明的主要思想与其说是"性"的同一性，不如说
是由来于"性"的"心"之多样性（"心无奠志""用心"），以及引导那些"性""心"走向一定
方向的规范性（"教"）。这就是第三个特征。

三、郭店楚简《性自命出》的礼乐说——礼乐之根源

上文已经指出，《性自命出》的第二个特征是认为"道"之根源来自"情"。大致同样的
思想在第18—20简中也有：

> 礼作于情，或兴之也。当事因方而制之，其先后之叙，则义道也。或叙为之节，
> 则文也。治容貌，所以文节也。

这里，"礼"代替"道"由"情"而生。这使我们明白，作者认为"礼"之根源也一样来自
"情"。这种观念和视"礼"之根源为来自人内部自然之自然秩序观相联，或者说至少能看
出端绪来。同样的观念也出现于郭店楚简《语丛一》第31、97简：

> 礼因人之情而为之节文者也。②

---

① 类似表达在第41—42简有："所为道者四，唯人道为可道也。"
② 将第97简移到第31简后，根据的是陈伟：《〈语丛〉一、三中有关"礼"的几条简文》，《郭店楚
简国际学术研讨会论文集》，湖北人民出版社2000年版，第143~144页。

《语丛二》第 1 简有：

> 情生于性，礼生于情。

从中我们很容易看出，到了郭店楚简的阶段，这种观念一定的程度上已经固定了。

但是，《性自命出》第 15—18 简有：

> 诗书礼乐，其始出皆生于人。诗，有为为之也。书，有为言之也。礼乐，有为举之也。圣人比其类而论会之，观其先后而逆顺之，体其义而节文之，理其情而出入之，然后复以教。教，所以生德于中者也。

这说明，"诗书礼乐"都"生于人"。因为下文有"圣人"，所以这里的"人"无疑是"圣人"的意思。而且，从"诗，有为……"；"书，有为……"；"礼乐，有为……"来看，这意味着"诗书礼乐"都是圣人人为制作的。这就是所谓的"诗书礼乐的圣人制作说"。

众所周知，自然秩序观与圣人制作说实际上是不相容的两种性质的东西。这是因为，一方是只有否定"人为"才能成立的概念，另一方是只有肯定"人为"才能成立的概念。——以下，为了方便起见，让"礼""诗书礼乐"作为"礼"的代表来进行探讨。

那么，《性自命出》中为什么这两个观念处于错综的状态呢？为了解决这个问题，首先需要探讨以下两个问题。第一，在儒家内部，"礼"之根源的问题，是什么时候才开始成为问题的？第二，为什么要将"礼"之根源当作问题？为了探究这个问题，本来有必要仔细地探讨以"礼"或者"礼乐论"为中心的儒家世界观整体构造之形成和历史演变。不过，这在其他场合再作论述，现在先将其概要总括于下。

在《论语·八佾》中，子贡欲停止使用告朔之活羊时，孔子说："尔爱其羊。我爱其礼。"小到日常的礼仪，大到国家的礼仪，提到礼的重要性及其功用的文章不少。例如，《论语·为政》有：

> 子曰：道之以政，齐之以刑，民免而无耻。道之以德，齐之以礼，有耻且格。

这段话向来认为是德治的典型，明确地表示了礼在政治上的重要性和功用。但是在《论语·八佾》中还有：

> 子曰：人而不仁，如礼何。人而不仁，如乐何。

由此可知，这里的"礼乐"以"仁"为根本，"礼乐"被"仁"涵摄。不管怎么，在《论语》中，虽然有许多强调"礼"之重要性、"礼"之功用的例子，但是没有一个提到"礼"之根源的例子。

《孟子》的情况也相同。《孟子》中有"礼曰"，从中可见，当时有可能存在写有"礼"的典籍，并已为人所知。另外，《孟子》中有一个场面，孟子诘问一位被看作纵横家的人物景春时说"子未学礼乎"。因此，看上去孟子已经通过某些途径学过关于"礼"的知识。但在《孟子·公孙丑上》中有非常著名的四端说：

> 恻隐之心，仁之端也。羞恶之心，义之端也。辞让之心，礼之端也。是非之心，智之端也。……凡有四端于我者，知皆扩而充之矣。

另外，在《孟子·告子上》中对弟子公都子教导性善说如下：

> 仁义礼智，非由外铄我也。我固有之也。弗思耳矣。

由此可知，"礼"是人类共通的"心"中的一种德，"礼"是可以扩充的，而且，"礼"不是对"心"的表面贴金装饰。虽然这里没有提到"性"，但关于"性"的想法恐怕是一致的。[1] 总而言之，从性善说的逻辑出发，像《性自命出》那样的、通过广义的"教"使"心""性"变化、成长的逻辑是无法成立的。[2] 而且《孟子》也完全没有提到"礼"之根源。

那么，这果真只是偶然吗？笔者不这样认为。虽然这两篇文献都强调"礼"的重要性和功用，但这不过是即自的东西。原因在于那个历史时期，还没具备认真探讨"礼"之根源的思想史条件吧。

那么，这个问题在儒家内部是什么时候显现出来的呢？不用说是从《荀子》开始的。

---

[1] 参见《孟子·尽心上》："君子所性，仁义礼智，根于心。"

[2] 《孟子·离娄下》有"君子以仁存心，以礼存心"，"礼"和"仁"均为存"心"之手段。

《荀子·性恶》的开头有：

> 人之性恶，其善者伪也。今人之性，生而有好利焉。顺是，故争夺生而辞让亡
> 焉。生而有疾恶焉。顺是，故残贼生，而忠信亡焉。生而有耳目之欲有好声色焉。顺
> 是，故淫乱生，而礼义文理亡焉。然则从人之性，顺人之情，必出于争夺，合于犯分
> 乱理，而归于暴。……今人之性恶，必将待师法，然后正，得礼义，然后治。

这里将人性分为"好利""疾恶"与"耳目之欲"三种，认为如果顺从了这三种性质的"性"
（包括"情"），将来一定会造成混乱，所以要通过"师法""礼义"去正而治之。根据这一逻
辑，"性"是"恶"的；而"伪"（人为、作为）是"善"的。上引《荀子·性恶》的后文是：

> 古者圣王以人之性恶，以为偏险而不正，悖乱而不治，是以为之起礼义制法度，
> 以矫饰人之情性而正之，以扰化人之情性而导之也。始皆出于治，合于道者也。

这是说：古代圣王将人性看作"恶"的，故兴"礼义"，制定"法度"，以"矫饰""扰化"人的
"情性"。① 关于"礼"之根源，作者明确指出，"礼义"是圣王人为制作的。不用说这就是
"礼"的圣人制作说。

那么，《荀子》为什么要提倡"礼"的圣人制作说呢？《荀子》是毫无理由地、偶然地提
倡这样的思想吗？与这个问题相关联，我们来看看《荀子·礼论》中有关"礼"之起源的
记述：

> 礼起于何也。曰：人生而有欲。欲而不得，则不能无求。求而无度量分界，则不
> 能不争。争则乱，乱则穷。先王恶其乱也。故制礼义以分之，以养人之欲，给人之
> 求，使欲必不穷乎物，物必不屈于欲，两者相持而长。是礼之所起也。

这篇文章说，人生来有"欲"。"欲"具有无法满足无限追求的特征。如果没有一定的"度量
分界"，处于自然状态的话，就会陷入霍布斯（Thomas Hobbes）所说的"引起万民对万民之
斗争"的社会混乱中。因为先王憎恶这样状态，所以制定"礼义"，设定分界、限度（分），

---

① 由此可知，这篇文献的作者将"性情"看作可变的。这一点基本上和《性自命出》相同。

为保持"物"和"欲"两者的平衡，"礼"产生了。这样看来，"礼"的实质机能、作用在于"分"（区别、区分）。

顺便指出，上文所举《荀子·礼论》那段文章的后面，提到了"儒墨之分"：

> 人一之于礼义，则两得之矣；一之于情性，则两丧之矣。故儒者将使人两得之者也。墨者将使人两丧之者也。是儒墨之分也。

这个"之"指的是"欲"和"物"，这里"两得"也一样指的是"欲"和"物"吧。这段文章的主题是，儒家重视"礼义"，注意使人得到"欲"和"物"的双重满足；但是因为墨家轻视"礼义"，让人放弃"欲"和"物"。反过来说，诸子百家中，也只有墨家因为以儒家为批判的主要目标，而提到了"礼"之根源问题。

众所周知，墨家的代表性口号有十论："尚贤、尚同、节用、节葬、非乐、非命、尊天、事鬼、兼爱、非攻"（《墨子·鲁问》）。这十论中，尤其针对儒家的礼乐展开批判的是，《节用中》（批判"俯仰周旋威仪的礼"）、《节葬下》（批判"厚葬久丧"）、《非乐上》（音乐批判）等。然而，这只是仅仅针对儒家的批判吗？有时令人怀疑。明确是针对儒家而展开的礼乐批判，一般认为《墨子》中最晚成书的《非儒下》。[①] 其中，批判儒家的最典型例子如下：

> 孔某之齐，见景公。景公说，欲封之以尼谿，以告晏子。晏子曰：不可。夫儒……好乐而淫人，不可使亲治。……孔某……繁登降之礼以示仪……当年不能行其礼，积财不能赡其乐。……盛为声乐以淫遇民，其道不可以期世，其学不可以导众。……〔公曰〕，善。

这一篇的形成时期先不去说它，《荀子·礼论》特意提到"儒墨之分"，是因为墨家的"礼"之批判，就特别重视"礼"的《荀子》而言，是从来没遇到的大考验。这也正是《荀子·礼论》的作者要去讨论"礼"之根源、起源的原因之一。

---

① 渡边卓先生认为，《墨子·非儒》成书年代在荀子学派形成之后。不过今本《墨子》缺少上篇，还不清楚《墨子·非儒》整体的形成年代能够追溯到何时。参见渡边卓：《古代中國思想の研究——〈孔子傳の形成〉と儒墨集團の思想と行動》，创文社 1984 年版，第 543 页。

《荀子》要去讨论过去儒家所不讨论的"礼"之根源、起源，其直接原因还不止于此。还有一点必须考虑的是，存在于孟子、荀子之间的道家。也就是道家对儒家所做的批判。以"仁义"为首，道家的批判对象有各种各样，其中礼乐批判常常是与"仁义"批判同时进行的。道家的礼乐批判经常是在区分"天"和"人"之后，肯定"天"而否定"人"。例如，《庄子·大宗师》中有这样一段记述：孟子反、子琴张在朋友子桑户逝去时，尽管葬礼还没结束，就开始作词弹琴唱歌了，这是对不为世俗之"礼"所拘的"畸人"的描述。对这件事，作者借孔子之口评价如下：

> 畸人者，畸于人，而侔于天。故曰：天之小人，人之君子；人之君子，天之小人也。

从上文有"无为之业""道"和"道术"等用语来看，是将不为世俗所拘的"畸人"的行动规定为"天"；将"礼"规定为"人"，肯定前者而否定后者。因此《荀子·解蔽》批判如下：

> 庄子蔽于天而不知人。

这种批判对《荀子》来说，是理所当然的事。《荀子》同样站在天人之分的立场上，再次确定了道家所批判的"人为""人道"，以圣人之伪（人为）的"礼"为价值标准，认为通过"礼"展开的圣人教化具有决定性意义，[①] 而且只有通过教化才能使社会稳定下来。

然而，像《荀子》的《礼论》《性恶》这样的，将人的"性"和"情欲"视作同样意思，均当作"恶"看待，要加以矫饰、扰化，或者只有培养才能完善的反驳方法，对道家思想家并不构成太大打击。因为从某种意义上讲，这不过是重新确定了道家曾经否定的"人为"而已。结果，在笔者看来，针对道家思想家的"人为"批判，反而是给道家提供了新的理论根据，遭到道家的反攻。譬如《庄子·骈拇》有：

> 夫待钩绳规矩而正者，是削其性者也。待绳约胶漆而固者，是侵其德者也。屈折礼乐，呴俞仁义，以慰天下之心者，此失其常然也。

---

① 参见板野长八：《儒教成立史の研究》，岩波书店 1995 年版，第 107 页。

这是将"礼乐""仁义"看作损害常然之性而批判、否定的典型例子。由此可知，这段文章的批判对象显然是《荀子》所提出的性恶说、圣人制作说。它是这样一个逻辑，通过"礼"由外界对"性"施加的"人为"，反倒会损害天赋之性。可以说，这段文章加速了对"礼"的批判。

还有，在《庄子·天运》中，对学会《诗》《书》《礼》《乐》《春秋》后，遍历各国而尝试从政却最终失败的孔子，借用老聃之言（予以批判），将六经看作先王的陈迹，然后说："性不可易，命不可变。"从中可知，《天运》的经典批判，涉及的不仅仅是荀子系统的性说，还涉及"易性"这种具体的实践的手段。

由此可知，直到《荀子》才开始自觉"礼"之起源、根源的问题，绝不是偶然的。《性自命出》中提到的诗书礼乐的圣人制作说，就正是原封不动地继承了《荀子》的思想。而且《性自命出》提出应该通过广义的"教"使"性"变化、成长，与《荀子》性恶说之必然归结和中心问题是相同的。

然而，如上所述，这种性恶说的理论，道家思想家视其有损常然之性，而予以激烈批判。以仁义礼乐为根本教义的儒家虽然又受到一次打击，但《性自命出》不正是为对抗那些道家的批判而出现的文献吗？

那么，《性自命出》的作者是如何克服上述道家的批判的呢？笔者认为，这项工作始于从根本上改变以"性"为"恶"、将"善"归于"伪"的观点。因为"性伪之分"基于"天人之分"，所以就先改称为"天人"的连续。① 这就是为什么《性自命出》开头会讲"性自命出，命自天降"。换言之，重新将肯定人内在"自然"的依据设定为"天"。道家视天赋之性为真，《性自命出》将这一点吸取到了自己的"性说"之内。

但是，如果像道家那样将天赋之性看作至善的话，诗书礼乐那样的"教"就失去意义了。所以为了重新肯定"教"的存在意义，不得不作如下确认："性"无法在自然状态下形成自生的秩序，只能将其规定为不完善的东西。作为引导"性"走向完善的装置，有必要重新确认像诗书礼乐那样的"教"，因此，就儒家的立场而言，把那些"教"当作圣人的制作，就是理所当然的事。

但是，这样的逻辑难免再受道家同样的批判。于是，《性自命出》是不是就将目光转向

---

① 不言而喻，《荀子》的性恶说立足于"天人之分"的思想。但其"天人之分"不是"天"与"人"的断绝，或"人"从"天"那里独立。参见板野长八：《儒教成立史の研究》，岩波书店 1995 年版，第 271~272 页。

人内在的自然的"情"了。① 为此，有必要尽可能将"欲望"的一面从"情"那里排出去。在《性自命出》中，"情"完全没有被赋予情欲、欲望的意义，就是这个原因吧。这说明，将"礼"之根源放到"情"，指的是"礼"并不仅仅是"作为"的产物。因此，从上述观点看，《性自命出》赋予"情"以重要意义是理所当然的。关于对"情"的重新把握，其实在《荀子·性恶》中有这样一段话：

> 今人之性，饥而欲饱，寒而欲煖，劳而欲休，此人之情性也。今人饥见长，而不敢先食者，将有所让也。……故顺情性，则不辞让矣，辞让则悖于情性矣。

这里有取消"情性"和"辞让"即"情"与"礼"二律背反关系的意思。而道家否定对人自然的"性"施加"人为"，因为人自然的"性"是天赋的，所以是绝对的，将其看作人类的本质即"真""神""天"。② 将"性"和"仁义礼乐"等看作二律背反的关系，实际和《荀子》完全一样。③ 之所以会造成局面，其原因可能在于，一方是仅仅用"人"（作为），另一方是仅仅用"天"（作为的反义）来构筑己说。这样看来，《性自命出》试图通过将"天""人"双方吸收到自己理论中的方法，来解决两家的局限。

四、结语

本文以《性自命出》中"性情说"和"礼乐说"的关系为焦点展开论述，试图在中国古代思想史演变过程中，为它找到正确合适的位置。本文尚未解决的问题、由本文派生的问题还有很多，但限于篇幅，不再展开，在此姑且对上面的探讨作一总结。

在儒家的"礼乐说"的大潮流中，最初是《荀子》自觉到了"礼"之起源、根源的问题。其自觉的原因，与其说是从儒家内部自发产生的，不如说是受到墨家、道家对礼乐、对人为之批判，受到来自外部的巨大冲击而触发的。在此，将这一冲击称为"第一危机"。

---

① 的确有可能从"性"中找"礼"之根源。但结果是以"情"为根源，其原因也许是意识到了《荀子》的"性恶说"及道家的天赋之性。

② 参见板野长八：《中国古代における人間観の展開》，岩波书店 1972 年版，第 126 页。

③ 比如《庄子·骈拇》有："彼正〈至〉正者，不失其性命之情。……故性长非所断，性短非所续。无所去忧也。意仁义其非人情乎。彼仁人何其多忧也。"

　　《荀子》将克服这一危机作为自己的重大课题。他的方针是，虽然利用道家"天人之分"的思想，但将"天"外化，对"人"作新的确认。这也涉及"人"的讨论，从而产生了"人伪之分"这种《荀子》特有的思想。从此思考出发，《荀子》以"性"为"恶"、将"善"归于"伪"，确定了礼义这种圣人之教化、圣人之伪的存在基础。

　　但是，在道家看来，这种性恶说不过是对历来道家所主张的人为批判之重新确认。因为通过圣人之伪以完善"性"的《荀子》理论，意外地为道家提供了一个将其视为对天赋之性之破坏而加以批判的机会。从而重新引起了围绕"人为"和"人内在自然"的争论，由此道家对儒家的批判达到了顶峰。在此，将其称为"第二危机"。

　　笔者认为，《性自命出》就是为了应对这些问题而出现的。为了克服《荀子》性恶说、道家的性情说以及人为批判这两种极端，《性自命出》选择"情"作为突破口。《性自命出》重新肯定了历来具有否定意义的"情"。作为对"情"的保障物，所提出的是"忠信"。由此，形成了这样一个基础，通过这个基础可以打破将"情"和"礼乐"或"性"和"礼乐"看作二律背反关系的《荀子》和《荀子》之后道家思想的限界。从此，道家的人为批判几乎完全丧失了理论上的根据。

　　从这个意义上讲，笔者以为，《荀子》的性恶说、道家尤其是《庄子》系统的道家"性说"，基本上以所谓"性礼之分"或"情礼之分"为基础；而《性自命出》以"性礼的连续"或"情礼的连续"为基础。

　　我们是不是可以这样认为，在古代中国，"礼"是一种从根基上支撑起个人、国家乃至国际秩序的、政治的、社会的行动规范。因此，像道家那样的诸子百家对"礼"所作的否定，与其说仅仅否定的是儒家一个学派的理念、一个学派的存在基础，倒不如说从根本上动摇了所支撑国家社会的规范。因此，对"礼"的否定很可能引起深刻的事态。

　　从这个意义上讲，我认为，《性自命出》重新发现、重新认识了表示人内在自然的"情"，虽然其中依然内含着矛盾，但它设定了重要的方向。这个方向表明了儒家的主要道德、礼乐来自人内在的自然。

　　根据以上的分析，关于《性自命出》的成书年代，对现在许多学者所支持的在子思或者孟子之前的说法，笔者不能赞同。如前文分析的那样，如果认为《性自命出》对应的是荀子或是批判荀子的道家思想，那么，说其成书时期是在战国后期到末期是最为恰当的。

郭店儒家竹书文献问题新论[*]

——以《尊德义》《六德》《成之闻之》《性自命出》为中心

丁四新

　　文献问题是理解有关文本及其思想的前提和基础。郭店简是近三四十年来最重要的一批战国出土文献。① 在研究郭店简的过程中，学者发表了众多观点和意见，提出了许多问题。其中，有些问题已经解决，学者达成了一致意见；但是对于有些问题，人们至今未能形成一致看法。此前，学者或认为郭店儒家竹书是孔孟之间（不包括孔子和孟子）的著作，或认为是《子思子》的一部分。但现在看来，这两个意见未必正确。因此郭店儒家竹书的文献本身是值得我们高度关注和重新检讨的问题。

一、两种看法与笔者观点

（一）两种看法

　　在郭店竹书的文献问题上，庞朴和李学勤先生的意见影响巨大，最值得注意。庞先生曾给郭店儒家竹书定位，认为它们是思孟学派的著作，其出土，"补足了孔孟之间思想链条上所曾经缺失的一环"②。而所谓"孔孟之间"，据庞先生之意，不包括孔子和孟子两人在

　　* 原载《中原文化研究》2023 年第 3 期，今据作者删节稿收入。
　　① 荆门市博物馆编：《郭店楚墓竹简》，文物出版社 1998 年版。
　　② 庞朴：《孔孟之间——郭店楚简的思想史地位》，《中国社会科学》1998 年第 5 期。

内。这即是说，在庞先生看来，郭店儒家竹书介于孔子和孟子之间，但它们既不是孔子也不是孟子的著作，而是联系孔孟之间的一个中间环节。庞先生的这个判断在当时代表了绝大多数学者的看法，大家予以默认。从当时的学术风气和观念来看，人们感到庞先生的意见很合理，而很难设想郭店简中会存在孔子本人的著作。现在看来，郭店简的发现及其出版本身即是现当代中国学术风气和学术观念改变的一个重要事件和重要环节：在此之前，疑古主义占据中国古典学术界的统治地位；在此之后，疑古主义遭到持续的学术反思和批判而迅速式微，并在 21 世纪初大抵瓦解和被抛弃。笔者当初和绝大多数学者一样，接受了庞先生所谓"孔孟之间"的判断。实际上，连倡导"走出疑古时代"的李学勤先生也暗中认可此一看法。从当时情况来看，庞先生的此一意见显得如此合情合理，以至于很少有学者意识到庞先生意见存在武断的可能。现在看来，郭店儒家竹书是否存在孔子本人或者春秋晚期的著作，这是一个严肃的学术问题，有待于再作探讨和回答。

与庞朴先生同时，李学勤先生也提出了一个影响颇大的观点，他认为全部郭店儒家竹简都属于《子思子》的一部分。他认为："郭店简的出现，对学术史研究的影响是多方面的。简的主要内容，属于道家的是《老子》，属于儒家的我认为是《子思子》。"[1]姜广辉的意见大体与此相同。[2]

郭店简《缁衣》《五行》属于子思子著作，已成学界共识，《鲁穆公问子思》《穷达以时》两篇也比较可能属于《子思子》著作；但是，其他郭店儒家竹书是否必定为《子思子》或子思子著作，这是一个需要审慎对待的问题。

（二）笔者观点

近年来，藏在笔者心中的一个看法日渐明朗起来，即郭店简《尊德义》《六德》《成之闻之》三篇很可能是孔子本人的著作，《性自命出》如果不是孔子本人著作，那么也是其弟子著作。而即使是其弟子著作，《性自命出》在理论上最基础的部分也应当出自孔子，反映了孔子本人的思想。而如果上述推论可以成立，那么我们对于这批儒家竹书将获得崭新的认识，即郭店儒家竹书主要是由孔子及其孙子思子的著作组成的，既是孔氏家学，又是整个先秦儒学的基础。而由此，我们对于孔子本人思想的认识将获得重大突破，可以依据郭店

[1]　李学勤：《郭店楚简与儒家经籍》，《中国哲学》第 20 辑"郭店楚简研究"专辑，辽宁教育出版社1999 年版，第 18 页。

[2]　姜广辉：《郭店楚简与〈子思子〉——兼谈郭店楚简的思想史意义》，《中国哲学》第 20 辑"郭店楚简研究"专辑，辽宁教育出版社 1999 年版，第 88 页。

儒家竹书还原、重构和改写孔子思想。郭店简当初引起国内学界及国际汉学界的广泛关注，首先凭借了《老子》简。可以预见，如果当初人们知道其中存在孔子本人著作，那么郭店简引发的关注将会更为广大，有些人会因此感到更加兴奋。一方面，庞朴先生的"孔孟之间"说和李学勤先生的"《子思子》"说，在当时状态下无疑具有积极意义，但是现在看来，另一方面庞、李二氏的看法又实际上严重低估了郭店简的学术价值和意义，并妨碍了更激进但也许更正确观点的提出和传播。

当然，笔者提出《尊德义》《六德》《成之闻之》三篇是孔子本人著作，以及《性自命出》是孔子或其弟子著作的观点，部分学者甚至众多学者或许会感到相当震惊。但学术工作的价值和意义正在于：一先觉觉后觉，二给出充分的证据和论证，三进行恰当的分析和解释。职此之故，笔者在下文将就上述观点作出比较详细的论证。

二、《尊德义》《六德》《成之闻之》是孔子本人著作

(一)《尊德义》是孔子本人著作

早在 1998 年，廖名春提出了一个颇富个性的观点，他认为郭店儒家竹书可分为三类，其中第一类是孔子之作，包括《穷达以时》《唐虞之道》《尊德义》三篇。① 廖先生大概是第一位正式提出郭店简存在孔子本人著作的学者，其意见值得重视。大约与廖名春同时，陈来也认为郭店儒家竹书可能存在孔子本人著作。他先是怀疑这批竹简中应当有孔子的东西或者孔子本人的著作，后来具体指明《尊德义》可能是孔子本人的著作，并在一定程度上质疑"孔孟之间"说的正确性。② 应当说，陈来的看法是颇具建设性的。

笔者曾认为《尊德义》是孔子本人著作，③ 并于近年发表了《郭店简〈尊德义〉篇是孔子本人著作》一文，作了三方面的论证。其中第一方面的论证最为重要，笔者搜集了十条与

---

① 廖名春：《郭店楚简儒家著作考》，《孔子研究》1998 年第 3 期。
② 陈来：《郭店竹简〈性自命出〉篇初探》，《中国哲学》第 20 辑"郭店楚简研究"专辑，辽宁教育出版社 1999 年版，第 309~310 页；《郭店楚简儒家记说续探》，《中国哲学》第 21 辑"郭店简与儒学研究"专辑，辽宁教育出版社 2000 年版，第 84 页；《儒家系谱之重建与史料困境之突破——郭店楚简儒书与先秦儒学研究》，《郭店楚简国际学术研讨会论文集》，湖北人民出版社 2000 年版，第 568~569 页。
③ 丁四新：《郭店楚墓竹简思想研究》，东方出版社 2000 年版，第 314 页。

《尊德义》文字高度相应且表明为"子曰""孔子曰"的传世文献证据。由于文繁，今不具引，请读者参看拙文。① 从总体上看，笔者所引文献的证明效力是充足的，完全可以支撑和证成笔者的观点。

在此基础上，笔者进一步认为《六德》《成之闻之》两篇也很可能是孔子本人著作；而与其同简制的《性自命出》篇，也可能是孔子本人著作。

(二)《六德》《成之闻之》是孔子本人著作

除了同简制、同书迹这两重因素外，笔者之所以推断《六德》《成之闻之》两篇同样都属于孔子本人著作，这是基于这两篇竹书与《尊德义》具有文本及思想上的紧密关系。②

先看《六德》《尊德义》《成之闻之》三篇文本的关系。通过比较，可知这三篇竹书的写作时间有先后之别。具体说来，《六德》篇应当早于《尊德义》《成之闻之》两篇，而《尊德义》又当早于《成之闻之》篇。

(1)《尊德义》简1曰："尊德义，明乎民伦，可以为君。""尊德明伦"是竹书《尊德义》的基本命题，而"明乎民伦"之义即具体见于《六德》篇。"民伦"，或称"人伦"(《成之闻之》简31)。"民伦"的具体内容是什么？对于这个问题，《尊德义》并没有具体作答或予以具体指明。从逻辑上来看，尽管"尊德明伦"具有更高的统摄性，但是它必须以《六德》篇为基础，因为此篇竹书指明了"民伦"的具体内容，具体阐明了所谓"明乎民伦"命题。据《六德》篇，"民伦"指六位或三大法。所谓六位，指夫、妇、父、子、君、臣六者(《六德》简8)；所谓三大法，指"男女别""父子亲""君臣义"。据笔者的论证，六位说、三大法说的实际内容至春秋时期已经为人所共知和习知，而孔子很可能是六位说或三大法说理论的总结者和提高者。据《论语·泰伯》"齐景公问政"章及《史记·孔子世家》篇，孔子可能在三十五六岁时已经对六位说或三大法作了深入而系统的思考，故《六德》篇可能是孔子早年的著作。③ 简言之，竹书《六德》篇的写作当早于《尊德义》篇。

(2)《成之闻之》简31—32曰："天降大常，以理人伦，制为君臣之义，著为父子之亲，分为夫妻之别。"这段简文认为，三大法是人伦的具体化，人伦来自大常，而大常降自天；而天是大常、人伦、三大法的终极根源。很显然，简文"制为君臣之义，著为父子之

---

① 丁四新：《郭店简〈尊德义〉篇是孔子本人著作》，《孔子研究》2020年第5期。

② 下文凡引郭店简文字及相关资料，均参考了武汉大学简帛研究中心、荆门市博物馆编著《楚地出土战国简册合集(一)·郭店楚墓竹书》(文物出版社2011年版)一书。

③ 丁四新：《三纲说的来源、形成及其异化》，《衡水学院学报》2021年第3期。

亲，分为夫妻之别"即出自《六德》篇。《六德》简 33—34 曰："男女别生焉，父子亲生焉，君臣义生焉。"又，《成之闻之》简 37—40 曰："昔者君子有言曰：'圣人天德。'盖言慎求之于己，而可以至顺天常矣。《康诰》曰：'不还大夏，文王作罚，刑兹亡（无）赦。'盖此言也，言不奉大常者，文王之刑莫重焉。是故君子慎六位以巳天常。""巳"当读为"嗣"或"翼"。① "嗣"，续也，见《尔雅·释诂上》。"翼"，敬也，见《尔雅·释诂下》。这一段《成之闻之》引文与同篇简 31—32 的一段文字相呼应，很显然，其中的"六位"即《六德》篇所说的六位。由此可知，《成之闻之》的相关论述是建立在《六德》篇基础上的。换言之，《成之闻之》的写作只可能晚于《六德》篇。

（3）《尊德义》简 8—9 曰："察者出，所以知己。知己所以知人，知人所以知命，知命而后知道，知道而后知行。"《成之闻之》简 19—20 曰："故君子所复之不多，所求之不远，察反诸己而可以知人。是故人之爱己也，则必先爱人；欲人之敬己也，则必先敬人。"比较这两段文字，《成之闻之》"察反诸己而可以知人"一句其实是对于《尊德义》"察者出"下六句的省约表达，其目的是为了论证"是故人之爱己也，则必先爱人；欲人之敬己也，则必先敬人"四句。又，《尊德义》简 21—22 曰："民可使道之，而不可使知之。民可道（导）也，而不可强也。"《成之闻之》简 15—17 曰："上不以其道，民之从之也难。是以民可敬道（导）也，而不可掩也；可御也，而不可牵也。"比较这两段文字，它们的意思很相近，据此可知这两篇竹书的写作年代相距不远。而联系上一则证据来看，《尊德义》篇似乎早于《成之闻之》篇的写作。综合看来，《六德》篇的写作早于《尊德义》篇，而《尊德义》篇的写作又早于《成之闻之》篇。这三篇竹书在文本上彼此关联，且在思想上紧密联系，构成一个系统。

再看《六德》篇与孔子的关系。竹书《六德》篇是孔子本人著作，这一点不但可以从《六德》篇的写作早于《成之闻之》《尊德义》两篇推论出来，而且可以从其他证据来作同样的推论。

（1）《六德》简 23—24 曰："故夫夫、妇妇、父父、子子、君君、臣臣，六者各行其所职，而狱讼无由作也。"《六德》简 35—38 曰："故夫夫、妇妇、父父、子子、君君、臣臣，此六者各行其职，而狱讼蔑由亡〈作〉也。君子言信焉尔，言诚焉尔，设外内皆得也。其反，夫不夫，妇不妇，父不父，子不子，君不君，臣不臣，昏所由作也。"《六德》简所说

---

① 丁四新：《三纲说的来源、形成及其异化》、颜世铉：《郭店楚简散论（一）》，《郭店楚简国际学术研讨会论文集》，湖北人民出版社 2000 年版，第 104 页。

的思想，即直接见于《论语·颜渊》"齐景公问政"章，是章曰："齐景公问政于孔子，孔子对曰：'君君，臣臣，父父，子子。'公曰：'善哉！信如君不君，臣不臣，父不父，子不子，虽有粟，吾得而食诸？'"从理论形态来看，《六德》篇的伦理学属于位分伦理学，这篇竹书对于位分伦理学作了系统的理论概括、总结和提高。结合多种证据和因素，笔者推断，孔子应当是位分伦理学在理论上的总结者和提高者；进一步，《六德》篇应当是孔子本人的著作。[①]

（2）《六德》简24—26曰："观诸《诗》《书》，则亦在矣。观诸《礼》《乐》，则亦在矣。观诸《易》《春秋》，则亦在矣。"《诗》《书》《礼》《乐》《易》《春秋》六者联言，又见于郭店简《语丛一》第36—44号简。《语丛》诸篇是对前代重要文献的语摘，由此可知《六德》篇必作于《语丛一》之前。而将《诗》《书》《礼》《乐》《易》《春秋》六者关联在一起，作为教学用的基本典籍，这是孔子之所为。《庄子·天运》篇即载孔子谓老聃曰："丘治《诗》《书》《礼》《乐》《易》《春秋》六经，自以为久矣。"《礼记·经解》即引"孔子曰"："入其国，其教可知也。其为人也，温柔敦厚，《诗》教也；疏通知远，《书》教也；广博易良，《乐》教也；洁静精微，《易》教也；恭俭庄敬，《礼》教也；属辞比事，《春秋》教也。"这两条传世文献皆可以为证。

（3）《六德》简30—31曰："门内之治，恩掩义；门外之治，义斩恩。"这条简文见于《性自命出》简58—59，曰："门内之治欲其掩也，门外之治欲其折也。"这两段简文及其文义高度近似。衡量简文，《性自命出》"欲其掩""欲其折"的语意有所省略，当据竹书《六德》和《礼记·丧服四制》补足。据此推断，竹书《性自命出》的写作只可能晚于《六德》篇。此前，学界一般认为《性自命出》是孔子弟子著作。

（4）《六德》简31—33曰："仁类柔而属，义类刚而绝。仁柔而匽，义刚而柬。匽之为言也，犹匽匽（懸）也，小而轸多〈者〉也。"这一条简文见于《五行》简37—42，曰："不柬（简），不行；不匽，不辩（辨）于道。有大罪而大诛之，柬（简）也。有小罪而赦之，匽也。有大罪而弗大诛也，不行也。有小罪而弗赦也，不辩（辨）于道也。柬（简）之为言犹练（间）也，大而罕者也。匽之为言也犹匽匽（懸）也，小而轸者也。柬（简），义之方也。匽，仁之方也。刚，义之方；柔，仁之方也。'不竞不絿，不刚不柔'，此之谓也。"两相比较，竹书《五行》带有明显的解释色彩，是对于《六德》篇相关语句的解说，因此《六德》篇的写作应当早于竹书《五行》。将这些证据综合起来看，我们完全可以得出竹书《六德》篇是孔

---

①　丁四新：《三纲说的来源、形成及其异化》，《衡水学院学报》2021年第3期。

子本人著作的结论。

再看《成之闻之》篇与孔子的关系。竹书《成之闻之》篇同样是孔子本人的著作，这可以得到众多证据的支持。

（1）《成之闻之》简6—7曰："是故上苟身服之，则民必有甚焉者。"这条简文与《尊德义》"下之事上也，不从其所命，而从其所行。上好是物也，下必有甚焉"很相近，且后者被《礼记·缁衣》记为"子曰"，被《孟子·滕文公上》记为"孔子曰"。《礼记·缁衣》引"子曰"："下之事上也，不从其所令，从其所行。上好是物，下必有甚者矣。"《孟子·滕文公上》载"孔子曰"："上有好者，下必有甚焉者矣。"

（2）《成之闻之》简17—19曰："富而分贱，则民欲其富之大也；贵而能让，则民欲其贵之上也。反此道也，民必因此重也以复之，可不慎乎？"《说苑·杂言》载"孔子曰"："夫富而能富人者，欲贫而不可得也；贵而能贵人者，欲贱而不可得也；达而能达人者，欲穷而不可得也。"很明显，两段引文的意思相近。

（3）《成之闻之》简20曰："是故欲人之爱己也，则必先爱人；欲人之敬己也，则必先敬人。"《说苑·政理》载"孔子曰"："爱人者，则人爱之；恶人者，则人恶之。"这段话又见于《孔子家语·贤君》载"孔子曰"。所引《说苑》《孔子家语》文字与《成之闻之》简文前两句的意思相近。

（4）《成之闻之》简33—34曰："是故君子簟席之上，让而援幼；朝廷之位，让而处贱，所宅（度）不远矣。"与这段简文相近的文句即见于《礼记·坊记》所载"子云"："衽席之上，让而坐下，民犹犯贵。朝廷之位，让而就贱，民犹犯君。"

（5）《成之闻之》简24曰："形于中，发于色，其诚也固矣，民孰弗信？"这段简文与《六德》简36—37曰"君子言信焉尔，言诚焉尔，故外内皆得也"的意思很相近。同时，我们看到，《成之闻之》所谓"形于中，发于色"的诚信功夫，在竹书《五行》和《孟子》中得到推阐。

（6）《成之闻之》简26—28曰："圣人之眚（性）与中人之眚（性），其生而未有非（分）之，节于而（能）也，则犹是也。虽其于善道也，亦非有择数以多也；及其博长而厚大也，则圣人不可猷与禅之。此以民皆有眚（性），而圣人不可慕也。"这段话与《论语·阳货》载孔子曰"性相近也，习相远也"、《性自命出》所谓"四海之内其性一也，其用心各异，教使然也"及与《孟子·离娄下》《尽心上》的"几希"说相近。综合如上几条证据，我们可以推断，竹书《成之闻之》篇是孔子本人著作。

三、《性自命出》与孔子的关系

《性自命出》是一篇十分重要的儒家佚籍，甫一出版，立即引起了学界的极大关注。这篇竹书围绕天、命、性、心、情、道、教等基本概念及相关命题展开，涉及儒家思想的最基本层面和最基本结构，所以引起了学者的极大关注，研究成果众多。不过，关于这篇竹书的作者，学界存在多种说法。廖名春等人认为《性自命出》是子游之作。[①] 陈来先认为《性自命出》可能与子游、公孙尼子、子思子有关，并说"我更多地倾向于认为《性自命出》这一篇是属于《公孙尼子》"[②]；后来，他改变了这一看法，认为它更可能"属于子游氏之儒的作品"[③]。总之，主流意见认为《性自命出》的作者是孔子弟子子游，而其根据是《性自命出》有一段文字出现在《礼记·檀弓下》中，并标明为"子游曰"。不过，《性自命出》是否为子游氏之儒的著作，以及与孔子的关系如何，现在看来是两个值得再讨论的问题。

（一）《性自命出》与《性情论》的关系

《性自命出》又出现在上海博物馆藏的一批战国竹简中，整理者命名为"性情论"。比较这两个抄本，它们存在一些重大不同。《性自命出》更完善、更系统，且分上下篇；而《性情论》则缺少《性自命出》"凡心有志"一段、"喜斯慆"一段及末句"君子身（仁）以为主心"。笔者认为，《性情论》（或其所依据的母本）应当是一个更原始或更早的抄本，而《性自命出》则是一个晚出或改进的抄本。相对于《性情论》来说，《性自命出》的文字有所推衍，下篇的章序有较大变化。《性自命出》分为上下篇，这是由其更繁复的文字内容所决定的。除此之外，笔者再补充几点证据。证据一，郭店简中的"性"字一律写作"眚"，与"生"字完全区别开来；但是，上博简《性情论》却有一字例外，其统一性显然不及《性自命出》篇。《性自命出》第 1 号简曰"凡人虽有性"，"性"字写作"眚"，而上博简《性情论》却借"生"字为之。证据二，《性自命出》在"凡忧患之事欲任"一章有"欲皆文而毋伪"一句，

[①] 廖名春：《郭店楚简儒家著作考》，《孔子研究》1998 年第 3 期。

[②] 陈来：《郭店竹简〈性自命出〉篇初探》，《中国哲学》第 20 辑"郭店楚简研究"专辑，辽宁教育出版社 1999 年版，第 309 页。

[③] 陈来：《史料困境的突破与儒家系谱的重建——郭店楚简与先秦儒学研究》，《郭店楚简国际学术研讨会论文集》，湖北人民出版社 2000 年版，第 566 页。

是总括之辞，但是《性情论》却无此句。同样，《性自命出》在文末有"君子身（仁）以为主心"，带有总结和提高性质，但《性情论》并无此句。证据三，《性情论》"用心欲直而毋伪，虑欲渊而毋暴"两句，《性自命出》作"虑欲渊而毋伪"一句。两相比较，后者显系对于前者的概括，当为晚出。证据四，《性自命出》多误字，可据《性情论》校正。《性情论》"或窒（实）之"，"窒"字《性自命出》误作"变"字。《性情论》"笑，憙（喜）之浅泽也；乐，憙（喜）之【深泽也】"，两"憙"字《性自命出》误作"豊（礼）"字。《性情论》"凡学者求其〔心为难〕"，"求"字《性自命出》误作"逮"字。《性情论》"弗救（养）不可"，"救"字《性自命出》误作"牧"字。《性情论》"慎，虑之方也"，"虑"字《性自命出》误作"悬（仁）"字。种种迹象表明，《性情论》是一个比《性自命出》更早的抄本，而《性自命出》则是一个晚出的抄本，且多有推衍和改造之迹。

尤其值得注意的是，上博简《性情论》无"喜斯陶"一段。从《性情论》原文来看，我们看不出这是由于抄手漏抄所致。相反，《性自命出》有"喜斯慆"一段，这似乎是由传抄者有意添加进来的。不但如此，情况还可能更复杂。《性自命出》简34—35曰："喜斯慆，慆斯奋，奋斯咏，咏斯摇，摇斯舞。舞，喜之终也。愠斯忧，忧斯戚，戚斯叹，叹斯擗，擗斯踊。踊，愠之终也。"《礼记·檀弓下》载子游答有子之问曰："礼有微情者，有以故兴物者。有直情而径行者，戎狄之道也。礼道则不然，人喜则斯陶，陶斯咏，咏斯犹，犹斯舞，舞斯愠，愠斯戚，戚斯叹，叹斯辟，辟斯踊矣。品节斯，斯之谓礼。人死，斯恶之矣，无能也，斯倍之矣。是故制绞衾，设蒌翣，为使人勿恶也。始死，脯醢之奠；将行，遣而行之；既葬而食之，未有见其飨之者也。自上世以来，未之有舍也，为使人勿倍也。故子之所刺于礼者，亦非礼之訾也。"其中"人喜则斯陶，陶斯咏，咏斯犹，犹斯舞，舞斯愠，愠斯戚，戚斯叹，叹斯辟，辟斯踊矣"三十字，正如许多学者所认为的那样，其文字和文义有不合理之处，其文本质量不及《性自命出》"喜斯慆"一段简文。而且，从《礼记》原文来看，我们无法直接断定"人喜则斯陶"三十字即是由子游首先宣讲出来的，相反子游引用此段文字的可能性是存在的。简言之，以《礼记·檀弓下》"子游曰"一段文字为依据推断《性自命出》篇为子游所作的观点，目前看来尚缺乏可靠的证据。

（二）《性自命出》与《六德》《成之闻之》的文本关系

《性自命出》与《六德》《成之闻之》两篇存在文本上的直接关联。

（1）《性自命出》第58—59号简曰："门内之治欲其掩也，门外之治欲其折也。"《六德》

第30—31号简曰："门内之治，恩掩义；门外之治，义斩恩。"这两段简文高度相似。权衡二者，《性自命出》"欲其掩""欲其折"两句有所省略，其意应当据《六德》篇补足之。由此可知，竹书《性自命出》的写作当晚于《六德》篇。这一点笔者在上文已经指出。需要注意的是，据《孔子家语·本命解》篇，"门内之治恩掩义，门外之治义掩恩"两句出自"孔子曰"，这似乎表明孔子可能就是此篇竹书的作者。

（2）《性自命出》第9号简曰："四海之内其眚（性）一也，其用心各异，教使然也。"《成之闻之》第26—28号简曰："圣人之眚（性）与中人之眚（性），其生而未有非（分）之，节于而（能）也，则犹是也。虽其于善道也，亦非有译（择）娄（数）以多也；及其博长而厚大也，则圣人不可猷与禅之。此以民皆有眚（性），而圣人不可慕也。"据学者意见，"非"当读为"分"①，"译娄"当读为"择数"②。"择数"即《礼记·表记》的"取数"，陈伟并据《表记》相关文字作了解释。③《礼记·表记》载"子曰"："仁之为器重，其为道远，举者莫能胜也，行者莫能致也。取数多者，仁也。"郑玄注："取数多，言计天下之道，仁居其多。"④据目前资料推断，"择数"或"取数"当是孔家秘传的术语，我们只有根据《表记》这段文字才能得其所解。而这一点可以作为《成之闻之》是孔子本人著作的证据。除此之外，比较上引两段简文，《性自命出》与《成之闻之》的观点相同，文本相近，都持普遍主义的人性论观点，且认为人后天的差别是由于教化和习养所导致的。

（三）《性自命出》与孔子的关系

证明《性自命出》篇早出的证据较多，如有些简文为竹简《语丛》所引用：

（1）《性自命出》第3号简曰："道始于情，情生于眚（性）。"《语丛二》第1号简曰："情生于眚（性），礼生于情。"在先秦时期，面对现实，"道"通常指"礼"而言。

（2）《性自命出》第2号简曰："喜怒哀悲之气，眚（性）也。"这在《语丛二》中有所反映。

（3）《性自命出》第4号简曰："好恶，眚（性）也。"这一句在《语丛二》和《语丛一》中都有反映。

①　周凤五：《郭店楚简识字札记》，《张以仁先生七秩寿庆论文集》，台湾学生书局1999年版，第358页。

②　李学勤：《试说郭店简〈成之闻之〉两章》，《烟台大学学报》2000年第4期。

③　陈伟：《郭店楚简〈六德〉诸篇零释》，《武汉大学学报》（哲学社会科学版）1999年第5期。

④　（清）阮元校刻：《十三经注疏·礼记正义》，中华书局1980年版，第1640页。

(4)《性自命出》第8—9号简曰："刚之祝也，刚取之也。"这两句话被《语丛三》第46号简所抄录。郭店简《语丛》诸篇属于笔记体，很可能是对于此前重要文献的摘抄。而由此可知，《性自命出》的写作应远在竹简《语丛》诸篇之前。

现有证据表明，《性自命出》篇与孔子有关。

(1)《性自命出》第9号简曰："四海之内其眚（性）一也，其用心各异，教使然也。"第1—2简曰："凡人虽有眚（性）……待悦而后行，待习而后定。"第11—12简曰："养眚（性）者，习也……习也者，有以习其眚（性）也。"综合这三条引文可知，竹书的观点与《论语·阳货》所记孔子的观点很相近。《阳货》篇载"子曰"："性相近也，习相远也。"孔子言"性"，兼本体和经验而言，是在经验中来谈所谓人性本体的。经验中的人性具有初生时的幽微差异，但剥离经验后的纯粹本体自身却是普遍的，人人皆具且人人皆同。与此相对，人生的差别则是"习相远"的结果。

(2)《性自命出》第41号简曰："恶类三，唯恶不仁为近义。"《论语·里仁》和《礼记·表记》各有一段意思相近的"子曰"，前者为："我未见好仁者、恶不仁者。好仁者，无以尚之。恶不仁者，其为仁矣，不使不仁者加乎其身。"后者为："无欲而好仁者，无畏而恶不仁者，天下一人而已矣。"《表记》是《子思子》的一篇。

(3)《性自命出》第18号简曰："礼作于情，或兴之，当事因方而制之。其先后之叙则义道也。或叙为之节，则文也。致容貌，所以文节也。"这是繁说。《语丛一》第31、97简曰："礼因人之情而为之节文者也。"这是简说。很明显，后者是对于前者的概括。不过，我们看到，所引《语丛一》文字又直接见于《礼记·坊记》。《坊记》载"子曰"："礼者，因人之情而为之节文。"《坊记》是《子思子》的一篇。据此可以推断，《性自命出》大概是孔子著作。

(4)《性自命出》第2—3简曰："眚（性）自命出，命自天降。"现在看来，这两句话应当是《礼记·中庸》"天命之谓性"的直接来源。以前，人们往往按照宋儒的说法来作解释，认为天命之性即所谓理性，而生之谓性则是所谓气质之性。从道理上来讲，这种构思和理论划分固然很有意义，但是从先秦学术史来看，《中庸》"天命之谓性"一句应当判定为是对《性自命出》"性自命出，命自天降"两句的简化和压缩。如果这一点是对的，那么《性自命出》的写作应当早于《中庸》。

(5)《性自命出》第2号简曰："喜怒哀悲之气，眚（性）也。及其见于外，则物取之也。"这种情感未发和已发的句式，见于《礼记·中庸》《逸周书·官人解》等篇。《中庸》曰：

"喜怒哀乐之未发谓之中，发而皆中节谓之和。"《逸周书·官人解》曰："四曰民有五气，喜、怒、欲、惧、忧。喜气内蓄，虽欲隐之，阳喜必见，怒气内蓄，虽欲隐之，阳怒必见，欲气、惧气、忧悲之气，皆隐之，阳气必见。五气诚于中，发形于外，民情不可隐也。"所引《逸周书》这段话亦见于《大戴礼记·文王官人》。另外，《官人解》中的"五气诚于中，发形于外"，与竹书《成之闻之》第 24 号简云"形于中，发于色，其诚也固矣"的意思相近。

(6)《性自命出》第 52—53 号简曰："未赏而民劝，含福者也。未刑而民畏，有心悁（威）者也。"《礼记·中庸》曰："君子不赏而民劝，不怒而民威于斧钺。"两者意思相近。

(7)《性自命出》第 56—57 简曰："闻道反己，攸（修）身者也。上交近事君，下交得众近从政，攸（修）身近至仁。"《礼记·中庸》曰："修身以道，修道以仁。"两者意思相近。《中庸》是《子思子》的一篇，太史公曰："子思作《中庸》。"（《史记·孔子世家》）从上述第四至第七条证据来看，竹书《性自命出》篇很可能与孔子有关，其著作时间当在子思子的《中庸》《表记》《坊记》之前，因此此篇佚书属于孔子本人著作是比较可能的。

总之，郭店简《性自命出》和上博简《性情论》是同一佚书的两个不同抄本或传本。其中，《性情论》（或其母本）的抄写更早，而《性自命出》可能是由子游后学所抄写的，故其于第 34—35 号简添加了"喜斯慆"一段文字。与此相对，《性情论》则无"喜斯慆"数句。目前，我们缺乏可靠根据证明《性自命出》是子游的著作；而据上文的考证，孔子比较可能是《性自命出》的作者。《性自命出》大概是孔子晚年的著作。而即使《性自命出》是孔子弟子的著作，笔者认为，篇中的一些基础性概念和命题，如"凡人皆有性""性自命出，命自天降""道始于情，情出于性""喜怒哀悲之气，性也""好恶，性也""善不善，性也""凡学者求其心为难"等，也都应当出自孔子本人。特别是"性自命出，命自天降"两句，将人性与天命直接贯通起来，建立了一套超越而内在的新理论结构，奠定了儒家思想的新基石，这种思想贡献衡之于孔子、孔子弟子及时贤，唯孔子足以当之。换言之，《性自命出》的重要概念、基本命题及最宏观、一般的思想框架，都应当出自孔子本人，而不是出自其弟子。

四、结语

综上所论，《六德》《尊德义》《成之闻之》《性自命出》四篇竹书无论在文本还是在思想上都高度相关。前三篇很可能是孔子本人的著作，后一篇及《忠信之道》《穷达以时》也比较可能是孔子本人的著作。与流行意见相左，笔者认为，《唐虞之道》也可能是春秋末至战国早期的著作。如此一来，上述七篇佚书应当多数作于春秋晚期，少数或个别作于战国早期。《缁衣》《五行》《鲁穆公问子思》三篇都作于战国早期，前两篇是子思子著作，后一篇是子思子弟子的著作。大体上，郭店儒家竹书是孔子和子思子的著作集。据此可知，郭店简具有极其重要的文献价值和思想价值。

此前，学界或将郭店儒家竹书判定为"孔孟之间"的著作，或将其从整体上推测为《子思子》的一部分，现在看来，这两种流行性意见是不对的，它们都在很大程度上低估了郭店简的文献价值和其思想价值。如果上述所证竹书为孔子本人著作的观点能够得到广泛的承认，那么这将极大地影响今人对于孔子本人思想，甚至包括对其思想基本结构的理解。

谈谈郭店简《五行》篇中的非楚文字因素*

冯胜君

郭店简《五行》篇，总体上来说是一篇具有楚系文字特点的抄本，① 这一点学术界并无异词。但周凤五先生在《郭店竹简的形式特征及其分类意义》一文中也指出，该篇简文"字里行间却仍然保留着外来文字的蛛丝马迹"②，可谓独具慧眼。周先生在文章中没有就这一问题展开讨论，我们试为补充说明。

在《五行》篇中，有一些简文的形体或用字与典型的战国楚文字有别。这些简文有的能够通过与相关文字材料相对比而断定其地域特点，有的则不能。我们先看能够断定地域特点的例子：

一、尃

《五行》37 号简"共（恭）而尃交，豊（礼）也"一句中，"尃"字写作。这种写法的"尃"字，与郭店简《语丛》一、二以及《忠信之道》中的"尃"字形体相近：

* 原载《简帛》第 1 辑（上海古籍出版社 2006 年版），又载氏著《郭店简与上博简对比研究》（线装书局 2007 年版）"叁、国别篇"，今据作者修订稿收入。

① 关于战国简国别问题讨论中"具有某系文字特点的抄本"这一提法的界定，参看拙撰《论郭店简〈唐虞之道〉、〈忠信之道〉、〈语丛〉一～三以及上博简〈缁衣〉为具有齐系文字特点的抄本》，北京大学博士后工作报告，2004 年，第 4 页。

② 周凤五：《郭店竹简的形式特征及其分类意义》，《郭店楚简国际学术研讨会论文集》，湖北人民出版社 2000 年版，第 59 页。

《语丛一》28　《语丛二》5　《忠信之道》8

对比下列六国文字以及三体石经古文"尃"字形体：

齐：《古玺汇编》0290（偏旁）

楚：《尊德义》35

三晋：《历代货币大系》2469

三体石经：《禹贡》

我们不难发现，这类"尃"字的形体与上举齐系文字、三体石经古文"尃"字有一个共同的特点，即下部所从为带有圆点或短横形饰笔的竖笔（或弯笔），而楚、三晋文字下部从"又"，区别明显。我们曾经论证过，郭店简《唐虞之道》《忠信之道》《语丛》一至三以及上博简《缁衣》是具有齐系文字特点的抄本。① 三体石经古文和《说文》古文均来源于孔壁中书，这一点前人及时贤多有论述，② 当无疑问。而孔壁中书（这里主要指《说文》古文和三体石经古文）的国别和地域特点，过去多认为属齐鲁系文字③，也是确不可易的④。因此，《五行》简中"尃"字形体反映的是齐系文字的特征。

二、闻

战国文字中，读为"闻"的字很常见，异体也很多。其形体演变的序列或如下所示（不

---

① 参看拙撰《论郭店简〈唐虞之道〉、〈忠信之道〉、〈语丛〉一~三以及上博〈缁衣〉为具有齐系文字特点的抄本》，北京大学博士后工作报告，2004 年，第 1~52 页。

② 参看许慎：《说文解字·叙》，中华书局 1963 年版；王国维：《说文所谓古文说》《魏石经考》，《观堂集林》第 7、20 卷，中华书局 1959 年版；何琳仪：《战国文字通论》（订补），江苏教育出版社 2003 年版，第 41~68 页。

③ 参看王国维：《桐乡徐氏印谱序》，《观堂集林》第 6 卷，中华书局 1959 年版；何琳仪：《战国文字通论》（订补），江苏教育出版社 2003 年版，第 45 页；杨泽生《孔壁竹书的文字国别》（《中国典籍与文化》2004 年第 1 期，第 76 页）一文引李家浩先生说。

④ 参看拙撰《论郭店简〈唐虞之道〉、〈忠信之道〉、〈语丛〉一~三以及上博简〈缁衣〉为具有齐系文字特点的抄本》，北京大学博士后工作报告，2004 年，第 50~51 页。

包括秦文字）：

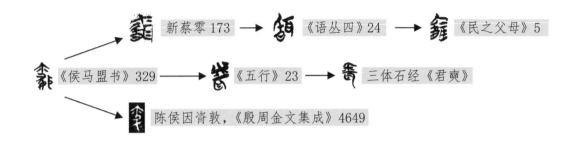

值得注意的是，《五行》篇读为"闻"的那种形体虽然不见于出土战国文字材料，但却与三体石经古文密合。根据我们上文的论述，这种现象所反映的可能也是齐系文字的特点。

三、者

战国文字中，"者"字异体非常多，① 在此不能一一列举。《五行》篇"者"字有三种写法，分别写作：

卷 50号简，多见　　**卷** 49号简，一见　　**告** 40号简，两见

其中后两种形体习见于战国楚文字，② 可不论。第一种形体多见于郭店简《唐虞之道》《忠信之道》《语丛》一至三等篇中，三体石经古文"者"字或作**米**（三体石经《僖公》），形体与之相合。这种写法的"者"字，可能与中都戈（《殷周金文集成》10906）"都"字所从"者"作**忆**形有关。中都戈一般认为属魏国兵器，但裘锡圭先生指出，古书中有孔子曾为中都宰的记载，《礼记·檀弓上》："有子曰：夫子制于中都，四寸之棺，五寸之椁，以斯知不欲速朽也。"郑玄注："中都，鲁邑名也。孔子尝为之宰，为民作制。孔子由中都宰为司空，

① 参看拙撰《论郭店简〈唐虞之道〉、〈忠信之道〉、〈语丛〉一～三以及上博简〈缁衣〉为具有齐系文字特点的抄本》所附《〈说文〉、三体石经古文与战国文字对比表》，北京大学博士后工作报告，2004年，第83~84页108号字头。

② 参看李守奎：《楚文字编》，华东师范大学出版社2003年版，第220~223页。

由司空为司寇。"则此戈也可能属鲁。① 因此《五行》简"者"字写作✦形，可能反映了齐系文
字的特点。

四、不

《五行》10 号简"不"字写作✦形，而同篇其他"不"字均写作✦形，有较大差别。这种
形体的"不"字，可与上博《缁衣》和《语丛》一至三中的部分"不"字相类比：

✦ 上博《缁衣》2 ✦ 《语丛一》60 ✦ 《语丛二》45 ✦ 《语丛三》64

它们的共同特点是把类似"宀"旁的✦形笔画写成✦形。相同的笔势对应关系，还见于上博
《缁衣》简"宀"旁及"终""内"等字。我们曾就此问题进行过讨论，认为将上述✦形笔画写
成✦形是齐系文字的特点。② 所以《五行》10 号简"不"字写作✦形，也应该认为是反映了齐
系文字的特征。

五、心

《五行》10 号简"心"字写作✦形，而在《五行》篇其他简文中"心"字均作✦、✦形。需
要指出的是，写作✦形的"心"字无论是独体还是作为偏旁，均未见于典型的战国楚简文
字③，但却经常出现在《忠信之道》及《语丛》一至三等简文中，如✦(《语丛三》简 26)、✦
(《忠信之道》简 1)等④。那么《五行》简"心"字写作✦形，或许可以认为与《忠信之道》及

---

① 此意见为裘锡圭先生面告笔者。
② 参看拙撰《论郭店简〈唐虞之道〉、〈忠信之道〉、〈语丛〉一～三以及上博简〈缁衣〉为具有齐系文
字特点的抄本》，北京大学博士后工作报告，2004 年，第 8～10 页。
③ 参看李守奎：《楚文字编》，华东师范大学出版社 2003 年版，第 600～632 页。
④ 当然，在《语丛》一至三简文中也有不少"心"旁的写法与典型楚文字无别，可能是因为这几篇简
文为楚人所抄写，所以不可避免地包含有楚文字因素。但这些零星的楚文字因素，并不能改变它们是具
有齐系文字特点抄本这一性质。详细讨论可参看拙撰《论郭店简〈唐虞之道〉、〈忠信之道〉、〈语丛〉一～
三以及上博简〈缁衣〉为具有齐系文字特点的抄本》，北京大学博士后工作报告，2004 年，第 1～6 页。

《语丛》一至三反映了相同的国别和地域特征，即齐系文字特征。

六、见

在目前所发现的典型战国楚文字中，① "见"字一般写作，"目"下为跪坐人形；"视"字则写作，"目"下为直立人形。二字形体上的区别还是比较严格的，目前所能举出的例外，似乎只有上博简《民之父母》7 号简"见"字写作这一例。《五行》篇"见"字共出现 11 次，有 4 例与上举典型楚文字"见"字形体相同，另外 7 例作如下形体：

　　a. 23　　b. 24　　c. 25　　d. 27　　e. 27

上举除 e 形体与战国楚文字"视"字同形外，a、b 两种形体所从"目"旁的写法，b、c、d 三种形体"人"旁下加饰笔，均不见于战国楚文字。a、b 可与下引侯马盟书形体相类比：

　　f. 《侯马盟书》309

根据辞例，f 有时读"见"（"见之行道""所见而不之死者"），有时读"视"（"明噩视之"）。从目前我们所能看到的战国文字材料来看，这种"见"字写作"目"下从直立人形的形体，见于秦、三晋和齐系文字（燕文字"见"字未见）。但类似 a、b 形体所从"目"旁的写法，似乎只见于三晋文字。所以我们怀疑《五行》篇中与楚文字写法有别的"见"字形体，有可能反映的是三晋文字的特点。

以上所举各例，我们根据相关对比材料，大致推测了其所反映的地域和国别特征。《五行》篇中，还有一些文字形体有别于战国楚文字，但由于材料的限制，目前还无法断定其国别和地域特征。如下举各例。

────────────

① 不包括郭店简《唐虞之道》、《忠信之道》、《语丛》一至三，上博简《缁衣》以及我们正在讨论的《五行》篇。

七、敬

《五行》篇中，"敬"字凡五见，均写作 （28号简）形，与战国楚简文字"敬"字一般作 （郭店《缁衣》简20）形有较大差别。①

八、家

楚文字"家"字均从爪从家，写作 （《老子》丙简3）形。② 而楚文字以外的其他战国文字"家"字均不从爪。《五行》29号简"家"字写作 形，这种形体糅合了楚文字与非楚文字的因素。

九、深

《五行》篇"深"字两见，均作 （46号简）形，与楚文字"深"字作 （《老子》甲8号简）形相比，不从"尤"。这种写法的"深"字在古文字中未见。（补记：上博简《卜书》4号简"深"字写作 形，如将所从"甘"形理解为羡符，则与《五行》篇读为"深"之字同形。）

十、解

战国楚文字"解"字一般写作 （《老子》甲简27）形，而《五行》36号简读为"懈"的

---

① 参看李守奎：《楚文字编》，华东师范大学出版社2003年版，第546~548页。
② 参看李守奎：《楚文字编》，华东师范大学出版社2003年版，第448~449页。

"解"字却写作形。据日本女子大学谷中信一教授说，该简简背有一个类似上举楚文字那种写法的"解"字，并认为简背的"解"字是用来替换正面难认的，"起着如同后世的注释一样的作用"①。李家浩先生根据《古文四声韵》卷四卦韵"懈"字引《古孝经》作，推测当是古文"解（懈）"的另一种写法。②

十一、目

《五行》45 号简"目"字写作形，这种形体不见于已知的战国文字材料。整理者在注释中说："《说文》古文'目'作，《汗简》'目'作。简文与上列两形近似。"③也有学者将形理解为从宀从目。④ 我们目前更倾向于整理者的意见，即认为形可能与《说文》古文和《汗简》古文有关。

从《五行》篇中的一些现象来看，我们认为该篇所依据的底本本来有更多的非楚文字因素，但很多都在转录过程中被转写为楚文字了。如文末附图是《五行》10、11 号简，其中 10 号简和 11 号简的上部从书法体势上看，与全篇其他简文完全不同，显然是另一个人所抄写（为了论述方便，我们称这部分简文的抄写者为"抄手乙"，全篇其他简文的抄写者我们称"抄手甲"）。正如我们前文所讨论的，10 号简中的"不"字和"心"字形体与典型楚文字有明显区别。如果抄手甲和抄手乙都是楚人的话，那么抄手乙所写的"不"和"心"字形体就有可能来源于底本，而抄手甲在抄写过程中则直接将其转写为楚文字形体。另外我们在上文曾说过，《五行》29 号简"家"字写作形，是糅合了楚文字与非楚文字因素的结果。我们推想，底本"家"字可能本来不从爪。抄手甲在抄写过程中先是按照底本形体写了一个

---

① 谷中信一：《关于〈郭店楚简·五行〉第 36 号简背所写""字》，《国际简帛研究通讯》2000 年第 3 期，第 6~7 页。

② 此意见见于李家浩先生为笔者的博士学位论文《二十世纪古文献新证研究》所撰写的审稿意见书，上引谷中信一文亦系李家浩先生所指示。补记：根据孙超杰、段凯等先生研究，"懈"字传抄古文形体，当释为"嶭"（参看孙超杰：《传抄古文札记一则》，《出土文献》2021 年第 3 期），从"嶭"得声之字，与"解（懈）"相通，古文字中多见其例。

③ 荆门市博物馆编：《郭店楚墓竹简》，文物出版社 1998 年版，第 154 页注五九。

④ 参看李守奎：《楚文字编》，华东师范大学出版社 2003 年版，第 214 页。

"宀"旁，忽然意识到楚文字"家"应该是从爪的，所以在"宀"旁之下又写了一个楚文字的"家"字。结果就成了我们现在看到的**象**这种形体，这是抄手将非楚文字转写为楚文字过程中出现的一次意外。

周凤五先生在前引文中说："郭店竹简的字体可以区分为四类。第一类见于甲、乙、丙三组《老子》与《太一生水》《五行》《缁衣》《鲁穆公问子思》《穷达以时》《语丛四》等九篇。这一类为数最多，在历年出土的楚简之中最为常见。"并进一步认为《五行》篇"传入楚国已久，其字体绝大多数已被楚国学者辗转传抄'驯化'，是一个典型的楚国抄本"①。周先生文中"字体"这一概念，包含文字的"形体结构"与"书法体势"。如果单从"书法体势"来看，将《五行》篇与《老子》《太一生水》等篇归为一类，是可以接受的。但正如本文所论述的，《五行》篇中包含有不少非楚文字因素，在"形体结构"上与《老子》等篇有明显区别，无论如何也不宜归为一类。周先生将《五行》篇界定为"典型的楚国抄本"，指称似乎不够明确。我们认为《五行》篇是典型的楚人抄本，但不是典型的楚文字抄本，因为其中夹杂了不少非楚文字因素。

附记：本文蒙吴振武师审阅，并提出宝贵修改意见，谨致谢忱。

---

① 周凤五：《郭店竹简的形式特征及其分类意义》，《郭店楚简国际学术研讨会论文集》，湖北人民出版社 2000 年版，第 57、59 页。

附：

11　　10

清华简《五纪》的"壇"与郭店简《唐虞之道》的"禅"*

石小力

战国文字形体变化多端，演变剧烈，一个形体可以对应多个音义，一个音义也可以对应多个形体，这是战国时期"文字异形"的具体表现之一。本文利用这一特点，对清华简《五纪》中的"壇"字和郭店简《唐虞之道》的"禅"字加以释读。

一、清华简《五纪》的"壇"字

在清华简第十一辑《五纪》篇中，"壇"字出现了 3 次，字形及文例如下：

：夫是故凡攻祝、祭祀、斋宿、壇叙、工事，不夫曰夫，不香曰香，不旨曰旨，不嘉曰嘉。《五纪》49—50

：敬慎斋宿、壇叙、号祝。《五纪》52

：夫是故凡攻祝、斋宿、祭祀、壇叙、工事……《五纪》53

---

* 原刊《出土文献》2021 年第 4 期，第 35~43 页。

文例相同，皆为"壴叙"，故上引三个字形当为一字之异体。壴，在整理报告初稿中，曾分析作从土、面声之字，壴叙，读"稟予"。稟予，虽然皆有给予义，但古书未见连用之例，且与其并列的"攻祝、祭祀、斋宿"等词皆与祭祀有关，"壴叙"也应该是一个与祭祀有关的词语，有此不足，"壴叙"读"稟予"之说恐难成立，故"壴"字的释读还有待进一步的研究。

壴，根据所从"面"形的不同，可分作两类，第一类写法上部从"面"，第二类写法"面"旁所从"尔"形讹变作"釆/米"形，这种讹变也见于"闻""鉨（玺）"字所从"尔"形的演变。

楚简中的听闻之"闻"或作🔲（清华一《金縢》简10）、🔲（清华三《芮良夫毖》简3）、🔲（清华五《厚父》简1），字形上部作"尔"形，是由西周金文中的🔲（《集成》2837）、🔲（《铭续》174）上部讹变而来的。在郭店简《五行》篇中，"闻"字出现多次，字形较为特别，皆作上"米"下"耳"之形，如🔲（《五行》简23）、🔲（《五行》简25）、🔲（《五行》简26）等，字形上部所从的"米"形就是由"尔"形讹变而来的，传抄古文中的"问"字作🔲，黄锡全先生就认为上部所从的"米"形由"尔"讹变而来。①

战国齐系古玺中的"鉨"字一般作如下之形：②

《玺汇》0154　　　《玺汇》0198　　　《玺汇》0277　　　《玺汇》0345

过去学者或将齐玺的这种"鉨"字隶定作"鈢"。此外，齐玺中的"鉨"字还有一种特别的写法：

《玺汇》0064"右司马鉨"　　　　《古玺汇考》第68页"会其□鉨"

"鉨"字所从"尔"旁写作"米"形，《玺汇》0064之字《玺汇》释为"鉨"、《古玺文编》亦编入

---

① 黄锡全：《汗简注释》，台湾古籍出版有限公司2004年版，第236~237页。

② 更多字形请参张振谦：《齐鲁文字编》，学苑出版社2014年版，第1637~1643页。

"鉩"字条下，①但自吴振武先生将其右部改释作"釆"，读作量名"溢"之后②，学者多从吴说，不再将此字释作"鉩"③。其实不必，此字仍当以释"鉩"为妥。首先，齐玺中"司马"之玺多见，有与此玺同文者，如《玺汇》5542"右司马鉩"、《古玺汇考》第35页"右司马鉩"。其次，齐玺中有一方"会其野鉩"（《玺汇》0253）玺印，"鉩"字就是齐国玺印典型的写法，"会其□鉩"与此印文内容类似，可证末字亦为"鉩"字。

战国古玺中单字玺"尔"也有写作"米"形之例：

《玺汇》5465　　　　《玺汇》5466

吴振武先生曾释作"尔（鉩）"。④可从。战国古玺中"尔（鉩）"单字玺多见，这种写法的"尔"讹变作"米"形，是在齐玺"鈇"字的基础上进一步讹变而来的。

故"㙝"字第二类写法所从的"釆"形讹变自所从高旁的"尔"形。

"㙝"字的第二类写法非常重要，可以与郭店简《五行》的"**㙝**"字（简32）联系起来。郭店简之字，整理者隶作从土、从番之"番"⑤，王辉先生、刘钊先生读为播迁之"播"⑥。该字形上部所从与楚简中的"番"写法基本相同，故过去的学者多以此为出发点来释读该字。郭店简《五行》简文曰"中心悦番，迁于兄弟，就也"（简32—33），马王堆帛书《五行》对应文字作"中心说焉，迁于兄弟，戚也"（《五行》191行），与"番"对应之字作"焉"，裘锡圭先生联系郭店简《唐虞之道》中的"禅"字，将此字读为"旃"。⑦裘说读"旃"，理解为代词"之"，联系马王堆帛书"焉"字，在文意上无疑是最合适的。但字形如何分析，一直未有令人信服之说。所谓"番"字，与《五纪》"㙝"字应为一字异体，两者差别仅在于"番"字中

①　罗福颐：《古玺文编》，文物出版社1981年版，第324页。

②　吴振武：《试说齐国陶文中的"钟"和"溢"》，《考古与文物》1991年第1期。

③　如施谢捷《古玺汇考》，从吴说释"鉩（鍴）"（安徽大学博士学位论文，2006年，第35、68页）；孙刚先生《齐文字编》，不归入"鉩"字下，而单立字头"鈇"（福建人民出版社2010年版，第365页）。

④　吴振武：《〈古玺汇编〉释文订补及分类修订》，《古文字学论集（初编）》，香港中文大学中国文化研究所、吴多泰中国语文研究中心，1983年，第525页。

⑤　荆门市博物馆编：《郭店楚墓竹简》，文物出版社1998年版，第150页。

⑥　王辉：《郭店楚简零释三则》，《中国文字》新26期，台湾艺文印书馆2000年版，第157~159页；刘钊：《郭店楚简校释》，福建人民出版社2005年版，第150页。

⑦　参看荆门市博物馆编：《郭店楚墓竹简》，文物出版社1998年版，第153页注40"裘按"。

部从"田"形，而"亯"字(旁)下部从"田"的写法在古文字中常见，如：

 《玺汇》0227   《玺汇》0327

 《古玺汇考》第 42 页   《玺汇》1597

与此类似者，如"嗇"字说文古文作𠻝，所从亯旁亦讹变作田形。故二者应为一字异体。

综合字形和文例来看，"壇"字应为"壇"字异体。从文例看，郭店简《五行》篇中，裘先生读"旃"，字从"丹"声，丹、亶古音皆为端钮元部，古音极近。在古书中，丹声字和亶声字常通用。《周礼·司常》："通帛为旜。"《说文》㫃部、《尔雅·释天》郭注、《文选·籍田赋》李注引"旜"皆作"旃"。《说文》"旃"字或体作"旜"。在楚简中，壇墠之"壇"多作"坦"。如九店简《相宅》篇"凡相坦(壇)、树邦(封)、作邑之道"(M56·45)，"中坦(壇)，中囗，又污(穿)安(焉)，居之不盈志"(M56·47)。《集韵·旱韵》："坦，或作壇。"楚文字中的"坦"可视作"壇"字异体。今本《诗·陟岵》"旃"字，在安大简《诗经》中作"坦"。如"尚慎坦(旃)哉，允来毋止"(简 73)，"尚慎坦(旃)哉，允来毋弃"(简 73)，"尚慎坦(旃)哉，允来毋死"(简 74)，因此，从用字习惯看，用"壇"表"旃"符合楚地的用字习惯。

在清华简《五纪》中，"壇叙"与"攻祝、祭祀、斋宿、号祝"等与祭祀有关的词并列，可读作"壇墠"，即壇墠，除地筑壇，古书又作"除壇"。《国语·周语上》："王乃使司徒咸戒公卿、百吏、庶民，司空除壇于籍，命农大夫咸戒农用。"《礼记·祭法》："天下有王，分地建国，置都立邑，设庙祧壇墠而祭之，乃为亲疏多少之数。"郑注："封土曰壇，除地曰墠。"

从字形看，壇，从土、从亯，我们可以联系清华简《金縢》篇的"𡎑"字，此字原形作：

：周公乃为三坦(壇)同𡎑(墠)，为一坦(壇)于南方，周公立焉，秉璧戴圭。清华一《金縢》2

整理者隶定作"𡎑"，读作"墠"。① 刘云先生指出：

---

① 李学勤主编：《清华大学藏战国竹简(壹)》，中西书局 2011 年版，第 158 页。

古文字中的"亶"字作如下之形：（十钟 3.38）、（秦印）。《金滕》中的"壇"作如下之形：。将上揭古文字中的"亶"字与"壇"字略加比较，我们不难发现，"壇"字除去"土"旁之后剩下的部分，其实就是"亶"字，只不过比起正常的"亶"字有所简省变形而已，即将正常的"亶"字所从的"靣"省减为"尔"，也就是说该"壇"字依然是个从"土""亶"声的字。①

刘说可从。在战国文字中，从"靣"之字所从"靣"旁可省作"尔"形：

清华六《子产》22"敳"   清华六《子产》25"敳"

清华十《四告》22"饢"

因此，在《金滕》篇中，"坦""𡐫"二字皆为"壇"之异体，今本《金滕》与"𡐫"对应之字作"墠"，而"壇""墠"音义接近，二者常连言，指祭祀之场所，对言则有"封土曰壇，除地曰墠"之别。

在清华九《祷辞》中，有一字作"亶"，也是"亶（壇）"字异体。字形和文例如下：

：其礼献于亶南方。 清华九《祷辞》16

整理者注曰："亶，疑为'廪'字异体，下部所从两土或为廪下土台之会意。"②学者不曾提出异议。现在看来，该字即"亶"字异体，也应释"壇"。古文字中偏旁的单复常无别，如"稟"字或从二禾作"𪎭"，"墙"字所从"嗇"旁在金文中从二禾作（史墙盘，《集成》10175），是其比。《祷辞》篇中对祭祷之后祭品的封藏位置有说明。《祷辞》简 4："其礼社东焉藏，其深及腋。"《祷辞》简 6："其礼藏于封东以西，深及腋。"壇，与"社""封"一样，是古人的祭祷场所之一，而"廪"是储藏粮食的处所，与祭祀的关系不大，因此，从文例

---

① 复旦大学出土文献与古文字研究中心研究生读书会：《清华简〈金滕〉研读札记》（复旦大学出土文献与古文字研究中心网站，2011 年 1 月 5 日）一文下的评论。

② 黄德宽主编：《清华大学藏战国竹简（玖）》，中西书局 2019 年版，第 188 页。

看，释"壇"也甚为允恰。

此外，传抄古文字"壇"字有两种异体①：

壇：碧

壇：汗6·74华　四1·37云　四1·37云

第一种形体从土、亶声，与后世写法相同。第二种形体从土、靣声，"靣"见于甲骨金文，故第二种形体是早期写法在战国文字中的遗留。

综上，战国文字的"壇"写法较为多样，目前发现的有坦、壐、壐、亶、壇、壇六种异体。② "壇"字从土、靣声，写法存古，是早期写法的遗留。"亶"字是"壇"省去"虫"旁的一种省体，在这种省体上加注"旦"声即为后来通行之"壇"字。"壇"也有可能是在"壇"字上先加注"旦"声，后省去"虫"旁而来。"亶"字在"亶"形的基础上又赘加"土"旁。"壐"字是"壇"形所从之"靣"形省作"尔"之省体，"坦"字在"壇"字的基础上省去"靣"旁。

二、郭店简《唐虞之道》的"禅"字

郭店简《唐虞之道》中禅让之"禅"出现多次，但字形奇特，何以能用作"禅"，自郭店简公布二十多年来，一直未有合理的解释，这也影响了对文本思想的解读。先列出此字所在的文例(暂从整理者隶定)③：

　　(1)唐虞之道，徢(禅)而不传。１
　　(2)徢(禅)而不传，圣之盛也。１—２

---

① 参徐在国：《传抄古文字编》，线装书局2006年版，第1369页。

② 今本《周易》"临"卦对应之字在清华简《别卦》中写作(简5)，整理者依形隶定作"蘁"。现在看来，该字右下部分所从即"亶"形，可隶定作"謹"，从"蘁"得声，与今本"临"音近相通。此蒙赵平安师、贾连翔先生赐示，谨致谢忱。

③ 荆门市博物馆编：《郭店楚墓竹简》，文物出版社1998年版，图版第39~41页，释文注释第157~160页。

（3）爱亲故孝，尊贤故徻（禅）。**6—7**

（4）徻之流，世无隐德。**7**

（5）徻（禅），义之至也。**8**

（6）徻（禅）而不传，义极□□，治也。**13—14**

（7）徻（禅）也者，尚德授贤之谓也。**20**

（8）不徻（禅）而能化民者，自生民未之有也。**21**

（9）安命而弗夭，养生而弗伤，知□□之正者，能以天下徻（禅）矣。**11+22**

（10）尧徻（禅）天下而授之，南面而王天下而甚君。**24—25**

（11）故尧之徻（禅）乎舜也，如此也。**25**

（12）徻（禅）天下而授贤，退而养其生。**26—27**

根据文例，该字无疑是用作禅让之"禅"的。唐虞之道，指的就是尧传位给舜的禅让之道，即简文所谓的"禅而不传"。关于尧舜的禅让记载，古书多见。《韩非子·十过》："尧禅天下，虞舜受之。"《列子·仲尼》："尧还宫，召舜，因禅以天下。"《论衡·祸虚》："虞舜为父弟所害，几死再三。有遇唐尧，尧禅舜。"因此，自郭店简公布以来，学者对该字用作"禅"，基本都是认同的，而存在争议的，就是对字形的分析。下面列出字形：

A1: 徻1 徻1 徻7 徻22 徻24 徻25 徻26
　　徻7 徻8 徻13

A2: 徻20 徻21

此字在简文共出现 12 次，过去有释"廛""蹯""播"等多种说法。① 该字根据形体的不同分为两类，A1 类从彳，从壬，从畬，A2 类从辵，从畬。辵、彳为意符，壬在 A2 类写法中可以省去，根据汉字构形的一般规律，"畬"形在该字中很有可能是声符，故释读 A 字的关键是如何分析"畬"形。A 字在《唐虞之道》篇中出现多次，只有读为禅让之"禅"才能读通全部文例，故该字只能是一个与"禅"字音近的字，或者就是"禅"字的一个异体。

---

① 各家说法参刘传宾：《郭店楚简疑难文字分篇集释》，《郭店楚简研究综论（文本研究篇）》，吉林大学博士学位论文，2010 年，第 85 页。

这是释读 A 字的一个“定点”。由此出发，A 字所从的“畣”形最有可能是声符，应该与“禅”音同或音近。

学者多指出 A 字与郭店简《五行》“”字(简 32)有关。上文已经论证《五行》之字当隶作“亶”，即“壇”字异体，读作音近之“旃”。学者已经指出，A1 所从的“壬”是由“土”演变而来的，这与郭店简《五行》、清华简《五纪》“亶”字联系起来看，无疑是很有道理的，古文字形体下部所从的“土”旁常常演变作“壬”形，其例繁不举，故 A 字可以分别隶定作“⿰彳亶”“⿺辶亶”。

⿰彳亶，即“儃”字异体。《广韵》：“儃，走也，藏也。”《集韵》：“邅，亦作儃。”儃，应即“邅”字异体。⿺辶亶，从辵，亶省声，即“邅”字省体。《说文》有“⿺走亶”字，与“邅”字应为一字异体。《广雅·释诂四》：“邅，转也。”《楚辞·离骚》：“邅吾道夫昆仑兮，路修远以周流。”王逸注：“邅，转也。楚人名转曰邅。”邅，在古书中多训“转”，与“转”古音又相近，二者音义皆近。

楚简中又有“⿺辶旦”字①，学者指出即“邅”字异体。郭店《尊德义》简 36—38：“夫唯是故，德可易而施可⿺辶旦也。有是施小有利，⿺辶旦而大有害者，有之。有是施小有害，⿺辶旦而大有利者，有之。”“⿺辶旦”字出现三次，陈伟先生认为即“邅”字初文，训“转变”。② 可从。“⿺辶旦”在简文中与“易”变文同义，皆为“转变”义。又郭店《穷达以时》简 7：“白里⿺辶旦⿺辶賣(鬻)五羊，为伯牧牛，释鞭棰而为⿱言口(命)卿，遇秦穆。”⿺辶旦，裘锡圭先生读“转”，并引《淮南子·修务》“百里奚转鬻”为证。③ “转”与“邅”音义皆近。陈伟先生读为“邅”，④ 更符合楚人用字习惯。

在文献中，从“单”声之字和从“亶”声之字屡见通用。如“亶”与“单”通用。《诗·小雅·天保》：“俾尔单厚。”《风俗通·穷通》《潜夫论·慎微论》引“单”作“亶”。《诗·周颂·昊天有成命》：“於缉熙，单厥心”，《国语·周语》引“单”作“亶”。“亶”与“僤”通用。《诗·大雅·桑柔》：“冯天僤怒。”《释文》：“僤，本亦作亶。”“亶”与“瘅”通用。《仪礼·士冠礼》：“嘉荐亶时。”郑玄注：“古文亶为瘅。”“亶”与“殚”通用。《墨子·非乐上》“亶其思虑之智”，《非命下》“亶”作“殚”。

① 字形又作“⿺辶旦”，见郭店简《忠信之道》简 8。

② 陈伟：《郭店竹书别释》，湖北教育出版社 2002 年版，第 167 页。

③ 参看荆门市博物馆编：《郭店楚墓竹简》，文物出版社 1998 年版，第 146 页注九“裘按”。按：裘先生后放弃读“转”说，从“邅”说。

④ 陈伟：《郭店楚简〈六德〉诸篇零释》，《武汉大学学报》(哲学社会科学版)1999 年第 5 期。

在《汉书》中，禅让之"禅"多写作从"亶"声之"禪"。如《汉书·异姓诸侯王表》："舜禹受禪。"颜师古注："禪，古禅字。"《汉书·武帝纪》："修天文禪。"颜师古注引晋灼曰："禪，古禅字。"《汉书·盖宽饶传》："以为宽饶指意欲求禪。"颜师古注："禪，古禅字。"

在传抄古文中，禅让之"禅"也写作"禪"①：

禪 汗1·3尚　　 禪 四4·23尚　　 禪 四2·4史

因此，《唐虞之道》禅让之"禅"应该隶作"𧗳""𧗵"，即"𧗶"字异体，与禅让之"禅"音近。从意义上看，𧗶，古书多训"转"，与"禅"意义也相关，禅让即把君主之位转让给另一人。禅，古书或作"嬗"。《说文·女部》："嬗，一曰传也。"段玉裁注："凡禅位字当作嬗。禅非其义也，禅行而嬗废矣。"②故"𧗶"与"禅"音义皆通，应具有同源关系。

三、甲骨金文"亶(𪐴)"字

西周金文中有"亶"字和从"亶"之字。如：

：亶(檀)伯作宝尊彝。亶伯簋，《集成》03526

：亶(檀)姜作旅鼎。亶姜鼎，《集成》02028

：用作𪐴公宝尊彝。利簋，《集成》04131

：赐朱帗、葱衡⋯⋯鱼箙、朱旗𪐴(旜/旆)、金芞二铃。番生簋，《集成》4326

 ：憧季遽父作丰姬宝尊彝。憧季遽父卣，《集成》05357、05358

：公命亢归美亚贝五十朋，以郁鬯、𪐴𪐴、牛一。亢鼎，《铭图》02420

---

① 　参徐在国：《传抄古文字编》，线装书局 2006 年版，第 15 页。

② 　段玉裁：《说文解字注》，上海古籍出版社 1988 年版，第 621 页。

窟姜鼎"窒"字，郭沫若先生谓乃"蟺"字初文。① 番生簋"簠"字，郭沫若先生引《汗简》"壇"字古文作𡎚(壇)，隶此字为"簠"，认为即"簠/旃"字，"朱旗簠"谓"朱旗之缘斿同色也"。② 窟伯簋"窒"，刘启益先生读"檀"，认为即檀伯。③《左传》成公十一年："刘子、单子曰：昔周克商，使诸侯抚封，苏忿生以温为司寇，与檀伯达封于河。"亢鼎"甗"，从邑、窟声，董珊先生谓字以"亶"为基本声符，读为"鄲"。④

"窟"字又见于殷墟甲骨无名组卜辞：

𩵋𩵋《合集》26898　　𦈡《合集》27999

裘锡圭先生隶定作"窟"。⑤ 刘钊先生认为字形有借笔现象，与金文"窟"为一字，即"蟺"字初文，并认为"蟺"字结构最早就应该从虫、从宀，后来增加"旦"声。⑥ 刘桓先生联系"亶"字《说文》"多谷也"的训释，认为甲骨文"窟"字从宀、从虫，为会意字，用仓廪生虫来表示储藏许多粮食之意。⑦ 因此，"窟"字本义主要有两种说法，一是郭沫若先生的"蟺"字初文说，一是刘桓先生的"亶"字说。两种说法皆有信从者，⑧ 而前一种说法的信从者较多。

结合传抄古文中的"亶"旁来看，释甲骨金文"窟"为"亶"可从。除了上引郭沫若所举

① 郭沫若：《郭沫若全集·考古编》第8卷，科学出版社2002年版，第133页。
② 郭沫若：《郭沫若全集·考古编》第8卷，科学出版社2002年版，第284页。
③ 刘启益：《文王迁丰至武王灭商前后铜器例证》，《考古学研究——陕西省考古研究所成立三十周年纪念文集》，三秦出版社1993年版。
④ 董珊：《任鼎新探——兼说亢鼎》，《黄盛璋先生八秩寿诞纪念文集》，中国教育文化出版社2005年版。
⑤ 裘锡圭：《卜辞"异"字和诗、书里的"式"字》，《中国语言学报》第1期，商务印书馆1983年版。
⑥ 刘钊：《释甲骨文䅯、羲、蟺、敖、栽诸字》，《古文字考释丛稿》，岳麓书社2005年版；原载《吉林大学社会科学学报》1990年第2期。
⑦ 刘桓：《甲骨文字考释(三篇)》，《中国古文字研究》第1辑，吉林大学出版社1999年版。
⑧ 从"蟺"字初文说者，如张世超先生等编著的《金文形义通解》(中文出版社1996年版，第3121～3122页)分析为从宀(廩)虫(它)声，当为"蟺"若"亶"之古字。黄德宽先生主编的《古文字谱系疏证》(商务印书馆2007年版，第2686页)、李宗焜先生编著的《甲骨文字编》(中华书局2012年版，第754页)、刘钊先生主编的《新甲骨文编(修订本)》(福建人民出版社2015年版，第750页)将"窟"字收入"蟺"字头下。从"亶"字说者，如李学勤主编《字源》(天津古籍出版社、辽宁人民出版社2012年版，第480页刘桓撰写)，林志强先生等《〈文源〉评注》(中国社会科学出版社2017年版，第559页)。

《汗简》"壇"字古文作"壈"外，又如《说文》"鱣"字籀文作"鱣（鱣）"，所从"亶"旁还保留了"虫"形，亦可为证。

　　蛋，从虫、从高，该字作为偏旁，相当于后世的"亶"，是没有疑义的，如"旜"即后之"旜"字，"壈"即后之"壇"字，"憻"即后之"憻"字。从"亶"声之字，多有"转、曲"义，除了上文提到的"邅""嬗"字外，还有"氈"，《说文》"捻毛也"即"蹂毛成氈"。僤，有双音复合词"僤個"。缠，《集韵》："缠，亦作缠。"鱣，或同"鳝"，鳝鱼的身体细长弯曲。从"亶"声之字的"转、曲"义可能来源于"蟺"的形体弯曲。《说文》："蟺，夗蟺也。从虫，亶声。"段玉裁注："夗，转卧也。引申为凡宛曲之称。夗蟺迭韵。盖谓凡虫之宛曲之状。"[1]从这个角度看，"蛋"为"蟺"字初文的可能性更大一些。高，除了指仓廪外，在早期很可能"一形多用"，仓廪、祭坛多作于高台之上，其早期形制相似，故"高"也是"壇"的初文。那甲骨金文的"蛋"就是从虫、高（壇）声的形声字，即"蟺"字初文，因"高"形后多用来表示仓廪之"高"，故加注"旦"声分化出"亶"字来专门记录"高（壇）"。这只是一种推测，并没有充分的证据，还有待未来的进一步验证。[2]

四、小　结

　　亶，甲骨金文中从高从虫作"蛋"形，到了战国时期为了适应汉字形声化的需要，加注"旦"声，又省去"虫"形，遂演变作秦汉文字中的"亶"。在战国文字中"亶"作为偏旁又省作"高"形，"高"形上部又发生讹变，造成了释读上的困难。清华简《五纪》的"壇"和郭店简《唐虞之道》的"邅"就是其例。这反映了战国时期文字形体演变的剧烈性，告诫我们要重视同形部件来源的多样性，要充分根据文例和偏旁制约来具体分析同形部件的不同来源，从而作出正确的释读。

　　附记：本文为国家社科基金重大项目"先秦两汉讹字综合整理与研究"（15ZDB095）的阶段性研究成果，得到"清华大学自主科研项目"（2021THZWJC21）的资助。蒙黄德宽、赵平安、贾连翔、王挺斌、蔡一峰等先生审阅指正，谨致谢忱。

---

① 段玉裁：《说文解字注》，上海古籍出版社1988年版，第671页。
② 黄德宽先生审阅小文后认为，从楚简"壇"字作"蛋"来看，"高（廪）"可以作"蛋"字声符。

小议清华简《系年》及郭店简《语丛一》的"京"字[*]

曹方向

清华简《系年》简 9、10 有如下字形(下文用 A 表示),整理者直接释作"京":

相关简文为(释文非严格隶定):

晋文侯乃逆平王于少鄂,立之于京师。……晋人焉始启于京师。

整理者引《公羊传》:"京师者何?天子之居也。"①以证简文,辞例极好。但从字形上看,仍有疑问。A 接近以往所见战国文字中如下字形:

  陶文   货币文    陶文

---

  * 原载简帛网(http://www.bsm.org.cn/? chujian/5803.html),2012 年 1 月 2 日,2014 年译为日文发表在日本大阪大学汤浅邦弘教授主编的《中国研究集刊》第 58 期,第 138~146 页。今据作者提供的《中国研究集刊》中文原稿(删去一条兵器铭文"京"的字例)收入。
  ① 李学勤主编:《清华大学藏战国竹简(贰)》,中西书局 2011 年版,第 138~140 页。

以往主流的看法都是释作"亳"（例如笔者引用这些字形时依据的三种文字编，全部都是收入"亳"字条下）。① 但从很早开始，就有学者做出了不同的解释。吴振武先生全面介绍了各时期不同学者的意见，最后论定这类字形是从"宅"从"亭"省，当释作"亭"。② 由此，上面列出的陶文字形用法都得到了较合理的解释。郭店楚简又有如下字形：

《语丛一》33

该字形（以下用 B 表示）所在的文例是："礼生于庄，乐生于 B。"显然并不是用作"亭"。以往也有一些说法，③ 都不是很妥帖。最有影响的是刘钊先生的观点，④ 吴振武先生也指出了其中的问题。吴先生将其改读为"宁"，并解释说："著名的子犯编钟铭文在讲到作钟之目的时，有'用匽（燕）用盄（宁）'一语，人之安宁与音乐之关系，于此可悟。既然音乐可以使人安宁，则人之安宁亦需要音乐，简文'乐生于宁'，即是此意。"又语译这两句为："礼仪因庄敬而生，音乐因安宁而生。"这样也可以讲通文意。简文这八个字分论礼、乐，如按儒家所说"乐者，心之动也"（《礼记·乐记》文）来看，说 B 表示内心的某种状态，是可信的。但总觉得具体的释义不够贴切。

从 A 所在辞例来看，它和 B 一样，都不太适合用"亭"字来解释，因此这类字形还可以再讨论。战国简册中有如下字形：

上博五《三德》7、21

此字形（以下用 C 表示）四见，写法一致，只是简 21 残断，辞例不全，姑且不论。简 7 辞例为"皇天弗京""上帝弗京"（本辞例两见），李零先生将"京"读作"谅"。⑤ 陈伟先生认为

① 王恩田：《陶文字典》，齐鲁书社 2007 年版，第 136 页；又参考汤余惠：《战国文字编》，福建人民出版社 2001 年版，第 339 页；吴良宝：《先秦货币文字编》，福建人民出版社 2006 年版，第 81 页。

② 吴振武：《谈左掌客亭陶玺——从构形上解释战国文字中旧释为"亳"的字应是"亭"字》，中国古文字会第十八次年会论文，2010 年 10 月 22—23 日。以下所引吴振武先生说，凡见于该文者不重复出注。

③ 参考陈伟等：《楚地出土战国简册[十四种]》，经济科学出版社 2009 年版，第 248 页。

④ 刘钊：《郭店楚简校释》，福建人民出版社 2005 年版，第 189~190 页。

⑤ 李零：《三德释文与注释》，马承源主编：《上海博物馆藏战国楚竹书（五）》，上海古籍出版社 2005 年版，第 293 页。

此字"就下部而言，很像楚简中常见的'就'字"，并以葛陵楚简乙四简 109 字形为例，主张将该字释为"就"。① 应该说 C 和战国文字"京"字很接近，② 看如下字形：

可知李零先生释 C 为"京"是对的，在《三德》篇破读为"谅"，辞例、韵脚也都很恰当。③ 李守奎先生肯定了李零先生释"京"的意见后还提出："楚国的'豪'字多作豪，所从的'言'与'京'偏旁共享，是一种简化形式。如果去掉豪字中间的口，所余字形就是尔。"④ 这个"京"字旁写法和 C 也很接近。另外还有如下"就"字所从"京"字也值得参考：

桌　葛陵乙四-96

该字下半部尔和 A 的区别，主要是竖笔未曾弯曲。我们知道，战国文字有时候竖笔下垂，末尾也可以弯曲，例如葛陵楚简的"就"字一般写作桌（简甲三-137），又写作桌（简甲三-56），这种竖笔弯曲，在葛陵简中还比较常见。可见清华简整理者将 A 释为"京"是可以成立的。A 和 C 差别略小，只是从"高"省去"口"部的笔画，右边没有往下折。不过这也有例可循：

菩　蓤　包山文书 49

　　① 陈伟：《上博五〈三德〉初读》，简帛网（http://www.bsm.org.cn/? chujian/4421.html），2006 年 2 月 19 日。

　　② 参考王恩田：《陶文字典》，齐鲁书社 2007 年版，第 139 页；汤余惠：《战国文字编》，福建人民出版社 2001 年版，第 341 页；吴良宝：《先秦货币文字编》，福建人民出版社 2006 年版，第 83 页。

　　③ 王晨曦：《上海博物馆藏战国楚竹书（三）〈三德〉研究》，复旦大学硕士学位论文，2008 年，第 37~38 页。

　　④ 李守奎：《包山楚简 120—123 号楚简补释》，《出土文献与传世典籍的诠译》，复旦大学出版社 2010 年版，第 209 页。

 望山 M2：13

像葛陵简甲三-56 那样的"就"字，在郭店简和包山简中，竖笔下垂后没有转折的写法，这可能是抄手的书写习惯使然。与此相对的，A、B 和葛陵简乙四-96 不同，它们的竖笔都弯曲了，和"乇"成为形近字。因为楚文字中出现了大量的 \(郭店简《老子》乙简 8）字，独体的"京"字下部写法与之靠拢，也许可以用"类化"现象来解释。① 与此平行的现象可以"年""帀(师)"等字为例(见表1)：

表1

	京	年	帀	从"乇"之字
1	(A)	《容成氏》简 5	包山简 228 《武王践阼》简 1	包山简 277② 《容成氏》简 2"宅"
2	(B) (C)	包山简 126 《成之闻之》简 30	包山简 2、12 《吴命》简 8	《成之闻之》简 33"宅" 《成之闻之》简 34"宅"

A 和 C 还有一个区别就是底下的笔画运笔方向不同，这只是笔画正、反的问题。例如表 1 所举包山简 2、12 的"帀"字即是这一类；B 上部"宀"字头下有接近"口"形的笔画，这种区别也不足以将它们在字形上区分开来，可以参考本文开篇列出的所谓"亳"或"亭"字。综上，将 A、B、C 三字释作"京"，应有成立的可能。

---

① 此即刘钊先生所论"受同一系统其他文字影响而发生的类化"；肖毅先生称之为"字外同化"。说见刘著《古文字构形学》第六章之二，福建人民出版社 2006 年版；肖著《楚简文字研究》第二章第四节，武汉大学出版社 2010 年版。

② 此字从"糸"从"乇"，释读待考。参考刘国胜：《楚丧葬简牍集释》，科学出版社 2011 年版，第 64 页。

篇首举出的陶文、货币文字形，它们和 A、B 的写法非常接近。这些"京"字的词义，赵平安先生有很好的解释，请读者参阅。① 现在我们谈谈郭店《语丛一》的字例。

我们认为该例或可按照 C 字读作"谅"，训作谅解或诚、信等意思。《礼记·乐记》：

> 礼乐不可斯须去身。致乐以治心，则易、直、子、谅之心油然生矣。易、直、子、谅之心生则乐，乐则安，安则久，久则天，天则神。

郭店简的"乐生于谅"，是《乐记》"易、直、子、谅之心生则乐"的另一种表述，它相对比较简单：《乐记》提到了四种"心"能生成"乐"，而简文只提到其中之一。不过，两者基本精神是一致的，"谅"或解作原谅，也就是宽容的品德；或解释为诚、信，或读作善良的"良"。它和易（"和易"）、直（"正直"）、子（"慈爱"）都是内心修养的优良质量。② 上面的引文段落结束后，《乐记》有这样一段话：

> 致礼以治躬则庄敬，庄敬则严威。心中斯须不和不乐，而鄙诈之心入矣；外貌斯须不庄不敬，而易慢之心入矣。故乐也者，动于内者也；礼也者，动于外者也。

礼、乐分主内外，固然是儒家学派极其常见的言论，值得关注的是简文"礼生于庄，乐生于谅"，和上面这两段引文的精神也基本一致。

《论语·八佾》："子曰：'人而不仁如礼何？人而不仁如乐何？'"何晏注："包曰：言人而不仁，必不能行礼乐。"邢昺疏："此章言礼乐资仁而行也。'人而不仁如礼何人而不仁如乐何'者，'如'，奈也。言人而不仁奈此礼乐何。谓必不能行礼乐也。"孔子的"仁"内涵丰富。如《论语·阳货》"子张问仁于孔子"章所列五种"仁"，包括"恭、宽、信、敏、惠"。如果说恭敬近于"庄"、宽容或诚信近于"谅"，那么，某种程度上礼乐"资"于"仁"也可以理解为"礼生于庄、乐生于谅"。先秦典籍中关于礼乐的资料非常丰富，简文以格言的形式阐述礼乐和内心品质的生成关系，和《礼记·乐记》等文献是否有传承关系，还有待进一步研究。

---

① 赵平安：《"京""亭"考辨》，《复旦学报》（社会科学版）2013 年第 4 期，第 87~92 页。向按：本文初稿认为吴振武先生对"亭"表示地方上迎送宾客的馆舍的解释有道理，"京"和"亭"可能存在通假关系。现在看来，赵先生的解释或更为直接。
② 括注的词汇参考杨天宇：《礼记译注》，上海古籍出版社 2004 年版，第 502 页。

最后，本文的意见可总结为：A、B、C 三字都可以释为"京"。在清华简《系年》中用作"京师"之"京"；在上博简《三德》、郭店简《语丛一》都用作"谅"。

补记：小文写于 2011 年，曾蒙李天虹、刘国胜、杨华、宋华强、郭永秉等老师批评指正。2013 年又有幸向赵平安老师当面请教。承蒙赵先生不弃，在他的论文中引述了小文的说法。2014 年年初，笔者到大阪大学交流学习，又得汤浅邦弘、竹田健二两位老师批评指正。在此对各位师友的帮助表示感谢。